南阳经济统计年鉴

NANYANG ECONOMIC STATISTICAL YEARBOOK

2003

（总第四期）

南阳市统计局 编

中国统计出版社
China Statistics Press

(京)新登字 041 号

图书在版编目(CIP)数据

南阳经济统计年鉴.2003/南阳市统计局编
—北京:中国统计出版社,2003.7
ISBN—7—5037—4195—3/F·1700
Ⅰ.南…
Ⅱ.南…
Ⅲ.地区经济—统计资料—南阳市—2003—年鉴
Ⅳ.F127·613—54

中国版本图书馆 CIP 数据核字(2003)第 049430 号

南阳经济统计年鉴—2003

作　　者/南阳市统计局
责任编辑/蔡启新
E—mail/yearbook@stasts.gov.cn
责任校对/杨　光　安红波
封面设计/安红波
出版发行/中国统计出版社
通信地址/北京市西城区三里河月坛南街 75 号　中国统计出版社
邮　　编/100826
电　　话/(010)63262295
印　　刷/湖北省仙桃市九原印刷厂
经　　销/新华书店
开　　本/890×1240　毫米　1/16
字　　数/111 万字
印　　张/35.5
印　　数/1—1500 册
版　　别/2003 年 9 月第 1 版
版　　次/2003 年 9 月第 1 次印刷
书　　号/ISBN 7—5037—4195—3/F·1700
定　　价/180.00 元

《南阳经济统计年鉴—2003》
编辑委员会及编辑部工作人员名单

编 辑 说 明

一、《南阳经济统计年鉴—2003年》(下称《年鉴》)是一部全面、系统、科学、翔实地记载和反映2002年南阳经济和社会发展情况的资料性年刊。书中以文字和统计资料的形式收录反映了全市和各县市区2002年经济和社会发展状况,同时还辑录了建国以来主要经济指标的重点年份资料,是各级党政领导进行宏观决策的重要依据,也是经济管理部门、大中专院校、研究人员了解和研究南阳经济发展的重要参考。

二、本《年鉴》由以下四部分组成:

第一部分为特载:内容包括《政府工作报告》、《关于南阳市2002年国民经济发展情况与2003年计划草案的报告》、《关于南阳市2002年财政预算执行情况和2003年财政预算草案的报告》及《南阳市统计局关于2002年国民经济和社会发展的统计公报》。

第二部分为专文,共录入18篇专题文章,从不同侧面反映2002年全市经济社会各方面发生的变化和存在的问题。

第三部分为统计资料,具体包括22部分:即,1.行政区划和自然资源;2.综合;3.国民经济核算;4.人口;5.从业人员和职工工资;6.固定资产投资;7.物价指数;8.人民生活;9.城市建设;10.农业;11.工业;12.建筑业;13.运输和邮电;14.国内贸易;15.对外经济贸易;16.财政、金融和保险;17.教育、科技和专利;18.文化、体育、卫生、社会福利;19.企业调查;20.全省各省辖市主要统计指标;21.鄂豫陕三省八地市主要统计指标;22.全国中等城市主要统计指标。各部分后附有统计指标解释。

三、本年鉴的资料来源大部分来自年度统计报表,一部分来自抽样调查。

四、查阅本《年鉴》需要注意的问题:

1.价值量指标除特殊注明外,绝对量按当年价计算,发展(增长)速度按可比价计算。

2.编辑本《年鉴》时,根据普查资料与现行统计制度对以往个别统计数据作了调整、订正,以前发表过的统计数据,凡与本《年鉴》有出入者均以本《年鉴》为准。

3.本年鉴部分数据合计数或相对数由于单位取舍不同而产生的计算误差均未作机械调整。

4.《年鉴》目录中未注明年份的,至少含有两个年份以上的统计资料。

5.本《年鉴》中使用的几个符号:"…"表示数据不足本表最小单位数;"空格"表示该项统计数据不详或无该项数据;"#"表示其中主要项;"0"表示增长指标数据持平。

6.专文及特载部分数据为初步统计数,为尊重原文未做修改,读者在采用时请以统计资料部分数据为准。

木《年鉴》在编辑出版过程中,市领导及有关部门给予了热情帮助和大力支持,值此出版之际,谨致诚挚的谢意!由于时间仓促,编辑人员水平有限,书中疏漏和错误在所难免,恳请各级党政领导和各界人士批评指正。

《南阳经济统计年鉴》编辑部

2003年8月10日

目　　录

特　　载

专题文章

统计资料

一、行政区划和自然资源

二、综　　合

三、国民经济核算

四、人　　口

八、人民生活

九、城市建设

十、农村经济

十一、工　业

十二、建筑业

十三、交通运输和邮电

十四、国内贸易

十五、对外经济贸易

十六、财政、金融和保险

十七、教育、科技和专利

十八、文化、卫生、体育、环保

十九、现代企业制度和景气调查

特　　载

南阳市2002年国民经济和社会发展统计公报

南阳市统计局

（2003年3月10日）

2002年，全市人民在市委、市政府的领导下，高举邓小平理论伟大旗帜，认真实践"三个代表"重要思想，深入贯彻落实中央、省扩大内需、刺激经济增长的方针政策，积极应对加入世贸组织后国内国际形势的新变化，扩大内需、调整结构、深化改革、加快开放、优化环境，整体经济保持了稳定快速发展态势，实现了较高的增长速度和较高的增长质量，城乡居民生活水平继续改善，各项社会事业进一步发展，较好地完成了年初制定的计划调控目标，巩固了"十五"以来经济社会发展的良好格局。

一、综　　合

国民经济保持稳步协调发展态势。初步测算，全年实现国内生产总值625.0亿元，按可比价格计算，比上年增长9.7%。其中，第一产业增加值183.0亿元，增长8.2%；第二产业增加值283.7亿元，增长10.2%；第三产业增加值158.2亿元，增长10.6%。

市场物价总水平保持稳定。全市居民消费价格水平比上年上涨0.9%，其中城市居民消费价格下降0.1%，农村居民消费价格上涨1.6%。商品零售价格总水平比上年下降0.9%，农业生产资料价格上涨0.1%。各类价格指数见表1：

表1:2002年各类价格指数(以上年为100)

类　　　别	2002年
居民消费价格	100.9
#城　　市	99.9
农　　村	101.6
#食　　品	98.8
粮　　食	99.7
肉禽及其制品	97.2
蛋　　类	101.0
水 产 品	95.8
鲜　　菜	101.8
烟酒及用品	100.2
衣　　着	98.1
家庭设备用品及维修服务	98.4
医疗保健和个人用品	110.3
交通和通信	99.7
娱乐教育文化用品及服务	102.3
居　　住	100.6
商品零售价格	99.1
农业生产资料价格	100.1

就业形势基本稳定。年末全市城镇从业人员66.16万人，城镇登记失业率3.3%。通过推进再就业工作，全年有9890名下岗职工实现了再就业。

国民经济和社会发展中存在的主要问题是：产业结构不优，工业化水平不高、城市化水平较低等问题仍较突出；微观经济活力不够强，特别是部分国有企业经济效益较差；城乡居民特别是低收入户增收困难，"三农"问题依然比较突出；社会保障体系不够健全，就业和再就业压力不断增大；民间投资启动迟缓，农村市场销售不旺，经济增长的基础尚不稳固。

二、农　　业

农业结构调整步伐加快。适应市场需求变化，全年粮食种植面积990.86千公顷，棉花种植面积144.63千公顷，分别比上年减少3.77千公顷和3.36千公顷；油料面积257.3千公顷，增加28.3千公顷，为历年之最。农产品品种、品质和区域布局进一步优化。全市优质专用小麦播种面积占到58.0%，双低油菜良种率达到38.0%。张仲景医药创新工程全面启动，辛夷、山茱萸、裕丹参等地道中药材基地建设迈出较大步伐。花卉、蔬菜、青饲料等特色产业发展迅速，其中青饲料种植面积增长15.4倍。区域特色逐步形成，一批经济林果、特种蔬菜、花卉苗木、草食畜禽、特种水产等基地初具规模。

种植业获得较好收成。全年粮食总产量420.36万吨，比上年增长3.1%；油料产量73.37万吨，比上年增长23.1%，再创历史新高；棉花产量15.21万吨，增长5.3%。蔬菜、水果等农作物持续增产，名优、新特、精细品种不断增加。主要农产品产量见表2：

林业、牧业、渔业持续发展。全年完成造林面积39.09千公顷，比上年增长1.65倍；退耕还林10.96千公顷，幼林抚育面积186.32千公顷，林业资源的管理、保护工作取得新进展。畜牧业生产稳定。全年肉类总产量77.36万吨，其中猪牛羊肉69.13万吨，分别增长7.7%和7.1%；禽蛋总产量36.86万吨，增长8.0%；奶类总产量9.29万吨，增长54.3%。年末大牲畜存栏298.20万头，其中牛289.45万头，分别增长2.8%和3.6%，猪存栏559.93万头，羊存栏553.71万只，家禽存栏7033.31万只，分别增长8.2%、10.2%和8.9%。全年水产品产量5.59万吨，增长1.6%。

农业现代化和农田水利设施建设继续加强。2002年末，全市农业机械总动力 405.16 万千瓦，比上年增长 11.6%；农用拖拉机和农用运输车分别达到23.69万台和6.03万辆，分别增长15.6%和4.2%；全年化肥施用量（折纯）60.39万吨，增长8.4%；农村用电量10.45亿千瓦小时，增长5.4%。改造中低产田 40 万亩，完成小流域治理 213 平方公里。全市农田有效灌溉面积433.38千公顷，比上年增长0.3%，占全部耕地面积的45.6%；其中，节水灌溉面积 60 千公顷，增长17.3%；旱涝保收农田面积293.63千公顷，增长1.6%。鸭河口灌区 10 万亩节水高效农业示范区整体框架基本形成。

表 2：2002 年农业主要产品产量

	计量单位	2002 年	比上年增减（±%）
粮　食	万吨	420.36	3.1
其中：夏　粮	万吨	224.42	-1.3
秋　粮	万吨	195.94	8.7
其中：小　麦	万吨	222.33	-1.5
稻　谷	万吨	38.94	2.6
玉　米	万吨	90.32	15.7
油　料	万吨	73.37	23.1
其中：花　生	万吨	56.22	22.9
油菜籽	万吨	8.04	23.4
芝　麻	万吨	8.88	25.8
棉　花	万吨	15.21	5.3
烟　叶	万吨	6.09	-6.4
蔬　菜	万吨	772.09	5.0
水　果	万吨	24.91	13.9
肉　类	万吨	77.36	7.7
其中：猪牛羊肉	万吨	69.13	7.1
禽　蛋	万吨	36.86	8.0
奶　类	万吨	9.29	54.3
水产品	万吨	5.59	1.6

三、工业和建筑业

工业生产保持较快增长。全年全部工业增加值 250.3 亿元，比上年增长 9.8%，其中，全部国有工业及年产品销售收入 500 万元以上的非国有工业企业（简称限额以上工业企业，下同）完成增加值 111.29 亿元，增长 10.0%。在限额以上工业企业中，国有及国有控股企业完成增加值66.84亿元，增长6.6%；集体企业完成增加值23.16亿元，增长16.0%；股份制工业完成增加值22.99亿元，增长8.2%；外商及港澳台投资企业完成增加值5.20亿元，增长7.8%。分轻重工业看，轻工业增加值43.14亿元，增长12.7%；重工业增加值68.16亿元，增长8.4%。大中型工业完成增加值66.77亿元，增长5.5%。

工业结构调整力度加大。优势企业扩张步伐加快，劣势企业的优化改组改造力度加大，在纺织、医药、机电、电力、化工、食品饮料烟草等骨干行业中，一批具有较强竞争力的重点企业对全市工业经济的增长起了重要的拉动作用。企业技术改造和技术创新进展顺利。南纺集团高档服装面料、衡淯公司 1000 万瓶大输液车间 GMP 改造等 11 个重点项目竣工投产，达产后年可新增销售收入 20 亿元、利税 3 亿元；天冠集团年产 30 万吨燃料乙醇、南召回龙蓄能电站、二胶厂计算机直接制版版材、中光厂夜视瞄准镜等 56 个重点项目开工建设。工业新产品产值比上年增长 46.0%。主要工业产品产量见表 3：

表 3：2002 年工业主要产品产量

	计量单位	2002 年	比上年增减（±%）
纱	万吨	13.6	24.4
布	万米	18423.5	17.2
丝	吨	716.0	21.1
饮料酒	万吨	8.3	-15.9
酒　精	万吨	9.0	-4.6
卷　烟	万箱	33.8	-12.8
天然原油	万吨	188.0	1.1
成品钢材	万吨	5.8	49.7
水　泥	万吨	543.5	9.7
砖	万块	164603.1	25.0
硫　酸（折 100%）	万吨	2.3	100.8
烧　碱	万吨	5.0	49.3
机制纸	吨	99763.0	15.7
交流电动机	万千瓦	147.4	34.6
化　肥（折纯）	万吨	20.8	32.6
化学农药	吨	1319.8	-11.7
塑料制品	万吨	39173.2	25.0
发电量	万千瓦时	535101.2	8.8

工业经济效益显著改善。初步统计，全年限额以上工业企业经济效益综合指数为 107.05%，为近几年来的最高水平；实现产品销售收入 309.72 亿元，比上年增长 12.0%；实现利润总额 13.67 亿元，增长 51.9%；利税总额 35.92 亿元，增长 19.1%；产成品库存 25.84 亿元，下降 2.3%；亏损企业亏损额 9658 万元，比上年下降 56.8%；亏损面 6.9%，比上年下降 3.6 个百分点。但仍有一部分企业的效益还不理想，相当数量的中小企业生产经营仍较困难。主要经济效益指标见表 4：

表 4：2002 年全市限额以上工业主要经济效益指标

	计量单位	2002 年	比上年增减（±%）
工业经济效益综合指数	%	107.05	13.41
总资产贡献率	%	9.47	0.68
成本费用利润率	%	4.72	1.27
资本保值增值率	%	115.54	15.92
资产负债率	%	65.59	-3.68
流动资产周转率	次/年	1.41	0.2
全员劳动生产率	元/人	30609	11.5
工业产品销售率	%	98.53	1.32

建筑业增长加快。全年全社会建筑业增加值 9.62 亿元，比上年增长 43.3%。全市资质等级四级及四级以上建筑企业实现利润 6761 万元，增长 58.8%，税金总额 1.20 亿元，增长 36.5%。施工单位工程个数 2794 个，增长 55.4%；其中投承包工程个数 1576 个，增长 29.2%。全年房屋建筑施工面积 550 万平方米，竣工面积 240 万平方米，分别比上年增长 16.5%和 101.2%。

四、固定资产投资

固定资产投资平稳增长。投资总量再创历史新高，全年完成全社会固定资产投资162.31亿元，比上年增长12.9%。其中，国有及其他单位投资96.21亿元，增长17.5%；集体经济投资26.75亿元，增长1.3%；城乡居民个人投资34.46亿元，增长11.6%。基本建设投资完成67.87亿元，增长19.8%；更新改造投资完成22.62亿元，增长16.6%；房地产开发投资完成7.36亿元，增长89.0%。第三产业成为投资主要领域，全市第一产业投资2.48亿元，比上年下降23.4%；第二产业投资36.58亿元，下降0.4%；第三产业投资122.25亿元，增长17.8%。

基础设施、基础产业投资力度进一步加大。全年交通运输和邮电通讯业投资34.24亿元，增长34.2%；房地产公用服务咨询业完成投资10.78亿元，增长43.7%。工业投资完成3.46亿元，比上年下降1.3%，其中原材料工业投资2.89亿元，增长8.6%；机械电子工业投资2.24亿元，增长98.2%；纺织工业投资6.40亿元，增长20.6%。

重点项目建设进展顺利。宁西铁路南阳段铺轨工程全面完成。火车东站正在建设，汽车南站建成投运。许平南高速公路进入施工高潮，南邓高速公路破土动工。独山大道、滨河大道等景观路建设如期完工，中州东路开发、卧龙路改造进展顺利。

基本建设投资新增主要生产能力有：天然原油开采22.7万吨，粮食仓库储量3500万公斤，11万伏及以上变电设备19.4万千伏安，改建公路123.7公里，新建公路142.3公里。

五、国内贸易

消费品市场运行平稳。全年社会消费品零售总额224.99亿元，比上年增长10.8%。分城乡看，城市消费品零售额65.38亿元，增长11.0%；县及县以下消费品零售额159.61亿元，增长10.7%。分行业看，批发零售贸易业零售额130.44亿元，增长12.2%，占社会消费品零售总额的58.0%；餐饮业零售额18.64亿元，增长10.0%；制造业零售额43.38亿元，增长8.3%；其他行业零售额32.53亿元，增长9.1%。以住房、通讯、旅游、信息产品等为代表的新的消费热点正在加速形成。分规模看，全年限额以上批发零售贸易业消费品零售额24.28亿元，比上年增长4.7%，占社会消费品零售总额的10.8%，比上年下降0.6个百分点；限额以下企业和个体户消费品零售额106.15亿元，比上年增长14.1%，占社会消费品零售总额的47.2%，比上年提高1.4个百分点。全年城乡集市贸易商品成交额59.40亿元，比上年增长2.3%。

六、对外经济

对外贸易增长较快。2002年是我国加入WTO第一年，全市上下积极适应加入世贸组织的新形势，大力调整出口商品结构，积极开拓国际市场，对外贸易呈现较快增长。全年进出口总额17133万美元，比上年增长31.0%。其中，出口总额(不含委托出口)11252万美元，增长32.0%；进口总额5882万美元，增长31.0%。从贸易方式看，一般贸易出口10190万美元，增长45.0%，占全部出口总额的比重由上年的82.4%提高到90.6%；加工贸易出口1062美元，下降28.0%。从出口方向看，亚洲、欧洲联盟、北美洲的传统市场继续巩固，出口额分别为7465万美元、2204万美元和851万美元，分别增长44.0%、2.0%和18.0%；大洋洲、拉丁美洲、非洲等新兴市场得到拓展，出口额分别增长55.0%、50.0%和63.0%。出口产品结构继续优化。工业制成品出口10446万美元，增长29.0%，占全市出口总额92.8%。机电产品和高新技术产品出口增长较快，机电产品出口1929万美元，增长36.0%；高新技术产品出口突破1000万美元，达1086万美元，增长54.0%。

招商引资工作得到加强。以“两节一会”的成功举办为标志，利用外资工作跨上一个新台阶。全年新签利用外资协议30项，比上年增加18项；协议利用外资7731万美元，比上年增长4.8倍；实际利用外资3877万美元，增长61.1%。其中，外商直接投资3349万美元，增长2.9倍。

七、公路、邮电和旅游

公路建设发展迅速。高速公路建设实现零的突破。许平南高速公路进入施工高潮，南邓高速公路破土动工。年末全市公路里程7492公里，其中干线公路2330公里，县乡公路5162公里，二级以上公路里程1533公里。本年新增通油路乡镇8个，通油路行政村450个。全市4652个行政村，通汽车村达到4542个。

邮电通信业增势强劲。全年完成邮电业务总量16.23亿元，其中，电信业务总量14.26亿元，邮政业务总量1.97亿元。年末长途光缆线路总长4.48万公里，局用电话交换机总容量134.85万门，固定电话用户165.23万户，其中城市电话用户100.28万户，乡村电话用户64.95万户；移动电话用户发展到52.5万户。

旅游业快速发展。全年入境旅游151万人次，实现旅游总收入3.8亿元，分别增长16.0%和15.0%，均创历史最高水平。

八、财政、金融和保险业

财政增收增支。全年累计完成地方财政一般预算收入19.07亿元，比上年增长10.2%(同口径增长8.6%)，完成年度预算的102.7%。其中，增值税完成3.36亿元，增长1.6%；营业税完成2.85亿元，增长17.2%；企业所得税完成0.85亿元，下降30.9%；个人所得税完成0.57亿元，增长18.5%；城市维护税完成1.22亿元，增长19.3%；受农村税费改革、税率提高影响，农业税完成5.54亿元，增长5.95倍。全年完成财政支出43.89亿元，比上年增长27.1%。其中基建支出增长1.28倍，农业支出增长29.6%，教育、科技支出分别增长18.7%和14.8%，社会保障支出和抚恤支出增长73.2%。

金融机构存贷款增加较多。年末全市金融机构各项存款余额为415.93亿元，贷款余额为358.63亿元，分别比年初增加54.63亿元和31.79亿元。存款余额中，企业存款76.28亿元，居民储蓄存款300.20亿元，分别比年初增加1.98亿元和43.17亿元。贷款余额中，短期贷款287.13亿元，中长期贷款61.54亿元，分别比年初增加22.60亿元和13.17亿元。全年金融机构现金收入1326.55亿元，现金支出1335.23亿元，收支相抵现金净投放8.68亿元。

保险业稳步发展。全年财产险保费收入18198万元，人寿险保费收入67947万元，健康险和意外险收入3031万元。财产险赔款金额11153万元，人寿险赔付金额1979万元，健康险和意外险赔付金额2907万元。

九、教育和科学技术

基础教育结构优化，高等教育规模扩大。2002年，3所普通高校共招生7988人，比上年增长17.4%；在校生20765人，增长36.8%。南阳师范学院、南阳理工学院扩建工程进展顺利，中原技校升格为河南工业职业技术学院。中等教育结构得到调整。普通中学635所，当年招生24.54万人，在校生73.93万人，分别增长6.2%和5.1%；中等专业学校14所，当年招生1.46万人，在校生3.91万人，分别增长31.9%和19.4%。全市普通初中适龄人口入学率92.31%。小学在校生94.03万人，小学学龄儿童入学率达99.9%。全年成人技术学校培训学员67.8万人次，扫除青壮年文盲2.26万人。

科学研究成果累累，科技推广应用稳步发展。年末全市共有各类专业技术人员12.8万人。全年用于科技活动的经费支出3285万元，比上年增长5.9%。全市共取得省级以上重大科技成果11项。全年申请专利172件，专利授权135件。技术市场运行平稳。全年共签订技术合同103份，成交金额1.1亿元。

十、文化和体育

文化事业繁荣兴旺。年末，全市共有艺术表演团体17个，文化馆231个，公共图书馆13个，博物馆13个，档案馆14个。中、短波广播发射台和转播台1座，一千瓦以上电视发射台和转播台9座。全市广播人口覆盖率97.5%，电视人口覆盖率96.3%；有线电视用户28.72万户。全年出版报纸5178万份，各类杂志28万册。曲剧《惊蛰》在全省第九届戏曲大赛上荣获金奖。文化市场监管力度进一步加大。文化遗产保护工作进一步加强。南阳府衙、武侯祠、医圣祠、汉画馆得到整修。

体育事业蓬勃发展。2002年，在各项比赛中，我市运动员获得全国冠军2个、省际冠军74个。在全省第九届运动会上，南阳代表团获金牌71枚、银牌84枚、铜牌62枚，取得了金牌全省第七，总分第六的好成绩。群众性体育活动不断向深度和广度发展，全市新增社区全民健身活动场所6个，经常参加体育活动的人口达到351万人次。

十一、环境保护

环境监管能力和水平进一步提高。年末全市环境保护系统共有职工678人，各级环境监测站12个，环境监测人员287人。全年完成环境污染限期治理项目10个，总投资1042.4万元。城市环境质量有所改善。全市建成了烟尘控制区7个，面积达71.4平方公里；建成了环境噪声达标区7个，面积达48.7平方公里。城市污染治理能力增强，全市城市污水集中处理率44.16%，垃圾无害化处理率92.21%，工业用水重复利用率86.07%。

自然保护工作取得新进展。年末全市自然保护区达到7个，其中国家级自然保护区2个。自然保护区总面积200千公顷，占辖区总面积的7.5%。

十二、人　　口

人口增长继续得到有效控制。2002年全市出生人口11.67万人，出生率为11.01‰；死亡人口6.34万人，死亡率为5.98‰；全年净增人口5.33万人，自然增长率为5.03‰。年末全市总人口为1060.33万人。人口主要构成情况见表5：

表5:人口主要构成情况

	年末数(万人)	比重(%)
全市总人口	1060.33	100
其中：城镇人口	230.90	21.78
乡村人口	829.43	78.22
其中：男　性	557.39	52.57
女　性	502.94	47.43
其中：0—14岁	231.89	21.87
15—64岁	754.64	71.17
65岁及以上	73.80	6.96

十三、人民生活和社会保障

城乡居民生活继续改善。根据抽样调查，全年城镇居民人均可支配收入5659元，比上年增长19.1%；人均消费性支出4125元，增长11.7%。全年农村居民人均纯收入2020元，比上年增长4.1%；人均生活消费支出1453元，增长6.8%。居民居住条件继续改善。全年城镇竣工住宅面积78.13万平方米，农村竣工住宅面积1124.43万平方米。但一些收入较低的城乡居民家庭生活仍比较困难，建设全面小康社会任务艰巨。

社会保障事业稳步发展。年末全市参加失业保险职工人数为60.7万人，有24.3万名企业职工参加了养老保险；有49万名职工参加了基本医疗保险；有13万名职工参加了大病医疗统筹。全市有12.8万人得到社会保障救济。

社会福利事业继续发展。全市各类福利院床位达8720张，收养7400人。全市有3.6万人享受国家抚恤或补助。城镇建立起社区服务中心28个，各种社区服务设施222处。全年销售社会福利彩票5500万元，筹集社会福利资金44万元，接受社会捐赠89万元。

注：1.本公报各项统计数据为初步统计数。

2.公报中国内生产总值、各产业增加值绝对数按现价计算，增长速度按可比价格计算。

政府工作报告

（2003年3月1日市二届人大六次会议通过）

南阳市人民政府市长　何东成

各位代表：

现在，我代表市人民政府，向大会作政府工作报告，请予审议，并请各位政协委员及列席人士提出意见。

一、2002年工作回顾

过去的一年，是全市人民同心协力、奋发进取的一年，也是南阳经济建设和各项社会事业蓬勃发展的一年。一年来，全市上下坚持以经济建设为中心，集中抓好工业、农业、财政、开放四个重点，强力组织城建、交通、旅游、民营经济四个单项工作新突破，促进了国民经济持续快速健康发展和社会事业全面进步。预计全市国内生产总值完成625亿元，比上年增长9.7%，分别高于年初计划和省定目标1.7个和0.7个百分点。全市地方财政一般预算收入达到19.1亿元，增长10.2%，其中市本级完成5.3亿元，增长15.1%。全社会固定资产投资完成162.3亿元，增长12.9%。城镇居民人均可支配收入5664元，农民人均现金收入1661元，分别增长19.2%和6%。人口自然增长率控制在6‰以内，城镇登记失业率控制在3.3%以内。

——*农村经济全面发展*。全市农业增加值预计完成183亿元，增长8.2%。农业结构逐步向优质高效方向调整。棉花、油料总产分别增长5.3%、23.1%。畜牧业生产发展较快，全市牛、羊、猪年末存栏分别增长3.6%、10.2%和8.2%。张仲景医药创新工程全面启动，山茱萸、辛夷、桔梗、丹参、黄姜等地道中药材基地建设迈出新的步伐。林果产业快速发展，退耕还林、绿化工程取得较大突破，全年新发展经济林22.8万亩，完成重点工程造林60万亩。乡镇企业实现增加值170.3亿元，实缴税金5.1亿元，分别增长10.2%和10.5%。农业基础设施建设力度加大，改造中低产田40万亩，新增有效灌溉面积4万亩，完成小流域治理213平方公里，解决26万人吃水困难问题。卧龙农业高新科技示范园建设稳步推进。鸭河口灌区10万亩节水高效农业示范区整体框架基本形成。

——*工业经济速度、效益明显提高*。全市限额以上工业增加值完成111.3亿元，增长10%；销售收入、利税、利润分别增长12%、19.1%和51.9%；深入开展"管理效益年"活动，工业综合经济效益指数达到107%，比上年提高13.4个百分点。技术改造重点项目进展顺利，南纺集团高档服装面料、衡淯公司1000万瓶大输液车间GMP改造等11个重点项目竣工投产，达产后可新增销售收入20亿元、税利3亿元；天冠集团年产30万吨燃料乙醇、回龙蓄能电站、二胶厂计算机直接制版版材、航天水泥日产3000吨熟料等56个重点项目开工建设。全市高新技术企业和产品分别发展到48家、130种。南阳卷烟厂等10家企业跻身全省工业企业综合实力百强。

——*第三产业和民营经济快速增长*。预计第三产业实现增加值158.2亿元，增长10.6%。全市社会消费品零售总额225亿元，增长10.8%。旅游产业快速发展，全年入境旅游151万人次，实现总收入3.8亿元，分别增长16%、15%。民营经济在量的扩张和质的提高上均有较大突破，新发展个体私营企业2038家，达到10.5万家，其中民营科技企业达到1006家；全市民营经济预计实现增加值136.8亿元、上缴税金4.3亿元，分别增长21.6%、46.1%。

——*城镇、交通建设加速推进*。城市规划力度加大，先导作用日益增强，规划水平明显提高。中心城区建设完成投资4.7亿元，实施了12项重点工程。独山大道、滨河大道等景观路建设如期完工，中州东路开发、卧龙路改造进展顺利。绿洁畅亮美工程取得明显成效。文明城市、文明景区"双创"活动在全省综合评比中名列第四。县城和小城镇建设力度普遍加大。宁西铁路南阳段铺轨工程全面完成。火车东站正在建设，汽车南站建成投运。许平南高速公路进入施工高潮，南邓高速公路破土动工。干线公路完成投资17亿元，新改建里程410公里。县乡公路完成投资4.6亿元，建设里程1200公里，新增通油路乡镇8个、通油路行政村450个。

——*改革开放迈出较大步伐*。企业改革不断深化，对一批重点企业和老大难企业进行了不同形式的改制或重组，激发了发展活力。农村税费改革取得阶段性成果，全市农民减负50.8%。财政支出改革全面推进，南阳市会计核算中心挂牌运行，公共财政支出框架初步确立。行政审批制度改革进展顺利。行政服务中心正式启动。对外开放步伐加大。"两节一会"取得圆满成功，达到了扩大开放、促进发展、展示形象的目的。全年合同利用外资7731万美元，比上年增长4.8倍；实际利用外资4410万美元，增长154%；进出口总额1.7亿美元，其中出口创汇1.1亿美元，均增长32%。

——*民主法制和精神文明建设不断加强，各项社会事业全面发展*。积极推进民主法制建设，定期向人大报告工作，向政协通报情况，认真听取人大审议意见及政协建议，自觉接受人大法律监督、政协民主监督、宣传舆论监督和人民群众监督。全年共承办人大代表、政协委员建议和提案709件，办理行政复议案件226起。高度重视人民群众来信来访，着力化解人民内部矛盾。廉政建设和反腐败斗争扎实推进。"四五"普法全面展开，"严打"整治力度加大，社会治安综合治理成效明显，社会大局保持稳定。农村"三学三争"、企业"三爱四评"等群众性精神文明创建活动深入开展。

科技、教育、文化、新闻出版、广播电视、卫生、体育等社会事业全面进步。全市共获得市以上科技进步奖 292 项。市一中迁建一期工程如期完工，南阳师院、理工学院扩建工程进展顺利。中原机校升格为河南工业职业技术学院。我市在省九运会上取得优异成绩。曲剧《惊蛰》在全省第九届戏曲大赛上荣获金奖。整修了南阳府衙、武侯祠、医圣祠和汉画馆。邓州"编外雷锋团"在全省、全国的影响日益扩大。计划生育、土地管理、环境保护工作进一步加强。社会保障体系建设加快，再就业工作取得明显成效。民政、审计、统计、物价、气象、消防、海关、口岸、检验检疫、金融、保险、工商、税务、技术监督、药品监督、民族宗教、档案、史志、侨务、外事、国防教育、人民防空、军民共建、民兵预备役、"双拥"等各项工作都取得了新的成绩。

总体上看，去年我市经济社会发展势头很好，成绩令人鼓舞，来之不易。这是市委正确领导的结果，是市人大、市政协大力支持和有效监督的结果，是全市上下艰苦奋斗、开拓创新的结果。在此，我谨代表市人民政府，向全市广大人民群众，向驻宛人民解放军、武警官兵和政法干警，向所有关心支持南阳建设和发展的各界人士，致以崇高的敬意和衷心的感谢！

在充分肯定成绩的同时，我们也清醒地看到，我市虽然是经济大市，但与经济强市目标还有差距。经济社会发展中还存在不少困难和问题：一是农业结构调整任务还很艰巨，抵御市场风险和自然灾害的能力不强，产业化经营水平不高，支柱产业规模小、效益低，农民增收面临新的困难；二是国有及国有控股企业市场竞争能力不强，工业更新改造投资下降，名牌产品和明星企业少；三是居民收入水平低，社会就业压力加大，部分县乡财政困难，民营经济增势不强，安全生产和社会稳定的形势仍很严峻；四是政府工作中还有不少亟待改进的地方，干部作风建设有待加强，"四乱"现象时有发生。对此，我们一定要高度重视，采取得力措施，认真加以解决。

二、重点突破，整体推进，加快南阳全面建设小康社会步伐

党的十六大提出了抓住本世纪头 20 年这个重点战略机遇期，全面建设小康社会的宏伟目标。南阳作为一个人口大市，实现这一目标，确保人均国内生产总值到 2020 年比 2000 年翻两番，事关全省发展大局，也是全市 1000 多万人民的热切企盼。南阳作为一个农业大市，全面建设小康社会，根本出路是加快工业化、城镇化和农业现代化进程，使非农劳动力成为劳动力的主体，城镇人口在总人口中超过半数，农业劳动生产率大幅度提高。南阳作为一个欠发达地区，要与全省、全国同步实现全面小康社会的目标，必须坚持以经济建设为中心，在优化结构和提高效益的基础上，追求更快的发展速度，切实做到发展要有新思路，改革要有新突破，开放要有新局面，各项工作要有新举措。

2003 年是全面贯彻党的十六大精神的第一年，也是本届市政府任期的最后一年。做好今年政府工作，意义重大。今年政府工作的指导思想是：以邓小平理论和"三个代表"重要思想为指导，全面贯彻落实党的十六大精神，把加快发展作为第一要务，调整结构，扩大内需，深化改革，优化环境，强力推进工业化、城镇化和农业现代化进程，大力实施开放带动、科教兴宛和可持续发展战略，致力打造信用南阳、数字南阳、人文南阳、绿色南阳，协调发展物质文明、政治文明和精神文明，加快南阳全面建设小康社会的步伐。

今年全市经济社会发展的主要预期目标为：国内生产总值增长 9%以上，力争实现两位数增长；财政收入和国内生产总值同步增长；全社会固定资产投资增长 14%；社会消费品零售总额增长 10%；外贸出口增长 12%，利用外商直接投资增长 12.5%；城镇居民人均可支配收入增长 8%，农民人均现金收入增长 5%；新增城镇就业岗位 9.5 万个，城镇登记失业率控制在 4%以内；人口自然增长率低于 7‰。

实现这些目标，尽管面临许多困难和挑战，但总体上看，我市具备了加快发展的良好条件。党的十六大奏响了全面建设小康社会的进军号角，举国上下加快发展的热潮正在蓬勃兴起，新一轮经济增长扩张期已经来临。国家坚持扩大内需的方针，继续实施积极的财政政策和稳健的货币政策，为加快发展提供了良好的宏观经济环境。宁西铁路即将贯通，南水北调中线工程正式启动，许平南、南邓高速公路等重大工程陆续开工，将会极大地增强南阳的区位优势，拉动全市经济增长。随着结构调整的深入推进、企业改革的不断深化和市场化程度的日益提高，经济运行中的积极因素不断扩大，加快发展的内在动力逐步增强。南阳资源丰富，生态优良，文化积淀深厚，经济社会发展初具规模，劳动力成本低，比较优势突出，发展潜力巨大。只要我们充分利用有利条件，抓住机遇，乘势而上，扎实工作，就一定能够实现全年预期目标，把南阳经济和社会发展推上新的台阶。

（一）优化经济结构，增强市域经济竞争实力

优化经济结构是促进经济发展的根本途径。必须把结构调整贯穿于一、二、三产业及城镇建设等各个方面和整个过程，不断提高市域经济的整体素质和竞争实力。

1. 调整优化工业结构，走新型工业化道路

坚持"二一三"产业发展方针，抓二带一促三，突出工业主导，以信息化带动工业化，以工业化促进信息化，按照"科技含量高、经济效益好、资源消耗低、环境污染小、人力资源优势得到充分发挥"的要求，扩大总量，提高效益，加快推进新型工业化进程。今年全市限额以上工业增加值力争增长 10%以上。

加强工业园区建设，规划建设白河工业园区。尽快制定发展规划，出台优惠政策，鼓励支持老城区搬迁工业企业和新上项目向园区集聚发展，配套推进园区路、水、电、气、热、光缆、治污等基础设施建设，争取一年打好基础、三年形成雏形、五年初具规模。同时，完善提升南阳高新技术开发区，积极培育县乡特色工业小区，使工业园区成为我市工业孵化器和助推器。

积极培育六大产业基地。加快发展以天冠集团等大型优势农副产品加工企业为龙头，以生物能源和畜禽产品精深加工为重点的农副产品加工基地；以普康、宛西制药集团为龙头，以现代中药和抗生素原料药为重点的医药加工基地；以南纺、新纺和镇平地毯集团为龙头，以服装和高档面料为重点的纺织加工基地；以河南油田、桐柏碱矿、二胶厂为龙头，以油碱化工、精细化工为重点的化工基地；以金冠、防爆集团和军工企业为龙头，以电机、避雷器、汽车配件为重点的机电加工基地；以鸭电、蒲电等为龙头的电力基地，

整合工业资源，发挥规模效应。

集中力量抓大扶优。把两属企业、非公有制企业纳入择优扶强的视野，筛选15家大个企业和30家优势中小企业进行重点扶持，通过政策倾斜、资产重组、技术改造等综合措施，促其快速发展壮大，加快形成主业突出、拥有自主知识产权和知名品牌、竞争力强的大公司大企业集团。10家进入全省工业百强的企业争取位次前移，力争再有几家挤进百强行列。在鸭电、南纺、新纺销售收入超过10亿元的基础上，再有二胶厂、烟厂、宛西制药三家企业销售收入突破10亿元，油田达到50亿元。

加快工业重点项目建设。积极争取国债资金和金融支持，扩大招商引资，激活民间资本，加大工业更新改造和合资、合作项目建设力度。重点抓好南纺集团高档棉毛混纺交织面料等27个投资千万元以上项目的扫尾工作，尽快投产达标；加快30万吨燃料乙醇等40个在建重点项目和云钢、金冠、中光学集团等合资、合作项目的建设进度。全面启动鸭电二期等"十五"后三年计划开工项目的前期工作，备足工业发展后劲。

2.调整优化农业结构，加快农业现代化进程

全面建设小康社会，重点和难点在农村。解决"三农"问题，关键是用工业的理念发展农业，优化农村经济结构，提高农村工业化水平，推进农业现代化进程。

大力发展农业产业化经营。把培育加工型龙头企业作为推进农业产业化的中心环节，鼓励特色产品向优势产区集中，构建完善产业链条，实现农产品多层次增值，推动农业生产的规模经营和专业化生产。围绕产业发展，打破地域、行业、所有制界限，确定15家大型加工龙头企业和50家发展潜力较大的中小型农副产品加工企业，在项目、政策、资金等方面进行重点扶持，促其与生产基地、农民建立互惠双赢的利益联结机制，带动支柱产业发展壮大。同时，鼓励发展各级各类农村经济合作组织，提高农民的组织化程度。

突出发展区域特色产业。在巩固提高粮食、棉花、烟叶、蔬菜等传统产业的同时，突出发展中药材、畜牧、水产、林果等比较优势突出、市场前景广阔的特色产业。一是坚持医、教、研、产、加、销六位一体，大力实施张仲景医药创新工程，重点抓好山茱萸、辛夷、桔梗、丹参、天麻、栀子、黄姜、杜仲、麦冬、板蓝根等十大地道中药材规范化种植基地建设，逐步把南阳建成全省、全国重要的医药加工基地。全年中药材种植面积力争增长20%以上。二是以肉牛、奶牛、肉羊为重点，以饲养小区为主要模式，大力发展种草养畜，抓好良种繁育和疫病防治，提高畜产品质量，重组两个大型肉食集团，尽快把南阳建成全国重要的优质畜产品生产加工和出口创汇基地。力争今年肉牛、奶牛、肉羊饲养量分别达到450万头、两万头、1200万只，畜牧业产值占农业总产值的比重提高到35%以上。三是抓住当前国家实施退耕还林优惠政策这个难得机遇，加快发展用材林、经济林，尤其是要围绕实施林纸一体化项目，突出发展速生丰产林，拉动做强林果产业。今年确保完成60.5万亩的退耕还林任务，新发展经济林30万亩，林果业占农业总产值的比重提高到15%以上。

努力提高农产品质量。适应入世和现代农业发展要求，加快农作物和畜禽良种更新换代，促进农业科技成果的转化与应用，大力发展适销对路、优质安全专用农产品生产，搞好各个生产环节的监控，建立完善主要农产品的质量标准认证体系、检验检测体系，促进全市农业标准化生产水平和农产品质量全面提高。

3.突出发展旅游，繁荣壮大服务业

发展服务业，是结构调整的重要内容，也是加快工业化、城镇化和农业现代化的必然要求。

加大旅游开发力度。把旅游业作为发展服务业的突破口来抓，树立大旅游、大产业、大发展的思想，围绕创建优秀旅游城市，认真组织实施南阳旅游发展总体规划，积极合理有效开发旅游资源，加强旅游基础设施规划建设，打造精品旅游线路，搞好旅游产品开发，提高旅游服务水平，拉长旅游产业链条，扩大旅游宣传推介，尽快把旅游业发展成为我市一项新兴的支柱产业。

加快发展各种服务业。深化商业、粮食、供销等国合流通企业改革，放手发展民营商贸企业，积极推行连锁经营、特许经营、物流配送、电子商务等现代流通方式，集中培育一批主业突出、竞争力强的大个商贸流通企业。研究实施中心城区社区服务业发展规划，推动家政服务、医疗保健等社区服务组织健康发展。运用现代服务技术和管理手段，改造提升商业、饮食、运输等传统服务业，加快发展和规范金融、保险、会计、咨询、法律服务、房地产、装饰装修、物业管理等成长性强的现代服务业，进一步提高服务业在国民经济中的比重。

健全现代市场体系。研究制定全市市场建设总体规划和扶持政策，结合城镇建设，依托产业基地，改造提高、规划建设一批各具特色的商品市场，突出发展资本、产权、土地、劳动力和技术等要素市场，整顿规范市场秩序，建立健全统一、开放、竞争、有序的现代市场体系。在积极发展各类区域性专业市场的同时，进一步强化中心城区商贸服务功能，重点抓好步行街、商业区及一批档次较高、规模较大、环境优美，集购物、休闲、观光为一体的购物中心。

4.统筹城乡发展，加快南阳城镇化进程

坚持中心城区、中小城市、小城镇三头并举，实行规划、建设、管理、经营四位一体，进一步加快全市城镇化进程。

搞好城市规划。围绕建设中部地区交通通讯枢纽、区域性中心城市、进而成为全省新的经济隆起带的定位，研究修编南阳市中心城区发展战略规划、城市总体规划、功能分区规划、控制性详细规划和近期建设规划。搞好白河两岸、白河工业园区和独山森林公园规划，使白河成为我市高品位的景观轴、生态轴和发展轴，使工业园区成为南阳的新城区，使独山成为南阳生态旅游的新亮点。实施城市规划统一管理，加强城市资源配置，充分发挥规划的宏观调控作用，引导城市健康发展。认真落实城市规划法规，严格规划控制，维护规划的严肃性和强制性。加强对中小城市、小城镇和旅游景区规划的指导和审批管理，避免低水平开发建设。

加快城市建设。中心城区重点抓好卧龙路扩建、中州东路拓宽、市体育中心、消防指挥中心、第四水厂、污水处理厂二期工程和北京大道、车站路等道路的亮化、绿化工程。多方筹资，搞好府衙等区域开发。修复靳庄水库，整治3条内城河、六大入市口和火车站周围区域。坚持突出特色、扩大规模、完善功能、提高品位，加快邓州市和10个县城建设，加大对42个重点镇的扶持力度，增强其经济实力和辐射带

动能力。

推进城市经营。牢固树立经营城市理念，盘活城市资产。深化城市土地使用制度改革，坚持政府垄断一级市场，依法推行经营性用地有偿使用。健全完善土地储备、拍卖、租赁三项制度，整顿规范土地市场、建设市场和房地产市场秩序，追求土地增值最大化，把土地资源变为城镇重要财源。今年中心城区城市经营收入力争突破亿元。稳步推进旧城改造，把规划、拆迁、开发结合起来，实行市场化运作，达到政府少花钱、城市大发展、居民得实惠。深化户籍制度改革，落实鼓励农民进城的各项政策措施，引导农村人口向城镇合理流动。繁荣发展城市二、三产业，为城镇发展提供产业支撑。

强化城市管理。坚持人权、财权、事权统一，理顺城市管理体制，实行综合执法、统一管理，提高城市管理规范化、经常化、法制化水平。合理划分城市行政区域，增设办事处、居委会，加强社区建设，充分发挥卧龙、宛城以及高新区和城市基层组织的作用，建立完善两级政府、三级管理、四级联动的城市管理体系。坚持教育引导和严管重罚相结合，加大城市环境综合治理力度，取缔马路市场和店外经营，巩固扩大交通秩序、市场秩序整治成果，努力提高城市管理水平。

（二）积极扩大内需，推动投资和消费有效增长

1.加强基础设施，扩大投资需求

坚持大中小项目一齐上，一、二、三产项目一齐长，各行各业一齐上，国有、集体、民营一齐上，激活民营、招商引资、争取国家投资一齐抓，在建、新上、后续项目一齐抓，千方百计加大项目设计、争取和建设力度，在全市形成大上项目、上大项目、上好项目的良好局面，扩大投资，拉动增长。加强农业基础设施建设。抓好南水北调中线工程开工建设的机遇，积极争取、实施配套工程。加快推进鸭河口灌区及引丹灌区续建配套、农综开发、扶贫开发、东大岗开发、唐白河干流防洪治理等工程，致力改善水利条件。全面加强交通建设。积极配合宁西铁路建设和火车站扩建，促其尽快建成投运。努力开辟新航线，完善提高南阳航空港功能。加快许平南、南邓高速公路建设进度，完成14亿元的投资建设任务；抓紧做好上海至武威高速公路南阳段的前期准备工作。着力抓好15个干线工程建设项目，确保完成17.8亿元的投资和595公里的新建改建任务。积极推进县乡公路和农村道路建设，确保完成投资5.8亿元、建设1300公里的任务，基本实现乡乡通油路和新增360个行政村公路的目标。搞好农村中小学危房改造，加强城乡文化卫生体育基础设施建设。

2.提高城乡居民生活水平，扩大消费需求

认真做好就业和再就业工作，增强城镇居民消费能力。就业是民生之本。把改善创业环境和增加就业岗位作为各级政府的重要职责，坚持“劳动者自主择业、市场调节就业、政府促进就业”的方针，全面落实促进就业的政策措施，广开就业门路，增加就业岗位，积极发展劳动密集型产业，支持企业招用下岗失业职工，对大龄就业困难对象实施再就业援助，落实小额贷款担保政策，鼓励自谋职业和自主创业，扩大劳务输出，完善就业培训、服务体系，努力实现比较充分的社会就业。

完善社会保障体系，培育城镇困难群体消费能力。依法征缴并管好用好社会保障基金，确保国有企业下岗职工基本生活费、离退休人员基本养老金按时足额发放，强化城市居民最低生活保障制度建设。稳妥推进下岗职工基本生活保障与失业保险并轨。深化城镇医疗保险制度改革，继续完善养老、失业、工伤、生育保险。发展城乡救济和社会福利事业。采取临时救济、减免学杂费、提供廉租住房和动员社会力量参与救助等措施，解决生活贫困家庭的实际困难。

减负增收，提高农村居民生活水平和消费能力。巩固农村税费改革成果，防止农民负担反弹。坚持涉农税费公示制及农民负担案件追究制，坚决制止各种乱收费。大力发展农村二、三产业，拓宽农民增收渠道。引导和支持农民外出务工，保障务工农民合法权益。继续推进扶贫开发，解决12.7万贫困人口的温饱问题。新建一批人畜饮水工程，解决4万人口吃水困难。

优化消费环境，改善消费条件。继续落实鼓励消费的各项政策，更新消费观念，改善城乡市场、道路、水电、医疗等设施，改进消费服务，积极培育住房、教育、通讯、汽车、信贷以及假日、会展等新的消费热点，拓展消费领域，提升消费结构，扩大消费规模。

3.加强财政金融工作，积极支持扩大内需

增收节支，健全强化财政职能。把财源建设同优化结构和培育新的经济增长点结合起来，壮大工业主体财源，提高第三产业、民营经济和经营城市对财政收入的贡献份额。发挥财政杠杆作用，支持和引导全市经济社会持续快速发展。坚持依法治税，依率计征，强化稽查，严厉打击虚开增值税发票、做假账、偷逃抗税等违法行为。调整财政支出结构，严格执行财政支出预算，优先安排工资发放和社会保险支出，确保国家规定的教育、科技等方面的支出增长。严格控制和压缩一般性支出，除法律和政策规定需增加的重点支出外，其他各项支出实行零增长。牢固树立勤俭节约思想，坚决压缩人车会话、招待和出国考察等方面的费用开支。认真落实行政性收费和罚没收入“收支两条线”规定，做到收支脱钩、收缴分离。加强专项资金监管，实行跟踪问效。继续推进财政体制改革，建立完善公共财政框架和财政监督体系。认真组织实施“金财工程”，健全预算编制、国库集中收付和会计委派制度，扩大规范政府集中采购。

重视和支持金融工作，发挥金融对扩大内需的支持作用。积极向银行推荐效益好的项目，协调银行落实贷款承诺，支持重点企业和基础设施建设。扩大信贷投放，增加对技术改造、结构调整、信息化建设、中小企业和服务业的资金支持。发展消费信贷，增加居民购房、买车等方面的消费能力。完善金融监管机制，整顿规范金融秩序，防范金融风险，创建金融安全区。设立政府投融资机构、建立多元化投融资机制，逐步形成投资主体自主决策、银行独立审贷、融资方式多样、中介服务规范、政府有效调控的新型投融资体制。

（三）加快改革开放，为经济发展提供强大动力

改革开放是经济发展的动力。全面建设小康社会，必须不断深化改革，扩大对外开放。

1.深化各项改革，增强经济发展活力

坚持和完善公有制为主体、多种所有制经济共同发展的基本经济制度。毫不动摇地巩固和发展公有制经济，探索公有制的多种有效实现形式，积极推行股份制，发展混合所有制经济。毫不动摇地鼓励、支持和引导非公有制经济发展，提高非公有制经济在国民经济中的比重。废除对非公有制经济发展的一切不合理限制，打破行业垄断，消除进入壁垒，放开经营领域，鼓励民营经济参与城市经营、资源开发和教育、卫生、体育、文化、旅游等第三产业；支持民营经济通过参股、控股、兼并、收购、租赁等形式，参与国有、集体企业改制和资产重组，实现低成本快速扩张；积极引导民营企业向科技型、集团型、外向型发展。

推进国有资产管理体制改革。建立南阳市国有资产监管运营中心，探索有效的国有资产经营体制和管理方式，实现国有资产保值增值。深化国有企业改革，加快大中型国有企业股份多元化进程，完善法人治理结构，深化企业内部三项制度改革，建立规范的现代企业制度。认真做好优势企业上市准备工作，力争早日实现我市上市企业零的突破。加大国有、集体中小企业公退民进力度，采取多种形式放开放活。

深化行政管理体制改革。按照精简、统一、效能的原则和决策、执行、监督相协调的要求，进一步深化行政管理体制改革，科学规范部门职能，合理设置机构，优化人员结构，减少行政审批，提高政府管理水平，建立行为规范、运转协调、公正透明、廉洁高效的行政管理体制。深化行政审批制度改革，进一步减少行政审批事项，规范行政审批行为，强化政府的经济调节、市场监管、社会管理和公共服务职能。拓展完善市县行政服务中心功能，切实做到一站式办公、一条龙服务。

继续深化农村体制改革。坚持党在农村的基本政策，长期稳定并不断完善土地家庭承包经营制度。坚持依法、自愿、有偿的原则，推进土地承包经营权合理流转，发展土地规模经营。适应入世要求，用好"绿箱"政策，用足"黄箱"政策，加大对农业和农民的支持保护力度。进一步深化粮棉流通体制改革，切实保护农民利益。

2.扩大对外开放，拉动经济增长

积极应对入世带来的机遇和挑战，进一步增强开放意识，用开放的眼光、思维和方法思考和处理问题，加快与国际惯例接轨，大力发展开放型经济，走以开放促改革、促开发、促发展之路。认真落实招商引资政策，改善投资环境，敞开"盆地"大门，吸引聚集市外、境外、国外生产要素，力争今年全市招商引资总额增速达到15%以上。树立不求所有、但求所在，你发财、我发展的思想，舍得拿出优势企业、特色资源，让域外客商嫁接改造、投资开发，借助外力加速发展。鼓励支持有条件的企业积极寻求与国内外知名企业挂靠联合，引进资金、技术、品牌和管理经验。充分发挥我市承东启西的优势，加大东引西进力度。坚持以质取胜和市场多元化、出口方式多元化、外资主体多元化，加大域外市场开拓力度，尤其要努力扩大纺织、地毯、玉雕、畜牧、轻工、机电等具有比较优势产品的对外贸易。鼓励有条件的企业走出盆地，拓展发展空间。用市场运作方式，精心筹办第二届"两节一会"，使其成为对外开放的载体、经济发展的平台、全市人民的节日。提高外经、外贸、海关、口岸、商检部门的服务水平。强化驻外办事机构的招商引资职能。把优化环境特别是软环境作为一项长期任务和经常性工作，常抓不懈，努力营造优质高效的服务环境、公正严明的法制环境、规范有序的市场环境，使南阳成为开放开明之地和投资创业热土。

（四）打造信用南阳、数字南阳、人文南阳和绿色南阳，增创竞争优势

提高社会信用度，加快推进信息化，加强文化建设，改善生态环境，是增创区域竞争优势、塑造区域良好形象的迫切要求，是实现南阳经济跨越式发展的必然选择。一是打造信用南阳。加强政府信用建设，以实际行动取信于民。建立企业等级身份证、信用档案及个体工商户、个体信用档案、基本账户等信用制度。发展信用中介服务，建立健全区域性企业和个人征信、评价查询和监督管理系统。广泛开展公民诚信道德教育，使诚实守信成为全市人民的价值取向和行为规范。二是打造数字南阳。突出抓好电子政务、电子商务和企业信息化三个重点，大力实施信息基础设施建设、信息资源开发、政府办公自动化和信息技术普及四大工程。加强南阳信息港、南阳政府视窗等地方门户网站建设，集中培育一批行业网站和电子商务网站，力争短期内使我市信息化建设取得明显突破。三是打造人文南阳。坚持传统文化与现代文化相结合，围绕发展，服务经济，全面加强文化建设，增创南阳人文优势。编制南阳历史文化名城保护规划，切实抓好楚汉文化等历史文化遗产及地方优秀民间艺术的挖掘、保护和开发工作。发挥南阳作家群的带动作用，繁荣发展南阳文化事业。广泛开展群众性文化活动，提高全市人民的文化素养。四是打造绿色南阳。实施可持续发展战略，树立全民生态意识，积极发展生态工业、生态农业、生态旅游，引导各类产业向生态化方向发展。加强环境保护，建设环保城市、卫生城市、健康城市。积极实施平原绿化、通道绿化、城镇绿化，构建绿色体系，创建国家园林城市。合理开发、利用和保护各类自然资源，促进人与自然的和谐生存，建设山清水秀、天蓝地绿、既丽且康的美好家园。

（五）发展各项社会事业，协调推进社会主义政治文明和精神文明

实施科教兴宛战略。围绕推动产业结构优化升级，拓展与中国农科院、林科院等科研院所和高等院校的经济技术合作，加强卧龙农业高新科技示范园、南阳黄牛科技示范中心、鸭河口10万亩节水高效农业示范区等各级各类园区（基地）和天冠生物发酵科研中心、防爆电机科研中心、华光印刷制版科研中心、宛西中医药现代化工程中心等企业技术中心建设，加速科技成果向现实生产力的转化。加强高新技术、先进应用技术研究开发，努力形成一批拥有自主知识产权的科技成果。坚持教育优先发展，加强基础教育，优化中等教育，膨胀高等教育。积极推进中小学布局调整，逐步实现农村小学中心化、初中乡镇化、高中城市化和中心城区中小学布局合理化。重组、整合、提升中等专业学校和各类干校。抓好南阳师范学院、理工学院扩建工程。合并中医药学校、南阳卫校、一职专，筹建张仲景医学院。合并南阳农校、电大，筹建南阳农学院。加大教育投入，鼓励支持社会力量办学。全面发展现代远程教育、自学考试、成人教育和社区教育，构建全民学习、终身学习的学习型社会。大力实施人才强市战略，积极开发人力资源，营造尊重人才、吸引人才、留住人才，优秀人才脱颖而出的良好环境。

积极推进各项社会事业发展。加快发展广播电视、新闻出版事业。改善城乡卫生条件，探索推行农村新型合作医疗体系，保护和增进农民健康。积极创建全国农村中医工作先进市。大力发展体育事业，开展全民健身活动。认真做好计划生育工作，稳定低生育水平。高度重视妇女、儿童和老龄工作。维护残疾人的合法权益。深入开展“双拥共建”活动，支持部队建设，强化国防教育和国防动员工作，搞好民兵预备役和人防建设。落实民族宗教政策，加快少数民族地区经济和社会发展。进一步做好民政、统计、审计、侨务、对台、气象、地震、测绘、地方志、档案等工作。

坚持依法治市，推进社会主义政治文明。把坚持党的领导、人民当家作主和依法治市结合起来，扩大社会主义民主，健全社会主义法制，保证人民享有广泛的权利和自由。自觉接受人大及其常委会的监督，认真执行人大及其常委会通过的各项决定和决议，支持人大代表依法行使职权。加强与人民政协的协商，接受人民政协的民主监督。认真办理人大代表议案、建议和政协委员提案。广泛听取民主党派的意见，支持工会、共青团、妇联等群团组织发挥桥梁纽带作用。健全基层自治组织和民主管理制度，完善公开办事制度，确保人民群众依法直接行使民主权利。加快推进依法治市进程。坚持依法行政，规范行政行为。加强执法监督，维护司法公正，提高执法水平。深入开展“四五”普法教育，提高全市人民的法律意识和法制观念。坚持打防结合、预防为主，搞好社会治安综合治理，深入开展严打专项斗争，严厉打击各类犯罪行为，扫除各种社会丑恶现象。强化安全生产管理，防止重大事故发生。认真搞好信访工作，维护和巩固安定团结的社会局面。

全面推进精神文明建设，为全面建设小康社会提供精神动力。加强党的基本理论、基本路线、基本纲领和“三个代表”重要思想的宣传教育，引导干部群众树立正确的世界观、人生观和价值观。认真贯彻实施公民道德建设纲要，加强社会公德、职业道德和家庭美德教育，提高全民思想道德素质。把握正确的舆论导向，弘扬主旋律，加强对思想文化阵地的管理，强化舆论监督，营造良好的舆论环境。广泛深入地开展文明城市、文明村镇、文明行业、文明单位和文明公民建设活动，提高全社会的文明水平。

做好今年各项工作，全面完成上述任务，必须加强政府自身建设。我们一定要适应新形势、新任务要求，深入贯彻党的十六大精神，全面落实“三个代表”重要思想，坚持科学理政、为民施政、依法行政、从严治政，努力建设廉洁、勤政、务实、高效的政府，不断开创政府工作新局面。进一步解放思想，振奋精神，始终保持昂扬向上、奋发有为的精神状态，在学习和实践中掌握新知识，积累新经验，增长新本领，切实肩负起全面建设小康社会的庄严使命。进一步改进工作方法，突出重点，把握关键，集中抓好主导全局的重点工作，选准牵动全局的有效载体，培育先进典型，办好大事、实事，以此带动整体工作的快速推进；建立完善“四个一”工作机制（即一项重点工作或重要载体、重点项目，一个专门班子，一套政策措施，一种考核标准），使每项工作都有领导主抓、有单位负责、有专人承办、有督促检查，确保各项目标任务落到实处。进一步规范行政行为，继续推行和完善政务公开、服务承诺、限时办结、责任追究和行风评议等行之有效的制度，强化法制观念，严肃政务纪律，把政府工作纳入制度化、规范化、法制化轨道。进一步转变作风，牢固确立执政为民的观念，坚决做到权为民所用、情为民所系、利为民所谋，一切为了群众，一切相信群众，一切依靠群众，带领群众创造幸福生活；牢记“两个务必”，发扬谦虚谨慎、不骄不躁、艰苦奋斗的优良作风，压缩文山会海，减少应酬接待，坚决反对和纠正形式主义、官僚主义和虚报浮夸、敷衍塞责等不良风气；严格落实党风廉政建设责任制，深入开展反腐败斗争，认真纠正部门和行业不正之风，树立良好的政府形象。

各位代表，形势催人奋进，任务光荣艰巨。让我们高举邓小平理论伟大旗帜，全面贯彻“三个代表”重要思想，在十六大精神的指引下，在省委、省政府和市委的领导下，万众一心，开拓进取，为加快南阳全面建设小康社会而努力奋斗！

关于南阳市2002年国民经济和社会发展计划执行情况与2003年计划(草案)的报告

——2003年2月26日在南阳市二届人大六次会议上

南阳市发展计划委员会主任　王清华

各位代表：

我受市人民政府委托，向大会报告我市2002年国民经济和社会发展计划执行情况与2003年计划(草案)，请予审议，并请各位政协委员和其他列席人士提出意见。

一、2002年国民经济和社会发展计划执行情况

2002年，在市委的领导下，在市人大、市政协的监督、支持和帮助下，全市上下认真贯彻市二届人大四次会议精神，着力扩大内需、调整结构、深化改革、加快开放，国民经济持续快速增长，社会事业全面发展。初步预计，全年国内生产总值达到625亿元，比上年增长9.7%；地方财政一般预算收入完成19.07亿元，增长10.2%；城镇居民人均可支配收入达到5664元，增长19.2%；农民人均现金收入达到166l元，增长6%。

结构调整迈出新步伐，产业竞争力不断提高。农业结构以市场为需求，努力向优质高效方向调整，支柱产业逐步明晰，黄牛、中药材、林果三大特色产业发展加快，全年粮食总产420.4万吨，比上年增长3.1%；棉花总产15.21万吨，增长5.3%；油料总产73.37万吨，增长23.1%；大牲畜年未存栏298.2万头，增长2.8%；农业增加值达到183亿元，增长8.2%。工业结构调整成效明显，列入省工业结构调整的8个标志性重点项目进展顺利，宛西制药厂年产2000万瓶六味地黄丸生产线扩建项目、新野纺织集团高档服装面料等项目建成投产，天冠集团年产30万吨燃料乙醇项目、镇平日产3000吨水泥熟料生产线项目开工建设，军工企业通过改制活力增强，全市重点培育的15家骨干企业对全市工业经济的稳定增长起到了较大的支撑和拉动作用，全市工业增加值达到250.3亿元，比上年增长9.8%。服务业结构进一步优化，市场消费稳中趋活，预计社会消费品零售总额达到224.99亿元，增长10.8%；旅游资源开发步子加快，宝天曼生态旅游示范区等项目进展顺利；非义务教育、房地产业快速发展，非国有经济发展势头良好，预计全年第三产业增加值达到158.2亿元，比上年增长10.6%。

固定资产投资快速增长，基础设施建设取得新成绩。预计全社会固定资产投资达到162.3亿元，比上年增长12.9%，其中城镇以上投资98.75亿元，增长17.5%。宁西铁路南阳段全线铺通，许平南高速公路进入施工高峰，南邓高速公路开工建设。农网改造一期工程完工并通过省验收，回龙抽水蓄能电站工程进展顺利，鸭电、蒲电二期前期工作加紧进行。方城、镇平国家粮食储备库建成并通过预验收。城市基础设施建设力度加大，独山大道、滨河大道竣工通车，卧龙路、中州东路改扩建工程进展顺利；县城和小城镇建设取得较大进展，改建和扩建步伐加大，被省政府确定为城镇化重点发展县(市)的新野、邓州和镇平正在高起点修编规划，其中邓州已到位省专项资金1000万元。

对外开放步伐加快，利用外资和外贸出口势头良好。成功举办了中国·南阳张仲景中医药创新工程推介暨经贸洽谈会，签订合同引资项目611个，合同引资49亿元。目前已建成运行项目325个，占53.2%；在建项目150个，占24.5%；累计到位资金21.9亿元。预计全年实际利用外商直接投资达到2667万美元，比上年增长54%；外贸进出口总额达到17133万美元，其中出口总额11252万美元，均比上年增长32%。东引西进取得新成效，经贸合作和技术交流进一步加强。

各项改革稳步推进，发展环境继续改善。农村税费改革取得阶段性成果，全市农民减负50.8%，国家与农民分配关系进一步规范，促进了农村社会稳定。国有企业改革继续深化，现代企业制度建设取得新进展。投融资体制改革迈出新步伐，垄断行业和公共服务部门建设的市场化、产业化步伐逐渐加快。行政审批制度改革初见成效，行政效率有所提高。打假和专项整治工作深入开展，市场经济秩序继续好转。

就业再就业和社会保障工作进一步加强，各项社会事业全面发展。预计全年城镇新增就业岗位8.9万个，城镇登记失业率控制在3.3%以内，“两个确保”得到较好落实。科技成果转化取得积极成果，一批高技术产业化项目得到启动。教育结构进一步调整，南阳一中迁建一期工程竣工投入使用，普通高校招生2947人，比上年增长18.5%。环保工作取得新成绩，重点河流和城市环境污染防治得到加强。计划生育工作继续加强，预计全年人口自然增长率5.1‰。文化、卫生、体育、广播电视、新闻等社会事业蓬勃发展。

但也要清醒地看到，当前我市经济运行中还存在着一些突出矛盾和问题：部分工业行业和大中型企业运行质量不高。农业产业化经营水平较低，龙头企业少，辐射带动能

力较差。民间投资尚未有效启动，下岗失业人员增多，城镇新增劳动力和农村富余劳动力转移的压力较大，再就业形势不容乐观。一些地方"四乱"现象时有发生，投资环境需要进一步优化。我们要高度重视这些矛盾和问题，并在今后的工作中努力加以解决。

二、2003年国民经济和社会发展计划的目标和任务

2003年是全市人民贯彻落实党的十六大精神的重要一年，安排实施好国民经济和社会发展计划，保持全市国民经济快速增长的良好势头，迈出全面建设小康社会的新步伐，意义重大。我们要增强紧迫感和责任感，以邓小平理论和"三个代表"重要思想为指导，紧紧围绕全面建设小康社会的战略目标，按照南阳要实现"交通通信枢纽、新的经济隆起带、区域性中心城市"三个定位的要求，进一步解放思想，转变观念，抓住机遇，加快发展，抓好扩大内需和经济结构调整，加大改革开放力度，加快工业化和城镇化进程，繁荣农村经济，促进国民经济持续快速健康发展和社会全面进步。

今年我市国民经济和社会发展的主要目标是：国内生产总值增长9%，力争实现两位数增长，居民消费价格总水平上涨1%左右，人口自然增长率控制在7‰以内，城镇登记失业率低于4%。其他主要预期指标是：全社会固定资产投资增长14%，财政收入与国内生产总值同步增长，社会消费品零售总额增长10%，利用外商直接投资增长12.5%，外贸出口总额增长15.5%，城镇居民人均可支配收入增长8%，农民人均现金收入增长5%。以上目标体现了贯彻党的十六大精神，抓住机遇加快发展的信心和决心，也考虑了发展的基础和条件，经过努力是能实现的。

今年国民经济和社会发展的主要任务是：

(一)加强国债项目和重大项目建设，进一步增强投资拉动作用。继续抓好国债资金项目的争取和建设。强化已建成国债项目的竣工验收和经营管理，确保发挥投资效益。加强对在建项目的组织协调，保证工程质量，确保按计划建成投产。按照国家新增国债资金的重点投向，在县乡公路、农村卫生、中小学危房改造、服务业基础设施、高新技术产业化和公检法司建设等领域，扎扎实实做好项目前期工作，积极向国家和省汇报衔接，努力争取多开工一批新的国债项目。

集中力量抓好一大批事关全局的重点项目建设。突出抓好十大农业工程、十大工业项目、十大基础建设，努力为经济社会发展提供更加有力的支撑。集中力量抓好许昌至南阳、南阳至邓州高速公路建设，抓紧做好上海至武威高速公路南阳段的前期工作，配合国家和省基本建成宁西铁路南阳段，沿线有关县区要在一二年内建设、完善、配套31个县乡站的广场、道路及服务设施。加大县乡公路建设力度，抓好卧龙区卧英路等12条县乡公路建设。确保回龙抽水蓄能电站按合理工期建设，加快鸭电二期、蒲电二期项目的前期工作，力争尽快开工建设，抓紧做好西峡电厂的规划工作。全面启动县城电网改造工程，加快南阳市第四水厂、污水处理厂一期管网配套工程及县城(市)的供水、污水和垃圾处理工程建设。

(二)大力推进农业结构调整和产业化经营，促进农民增收和农村经济发展。进一步加强农业基础设施建设，重点抓好以唐白河干流一期防洪治理和中小型水库除险加固等为重点的防洪工程、鸭灌和引丹灌区续建配套、节水灌溉、退耕还林、农产品基地、生态环境、农村道路、人畜饮水等十大重点工程建设，积极配合国家、省搞好南水北调中线工程建设，做好配套开发项目的规划论证工作，努力提高农业抗御自然灾害能力，改善农村生产生活条件。强化农村市场体系和服务体系建设，抓好新野蔬菜、西峡双龙香菇、淅川香花辣椒、卧龙区白河农产品等15个批发交易市场建设。合理安排以工代赈和各项扶贫开发资金，继续抓好扶贫开发工作。

大力培育支柱产业。在巩固传统产业的基础上，着力抓好市场潜力大、前景好、附加值高、优质高效的支柱产业，快速膨胀规模，促其总量扩张。重点抓好粮、棉、菜、果、药、牧六大基地建设。积极培育龙头企业，重点抓好天冠集团、南阳娃哈哈食品有限公司等15家大型产业化龙头企业和50家发展潜力较大的中小型农副产品加工企业。加快东西合作步伐，吸引外地资金、人才、技术、设备到我市从事农副产品深加工。

(三)大力推进工业结构调整，加快工业化进程。按照新型工业化的要求，改造提升传统产业，突出发展主导产业，催生和壮大一批对全市经济发展具有较强带动作用的大企业、大集团，开发一批市场占有率高的名牌产品，促进产业优化升级。加强结构调整项目的争取和管理工作，在抓好8个全省标志性工程项目的同时，要继续筛选论证，再争取一批项目纳入省标志性工程和结构调整扶持计划。今年和今后一个时期，要重点培育六大支柱产业，抓好10大工业项目，即以30万吨燃料乙醇等为重点的农副产品深加工项目、以产业用布和高档服装面料等为重点的纺织品加工项目、以洁霉素延伸产品等为重点的抗生素加工项目、以六味地黄丸等为重点的仲景医药加工项目、以汽车配件和防爆电机等为重点的机电加工项目、以印刷版材为重点的感光材料项目、以大水泥为重点的新型建材项目、以胶印书刊纸等为重点的制浆造纸项目、以低盐重质纯碱为重点的纯碱开发项目、以新材料和新工艺为重点的冶金项目。工业园区建设要坚持高起点规划、高标准实施，重点抓好白河南以天冠燃料乙醇为龙头的农副产品深加工生态工业园区、高新区等工业园区建设。

(四)积极培育和扩大消费需求，大力发展服务业。继续增加城乡居民特别是低收入者的收入，进一步清理对农民进城务工的歧视性政策和不合理收费，增加农民劳务收入。加快农网二期改造工程，推进城乡居民生活用电同价，减轻农民电费负担。按照国家、省的部署，增加对"两个确保"、城市"低保"和再就业工作的投入，增加机关事业单位职工工资及离退休人员离退休金。做大做强旅游业，扩大旅游消费，积极推进伏牛山区旅游资源开发，搞好旅游交通网络和生态环保设施建设，重点抓好宝天曼生态旅游区、西峡老界岭生态旅游区等旅游基础设施项目建设。积极发展房地产业，普遍推行购房入户政策，取消购房不合理收费，扩大住房消费。大力发展社区服务业，着力推动政府管理和社会服务的社区化。加快农村服务业发展，继续支持优质特色农产品流通服务设施建设。认真研究编制我市服务业发展规划，

积极争取国家和省引导资金，抓好一批服务业项目建设。

(五)加快推进城市化，积极促进农村人口向城镇转移。继续坚持南阳中心城区、县城(城市)、小城镇"三头并举"的方针，大力推进城市化。南阳中心城区要科学规划，进一步搞好基础设施建设，完善城市功能，重点抓好卧龙路和中州东路拓宽改造、白河大道西段等工程建设。抓好示范带动，搞好城镇建设和发展，进一步做好邓州、镇平、新野三个省定重点县市城市化工作，为小城市建设积累经验。加快户籍管理制度改革，引导和促进农村人口向城镇转移。

(六)继续实施东引西进，努力扩大对外开放。抓好第二届"两节一会"和招商引资的组织筹备工作，做好招商引资项目的筛选、论证，精心做好各项前期准备工作。加强已签约项目的跟踪落实和后期服务，加快项目进度。进一步拓宽利用外资领域，充分发挥大中型企业招商引资的主体作用，改进招商方式，吸引外商投资我市基础设施、基础产业和制造业，扩大利用外资规模。

千方百计扩大出口。进一步深化外贸体制改革，加大市场开拓力度，在努力扩大纺织、地毯、轻工、畜牧等传统优势产品的同时，抓好医药及机电等高新技术产品出口。抓好生产企业自营出口和委托代理出口的"免、抵、退"税政策的落实。鼓励优势企业采用贴牌生产、战略协作、原产地认证、设立研发机构等国际通行方式，进入国际跨国集团全球网络，拓展新的市场空间。积极组织劳务输出，促进农村劳动力有序流动。

大力推进东引西进。鼓励东部企业来我市实施企业购并、联合重组，运用多种形式，促进东部产业、资本、技术向我市转移。积极开拓西部市场，扩大我市在西部的市场份额。充分发挥南阳驻外办事处招商引资的作用。

(七)加强就业和再就业工作，大力发展科教文卫等各项社会事业。实施积极的就业政策，广开就业门路，坚持用发展的办法解决就业问题。大力发展社区就业，加快推进社区服务的产业化、市场化，加强社区商贸零售、餐饮和各类公共服务网点的建设。继续鼓励发展就业容量大的个体私营经济和中小企业，积极发展具有比较优势和竞争力的劳动密集型产业。积极发展对经济增长有重大带动作用的高新技术产业，重点抓好金冠金冠集团数字化用声表面波等高新技术项目建设。优化教育资源，巩固"普九"成果，统筹抓好一批优质高中建设；加快高校扩容工程，抓好南阳师范学院、南阳理工学院扩建等工程建设；大力发展职业技术教育和成人教育。进一步推进文化、卫生、体育等社会事业发展，加快一批县(市、区)图书馆、文化馆、贫困县医院、县级卫生防疫站、妇幼保健院和中心乡镇卫生院建设，抓好南阳体育中心工程建设，积极开展群众性体育活动，提高人民健康素质。坚持可持续发展战略，依法关闭小造纸、小水泥等重点污染源，搞好重点河道、河段的水污染防治，抓好车用乙醇汽油的试用工作，搞好生态环境保护。

三、深化改革，优化环境，为发展创造良好条件

继续推进农村税费改革，搞好配套改革；深化粮棉流通体制改革。推进企业产权制度改革，不断增强企业活力；搞好国有企业和国有资产管理体制改革，积极推进国有企业股权多元化，通过资产重组和战略协作，加快培育一批具有核心竞争力的大型骨干企业和企业集团；认真落实《中小企业促进法》，为中小企业创造良好的经营环境。

加强融资工作，大力发展个体私营经济。研究制定政府投资法规，将政府投资纳入规范化、法制化轨道。优化政府投资资源配置，形成合力，提高政府对公益性设施和基础设施的投资能力。制定切实可行的融资方案和政策措施，进一步启动社会投资，扩大股票、债券、信托融资，积极引进国内外战略投资者，支持我市基础设施建设、经济结构调整和国有企业改革。搞好经营城市工作，通过经营城市各项措施的落实，将我市土地、基础设施、公用服务设施等城市资本推向市场，滚动经营，把依靠政府进行城市建设改为投资主体多元化，最大限度地盘活城市资产存量，扩大城市资产增量，推进我市城市建设快速发展。消除阻碍个体私营经济发展的各种障碍，切实落实各项鼓励措施，使个体私营经济与其他经济成分在结构调整、资金使用、政策环境和政府服务等方面一视同仁；打破部门和行业垄断，鼓励民间资本以独资、合作、参股、特许经营等形式，进入经营性基础设施和公益性事业领域。

进一步整顿和规范市场秩序。坚持依法行政，深入开展各项专项整治，坚决制止对农民和企业乱摊派、乱收费、乱罚款、乱检查。严厉打击制假售假等破坏经济秩序的违法犯罪活动。抓好食品安全卫生检查和价格专项检查。加强重大项目稽察，查处重点建设领域违法违规行为，保证资金安全，提高工程质量和投资效益。

各位代表，今年全市国民经济和社会发展任务相当繁重。我们相信，在市委的正确领导下，在市人大、市政协的监督、支持和帮助下，全市上下认真贯彻党的十六大精神，抓住机遇，加快发展，团结奋进，扎实工作，一定能够克服困难，完成今年国民经济和社会发展计划的各项目标任务。

南阳市二届人大六次会议大会秘书处

2003年2月25日

关于南阳市2002年财政预算执行情况和2003年财政预算(草案)的报告

——2003年2月26日在市二届人大六次会议上

市财政局局长　马东升

各位代表：

我受市人民政府委托，向大会作南阳市2002年财政预算执行情况和2003年财政预算(草案)的报告，请予审议，并请各位政协委员和其他列席人士提出意见。

一、2002年全市财政预算执行情况

2002年，我市国民经济持续快速健康发展，在此基础上，财政收支预算圆满完成，财政收入稳定增长，重点支出较好保障。

全市财政收支预算圆满完成。2002年，全市地方财政一般预算收入完成190737万元，为调整预算的102.7%，增长10.2%，可比口径增长8.6%，圆满完成了市二届人大四次会议确定的7%的收入增长目标。市二届人大四次会议和县市区人大审议通过的2002年全市一般支出预算为332087万元。执行中市县对预算进行了调整，调整后支出预算为332602万元，预算执行中加上上级专项追加支出43838万元，上年结转结余31794万元，农村税费改革转移补助29076万元，各级从预算外调入资金12762万元等，全市支出预算为466289万元，实际完成438865万元，为调整预算的94.1%，增长27.1%。一些项目跨年度执行，结余结转下年支出27424万元。

2002年，全市一般预算收入增加1.8亿元，其中增值税、营业税和城市维护建设税分别完成3.4亿元、2.8亿元和1.2亿元，分别增长1.6%、17.2%和19.3%；农村税费改革后，提高了农业税税率，全市农业税完成5.5亿元，增长5.9倍。

全市财政支出增加9.4亿元，由于财力分配重心下移，县市区级支出增加高于市级，县市区级支出增加额占全市的78.7%。新增支出的使用突出了重点，其中：基本建设支出增加1.8亿元，增长1.3倍；教育支出增加1.6亿元，增长18.7%；科技和科学支出增加655万元，增长14.8%；农业支出增加0.7亿元，增长29.6%；教育，科技、农业支出增长均高于经常性财政收入的增长，达到了法定要求；社会保障支出和抚恤支出增加1.6亿元，增长73.2%。

市级财政收支预算运行平稳。2002年，市级一般预算收入年初预算54810万元，执行中，由于实行所得税中央与地方分享改革和四部门行政性收费纳入预算，经市人大常委会批准，调整为52416万元。市级收入实际完成53204万元，为调整预算的101.5%，增长15.1%，可比口径增长7%。其中，增值税由于受油田原油价格走低及“两电”原料成本涨价因素影响，短收771万元，下降4%；营业税增收728万元，增长9.5%；个人所得税增收721万元，增长77.4%；城维税增收1178万元，增长17.4%。市级支出预算完成较好，重点支出得到保障。市二届人大四次会议审查批准的市级2002年财政一般支出预算为69810万元，执行中因政策变化，经市人大常委会批准，支出预算调整为71036万元。执行中加上上级专项追加13850万元，上年结余结转13807万元，超收安排788万元，调入资金3491万元等，市级支出预算为106364万元，实际完成97029万元，为调整预算的91.2%，增长25.6%。其中科技和科学支出1495万元，增长31%；教育支出7570万元，增长14.4%；各项农业支出4342万元，增长2.8%，主要是支农和农综开发专款追加县市区较多，原列市级的支出反映在县市区；社会保障支出6179万元，增长34.4%。

全市和市级基金预算执行情况。2002年，全市基金收入1894万元，为预算的143.6%，下降91.8%；支出完成5296万元，为预算的78.7%，下降74.1%。主要是农村税费改革后取消了农村教育费附加，县级基金收支减少较多。市级基金收入1328万元，为预算的141.3%，增长38.6%；基金支出1879万元，为预算的69.6%，增长3.7倍。

2002年，全市和市级财政预计可以实现收支平衡。目前正在汇总全市和市级决算，待汇总结束后再向市人大常委会报告。

总的来看，2002年财政改革和发展都取得了明显成绩，各项财政工作任务圆满完成。

(一)进一步强化收入征管，收入预算圆满完成。2002年收入组织工作面临许多困难和问题，各级财政部门迎难而上，千方百计挖掘增收潜力，全方位加强收入征管，保证了财政收入稳定增长。在收入工作中，一是及时分析收入形势，准确掌握收入总量和结构变化情况，牢牢把握工作主动权，形成了齐心合力抓收入的良好氛围。二是适应农村税费改革的要求，不断完善农业税征管办法。全力克服税费改革第一年农业税征管中矛盾多、任务重、征管力量不足等实际问题，认真执行农业税征收政策，使农业税入库和政策执行情况明显好于往年。三是认真落实“收支两条线”规定和“票款分离”管理办法，加强对各类非税收入的征收管理，保证了财政收入的完整性。

(二)全力抓好农村税费改革，保证了改革平稳推进。农村税费改革是涉及面广、情况复杂的一项重大改革，关系全

市稳定和发展大局，对全市财政预算执行也有重大影响。各级政府都把农村税费改革作为工作的重中之重，全力以赴，精心组织，艰辛运作，保证了改革平稳推进。一是加强领导，强化责任。各级成立专门领导机构，层层落实领导分包责任制，形成强有力的组织指挥体系。二是牢牢把握改革方向，科学制定改革方案。在认真测算、分析、比较的基础上，实事求是地制定了改革方案，兼顾了农民减负和各级政权正常运转的财力需要，为确保改革政策的全面落实奠定了坚实基础。三是抓住关键环节，认真组织搞好计税土地面积核查，农业税额分解入户及征收入库工作。四是及时解决改革中出现的新情况、新问题，化解矛盾，确保稳定。多次深入乡村和农户了解情况，指导改革，及时研究解决大量的热点难点问题。改革以来，市县两级共组织召开专题会议220多次，集中组织较大规模的暗访20余次，暗访农户近10万户，共接待群众来信、来电、来人反映问题、咨询政策6000多人(次)，对群众反映的问题都及时做了妥善处理。经过不懈努力，我市改革取得了重要成果：全市农民减负50.8%，国家与农民分配关系进一步规范，减轻农民负担有了制度保证；基层干群关系得到改善，促进了农村社会稳定；“三个确保”初步落实，基本做到了让农民满意、教师顺心、基层干部心里踏实，改革目标基本实现。

(三)积极支持服务经济社会事业发展，财政保障能力进一步提高。一是积极向上争取项目和资金，卓有成效地支持了全市经济发展。去年共争取工业结构调整，高新技术、国债建设等项目资金2.9亿多元，支农资金2.2亿多元，各类粮食补助、补贴资金3亿多元，教育、政法等项目资金5100万元，支持了工业结构调整、农业结构调整、基础设施建设以及中小学危房改造、政法系统建设等。同时，市财政也积极筹措资金，大力支持工业、农业、旅游、城市建设，特别是支持了“两节一会”举办，武侯祠、医圣祠、府衙等旅游景区以及滨河路改造、独山大道，第四橡胶坝、一高迁建、“光亮工程”等重点项目建设。二是支出结构得到进一步调整优化，重点支出得到了较好保障。在优先保证政权建设和机关正常运转、足额保证干部职工工资发放的基础上，财政对社会保障及法定支出的保障能力进一步增强。三是加强了基层财政建设，促进了基层财政保障能力的提高。调整了县乡财政体制，理顺了财力分配关系，提高了乡镇财政保障能力；对农村中小学教师工资实行县级统一管理的新体制，初步建立了教师工资保障制度；积极向国家和省争取税费改革转移支付资金2.9亿多元，为维护基层政权稳定提供了保障。

(四)强力推进支出改革，新的财政运行机制初步建立。一是积极推进预算编制制度改革，圆满完成了市级部门预算和综合财政收支计划的编制工作。同时，加大改革力度，使部门预算改革扩大到全市范围。二是扩大国库集中收付规模，进一步规范财政收支行为。三是政府采购制度改革取得新的突破。四是强力推行会计委派制，初步建立了市县乡村一体的新型会计管理体制。目前市本级和全市所有县市区本级都成立了“会计核算中心”，实行了集中统一核算；13个县市区全部推行“乡财统管”，并对村级财务实行了“村账乡监”，其中10个县的“乡财统管”、“村账乡监”工作已全部完成。财政支出改革的深化，对加强财政监管，堵塞各种漏洞，提高资金效益以及从源头上治理腐败现象，密切干群关系，推进廉政建设，都发挥了重要作用。

(五)全面加强财政监管，监管力度进一步加大。一是以实现资产与财务统一管理为目标，强化了国有资产基础管理工作。二是强化了对财政资金运行过程的监督，特别是加大了对重点专项资金的跟踪监督力度。先后组织开展了对财政专项资金的监督检查，及时纠正了截留、挪用、挤占问题。三是加强了对预算外收入的稽查力度，全市共查处违纪资金5190万元，进一步规范了执收执罚行为。四是认真搞好会计信息质量抽查，规范财税秩序。

在肯定成绩的同时，也应当清醒地看到当前财政工作中存在的困难和问题：一是不少县乡收入结构单一靠农业税支撑的特征明显，一些乡镇财政保障能力较弱，特别是部分县乡行政事业人员还没有按国家标准发放工资，财政仍比较困难。二是财政改革进展不平衡，许多方面有待于进一步深化和提高。三是按照公共财政要求，调整优化支出结构的任务还很重。四是农村税费改革任务仍很艰巨，稍有忽视放松，农民负担反弹的问题就有可能出现。五是资金不足和流失浪费现象并存，财政监管仍需进一步加大力度。对此要采取有效措施，认真解决。

二、2003年财政收支预算安排

2003年是贯彻十六大精神、全面建设小康社会的第一年，妥善安排收支计划，对于全市经济和社会发展具有十分重要的意义。今年全市预算安排和财政工作的指导思想是：以党的十六精神和“三个代表”重要思想为指导，以推进和建立公共财政框架为目标，按照依法理财的要求，狠抓增收节支，确保财政收入稳定增长，调整优化财政支出结构，控制和压缩一般性支出，保证重点支出的需要，同时严格落实“收支两条线”规定，加强非税收入管理，促进经济社会事业健康发展和社会稳定。

今年预算安排遵循的原则：一是积极稳妥安排收入计划，财政收入与国民经济增长相适应；二是优先安排国家规定的工资、津贴和社会保障支出，科技、教育、农业支出符合法定增长；三是坚持量入为出，预算内外统筹使用，确保收支平衡；四是细化支出项目，加强项目评估论证。

2003年，我市国民经济将继续保持较快的发展势头，财政收入具备稳定增长的基础。但另一方面，由于所得税地方分享比例从50%调整到40%，地方所得税收入减少；农业税基数大，但不会有大的增长，影响一般预算收入增幅；短期内新的大的增收亮点不多。综合考虑经济发展和政策因素，2003年全市地方财政一般预算收入20.6亿元，增长8%，这样安排是积极稳妥的。全市收入计划是指导性的，各县市区根据本地实际，编制本级预算。

2003年市级收入初步安排意见是：一般预算收入57460万元，增长8%，其中，增值税(含外商投资企业所得税)20600万元，增长8%；营业税9400万元，增长12.4%；所得税3713元，下降1.6%；城维税8500万元，增长6.8%；随着行政性收费纳入预算管理，安排行政性收费收入3120万元。

按照收入预算和现行财政体制算账，2003年，市级可供安排支出的财力为78600万元，比去年增长6.5%，市级支出安排的初步意见是：人员经费4.2亿元，占支出的

54%，公用经费 0.8 亿元，占支出的 10.4%，专款和专项支出 2.8 亿元，占支出的 35.6%。市级新增财力安排主要用于个人经费、科技、教育、支农及社会保障支出。其中，科技和科学支出 1224 万元，增长 6%；各项农业支出 6146 万元，增长 6%；教育支出 7544 万元，增长 12.1%；社会保障补助支出 1190 万元，增长 70%（市级财政收支预算详见草案）。

需要说明的是，市级一般预算收入安排充分考虑了各方面的增收因素，安排比较积极；市级支出由于财力有限，安排得比较紧，没有留下余地，在执行中要从严控制。

三、突出工作重点，狠抓组织落实，圆满完成 2003 年各项财政工作任务

为了确保完成今年的财政收支预算和各项工作任务，要重点抓好以下几项工作：

（一）全面抓好收入组织工作，确保完成收入预算任务。这项工作事关全市经济发展和社会大局稳定。要按照严征、严管、严查的要求，从以下五个方面加强收入组织工作：一是要强化组织领导。要建立财税工作例会制度和收入形势通报制度，及时研究解决收入工作中的重大问题。三是要加强财源监控。要组织开展一次全方位、拉网式的财源调查登记工作，掌握财源真实底子，做到对财政收入心中有数。三是要严格执行税收征管政策。严格执行税收政策，坚决维护税法统一性。工作中做到既抓住大的、也，不放小的，保证各类收入依法足额入库。四是建立完善农业税收新的征管机制，使农业税尾欠和遗留比去年大幅度减少。五是加强非税收入征管。做到应收尽收，足额入库，防止截留、坐支行为。

（二）继续抓好积极财政政策落实，大力支持社会事业发展。强化抓项目就是抓发展、抓财源、抓收入的观念，主动出击，积极争取国债项目资金、工业、农业结构调整资金及其他项目和资金，增强经济发展和财政增收后劲。按照推进工业化、城镇化和农业现代化的要求，集中支持重点。重点是向农村倾斜，改善农村生产生活条件和基础设施；向结构调整倾斜，促进技术进步和经济增长质量的提高，培植新的财源增长点；向社会公共事业上倾斜，支持社会保障体系建设、政法系统建设、农村中小学教育布局调整和危房改造。同时，加强资金管理，加快项目进度，促进我市经济增长。

（三）抓好财政监管，规范财经秩序。一是深入贯彻《会计法》和《注册会计师法》，大力整顿规范会计秩序，强化会计基础管理工作。二是要加强对财政投资基本建设项目资金的监督管理，建立财政投资项目评审制度。三是强化对企业资产与财务的统一管理，完善国有资产监管机制，确保国有资产保值增值。四是继续加强对政府债务的统一管理和监督，防范财政风险，维护政府信誉。五是完善行政事业单位银行账户财政审批制度，实行单位收支、财务和银行账户的统一监管。

（四）确保重点支出需要和法定支出合理增长，促进社会稳定。社会保障、工资发放和社会就业事关人民群众切身利益，事关改革发展稳定大局。要继续大力调整支出结构，增加资金投入。一是要加大对社会保障的支持力度。要确保企业离退休人员基本养老金和国有企业下岗职工基本生活费按时足额发放，继续做好城市居民最低生活保障工作，增强“三条保障线”的保障能力。二是要继续做好工资保障工作。把保证干部教师工资及时足额发放作为各级财政第一位的任务，首先安排好工资支出。对不能按时足额发放干部教师工资的地方，停止执行地方性的津贴和补助。强化工资发放责任制，全面实行财政统发、银行代发，确保工资不拖欠。三是要保其他重点事业支出，特别是支农、教育、科技等法定支出要保证按法定比例增长。四是从严控制支出，制止铺张浪费。落实好中央和省有关要求，2003 年，除按法律法规和有关政策规定需要增加的重点支出外，其它各项支出都维持 2002 年的支出规模和水平，一般性支出实行零增长。

（五）继续深化财政改革，实现财政改革的新突破。当前财政改革要抓好三个方面：一是巩固完善农村税费改革，防止农民负担反弹。进一步增强对改革长期性、艰巨性、复杂性的认识，高度关注改革中出现的新情况、新问题，及时研究新办法、拿出新措施；认真落实好税费改革政策，清理对农民的经营服务性收费，税费分别征收，不能混淆。规范县对乡村的转移支付和补助，保证乡村正常运转。从严查处各种违反农村税费改革政策的行为，保持农民负担的长期稳定。二是继续深化和扩大财政支出改革，在重点领域和关键环节组织实施新突破。深化、完善部门预算；依据《政府采购法》，坚持管办分离，强力推行政府采购，要在采购规模、采购范围、支付方式、运行机制四个方面取得新的突破；深化会计委派制改革，在市县乡村全面建立会计集中核算制度，强化对财政性资金运行的监控职能；以实施“金财工程”为契机，完善国库集中收付制度，全面提高财政管理水平。三是进一步深化国有资产管理体制改革。以完善国有资本出资人制度为核心，以组建国有资产经营公司等营运主体为重点，构建国有资产管理、监督、运营新体制。

各位代表，今年财政改革和发展的任务十分繁重。我们要认真贯彻落实党的十六大精神和“三个代表”重要思想，开拓进取，扎实工作，圆满完成各项财政工作任务，开创财政改革和发展新局面，为全市经济社会事业发展和大局稳定作出新的贡献。

专题文章

2002年经济发展回顾及2003年展望

2002年，全市上下以“三个代表”重要思想为指导，认真贯彻落实中央、省、市关于经济工作的方针政策，积极应对加入世贸组织后国内国际形势的新变化，扩大内需、调整结构、深化改革、加快开放、优化环境，整体经济保持了稳定快速发展态势，经济增长的质量和效益都有明显提高。伴随着党的十六大精神的贯彻落实，南阳将进入与时俱进，开拓创新，全面建设小康社会的新的发展时期，2003年全市经济将继续保持稳定较快增长，改革、开放、发展必将迎来新的局面。

一、2002年经济运行情况评价

2002年全市国民经济保持了良好发展态势，整体经济呈现出“两个较高”的基本局面，即不仅保持了较高的经济增长速度，而且呈现出较高的经济增长质量。

1. 经济运行的态势和特征

(1)国民经济保持了较高的增长速度。主要表现在：

——经济增长状况好于预期。初步预计，2002年全市国内生产总值有望完成625.0亿元，按可比价格计算，比上年增长9.7%，高于9%的预期目标。其中，第一产业增加值增长8.2%，第二产业增加值增长10.2%，第三产业增加值增长10.6%。

——经济增长走势在较高平台上保持加速状态。一季度全市GDP增长8.3%，上半年GDP增长8.9%，元一九月GDP增长9.5%，预计全年GDP增长9.7%。2002年全市经济增长的轨迹呈现出较高平台上的加速运行态势。

——三大需求对经济增长的支撑不断增强。首先，投资需求旺盛，预计全年全社会固定资产投资达165.45亿元，增长15.1%。其中基本建设投资预计完成65.0亿元，增长23.9%；更新改造投资预计完成18.0亿元，下降7.2%；房地产开发投资完成7.1亿元，增长82.4%。其次，消费品市场平稳增长。由于消费环境改善和居民消费层次提高，手机、电脑和空调等热点商品保持热销，新型经营业态继续呈现快速发展势头。消费品市场总体运行平稳，月度间增幅变化不大。预计全年社会消费品零售额将实现224.79亿元，比上年增长10.7%。第三，以“两节一会”的成功举办为标志，对外贸易跨上一个新台阶。预计全年全市对外贸易出口总值有望完成1亿美元，比上年增长17.3%；合同利用外资金额预计为7393万美元，增长4.5倍；实际利用外资预计为2965万美元，增长2.4倍。

——产业供给能力、竞争能力明显增强。首先，农业在结构调整中稳定发展。种植业取得较好收成，主要农作物产量“四增一减”。粮、棉、油、菜增产，烟叶产量下降。全年粮食总产为420.36万吨，比上年增长3.1%；其中夏粮生总产224.42万吨，略减1.3%；秋粮总产195.94万吨，增长8.7%。棉花受价格大幅上扬影响，总产达15.21万吨，增长5.3%；油料作物总产为73.37万吨，增长23.1%，再创历史新高；蔬菜瓜类全年产量为772.09万吨，增长5.0%；烟叶总产6.32万吨，下降6.9%。农业结构调整中，花卉、蔬菜、青饲料等特色产业发展迅速，种植结构进一步优化。优质专用小麦播种面积占到58.0%，双低油菜良种率达到38.0%，青饲料种植面积比上年增长15.4倍，在优质农作物、畜牧养殖、中药材、蔬菜林果等方面已经形成了一批特色基地和支柱产业。畜产品生产和加工能力继续扩大。预计年末全市大牲畜存栏299.05万头，增长3.1%；生猪存栏529.23万头，增长2.3%；羊存栏518.28万只，增长3.2%；肉类总产量77.63万吨，禽蛋产量38.21万吨，分别增长8.1%和11.9%。农村税费改革稳步推进，农民负担比改革前减轻49.7%。其次，工业生产速度逐季攀升。市委、市政府“抓二带一促三”战略的实施取得明显成效，预计全年全部工业增加值可望完成250.3亿元，比上年增长9.8%；其中，限额以上工业增加值增长10.6%，增速比一季度提高2.5个百分点，比上半年提高2.1个百分点，比前三季度提高1.1个百分点，呈逐季加快之势。技术改造重点项目进展顺利，南纺集团高档服装面料、衡淯公司1000万瓶大输液车间GMP改造等11个重点项目竣工投产，达产后年可新增销售收入20亿元、利税3亿元；天冠集团年产30万吨燃料乙醇、南召回龙蓄能电站、二胶厂计算机直接制版版材、中光厂夜视瞄准镜等56个重点项目开工建设。在纺织、医药、机电、电力、化工、食品饮料烟草等骨干行业中，一批具有较强竞争力的重点企业对全市工业经济的增长起了重要的拉动作用。

(2)国民经济实现了较高的增长质量。主要表现在：

——工业企业运行质量显著改善。2002年，全市工业战线深入开展了“质量管理效益年”活动，通过明确市场导向，加强营销管理，加快产品更新换代，有力地促进了工业企业活力提高。全市限额以上工业企业工业产品销售收入、利税总额、利润总额预计将分别增长11.5%、18.0%和35.0%，工业综合经济效益指数一路走高，预计全年将达到105%，比上年提高11.6个百分点，是近几年来的最高水平。多数行业经营状况明显好转，两属、市直、县区实现协调发展。二胶厂、普光电厂、新纺、桐柏安棚碱矿、南纺、化学制药厂、宛西制药、西施兰公司等一批骨干企业保持较好的盈利水平，油田、鸭河电厂扭亏为盈，一贯严重亏损的军工企业出现转机。

——财政收入保持增长。全市财政一般预算收入预计增长9.3%，增值税、营业税、企业所得税、个人所得税、城市维护税等地方财政收入的主要来源增势良好。财政支出改革全面深化，南阳市会计核算中心挂牌运行，公共财政支出框架初步确立。

——市场物价保持稳定。2002年全市居民消费价格总水平继续呈现出小幅微升的稳定态势，预计全年全市居民消费价格指数为100.7%，比上年平均水平上涨0.7个百分点。从元一11月情况看，医疗类价格上涨幅11.5个百分点，是拉动价格上涨的主要因素。

——城乡居民收入增长较快。预计全年全市城镇居民人均可支配收入可达5512元，比上年增长16.0%；农民人均纯收入有望突破2000元，达到2015元，比上年增长3.9%，初步摆脱低位徘徊局面。

——城市面貌明显改观。中心城区建设完成投资4.7亿元，实施了12项重点工程。独山大道、滨河大道等景观路建设如期完工，中州东路开发、卧龙路改造进展顺利。绿洁畅亮美工程全面推进，以整治城市交通秩序和市场秩序为重点的城市管理取得明显成效。

总体上看，2002年南阳经济发展情况较好，增长质量也显著改善，实现了"两个较高"。这既是近年来中央一系列宏观调控政策效应的综合显现，也是全国、全省经济环境趋好、结构调整日见成效的结果，更是全市上下不断深化经济体制改革、加快推进对内对外开放的积极成果。从外部因素看，经济增长的活力有所增强，需求约束的缓解为经济回升提供了有利基础。住宅、汽车、基础设施等直接提升消费结构和产业结构且对国民经济增长带动作用较大的领域，开始呈现或保持快速增长势头；城镇化的加速带动房地产投资和销售持续增长，正逐渐成为经济增长的热点。投资需求的增长、消费需求的转暖和出口需求的回升，有力地拉动了全市基础原材料、机械电子、化工、工艺美术品制造等行业生产的增长。从内部因素看，主要是近几年南阳加快经济结构调整，加大招商引资力度，通过资产重组、扶优扶强、技术改造、招商引资等多种途径，加紧培育新的经济增长点，在优质农作物、畜牧养殖、中药材、蔬菜林果等方面形成了一批特色基地和支柱产业，在纺织、医药、机械、电子、化工、食品等行业涌现了一批优势骨干企业，同时，企业家信心指数和企业景气指数等指标持续平稳攀升，微观经济主体对宏观经济和自身发展的信心不断增强，经济增长中内生动力的作用正在逐步显现。

2.经济运行中的主要问题

2002年以来，全市经济总体运行状况良好，经济运行质量、经济结构调整及重点项目的引进和建设等方面都出现了积极变化，既为当前经济的增长提供了有力支撑，也为今后的发展奠定了基础。但是，经济运行中仍存在一些值得关注的问题，经济持续上升的基础还不够稳固。

首先，由于总量供大于求的格局没有改变，经济结构性矛盾较为突出，社会有效需求仍然不足。信息化、城市化对经济增长的贡献度一时难有大的提高。传统产业升级困难，农业结构调整的"趋同性"和"盲目性"难以彻底改变，对农村经济发展和农民收入增长的贡献尚未达到预期效果。工业生产经营状况好转主要是由少数几个大户支撑的。特别是南阳油田、鸭河电厂两个亏损大户的扭亏转盈对全市工业经济效益影响巨大。而南阳油田和鸭河电厂的盈亏在很大程度上是由油价和电价的高低决定的，在市场经济条件下，这种靠价格支撑的高速度高效益很不稳固。

其次，投资的拉动作用仍需加强。南阳是欠发达的农业大市，经济发展要赶上全国、全省平均水平，投资增长就需要高于全国、全省水平，但目前南阳固定资产投资增速仍低于全国、全省水平。有关资料显示，2002年全国大部分省、市、区固定资产投资增速在20%以上，河南省居全国20位以后。而从南阳情况看，2002年全市城镇以上固定资产总体虽保持增长势头，但增速明显放缓，元～11月同比回落14.5个百分点。在全省18个省辖市的总量位次由上年同期的第二位下降为第三位，增速位次由第七位下降为第10位。尤其值得注意的是，2002年以来全市用于产业升级和具有产业带动作用的更新改造投资、工业投资一直处于增幅下降之中。此外，由于主要的大型投资项目都集中在市直，县市区投资少且分布不均，部分县市区缺乏项目投入，难以带动本县域经济的发展。

第三，税费改革后，县乡财力缺口加大。南阳是经济结构比较单一的农业区，县乡财政尤其是乡镇财政对农业依赖性很大。2001年，全市县乡财政收入中来自第一产业的占到36.7%，其中乡镇级财政收入中来自第一产业的高达60.2%，直接来自种植业的占50.2%。税费改革后，农民负担明显减轻，但也使县乡财政收入大幅减少，财政增收只能依靠农业的转化，以发展农产品加工企业和乡镇企业来支撑，机构的正常运转将更加依赖于财政的转移支付。财力困难将严重制约县乡经济的发展，并直接影响全市经济的较快增长。

二、对2003年经济发展的趋势展望

2003年是党的十六大召开后的第一年，党的十六大把今后一个时期定位为"必须紧紧抓住的并且可以大有作为的重要战略机遇期"和"实现现代化建设第三步战略目标必须的承上启下的发展阶段"，因此，作为承上启下发展阶段的开端，2003年是南阳实现由"总体小康"向"全面小康"跨越的关键一年。从经济发展面临的内外部环境上看，既有难得的机遇，也有严峻的挑战，机遇大于挑战。

有利机遇：一是随着对党的十六大精神的贯彻落实，全面建设小康社会的新政策、新举措将陆续出台，私营经济、中小企业的发展环境将会明显改善，市场准入的门槛可望进一步降低，经济发展有保持平稳向上状态的需要；同时，国家扩大内需、积极的财政政策和稳健的货币政策等宏观经济政策将继续保持，经济平稳和较高增长将会受到宏观政策的有力支持，新一轮加速发展的重大机遇已经来临；二是宁西铁路全线贯通、南水北调中线工程正式开工、许平南高速公路和南邓高速公路等重大工程相继开工，将会极大地增强南阳的区位优势，拉动经济增长。三是从近两年来的经济运行态势可以看出，南阳正处于新一轮经济增长的扩张期，有望保持较快发展。四是随着我国加入世贸组织和西部大开发战略的深入实施，发达国家和沿海发达地区的生产要素将会加速向内地转移，南阳作为资源丰富、市场广大、承东启西、连南接北的中部地区，有望吸引更多的投资。

主要挑战：入世后的负面影响会进一步显现出来，许多竞争力不强的行业和企业将会受到更大冲击；观念陈旧、机制不活、环境不优等长期困扰南阳发展的深层次矛盾仍很突出；产业升级还比较困难，企业竞争力不够强，农民增收的渠道不广，传统三产比重较大，将影响经济增长率的进一步提升；国债投资支撑能力趋于缓和，投资需求后劲不足；城乡居民收入水平偏低的状况短期内没有大幅度提升的条件，消费需求的进一步启动阻力较多；周边地区竟相加速发展，区域竞争日趋激烈，南阳面临不进则退、慢进也是退的重大挑战。

综合分析当前经济运行状况及面临的客观环境，我们以投入产出模型为基础，利用有关线性回归模型对2003年南阳经济发展趋势进行了预测。认为当前南阳经济正处在

新一轮经济增长周期的扩张期，如果能充分利用好各种有利条件和潜能，2003 年全市经济将承续 2001 年以来的良好态势而保持稳定较快增长，国内生产总值预计增长9.0%左右。其中，第一产业增长 7.3%，第二产业增长 10%，第三产业增长 10%。

1.农业将保持平稳运行态势。从全市农作物秋冬播种情况看，夏粮播种面积呈现恢复性增长，其中优质专用小麦播种面积占到 58%，比上年增长 54%；夏油播种面积增长 14.9%，其中双低油菜良种率达到 38%；药材、花卉、青饲料等种植面积均有大幅度增加。加上畜牧生产继续增长，为农村经济的发展打下了良好基础。若明年不发生大的自然灾害，预计 2003 年农业总产值可增长 7.3%。

2.工业生产增速有望快于今年。由于市场稳中趋活，将为工业产品提供有效需求空间；同时企业在调整产品结构、加快技术进步、加强内部管理、积极稳妥地推进现代企业制度等方面取得一定成效，新的增长点不断涌现，适应市场、创造需求的能力有所提高，也将对工业持续增长产生积极影响。但考虑到有效需求不足矛盾尚未根本化解，结构调整效应的完全发挥还有一个渐进过程，加上企业发展受到资金制约、中小企业发展仍然不快等影响，2003 年工业增长速度将呈稳中有升势头，预计全年工业生产增长速度维持在 10.5%以上。

3.固定资产投资将保持平稳增长态势。2003 年，许—平—南高速公路将进入投资高峰期，天冠集团 30 万吨燃料乙醇项目开始建设，南水北调工程、南邓高速、南阳市区段 312 国道改线有望开工，但由于宁西铁路明年进入收尾阶段。预计 2003 年全社会固定资产投资有望完成 185.5 亿元，增长 12.1%。

4.消费品市场将呈“稳中趋旺”走势。近年来各项增资政策的兑现和出台将提高城镇居民的收入预期；居民储蓄存款保持较快增长，潜在的购买力较大；社会保障体系日益完善，逐步提高居民支出预期；加入 WTO，将释放一部分持币待购的潜在购买力；而在 2003 年即将大范围实施的“面的”换“轿的”及国家进口车降价政策将对我市的汽车消费有所启动；随着南阳城区的逐步扩大，城市人口的增多，将进一步带动我市的房地产消费；同时受供求关系的影响，物价大幅波动的可能性较小。预计 2003 年社会消费品零售额将达到 249.11 亿元，比今年增长 10.8%。

5.物价水平与今年相比持平微升。由于当前供大于求的经济格局已经形成，从而也就决定明年我市价格总水平会在一种平稳的状态下波动。初步预计，2003 年我市居民消费价格指数为 100.5。

6.城镇居民人均可支配收入将突破 6000 元。受今年增速较高影响，同时考虑到明年可能出台的增资因素，预计 2003 年全市城镇居民人均可支配收入将达到 6011 元，增长 10%左右。

7.农民人均纯收入保持增长。预计 2003 年我市农业生产将在结构调整、优化的过程中保持增长，农产品价格可望回升，农民外出打工继续保持增长势头。同时，随着农村税费改革的继续推进，农民负担将大幅减轻，给农民增收带来了新的希望。初步预计，2003 年农民人均纯收入将达到 2112 元，增长 4.8%。

三、今后一个时期应采取的主要政策措施

今后一个时期，是南阳深入贯彻十六大精神，全面建设小康社会，尽快实现从农业大市到经济大市、经济强市转变的关键时期。作为全面建设小康社会的开端，2003 年是非常重要的一年。针对 2002 年南阳国民经济运行的实际状况，以及未来经济发展趋势中可能遇到的新情况、新问题，2003 年全市经济工作的着力点应当是：以十六大精神为总纲；以扩大就业岗位、社会稳定为前提；以调整经济结构、发展涉农行业为载体；以改革开放为动力；以增加两个收入（城乡居民收入、财政收入）为标志；以全面建设南阳小康社会为目的。

具体讲，应从以下四个方面着手：

首先，在推进全市工业化的进程中，要优先发展涉农工业。目前，南阳经济发展尚处于工业化初级阶段，加快推进工业化进程是财政增收、缓解就业压力和增强地方经济实力的根本途径。但在实施步骤上，基于当前的南阳实际，应以发展涉农工业为优先选择，具体要以培育大型的农副产品深加工企业为重点。要通过这些加工企业大量消化、吸收地产农副产品，从根本上解决农产品销路问题，缓解农产品的积压状况，增加农民收入和转移部分农村劳动力，使这些加工企业成为当地农业产业结构调整的支撑点和产业化经营的“龙头企业”。并且要通过工业对农业的带动，催生出一批从事农产品中间经营的农村第三产业行业和从业人员。这样，通过涉农工业的发展，就把一二三产业贯通起来，拉长了产业链条，为解决农业大市的突出问题——“三农”问题创造了条件。

其次，加快农业产业化进程，围绕农产品加工企业做结构调整和品质优化，为涉农工业发展夯实原料基础。要努力实现农产品的优质化，加快优良品种的引进、选育和推广步伐，积极培育农产品的优质优价机制，鼓励农民种植优质农产品，扩大优质产品在整个农产品中所占的比重，同时加强农药、化肥、添加剂、生长调节剂等农资的生产和使用安全，完善农产品质量监督检验体系，发展无公害农业，实现农产品生产由大路货为主逐步转向以优质产品为主。要与龙头企业或组织建立各种方式的连接关系，根据涉农企业的需要，结合地理环境、气候条件、光热资源和物种特点，优化区域种植结构，大力开发高附加值的名、特、优、稀产品，提高农业效益，增加农民收入。要结合本地区农业主体产业和主导产品，构造生产基地，建立大型批发市场，培植和发展农产品流通企业，积极培育和完善农村市场体系。同时要大力培育市场中介组织和农村经纪人队伍，拓宽流通渠道，搞活农产品流通。

其三，配合工业化进程，协调推进城镇化，不断优化资源配置。城镇化建设应是涉农行业发展的载体，通过城镇化建设，改变农村工业过于分散的格局，在小城镇形成聚集效应，为农村第三产业的发展和剩余劳动力的转移创造更多的空间和机会。在城镇化建设中，要坚持政府引导、市场主导，巧借市场之力，通过中心城区的扩张和功能的完善，派生出对住宅建设、交通运输、通讯、电力、供水、环境及其他公共设施建设的巨大投资需求和消费需求，进而从根本上提高全市宏观经济运行质量。

其四，以城镇化为依托，加快第三产业的发展。涉农行

业的发展必然会产业的发展状况标志着一个地区经济发展的水平，第三产业占据国民经济的优势地位是产业结构优化的最终目标。但在当前，第二产业仍是我市经济支柱，农业还占国民经济相当比重，必须要通过工业的发展壮大和成熟来促进第三产业的发展。要加强宏观调控，尽快构建有利于工业和服务业协调发展的良好环境，对那些与人民生活密切相关的行业，以及适合南阳经济发展的新兴行业，在政策上给予扶持，促进各类服务业对经济增长的支撑。要充分利用南阳的独特自然资源和历史文化资源，加强旅游开发推介力度，使旅游业成为新的经济增长点。通过第三产业的发展，为现有产业创造新的需求，直接或间接地吸纳现有产业中的部分人员和其他资源，实现资源在现有产业中的再配置，促进产业结构升级和区域经济结构进一步协调，从而最大限度地提升经济自发增长的能力，促进南阳经济在新世纪持续健康发展。

（南阳市统计局　杨光　安洪波）

农村经济保持良好发展势头

2002年，全市农林牧渔业总产值突破300亿元，达到312.64亿元，按可比口径比上年增长7.9%，农业结构调整显露生机与活力，农民收入和农村固定资产投资持续增长，税费改革取得阶段性成果，为全面建设小康社会打下了良好的基础。

农村经济运行的基本态势

一、农业生产的基本情况

（一）种植结构进一步调整。2002年，全市继续大力调整种植结构，缩减粮食面积，扩大高附加值的经济作物面积。全年农作物总播种面积2645.7万亩，比上年增长1.3%。其中粮食面积1486.3万亩，比上年减少0.4%，以优质专用小麦、优质玉米、高油高蛋白大豆、优质水稻、脱毒红薯为主的优质专用粮食品种面积占70%以上。经济作物面积全面上升，总面积达1143.5万亩，占总播种面积的43.2%，比上年提高2.3%，粮经比由上年的57.1∶42.9调整为56.8∶43.2。油料面积385.9万亩，比上年增加42.4万亩；蔬菜瓜类面积464万亩，其中蔬菜面积就达406.5万亩；中药材情况面积达28.1万亩，比上年增长17.9%。另外，近几年种植的食用菌、花卉、青饲料等经济作物都得到较快发展。

（二）粮食、棉花、油料总产量平稳增长

1.粮食生产呈现“双升”特征。“一升”指全年粮食单产282.83公斤/亩，比上年增长3.5%，另“一升”指全年粮食总产量420.36万吨，比上年上升3.1%。

2.油料生产呈现良好发展势头，总产量连年创新高。全年油料作物总产量73.37万吨，比上年增加13.75万吨，增长23.1%，再创历史新高。其中油菜籽8.88万吨，比上年增加2.36万吨，增长23.37%；花生56.22万吨，比上年增长22.85%。

3.棉花生产平稳增长，烟叶、麻、糖产量下滑。受2001年棉花价格低迷的影响，2002年棉花种植面积减少，但单产水平不断提高，总产量达到15.21万吨，比上年增长5.3%。烟叶总产量为6.32万吨，比上年下降6.9%；麻类产量为781吨，比上年下降38.8%；糖料产量为2.03万吨，比上年下降14.5%。

（三）优质农产品区域布局趋于合理，总量不断扩大。全市具有比较优质的小辣椒、食用菌、中药材、林果等特色产业区域化布局、规模化经营、专业化生产水平不断提高。小辣椒面积、产量均占全国的三分之一，山茱萸、辛夷花产量分别占全国的70%和60%以上，蔬菜、烟叶、月季、板栗、猕猴桃等都已形成了区域特色优势。

（四）无公害农产品生产实现零的突破，农产品标准化示范生产已经起步。新野县成为北京外埠蔬菜、生猪“场地挂钩”基地之一，10万亩无公害蔬菜瓜类生产基地已通过省认定，无公害生产成为提高农产品质量和竞争力的主要方面。

（五）产业化经营水平逐步提高。围绕支柱产业的发展，打通一、二、三产业，实行“公司＋基地＋农户”经营模式，初步形成了棉纺、中药材等几个产业链条，培育和壮大了一批有一定带动能力的龙头企业。全市各类农业产业化龙头企业已达257家，年产值达80亿元，带动农户85.2万户，占全市总农户的36.8%。全市年经营额10万元以上的农民经纪人有1129人，联系农户60万户。

（六）农业生产条件进一步改善。顺利完成了鸭河口、引丹两大灌区续建配套、节水灌溉等年度工程任务。全市新增节水灌溉面积90万亩，新增旱涝保收田8.2万亩，新打配机电井4600眼，新增除涝面积31.4万亩。农业机械数量持续增长，农机总动力达到405.16万千瓦，拖拉机、农用运输车、联合收割机等主要农业机械达到45万台，机械化作业水平进一步提高，机耕面积达780万亩，机收面积560万亩。

（七）农业科技水平不断提高。农业新品种、新成果的科研、转化步伐加快。从中国农科院、林科院引进101个项目；南阳自己培育的豫麦70、宛麦369、宛棉801－8、豫薯12、14等高产、优质新品种，在全市得到大面积推广应用；引进了郑麦9023、豫王22等一大批高产优质新品种，主要农作物良种覆盖率达95%以上。保护地栽培、植物脱毒、高效集约种养、配方施肥、病虫害防治等重点农业技术推广普及率达30%以上。

二、牧、渔、林业生产稳步发展

（一）畜牧业生产稳步推进，特种养殖发展较快。全年畜牧产品价格稳中有升，带动了畜牧业生产稳步发展。2002年全市猪、羊、禽存栏分别为559.93万头、553.71万头、7033.31万只，分别比上年增长8.20%、3.63%、8.92%，牛存栏289.45万头，比上年增长3.63%。肉类总产量为76.27万吨，比上年增长7.50%，禽蛋产量为36.83万吨，比上年增长7.90%。在政府“奶业工程”带动下，奶类产量为9.29万吨，增长53.8%，成为拉动经济的又一亮点。牛、猪、羊、禽良种覆盖率分别达到85%、82%、77%和87%。全年全市畜牧业产值达96.74亿元，增长9.3%。

（二）林业生产快速发展。2002年，全市积极落实大力发展林业生产和退耕还林的各项政策，林业生产得到了较快发展，营林面积大幅增加，完成退耕还林41.5万亩，完成绿化通道2277公里，新发展经济林22.8万亩，全市林业总产值达11.15亿元，增长10.7%。

（三）渔业生产继续保持增长势头。全年渔业产值达3.99亿元，比上年增长3.9%。

三、农民收入增长继续增加

2002年农民人均纯收入突破2000元大关，达到2020.03元，扣除价格因素比上年增长4.1%。农民收入增长一部分来源于工资性收入的增加，全年农民人均工资性现金收入达445.59元，比上年增加32.74元，增长7.93%，其增加额占农民纯收入增加总额的40.82%。农牧业生产的较好形势，也仍然是农民收入增长的重要因素。全市农民来自家庭经营出售产品现金收入人均901.04元，比上年增加48.88元，增长5.74%。其中，出售种植业产品收入人均633.8元，比上年增加42.28元，增长7.15%；出售牧业产品收入人均234.52元，比上年增加11.26元，增长5.04%。

四、农村各项政策得到了较好的落实

农村税费改革取得良好成效，农民负担明显减轻，农民人均负担比改革前下降78元，减幅达49.7%。农村土地流转加快，农村剩余劳动力进一步增加。各级政府积极鼓励国家机关、企事业单位和个人到农村承包土地，发展多种经营，农村土地流转因此而步伐加快。这样，一方面使更多的农民从土地中解放出来，可以到城里打工或从事其它产业；另一方面，使农业生产逐渐向规模化、产业化方向发展，农村的产业结构将进一步得到优化。

当前农村经济发展中存在的一些问题

一是农业结构调整的任务还很艰巨，农业结构、农产品质量与市场需求的多样化、优质化仍然不相适应，市场开拓不足，农产品结构性过剩，部分农产品出现季节性、结构性滞销、跌价；二是农业产业化体系不健全，龙头企业少，带动能力弱，龙头企业与基地建设不相匹配，利益机制尚不完善。三是农民增收困难，农村富裕劳动力多，转移就业的空间有限，农民收入增长速度趋缓；四是农产品质量标准和检验检测体系建设滞后，农产品质量和食品安全形势还非常严峻，农产品质量不能适应加入WTO后的市场竞争。五是农业基础设施条件仍然脆弱，农田水利、乡村道路等基础设施建设投入仍然不足，农业生产受制于天的局面仍没有得到根本改善。六是农业投入不足，受税费、金融体制改革等诸多因素的影响，财政、信贷及农户投入能力下降。

（南阳市统计局　杨海金）

工业生产快速发展　运行质量显著提高

——2002年全市工业经济运行情况

2002年，南阳市限额以上工业企业（即全部国有工业和年产品销售收入500万元以上工业企业，下同）889家，其中：国有工业181家，集体工业389家，三资工业38家；大中型工业93家，小型工业796家；轻工业496家，重工业393家。综观全市限额以上工业经济的发展，可谓亮点频现：生产增长，效益好转，运行质量显著提高。

工业经济运行的突出特点

一、工业生产快速增长

2002年全市规模以上工业完成增加值111.3亿元，比上年增长10%。各种经济类型工业全面增长，其中国有企业生产增长5.7%；集体企业生产增速12.1%，股份合作企业生产增速21.2%，联营企业生产增速19.3%，有限责任公司增长10.4%，股份有限公司增长2.6%，私营企业增长38.5%，港、澳、台投资企业生产增长4.5%，外商投资企业生产增长9.1%。轻重工业协调发展，重工业完成增加值68.2亿元，比上年增长8.4%，轻工业完成增加值43.1亿元，比上年增长12.7%，高于全市平均增速2.7个百分点。

二、结构调整效果明显

主导产业带动作用进一步突出。2002年石油、电力、化工、医药、食品、纺织、建材等七大主导产业完成工业增加值79.1亿元，占全市限额以上工业的71%，比上年增长9.6%，对全市限额以上工业生产增长的贡献率达到68%，拉动全市工业生产增长5.9个百分点。

企业创新能力增强，新产品产值快速增长。面对激烈竞争的市场，我市工业企业加大产品开发创新力度，不断调整产品结构。2002年新产品产值完成31.3亿元，比上年增长46%。

能源工业总量强劲扩张，在全市整个工业结构中的地位举足轻重。2002年全市石油和天然气开采业、石油加工及炼焦业、电力、蒸汽、热水的生产和供应业共完成工业增加值38.8亿元，占全市工业增加值总量的34.9%。其中电力、蒸汽、热水的生产和供应业强劲增长，2002年完成工业增加值15.5亿元，比上年同期增长13.1%，全年发电量53.5亿千瓦小时，同比增长8.8%。

三、经济效益大幅提高

随着生产的快速增长，经济效益明显好转，运行质量显著提高。全年限额以上工业企业实现产品销售收入 309.76 亿元，比上年增长 11.4%；实现利润 13.58 亿元，同比增长 19.8%；实现利税总额 36.33 亿元，同比增长 11.9%；亏损企业亏损额为 1.24 亿元，同比减亏 43.9%；综合效益指数为 110.22%，同比提升 7.26 个百分点。

工业经济效益水平全面提高。2002 年全市工业经济效益综合指数达 110.22%，比上年同期提高 7.26 个百分点。计算工业经济效益综合指数的七项构成指标全线飘红，其中总资产贡献率为 9.56%，比上年同期提高 0.26 个百分点；资本保值增值率为 113.25%，比上年同期提高 13.63 个百分点；资产负债率为 65.73%，比上年同期降低 2.49 个百分点；流动资产周转率为 1.72 次/年，比上年加快 0.1 次，资金使用效率进一步提高；成本费用利润率为 4.68%，比上年同期提高 0.34 个百分点；劳动生产率达 31343 元/人年，比上年增长 10.3%；产品销售率达 98.53%，比上年同期提高 1.32 个百分点。

企业交纳税金快速增长。2002 年全市工业交纳税金 22.7 亿元，比上年同期增长 7.7%。国有及国有控股企业是我市工业的主要税源，2002 年交纳税金 14.9 亿元，占全市工业税金的 65.6%。

工业利润大幅提高。2002 年全市限额以上工业实现利润 13.6 亿元，比上年同期增长 19.8%。电力蒸汽热水的生产和供应业、化工、纺织、医药、食品、建材工业成为拉动全市工业利润增长的主要力量，电力蒸汽热水的生产和供应业工业实现利润 1.8 亿元，同比增长 28.8%，拉动全市工业利润增长 3.5 个百分点；纺织工业实现利润 1.7 亿元，同比增长 33.8%，拉动全市工业利润增长 3.7 个百分点；化工工业实现利润1.6亿元，同比增长 77%，拉动全市工业利润增长 5.95 个百分点；医药工业实现利润 0.9 亿元，同比增长 166%，拉动全市工业利润增长 4.99 个百分点；食品工业实现利润 1 亿元，同比增长 26.5%，拉动全市工业利润增长 1.85 个百分点；建材工业实现利润 1.74 亿元，同比增长 20.9%，拉动全市工业利润增长 2.65 个百分点。

亏损额大幅度减少。2002 年全市限额以上工业亏损企业亏损额为 1.24 亿元，比上年同期降低 43.9%，其中国有及国有控股企业亏损 1.06 亿元，同比降低 40.8%；集体企业亏损 0.56 亿元，同比降低 42.5%。

工业经济运行质量好转的原因分析

首先，全球经济回暖，国际、国内宏观经济环境明显改善，为南阳工业经济较快增长创造了良好的外部环境。

其二，国企改革绩效初现。国有大中型企业在国家及地方政府各项政策的扶持引导下，国企改革向纵深推进，2002 年超额完成脱困目标。2002 年，南阳国有企业实现利润 6.52亿元，同比增长 11.1%，资产由 2000 年的 245 亿元，增长至目前的 320.9 亿元，显示了强劲的发展势头。

其三，近年来实施的工业结构调整政策效果显现，一批重点结构调整项目相继建成投产，成为新的经济增长点。如衡宿制药公司的年产 1000 万瓶大输液 GMP 改造，市化学制药厂年产 50 吨氯洁霉素生产线，宛西制药厂年产 2000 万瓶浓缩六味地黄丸项目，淅川药厂年产 15 亿片片剂，二胶厂银盐型计算机直接制版版材项目等，这些主要项目按设计能力年可新增销售收入 86141 万元，新增利税 26998 万元，创汇 1450 万美元。这些项目的建成，已成为我市新的经济增长点。

其四，一批大型骨干企业市场形势趋好，生产和盈利能力增强。如南阳油田、二胶厂、鸭河电厂、普光电厂、南阳化学制药厂、新野纺织集团、南阳纺织集团、宛西制药集团和桐柏安棚碱矿等企业生产、效益均呈现较快增长，对全市工业拉动作用明显。

（南阳市统计局　马协龙）

交通事业持续快速发展

2002 年全市交通系统以发展为主题，以改革开放和科技进步为动力，以服务南阳经济和提高人民生活水平为根本出发点，按照健全畅通、安全、便捷的现代化综合运输体系的要求，真抓实干，开拓创新，在交通基础设施建设、运输管理、安全生产等方面均取得了新的进展。

一、交通基础设施建设取得重大突破

2002 年全市干线公路建设在工程项目点多、线长、任务重、汛期早的情况下，经过努力，完成了 S332 线内乡至淅川、S240 线唐庄至年庄、G207 锡海线南召至南河店、S206 线桐柏至明港、G207 锡海线邓州至魏集、S231 线邓州至孟楼、S335 线邓州至九重、S335 线唐河至新野等干线公路改建工程 410 公里，同时还完成了 2002 年新开工的高兰线双龙至卢氏界、S335 线淅川县城至西峡县城等 7 个项目的部分路基土石方和铺油任务。共计完成投资规模 17 亿元。2002 年全市县乡公路建设共完成建设项目 42 个，投资总规模4.6亿元。共修建县道二级公路 215 公里，修建三、四级油路 750 公里，沙石路（含简易公路）550 公里。新增通油路乡镇 8 个，使全市乡乡通油路乡镇达到 206 个，占全市乡镇的 91%；实现通油路行政村 450 个（平原区 360 个），使全市通油路行政村达到 2068 个（其中平原村 1849 个），占全市行政村的 45%；解决不通公路行政村 120 个，使全市通公路行政村达到 4470 个，占总数的 97%。

市政府安排承建的 13.3 公里滨河路改建工程，于去年 3 月底提前建成投入使用，为保证全市顺利召开“两节一会”提供了便利的交通条件，同时也使滨河路成为南阳城区、白河之滨的一道亮丽的风景线。

在场站建设方面，一是完成了总投资为 1543 万元的南阳汽车南站建设任务，工程已经竣工并顺利通过验收；二是

投资600万元建成的丹江水库码头，填补了全市无水上码头的空白。投资130余万元建造的公务救助船，已在丹江水库投入使用；三是投资3000万元建成了豫西南最大的汽车配件市场。

高速公路建设也取得了实质性进展，成为南阳交通的亮点。许平南高速公路和南邓公路正在紧张施工，2002年完成建设投资6亿元；合肥至武威高速公路河南段前期准备工作正在抓紧进行；太澳高速公路南阳至洛阳段也在酝酿之中。

综上所述，2002年全市共完成交通基础设施建设总投资规模达27亿元，是2001年的3倍，投资规模之大，完成任务量之多，均实现了历史性突破。

二、运输生产稳步增长

2002年，全市公路运输共完成客运量6749万人，比上年增长13.3%；完成客运周转量361288万人公里，比上年增长1.8%；完成货运量4802万吨、比上年增长1.2%；完成货运周转量361288万吨公里，比上年增长1.8%。航运完成客运量44万人，客运周转量1425万人公里，比上年略有下降；完成货运量92万吨，货运周转量12423万吨公里，分别比上年增长4.55%和2.62%。

三、运输市场整顿效果良好

2002年运输市场整顿的重点是严厉打击和从重处罚非法经营、“黑车”参运、欺行霸市、强装强卸以及搞不正当竞争的乱收费、乱涨价、超范围、超类别的经营行为，尤其对乱窜线、乱霸线的违规交通经营行为进行了严肃查处。下大力气取缔了一批“马路市场”“马路汽修厂”和非法站点。认真做好交通企业客货运资质评审工作，严把运输市场准入关，建立健全市场准入制度和退出机制，净化运输市场，为运输经营者创造了良好的道路运输市场秩序和生产经营环境。在搞好运输市场整顿的同时，加强了对城区出租车市场的管理。根据市政府办公会议精神，发布了《南阳市中心城区出租汽车“面改轿”有关问题通告》，通过积极引导，加上政策优惠，2002年完成“面改轿”200辆。

四、安全生产保持良好态势

2002年以来，交通系统按照“安全第一、预防为主”的方针，全面规划，标本兼治，始终把安全与稳定、发展、效益结合起来，不断探索新形势下安全管理新途径，取得了道路交通运输百万车公里责任肇事、死亡、受伤三项频率指标分别为0.48次，0.09人、0.41人的好成绩，比省控指标分别低87%、82%、89%；实现水上运输和消防安全无事故。

当前交通工作中存在的主要困难和问题是：

一、资金短缺问题仍然是困扰南阳交通运输发展的重要因素。公路建设贷款需要偿还，后续发展资金严重不足。

二、运输市场的运力结构还不尽合理，运输基础设施还有待改善。

三、企业“散、弱、乱”的经营主体结构还需要改变。企业间以资本为纽带的重新整合也须加强等。

（南阳市统计局　项白灵）

邮政、通信和网络运行能力显著提高

2002年，全市邮政通信事业以提高效益为中心，以调整业务结构为主线，以机制创新为动力，以强化管理为保障，以网络资源和技术进步为支撑，积极深化改革，更新观念，加快发展，有力地支持了全市经济建设和社会事业的发展。

一、邮政业务逐步走向良性循环

2002年，全市各项邮政业务全面发展。邮政业务收入完成19623.92万元，较上年增长2.9%；邮政业务总量完成19696.67万元，较上年增长4.0%；邮政储蓄业务收入完成8695.41万元、函件收入完成1616.57万元、包件收入完成787.57万元、报刊发行收入完成2756.65万元、汇票收入完成335.06、特快专递收入完成1557.75万元、机要通信收入完成17.21万元、集邮收入完成1815.48万元、物流（运递）收入完成231.78万元、代办收入完成193.62万元，其它收入完成1616.82万元。其中，储蓄、报刊发行、汇票、特快专递业务收入分别较上年增长了29.4%、10.0%、3.8%和14%。

积极发展物流业务，形成以市物流局为中心，辐射全市城乡的营销网络体系。并将管理和经营分开，使内部结构更趋合理。利用“春节”、“三八”妇女节和“五一”“十一”“中秋节”，组织了生活用品、会议用品、饮料、纪念品、礼品的销售，仅春节期间就实现纯收入80多万元。

开展代办电信业务，狠抓网络建设，以发展邮政寻呼、卡品类和代收电信资费为重点，做到目标到位，措施到位，责任到位，有效地促进了发展。2002年全市邮政寻呼放号达到22231部，代收电资费总额10549万元。

进一步发展邮递类业务，突出抓函件业务的发展。一是成功开展了全市范围的造信活动，二是大力发展明信片业务，大项目信函广告开发初见成效。今年利用南阳举办“两会”的机遇，共开发邮资明信片26万枚，实现收入91.2万元。为“两会”大型文艺晚会承制门票式邮资明信片1.63万张，九连体节目单式明信片1.2万张；三是重视抓了邮资信封的发展。四是狠抓了校园明信片和旅游景点门票式邮资明信片的开发，全市开发校园明信片30万张，旅游点门票式邮资明信片15万张。五是继续抓了“中邮专送广告”的发展，大力发展专刊式中邮广告，仅国庆节期间就发展中邮广告19期，实现收入7.5万元。

报刊发行业务，重点抓都市类、综合类报刊和党报党刊的发行工作，抓好破订，主攻私订，实行分类营销，确保党报党刊期发份数的稳中有升，五种主要党报党刊比去年同期均有不同程度的增长；在报刊零售业务上，制定完善了专业化经营管理制度，创造了零售开展专业化经营的基本条件；速递业务，以实行专业化经营为契机，在理顺管理体制的同时，继续抓好速递法院传票、身份证、特快送汇等业务，重视狠抓国际速递业务的发展。

二、通讯能力和网络运行效益进一步提高

南阳通讯深化改革，更新观念，加快发展，取得了显著的成就。全市2002年累计净增固定电话用户15.03万户，排全省第一位，全市公用电话（含201）达到41097部，小灵通用户达到4.45万户，均居于全省第二位；来电显示用户期末到达31.47万户，占电话总量比重的27.9%；168信息包月用户达到63869户；166电话秘书达到25772户，宽带用户达到7089个端口。全市通信收入比重中，市县比为3：7，县级分公司的收入比重不仅上升到70%以上的水平，而且其增速是市公司的1.84倍，县级通信分公司的持续快速增长，已经成为拉动南阳通信增长的最重要力量。

2002年，省、市公司共为南阳通信的建设和发展投资近一亿元，新建市到县光缆591公里，完成市内ADSL扩容及新建县城和部分大乡镇ADSL宽带设备1.3万线，进行了通信机房综合监控值守平台、集团客户电路升级改造、全市防雷接地系统等工程建设，完成201智能平台扩容升级、关口局中继扩容和IC卡网络优化等工程，本地网集中管理工作取得了新的进展，有效地推动了机线资源、设备资源、网络资源利用率的提高。同时，网络运行维护力度持续加大，网路运行效益进一步提高。2002年，全市网络接通率达到98.1%，来话接通率达到60.8%，省转长话接通率达到54.6%，均高于全省考核水平。

三、南阳移动网优工作有效加强，市场经营取得明显成效

2002年，南阳移动努力拓宽城乡市场，企业效益明显提高。运营收入实现4.22亿元，较上年增长23.2%，其中，新业务收入完成3561万元，占运营收入比重的8.4%；实现净利润1.07亿元，较去年增长31.3%。主要经营业绩都完成了省下达的计划任务，企业经营状况持续呈现良性循环。

积极实施业务领先，有效开展市场竞争，及时调整经营策略，精心组织营销方案等举措收到了良好效果。2002年，全市网上净增用户12.83万户，为年计划的98.76%。新增客户市场占有率69.60%，期末市场占有率72.07%，继续保持了业务领先优势。

为保持网络领先优势，南阳移动进行大大规模的基础建设。2002年新开通两个关口局GMSC1和GMSC2，交换机扩容30万门，新增机站38个，扩容机站193个，开通DCN网市内DCN一级节点和各县市13个二级节点，开通全区可视会议系统，开通第二网关至通信公司的互联电路，完成了县乡传输接入网工程，新建光缆线路2100公里，安装光缆传输设备200多套，已有210多个基站使用自建传输。搬迁、改型基站、新建直放站共计140个，更换高增益天线12个扇区，开通室内覆盖12个。经过努力，全年网络主要技术指标完成较好，长途来话接通率70.9%，无线接通率99.9%，设备完好率99.9%。网络质量也明显提高，有效地服务了“两节一会”、河南电视台“心连心”艺术团的演出。

四、联通公司加强运行维护，确保网络优质可靠

2002年，联通业务顺利完成了GSM四期工程验收、竣工决算工作。按期完成了GSM五期的建设任务。新建机站51个，新建铁塔44座，搬迁基站20个。新增容量2.5万门，无线容量达18.4万门，网络覆盖能力有了极大地提高。完成了CDMA一期工程的验收、竣工决算工作。按期完成CDMA1+工程，共安装基站16个，直放站5个，完成CDMA一期网络优化及CDMA二期工程勘探设计工作。新建通信管道29公里，架空光缆980公里，管道光缆75公里。新建SDH设备58台，完成传输割接35处，建成2.5G业务环1个，GSM业务环2个，155M业务环20个。形成了一个容量较大、层次分明、扩容能力很强的自愈环网，业务通达全市180个余乡镇及全部县级以上城市，百分之九十以上的业务在环网保护范围内。C网和G网网络覆盖面积进一步扩大，系统容量再上一个新台阶，综合通讯能力得到进一步加强。

2002年联通共新增GSM用户113660户，净增83918户；发展CDMA用户16558户；发展无线寻呼用户14426户；发展长途193注册用户266户、专线3户；IP注册1014户；数据出租电路5户；发展165专线接入用户8户。长途、IP、165业务主动收入居全省第二。

五、南阳铁通开拓进取，市场份额逐步扩大

南阳铁通加大宣传力度，建立营销激励机制，积极主动的做好互联互通工作，市场营销实现了新突破。2002年共发展固定电话9281部，累计在网用户数量达到15838户；发展互联网宽带106户、网吧20户、96201及IC卡电话234部、有人值守共话253户；完成电信经营收入713.2万

元。超额完成了省下达的收入任务。铁通寻呼业务2002年共发展新用户15359户，其中本地网用户5147户。网上总用户已达34648户。全年完成收入149.8万元，其中服务费收入101万元，其他收入48.8万元。

（南阳市统计局　项白灵）

消费品市场平稳增长

2002年，南阳市继续整顿和规范市场秩序，积极改善消费环境，加大市场开拓力度，促进了南阳市消费品市场进一步发展。全年实现社会消费品零售总额224.99亿元，较上年同期增长10.8%，增幅比全省高0.2个百分点。

一、消费品市场运行特点

1.城乡市场稳定增长，城市市场相对活跃

2002年南阳市消费品市场货源充足，价格总体上稳中有降。行政、事业单位普调工资，城市居民收入增加，“低保”政策的落实保证了低收入群体购买力的提高。全年城市累计实现消费品零售额128.77亿元，比去年同期增长10.9%，其中：市级零售额为65.38亿元，同比增长11.0%，县级零售额为63.39亿元，同比增长10.9%；农村消费品市场实现消费品零售额96.22亿元，比去年同期增长10.6%。

2.企业的亏损面有所减小

2002年南阳市限额以上批发零售贸易企业共有264家，其中本年亏损66家，亏损面为25%，比上年减少了3.2个百分点。部分商业企业如东森医药有限公司、南阳家电大世界等坚持规范经营，诚信服务，在市场竞争中脱颖而出，迎来新的发展机遇。

3.新型经营业态发展迅速

市场格局朝着更加成熟的方向不断迈进，原有相对单一的百货店、副食店逐步被超市、连锁店、专卖店等新的销售形式所取代，市场发展进入规模创新、质量创新、功能创新、结构创新的新阶段。万德隆量贩、金玛特量贩、三色鸽量贩、喜万家量贩、双汇连锁店等具有时代气息和多种服务功能的大中型综合商厦不断涌现，使广大顾客在购物的同时，享受着现代生活的时尚。

4.个体经济成为拉动全市消费品零售增长的主力军。

随着经济体制改革的不断深入和南阳市场建设的不断规范与日趋完善，南阳市个体经济发展迅速，在市场供应中渐唱主角。新华商城、明珠鞋城、小商品批发市场、金属建材市场、移动通电信市场等一批专业市场以其独特、灵活的经营经营方式，日益多样化、规模化。2002年南阳市个体企业实现消费品零售额83.58亿元，较上年同期增长12.4%，比全市消费品零售额增幅高1.6个百分点，占全市零售总额的比重为37.1%。个体餐饮业实现消费品零售额16.62亿元，比去年同期增长10.0%，占全市餐饮业零售额的90%以上。个体经济成为拉动全市消费品零售增长的主力军。

二、消费品市场发展中存在的主要问题

在分析影响消费市场进一步增长的同时，我们还应看到市场运行中存在的一些不容忽视的问题。

1.农村市场相对平淡

与城市相比，农村市场消费发展滞后。2002年，南阳市消费品零售总额中有57.3%来自城市，县以下的零售额仅占42.7%。制约农村市场的主要原因是：全年农民人均现金收入1661.23元，不到城市人均可支配收入的四分之一，增幅比城市人均可支配收入低6.0个百分点，不在同一增长区间。部分偏远乡村交通不便，商业网点少，消费选择的余地不大，消费观念陈旧等，都在不同程度上制约农民对家电等高档耐用消费品的消费需求，农民消费水平只相当于城镇居民80年代中后期的消费水平。南阳市是典型的农业大区，每人多消费一元钱，将带动全市社会消费品零售额增幅提高近一个百分点，可见农村消费群体在启动市场、扩大需求方面存在着巨大潜力。

2.餐饮市场现状不利于餐饮业的更快发展

随着经济的发展，人们生活节奏的加快和消费观念的转变，我市居民外出就餐的比例不断增大。目前，南阳市餐饮业的月平均零售额在1亿元以上，持续保持两位数以上的增长速度，达到历史较好水平。但我市餐饮业市场本身还存在着一些问题。首先，相对收入水平而言，部分酒店价格“宰人”，除公款消费外，个人一般不敢贸然涉足；其次，餐饮业的卫生状况令人堪忧，尤其是一些中小餐馆、大排档无证上岗，餐具不消毒，操作不规范等现象比较严重；另外，坐门等客，缺乏送餐上门，服务不完备，网点布局不合理，新建居民区网点稀疏等因素，都不同程度地影响了餐饮市场的健康发展。

3.消费结构、消费方式的变化，对消费需求也产生一定影响

从消费结构看，城镇居民在吃、穿、用方面的需求已进入档次转化时期，即低层次消费已经饱和，而更高水平的消费又处在发展时期；从消费方式看，由于家庭预期消费的不确定因素增加，居民消费由消费型向资产积累型和储备型转化，居民的家庭资产逐步从货币形式向不动资产转移，这也制约了消费品市场的发展。

三、保持消费品市场稳定发展的对策与建议

要保持消费品市场持续增长，就要增加居民的有效需求，消除消费领域的障碍，突出消费政策的作用，从分配、消费、生产等领域入手，整体扩大内需，启动市场。

1.提高城乡居民收入水平是启动消费的关键

在城市要努力实现充分就业，提高职工收入，积极引导居民转变消费观念，增强消费能力。在农村要积极拓展增收

渠道，增加农民收入。一是调整农业生产结构，改善农产品的市场供求状况，促进农产品的价格稳定；二是改善农产品的贸易条件，提高农产品的商品率。三是加快小城镇建设，打破城乡二元结构，推进城乡一体化进程，形成一定区域人流、物流、信息流的交换中心，为转移农村多余劳动力、启动城乡市场注入活力。

2.加快完善社会保障体系，增强居民即期消费倾向

社会保障制度的完善是改善人们消费倾向的关键。要在建设完善社会保障制度的同时，切实发挥社会保障体系的功能，要对新的社会保障制度的内容和优越性进行宣传，消除居民对新的体制不了解产生的不安感，解除人们的后顾之忧，帮助居民形成新的理性预期，扩大即期消费欲望。为进一步扩大社会保障覆盖面，今年国家拿出46亿元关爱城镇中低收入弱势群体。地方政府也可出台相应措施或其他灵活变通的办法，帮助弱势群体提高收入及消费水平。

3.大力改善消费环境

继续加强农村水、电、路、通讯等基础设施建设，改善农村消费环境，为家用电器等提高生活质量的消费品进入农村居民家庭创造条件。积极巩固税费改革的初步成果，杜绝各种乱收费、乱摊派和乱集资死灰复燃，从外部环境切实为农民营造良好的消费氛围。同时，逐步取消限制消费的行业垄断、部门特权等的不合理收费现象，为住房、汽车等消费解甲松绑。

4.努力转变消费观念

要充分发挥舆论导向和政策引导作用，转变居民传统消费观念，将消费重点由满足基本生活需要逐步转变为提高生活质量，倡导消费新型商品，加快各类消费品的升级换代，提高消费档次。鼓励居民在有一定支撑力的基础上，改变依靠储蓄消费的保守消费观念，勇于超前消费。要积极推广信贷消费，拓展消费信贷领域，通过消费实践引导人们消费观念的转变和更新，使人们逐渐树立"花明天的钱圆今天的梦"的现代消费观。

5.发展新型营销方式，完善市场体系建设

近两年，南阳市超市、连锁店从无到有、从少到多、从小到大，走过了一段坚实的发展历程，为繁荣商业市场、服务居民生活起到了重要作用。今后应针对我市城市建设规划和人口密度，合理规划网点数量、业态结构、经营规模，加快新市区零售网点的配套建设。大型连锁超市，可以集中批量采购，提高统一配送比重，通过各分店统一的商业设施、优质的商品货源、良好的售货服务等，实现规模效益，力争在强手如林的市场竞争中保持优势。同时，继续关注我市十大市场的建设和发展，进一步完善市场网络，提高市场辐射力，为全市消费品市场的健康稳步发展提供源泉和动力。

（南阳市统计局　丁　茹）

利用外资步入新的增长阶段

2002年，市委市政府抓住"入世"后的有利商机，全方位调动各有关部门招商引资的积极性和主动性，充分利用南阳"两节一会"和"河南省经贸洽谈会"的大好时机，大力宣传南阳人文景观和经济发展概况，扩大南阳对外知名度，有力地促进了利用外资工作的顺利发展，使全市利用外资工作走出了连续几年低谷徘徊的状态，步入新的增长阶段。

一、利用外资工作取得重大突破，主要指标全面增长。

截至2002年末，全市协议利用外资达9.5亿美元，较2001年末增长10%。其中，国外借款5.2亿美元，外商直接投资4.3亿美元，分别较2001年末增长2.0%和22.9%。实际利用外资累计达7.2亿美元，较2001年末增长5.9%，其中，国外借款实际到位4.3亿美元，外商直接投资实际到位2.9亿美元，分别较2001年末增长1.2%和16%。实际利用外资额居全省第五位，彻底扭转了连续四年利用外资工作下降的被动局面。

二、"两节一会"成效显著，外商直接投资增势强劲，数量和规模不断扩大，投资结构日趋合理。

2002年全市"两节一会"期间，共签约招商引资项目600多个，引进资金近70亿元人民币。引进资金项目中，与国外合资的项目有82个，总投资近25亿元人民币，引进国外资金近19亿元人民币，折美元2.3亿美元。"两节一会"期间大量项目的立项，为开创南阳利用外资工作的新局面，为全市利用外资工作快速发展注入了新的活力。

2002年在各有关部门的共同努力下，全市外商投资企业新签协议30个，较去年同期增加17个，是去年同期的2.3倍。合同利用外资7731万美元，较去年同期增加6391万美元，是去年同期的5.8倍。实际利用外资3349万美元，较去年同期增加2486万美元，是去年同期的3.9倍，创历史最好水平。

从签订合同和资金到位情况看，全市利用外资的质量和水平都有很大提高，投资规模明显扩大，资金和技术密集型企业不断增加，基础产业的基础设施成为投资重点。2002年，全市新签外商投资企业协议30个，其中50万美元以上的项目有17个，超百万美元的项目有12个。资金到位和部分资金到位的企业有47家，资金到位额为3349万美元，其中2002年新签50万美元以上的14个新签项目当年实际到位额为2349万美元，到位率达70%。实际到位额超百万元的企业有云阳星微炼铁有限公司、金洋珠宝有限公司、安泰矿业有限公司、恒益制药有限公司、建业住宅有限公司、蔚港鞋业有限公司、金龙果汁开发有限公司等11家企业。目前外商投资所涉及的行业已由过去的简单加工工业，逐步向机电、光学、电力、化工，制药等高科技产业和第三产业拓展。前来投资的国家(地区)也由原来以亚洲的香港、台湾为主，逐步发展到亚洲的日本、韩国、新加坡，欧洲、北美洲的美国、加拿大、英国、德国等20余个国家(地区)。

三、国外贷款稳步增长，前期贷款项目运作良好，成效显著。

截至2002年末南阳共有国外贷款单位53个，主要涉及电力生产、通讯建设、卫生防疫、教育发展、林业开发保护、畜牧养殖、工业企业等行业。借款项目66个，项目总投资63.5亿元人民币，其中国内配套资金29亿元人民币，签约国外借款34.5亿元人民币，国外借款折美元4.51亿美元，累计实际利用国外贷款4.49亿美元，2002年当年实际利用国外借款538万美元。止2002年末累计还本17071万美元，付息12190万美元，2002年当年还本3754万美元，付息1457万美元，期末实有借款余额3亿美元。

前期利用国外贷款建设的鸭河口电厂、普光电厂、南阳污水处理厂、邓州市人民医院等大项目都已建成投产且运转良好、效益可观，还本付息都能按合同要求有计划的进行归还。尤其是国外贷款额高达3.2亿美元的鸭河口电厂和外商投资0.42亿美元、国外贷款0.68亿美元的普山电厂的建成投产，对南阳的经济发展和对外开放产生了极为重要的影响，并极大地改善了河南电源布局，解决豫南地区系统南部三供电区无大电源支撑的问题，为促进豫西南以至于全省经济持续、快速、健康发展发挥重要作用，树立了南阳在国际金融界和国际商贸活动中良好形象的金字招牌。

(南阳市统计局　张秋梅)

固定资产投资稳中有升

2002年，南阳紧紧抓住国家继续实施积极的财政货币政策的有利时机，改善投资环境，加大投资力度，积极争取项目，多方筹措建设资金，投资总规模继续扩大，固定资产投资继续保持了稳步增长的势头。

全年固定资产投资运行的基本特点

一、固定资产投资增长稳中有升

元—12月份，南阳市国有及其他经济类型固定资产投资累计完成962059万元，比去年同期增长17.54%。其中基本建设投资完成628701万元，同比增长19.8%；更新改造完成200681万元，同比增长3.4%；其他投资完成59115万元，同比下降3%；房地产开发投资完成73562万元，增长89%。此外城镇集体投资25452万元，同比增长14.8%；城镇和工矿区私人建房投资43323万元，同比增长4.3%；城镇私营个体投资5581万元，同比下降22%；50万元以下投资43405万元，同比增长4.2%。全年投资的平稳增长，为南阳国民经济的全面增长奠定了坚实的物质基础。

二、交通运输邮电通信业、批发零售贸易餐饮业、金融保险业、房地产业以及其他产业为主的第三产业投资比重上升

从统计结果看，2002年第三产业完成投资596850万元，增长23.68%，占累计完成投资的60.4%，拉动投资增长14.97个百分点。在第三产业完成投资中：运输仓储邮电通讯业完成342630万元，增长34.3%；批发零售贸易餐饮业完成23770万元，增长66.3%；金融保险业完成17518万元，增长61.1%；房地产业完成投资73562万元，增长89.0%；卫生体育社会福利业完成14450万元，增长10.9%；教育文化广播电影电视业完成26762万元，增长1.7%；党政机关和社会团体完成投资38411万元，增长1.69倍。这些行业都保持了较高的增长速度。从项目上看，第三产业投资的加大，除交通运输业和市政建设方面有较多的投资项目外，南阳市围绕旅游业发展上也有新的突破，市区内南阳府衙的拆迁和新建、医圣祠和武侯祠的修葺；以及部分县如西峡县、南召县、桐柏县都在旅游上做文章，加大了部分投资项目，从而带动了第三产业的发展。

三、房地产开发投资高速增长，成为投资领域的一大亮点

2002年，南阳市房地产开发企业紧紧抓住国家继续实施积极的财政货币政策和国家限制企事业单位征地自建住宅楼的有利时机，积极参与房地产的开发经营活动和新老城区的改造。1—12月份全市房地产累计完成开发投资73562万元，同比增长89%，出现了高速增长的局面。其中商品住宅建设投资完成46290万元，同比增长62.9%，继续保持着较高的增长速度。房屋施工面积123.47万平方米，增长44.5%；商品房实际销售39.79万平方米，增长41.57%；实现销售额38263万元，增长63.4%。南阳市房地产开发投资高速增长的主要原因：一是上年启动的中州东路扩建工程已经进入实质性开发阶段，各房地产开发公司已经进入工地，拆迁工作正在热火朝天的进行。卧龙路扩建工程进入投资高峰期，滨河鑫苑、碧源花园、舒心园、广厦都市花园、卧龙苑等住宅小区都如火如荼的进行着。二是2001年开工的兴达花园小区和港达天山路小区仍处于施工高峰期，港达新华路商住综合楼和兴达酱菜厂综合小区也已经开工建设，对南阳市房地产开发投资起到了一定的拉动作用。三是近几年南阳中心城区框架不断拉大和城市人口的急剧增长，住房市场还存在较大的发展空间，住房建设会有持续的发展。到2001年末城市人口已达64.5万人，城乡居民住宅需求不断上升，从而形成了房地产业产销两旺的好局面。

四、投资项目增加，投资后劲增强

2002年，南阳市在加大争取国家、省投资项目力度的同时，通过积极参加河南省举办的物资交流会和成功举办南阳市“两会”，宣传南阳，介绍南阳，争取尽量多的项目投向南阳。由市主要领导牵头，邀请济南分行的主要领导和各专业银行、商业银行召集“银企洽谈会”，使已经批准的项目得到资金保证，尽快开工建设。1—12月份，全市固定资产投资(不含城镇集体和农村投资)在建施工项目626个，同比增长81.6%，其中：基本建设在建施工项目485个，增长5.2%；更新改造在建施工项目110个，增长15.8%。其中：投资新开工项目511个，增长21%；基本建设新开工项目397个，增长9.1%；更新改造新开工项目85个，增长13.3%。新开工项目增长的主要原因是全市采取了多种措施，优化投资环境，吸引外地资金更多的投向南阳，仅“两会”期间就累计签订投资项目757个，其中合同项目611个，计划总投资103.8亿元，引进资金67.95亿元。“银企洽谈会”签订项目114个，计划总投资1260026万元，申请贷款617595万元，为南阳市投资项目的增加和投资规模的扩大奠定了基础。

当前存在的主要问题及原因分析

一、更新改造投资增长幅度较小，后劲明显不足

从2002年前三个季度统计数字看，截止到三季度，南阳市更新改造投资累计完成119440万元，仍比上年同期下降0.4%，但是与一、二季度的增速－45.9%、－19.8%相比，增长速度分别回升了45.5个百分点和19.4个百分点，出现了较好的回升势头。到四季度为止，更新改造投资完成200681万元，同比增长3.4%，仅呈微弱增长之势，总量仍不甚理想，后劲明显不足，必须进一步加大力度。

二、工业投资连月下降，将影响工业经济发展的启动。

2002年，工业投资一直处于下降态势，增长速度从一季度下降23.4%，到二季度下降为9.5%，八月份继续下降为1.3%，三季度下降为0.3%，截止到第四季度，工业投资完成358162万元，同比下降1.8%。与上年同期工业投资增速高达37.4%相比，反差较大，工业投入不足的问题，应引起各级的高度重视。

三、投资分布不均，县市区间投资悬殊较大

从全市投资分布地域情况分析，市直项目完成投资543995万元，增长11.1%，占全市投资完成额的56.5%，主要的大型项目都集中在市直。完成投资额较大的县市区都有较大的项目支撑，如南召县完成42399万元，增长32.0%，主要支撑项目是南召县崔庄乡回龙沟抽水蓄能电站项目完成20000万元；西峡县完成投资41304万元，增长27.5%，主要项目有312国道西峡段改建项目完成7130万元、西峡龙湾开发区完成1967万元和西峡县黄石庵林场老界岭旅游生态工程完成1500万元，注重旅游业项目的开发建设；内乡县完成49092万元，增长42.1%，其施工项目达到81个，是县市区中施工项目最多的。完成投资最多的内乡县是完成投资最少的社旗县的2.75倍，悬殊很大。

四、民间投资不甚理想，城乡集个体投资增长乏力

从2002年统计结果看，城镇集体投资25452万元，同比增长14.8%；城镇和工矿区私人建房投资43323万元，同比增长4.3%；城镇私营个体投资5581万元，同比下降22%；从这些数据及近年来的全社会投资情况看，民间投资仍激发不起来。自1998年以来，南阳市投资增长主要依靠国债资金带动的国有投资拉动，而社会投资始终没有得到有效启动。从整体上看，社会投资的融资机制和环境并没有大的改观，占全部投资40%的城乡集个体投资还未形成稳定的上升趋势，还有赖于有关政策措施的进一步落实。

(南阳市统计局　胡旭平)

2002年市场物价变动情况综述

2002年南阳经济保持着持续高速增长的势头，但由于供大于求的状况没有得到根本改善，加之加入WTO后关税的下调，以及在世界经济大国的经济增速继续放缓和全球性的通货紧缩阴影的笼罩下，市场物价总体上呈低位增幅徘徊，价格走势呈现出与经济增长相距较大的态势。全年居民消费价格总指数为100.9，商品零售价格指数为99.1。但亦出现了国际市场原油价格上扬，国内房地产价格的不断上升以及由投资规模大幅度增大从而带动相关建筑材料价格的回升局面。

2002年我市市场物价变动情况及特点

一、市场物价总水平小幅波动，运行平稳。

2002年，从全市居民消费价格总水平波动情况看，各月上升降基本在上下1.0%的幅度范围内徘徊。具体情况是：和上年同期相比，1—8月分别上升1.1%、1.8%、1.1%、0.4%、1.0%、1.7%、1.8%、0.8%；9月下降0.2%，10月上升0.8%，11月上升0.6%，12月下降0.3%。

二、市场物价结构性变动明显，降大于升。

2002年，市场物价呈现出一种有升有降的结构性变动特征，但下降的商品远远多于上涨的商品。

*1.食品类中多数商品的价格呈下降趋势。*2002年，全市食品类价格和上年相比下降1.2%，其中，粮食价格下降0.2%，肉禽及制品价格下降2.8%，水产品价格下降4.2%，食糖价格下降11.1%，奶及奶制品价格下降4.2%，只有鲜菜受天气的影响，价格上涨明显，全年价格上涨4.6%。

*2.几乎所有的日用工业消费品价格都呈下降趋势。*近几年，日用工业消费品价格受市场激烈竞争的影响，其价格持续下降，2002年，这种状况依然没有改观，而且部分家电产品的价格下降还呈加重之势。全年全市酒价格下降1.2%，衣着类价格下降2.1%，家庭设备类价格下降

4.7%，日用品类价格下降1.1%，文化体育用品类价格下降4.5%，化妆品价格下降2.4%，机电产品类价格下降8.1%。这些类别的价格降幅均比上年有所扩大。

3.服务类价格尤其是医疗、教育类价格继续上涨。近几年来，随着医疗、教育改革的深入发展，加之政策性调价的影响，其价格处于不断上涨之中，但总体上看，服务类价格2002年的上涨幅度有所回落，对市场物价总水平的上涨支撑力减弱。2002年，全市服务类价格上涨6.8%，其中医疗服务价格上涨44.1%，学杂费价格上涨4.1%，房租价格上涨9.7%，自来水价格上涨3.1%。也正是由于医疗收费价格上涨较多的影响，使得全市市场物价总水平呈现小幅涨势，和全国平均水平呈下降趋势形成反差，如果扣除其影响，市场物价总水平同样是负增长。

市场物价持续走低的成因分析

一、近几年物价走低是对上一轮物价大幅上涨的理性回归。1992年至1997年，在新一轮经济过热的带动下，南阳和全国一样，市场物价出现了长达6年的大幅上涨期，全市居民消费价格总水平6年累计共上涨94.0%，是改革开放以来物价上涨最快的时期，形成了较高的物价水平。但从1998年到2002年，全市居民消费价格总水平5年累计仅下降了5.2%。这一轮市场物价的上升和下降，是在我国建立社会主义市场经济体制，市场机制的作用逐步扩大的时期发生的，因此，价格无论是上升还是下降，其由市场机制作用的成份是很大的。从这个角度看，这一轮的物价下降是对前期高物价水平的理性回归。

二、物价问题，说到底是由总供给和总需求及两者结构综合变动所决定，其升、其降皆源于供求关系的变化。

从供给方面来看，无论是日用工业消费品，还是农产品，市场供应都十分丰富。改革开放20多年尤其是进入90年代后期以来，随着我国工农业生产的持续快速发展，整个经济的有效供给能力显著增强，我国长期短缺经济的局面基本结束，加之市场的全面放开和市场体系的逐步完善，也确保了市场上各种需求的及时满足。农产品已经进入由长期短缺到总量大体平衡、丰年有余的新阶段，多数农产品的供应处于过剩状态。南阳又是农业大市，使以粮食为主的主要农产品价格回升乏力，成为市场物价的稳定器。从工业消费品尤其是轻工产品看，生产能力更是大大增强，很多轻工产品的生产能力远远超过即期市场的有效需求能力，比如彩电、电冰箱、空调、微波炉等，其实际生产能力均超出有效需求能力的30%多。据国内贸易局商业信息中心对600余种大类商品供求状况排队，2002年上半年供过于求的商品占排队商品总数的86.3%，与2001年下半年相比增加了3.4个百分点，如此多的商品供过于求，必然促使其价格不断下降。此外，国际市场的影响也不容忽视。随着我国加入WTO，对外开放的进一步扩大，外国低价商品必然要大量进入国内市场，对国内市场商品价格产生巨大的下跌压力。总之，供给能力的增强，使我国宏观经济运行环境发生了实质性的变化，这是导致市场物价走低的客观因素。

但从消费需求方面看，却有不少梗阻的因素在抑制着居民消费的扩大。这些年，我国经济的持续快速发展带来居民收入的大幅增长是一个不争的事实，但与此同时，我国居民收入差距不断扩大，突出表现在城乡之间、地区之间和行业之间，而由于我国国情的因素，对经济影响最大的是城乡居民之间的收入差距。据测算，我国2002年城乡居民收入差距为2.9∶1，我市为2.5∶1。收入是决定居民消费的根本因素，什么样的收入水平必然决定着什么样的消费水平。从当前我国居民的收入消费状况来看，一方面，少部分高收入阶层该拥有的都已拥有，他们的消费倾向逐渐降低，其正常的消费对整体消费品市场和商品价格水平可以说影响甚小；另一方面，构成消费主体的中、低收入群体虽然消费倾向较高，但受收入水平的限制却无力扩大自己的消费，尤其是农村居民，更是在消费上力不从心。同时，随着住房、医疗、教育等福利政策的改革，居民的未来支出预期大大增加，而由于经济结构调整、国有企业改革，机构改革、就业形势严峻等因素的影响以及社会保障体系的不健全，居民的未来预期收入很不稳定。在这种情况下，多数人的选择只能是压缩当期消费，增加储蓄以备未来。近年来尽管国家多次降低存款利率，但居民储蓄却不断增加就是很好的验证。2002年，全国居民储蓄存款增加额达1.3万亿元，这是多年所没有的。因此，在收入水平和消费心理预期都不佳的情况下，扩大消费的难度就会加大。

此外，那些不合理的消费政策、不完善的消费环境、过高的消费门坎等因素，也影响居民消费结构的升级和消费水平的提高。

三、科学技术进步、劳动力成本较低，使得商品价格的降低成为现实。当今世界，科学技术进步日新月异，而且用于生产的周期加快。技术进步对商品价格的影响表现在：一是促进劳动生产率提高，生产规模扩大，单位产品的生产成本大幅降低；二是使商品物化劳动量减少，又进一步降低了商品成本。再从劳动力成本来看，由于我国劳动力资源丰富，且处于严重供大于求状态，劳动者之间的相互竞争促使劳动力价格处于一种较低的水平，从而使商品中活劳动的成本变得很低。以上两种因素尤其是高新技术在生产中的运用使产品生命周期大大缩短，产品更新换代步伐加快，产品尤其是高技术含量的产品价格呈现大幅下降的态势，如计算机、家电、通讯设备等。据统计，1996年以来，南阳市场家电类、电子产品类、通讯设备类价格下降幅度都在30—40%之间。

四、全国统一市场的形成，市场的激烈竞争促使商品价格不断下降。随着我国市场化取向改革的深入发展，全国统一的大市场已基本形成，靠区域封锁垄断价格的现象已大为减弱，市场价格信息的传递速度加快，在市场价值规律的作用下，低价格会相互影响。再者，目前市场上多数商品处于供过于求状态，激烈的市场竞争逼迫生产厂家通过不断降低商品价格来扩大市场销售份额，占领市场。

对2003年市场物价运行态势的展望

当前的市场价格走势，主要是供求规律作用的结果。从供求关系看，我国经济供大于求的状况短期内不会改变，加之市场机制作用的扩大，国家宏观调控能力进一步增强，国民经济运行的稳定性进一步加大，决定了价格总体走势将是一种平稳的状态。2002年，全市工农业生产形势较好，主要农产品产量继续增长，加之国际市场的补充，农产品市场供应仍将十分丰富，市场价格预计不会出现大的波动，农产品价格的稳定仍然是整个市场价格水平稳定的主导因素。从政策着力调控的项目看，服务类价格虽然仍在上涨，但幅度明显减弱，对价格总水平上涨拉动作用大为减少，今后政策性涨价的项目将越来越少，对市场物价的影响会逐渐趋弱。此外，居民尤其是农村居民收入增长缓慢、居民消费预期偏淡以及技术进步因素、国际市场因素的影响等，都制约着市场价格水平的上涨。

但从另一方面看，随着国民经济持续高速增长，尤其是投资增长的拉动，加之石油价格的不稳定，对市场价格也形成一种向上的推力。

综合分析各方面因素可以认为，2003年，市场价格总水平继续保持小幅波动的可能性较大，预计全年居民消费价格总水平升幅在1%左右。

（南阳市统计局　郑书俭）

收入突破五千元大关
城镇居民生活显著改善

2002年，随着社会经济的快速发展，全市城镇居民收入首次突破五千元大关，生活消费支出持续增加，总体实现小康并逐步向富裕阶段迈进。

一、城镇居民收入稳步增加

据调查，2002年南阳市城镇居民人均可支配收入首次突破五千元大关，达到5658.84元，与去年同期相比增长19.1%。（若剔除计算口径影响较上年增长15.7%。）

收入稳步增长的主要原因：一是宏观经济运行态势良好，工薪收入较快增长。企业兑现拖欠职工工资或给职工加薪，大部分县市年度内兑现机关事业单位往年拖欠的增资工资和年底双薪，社会保障制度逐步建立和推行，较好地解决了离退休金和贫困家庭最低生活保障金的社会发放等多种因素，使2002年南阳市城镇居民各类就业者人均年工薪收入为8647.2元，较上年同期增长了29.1%。二是个体经营者收入高速增长。规范和整顿市场经济秩序，为个体私营经济的发展创造了更加宽松的外部环境，促进了个体私营经济的发展和个体经营收入的稳步增长。2002年个体经营者年人均净收益8193.15元，较上年增长35.4%。

二、消费支出稳步增长，生活质量转型明显

2002年南阳市城镇居民消费支出为年人均4118.28元，较上年同期增长11.5%。其中，食品支出为1366.20元，增长11.1%；衣着支出为689.64，增长55.7%；家庭设备用品及服务支出为275.40，下降了16.7%；医疗保健支出为327.60元，增长25.8%；交通通讯支出为440.76元，增长53.4%；教育文化娱乐服务支出为466.20元，增长35.4%；居住支出为447.84元，下降了29.9%（由于本年度扣除房租测算所致）。

纵观2002年南阳市城镇居民的消费状况，有以下几个显著特点：

1.恩格尔系数持续下降，城镇居民生活开始向较富裕阶段迈进

调查资料显示，2002年南阳城镇居民人均食品支出为1366.20元，占居民消费支出的比重即恩格尔系数达到33.2%。恩格尔系数在40%—50%之间，居民生活处于小康阶段，恩格尔系数在40%以下，居民生活比较富裕。从这个意义上说，目前全市城镇居民生活正处于温饱有余、迈步小康阶段。

2.耐用消费品尤其是家电倍受居民关注

2002年南阳市城镇居民家庭人均购买耐用消费品支出为152.76元，比上年增加了1.6倍。主要是以家电为主的大件耐用消费品价格跌幅明显，大大刺激了居民消费需求所致。从耐用消费品的购买量来看，电脑、空调器、洗衣机、电风扇和抽油烟机是居民家庭购买最多的商品，从耐用消费品的拥有量来看，截止2002年底，南阳市城镇居民家庭每百户拥有电脑8.6台，比上年增加了1.2倍；空调器55.3台，比上年增长45%；

3.教育消费持续升温

教育体制改革和现代社会对人才素质要求的不断提高，对居民消费变化所产生的影响越来越显著，居民家庭用于教育方面的开支持续加大，成为居民消费的第一大热点，2002年南阳市城镇居民教育支出为年人均232.80元，比上年增长9.1%；教材及参考书费年人均支出年人均为13.32元，比上年增加了1.1倍；成人教育费支出为年人均21.24元，比上年增长9.9%。

4.交通通讯和旅游是居民消费的亮点

2002年南阳市城镇居民人均交通支出142.80元，比上年增长20.0%。其中，购买交通工具支出66.12元，比上年增长0.6%，交通费支出45.36元，比上年增长28.0%。城镇居民年人均通讯支出298.08元，比上年增长76.8%。其中电信费支出240.60元，比上年增长62.2%。截止2002年底，南阳市城镇居民家庭每百户电话拥有量达90部，每

百户拥有移动电话45部。

2002年南阳市城镇居民年人均旅游支出达88.38元，比上年增长66.4%，净增35.27元。居民收入的稳定持续增加，国内国际交通的飞跃发展，旅游服务业的蓬勃兴盛，加之节假日“长假”时间充余，外出旅越来越来成为居民追求人生乐趣的新时尚。

5.赠送支出不断增长

社会交往增加，人间温情升温，使居民家庭及个人之间相互赠予支出增长较快。据统计，2002年南阳市城镇居民年人均赠送支出达506.40元，比上年增长30%。

（南阳市统计局　崔　英）

农民收入持续增长　生活质量稳步提高

2002年，全市各地大力推进农业和农村经济结构调整，农业生产稳步发展，农民收入持续增长，生活质量稳步提高。据对全市13个县(市、区)1410户农民家庭的抽样调查：

2002年全市农民人均纯收入达2020.03元，比上年增加80.20元，增长4.13%。

一、农牧业收入稳定增长，是农民收入增加的主要因素。

种植业收入小幅增长：2002年，全市粮食总产量比上年增长3.2%；棉花总产比上年增长5.3%；油料总产创历史最高水平，比上年增长23.1%；蔬菜生产发展势头良好；花卉、水果及其他特色经济发展迅速。种植业生产的发展，为农民出售各种农产品提供了条件，实际出售量均比上年有所增加。其中出售粮食增长8.42%，棉花增长10.17%，油料增长3.12%，蔬菜增长2.79%。特别是秋粮生产的丰收，使农民人均出售玉米的数量比上年增加13.41公斤，增长48.12%。与此同时，棉花、蔬菜、油料等农产品市场价格也有较大幅度上升。据有关调查，2002年12月份全市籽棉平均单价达4.08元/公斤，比年初上涨50.20%，价格和数量因素共同促使农民出售棉花的现金收入人均比上年增加31.96元，增长23.54%；由于加大了蔬菜生产的科技含量，品质上升，农民出售蔬菜的价格一改前两年不断下降的势头，比上年上升7.80%，农民出售蔬菜的现金收入也比上年增长10.43%。以上因素共同促使农民来自种植业的纯收入人均达1040.50元，比上年增加26.95元，增长2.66%。但由于粮食烟叶价格走低，使农民种植业收入的增长幅度比上年回落1.71个百分点。

牧业收入稳定增加：2002年，全市畜牧业在结构调整中稳定发展，肉类总产量增长7.7%，畜产品品质有所提高。农民实际出售肉猪和蛋类的数量与上年相比增幅均在4%以上。与此同时，农民出售牛羊肉、蛋类等牧业产品价格与去年相比也有较大幅度的上升。全年农民人均牧业纯收入达到175.17元，比上年增加20.23元，增长13.06%。在种植业、牧业收入增加的带动下，农民来自第一产业的纯收入人均达1362.94元，比上年增加46.56元，增长3.54%。其增加额占农民人均纯收入增加总额的58.05%。

二、非农业经营收入增长回升。

2002年，在国家不断加大对基础设施投资力度的带动下，城乡集、个体投资分别增长13.0和10.8%，集体企业增加值增长15.5%。农户劳动力从业结构出现了明显的变化，与2000年比，从事二、三产业的劳动力比重上升了3.9个百分点，农民人均非农业经营纯收入达130.79元，比上年增加11.22元，增长9.38%，其增加额占农民纯收入增加总额的13.99%。

三、工资性收入继续增加，占农民纯收入的比重超过20%。

2002年，全市各级政府和有关机构积极组织、鼓励农民外出务工，为农民进城务工提供更多方便和服务，全市农民外出从业人员不断增加，收入水平持续增长。2002年，农民人均工资性收入达448.31元，比上年增加27.73元，增长6.59%，其中，仅农民外出打工(到本乡镇以外)得到的报酬人均就达161.60元，比上年增加19.62元，增长13.82%。工资性收入增加额占农民纯收入增加总额的24.46%，农民工资性收入已经占到农民人均纯收入的22.19%。

目前，农业生产受自然、市场因素影响较大，农产品供需格局从短缺为主向过剩为主过渡，一方面是生产性用地面积相对于人口增加的短缺，农村剩余劳动力较多；另一方面是粮食价格的走低降低了劳务输出的机会成本，收入的地区差距、城乡差别刺激了劳务输出，从而促进农村劳务经济的发展，农民收入增长正从依靠家庭经营为主向依靠劳务经济为主转变。工资性收入占农民纯收入的比重由1995年不到10%提高到2002年的22.19%，已成为农民收入增加的稳定来源。随着工业化、城镇化及城乡一体化步伐的进一步加快，工资性收入对农民收入增长的影响将越来越大。

2002年全市农村居民生活消费支出人均为1453.07元，比上年增加92.71元，增长6.81%。

一、农民在外饮食快速增长，食品消费结构进一步优化。

2002年农村居民食品支出人均699.92元，比上年增加16.46元，增长2.41%，食品支出占消费支出比重为48.17%，比上年减少2.07个百分点。由于农民不断走出家门，社会交往和就业面日益扩大，农民在外饮食支出快速增长，人均达36.51元，比上年增加3.23元，增长9.72%。食品营养结构进一步优化，一些营养丰富的副食品消费量呈逐年上升的趋势。油脂类人均消费量增长18.09%，豆类人均消费量增长33.87%，肉禽及其制品人均消费量增长24.72%，水产品人均消费量增长15.55%，糖类人均消费量增长17.56%。

二、居住类消费支出比重上升，农民居住条件继续改善。

2002年农村居民人均用于居住类消费支出297.65元，比上年增加45.07元，增长17.84%，其增加额占农民生活消费支出增加额的48.61%，比上年提高10个百分点，成为农民生活消费支出增长的一个重要因素。农村居民居住类消费支出的增长，带来了居住条件的改善，农村居民家庭人均住房面积达25.02平方米，比上年增加0.43平方米，其中，钢筋混凝土结构住房面积达13.26平方米，增长10.53%。同时，农村居民卫生条件改善，有近50%的农户用上了安全饮用水，生活用电数量平均每户为142.76度，比上年增加19.26度，增长15.59%。

三、医疗保健服务、交通通讯支出继续增加。

2002年农村居民医疗保健用品及服务支出和交通通讯消费人均分别为66.74元和22.69元，同比分别增长6.04%和34.28%。其中，医疗保健服务费人均22.69元，增长34.28%。

四、耐用消费品购买量增加，日用品消费不断高档化。

2002年农村居民耐用消费品支出人均为30.75元，比上年增长46.85%。中低档耐用消费品普及率提高，高档耐用消费品不断进入农家。年末农村居民每百户拥有彩色电视机42.98台，同比增加1.92台，增长4.68%；电冰箱6.95台，同比增加1.56台，增长28.94%；洗衣机28.51台，同比增加3.33台，增长11.82%；空调机、抽油烟机、微波炉、热水器、移动电话的拥有量增幅均在20%以上，摄相机、家用计算机的拥有量成倍增长。

2002年农村居民消费水平的提高，是在收入继续增长和物价水平低位运行的背景下实现的，一些影响农民消费增长的长期性因素依然存在，如收入增长不快，城乡差距、高低收入户之间的差距，农村消费环境的不尽人意等。因此，保持收入稳定增长，不断提高中低收入阶层的收入水平，进一步改善消费环境，健全农村社会保障体系，对促进消费水平的提高有着十分重要的意义。

（南阳市统计局　王同刚）

劳动就业形势趋好

2002年，南阳城镇从业人员人数较上年略有增加，劳动报酬保持平稳高速增长，离岗职工相对上年同期有一定程度减少。

一、城镇单位从业人员基本发展状况

2002年末全市城镇单位从业人员66.15万人，自1997年以来首次遏制了下降的趋势，较上年同期增长0.89%。分经济类型看，自九七年以来，国有和集体经济类型从业人员平均每年以3.04%的速度减少，到2002年从业人员共减少93912人；而其它经济类型从业人员则平均每年增长6007人，平均增长速度7.55%。从企、事业、机关看，企业在2002年随着经济形势的好转，较上年同期增加1532人，增长0.39%；机关由于机构改革、公务员分流离岗的影响，2002年从业人员比上年同期减少812人；而事业单位已成为近年来吸纳新增劳动力最多的单位，从1997年至2002年，从业人员平均每年增长5.12%。分行业看，采掘业、制造业和批发零售贸易餐饮业的从业人员目前仍处于下降通道中；电力煤气水和生产和制造业、建筑业、房地产业和社会服务业以及卫生体育社会福利业和教育文化艺术广播电影电视业处于增长趋势；金融保险等行业的从业人员基本趋于稳定。

2002年，全市城镇以上单位从业人员共累计发放劳动报酬501954万元，比上年同期增加57116万元，增长12.84%。从近五年来的工资增长情况看，五年来，全市城镇以上单位从业人员平均劳动报酬7584元/人年，相对1997年增长了57.8%。其中，国有经济从业人员五年增加了3156元/人年，增长61.6%；行政单位五年人均增资3452元/年，平均每年增长10.8%；卫生体育社会福利业从业人员平均劳动报酬相对增加最多，五年共增加了3826元/人年；批零贸易餐饮业从业人员平均报酬增加幅度最高，五年增长了80.3%。

离岗职工持续增加的态势有所减缓。2002年，全市离岗职工人数较上年减少了6436人，下降幅度7.23%。以往的离岗大军制造业和批零贸易餐饮业离岗人员大幅减少，下降幅度均超过了10%。从目前全市离岗职工总体看，企业单位离岗职工仍占据了全部离岗职工的近95%，制造业和批零贸易餐饮业仍是离岗职工存在的主要行业，其离岗人员占全部企业离岗职工的近四分之三。

二、劳资情况存在问题不容忽视

虽然五年间全市从业人员就业结构正在逐步优化，从业人员劳动报酬也实现了稳步提高，但由于各种因素的影响，存在问题也令人深思。

事业单位新增人员过多，不利于正在进行的事业单位人事制度改革。近年来，事业单位正逐渐成为城镇新增劳动力的主要去向，1997年以来，全市城镇事业单位从业人员平均每年增长9.96%，占全部从业人员的比重也由21.5%提高到2002年末29.8%。其中：卫生、体育和社会福利业、教育、文化艺术及广播电影电视业和科学研究和综合技术服务业等工作稳定、收入颇丰的事业单位，从业人员增加最为迅速，五年间，从业人员增加了35311人，增加幅度达到28.8%。随着国家事业单位人事制度改革的深化，城镇新增劳动力一味向事业单位流动的趋势，对今后的改革压力过大。

在从业人员劳动报酬持续增长的同时，收入差距进一步扩大。2002年，全市城镇从业人员平均劳动报酬为7588元/人年，最高的油田军工（11703元/人年）是最低的县邓州（6013元/人年）的1.95倍。行业因素成为职工收入差距的一个主要原因，2002年，市内最高工资行业年均12384元/人，最低工资行业年均5724元/人，高低相差1.16倍。从1999年到2002年，最低工资行业始终为批零贸易餐饮业和农林牧渔业、制造业，而采掘业和电力、煤气及水的生产制造业工资水平始终“高高在上”，垄断行业的“优越性”非常明显。

岗职工生活费太低。离岗职工的全称是：离开本单位，仍保留劳动关系的职工。其特点是：无权进入再就业中心（因其还与原单位保留劳动关系），即无社会保障体系最低生活费的保证，等待企业效益好转时再上岗。从目前看，离岗职工再上岗较少，每年离岗职工数目都在增加，2002年末已达到82557人，是该统计指标有统计以来的1998年的1.14倍。离岗职工生活费增长缓慢，2002年人均生活费仅1524元/人年，只相当于劳动部门制订的南阳失业人员最低生活保障费的66.1%。下岗职工有再就业工程，离岗职工这一群体成了被各方所遗漏的对象，出路问题日趋严峻。

从业人员素质偏低，不利于经济持续发展。五年间，全市从业人员中专业技术人员比例虽逐年上升，2002年已达到23.7%，但仍远低于发达国家八十年代初50%的水平，尤其是企业从业人员中专业技术人员比例偏低，仅达到11.8%。在全市93家大中型工业企业中，工程技术人员仅占全部从业人员的13.2%，造成目前企业技术创新能力不足，产品技术含量偏低，影响企业经济效益的提高，成为经济增长中的“瓶颈”。

（南阳市统计局　李劲戈）

重点企业改制工作成效显著

2002年，据企调队对64家重点企业的统计调查显示，作为现代企业制度主要组织形式的公司制改造在全市已全面推开。各重点企业紧紧围绕建立产权清晰，权债明确，政企分开，管理科学的现代企业制度，积极推进和完善企业法人治理结构，强化企业内部管理和激励制衡机制，企业的资产和产品结构在稳定发展中得到优化，重点企业资产规模进一步扩大，经营总量不断增长，建立现代企业制度工作取得了阶段性成果。

一、重点企业基本概况

1.统计监测的64家重点企业中，特大型及大型企业27家，占总量的43.1%，中型企业31家，占总量的56.1%，小型企业6家，大中型企业占主导地位。资产总计在亿元以上的企业有31家，其中在十亿元以上的有8家。64家的主导产品共有154项，其中名牌产品共有126项。如南阳防爆集团的“CHE”牌YB132－280产品荣获电机行业唯一的国优银质奖。隔爆型三相异步电动机荣获河南省第三届“兴豫杯”名优特新产品金奖。南阳金冠集团的金冠牌是河南省著名商标，曾多次被评为国家级新产品，省高新技术产品，省优秀产品和名牌产品，省火炬奖，全国重点高效成果博览会金奖等多项荣誉。其中220KV氧化锌避雷器，110KV线路型氧化锌避雷器被评为国家级新产品。

二、重点企业生产经营情况

1.**重点企业改制工作进展顺利**。今年以来，南阳市委、市政府遵循抓大放小、稳妥推进、提高效益的指导思想，着力实施国有企业改制工作，取得了显著成绩。被监测的64家企业注册为国有企业的28家，占总量的43.8%。注册为公司制企业的34家，占总量的53.1%。和其它经济类型2家，其中有限责任公司和股份制企业占公司制企业的88.1%。国有及绝对控股49家，占全部重点企业总量的81.9%，集体控股3家，其他12家。合计资本金561746万元，其中，国家资本金213824万元，占总资金的37.6%，比去年同期下降了12.3个百分点，而集体资本、法人资本、个人资本同比却分别上升了0.3、19.3、6.2个百分点。国家资本金的降低，说明重点企业以国家为唯一投资主体的格局正在逐步被打破，随之而来的投资主体多元化为重点企业提供了新鲜血液和养分。企业与政府的行政附属关系随着产权关系的明晰化而转变成为企业与出资人关系。

2.**法人治理结构基本形成**。法人治理结构健全的重要标志之一就是进行公司制改造，建立产权清晰，权责明确，管理科学的现代企业公司制。2002年64家重点企业在改制过程中，公司制企业占主导地位，占全部企业的53.1%。公司制企业中的国有独资公司和有限责任公司21家，股份有限公司11家，分别占全部重点企业的32.8%、17.1%。列入全国重点企业名单的3家企业和省重点企业的8家企业全部为公司制企业。与同期数据相比，国有企业数据呈下降趋势，而公司制企业经营指标呈稳定上升之势，并且大多数改制企业能够按照《公司法》规范企业运行机制，企业内部建立了董事会、股东会、监事会。“新三会”通过公司章程、管理规章制度的充实，落实了职权。企业内部决策、经营运行和监督管理各项职能基本分开、清晰，符合两权分离、权力制衡的现代企业制度特征。

3.**企业经济运行平稳，经济实力增强**。64家重点企业累计实现主营业务收入1799349万元，同比增长1.2%，利税总额完成131171万元，同比增长2.2%，高于收入增长1.3个百分点。实现有效益的稳定增长。各主营行业类型中，工业实现1468443万元，同比增长1.7%，其中制造业848720万元，同比增长1.5%。批发零售业同比增长2.1%。从不同经济类型来看，国有企业主营业务收入928995万元,同比增长 0.8%,公司制企业主营业务收入同比增长 1.9%,显示了改制企业的增长势头。这些特征从根本上体现了南阳市在深化企业改革中"一方面推进企业改革,一方面重视经营增长"的指导思想。

4.新的运行机制已经启动,科技投入显著加快。在经营平稳增长的同时,企业科学的管理水平、运营机制状况也随着企业内部深化改革有所好转。通过对 64 家重点企业监测情况看,企业三项制度进一步深化,企业创新机制得到健康完善,企业技改投资明显扩大,经济效益稳定增长,职工待遇也随之提高。2002 年,从业人员数为 113528 人,同比下将 4.4%,研究开发人员却增长了 2.5%。各重点企业通过提前退休、分流等措施分流了部分富余职工,内部劳动人事制度改革基本上全面启动,职工的劳动报酬明显增长,从业人员的劳动报酬为 121985 万元,同比增加 12.3%。研究开发人员的劳动报酬同比增长了 13.1%。

三、存在的主要问题

1.制度落实不到位。建立现代企业制度的中心环节是产权制度的改革,即投资者所有权和企业法人财产权的分离,通过这种分离确立出资产者所有权在企业的法律地位。从被调查的 64 户重点企业情况看,尚有 29.5%的企业未建立出资人制度,因而这部分企业的重大决策、人事任免、资产收益权利仍由政府及政府职能部门代位行使。在已建立出资人制度企业中也存在着不同程度的问题。一方面存在着出资人未能按照(公司法)全面享有自己的权利以及出资主体不明确的情况。二是企业出资结构不合理,按照现代企业制度要求企业实现股权多元化,而在有限责任公司和股份制公司中还有 16.5%的企业国家资本金达到 100%。因此,这样单一的产权结构很难形成制衡机制,经营机制无法产生实质性变化。

2.法人治理结构的运作欠规范。从已经建立现代企业制度比较完善的企业情况看,规范的法人治理结构由股东会、董事会、监事会三部分组成,通过财产和职权的相互制衡,使经营者、生产者之间形成各自独立、权责分明、相互制约的关系,从而建立起约束和激励制度。而 64 家重点企业中,仍有 28.3%的企业没有成立股东会,有 15.2%的企业没有成立董事会,有 9.7%的企业没有成立监事会。而且董事长与总经理一人兼的比例达到 63.8%,而在现代企业制度中,强调的不是一元化领导,是相互制衡,这表明企业法人治理结构尚处于不完善之中。

3.部分重点企业属于企业集团性质。个别集团认为母公司的生成可以带动子公司的发展,疏于内部管理的规范性建设,母子公司之间债权不明晰,并且以产权关系对子公司实行行业分工和结构调整能力较弱,缺乏应有的决策性和凝聚力,使集团公司整体功能欠佳,上下衔接不力,限制了重点企业发展战略目标的实施。

(撰稿:张学荣)

不断发展中的企业集团

企业集团是推动国民经济发展,促进市场繁荣和社会稳定的重要力量。近年来,南阳市坚持"抓大放小",采取有效措施,大力扶持发展,使企业集团已成为全市国民经济的重要组成部分和重要的经济增长点。根据南阳市企业调查队对 18 户企业集团跟踪调查显示,企业集团发展规模不断壮大,经济实力不断增强,职工的收入水平逐渐提高。在企业运行机制上,大部分企业集团已建立母子公司运行体制,产权明晰,运行机制健全,已进入一个健康发展的新阶段。在 18 户企业集团中,国有企业 6 户;公司制企业 12 户,其中国有独资公司 2 户,其他有限责任公司 6 户,股份有限公司 4 户,充分显示了重点集团改制进程的快速,公司制企业已占主导地位。

18 户企业集团均按照建立现代企业制度的要求,从领导制度、人事分配制度入手,按照新观念和整体优化要求,结合市场实际情况,对产品设计开发、质量管理、生产管理、成本管理等方面进行不断的整顿,使其有机结合,形成层次分明,债权明确,方法制度明朗,规范的管理机制。核心企业基本成为以投资为主体,子公司依法经营、自负盈亏的格局。止目前,企业集团已建立母子公司体制的 14 户,占被调查企业集团的77.7%,比去年多出 0.6 个百分点;已建立出资人制度的 15 户,占被调查企业集团的 83.3%,比去年多出 1.2 个百分点;已执行合并会计报表制度的 15 户,比去年同期增加 7.14%;建立规范的财务管理制度的 17 户,比去年同期增 13.3%,这些规范化的运作体制给企业带来了生机。

全市企业集团充分运用国家给予的优惠政策,积极创造条件,发挥集团母公司的核心优势,运用市场经济的运作方式和资本、技术优势进行资源优化配置,推进资产存量重组,壮大了集团自身实力。18 户企业集团共兼并、收购、控股、投资子公司 62 户,其中工业 51 户,批零贸易业 7 户,建筑业 4 户。62 户子公司主营业务收入占集团主营业务收入的 98.2%,高于限额以上工业企业的 26.2%,子公司建立出资人制度的就有 56 家,占 91.8%。按照资产经营、分层管理、精干高效、权责明确、设置管理机构,均以产品开发为龙头,以独资经营、参股等形式参与市场竞争。由于集团公司的统筹规划,合理安排,使新建项目和技术攻关计划得以落实。名牌战略不断发展。如:"金冠"牌氧化锌避雷器,"GNE"牌防爆电机,"天冠"牌白酒,"群英会"牌卷烟,"新棉"牌纺织产品等一批河南省著名商标和河南省名优产品相继崭露头角,占领了市场。

18 户企业集团通过各自的努力,已拥有资产总计 142.2亿元,占全市限额以上工业企业总资产的21.56%,比去年同期增3.2%，平均每户资产为7.8亿元，比去年平均每户高出0.8亿元，远远高于限额以上工业企业每户平均水平，其中超亿元的有13户，超10亿元的有3户，有9户资产同比增加。如：南阳金冠集团，由于兼并重组合理，使资产总计超过15.7亿元，成为全市资产存量最大的企业集团。18户集团实现主营业务收入84.3亿元，占限额以上工业企业的25.9%，比去年同期增长12.8%，有15户集团主营业务收入均比去年同期有所增加。完成工业总产值89.6亿元，比去年同期增0.7%，完成销售产值81.9亿元，工业产销率达89.9%。利润总额、新产品销售收入、出口销售额、研究开发费用分别比去年同期增加71.4%、14.4%、9.6%、8.7%，均好于全市限额以上工业企业的平均水平和去年同期水平。

目前，由于企业集团经营机制的日趋规范，领导体制的进一步转换，基本形成了相互制衡的权利机构、经营机构和监督机构，形成了母子公司优势互补、共同发展的大好局面。但深入分析，重点企业集团2002年的经营运作情况还存在不少问题，如部分企业集团规模不大，经济实力不强，资产负债率较高，产权关系不明晰，核心企业竞争力不强，产品研发能力偏弱等现象。建议政府部门对企业集团的发展要高度重视，从以政府推动为主转变到以企业主动发展为主上来，从无序发展到制度化、规范上来，创造良好的外部环境，注重集团发展战略，支持有实力的企业实施更加有效的兼并重组、强强联合，实现存量资产的更优化重组，建立科学高效的领导体制和组织制度，保证企业集团的更进一步健康稳定发展。

（南阳市统计局　张学荣）

积极贯彻稳健的货币政策
促进南阳经济的健康发展

2002年，南阳市金融系统积极贯彻稳健的货币政策，切实加强金融监管，防范化解金融风险，创建金融安全区，不断改善和优化金融服务，实现了“无金融风险年”、“减亏增效年”、“无事故安全年”和“转变作风年”目标，为促进南阳市经济社会发展作出了积极贡献。

（一）金融运行平稳，金融工作基本适应经济社会需要。一是各项存款突破400亿元大关，行社信贷实力增强。上2002年底，全市金融机构各项存款余额达420.61亿元，比年初增加55.3亿元，增长15.14%，同比多增2.35亿元。二是各项贷款稳定增长，信贷结构进一步优化。全市金融机构各项贷款余额达360.91亿元，比年初增加31.05亿元，增长9.41%，同比多增10.92亿元，增幅创1999年以来新高。三是外汇业务平稳发展，国际收支保持顺差。外币存款余额达5651万美元，外币贷款余额达2761万美元；全年结汇11406万美元，售汇6448万美元，实现顺差4958万美元。四是现金收支总量继续扩大，全市金融机构累计实现现金收入1326.55亿元，较同期增加201.33亿元，现金支出1335.23亿元，较同期增加196.2亿元，收支相抵净投放现金8.68亿元，基本满足了社会公众生产生活需要。

（二）创造性贯彻执行稳健的货币政策，加大金融对经济发展的支持力度。一是密切银政关系，建立了由政府牵头，人行、各金融机构、经济主管部门参加的南阳市金融工作联席会议制度，银政协调沟通新机制初步形成；二是疏通货币政策传导机制，成功地举办了南阳市首届重点项目银企洽谈会，银企双方共达成贷款项目83个，至12月底，已向21个签约项目发放贷款14.63亿元；三是人民银行制定印发了《关于贯彻实施稳健的货币政策积极支持南阳经济发展的指导意见》和《关于进一步加大农村经济工作金融支持力度的意见》，同时利用再贷款、再贴现等货币政策工具，引导信贷资金向农业、中小企业倾斜；四是金融机构改进贷款营销策略，信贷投入力度加大。保证了政策性收购资金及商业性收购资金的需要，确保了15家重点骨干企业和30家产品有优势、发展前景好的“小巨人”企业的合理资金需求，突出支持南纺集团高档面料等10个续建项目和鸭电二期工程、天冠集团30万吨燃料乙醇、镇平航天水泥100万吨生产线等16个项目建设，有力地支持了城建开发、高速公路、环境保护等项目。

（三）依法加强金融监管和行业自律，防范化解了金融风险。一是市县两级人民银行组织金融监管部门、金融监管人员与各金融机构三方签订《金融监管目标“三落实”责任书》，市、县两级人行、两级农联社、各高风险信用社五方会签《化解风险责任状》，进一步落实了金融监管责任。同时，加大围绕不良贷款“双降”和实现减亏增盈的工作目标，纠正了少数金融机构存在的假股金、假贷款（拆借）、假比例、假报表、假业绩行为。全年完成了对国有商业银行“小金库”、商业银行贷款五级分类、邮政储蓄机构违规揽存、农发行非保护价粮棉贷款、南阳市商业银行2001度是否有虚假或违规手段消化不良贷款情况以及利润真实性、法人治理结构等20多次现场检查；二是各金融机构加强内部控制，积极降低不良贷款占比，减亏增效，提高风险防范能力。止2002年底，国有商业银行不良贷款下降5.35个百分点，实际盈利2300万元；南阳市商业银行不良贷款下降4.71个百分点，盈利868万元，增盈260万元；全市农村信用社不良贷款实际下降6.3个百分点，历史性地实现扭亏为盈，盈利61万元。三是推进金融机构行业自律。继续在全市金融系统开展“三个十”活动，对涌现出来的两个“十面红旗”单位和“十名标兵”个人在全市金融工作会议上隆重表彰。

（四）深入开展创建金融安全区活动，为经济金融发展

创造良好的环境。一是提请市政府印发了《南阳市创建金融安全区工作指导意见》，市、县两级政府都建立了创建安全区工作领导小组及其办公室，把创建金融安全区工作纳人各级政府单项目标进行考核；二是深入开展"一创双评"活动，全市已建成"信用乡镇"27个、"信用村"1287个、"信用户"36万户；三是提请市政府印发了《关于盘活清收和保全金融机构不良资产工作的通知》和《关于建立金融债权保全确认制度的通知》，市金融债权管理行长联席会议协调有关部门对南阳市肉联厂等5家企业继续实行联合制裁，共同维护金融债权；四是继续依靠各级政府，联合公安司法机关严厉打击金融"三乱"、"两非"，维护了全市金融秩序稳定。

2002年的金融工作成绩是主要的，但也遇到不少困难和问题。一是由于法人信贷管理体制的制约，国有商业银行营销贷款有困难，新增存、贷款比例失调；二是防范和化解中小金融机构风险困难较大，中小金融机构资本充足率还未达到8%的基本要求，高风险信用社仍然存在。三是不少企业经营困难，按时还贷付息能力差，金融机构信贷资产质量和整体盈利水平不高；四是局部社会信用度不高、金融法制观念淡薄，少数企业借改制、破产为名，恶意逃废金融债务的现象时有发生。

（中国人民银行南阳市中心支行 侯正芳 王伟东）

乡镇企业保持快速、健康发展的势头

2002年，全市乡镇企业坚持以发展为主题，以非公有制经济为突破口，以"两节一会"和"全国经贸洽谈会"为契机，突出项目建设，加速结构调整，强化企业管理，推进科技进步，使乡镇企业保持了持续、快速、健康发展的势头。

一、主要经济指标完成情况

止2002年底，全市乡镇企业单位数达12.29万个，较上年增长12.9%；从业人员达96.29万人，较上年增长3.6%；完成增加值170.27亿元，增长10.2%；完成营业收入553.26亿元，增长11.1%；实现利润总额37.92亿元，增长11.1%；上交税金达5.06亿元，增长10.5%；出口产品交货值完成18.4亿元，生产出口产品的企业达3977个，形成8个外贸出口基地；年末固定资产原值为120.08亿元，增长8.1%。

二、企业运行的主要特点

1. *对外开放卓有成效，东西合作势头强劲。*止年底，全市共签订投资100万元以上的对外合作项目282个，其中在建163个，已建成投产119个；项目合同投资额达26.84亿元，其中引资19.41亿元；目前，已完成投资9.12亿元，其中引资6.27亿元。

2. *非公有制经济发展迅速，贡献份额越来越大。*止年底，全市非公有制企业达12.08万家，从业人员81.8万人，实现营业收入467.72亿元，完成增加值143.4亿元，实缴税金4.34亿元，分别占乡镇企业总数的98.3%、84.9%、84.5%、84.2%和72.9%。一大批具有较强实力和发展后劲的私营企业大户，成为乡镇企业最具活力的经济增长点。

3. *经济总量和企业规模不断扩大。*全市13个县市区乡镇企业总收入都超过10亿元，营业收入5亿元以上的乡镇达23个，1亿元以上的村达22个，500万元以上的企业616个，均比上年有所增长。在规模企业中，5000万元以上的20个，1亿元以上的3个，1000万元以上的282个，分别比去年增加1个、1个和79个。

4. *速度效益同步增长。*2002年全市乡镇企业实现利润和上交税金分别增长11.1%和10.5%，比乡镇企业10.2%的发展速度相趋一致并略有高出，实现了年初制定的速度效益同步增长的发展目标。乡镇企业上交税金占整个县域税收的43.9%，乡镇企业职工从业收入比全市农民人均纯收入高出1828元，乡镇企业仅工资一项就为农民人均增加现金收入411元，占农民人均现金收入的24.8%。

5. *园区建设快速发展。*全市乡镇企业工业园区已达44个，区内企业个数为7085个，从业人员85243人，营业收入66.31亿元，占全市乡镇企业的12.0%，出口交货值3.29亿元，占全市乡镇企业的17.9%。

三、形成特点的原因

2002年，全市乡镇企业能形成以上特点，主要缘于抓好以下几方面工作：

1. *以扩大开放为突破口，认真抓好项目建设。*2002年，全市乡镇企业采取得力措施，扩大对外开放，在招商引资和项目建设方面取得了显著成效。一是举办东西合作培训班，对全市各县市区主管领导和乡镇主要负责同志以及限额以上企业的厂长（经理）进行了系统培训。二是精心组织参加"两节一会"活动。"两节一会"期间，乡镇企业代表团共组织500余家企业参会，签约对外合作项目40个，有19个重点项目参加市政府组织的重点项目签约仪式；三是认真组织参加全国乡镇企业东西合作经贸洽谈会。

2. *强力推进非公有制经济发展。*一是政策激励。市委、市政府召开了非公有制经济表彰大会，对46家非公有制先进企业和其它先进单位进行了表彰和重奖，起到了表先励后，催人奋进的激励作用。二是开展多种形式宣传和发动，为非公有制经济的发展加压鼓劲，创造氛围。三是先后两次组织对全市非公有制经济发展现状进行深层次全方位调研，为市委、市政府领导指导非公有制经济的发展提供了详实的第一手资料；四是强化服务，改善企业经营环境。设立非公有制经济热线电话，并聘请法律顾问，及时解决非公有制经济发展过程中遇到的困难和问题。目前，邓州、镇平、新野、方城等10个县市区的非公有制经济服务大厅已正常运行，为非公有制经济发展创造了良好的环境。

*3. 以科技求发展，靠管理增效益，积极开拓国际市场。*全年市县两级对企业相关人员进行技术培训4800人次，获科技成果奖12项，获部级质量达标合格企业8家，获省级名优产品4个，其中4家企业通过ISO9000国际质量体系认证；全年共获国家级诚信企业1家，获省级诚信企业8家，并组织全市规模的安全大检查6次，帮助企业消除较大安全隐患128处。

*4. 建设工业园区，培育发展优势行业和龙头企业。*2002年，各县市区都把园区建设作为招商引资和发展非公有制经济的重要平台，实施统一规划，统一标准，完善基础设施建设，在相对集中、连片发展方面迈上新台阶。西峡县在原有园区的基础上，又规划出3.2平方公里建设第二工业园区，目前入园企业已达55家，企业规模和科技含量均有明显提高；新野县的工业园区以棉纺织业为主，目前区内年产值在500万元以上的企业已达35家，在该县形成一道独特的风景线。

（南阳市乡镇企业局　柳明惠）

对外贸易保持高速增长

2002年，南阳对外经贸工作紧紧抓住我国加入世贸组织后带来的机遇，采取积极应对措施，对外贸易在连续几年保持较高增速的基础上，继续保持大幅增长。

对外贸易规模不断扩大。2002年全市进出口总额17133万美元，同比增长32%，其中出口首次突破1亿美元大关，达到11252万美元，较上年增长32%，实现了三年翻番。进口到货5882万美元，完成省定目标的119%，增长31%。进出口均创历史最高水平。

实施大经贸战略成效显著。各种经济类型的企业出口发展加快。全市拥有进出口经营权的内资企业210多家，2002年新获企业直接发生业务的14家，壮大了出口队伍。生产企业仍是外贸出口的主力军。2002年全市国有生产企业出口8268万美元，增长41%，占出口总额的17%；外贸投资企业出口1924万美元，增长41%，占出口总额的17%；外贸企业出口590万美元，增长28%；集体和私营企业出口468万美元，增长48%，初步形成了多路大军共同开拓国际市场的新格局。

进出口商品结构更趋优化。全市工业制成品出口比重为96.7%，其中，机电产品出口1929万美元，增长36%，占进出口总额的比重上升17.1%。高新技术产品出口1086万美元，增长54%，占出口总额的比重上升到9.7%，居全省第一位，占全省高新技术产品出口四分之一强，成为外贸出口的新的亮点。以出口光学元件为主的南阳利达光电有限公司被命名为"河南省高新技术产品出口状元企业"。

重点出口企业骨干作用日益凸现。全市超百万元美元重点出口企业增加到18家，出口超500万美元的骨干企业7家，出口超千万美元的龙头企业累计出口9378万美元，占总额的83%，较上年增长31%，增长额占全市增长额的82%，其中国有重点出口企业累计出口8227万美元，占总额的73%，增长额占全市增长总额的68%，继镇平地毯之后，南棉、新棉、利达等三家企业新跨入全省重点出口企业行列。

出口大宗拳头商品不断增加。以纺织、服装、医药、丝毯、光学元件等行业和商品为主，形成出口拳头优势。全市出口超千万美元的商品2个，出口超500万美元的商品7个，出口超100万美元的商品达18个，初步形成了纺织、医药、机电、化工等出口支柱，大大提高了外贸出口的后劲和抗风险能力。

市场多元化得到进一步加强。2002年，欧盟、日本、香港、韩国和东南亚等五大传统市场，继续保持强劲增势，与5大贸易伙伴的贸易额合计占进出口总值的74.8%。积极开拓新兴市场，全市出口超100万美元的国家（地区）达20个，与南阳有贸易往来的国家（地区）达到92个。

促进出口增长的主要原因：第一是得益于各级领导的重视、支持。市委、政府把2002年定为全市"对外开放年"，明确了外经贸工作的地位。继续实行外经贸工作目标责任制。建立了全市外贸出口联席会议制度和重点企业联系制度，并对出口情况好的企业进行表彰和奖励，极大地调动了各方面扩大出口的积极性。第二得益于各项鼓励扩大出口政策的效应显现。国家继续实施鼓励出口的各项政策，外经贸、海关、检验检疫、税务、外汇、财政等涉外部门通力合作，联合向社会公众承诺，进一步加强了税贸、关贸、银贸协作，加大了贯彻落实政策的力度，营造了外贸出口的有利环境。第三得益于我国加入世界贸易组织后国际贸易环境的改善。贸易伙伴对外国配额限制的逐步放宽，放大了出口空间，尤其对以出口初级产品为主的南阳外贸来说，更是一个利好，充分利用加入世贸组织后积极影响支离破碎优势产品出口，推动了出口的快速增长。第四得益于各级各部门各企业一年来充分估计形势，并将应对和克服困难的措施做了较为周全的准备，积极推进全民外经贸战略、市场多元化战略、走出去战略和以质取胜战略，提高了全市外经贸的整体竞争力。

（南阳市外贸局　郭　玉）

二〇〇二年卫生事业发展状况

二〇〇二年，全市卫生工作坚持新时期卫生工作方针，实施全面深化改革方略，抓住农村卫生、预防保健、卫生监督、科技兴医、全行业管理五个重点，统一思想，真抓实干，促进了全市卫生工作稳步、协调、健康发展。

一、卫生事业发展概况

（一）以深化改革为动力，城镇医疗卫生体制改革取得新进展

2002年是城镇医疗卫生体制改革的全面实施年。*人事制度改革*在全市事业单位率先实行了聘任制、竞争上岗制、末位淘汰制，产生了“能者上、庸者下”，人尽其才的竞争激励环境；分配制度改革实行了院科两级核算制和浮动工资制，注重了奖金向科技含量高、技术水平好、服务质量优和一线岗位倾斜，体现了多劳多得、优劳优得的分配原则；*药品集中招标工作*按照公平、公正和质量价格比优先的原则，扩大了招标范围，增加了招标品种，降低了药品价格，提高了药品质量。2月份和7月份两次举行药品集中招标采购，共有1437个药品中标，中标药品中GMP认证药品达1112个，总成交额达1.4亿元，中标药品平均降价幅度为17.8%。*病人选择医生制度*的推行增强了医护人员的服务意识，提高了医护服务质量，市卫校附院、市一院、市骨科医院等单位将医护人员按职称和业务能力划分为一、二、三级，向病人公示，由病人选择，真正让病人享受了就医选择权，受到了社会和患者的好评；*社区卫生服务*推行国家、集体和社会医疗机构共同办的方式，呈现了多渠道、多层次、多形式共同发展的局面，为人民群众提供了快捷、方便、廉价的医疗卫生服务。目前南阳市中心城区和十三县区城镇中心均开展了社区卫生服务，建立了一批标准较高的社会卫生服务站。

（二）以乡镇卫生院建设为重点，农村卫生工作发展速度加快

*乡镇卫生院建设*加大了基本建设的投资力度，完善了门诊、病房基础设施，更新了医疗设备，改善了卫生院的服务条件。同时抓住专科建设和人才培养，完善卫生院服务功能，增强了卫生院的发展能力；*农村医疗保障制度*立足实际，注重实效，渐进式推进，多形式探索，为解决人民群众因病致贫探索了一些新途径；卫生支农工作实施对口支援，组织卫生下乡，从设备、技术、资金、专科建设等方面予以加强，为广大人民群众提供基本医疗保健服务发挥了积极作用。2002年度累计全市卫生系统县级以上医疗卫生机构组派各类医疗队249支，下派医护人员2343人次，捐送药品价值达26.5万元，捐送各类医疗设备43台件；举办各类学习班、培训班193次，诊治病人54320人次，开展各类手术670例，帮助卫生院开展新技术、新项目233个。

（三）以推行门诊集中接种为切入点，预防保健工作水平明显提高

*计划免疫工作*启动推行了门诊化集中接种模式，完善了门诊接种制度，规范了门诊接种标准，组织督导了麻疹监测和消灭脊灰强化免疫活动的开展，提高了计划免疫接种率和工作水平。全市卡介苗接种216111人，接种率98.82%；三联疫苗接种67816人，接种率为98.34%；脊灰疫苗接种219952人，接种率为99.24%；麻疹疫苗接种69877人，接种率为98.84%；乙肝疫苗接种186435人，接种率为98.99%。脊灰防治工作已连续10年无脊灰野毒株病例发生，AFP病例报告37例，报告发病率已达全市15岁以下儿童的1.71/10万，达到国家无脊灰证实委员会规定的证实要求标准。

*传染病防治工作*坚持了每季度疫情分析，加强了预防用生物制品、血传疾病、生活饮用水和医疗保健机构的监督监测，完善了肠道门诊制度和疫情报告制度，落实了疫情处理三长到场制，有效地控制了传染病的发生和流行，全年共报告乙类传染病14种21865例，发病率为210.24/10万；发病上升的病种有丙肝、梅毒、乙型脑炎；下降的病种有乙肝、淋病、出血热、疟疾、猩红热，实现了总体疫情保持稳中有降的目标。

*妇幼保健工作*以提高孕产妇系统管理率和儿童系统管理率为重点，依法加强了母婴保健机构和母婴保健技术的管理，完善了县乡两级医疗保健机构产科建设，强力推行了婚前医学检查、住院分娩和新法接生，加强了各级妇幼卫生人员三基培训，举办了新生儿重症救护和高危妊娠重症监护培训班，重点对高危妊娠的识别与转诊、产科出血及妊娠高征的诊断和处理、新生儿窒息复苏、急性呼吸道感染、婴幼儿腹泻的防治及技术进行推广、普及，提高了妇幼卫生人员的技术服务水平和抢救能力，有效降低了孕产妇死亡率和儿童死亡率。

（四）以“两节一会”为契机，中医事业取得显著成效

紧紧围绕“两节一会”的组织举办，卫生系统圆满完成了医圣祠改扩建工程、张仲景学术思想国际研讨会、祭拜医圣张仲景仪式、全国名中医字画展示、名老中医义诊、南阳张仲景学术思想研究成果展等项任务。对全市20家中医医疗机构整体服务情况进行了检查，对专科建设进行了规划，确定了11个专科为一期重点建设专科项目。开展了全市首批名老中医评选工作确定并命名老中医71名。市县中医机构不断加大了投资力度，购置了设备，引进了人才，提升了整体医疗水平，建设了一批具有影响力和辐射力的特色专科，实现了县县中医院有特色专科的目标。

（五）实施科技兴医战略，促进了医疗技术水平的提高

按照“建立一套机制，培养一批人才，引进一些项目，筹建特色专科，创新技术项目”的要求。一方面继续采取送出去培训，请进来带教的方法，主动与权威性医疗、教学、科研机构攀亲结缘，大力培养技术人才，嫁接引进新项目；另一方面针对疑难杂病，开发短线专科，全年组织科研攻关，促进了医学技术水平的不断提高。2002年度，南阳市中心医院、眼科医院、精神病医院顺利通过了省厅组织了检查验收，成为河南省新生儿重症救护、肿瘤、眼科、精神病网络分中心，中心医院肝胆外科卫校附院心脏外科通过了省厅特色专科评审。全市卫生系统荣获市级科研成果183项，其中二等奖150项，三等奖33项，占全市科技成果奖总数的63.7%。

二、存在的主要问题

(一)农村卫生工作比较薄弱。在卫生院建设方面，东部不如西部，整体上还存在一部分贫困落后卫生院。有一部分卫生院的生存基础比较脆弱，缺少特色专科，缺少人才优势，缺少技术规模。

(二)预防保健任务仍十分繁重。传染病疫情还不稳定，慢性非传染性疾病的发病率仍在上升，艾滋病流行形势严峻，防治任务相当艰巨。

(三)卫生资源利用效率低。由于受计划经济体制的影响，卫生资源重复配置，职能交叉，条块分害的局面没有打破，卫生运行成本高，资源共享程度差，服务利用效率低，结构性矛盾突出。

(四)行业作风建设还需要进一步加强。医疗质量、服务态度还不尽人意，收费不透明、用药不合格、服务不到位等现象还时常发生，群众对此还有意见。

(南阳市卫生局　冯　晓)

统 计 资 料

一、行政区划和自然资源

1-1 全 市 行 政 区 划

(2002 年)　　单位:个

	土地面积(平方公里)	乡、镇、街道办事处个数				农村村民委员会	城镇居民委员会
		合　计	乡政府个数	镇政府个数	市辖办事处		
全　　市	**26509**	**230**	**102**	**125**	**3**	**4652**	**187**
宛 城 区	970	14	7	5	2	241	41
卧 龙 区	1017	15	7	7	1	236	23
南 召 县	2933	16	8	8		332	14
方 城 县	2542	16	9	7		559	5
西 峡 县	3447	18	10	8		288	10
镇 平 县	1490	23	11	12		409	23
内 乡 县	2301	16	7	9		288	10
淅 川 县	2818	16	4	12		514	2
社 旗 县	1152	18	9	9		237	6
唐 河 县	2497	20	6	14		505	5
新 野 县	1056	14	5	9		262	24
桐 柏 县	1915	16	7	9		209	5
邓 州 市	2370	28	12	16		572	17

注：1.邓州市东西城区按 2 个乡镇计算； 2.高新区有两个城镇居民委员会。

1-2 各县(市、区)乡、镇、办事处名称

(2002年底)

县市区名称	乡	镇	街道办事处
卧龙区	七里园乡、卧龙岗乡、靳岗乡、王村乡 谢庄乡、潦河坡乡、小寨乡	蒲山镇、石桥镇、英庄镇、青华镇 潦河镇、陆营镇、安皋镇	梅溪办事处
宛城区	溧河乡、汉冢乡、金华乡、茶庵乡 高庙乡、新店乡、环城乡	白河镇、官庄镇、红泥湾镇、瓦店镇 黄台岗镇	新华办事处 东关办事处
南召县	城郊乡、小店乡、皇后乡、太山庙乡 石门乡、四棵树乡、马市坪乡、崔庄乡	城关镇、皇路店镇、留山镇、云阳镇 乔端镇、南河店镇、白土岗镇、板山坪镇	
方城县	券桥乡、杨集乡、二郎庙乡、古庄店乡 杨楼乡、清河乡、柳河乡、四里店乡 袁店乡	小史店镇、城关镇、独树镇、拐河镇 赵河镇、博望镇、广阳镇	
西峡县	田关乡、阳城乡、五里桥乡、重阳乡 陈阳乡、寨根乡、石界河乡、军马河乡 二郎坪乡、太平镇乡	丁河镇、丹水镇、回车镇、城关镇 米坪镇、西坪镇、双龙镇、桑坪镇	
镇平县	城郊乡、柳泉铺乡、二龙乡、寺山乡 王岗乡、马庄乡、张林乡、黑龙集乡 安字营乡、彭营乡、郭庄乡	高丘镇、城关镇、遮山镇、老庄镇 卢医镇、曲屯镇、石佛寺镇、晁陂镇 贾宋镇、候集镇、枣园镇、杨营镇	
内乡县	大桥乡、赵店乡、余关乡、乍岖乡 西庙岗乡、板场乡、七里坪乡	师岗镇、瓦亭镇、灌涨镇、湍东镇、王店镇、 马山口镇、赤眉镇、夏馆镇、城关镇	
淅川县	西簧乡、毛堂乡、大石桥乡、滔河乡	城关镇、荆紫关镇、寺湾镇、盛湾镇 金河镇、上集镇、九重镇、老城镇 仓房镇、香花镇、厚坡镇、马蹬镇	
社旗县	城郊乡、大冯营乡、太和乡、丁庄乡 朱集乡、田庄乡、下洼乡、陌陂乡、唐庄乡	青台镇、晋庄镇、李店镇、桥头镇 兴隆镇、郝寨镇、苗店镇、饶良镇、城关镇	
唐河县	城郊乡、桐河乡、昝岗乡、祁仪乡 马振扶乡、古城乡、王集乡	桐寨铺镇、张店镇、郭滩镇、苍台镇 城关镇、源潭镇、龙潭镇、湖阳镇、黑龙镇 上屯镇、大河屯镇、毕店镇、少拜寺镇	
新野县	城郊乡、前高庙乡、樊集乡、上庄乡 上港乡	城关镇、五星镇、王庄镇、施庵镇、沙堰镇、 新甸铺镇、歪子镇、王集镇、溧河铺镇	
桐柏县	城郊乡、回龙乡、黄岗乡、朱庄乡 安棚乡、程湾乡、新集乡	城关镇、月河镇、吴城镇、固县镇 毛集镇、埠江镇、大河镇、平氏镇、淮源镇	
邓州市	城郊乡、龙堰乡、白牛乡、元庄乡、夏集乡、 裴营乡、文曲乡、高集乡、陶营乡、 小杨营乡、腰店乡、九龙乡	东城区、西城区、汲滩镇、穰东镇、赵集镇、 罗庄镇、十林镇、张村镇、都司镇、构林镇、 刘集镇、孟楼镇、林扒镇、张楼镇、桑庄镇、 彭桥镇	

1-3 人口和自然资源

	单　　位	2002 年
一、人　　口		
年底人数	万人	1060.33
人口密度	人/平方公里	399.99
二、地理位置		
东　　经		110°58′～113°49′
北　　纬		32°17′～33°48′
三、土　　地		
土地面积	平方公里	26509
山　　区	平方公里	9709
丘　　陵	平方公里	7889
平　　原	平方公里	8911
四、气　　候		
日照时数	小时	1712.4—2115
年累计降雨量	毫米	601.7—1263.9
无霜期	天	206—263
平均气温	度	15.1—16.5
五、森　　林		
有林地面积	万亩	959
林木蓄积量	万立方米	2508
活林木覆盖率	%	28.82
六、矿产资源(资源总量)		
石　　油	万吨	40081
天然碱	万吨	10000
蓝晶石	万吨	800
硅线石	万吨	497
红柱石	万吨	1017
金红石	万吨	572

主要统计指标解释

森林覆盖率 通常是指森林面积占土地面积之比，一般用百分数表示。但国家规定在计算森林覆盖率时，森林面积还包括灌木林面积、农田林网树占地面积以及四旁树木的覆盖面积。森林覆盖率，是反映一个国家或地区森林资源和绿化水平的重要指标。计算公式为：

森林覆盖率(%)＝(森林面积/土地面积)×100%

活立木蓄积量 指全部土地上树木蓄积的总量。包括森林蓄积，疏林蓄积，散生木蓄积和四旁树蓄积。

矿产保有储量 指探明的矿产储量(包括工业储量和远景储量)扣除已开采部分和地下损失量后的年底实有储量。它反映一个国家或地区矿产资源的现状。

二、综　　合

2-1 基 本 单 位 数

（2002 年） 单位：个

年份	法人单位数	单产业法人	多产业法人	产业活动单位数	多产业法人的活动单位
1996	22633	21016	1617	35695	14679
1997	22076	20514	1562	34996	14482
1998	24317	22876	1441	36448	13572
1999	22735	21361	1374	34521	13160
2000	22496	21146	1350	34262	13116
2001	27627	26316	1311	39478	13162
2002	30580	29258	1322	42164	12906

注：产业活动单位数含单产业法人单位和多产业法人单位附属的产业活动单位数。

2-2 按三次产业分的基本单位数及构成

年份	单位数（个）	第一产业		第二产业		第三产业	
		绝对数	构成(%)	绝对数	构成(%)	绝对数	构成(%)
法人单位							
1996	22633	395	1.7	10221	45.2	12017	53.1
1997	22076	597	2.7	9646	43.7	11833	53.6
1998	24317	713	2.9	11231	46.2	12373	50.9
1999	22735	703	3.1	10279	45.2	11753	51.7
2000	22496	763	3.4	10068	44.8	11665	51.8
2001	27627	806	2.9	10478	37.9	16343	59.2
2002	30580	717	2.3	10203	33.4	19660	64.3
产业活动单位							
1996	35695	424	1.2	11325	31.7	23946	67.1
1997	34996	625	1.8	6974	19.9	27397	78.3
1998	36448	750	2.1	11340	31.1	24358	66.8
1999	34521	218	0.6	11164	32.3	23139	67.1
2000	34262	773	2.3	10894	32.3	22595	65.4
2001	39478	832	2.1	11283	28.6	27363	69.3
2002	42164	733	1.7	10854	25.7	30577	72.6

2-3 各县(市、区)基本单位数

(2002 年)　　　　单位:个

	法人单位数	单产业法人	多产业法人	产业活动单位数	多产业法人的活动单位
总　　计	**30580**	**29258**	**1322**	**42164**	**12906**
宛 城 区	2208	2160	48	2408	248
卧 龙 区	2071	1970	101	2724	754
南 召 县	1834	1736	98	2787	1051
方 城 县	2361	2247	114	3369	1122
西 峡 县	2147	2043	104	2941	898
镇 平 县	2238	2099	139	3749	1650
内 乡 县	2101	2004	97	2896	892
淅 川 县	2201	2128	73	3039	911
社 旗 县	1685	1610	75	2400	790
唐 河 县	2485	2414	71	3354	940
新 野 县	2480	2360	120	3643	1283
桐 柏 县	1890	1810	80	2394	584
邓 州 市	3477	3354	123	4654	1300
南阳市市直	1402	1323	79	1806	483

2－4 按登记注册类型分组的基本单位数

（2002 年）　　　　单位：个

登记注册类型	法人单位数	单产业法人	多产业法人	产业活动单位数	多产业法人的活动单位
全市总计	**30580**	**29258**	**1322**	**42164**	**12906**
内　资	**30453**	**29135**	**1318**	**42012**	**12877**
国　有	6992	6333	659	12205	5872
集　体	9113	8599	514	14413	5814
股份合作	701	687	14	1096	409
国有联营	7	7		8	1
集体联营	73	72	1	77	5
国有与集体联营	2	2		2	
其他联营	63	62	1	90	28
国有独资公司	23	19	4	28	9
其他有限责任公司	609	557	52	988	431
股份有限公司	120	83	37	274	191
私营独资	6019	6017	2	6027	10
私营合作	1239	1236	3	1243	7
私营有限责任公司	291	287	4	327	40
私营股份有限公司	100	99	1	102	3
其他内资	5101	5075	26	5132	57
港澳台商投资	**83**	**80**	**3**	**104**	**24**
与港澳台商合资经营	56	54	2	59	5
与港澳台商合作经营	8	8		8	
港澳台商独资	15	15		15	
港澳台商投资股份有限公司	4	3	1	22	19
外商投资	**44**	**43**	**1**	**48**	**5**
中外合资经营	33	32	1	37	5
中外合作经营	3	3		3	
外商独资	7	7		7	
外商投资股份有限公司	1	1		1	

2-5 按行业分的基本单位数

(2002年)　　　　单位:个

行　　业	法人单位数	单产业法人	多产业法人	产业活动单位数	多产业法人的活动单位
全　市　总　计	**30580**	**29258**	**1322**	**42164**	**12906**
农、林、牧、渔业	**1808**	**1793**	**15**	**2054**	**261**
农　　业	139	137	2	142	5
林　　业	97	97		101	4
畜　牧　业	435	434	1	443	9
渔　　业	46	46		47	1
农、林、牧、渔服务业	1091	1079	12	1321	242
采　矿　业	**726**	**722**	**4**	**736**	**14**
煤炭开采和洗选业	3	3		3	
石油和天然气开采业	3	1	2	6	5
黑色金属矿采选业	62	62		64	2
有色金属矿采选业	141	139	2	142	3
非金属矿采选业	507	507		511	4
其他采矿业	10	10		10	
制　造　业	**8675**	**8601**	**74**	**9049**	**448**
农副食品加工业	1372	1364	8	1424	60
食品制造业	259	257	2	270	13
饮料制造业	146	141	5	149	8
烟草制品业	4	3	1	7	4
纺　织　业	244	237	7	254	17
纺织服装、鞋、帽制造业	111	111		114	3
皮革、毛皮、羽毛(绒)及其制品业	63	62	1	64	2
木材加工及木、竹、藤、棕、草制品业	429	429		430	1
家具制造业	287	286	1	289	3
造纸及纸制品业	133	132	1	135	3
印刷业和记录媒介的复制	141	139	2	154	15
文教体育用品制造业	14	14		14	
石油加工、炼焦及核燃料加工业	35	35		40	5
化学原料及化学制品制造业	277	275	2	281	6
医药制造业	60	58	2	61	3
化学纤维制造业	4	4		4	
橡胶制品业	19	19		21	2
塑料制品业	247	247		257	10
非金属矿物制品业	3154	3145	9	3288	143
黑色金属冶炼及压延加工业	53	51	2	53	2
有色金属冶炼及压延加工业	34	34		34	
金属制品业	207	203	4	215	12

2—5 续表 1　　单位:个

行　业	法人单位数	单产业法人	多产业法人	产业活动单位数	多产业法人的活动单位
通用设备制造业	159	158	1	173	15
专用设备制造业	153	141	12	163	22
交通运输设备制造业	194	191	3	203	12
电气机械及器材制造业	81	79	2	86	7
通信设备、计算机及其他电子设备制造业	11	11		12	1
仪器仪表及文化、办公用机械制造业	26	24	2	27	3
工艺品及其他制造业	755	748	7	824	76
废弃资源和废旧材料回收加工业	3	3		3	
电力、燃气及水的生产和供应业	**99**	**84**	**15**	**302**	**218**
电力、热力的生产和供应业	65	52	13	266	214
燃气生产和供应业	4	4		4	
水的生产和供应业	30	28	2	32	4
建　筑　业	**703**	**682**	**21**	**767**	**85**
房屋和土木工程建筑业	657	638	19	710	72
建筑安装业	17	15	2	23	8
建筑装饰业	29	29		34	5
交通运输、仓储和邮政业	**177**	**147**	**30**	**558**	**411**
铁路运输业	1	1		1	
道路运输业	111	96	15	234	138
城市公共交通业	9	9		11	2
水上运输业	4	4		4	
装卸搬运和其他运输服务业	23	21	2	26	5
仓　储　业	16	16		21	5
邮　政　业	13		13	261	261
信息传输、计算机服务和软件业	**79**	**65**	**14**	**322**	**257**
电信和其他信息传输服务业	73	59	14	314	255
计算机服务业	3	3		3	
软　件　业	3	3		5	2
批发和零售业	**2134**	**1832**	**302**	**4761**	**2929**
批　发　业	1135	969	166	2220	1251
零　售　业	999	863	136	2541	1678
住宿和餐饮业	**597**	**572**	**25**	**772**	**200**
住　宿　业	163	149	14	223	74
餐　饮　业	434	423	11	549	126
金　融　业	**374**	**218**	**156**	**1320**	**1102**
银　行　业	334	181	153	1237	1056
证　券　业	2	2		2	

2—5 续表 2

单位:个

行业	法人单位数	单产业法人	多产业法人	产业活动单位数	多产业法人的活动单位
保险业	32	29	3	39	10
其他金融活动	6	6		42	36
房地产业	**151**	**150**	**1**	**171**	**21**
房地产业	151	150	1	171	21
租赁和商务服务业	**510**	**504**	**6**	**611**	**107**
租赁业	16	13	3	24	11
商务服务业	494	491	3	587	96
科学研究、技术服务和地质勘查业	**606**	**596**	**10**	**720**	**124**
研究与试验发展	45	45		48	3
专业技术服务业	328	323	5	369	46
科技交流和推广服务业	228	224	4	296	72
地质勘查业	5	4	1	7	3
水利、环境和公共设施管理业	**320**	**318**	**2**	**347**	**29**
水利管理业	235	234	1	260	26
环境管理业	33	33		34	1
公共设施管理业	52	51	1	53	2
居民服务和其他服务业	**85**	**82**	**3**	**140**	**58**
居民服务业	63	60	3	109	49
其他服务业	22	22		31	9
教育	**1330**	**942**	**388**	**5688**	**4746**
教育	1330	942	388	5688	4746
卫生、社会保障和社会福利业	**4766**	**4751**	**15**	**4882**	**131**
卫生	4537	4526	11	4605	79
社会保障业	60	58	2	72	14
社会福利业	169	167	2	205	38
文化、体育和娱乐业	**400**	**395**	**5**	**528**	**133**
新闻出版业	9	8	1	10	2
广播、电视、电影和音像业	133	130	3	190	60
文化艺术业	236	235	1	303	68
体育	11	11		12	1
娱乐业	11	11		13	2
公共管理和社会组织	**7040**	**6804**	**236**	**8436**	**1632**
中国共产党机关	320	318	2	322	4
国家机构	1647	1450	197	3035	1585
人民政协和民主党派	15	15		15	
群众团体、社会团体和宗教组织	292	279	13	297	18
基层群众自治组织	4766	4742	24	4767	25

2—6 国民经济和社会发

指　　　标	1990	1995	2000	2001	2002
人口与就业					
人　　口(万人)					
年底总人口	985.00	1025.61	1049.01	1055.10	1060.33
#市镇人口	110.02	152.07	211.48	219.05	230.90
#男性人口	516.30	537.22	548.43	551.61	556.01
就　　业(万人)					
年底从业人员	456.60	570.00	611.08	594.73	584.82
#在岗职工	56.69	69.71	65.81	64.72	65.07
城镇失业人数			2.67	2.75	2.38
宏观经济					
国民核算(亿元)					
国内生产总值	90.79	306.60	519.66	576.28	625.07
第一产业	41.20	98.83	153.70	169.62	182.72
第二产业	26.88	134.42	237.66	264.27	285.35
第三产业	22.71	73.36	128.30	142.39	157.00
人均国内生产总值(元)	929	2999	4963	5478	5910
国内支出总额(亿元)	90.79	306.60	519.66	576.28	625.07
#最终消费	57.35	135.40	231.47	253.28	275.66
居民消费	46.57	111.08	176.76	188.82	206.93
政府消费	10.78	24.32	54.70	64.46	68.73
资本形成总额	31.35	167.45	304.35	331.87	365.30
固定资本形成	17.28	74.03	120.06	148.51	166.59
存货增加	14.07	93.42	184.28	183.36	198.71
固定资产投资(亿元)					
全社会固定资产投资总额	15.37	75.08	117.62	143.80	162.31
#国有经济	6.83	46.72	65.67	85.79	100.55
集体经济	1.87	11.13	24.05	26.41	26.75
财　　政(亿元)					
地方财政收入	5.53	9.58	19.59	21.33	19.26
地方财政支出	6.92	15.19	29.90	36.58	44.42
物价总指数(以上年为100)					
居民消费价格总指数		116.5	98.7	101.2	100.9
商品零售价格总指数		116.4	98.0	99.7	99.1
农业生产资料价格总指数		128.4	98.0	98.9	100.1
利用外资(万美元)					
利用外资签订协议金额	536	8988	1222	2591	8413
实际利用外资金额	390	13725	2805	2406	3887
#外商直接投资	104	1571	884	863	3349

展总量与速度指标

2002年为以下各年 %				平均每年增长 %		
1990	1995	2000	2001	1991—1995	1996—2000	2000—2002
107.6	103.4	101.1	100.5	0.8	0.5	0.5
209.9	151.8	109.2	105.4	6.7	6.8	4.5
107.7	103.5	101.4	100.8	0.8	0.4	0.7
128.1	102.6	95.7	98.3	4.5	1.4	-2.2
114.8	93.3	98.9	100.5	4.2	-1.1	-0.6
		89.1	86.5			-5.6
413.1	198.0	120.5	109.7	15.8	10.4	9.8
250.2	180.2	116.7	107.9	6.8	9.1	8.0
664.1	213.1	122.4	110.5	25.5	11.7	10.7
390.3	192.0	121.5	110.2	15.2	9.6	10.2
381.6	191.4	119.3	109.1	14.8	9.9	9.2
413.1	198.0	120.5	109.7	15.8	10.4	9.8
305.8	201.6	119.2	108.5	8.7	11.1	9.2
283.1	181.3	118.7	109.2	9.3	10.1	9.0
304.2	231.8	112.8	106.3	5.6	15.5	6.2
620.3	194.5	130.3	111.4	26.1	11.3	14.2
472.2	183.6	122.3	113.6	20.8	8.3	10.6
996.1	252.4	134.9	109.5	31.6	13.4	16.2
1056.0	216.2	138.0	112.9	37.3	9.4	17.5
1472.2	215.2	153.1	117.2	46.9	7.0	23.7
1430.5	240.3	111.2	101.3	42.9	16.7	5.5
				11.6	15.4	
641.9	292.4	148.6	121.4	17.0	14.5	21.9
1569.6	93.6	688.5	324.7	75.8	-32.9	162.4
996.7	28.3	138.6	161.6	103.8	-27.2	17.7
3220.2	213.2	378.8	388.1	72.12	-10.9	94.6

2—6(续1)

指　　　　标	1990	1995	2000	2001	2002
产业经济					
农林牧渔业					
耕地面积(千公顷)	899.40	871.00	874.42	891.94	951.50
农林牧渔业总产值(亿元)	61.80	168.62	264.10	290.92	312.64
主要农产品产量					
粮　　食(万吨)	397.52	359.64	378.05	407.66	420.36
棉　　花(万吨)	9.30	15.16	11.85	14.44	15.21
油　　料(万吨)	17.71	37.05	53.34	59.62	73.37
烟　　叶(万吨)	5.83	4.46	4.65	6.79	6.32
水　　果(万吨)	2.82	8.75	20.71	21.87	24.91
年底大牲畜存栏头数(万头)	153.62	246.06	283.03	290.12	298.20
年底生猪存栏头数(万头)	207.85	348.33	484.04	517.50	559.93
年底山绵羊存栏只数(万只)	143.61	358.04	469.20	502.47	553.71
肉类总产量(万吨)	15.13	46.84	68.89	71.83	77.36
#猪牛羊肉	14.23	42.14	62.19	64.54	69.13
工　　业					
工业总产值(亿元)	77.73	430.67	671.48	745.47	813.51
轻工业	41.91	228.18	367.52	412.47	468.20
重工业	35.82	202.49	303.96	333.00	345.31
工业增加值(亿元)	24.41	124.16	214.23	234.90	251.57
主要工业产品产量					
纱(万吨)	2.53	5.22	9.45	11.16	13.65
布(亿米)	0.62	1.33	1.36	1.57	1.84
卷　　烟(万箱)	39.00	44.30	39.83	38.80	33.85
饮料酒(万吨)	8.87	12.18	7.84	9.86	8.32
机制纸及纸板(万吨)	3.48	12.01	7.65	8.60	9.98
原　　油(万吨)	252.04	192.00	185.06	186.00	188.02
发电量(亿千瓦小时)	1.62	1.00	46.12	51.32	53.51
生　　铁(万吨)	12.65	18.00	4.79	5.78	19.67
烧　　碱(万吨)	1.07	2.60	2.89	3.37	5.04
酒　　精(万吨)	6.61	10.59	7.61	9.48	9.04
合成氨(万吨)	18.56	22.58	15.47	18.26	18.93
农用化肥(折纯量)(万吨)	15.93	19.59	13.63	15.79	20.81
水　　泥(万吨)	105.60	285.00	417.00	496.00	544
大理石板(万立方米)	17.40	679.23	408.28	284.24	174.11
建筑业					
建筑业总产值(亿元)	2.22	12.32	21.29	22.90	36.15
施工房屋面积(万平方米)	89.65	362.00	448.50	471.96	598.86

2002年为以下各年%				平均每年增长%		
1990	1995	2000	2001	1991—1995	1996—2000	2000—2002
105.8	109.2	108.8	106.7	-0.6	0.1	4.3
304.1	186.7	116.7	107.9	10.2	9.4	8.1
105.7	116.9	111.2	103.1	-2.0	1.0	5.4
163.5	100.3	128.4	105.3	10.3	-4.8	13.3
414.3	198.0	137.6	123.1	15.9	7.6	17.3
108.4	141.7	135.9	93.1	-5.2	0.8	16.6
883.3	284.7	120.3	113.9	25.4	18.8	9.7
194.1	121.2	105.4	102.8	9.9	2.8	2.6
269.4	160.7	115.7	108.2	10.9	6.8	7.6
385.6	154.7	118.0	110.2	20.0	5.6	8.6
511.3	165.2	112.3	107.7	25.4	8.0	6.0
485.8	164.0	111.2	107.1	24.3	8.1	5.4
739.6	219.7	123.7	111.3	27.5	12.2	11.2
739.3	215.0	128.3	111.4	28.0	10.9	13.3
558.4	170.3	94.6	86.4	26.8	12.5	-2.7
658.7	207.3	120.2	109.9	26.0	11.5	9.6
539.5	261.5	144.4	122.3	15.6	12.6	20.2
296.8	138.3	135.3	117.2	16.5	0.5	16.3
86.8	76.4	85.0	87.2	2.6	-2.1	-7.8
93.8	68.3	106.1	84.4	6.6	-8.4	3.0
286.8	83.1	130.5	116.0	28.1	-8.6	14.2
74.6	97.9	101.6	101.1	-5.3	-0.7	0.8
3303.1	5351.0	116.0	104.3	-9.2	215.2	7.7
155.5	109.3	410.6	340.3	7.3	-23.3	102.6
471.0	193.8	174.4	149.6	19.4	2.1	32.1
136.8	85.4	118.8	95.4	9.9	-6.4	9.0
102.0	83.8	122.4	103.7	4.0	-7.3	10.6
130.6	106.2	152.7	131.8	4.2	-7.0	23.6
515.2	190.9	130.5	109.7	22.0	7.9	14.2
1000.6	25.6	42.6	61.3	108.1	-9.7	-34.7
1628.4	293.4	169.8	157.9	140.9	11.6	30.3
668.0	165.4	133.5	126.9	132.2	4.4	15.6

2—6(续2)

指　　标	1990	1995	2000	2001	2002
竣工房屋面积(万平方米)	40.82	210.00	192.40	119.35	240.74
运输和邮电					
旅客周转量(万人公里)	183800	267795	353735	357434	362713
#公　　路	178641	265300	351185	354857	361288
货物周转量(万吨公里)	61110	287689	338270	315008	351697
#公　　路	52818	280192	325270	302902	339274
邮电业务总量(万元)	3132	18832	130463	156175	162251
批发零售贸易业、餐饮业					
社会消费品零售总额(亿元)	31.85	93.05	183.11	203.06	224.99
对外经济贸易					
进出口总额(万美元)		6467	10462	13032	17134
进　口　额		545	3249	4505	5882
出　口　额		5921	7213	8527	11252
金　　融					
金融机构年底存款余额(亿元)	31.72	93.76	313.13	361.34	415.93
金融机构年底贷款余额(亿元)	49.63	125.00	305.78	323.01	358.63
教育、科技、文化					
教　　育					
高等学校在校学生数	2297	4039	10599	15175	20765
中等专业学校在校学生数	12039	18499	30643	32770	39120
普通中学在校学生数	381736	521608	688572	703163	739339
小学在校学生数	1236865	1138811	1008295	939538	940318
科　　技					
大中型工业企业科技机构数(个)		86	88	88	93
大中型工业企业从事科技活动人员数(人)		8815	8816	7642	7768
#科学家、工程师			4097	3851	3765
文化、文物					
艺术表演团体	23	19	17	17	17
文　化　馆	20	19	19	16	16
公共图书馆	13	13	13	13	13
公共图书量(万册)	71	79	112	114	119
博　物　馆	11	11	11	12	12
家庭、生活					
家　　庭					
家庭总户数(万户)	239.60	260.24	279.48	282.85	293.82
城镇居民平均每户家庭人口(人)	3.62	3.45	3.28	3.26	3.15
农村居民平均每户家庭人口(人)	4.78	4.48	4.00	3.96	3.94

2002年为以下各年%				平均每年增长%		
1990	1995	2000	2001	1991—1995	1996—2000	2000—2002
589.8	114.6	125.1	201.7	138.8	-1.7	11.9
197.3	135.4	102.5	101.5	7.8	5.7	1.3
202.2	136.2	102.9	101.8	8.2	5.8	1.4
575.5	122.2	104.0	111.6	36.3	17.6	2.0
642.3	121.1	104.3	112.0	39.6	3.0	2.1
5180.4	861.6	124.4	103.9	43.2	47.3	11.5
706.4	241.8	122.9	110.8	23.9	14.5	10.8
	264.9	163.8	131.5		-4.8	28.0
	1079.3	181.0	130.6		24.5	34.6
	190.0	156.0	132.0		2.9	24.9
1311.3	443.6	132.8	115.1	24.2	27.3	15.3
722.6	286.9	117.3	111.0	20.3	19.6	8.3
904.0	514.1	195.9	136.8	11.9	21.3	40.0
324.9	211.5	127.7	119.4	9.0	10.6	13.0
193.7	141.7	107.4	105.1	6.4	5.7	3.6
76.0	82.6	93.3	100.1	-1.6	-2.4	-3.4
	108.1	105.7	105.7			
	88.1	88.1	101.6			-6.1
		91.9	97.8			-4.1
73.9	89.5	100.0	100.0			
80.0	84.2	84.2	100.0			
100.0	100.0	100.0	100.0			
	150.5	106.2	104.4	2.2	7.2	3.0
109.1	109.1	109.1	100.0			
122.6	112.9	105.1	103.9	1.7	3.5	2.5
87.0	91.3	96.0	96.6	-1.0	-1.1	-2.0
82.4	87.9	98.5	99.5	-1.3	-2.2	-0.8

2—6(续 3)

指　　标	1990	1995	2000	2001	2002
婚　　姻					
登记结婚(对)			82250	76142	75730
登记离婚(民政部门)(对)			1815	1839	1947
居　　住					
城市居民人均居住面积(平方米)	14.11	13.30	19.95	20.14	26.60
农村居民人均居住面积(平方米)	14.01	17.98	23.49	24.52	24.86
生　　活					
居民消费水平(元)	476	.1086	1688	1795	1956
农村居民	420	883	1359	1434	1531
城镇居民	1046	2615	3739	3984	4467
城乡居民储蓄存款年底余额(亿元)	26.47	95.85	229.59	257.03	300.20
城镇居民人均可支配收入(元)	1264.85	2772.61	4429.54	4751.75	5658.84
城镇居民人均消费性支出(元)	970.42	2245.07	3402.94	3693.28	4118.28
农民人均纯收入(元)	439.00	1124.00	1889.00	1940.00	2020.03
农民人均生活消费支出(元)	400.13	870.13	1178.91	1360.36	1453.07
工　　资					
在岗职工工资总额(亿元)	9.22	28.30	40.61	44.03	49.60
在岗职工平均工资(元)	1649	4143	6164	6814	7614
卫　　生					
医院、卫生院数(个)	281	289	296	296	292
卫生机构床位数(万张)	1.49	1.52	1.61	1.63	1.71
#医院、卫生院	1.34	1.37	1.44	1.49	1.62
卫生技术人员数(万人)	1.99	2.23	2.36	2.42	2.33
#医　　生	0.81	0.78	0.81	0.81	0.60
市政建设					
供水总量(万立方米)	6458	7695	7741	8572	8456
城市煤气、天然气供应量(万立方米)	186	580	1143	1173	1663
液化石油气供应量(万吨)	0.09	0.4	0.21	0.63	0.86
公共汽(电)车总数(标台)	46	82	171	219	289
公共绿地面积(公顷)	55	182	652.5	926.7	2803.9

注:1.本表价值量指标除邮电业务总量自1990年起按1990年不变价格计算,以前年度按1980年不变价格计算外,其他价值量指标均按当年价格计算。(下同)。国内生产总值、国内支出总额、农林牧渔业总产值、工业总产值、工业增加值、邮电业务总量、居民消费水平、城乡居民收入、在岗职工平均工资发展(增长),速度均按可比价格计算。

2.1995年始财政收入为分税制后新口径数据(下同)2002年为调整后新口径,与以前年份不可比。

3.在岗职工、工资、福利费1997年及以前年度为职工口径(下同)。

4.绿化指标增加市辖11个建制镇。

2002年为以下各年%				平均每年增长%		
1990	1995	2000	2001	1991—1995	1996—2000	2000—2002
		92.1	99.5			-4.0
		107.3	105.9			3.6
188.5	200.0	133.3	132.1	-1.2	8.5	15.5
177.4	138.3	105.8	101.4	5.1	5.5	2.9
410.9	180.1	115.9	109.0	8.4	7.9	7.6
364.5	173.4	112.7	106.8	6.9	7.7	6.1
427.1	170.8	119.5	112.1	9.6	6.3	9.3
1134.1	313.2	130.8	116.8	29.4	19.1	14.3
447.5	204.1	127.8	119.1	17.0	9.8	13.0
424.4	183.4	121.0	111.5	18.3	8.7	10.0
460.1	179.7	106.9	104.1	20.7	10.9	3.4
363.1	167.0	123.3	106.8	16.8	6.3	11.0
538.0	175.3	122.1	112.7	25.2	7.7	10.5
461.7	183.8	123.5	111.7	20.2	8.1	11.1
103.9	101.0	98.6	98.6	0.6	0.5	-0.7
114.8	112.5	106.2	104.9	0.4	1.2	3.1
120.9	118.2	112.5	108.7	0.4	1.0	6.1
117.1	104.5	98.7	96.3	2.3	1.1	-0.6
74.1	76.9	74.1	74.1	-0.8	0.8	-13.9
130.9	109.9	109.2	98.6	3.6		4.5
894.1	286.7	145.5	141.8	25.5	14.5	20.6
955.6	215.0	409.5	136.5	34.8	10.5	102.4
628.3	352.4	169.0	132.0	12.3	15.8	30.0
5098.0	1540.6	429.7	302.6	27.0	29.1	107.3

2-7 国民经济和社会发展比例和效益指标

本表价值量指标均按当年价格计算。

指　　　　标	1990	1995	2000	2001	2002
人　口　和　就　业					
人　　口					
出 生 率(‰)	22.82	11.86	11.67	11.90	11.01
死 亡 率(‰)	7.06	6.36	6.38	6.06	5.98
自然增长率(‰)	15.76	5.50	5.29	5.84	5.03
就　　业					
城镇登记失业率(%)			3.3	3.4	3.3
宏 观 经 济					
国 民 核 算					
三次产业增加值比例(第一产业＝100)	100.00	100.00	100.00	100.00	100.00
第一产业	45.38	32.23	29.58	29.43	29.23
第二产业	29.60	43.8	45.73	45.86	45.65
第三产业	25.02	23.9	24.69	24.71	25.71
全社会劳动生产率(元/人.年)	2006.00	5991.00	8325.00	9690.00	10686.00
人均国内生产总值(元)	929.00	2999.00	4963.00	5477.00	5921.00
固定资产投资					
固定资产投资率(%)	16.9	24.5	22.6	25.0	26.0
全社会房屋建筑面积竣工率(%)	87.9	65.7	52.7	59.2	48.9
基本建设固定资产交付使用率(%)	76.5	38.2	60.9	60.4	47.8
基本建设项目建成投产率(%)	61.7	69.1	57.2	65.7	64.1
财　　政					
财政收入相当于国内生产总值比例(%)	6.1	3.1	3.8	3.7	3.1
支援农林牧渔业生产和各项农业事业费占财政支出比例(%)		12.5	8.1	6.4	6.9
文教科卫事业费支出占财政支出比例(%)	32.5	34.1	29.3	30.4	29.6
利用外资					
实际利用外资额相当于签订利用外资额比例(%)	92.9	57.3	92.1	64.4	43.3
产 业 经 济					
农　　业					
人均耕地面积(亩)	1.53	1.35	1.46	1.49	1.58
每公顷耕地化肥施用折纯量(千克)	289	453	606	624	601
每公顷播种面积农产量(千克)					
粮　　食	3377	3369	3813	4098	4242
棉　　花	823	865	819	976	1052
油　　料	1322	2229	2500	2603	2852
工　　业					

2—7 续表

指　　　　标	1990	1995	2000	2001	2002
国有及国有控股企业效益(%)					
固定资产原价利税率			12.40	12.70	11.47
资金利税率			8.50	6.70	8.56
总资产贡献率			8.40	8.80	8.08
对外经济贸易和国际旅游					
进出口总额相当于国内生产总值比　例(%)		3.26	1.50	1.87	2.27
金融保险					
金融机构存款相当于国内生产总值比例(%)	34.90	30.60	60.30	62.70	66.54
金融机构贷款相当于国内生产总值比例(%)	54.70	40.80	58.80	56.00	57.37
教育、科技					
教　育					
小学适龄人口入学率(%)	98.90	99.64	99.96	99.78	99.90
小学毕业生升学率(%)	60.71	90.35	96.19	94.02	102.85
小学在校生巩固率(%)	98.75	98.92	99.82	100.99	103.58
初中毕业生升学率(%)	31.10	48.81	35.27	35.96	45.10
初中在校生巩固率(%)	98.01	96.07	98.32	98.21	101.69
学校教师负担系数					
高等学校(含研究生)	6	8	11	15	19
中等学校	11	15	20	24	27
普通中学	15	18	19	19	20
小学学校	23	28	20	18	18
科　技					
科技经费筹集额相当于国内生产总值比例(%)			0.08	0.08	0.08
生　活					
生　活					
城乡居民收入比例(农民人均纯收入为1)	2.88	2.47	2.35	2.45	2.30
卫　生					
每千人口拥有医生数(人)	0.82	0.76	0.77	0.77	0.57
每千人口拥有医院、卫生院病床数(张)	1.52	1.48	1.54	1.55	1.61
市政建设					
城市自来水普及率(%)	84.1	96.1	100	36.13	35.25
城市用气普及率(%)	27.1	45.6	73.59	26.00	28.85
人均公共绿地面积(平方米)	2.2	4.4	12.8	5.6	16.7

注：1.市政建设指标2000年前按中心城区非农业人口计算，以后按全部人口计算；
2.每千人拥有医生指的是执业医师；
3.绿化指标增加市辖11个建制镇。

2-8 主要社会经济指标人均水平

本表价值量指标均按当年价格计算。

指　　标	1990	1995	2000	2001	2002
国内生产总值(元)	**929**	**2999**	**4963**	**5478**	**5910**
第一产业	422	966	1468	1612	1727
第二产业	275	1314	2270	2512	2698
工　业	250	1214	2046	2233	2378
建 筑 业	25	100	224	279	319
第三产业	232	717	1225	1353	1484
#交通运输、仓储及邮电通信业	32	115	240	257	276
批发零售贸易业、餐饮业	71	176	377	402	439
全社会固定资产投资额(元)	**157**	**734**	**1123**	**1367**	**1535**
人民生活(元)					
在岗职工平均工资	1649	4143	6107	6788	7580
城镇居民人均可支配收入	1265	2773	4430	4752	5659
城镇居民人均消费性支出	970	2245	3403	3693	4118
农民人均纯收入	439	1124	1889	1940	2020
农民人均生活消费支出	400	870	1349	1360	1453
居民储蓄额	271	937	2193	2443	2838
农林牧渔业					
农林牧渔业总产值(元)	632	1648.6	2522.2	2765.1	2955.8
主要农产品产量(千克)					
粮　　食	406.71	351.63	361.03	387.51	397.42
棉　　花	9.51	14.80	11.30	13.73	14.38
油　　料	18.12	36.22	50.94	56.68	69.37
烟　　叶	6.00	4.40	4.44	6.45	5.98
水　　果	2.89	8.55	19.78	20.79	23.55
猪牛羊肉	14.56	41.20	59.39	61.35	65.36
水 产 品	1.25	1.82	4.50	5.23	5.28
工　　业					
工业总产值(元)	795.3	4210.7	6412.7	7085.60	7691.19
主要工业产品产量					
纱(千克)	2.59	5.10	9.02	10.61	12.90
布(米)	6.38	12.98	13.03	14.94	17.42
原　　油(千克)	257.80	187.70	176.70	176.80	177.76
发 电 量(千瓦小时)	16.60	9.86	440.40	487.81	505.90
生　　铁(千克)	12.94	18.20	4.57	5.49	18.60
酒　　精(千克)	6.76	10.36	7.27	9.01	8.55
水　　泥(千克)	108.45	278.60	398.24	471.40	514.32
社会消费品零售总额(元)	**325.97**	**909.76**	**1748.70**	**1930.08**	**2127.17**
财　　政					
地方财政收入(元)	56.58	178.92	187.08	202.71	182.09
地方财政支出(元)	70.8	148.5	285.55	347.73	419.93
教育和卫生					
每万人拥有大学生(含研究生)(人)			207.60	207.60	207.60
每千人拥有医院、卫生院床位(张)	1.52	1.48	1.54	1.55	1.61
每千人拥有医生(人)	0.82	0.76	0.77	0.77	0.57

注：1. 本表价值量指标均按当年价格计算；
2. 1994 年始财政收入为分税制后新口径数据；
3. 每千人拥有医生指的是执业医师；
4. 每万人拥有大学生人数为第五次人口普查数字。

主要统计指标解释

可比价格　指计算各种总量指标所采用的扣除了价格变动因素的价格，可进行不同时期总量指标的对比。按可比价格计算总量指标有两种方法：一种是直接用产品产量乘某一年的不变价格计算；另一种是用价格指数进行缩减。

不变价格　指以同类产品某年的平均价格作为固定价格，用于计算各年的产品价值。按不变价格计算的产品价值消除了价格变动因素，不同时期对比可以反映生产的发展速度。新中国成立后，随着工农业产品价格水平的变化，国家统计局先后五次制定了全国统一的工业产品不变价格和农业产品不变价格。从 1952 年到 1957 年使用 1952 年工(农)业产品不变价格，从 1957 年到 1970 年使用 1957 年不变价格，从 1971 年到 1980 年使用 1970 年不变价格，从 1981 年到 1990 年使用 1980 年不变价格，从 1991 年开始使用 1990 年不变价格。

平均增长速度　我国计算平均增长速度有两种方法：一种是习惯上经常使用的"水平法"，又称几何平均法，是以间隔期最后一年的水平同基期水平对比来计算平均每年增长(或下降)速度；另一种是"累计法"，又称代数平均法或方程法，是以间隔期内各年水平的总和同基期水平对比来计算平均每年增长(或下降)速度。在一般正常情况下，两种方法计算的平均每年增长速度比较接近；但在经济发展不平衡、出现大起大落时，两种方法计算的结果差别较大。

本《年鉴》内所列的平均增长速度，从某年到某年平均增长速度的年份，均不包括基期年在内。如建国四十三年的平均增长速度是以 1949 年为基期计算的，则写为 1950－1992 年平均增长速度，其余类推。

企业(单位)登记注册类型　是以在工商行政管理机关登记注册的各类企业为划分对象，以工商行政管理部门对企业登记注册的类型为依据，将企业登记注册类型分为内资企业、港澳台商投资企业和外商投资企业三大类。内资企业包括国有企业、集体企业、股份合作企业、联营企业、有限责任公司、股份有限公司、私营公司和其他企业；港澳台商投资企业和外商投资企业分别包括合资经营企业、合作经营企业、独资经营企业和股份有限公司。对不在工商行政管理部门进行登记注册的行政机关、事业单位和社会团体，主要按其经费来源和管理方式进行划分。

国有企业　指企业全部资产归国家所有，并按《中华人民共和国企业法人登记管理条例》规定登记注册的非公司制的经济组织。不包括有限责任公司中的国有独资公司。

集体企业　指企业资产归集体所有，并按《中华人民共和国企业法人登记管理条例》规定登记注册的经济组织。

股份合作企业　指以合作制为基础，由企业职工共同出资入股，吸收一定比例的社会资产投资组建，实行自主经营，自负盈亏，共同劳动，民主管理，按劳分配与按股分红相结合的一种集体经济组织。

联营企业　指两个及两个以上相同或不同所有制性质的企业法人或事业单位法人，按自愿、平等、互利的原则，共同投资组成的经济组织。联营企业包括国有联营企业、集体联营企业、国有与集体联营企业和其他联营企业。

有限责任公司　指根据《中华人民共和国公司登记管理条例》规定登记注册，由两个以上、五十个以下的股东共同出资，每个股东以其所认缴的出资额对公司承担有限责任，公司以其全部资产对其债务承担责任的经济组织。有限责任公司包括国有独资公司以及其他有限责任公司。

股份有限公司　指根据《中华人民共和国公司登记管理条例》规定登记注册，其全部注册资本由等额股份构成并通过发行股票筹集资本，股东以其认购的股份对公司承担有限责任，公司以其全部资产对其债务承担责任的经济组织。

私营企业　指由自然人投资设立或由自然人控股，以雇佣劳动为基础的营利性经济组织。包括按照《公司法》、《合伙企业法》、《私营企业暂行条例》规定登记注册的私营有限责任公司、私营股份有限公司、私营合伙企业和私营独资企业。

其他内资企业　指上述企业之外的其他内资经济组织。

与港澳台商合资经营企业　指港澳台地区投资者与内地企业依照《中华人民共和国中外合资经营企业法》及有关法律的规定，按合同规定的比例投资设立、分享利润和分担风险的企业。

与港澳台商合作经营企业　指港澳台地区投资者与内地企业依照《中华人民共和国中外合作经营企业法》及有关法律的规定，依照合作合同的约定进行投资或提供条件设立、分配利润和分担风险的企业。

港澳台商独资经营企业　指依照《中华人民共和国外资企业法》及有关法律的规定，在内地由港澳台地区投资者全额投资设立的企业。

港澳台商投资股份有限公司　指根据国家有关规定，经外经贸部依法批准设立，其中港、澳、台商的股本占公司注册资本的比例达 25%以上的股份有限公司。凡其中港、澳、台商的股本占公司注册资本的比例小于 25%的，属于内资企业中的股份有限公司。

中外合资经营企业　指外国企业或外国人与中国内地企业依照《中华人民共和国中外合资经营企业法》及有关法律的规定，按合同规定的比例投资设立、分享利润和分担风险的企业。

中外合作经营企业　指外国企业或外国人与中国内地企业依照《中华人民共和国中外合作经营企业法》及有关法律的规定，依照合作合同的约定进行投资或提供条件设立、分配利润和分担风险的企业。

外资企业　指依照《中华人民共和国外资企业法》及有关法律的规定，在中国内地由外国投资者全额投资设立的企业。

外商投资股份有限公司　指根据国家有关规定，经外经贸部依法批准设立，其中外资的股本占公司注册资本的比例达 25%以上的股份有限公司。凡其中外资股本占公司注册资本的比例小于 25%的，属于内资企业中的股份有限公司。

行政机关、事业单位和社会团体 参照企业登记注册类型,主要按其经费来源和管理方式划分。具体规定如下:

(1)行政机关:包括国家机关和政党机关,原则上均列为"国有"。但有特殊规定的,如供销社等,则列为"集体"。

(2)事业单位:包括经国家机构编制部门和有关业务主管部门批准成立的各类事业单位,不包括实行企业化管理的事业单位。事业单位的划分办法如下:

①由国家财政预算拨款或列入财政预算外资金管理以及经费主要来源于国有主管部门或国有上级单位的事业单位,列为"国有"。

②经费主要来源于集体单位的事业单位,列为"集体"。

③公民个人(或个人合伙)开办的事业单位,列为"私营"。

④上述以外的其他事业单位,如果其经费来源不明确,按管理方式进行归类。

(3)社会团体:包括经民政部门批准成立以及未纳入社会团体管理条例范围的工会、妇联等各类社会团体。社会团体的划分办法如下:

①未纳入民政部社会团体管理条例范围的工会、妇联、共青团、青联、工商联、科协、侨联等社会团体,国家拨款设立的基金会或基金管理组织以及经费主要来源于国有业务主管部门或国有上级单位的社会团体,列为"国有"。

②经费主要来源于集体单位的社会团体,列为"集体"。

③公民个人(或个人合伙)开办的社会团体,划为"私营"。

④上述以外的其他社会团体,如果其经费来源不明确,改按管理方式进行归类。

三、国民经济核算

3-1 1978—2002 年总产出

单位:万元

年份	总产出	第一产业	第二产业	工业	建筑业	第三产业	运输、仓储及邮电通信业	批零贸易、餐饮业
1978	301592	125189	139484	117360	22124	36919	10986	15998
1979	338105	126598	168264	143473	24791	43243	12510	17189
1980	408484	150948	196080	166765	29315	61456	16986	26404
1981	479706	194587	206449	180424	26025	78670	18431	31125
1982	537847	194648	236164	194232	41932	107035	23427	41506
1983	631412	261462	248342	212076	36266	121608	30906	54224
1984	722224	276081	296753	251524	45229	149390	34858	55129
1985	896492	320742	383275	340090	43185	192475	39645	75160
1986	1014599	330290	449317	385909	63408	234992	43932	88977
1987	1277608	420311	581990	498818	83172	275307	46518	100098
1988	1469203	453790	716376	605215	111161	299037	51772	116055
1989	1659187	520100	809213	708575	100638	329874	65087	129078
1990	1838537	617951	871463	777332	94131	349123	69633	137033
1991	2053363	635537	999714	886437	113277	418112	58525	147517
1992	2587803	663259	1403403	1187397	216006	521141	74318	185568
1993	3794022	823308	2264044	1963781	300263	706670	126561	203348
1994	5567381	1239925	3364357	3017288	347069	963099	163826	285761
1995	7663406	1686216	4726132	4298291	427841	1251058	187016	383295
1996	9510091	2073870	5910404	5373853	536551	1525817	243576	463118
1997	10725574	2403665	6611162	5884315	726847	1710747	283928	587645
1998	11218702	2613323	6757078	5966947	790131	1848301	340396	648292
1999	11789019	2661641	7120184	6479254	640930	2007194	391445	702669
2000	12820082	2640999	7949908	7091290	858618	2229175	439841	764686
2001	14373703	2909214	8989894	7867471	1122423	2474595	478261	847148
2002	15686445	3126350	9829284	8543895	1285389	2730811	506973	937200

注:本表按当年价格计算。

3-2 1978—2002年总产出指数

(以1978年为100)

年份	总产出	第一产业	第二产业	工业	建筑业	第三产业	运输、仓储及邮电通信业	批零贸易、餐饮业
1978	100.0	100.0	100.0	100.0	100.0	100.0	100.0	100.0
1979	107.9	101.4	114.7	121.6	81.5	109.6	87.7	104.9
1980	116.0	103.3	125.9	135.2	81.7	135.8	121.4	122.7
1981	134.1	131.5	131.0	129.7	83.5	163.5	130.6	170.5
1982	144.4	123.8	151.6	147.8	133.2	204.4	166.0	225.1
1983	177.8	164.6	167.2	159.6	162.9	274.1	214.5	290.4
1984	205.3	174.3	203.4	186.3	235.1	337.7	244.5	345.6
1985	234.5	182.5	240.9	236.8	202.9	416.4	274.3	449.3
1986	257.0	172.8	276.1	274.4	217.7	513.6	304.0	521.2
1987	299.2	202.0	336.8	340.8	238.2	540.3	314.6	542.0
1988	315.0	177.0	390.4	392.9	286.6	574.3	377.2	645.0
1989	325.4	199.3	395.9	409.0	241.3	558.3	404.0	660.5
1990	347.2	217.2	422.0	444.6	218.4	580.6	395.1	741.7
1991	377.8	218.5	473.9	497.5	252.0	660.7	312.5	778.8
1992	454.1	223.5	618.4	628.3	420.4	798.1	368.4	970.4
1993	598.0	262.8	877.5	917.4	485.1	968.1	575.9	944.2
1994	755.9	299.6	1178.5	1265.1	507.9	1122.0	638.7	1106.6
1995	918.4	353.5	1464.9	1581.4	593.7	1289.2	728.1	1274.8
1996	1100.9	416.4	1780.9	1825.2	686.6	1488.5	844.1	1494.5
1997	1215.4	481.3	1957.7	2118.5	882.9	1576.8	940.9	1818.0
1998	1317.2	528.8	2110.4	2305.6	1031.7	1718.9	1073.1	2245.6
1999	1446.1	560.2	2342.9	2541.7	951.8	1883.2	1167.9	2589.8
2000	1556.3	588.1	2524.1	2727.9	1161.3	2083.7	1336.0	2750.8
2001	1720.4	636.3	2809.8	2983.1	1434.1	2304.0	1432.7	2950.3
2002	1917.5	683.6	3179.6	3324.0	1817.3	2533.8	1520.5	3289.3

3-3 1978—2002年总产出指数

（以上年为100）

年份	总产出	第一产业	第二产业	工业	建筑业	第三产业	运输、仓储及邮电通信业	批零贸易、餐饮业
1978	100.0	100.0	100.0	100.0	100.0	100.0	100.0	100.0
1979	107.9	101.4	114.7	121.6	81.5	109.6	87.7	104.9
1980	109.3	101.9	109.8	111.2	100.3	123.9	138.4	117.0
1981	115.6	127.3	104.0	104.3	102.2	120.4	107.6	140.0
1982	107.7	94.1	115.7	109.8	159.5	125.0	127.1	132.0
1983	123.1	133.0	110.3	108.0	122.3	134.1	129.2	129.0
1984	115.5	105.9	121.7	116.7	144.3	123.2	114.0	119.0
1985	114.2	104.7	118.4	127.1	86.3	123.3	112.2	130.0
1986	109.6	94.7	114.6	115.9	107.3	123.1	110.8	116.0
1987	116.4	116.9	122.0	124.2	109.4	105.4	103.5	104.0
1988	108.3	87.6	115.9	115.3	120.3	106.3	119.9	119.0
1989	103.3	112.6	101.4	104.1	84.2	97.2	107.1	102.4
1990	106.7	109.0	106.6	108.7	90.5	104.0	97.8	112.3
1991	108.8	100.6	112.3	111.9	115.4	113.8	79.1	105.0
1992	120.2	102.3	130.5	126.3	166.8	120.8	117.9	124.6
1993	131.7	117.6	141.9	146.0	115.4	121.3	156.3	97.3
1994	126.4	114.0	134.3	137.9	104.7	115.9	110.9	117.2
1995	121.5	118.0	124.3	125.0	116.9	114.9	114.0	115.2
1996	119.9	117.8	121.6	121.9	118.0	115.5	113.6	116.2
1997	110.4	115.6	109.9	108.1	131.6	105.9	111.3	119.7
1998	108.4	109.9	107.8	107.5	110.8	109.0	116.5	114.2
1999	109.8	105.9	111.0	114.0	82.7	109.6	113.1	112.7
2000	107.6	105.0	107.7	106.2	127.6	110.6	109.0	110.4
2001	110.5	108.2	111.3	110.6	117.0	110.6	108.4	111.0
2002	111.5	107.4	113.2	111.4	126.7	110.0	106.1	111.5

3-4 1952—2002年国内生产总值

年份	国内生产总值（万元）	第一产业	第二产业			第三产业			人均国内生产总值（元）
				工业	建筑业		运输、仓储及邮电通信业	批零贸易、餐饮业	
1952	33994	30577	2209			1208			63
1953	36796	32735	2415			1646			68
1954	39962	35201	2688			2073			72
1955	41455	36287	2826			2342			74
1956	47963	41561	3281			3121			84
1957	45688	37833	4041			3814			79
1958	56572	44309	8988			3275			97
1959	58239	37795	15154			5290			99
1960	53209	34680	13198			5331			93
1961	35085	24442	5943			4700			63
1962	38187	28437	4923			4827			67
1963	42896	31369	5885			5642			74
1964	47834	34911	6271			6652			81
1965	58138	42569	8628			6941			97
1966	64632	45400	10910			8322			105
1967	71901	52473	10652			8776			115
1968	71811	51123	12028			8660			114
1969	69152	43770	15844			9538			106
1970	77753	46437	20598			10718			116
1971	90206	53136	25425			11645			129
1972	103964	57503	33000			13461			146
1973	111759	63822	33876			14061			152
1974	133230	74058	43396			15776			177
1975	142548	80317	44809			17422			186
1976	150407	86468	45054			18885			192
1977	167383	88561	58519			20303			210
1978	184289	103700	58972	49314	9658	21617	2580	6169	226
1979	204440	110806	68078	57276	10802	25556	2911	6275	246
1980	234069	118417	79220	66650	12570	36432	5235	9010	277
1981	282312	153383	80952	67721	13231	47977	8627	14612	329
1982	283256	134913	82361	68449	13912	65982	12666	20818	324
1983	368773	206261	87947	74296	13651	74565	14688	22297	415
1984	399616	209104	98139	86911	11228	92373	17085	26730	444
1985	478988	234957	124705	112215	12490	119326	20539	36256	526
1986	526823	234663	148242	133313	14929	143918	23268	42232	573
1987	655471	299022	188242	169697	18545	168207	25500	46192	703
1988	714851	296305	227985	200541	27444	190561	29948	56141	756
1989	800143	338892	251374	226083	25291	209877	28411	64408	832
1990	907887	411982	268769	244075	24694	227136	31031	69050	929
1991	994993	415213	318870	288801	30069	260910	35503	75234	1004
1992	1195538	426141	443529	389724	53805	325868	46227	89073	1194
1993	1605313	501057	681923	610019	71904	422333	71338	99762	1590
1994	2230428	715246	952263	870527	81736	562919	93564	135123	2193
1995	3066008	988260	1344172	1241625	102547	733576	118017	180240	2999
1996	3714704	1198001	1618827	1488159	130668	897876	144627	118017	3651
1997	4390280	1392324	1957140	1779789	177351	1040816	166064	283046	4241
1998	4658731	1524433	2031461	1828110	203351	1102837	193691	338332	4480
1999	4849380	1550227	2105461	1922313	183148	1193692	213083	379237	4647
2000	5196645	1537025	2376582	2142323	234259	1283038	251076	395280	4963
2001	5762789	1696195	2642652	2349015	293637	1423942	269977	423100	5478
2002	6250672	1827172	2853518	2515707	337811	1569982	292006	464624	5910

注：本表按当年价格计算。

3-5 1952—2002年国内生产总值指数

（以1952年为100）

年份	国内生产总值	第一产业	第二产业	工业	建筑业	第三产业	运输、仓储及邮电通信业	批发零售贸易、餐饮业	人均国内生产总值
1952	100.0	100.0	100.0			100.0			100.0
1953	107.4	106.2	108.4			135.1			106.5
1954	117.1	114.9	128.2			151.5			114.1
1955	121.3	118.2	130.5			183.2			116.0
1956	138.0	133.0	145.2			253.3			130.1
1957	128.9	118.7	175.5			303.1			120.1
1958	155.7	135.6	380.8			253.9			143.4
1959	152.6	110.1	611.5			390.9			139.4
1960	150.0	110.6	552.8			412.8			140.3
1961	98.9	76.5	258.2			372.7			95.0
1962	107.3	88.8	212.8			381.6			101.4
1963	118.4	96.3	250.2			438.5			109.2
1964	130.7	106.1	264.0			511.8			119.2
1965	160.7	130.8	367.0			539.8			144.5
1966	178.5	139.7	459.4			647.9			156.5
1967	198.8	161.3	453.9			682.9			170.7
1968	198.9	157.3	513.3			674.8			169.4
1969	203.0	143.0	778.2			697.0			168.0
1970	216.8	142.8	960.3			730.5			171.9
1971	241.1	157.7	1119.8			745.2			186.0
1972	246.9	159.8	1121.0			851.0			185.7
1973	289.4	193.3	1254.4			969.3			211.9
1974	312.8	203.4	1457.6			985.8			223.4
1975	335.1	220.8	1507.7			1091.2			234.5
1976	351.8	236.4	1510.1			1174.2			241.6
1977	366.2	226.6	1831.8			1182.5			246.6
1978	451.7	297.2	2068.9	100.0	100.0	1411.7	100.0	100.0	298.3
1979	468.6	297.0	2253.7	110.3	101.8	1521.8	98.6	102.4	303.6
1980	522.7	339.4	2285.0	111.3	106.0	1938.2	165.4	118.3	333.0
1981	549.5	348.9	2429.1	117.7	115.6	2156.8	176.6	162.0	344.5
1982	542.4	324.6	2388.8	116.3	111.2	2554.0	246.9	198.8	334.0
1983	704.9	466.8	2435.7	119.5	109.1	3519.5	411.5	259.7	426.5
1984	775.6	489.6	2746.9	139.9	97.3	4258.4	467.5	304.1	463.0
1985	860.8	494.9	3350.3	173.5	104.7	5219.2	533.4	391.3	508.3
1986	924.3	461.2	2928.6	205.9	110.1	6495.4	586.8	444.1	539.9
1987	1062.3	536.0	4942.9	261.5	126.8	6618.0	596.2	448.6	612.6
1988	1033.1	431.6	5420.4	279.8	174.3	7254.8	677.3	527.5	587.1
1989	1089.6	486.6	5745.3	303.3	150.0	6956.1	553.3	522.8	609.2
1990	1149.7	541.4	5602.1	298.2	135.0	7537.9	612.0	565.7	632.3
1991	1218.7	533.1	6410.5	339.9	160.8	8205.7	662.2	580.4	661.1
1992	1403.3	533.4	8277.6	428.0	261.0	9930.8	801.3	680.8	753.5
1993	1710.0	597.5	11004.3	578.6	299.9	11848.7	1175.5	709.4	910.3
1994	2026.0	642.3	14296.6	768.4	308.9	13527.6	1283.7	825.0	1070.6
1995	2398.6	751.9	17457.1	947.4	333.0	15321.9	1442.8	939.7	1260.5
1996	2739.6	849.0	20151.0	1093.5	385.1	17379.5	1672.8	1101.7	1432.4
1997	3118.0	946.9	23559.9	1269.2	495.2	19270.8	1864.4	1340.1	1618.7
1998	3407.3	1047.2	25781.9	1381.3	578.6	20689.4	2126.4	1655.3	1761.1
1999	3683.4	1108.3	28052.6	1522.7	533.9	22647.2	2314.2	1909.0	1897.2
2000	3940.1	1160.5	30386.4	1634.3	651.3	24204.2	2647.4	2027.7	2022.5
2001	4329.6	1255.4	33652.7	1787.2	804.4	26705.1	2838.9	2174.8	2212.0
2002	4748.6	1354.6	37200.8	1964.4	930.1	29416.3	3074.5	2407.5	2413.1

注：本表按可比价格计算。第二、三产业其中项以1978年为100。

3-6 1952—2002年国内生产总值指数

(以上年为100)

年份	国内生产总值	第一产业	第二产业			第三产业			人均国内生产总值
				工业	建筑业		运输、仓储及邮电通信业	批发零售贸易、餐饮业	
1952	103.2	101.7	112.6			129.2			102.6
1953	107.4	106.2	108.4			135.1			106.5
1954	109.0	108.2	118.3			112.1			107.2
1955	103.6	102.8	101.8			121.0			101.7
1956	113.8	112.5	111.2			138.3			112.1
1957	93.4	89.3	120.9			119.7			92.3
1958	120.8	114.3	217.0			83.8			119.4
1959	98.0	81.2	160.6			153.9			97.2
1960	98.3	100.5	90.4			105.6			100.7
1961	65.9	69.2	46.7			90.3			67.7
1962	108.5	116.0	82.4			102.4			106.8
1963	110.4	108.4	117.6			114.9			107.7
1964	110.4	110.2	105.5			116.7			109.1
1965	122.9	123.3	139.0			105.5			121.2
1966	111.1	106.8	125.2			120.0			108.3
1967	111.4	115.5	98.8			105.4			109.1
1968	100.0	97.5	113.1			98.8			99.2
1969	102.1	90.2	151.6			103.3			99.2
1970	106.8	100.6	123.4			104.8			102.3
1971	111.2	110.4	116.6			102.0			108.2
1972	102.4	101.3	100.1			114.2			99.9
1973	117.2	121.0	111.9			113.9			114.1
1974	108.1	105.2	116.2			101.7			105.4
1975	107.1	108.6	103.4			110.7			105.0
1976	105.0	107.1	100.2			107.6			103.0
1977	104.1	95.9	121.3			100.7			102.1
1978	123.4	131.2	112.9			119.4			121.0
1979	103.7	99.9	108.9	110.3	101.8	107.8	98.6	102.4	101.8
1980	111.6	114.3	101.4	100.9	104.1	127.4	167.7	115.5	109.7
1981	105.1	102.8	106.3	105.8	109.1	111.3	106.8	137.0	103.5
1982	98.7	93.0	98.3	98.8	96.2	118.4	139.8	122.7	96.9
1983	130.0	143.8	102.0	102.7	98.1	137.8	166.7	130.6	127.7
1984	110.0	104.9	112.8	117.1	89.2	121.0	113.6	117.1	108.5
1985	111.0	101.1	122.0	124.0	107.6	122.6	114.1	128.7	109.8
1986	107.4	93.2	117.3	118.7	105.2	124.5	110.0	113.5	106.2
1987	114.9	116.2	125.8	127.0	115.1	101.9	101.6	101.0	113.5
1988	97.3	80.5	109.7	107.0	137.5	109.6	113.6	117.6	95.8
1989	105.5	112.7	106.0	108.4	86.6	95.9	81.7	99.1	103.8
1990	105.5	111.3	97.5	98.3	89.4	108.4	110.6	108.2	103.8
1991	106.0	98.5	114.4	114.0	119.1	108.9	108.2	102.6	104.6
1992	115.1	100.1	129.1	125.9	162.3	121.0	121.0	117.3	114.0
1993	121.9	112.0	132.9	135.2	114.9	119.3	146.7	104.2	120.8
1994	118.5	107.5	129.9	132.8	103.0	114.2	109.2	116.3	117.6
1995	118.4	117.1	122.1	123.3	107.8	113.3	112.4	113.9	117.7
1996	114.2	112.9	115.4	115.4	115.7	113.4	115.9	117.2	113.6
1997	113.8	111.2	116.9	116.1	128.6	110.9	111.5	121.6	113.0
1998	109.3	110.6	109.4	108.8	116.9	107.4	114.1	123.5	108.8
1999	108.1	105.8	108.8	110.2	92.3	109.5	108.8	115.3	107.7
2000	107.0	104.7	108.3	107.3	122.0	106.9	114.4	106.2	106.6
2001	109.9	108.2	110.8	109.4	123.5	110.3	107.2	107.3	109.4
2002	109.7	107.9	110.5	109.9	115.6	110.2	108.3	110.7	109.1

注：本表按可比价格计算。

3-7 历年国内生产总值分产业构成

单位：%

年份	国内生产总值	第一产业	第二产业	工业	建筑业	第三产业	运输、仓储及邮电通信业	批发零售贸易、餐饮业
1952	100.0	90.0	6.5			3.5		
1953	100.0	89.0	6.6			4.4		
1954	100.0	88.1	6.7			5.2		
1955	100.0	87.5	6.8			5.7		
1956	100.0	86.7	6.8			6.5		
1957	100.0	82.8	8.8			8.4		
1958	100.0	78.3	15.9			5.8		
1959	100.0	64.9	26.0			9.1		
1960	100.0	65.2	24.8			10.0		
1961	100.0	69.7	16.9			13.4		
1962	100.0	74.5	12.9			12.6		
1963	100.0	73.1	13.7			13.2		
1964	100.0	73.0	13.1			13.9		
1965	100.0	73.2	14.8			12.0		
1966	100.0	70.2	16.9			12.9		
1967	100.0	73.0	14.8			12.2		
1968	100.0	71.2	16.7			12.1		
1969	100.0	63.3	22.9			13.8		
1970	100.0	59.7	26.5			13.8		
1971	100.0	58.9	28.2			12.9		
1972	100.0	55.3	31.7			13.0		
1973	100.0	57.1	30.3			12.6		
1974	100.0	55.6	32.6			11.8		
1975	100.0	56.4	31.4			12.2		
1976	100.0	57.5	30.0			12.5		
1977	100.0	52.9	35.0			12.1		
1978	100.0	56.3	32.0	26.8	5.2	11.7	1.4	3.4
1979	100.0	54.2	33.3	28.0	5.3	12.5	1.4	3.1
1980	100.0	50.6	33.8	28.4	5.4	15.6	2.2	3.9
1981	100.0	54.3	28.7	24.0	4.7	17.0	3.1	5.2
1982	100.0	47.6	29.1	24.2	4.9	23.3	4.5	7.4
1983	100.0	55.9	23.9	20.2	3.7	20.2	4.0	6.1
1984	100.0	52.3	24.6	21.8	2.8	23.1	4.3	6.7
1985	100.0	49.1	26.0	23.4	2.6	24.9	4.3	7.6
1986	100.0	44.5	28.2	25.3	2.9	27.3	4.4	8.0
1987	100.0	45.6	28.7	25.9	2.8	25.7	3.9	7.1
1988	100.0	41.4	31.9	28.1	3.8	26.7	4.2	7.9
1989	100.0	42.4	31.4	28.2	3.2	26.2	3.6	8.1
1990	100.0	45.4	29.6	26.9	2.7	25.0	3.4	7.6
1991	100.0	41.7	32.1	29.0	3.1	26.2	3.6	7.6
1992	100.0	35.6	37.1	32.6	4.5	27.3	3.9	7.5
1993	100.0	31.2	42.5	38.0	4.5	26.3	4.4	6.2
1994	100.0	32.1	42.7	39.0	3.7	25.2	4.2	6.1
1995	100.0	32.2	43.8	40.5	3.3	24.0	3.9	5.9
1996	100.0	32.3	43.6	40.1	3.5	24.1	3.9	3.2
1997	100.0	31.7	44.6	40.6	4.0	23.7	3.8	6.5
1998	100.0	32.7	43.6	39.2	4.4	23.7	4.2	7.3
1999	100.0	32.0	43.4	39.6	3.8	24.6	4.4	7.8
2000	100.0	29.6	45.7	41.2	4.5	24.7	4.8	7.6
2001	100.0	29.4	45.9	40.8	5.1	24.7	4.7	7.3
2002	100.0	29.2	45.7	40.3	5.4	25.1	4.7	7.4

注：本表按当年价格计算。

3-8 第三产业增加值、构成及指数

行　　　业	1995	2000	2001	2002
增　加　值(亿元)	**73.36**	**128.30**	**142.39**	**157.00**
农、林、牧、渔服务业	0.80	1.14	1.20	1.37
地质勘查业水利管理业	2.13	2.96	3.21	3.45
交通运输、仓储及邮电通信业	11.80	25.11	26.99	29.20
交通运输和仓储业	10.62	17.73	19.21	19.82
邮电通信业	1.18	7.38	7.78	9.38
批发和零售贸易、餐饮业	18.02	39.53	42.31	46.46
金融、保险业	10.75	3.38	6.75	8.29
房地产业	7.91	14.01	14.80	15.57
社会服务业	3.82	7.97	8.71	9.75
卫生体育和社会福利业	2.79	5.42	6.12	7.04
教育、文化艺术及广播电影电视业	6.01	12.94	14.75	16.88
科学研究和综合技术服务业	0.36	0.69	0.81	0.91
国家机关、政党机关和社会团体	8.23	14.21	15.71	16.95
其他行业	0.74	0.94	1.03	1.13
构　　成(%)				
农、林、牧、渔服务业	1.1	0.9	0.8	0.9
地质勘查业水利管理业	2.9	2.3	2.3	2.2
交通运输、仓储及邮电通信业	16.1	19.6	19.0	18.6
交通运输和仓储业	14.5	13.8	13.5	12.6
邮电通信业	1.6	5.8	5.5	6.0
批发和零售贸易、餐饮业	24.6	30.8	29.7	29.6
金融、保险业	14.6	2.6	4.7	5.3
房地产业	10.8	10.9	10.4	9.9
社会服务业	5.2	6.2	6.1	6.2
卫生体育和社会福利业	3.8	4.2	4.3	4.5
教育、文化艺术及广播电影电视业	8.2	10.1	10.4	10.7
科学研究和综合技术服务业	0.5	0.6	0.6	0.6
国家机关、政党机关和社会团体	11.2	11.1	11.0	10.8
其他行业	1.0	0.7	0.7	0.7
指　　数(上年=100)				
农、林、牧、渔服务业	107.3	102.5	104.3	113.7
地质勘查业水利管理业	101.7	103.8	107.5	107.6
交通运输、仓储及邮电通信业	112.4	114.4	107.2	108.3
交通运输和仓储业	110.6	103.7	107.5	103.4
邮电通信业	132.7	151.4	106.5	120.2
批发和零售贸易、餐饮业	113.9	106.2	107.3	110.7
金融、保险业	114.6	90.6	198.6	123.5
房地产业	116.0	105.1	105.2	106.5
社会服务业	112.8	102.5	108.6	111.8
卫生体育和社会福利业	113.5	111.3	110.8	105.3
教育、文化艺术及广播电影电视业	112.5	106.6	110.7	113.7
科学研究和综合技术服务业	113.4	101.5	116.6	111.8
国家机关、政党机关和社会团体	114.0	105.6	109.8	107.5
其他行业	104.8	106.1	108.1	110.0

注：本表增加值和构成按当年价格计算，指数按可比价格计算。

3—9 各县(市、区)国内生产总值

(2002 年)

	国内生产总值(万元)	第一产业	第二产业	工业	建筑业	第三产业	运输、仓储及邮电通信业	批零贸易、餐饮业	人均国内生产总值(元)
总计	**6250672**	**1827172**	**2853518**	**2515707**	**337811**	**1569982**	**292006**	**464624**	**5910**
宛城区	853587	138197	550806	474217	76589	164584	19717	39203	10333
卧龙区	660239	96168	251076	213237	37839	312995	62010	95366	8002
南召县	332471	66672	201609	184053	17556	64190	17522	14114	5455
方城县	356638	153878	111417	92762	18655	91343	16208	21680	3570
西峡县	288329	89152	136312	115292	21020	62865	12791	20947	6761
镇平县	758410	154369	429734	403628	26106	174307	39644	70108	8030
内乡县	358499	120046	156470	127836	28634	81983	18118	19638	5689
淅川县	344860	116195	162485	145758	16727	66180	11470	23465	4760
社旗县	220167	99258	54293	45328	8965	66616	8721	18708	3472
唐河县	557137	245701	213036	180977	32059	98400	14476	27802	4323
新野县	494901	163322	218844	202361	16483	112735	21822	23089	6788
桐柏县	254453	83098	122243	106307	15936	49112	6368	12539	5956
邓州市	771015	301116	245199	223954	21245	224700	43146	77973	5097

注:本表按当年价格计算。

3—10 各县(市、区)国内生产总值指数

(2002 年,以上年为 100)

年份	国内生产总值	第一产业	第二产业	工业	建筑业	第三产业	运输、仓储及邮电通信业	批零贸易、餐饮业	人均国内生产总值
总计	**109.7**	**107.9**	**110.5**	**109.9**	**115.6**	**110.2**	**108.3**	**110.7**	**109.1**
宛城区	107.5	108.4	105.4	105.0	108.4	114.7	125.7	112.9	103.5
卧龙区	109.2	106.1	106.1	109.2	92.1	112.8	112.8	109.6	112.0
南召县	108.3	107.1	108.7	107.4	126.9	108.4	103.2	111.4	107.7
方城县	110.3	107.6	113.2	110.4	130.5	111.3	108.5	112.5	109.7
西峡县	112.6	111.6	115.7	113.7	128.5	107.6	104.5	109.5	112.0
镇平县	110.2	107.2	112.1	111.7	119.7	108.3	106.6	110.1	109.6
内乡县	111.4	108.4	116.0	112.7	133.6	107.4	106.9	112.7	110.9
淅川县	110.7	107.4	113.3	113.4	111.9	110.2	110.0	110.5	110.1
社旗县	108.6	106.1	114.0	111.7	127.7	108.1	107.2	110.6	108.0
唐河县	109.0	109.1	109.2	107.8	117.8	108.5	102.2	111.0	108.4
新野县	110.2	107.3	112.7	112.6	114.4	109.4	108.7	112.3	109.6
桐柏县	113.9	109.6	119.0	117.3	132.1	109.3	110.7	113.1	113.3
邓州市	109.2	107.1	112.1	111.1	124.8	108.7	102.4	110.0	108.6

3-11 各县(市、区)国内生产总值构成

(2002 年)　　　　单位:%

年份	国内生产总值	第一产业	第二产业	工业	建筑业	第三产业	运输、仓储及邮电通信业	批零贸易、餐饮业
总计	**100.0**	**29.2**	**45.7**	**40.3**	**5.4**	**25.1**	**4.7**	**7.4**
宛城区	100.0	16.2	64.5	55.5	9.0	19.3	2.3	4.6
卧龙区	100.0	14.6	38.0	32.3	5.7	47.4	9.4	14.4
南召县	100.0	20.1	60.6	55.3	5.3	19.3	5.3	4.3
方城县	100.0	43.2	31.2	26.0	5.2	25.6	4.5	6.1
西峡县	100.0	30.9	47.3	40.0	7.3	21.8	4.4	7.3
镇平县	100.0	20.3	56.7	53.2	3.5	23.0	5.2	9.2
内乡县	100.0	33.5	43.6	35.6	8.0	22.9	5.1	5.5
淅川县	100.0	33.7	47.1	42.3	4.8	19.2	3.3	6.8
社旗县	100.0	45.1	24.6	20.6	4.0	30.3	4.0	8.5
唐河县	100.0	44.1	38.2	32.5	5.7	17.7	2.6	5.0
新野县	100.0	33.0	44.2	40.9	3.3	22.8	4.4	4.7
桐柏县	100.0	32.7	48.0	41.8	6.2	19.3	2.5	4.9
邓州市	100.0	39.1	31.8	29.0	2.8	29.1	5.6	10.1

注:本表按当年价格计算。

3-12 国内生产总值分产业构成项目

(2002 年)　　　　单位:万元

产业	增加值	劳动者报酬	生产税净额	补贴	固定资产折旧	营业盈余
国内生产总值	**6250672**	**3569154**	**726796**	**2250**	**807874**	**1146848**
第一产业	1827172	1592917	55949	2250	72798	105508
第二产业	2853518	1142669	493893		351217	865739
工业	2515707	972491	457278		333553	752385
建筑业	337811	170178	36615		17664	113354
第三产业	1569982	833568	176954		383859	175601
农林牧渔服务业	13673	8264	684		2735	1990
地质勘查、水利管理业	34546	9329	2763		20727	1727
交通运输、仓储及邮电通信业	292006	136144	27713		90996	37153
批发零售贸易业、餐饮业	464624	248075	90704		39990	85855
金融保险业	82901	42548	11827		10514	18012
房地产业	155647	4722	2159		147733	1033
社会服务业	97503	53487	10547		20969	12500
卫生、体育、社会福利事业	70419	55796	4018		5185	5420
教育、文化、广播电影电视事业	168797	113004	25955		20388	9450
科学研究和综合技术服务业	9115	5994	213		1827	1081
国家机关、政党机关和社会团体	169428	148151			21277	
其他行业	11323	8054	371		1518	1380

注:本表按当年价格计算。

3-13 按支出法计算的国内生产总值

单位:万元

	按当年价格计算		按可比价格计算		
	2002年	2001年	2002年	2001年	2002年为上年%
支出法国内生产总值	**6250672**	**5762789**	**6263031**	**5710422**	**109.7**
一、最终消费	**2756629**	**2532798**	**2728577**	**2515191**	**108.5**
(一)居民消费	2069328	1888173	2048095	1875047	109.2
农村居民	1385845	1294607	1368003	1285608	106.4
城镇居民	683483	593566	680092	589439	115.4
(二)政府消费	687301	644625	680482	640144	106.3
二、资本形成总额	**3652961**	**3318724**	**3652759**	**3280386**	**111.4**
(一)固定资本形成总额	1665862	1485144	1681079	1479227	113.6
(二)存货增加	1987099	1833580	1971680	1801159	109.5
三、货物和服务净出口	**-158918**	**-88733**	**-118305**	**-85155**	**138.9**
(一)出　口					
(二)进　口	158918	88733	118305	85155	138.9

注:本表按当年价格计算。

3-14 居民消费水平

	计量单位	2002年	2001年	2002年为上年%
一、当年价格居民消费水平	**元/人**	**1956**	**1795**	**109.0**
农村居民	元/人	1531	1434	106.8
城镇居民	元/人	4467	3984	112.1
二、可比价格居民消费水平	**元/人**	**1936**	**1782**	**108.6**
农村居民	元/人	1511	1424	106.1
城镇居民	元/人	4445	3956	112.4
三、居民年平均人口	**万人**	**1058**	**1052**	**100.6**
农村居民	万人	905	903	100.2
城镇居民	万人	153	149	102.7

主要统计指标解释

国民生产总值(GNP)　指一个国家(或地区)所有常住单位在一定时期内收入初次分配的最终结果。一国常住单位从事生产活动所创造的增加值在初次分配中主要分配给该国的常住单位,但也有一部分以生产税及进口税(扣除生产和进口补贴)、劳动者报酬和财产收入等形式分配给非常住单位;同时,国外生产所创造的增加值也有一部分以生产税及进口税(扣除生产和进口补贴)、劳动者报酬和财产收入等形式分配给该国的常住单位,从而产生了国民生产总值的概念。它等于国内生产总值加上来自国外的净要素收入。与国内生产总值不同,国民生产总值是个收入概念,而国内生产总值是个生产概念。

国内生产总值(GDP)　指一个国家(或地区)所有常住单位在一定时期内生产活动的最终成果。国内生产总值有三种表现形态,即价值形态、收入形态和产品形态。从价值形态看,它是所有常住单位在一定时期内生产的全部货物和服务价值超过同期中间投入的全部非固定资产货物和服务价值的差额,即所有常住单位的增加值之和;从收入形态看,它是所有常住单位在一定时期内创造并分配给常住单位和非常住单位的初次收入分配之和;从产品形态看,它是所有常住单位在一定时期内最终使用的货物和服务价值与货物和服务净出口价值之和。在实际核算中,国内生产总值有三种计算方法,即生产法、收入法和支出法。三种方法分别从不同的方面反映国内生产总值及其构成。

三次产业　是根据社会生产活动历史发展的顺序对产业结构的划分,产品直接取自自然界的部门称为第一产业,对初级产品进行再加工的部门称为第二产业,为生产和消费提供各种服务的部门称为第三产业。它是世界上较为通用的产业结构分类,但各国的划分不尽一致。

我国的三次产业划分是:

第一产业:农业(包括种植业、林业、牧业和渔业)。

第二产业:工业(包括采掘业,制造业,电力、煤气及水的生产和供应业)和建筑业。

第三产业:除第一、第二产业以外的其他各业。由于第三产业包括的行业多、范围广,根据我国的实际情况,第三产业可分为两大部分:一是流通部门,二是服务部门。具体又可分为四个层次:

第一层次:流通部门,包括交通运输、仓储及邮电通信业,批发和零售贸易、餐饮业。

第二层次:为生产和生活服务的部门,包括金融、保险业,地质勘查业、水利管理业,房地产业,社会服务业,农、林、牧、渔服务业,交通运输辅助业,综合技术服务业等。

第三层次:为提高科学文化水平和居民素质服务的部门,包括教育、文化艺术及广播电影电视业,卫生、体育和社会福利业,科学研究业等。

第四层次:为社会公共需要服务的部门,包括国家机关、政党机关和社会团体以及军队、警察等。

支出法国内生产总值　指一个国家(或地区)所有常住单位在一定时期内用于最终消费、资本形成总额,以及货物和服务的净出口总额,它反映本期生产的国内生产总值的使用及构成。

最终消费　指常住单位在一定时期内对于货物和服务的全部最终消费支出,也就是常住单位为满足物质、文化和精神生活的需要,从本国经济领土和国外购买的货物和服务的支出;不包括非常住单位在本国经济领土内的消费支出。最终消费分为居民消费和政府消费。

居民消费　指常住住户对货物和服务的全部最终消费支出。居民消费按市场价格计算,即按居民支付的购买者价格计算。购买者价格是购买者取得货物所支付的价格,包括购买者支付的运输和商业费用。居民消费除了直接以货币形式购买货物和服务的消费之外,还包括以其他方式获得的货物和服务的消费支出,即所谓的虚拟消费支出。居民虚拟消费支出包括以下几种类型:单位以实物报酬及实物转移的形式提供给劳动者的货物和服务;住户生产并由本住户消费了的货物和服务,其中的服务仅指住户的自有住房服务;金融机构提供的金融媒介服务;保险公司提供的保险服务。

政府消费　指政府部门为全社会提供公共服务的消费支出和免费或以较低价格向住户提供的货物和服务的净支出。前者等于政府服务的产出价值减去政府单位所获得的经营收入的价值,政府服务的产出价值等于它的经常性业务支出加上固定资产折旧;后者等于政府部门免费或以较低价格向住户提供的货物和服务的市场价值减去向住户收取的价值。

资本形成总额　指常住单位在一定时期内获得的减去处置的固定资产加存货的变动,包括固定资本形成总额和存货增加。

固定资本形成总额　指常住单位购置、转入和自产自用的固定资产,扣除固定资产的销售和转出后的价值,分有形固定资产形成总额和无形固定资产形成总额。有形固定资产形成总额包括一定时期内完成的建筑工程、安装工程和设备工器具购置(减处置)价值,以及土地改良、新增役、种、奶、毛、娱乐用牲畜和新增经济林木价值。无形固定资产形成总额包括矿藏的勘探、计算机软件、娱乐和文学艺术品原件等获得减处置。

存货增加　指常住单位存货实物量变动的市场价值,即期末价值减期初价值的差额。存货增加可以是正值,也可以是负值;正值表示存货上升,负值表示存货下降。它包括生产单位购进的原材料、燃料和储备物资等存货,以及生产单位生产的产成品、在制品等存货等。

货物和服务净出口　指货物和服务出口减货物和服务进口的差额。出口包括常住单位向非常住单位出售或无偿转让的各种货物和服务的价值;进口包括常住单位从非常住单位购买或无偿得到的各种货物和服务的价值。由于服务活动的提供与使用同时发生,因此服务的进出口业务并不发生出入境现象,一般把常住单位从国外得到的服务作为进口,非常住单位从本国得到的服务作为出口。货物的出口和进口都按离岸价格计算。

劳动者报酬 指劳动者因从事生产活动所获得的全部报酬。包括劳动者获得的各种形式的工资、奖金和津贴，既包括货币形式的，也包括实物形式的；还包括劳动者所享受的公费医疗和医药卫生费、上下班交通补贴和单位支付的社会保险费等。对于个体经济来说，其所有者所获得的劳动报酬和经营利润不易区分，这两部分统一作为劳动者报酬处理。

生产税净额 指生产税减生产补贴后的余额。生产税指政府对生产单位生产、销售和从事经营活动以及因从事生产活动使用某些生产要素(如固定资产、土地、劳动力)所征收的各种税、附加费和规费。生产补贴与生产税相反，指政府对生产单位的单方面收入转移，因此视为负生产税，包括政策亏损补贴、粮食系统价格补贴、外贸企业出口退税收入等。

固定资产折旧 指一定时期内为弥补固定资产损耗按照核定的固定资产折旧率提取的固定资产折旧，或按国民经济核算统一规定的折旧率虚拟计算的固定资产折旧。它反映了固定资产在当期生产中的转移价值。各类企业和企业化管理的事业单位的固定资产折旧是指实际计提并计人成本费中的折旧费；不计提折旧的政府机关、非企业化管理的事业单位和居民住房的固定资产折旧是按照统一规定的折旧率和固定资产原值计算的虚拟折旧。原则上，固定资产折旧应按固定资产的重置价值计算，但是目前我国尚不具备对全社会固定资产进行重估价的基础，所以暂时只能采用上述办法。

营业盈余 指常住单位创造的增加值扣除劳动者报酬、生产税净额和固定资产折旧后的余额。它相当于企业的营业利润加上生产补贴，但要扣除从利润中开支的工资和福利等。

机构单位 指能以自己的名义拥有资产、发生负债、从事经济活动并与其他实体进行交易的经济实体。根据机构单位在生产、消费、融资活动中所起的不同作用，资金流量核算将常住单位区分为如下四类机构单位：非金融企业、金融机构、政府单位、住户和国外。

机构部门 将相同性质的机构单位归并在一起，就形成机构部门。资金流量核算中区分了如下几类机构部门：非金融企业部门、金融机构部门、政府部门、住户部门。

非金融企业与非金融企业部门 非金融企业指主要从事市场货物生产和提供非金融市场服务的常住企业，它主要包括各类法人企业。所有非金融企业归并在一起，就形成非金融企业部门。

金融机构与金融机构部门 金融机构指主要从事金融中介以及与金融中介密切相关的辅助金融活动的常住单位，它主要包括中央银行、商业银行和政策性银行、非银行信贷机构和保险公司。所有金融机构归并在一起，就形成金融机构部门。

政府单位与政府部门 政府单位指在我国境内通过政治程序建立的、在一特定区域内对其他机构单位拥有立法、司法和行政权的法律实体及其附属单位。政府单位的主要职能是利用征税和其他方式获得的资金向社会和公众提供公共服务。通过转移支付，对社会收入和财产进行再分配。它主要包括各种行政单位和事业单位。所有政府单位归并在一起，就形成政府部门。

住户与住户部门 住户指共享同一生活设施、部分或全部收入和财产集中使用、共同消费住房、食品和其他消费品与消费服务的常住个人或个人群体。所有住户归并在一起，就形成住户部门。

非常住单位与国外部门 所有不具有常住性的机构单位都是非常住单位。将所有与我国常住单位发生交易的非常住单位归并在一起，就形成国外部门。

初次分配总收入 初次分配指以劳动者报酬、固定资产折旧、生产税及财产收入等形式对增加值进行的分配。初次分配形成的收入余额为初次分配总收入。

经常转移 指部门间以实物和资金方式实现的单方面转让。包括社会保险付款、社会补助、侨汇、无偿捐赠、赔偿等。

可支配总收入 指各机构部门在初次分配总收入基础上通过经常转移后所获得的收入。这部分收入用于最终消费和储蓄。

总储蓄 指可支配总收入扣除最终消费后的余额。

资本转移 指一个部门无偿地向另一个部门支付用于资本形成的资金，是一种不从对方获取任何对应物作为回报的交易。资本转移具有不同于经常转移的两个特征，一是转移的目的是用于投资，而不是用于消费；二是资产所有权的转移，而不仅仅是使用权的转移。资本转移包括投资性补助和其他资产转移，根据我国目前的实际情况，投资性补助是指财政投资性拨款，即财政拨款中用于基本建设、更新改造和其他固定资产投资的部分。

净金融投资 从实物交易角度看，它是指总储蓄加资本转移收入减资本转移支出减资本形成总额后的余额。从金融交易角度看，它是金融资产的增加额减金融负债的增加额之后的余额。

通货 指以现金形式存在于市场流通领域中的货币，包括辅币和纸币。

存款 指以各种形式存在的所有存款，包括活期存款、定期存款、住户储蓄存款、财政存款、外汇存款和其他存款。

贷款 指金融机构向非金融部门提供的各种形式的所有贷款，包括短期贷款、中长期贷款、财政贷款、外汇贷款和其他贷款。

证券 包括债券和股票。

保险准备金 指对人寿保险准备金和养恤基金的净权益、保险费预付款和未结索赔准备金。

结算资金 指银行的汇兑在途资金。

金融机构往来 指各机构之间的资金往来，包括同业存放款和同业拆借款。

准备金 指各金融机构在中央银行的存款及缴存中央银行的法定准备金。

中央银行贷款 指中央银行向各金融机构的贷款。

经常项目 包括货物、服务、收益及经常性转移。

货物 指通过我国海关进出口的货物，以海关进出口统计资料为基础，并根据国际收支统计口径的要求，出口、进口都以商品所有权变化为原则进行调整。出口和进口金额均按离岸价格统计。

服务 包括运输、旅游、通讯、建筑、保险、国际金融服务、计算机和信息服务、专有权力使用费和特许费、各种商业服务、个人文化娱乐服务以及政府服务。

收益 包括职工报酬和投资收益。投资收益包括直接投资、证券投资和其它投资的收益和支出以及直接投资收益的再投资。

资本项目 包括移民转移、债务减免等资本性转移。

金融项目 包括直接投资、证券投资和其它投资。

直接投资 指外国、港澳台地区在我国和我国在外国、港澳台地区以独资、合资、合作及合作勘探开发方式进行的投资。

证券投资 指外国、港澳台地区购买(或我国买回)我国(包括地方政府和企业)发行的股票、债券等有价证券和我国(政府、企业、私人)买卖外国、港澳台地区发行的股票、债券等有价证券。

其它投资 包括外国提供给我国和我国提供给外国的贸易信贷、贷款、货币和存款以及其它资产。

储备资产增减额 指我国在黄金储备、外汇储备、在国际货币基金组织的储备头寸、特别提款权、使用基金信贷等方面本年末与上年末余额之间的差额。储备资产增加用负号表示。

四、人　　口

4-1 历年总户数、总人口(年底数)

年份	总户数(万户)	总人口数(万人)	按性别分		按城乡分		按农业、非农业分		人口密度(人/平方公里)
			男	女	市镇	乡村	非农业人口	农业人口	
1949	113.70	448.70					24.80	423.90	169
1950	121.40	523.20	295.80	227.40			25.60	497.60	197
1951	124.10	536.60	301.80	234.80			25.00	511.60	202
1952	125.90	538.30	300.50	237.80			22.30	516.00	203
1953	126.20	546.10	304.60	241.50			24.10	522.00	206
1954	126.40	556.70	310.20	246.50	26.97	529.73	24.60	532.10	210
1955	127.60	566.80	315.70	251.10	25.33	541.47	23.40	543.40	214
1956	129.70	573.30	318.40	254.90	24.51	548.79	22.70	550.60	216
1957	132.90	580.60	322.30	258.30	27.98	552.62	25.10	555.50	219
1958	133.50	586.80	325.40	261.40	39.28	547.52	36.40	550.40	221
1959	130.70	590.70	324.70	266.00	32.47	558.23	30.10	560.60	223
1960	127.00	559.10	303.70	255.40	32.26	526.84	29.30	529.80	211
1961	136.20	559.90	303.40	256.50	27.99	531.91	26.10	533.80	211
1962	136.20	576.90	312.20	264.70	28.24	548.66	22.30	554.60	218
1963	133.30	588.30	319.70	268.60	29.27	559.03	23.20	565.10	222
1964	133.20	590.40	320.30	270.10	30.11	560.29	24.60	565.80	223
1965	134.80	605.10	325.70	279.40	29.88	575.22	24.90	580.20	228
1966	135.60	621.20	334.20	287.00	30.64	590.56	25.10	596.10	234
1967	136.00	630.80	339.10	291.70	31.77	599.03	21.50	609.30	238
1968	134.70	631.30	339.00	292.30	32.38	598.92	23.70	607.60	238
1969	140.30	667.50	357.80	309.70	33.53	633.97	26.40	641.10	252
1970	142.20	668.50	358.50	310.00	35.63	632.87	27.50	641.00	252
1971	144.00	705.20	377.50	327.70	37.91	667.29	31.50	673.70	266
1972	146.20	723.70	388.20	335.50	40.17	683.53	33.70	690.00	273
1973	149.80	744.40	397.70	346.70	42.40	702.00	35.10	709.30	281
1974	151.70	761.00	405.90	355.10	43.77	717.23	35.70	725.30	287
1975	156.50	775.30	413.70	361.60	44.73	730.57	36.00	739.30	292
1976	160.80	790.10	421.20	368.90	45.63	744.47	37.20	752.90	298
1977	164.30	805.90	428.20	377.70	46.90	759.00	37.70	768.20	304
1978	167.40	821.90	435.80	386.10	47.73	774.17	39.80	782.10	310
1979	171.30	837.30	443.20	394.10	49.19	788.11	46.30	791.00	316
1980	174.00	850.10	449.00	401.10	53.18	796.92	49.40	800.70	321
1981	178.20	864.50	456.40	408.10	56.34	808.16	52.80	811.70	326
1982	188.90	881.30	464.10	417.20	60.60	820.70	55.90	825.40	332
1983	188.10	895.20	472.60	422.60	63.68	831.52	59.00	836.20	338
1984	191.30	905.80	477.60	428.20	76.28	829.52	64.60	841.20	342
1985	195.70	914.80	483.20	431.60	89.23	825.57	73.20	841.60	345
1986	201.40	925.60	489.40	436.20	86.07	839.53	73.60	852.00	349
1987	207.80	938.60	496.00	442.60	93.22	845.38	77.70	860.90	354
1988	224.10	952.90	502.90	450.00	98.30	854.60	83.10	869.80	359
1989	236.50	969.70	512.60	457.10	103.94	865.76	86.90	882.80	366
1990	239.60	985.00	516.30	468.70	110.02	874.98	89.70	895.30	372
1991	242.90	996.90	524.30	472.60	117.82	879.08	91.80	905.10	376
1992	268.90	1005.10	528.60	476.50	125.76	879.34	97.40	907.70	379
1993	270.60	1014.30	532.70	481.60	134.31	879.99	106.30	908.00	383
1994	257.40	1020.00	535.00	485.00	142.94	877.06	116.40	903.60	385
1995	260.24	1025.61	537.22	488.38	152.07	873.54	123.92	901.69	387
1996	263.51	1030.44	539.47	490.98	161.65	868.79	128.59	901.85	389
1997	267.68	1037.88	542.68	495.20	172.20	865.68	134.90	902.98	392
1998	269.85	1041.95	544.90	497.05	182.83	859.12	138.94	903.01	393
1999	267.14	1045.11	548.20	496.91	193.90	851.21	142.50	902.61	394
2000	279.48	1049.01	548.43	500.58	211.48	837.53	147.81	901.20	396
2001	282.85	1055.10	551.61	503.49	219.05	836.05	150.48	904.62	398
2002	293.82	1060.33	556.01	504.32	230.90	829.43	154.75	905.58	400

4-2 历年市总户数、总人口数(年底数)

年份	总户数	总人口数（万人）			性别比（女=100）	非农业人口	
			男	女		人口数（万人）	占总人口%
1949							
1950	1.03	8.20	4.44	3.76	118.1	3.90	47.6
1951	1.03	8.60	4.74	3.86	122.8	4.20	48.8
1952	1.10	9.00	4.65	4.35	106.9	4.50	50.0
1953	1.14	9.00	4.67	4.33	107.9	4.40	48.9
1954	1.18	9.40	4.79	4.61	103.9	4.70	50.0
1955	1.21	9.70	4.95	4.75	104.2	5.00	51.5
1956	1.17	9.70	4.98	4.72	105.5	4.90	50.5
1957	1.27	10.30	5.21	5.09	102.4	5.50	53.4
1958	2.42	11.70	6.60	5.10	129.4	6.60	56.4
1959	2.54	13.10	7.51	5.59	134.3	8.10	61.8
1960	2.36	13.90	7.78	6.12	127.1	8.60	61.9
1961	2.58	13.20	6.91	6.29	109.9	7.80	59.1
1962	2.68	12.90	7.09	5.81	122.0	7.00	54.3
1963	2.62	13.40	7.37	6.03	122.2	7.40	55.2
1964	2.72	13.80	7.55	6.25	120.8	7.60	55.1
1965	2.80	14.10	7.67	6.43	119.3	7.70	54.6
1966	2.69	14.50	7.88	6.62	119.0	7.90	54.5
1967	2.71	14.80	8.04	6.76	118.9	8.20	55.4
1968	2.80	14.10	7.76	6.34	122.4	7.90	56.0
1969	2.79	15.40	8.62	6.78	127.1	8.30	53.9
1970	2.97	16.50	9.12	7.38	123.6	9.20	55.8
1971	3.15	18.10	10.12	7.98	126.8	10.40	57.5
1972	3.35	18.70	10.35	8.35	124.0	10.90	58.3
1973	3.73	19.70	10.79	8.91	121.1	11.60	58.9
1974	4.05	20.10	10.95	9.15	119.7	11.80	58.7
1975	4.35	20.40	11.17	9.23	121.0	12.00	58.8
1976	4.65	20.90	11.31	9.59	117.9	12.30	58.9
1977	4.81	21.30	11.49	9.81	117.1	12.50	58.7
1978	4.86	21.90	11.97	9.93	120.5	12.90	58.9
1979	5.33	23.10	12.59	10.51	119.8	14.00	60.6
1980	5.72	24.1	12.91	11.19	115.4	14.83	61.5
1981	6.25	24.92	13.30	11.62	114.5	15.42	61.9
1982	6.96	26.62	14.23	12.39	114.9	16.07	60.4
1983	7.79	27.70	14.96	12.74	117.4	17.05	61.6
1984	7.75	28.23	14.97	13.26	112.9	18.06	64.0
1985	8.19	29.48	15.78	13.70	115.2	19.36	65.7
1986	8.69	30.40	16.25	14.15	114.8	20.18	66.4
1987	9.47	31.22	16.63	14.59	114.0	20.81	66.7
1988	42.01	166.00	86.85	79.15	109.7	30.08	18.1
1989	44.13	170.27	89.64	80.63	111.2	31.71	18.6
1990	44.34	178.36	92.93	85.43	108.8	32.43	18.2
1991	45.94	181.07	95.42	85.65	111.4	33.35	18.4
1992	50.78	183.34	96.01	87.33	109.9	35.91	19.6
1993	52.48	185.46	96.84	88.62	109.3	38.37	20.7
1994	75.42	298.66	155.38	143.28	108.4	47.26	15.8
1995	75.97	300.38	156.26	144.12	108.4	51.99	17.3
1996	77.62	303.52	157.76	145.76	108.2	54.54	18.0
1997	80.24	310.67	161.62	149.05	108.4	57.59	18.5
1998	81.56	313.09	162.95	150.14	108.5	59.62	19.0
1999	81.96	314.38	164.05	150.33	109.1	61.20	19.5
2000	84.11	313.69	162.89	150.80	108.0	63.46	20.2
2001	82.82	315.10	163.82	151.28	108.3	65.25	20.7
2002	85.99	317.30	166.41	150.89	110.3	66.23	20.9

注：1. 1988 年以前为原南阳市数据，1987 年至 1993 年为原南阳市和邓州市数据，1994 年以后为宛城、卧龙两区和邓州市数据。
2. 数据来源于历年《南阳经济统计年鉴》和公安年报。

4-3 历年镇人口数

单位:万人、%

年份	总人口数	非农业人口		农业人口	
		人口数	占总人口%	人口数	占总人口%
1957	30.83	25.25	81.9	5.58	18.1
1958	43.56	29.01	66.6	14.55	33.4
1959	29.21	13.05	44.7	16.16	55.3
1960	24.34	13.48	55.4	10.86	44.6
1961	35.31	24.60	69.7	10.71	30.3
1962	26.83	15.19	56.6	11.64	43.4
1963	23.53	16.12	68.5	7.41	31.5
1964	28.84	16.51	57.2	12.33	42.8
1965	28.96	15.93	55.0	13.03	45.0
1966	28.87	16.34	56.6	12.53	43.4
1967	29.95	17.12	57.2	12.83	42.8
1968	31.07	17.93	57.7	13.14	42.3
1969	32.23	18.78	58.3	13.45	41.7
1970	33.43	19.68	58.9	13.75	41.1
1971	34.68	20.61	59.4	14.07	40.6
1972	37.31	21.77	58.3	15.54	41.7
1973	38.27	23.2	60.6	15.07	39.4
1974	39.26	23.87	60.8	15.39	39.2
1975	40.27	24.48	60.8	15.79	39.2
1976	41.31	24.98	60.5	16.33	39.5
1977	42.37	25.7	60.7	16.67	39.3
1978	43.46	24.43	56.2	19.03	43.8
1979	46.42	26.69	57.5	19.73	42.5
1980	49.58	29.17	58.8	20.41	41.2
1981	52.95	31.87	60.2	21.08	39.8
1982	56.55	34.83	61.6	21.72	38.4
1983	64.91	34.69	53.4	30.22	46.6
1984	107.18	48.32	45.1	58.86	54.9
1985	177.05	60.37	34.1	116.68	65.9
1986	244.20	51.13	20.9	193.07	79.1
1987	264.20	57.41	21.7	206.79	78.3
1988	274.19	54.26	19.8	219.93	80.2
1989	290.61	55.89	19.2	234.72	80.8
1990	307.92	57.58	18.7	250.34	81.3
1991	326.29	59.32	18.2	266.97	81.8
1992	345.74	61.11	17.7	284.63	82.3
1993	366.36	62.94	17.2	303.42	82.8
1994	388.13	64.84	16.7	323.29	83.3
1995	400.98	68.48	17.1	332.5	82.9
1996	428.22	70.96	16.6	357.26	83.4
1997	461.70	75.29	16.3	386.41	83.7
1998	536.01	78.86	14.7	457.15	85.3
1999	554.16	81.41	14.7	472.75	85.3
2000	586.80	85.53	14.6	501.27	85.4
2001	610.69	86.95	14.2	523.74	85.8
2002	614.87	89.97	14.6	524.90	85.4

注：1.此表是依据历年公安年报加工整理而来的。
2.镇是指建制镇,人口是镇的各年年底总人口。

4-4 历年人口自然变动情况

单位:万人

年　　份	年平均人口数	出生人口数	出生率(‰)	死亡人口数	死亡率(‰)	自然增长人口数	自然增长率(‰)
1949							
1950	506.00						
1951	529.90						
1952	537.50						
1953	542.20	5.80	10.70	2.80	5.16	3.00	5.53
1954	551.40	19.10	34.64	6.80	12.33	12.30	22.31
1955	561.80	13.40	23.85	5.60	9.97	7.80	13.88
1956	570.10	20.60	36.13	9.20	16.14	11.40	20.00
1957	577.00	15.00	26.00	6.50	11.27	8.50	14.73
1958	583.70	17.10	29.30	7.50	12.85	9.60	16.45
1959	588.70	16.50	28.03	8.00	13.59	8.50	14.44
1960	574.90	6.00	10.44	29.50	51.31	-23.50	-40.88
1961	559.50	7.30	13.05	3.90	6.97	3.40	6.08
1962	568.40	22.60	39.76	4.00	7.04	18.60	32.72
1963	582.60	20.80	35.70	4.30	7.38	16.50	28.32
1964	589.40	21.30	36.14	5.90	10.01	15.40	26.13
1965	597.80	18.40	30.78	4.30	7.19	14.10	23.59
1966	613.20	20.20	32.94	4.20	6.85	16.00	26.09
1967	626.00	17.60	28.12	4.50	7.19	13.10	20.93
1968	631.10	20.60	32.64	4.30	6.81	16.30	25.83
1969	649.40	25.70	39.57	4.80	7.39	20.90	32.18
1970	678.00	25.00	36.87	5.20	7.67	19.80	29.20
1971	696.90	20.30	29.13	5.20	7.46	15.10	21.67
1972	714.50	20.30	28.41	5.10	7.14	15.20	21.27
1973	734.10	20.00	27.24	5.30	7.22	14.70	20.02
1974	752.70	19.80	26.31	5.50	7.31	14.30	19.00
1975	768.20	18.20	23.69	5.60	7.29	12.60	16.40
1976	782.70	16.80	21.46	5.30	6.77	11.50	14.69
1977	798.00	17.90	22.43	5.80	7.27	12.10	15.16
1978	813.90	16.90	20.76	5.30	6.51	11.60	14.25
1979	829.60	14.70	17.72	5.70	6.87	9.00	10.85
1980	843.70	14.40	17.07	5.90	6.99	8.50	10.07
1981	857.30	16.00	18.66	6.20	7.23	9.80	11.43
1982	872.90	20.00	22.91	5.70	6.53	14.30	16.38
1983	888.30	20.00	22.51	6.40	7.20	13.60	15.31
1984	900.50	16.60	18.43	6.40	7.11	10.20	11.33
1985	910.30	15.80	17.36	6.50	7.14	9.30	10.22
1986	920.20	17.70	19.23	6.70	7.28	11.00	11.95
1987	932.10	20.00	21.46	6.80	7.30	13.20	14.16
1988	945.80	20.90	22.10	6.50	6.87	14.40	15.23
1989	961.30	23.20	24.13	6.00	6.24	17.20	17.89
1990	977.40	22.30	22.82	6.90	7.06	15.40	15.76
1991	990.90	18.50	18.67	6.50	6.56	12.00	12.11
1992	1001.00	11.70	11.69	7.00	6.99	4.70	4.70
1993	1009.70	11.40	11.29	6.40	6.34	5.00	4.95
1994	1017.10	12.50	12.29	6.70	6.59	5.80	5.70
1995	1022.80	12.13	11.86	6.50	6.36	5.63	5.50
1996	1028.00	11.90	11.58	7.07	6.88	4.83	4.70
1997	1035.32	10.06	9.72	6.73	6.50	3.33	3.22
1998	1039.92	9.68	9.31	6.85	6.59	2.83	2.72
1999	1043.53	9.68	9.28	6.59	6.32	3.09	2.96
2000	1047.12	12.22	11.67	6.68	6.38	5.54	5.29
2001	1052.06	12.52	11.90	6.38	6.06	6.14	5.84
2002	1057.71	11.65	11.01	6.33	5.98	5.32	5.03

4-5 历年市人口自然变动情况

单位:万人

年份	年平均人口数	出生人口数	出生率(‰)	死亡人口数	死亡率(‰)	自然增长人口数	自然增长率(‰)
1954	9.20	0.06	6.52	0.03	3.26	0.03	3.26
1955	9.55	0.07	7.33	0.02	2.09	0.05	5.24
1956	9.70	0.09	9.28	0.03	3.09	0.06	6.19
1957	10.00	0.15	15.00	0.03	3.00	0.12	12.00
1958	11.00	0.14	12.73	0.04	3.64	0.1	9.09
1959	12.40	0.14	11.29	0.03	2.42	0.11	8.87
1960	13.50	0.22	16.30	0.05	3.70	0.17	12.59
1961	13.55	0.26	19.19	0.12	8.86	0.14	10.33
1962	13.05	0.43	32.95	0.11	8.43	0.32	24.52
1963	13.15	0.33	25.10	0.17	12.93	0.16	12.17
1964	13.60	0.2	14.71	0.11	8.09	0.09	6.62
1965	13.95	0.53	37.99	0.11	7.89	0.42	30.11
1966	14.30	0.66	46.15	0.10	6.99	0.56	39.16
1967	14.65	0.51	34.81	0.27	18.43	0.24	16.38
1968	14.45	0.43	29.76	0.11	7.61	0.32	22.15
1969	14.75	0.42	28.47	0.11	7.46	0.31	21.02
1970	15.95	0.37	23.20	0.04	2.51	0.33	20.69
1971	17.30	0.43	24.86	0.10	5.78	0.33	19.08
1972	18.40	0.44	23.91	0.12	6.52	0.32	17.39
1973	19.20	0.49	25.52	0.11	5.73	0.38	19.79
1974	19.90	0.43	21.61	0.12	6.03	0.31	15.58
1975	20.25	0.44	21.73	0.12	5.93	0.32	15.80
1976	20.65	0.49	23.73	0.12	5.81	0.37	17.92
1977	21.20	0.43	20.28	0.12	5.66	0.31	14.62
1978	21.60	0.36	16.67	0.13	6.02	0.23	10.65
1979	22.50	0.32	14.22	0.15	6.67	0.17	7.56
1980	24.01	0.34	14.16	0.12	5.00	0.22	9.16
1981	24.47	0.31	12.67	0.14	5.72	0.17	6.95
1982	25.77	0.40	15.52	0.13	5.04	0.27	10.48
1983	27.16	0.40	14.73	0.15	5.52	0.25	9.20
1984	27.96	0.25	8.94	0.14	5.01	0.11	3.93
1985	28.86	0.23	7.97	0.15	5.20	0.08	2.77
1986	29.94	0.35	11.69	0.15	5.01	0.2	6.68
1987	30.81	0.40	12.98	0.15	4.87	0.25	8.11
1988	167.14	2.47	14.78	1.01	6.04	1.46	8.74
1989	168.13	2.69	16.00	1.04	6.19	1.65	9.81
1990	176.67	3.96	22.41	1.12	6.34	2.84	16.08
1991	179.89	3.23	17.96	1.1	6.11	2.13	11.84
1992	183.17	2.16	11.79	1.07	5.84	1.09	5.95
1993	186.51	2.26	12.12	1.24	6.65	1.02	5.47
1994	297.69	3.78	12.70	1.87	6.28	1.91	6.42
1995	299.12	3.51	11.73	1.89	6.32	1.62	5.42
1996	301.93	3.32	11.00	1.83	6.06	1.49	4.93
1997	309.09	3.21	10.39	1.86	6.02	1.35	4.37
1998	311.89	3.81	12.22	1.88	6.03	1.93	6.19
1999	313.74	3.71	11.83	1.88	5.99	1.83	5.83
2000	314.03	3.68	11.72	1.89	6.02	1.79	5.70
2001	314.43	3.67	11.36	1.87	5.95	1.80	5.07
2002	316.39	3.57	11.10	1.82	5.75	1.74	5.24

注:1.1988年以前为原南阳市人口,1987年至1993年为原南阳市和邓州市人口,1994年以后为邓州市和两区人口。
2.数据来源于历年《南阳经济统计年鉴》和公安年报。

4-6 历年县人口自然变动情况

单位:万人

年　　份	年平均人口数	出生人口数	出生率(‰)	死亡人口数	死亡率(‰)	自然增长人口数	自然增长率(‰)
1954	542.20	19.04	35.12	6.77	12.49	12.27	22.63
1955	552.25	13.33	24.14	5.58	10.10	7.75	14.03
1956	560.40	20.51	36.60	9.17	16.36	11.34	20.24
1957	567.00	14.85	26.19	6.47	11.41	8.38	14.78
1958	572.70	16.96	29.61	7.46	13.03	9.50	16.59
1959	576.30	16.36	28.39	7.97	13.83	8.39	14.56
1960	561.40	5.78	10.30	29.45	52.46	-23.67	-42.16
1961	545.95	7.04	12.89	3.78	6.92	3.26	5.97
1962	555.35	22.17	39.92	3.89	7.00	18.28	32.92
1963	569.45	20.47	35.95	4.13	7.25	16.34	28.69
1964	575.80	21.10	36.64	5.79	10.06	15.31	26.59
1965	583.85	17.87	30.61	4.19	7.18	13.68	23.43
1966	598.90	19.54	32.63	4.10	6.85	15.44	25.78
1967	611.35	17.09	27.95	4.23	6.92	12.86	21.04
1968	616.65	20.17	32.71	4.19	6.79	15.98	25.91
1969	634.65	25.28	39.83	4.69	7.39	20.59	32.44
1970	662.05	24.63	37.20	5.16	7.79	19.47	29.41
1971	679.60	19.87	29.24	5.10	7.50	14.77	21.73
1972	696.10	19.86	28.53	4.98	7.15	14.88	21.38
1973	714.90	19.51	27.29	5.19	7.26	14.32	20.03
1974	732.80	19.37	26.43	5.38	7.34	13.99	19.09
1975	747.95	17.76	23.74	5.48	7.33	12.28	16.42
1976	762.05	16.31	21.40	5.18	6.80	11.13	14.61
1977	776.80	17.47	22.49	5.68	7.31	11.79	15.18
1978	792.30	16.54	20.88	5.17	6.53	11.37	14.35
1979	807.10	14.38	17.82	5.55	6.88	8.83	10.94
1980	819.69	14.06	17.15	5.78	7.05	8.28	10.10
1981	832.83	15.69	18.84	6.06	7.28	9.63	11.56
1982	847.13	19.60	23.14	5.57	6.58	14.03	16.56
1983	861.14	19.60	22.76	6.25	7.26	13.35	15.50
1984	872.54	16.35	18.74	6.26	7.17	10.09	11.56
1985	881.44	15.57	17.66	6.35	7.20	9.22	10.46
1986	890.26	17.35	19.49	6.55	7.36	10.8	12.13
1987	901.29	19.60	21.75	6.65	7.38	12.95	14.37
1988	778.66	18.43	23.67	5.49	7.05	12.94	16.62
1989	793.17	20.51	25.86	4.96	6.25	15.55	19.60
1990	800.73	18.34	22.90	5.78	7.22	12.56	15.69
1991	811.01	15.27	18.83	5.40	6.66	9.87	12.17
1992	817.83	9.54	11.67	5.93	7.25	3.61	4.41
1993	823.19	9.14	11.10	5.16	6.27	3.98	4.83
1994	719.41	8.72	12.12	4.83	6.71	3.89	5.41
1995	723.68	8.62	11.91	4.61	6.37	4.01	5.54
1996	726.07	8.58	11.82	5.24	7.22	3.34	4.60
1997	726.23	6.85	9.43	4.87	6.71	1.98	2.73
1998	728.03	5.87	8.06	4.97	6.83	0.90	1.24
1999	729.79	5.97	8.18	4.71	6.45	1.26	1.73
2000	733.09	8.54	11.65	4.79	6.53	3.75	5.12
2001	737.63	8.85	12.00	4.51	6.11	4.35	5.88
2002	741.32	8.08	10.90	4.51	6.08	3.58	4.82

4-7 各县(市、区)总户数、总人口

(2002年底)

	总户数(户)	总人口数(人)	按性别分		按城乡分		按农业、非农业分	
			男	女	市镇	乡村	农业人口	非农业人口
合计	**2938155**	**10603256**	**5560114**	**5043142**	**2309045**	**8294211**	**9055832**	**1547424**
宛城区	225798	803842	412825	391017	350638	453204	561379	242463
卧龙区	242197	852535	454694	397841	425520	427015	563778	288757
南召县	175101	611103	325982	285121	119917	491186	513978	97125
方城县	274179	1000753	526781	473972	153123	847630	913643	87110
西峡县	125382	427551	227061	200490	80030	347521	362838	64713
镇平县	255158	946638	495406	451232	136615	810023	840980	105658
内乡县	195561	631662	330717	300945	140664	490998	552934	78728
淅川县	199471	726075	379859	346216	123263	602812	642408	83667
社旗县	175607	635697	331452	304245	70457	565240	570404	65293
唐河县	365901	1291630	676361	615269	199553	1092077	1170341	121289
新野县	198646	731019	378135	352884	113121	617898	634999	96020
桐柏县	113272	428169	224308	203861	90398	337771	342572	85597
邓州市	391882	1516582	796533	720049	305746	1210836	1385578	131004

4-7 续表

	年平均人口	出生人口	死亡人口	自然增长人口	出生率(‰)	死亡率(‰)	自然增长率(‰)	人口密度(人/平方公里)
合计	**10577138**	**116454**	**63251**	**53203**	**11.01**	**5.98**	**5.03**	**400**
宛城区	800779	9254	4579	4675	11.56	5.72	5.84	829
卧龙区	850431	9622	4804	4818	11.31	5.65	5.66	838
南召县	609527	6417	3654	2763	10.53	5.99	4.54	208
方城县	998847	10578	5954	4624	10.59	5.96	4.63	394
西峡县	426488	5286	2554	2732	12.39	5.99	6.40	124
镇平县	944484	10099	6087	4012	10.69	6.44	4.25	635
内乡县	630155	6860	4586	2274	10.89	7.28	3.61	275
淅川县	724499	8357	4628	3729	11.53	6.39	5.14	258
社旗县	634084	7324	3947	3377	11.55	6.22	5.33	552
唐河县	1288820	12816	6364	6452	9.94	4.94	5.00	517
新野县	729119	8230	4872	3358	11.29	6.68	4.61	692
桐柏县	427227	4820	2362	2458	11.28	5.53	5.75	224
邓州市	1512681	16791	8860	7931	11.10	5.86	5.24	640

4-8 南阳市五次人口普查基本情况

单位:万人

指标	1953	1964	1982	1990	2000
总人口(万人)	**590.52**	**582.93**	**870.21**	**975.66**	**957.78**
男			458.17	511.28	500.64
女			412.04	464.38	457.14
性别比			111.21	110.10	109.52
家庭户规模(人/户)			4.70	4.08	3.41
各年龄组人口(%)					
0—14岁			35.68	29.86	22.66
15—64岁			48.84	64.16	70.35
65岁及以上			14.48	5.98	6.99
民族人口(万人、%)	590.52	582.93	870.21	975.66	957.78
汉族	582.32	572.98	854.91	954.88	936.97
占总人口比重	98.6	98.3	98.2	97.9	97.8
少数民族	8.2	9.95	15.3	20.78	20.81
占总人口比重	1.4	1.7	1.8	2.1	2.2
每十万人拥有的各种受教育程度人口(人)					
大专及以上			190	520	2076
高中和中专			5010	5690	8590
初中			17890	25350	41317
小学			32140	40800	35355
文盲人口及文盲率					
文盲人口(万人)			273.94	158.55	36.85
文盲率(%)			26.80	14.70	3.85
城乡人口(万人)			870.21	975.66	957.78
城镇人口			62.31	110.02	193.21
乡村人口			807.9	874.98	764.57

注:2000年数据是“五普”常住人口口径。

4—9 各县(市、区)人口年龄结构

地　　区	总人口(万人)	年龄别人口(万人)			占总人口比重(%)		
		0—14岁	15—64岁	65岁及以上	0—14岁	15—64岁	65岁及以上
全　　市	**9577771**	**2170671**	**6737329**	**669771**	**22.7**	**70.3**	**7.0**
宛城区	785943	160690	576369	48884	20.5	73.3	6.2
卧龙区	798772	174957	574346	49469	21.9	71.9	6.2
南召县	561784	122659	401421	37704	21.8	71.5	6.7
方城县	886230	199957	614052	72221	22.6	69.3	8.2
西峡县	412988	89151	292483	31354	21.6	70.8	7.6
镇平县	852360	188686	601580	62094	22.2	70.6	7.3
内乡县	583233	130578	407907	44748	22.4	69.9	7.7
淅川县	641327	163520	437428	40379	25.5	68.2	6.3
社旗县	580280	127829	410894	41557	22.0	70.8	7.2
唐河县	1151733	264201	802494	85038	22.9	69.7	7.4
新野县	629106	147133	433957	48016	23.4	69.0	7.6
桐柏县	403359	91271	287732	24356	22.6	71.3	6.0
邓州市	1290656	310039	896666	83951	24.0	69.5	6.5

说明:本表是2000年全国人口普查机器汇总的11月1日零时数。

4—10 各县(市、区)每十万人拥有的各种受教育程度人口

单位:人

地　　区	大专及以上		高中和中专		初　中		小　学	
	1990	2000	1990	2000	1990	2000	1990	2000
全　　市	**520**	**2076**	**5690**	**8590**	**25350**	**41317**	**40800**	**35355**
宛城区	450	5378	4470	13155	25240	39866	41470	30259
卧龙区	508	5889	2150	14217	33410	37967	22990	30806
南召县	700	1958	6960	8950	23460	41730	39730	33738
方城县	260	1177	4860	7684	22860	42455	40120	33872
西峡县	390	1967	7900	10653	25020	37818	39100	35709
镇平县	340	1089	4650	6248	27060	46334	44760	35007
内乡县	340	1291	5310	7275	26300	42808	42380	35175
淅川县	240	1362	5000	7355	25840	39999	42240	38218
社旗县	230	1088	4590	7036	23650	41294	40220	36198
唐河县	220	1156	4390	6986	24940	40970	39970	38222
新野县	290	1623	4640	7122	29320	44597	40370	33691
桐柏县	640	2071	7250	9925	23720	41481	38730	34060
邓州市	260	1256	4580	7320	23650	39767	44150	40050

注:1990年宛城区、卧龙区分别为原南阳县、原南阳市数据。

4—11 五次人口普查时各民族人口状况

单位：人、%

	1953		1964		1982		1990		2000	
	人 数	比 重	人 数	比 重	人 数	比 重	人 数	比 重	人 数	比 重
总　　计	**5905193**	**100**	**5829251**	**100**	**8702117**	**100**	**9756662**	**100**	**9577771**	**100**
汉　　族	5823210	98.6	5729782	98.3	8549100	98.2	9548843	97.9	9369650	97.8
少数民族小记	81983	1.4	99469	1.7	153017	1.8	207819	2.1	208121	2.2
其中：蒙 古 族	15165	0.3	23162	0.4	36725	0.4	56729	0.6	54767	0.6
回　　族	66584	1.1	70978	1.2	104988	1.2	124454	1.3	124218	1.3
满　　族	228	…	5126	0.1	10464	0.1	23563	0.2	22956	0.2
其他少数民族	6	…	203	…	840	…	3073	…	6180	0.1

4—12 各县市区民族人口状况

	合计	汉族（人）	比重（%）	少数民族小计（人）	比重（%）	蒙古族（人）	比重（%）	回族（人）	比重（%）	满族（人）	比重（%）	其他少数民族（人）	比重（%）
合　　计	**9577771**	**9369650**	**97.8**	**208121**	**2.2**	**54767**	**0.6**	**124218**	**1.3**	**22956**	**0.24**	**6180**	**0.06**
宛 城 区	785943	758426	96.5	27517	3.5	1093	0.1	25233	3.2	383	0.05	808	0.10
卧 龙 区	798772	782510	98.0	16262	2.0	3794	0.5	11195	1.4	688	0.09	585	0.07
南 召 县	561784	538147	95.8	23637	4.2	1835	0.3	5688	1.0	15805	2.81	309	0.06
方 城 县	886230	871488	98.3	14742	1.7	284		13548	1.5	429	0.05	481	0.05
西 峡 县	412988	408537	98.9	4451	1.1	1106	0.3	2774	0.7	359	0.09	212	0.05
镇 平 县	852360	807627	94.8	44733	5.2	27064	3.2	17157	2.0	108	0.01	404	0.05
内 乡 县	583233	567824	97.4	15409	2.6	9518	1.6	3673	0.6	1904	0.33	314	0.05
淅 川 县	641327	631597	98.5	9730	1.5	4915	0.8	1608	0.3	2887	0.45	320	0.05
社 旗 县	580280	575062	99.1	5218	0.9	938	0.2	4016	0.7	51	0.01	213	0.04
唐 河 县	1151733	1141355	99.1	10378	0.9	475		9332	0.8	46		525	0.05
新 野 县	629106	619388	98.5	9718	1.5	2045	0.3	7322	1.2	38	0.01	313	0.05
桐 柏 县	403359	400627	99.3	2732	0.7	279	0.1	2103	0.5	110	0.03	240	0.06
邓 州 市	1290656	1267062	98.2	23594	1.8	1421	0.1	20569	1.6	148	0.01	1456	0.11

说明：本表是 2000 年全国人口普查快速汇总的 11 月 1 日零时数。

主要统计指标解释

人口数　指一定时点、一定地区范围内的有生命的个人的总和。年度统计的年末人口数指每年12月31日24时的人口数。

出生率（又称粗出生率）　指在一定时期内（通常为一年）平均每千人所出生的人数的比率，一般用千分率表示。计算公式为：

出生率＝年出生人数/年平均人数×1000‰

式中：出生人数指活产婴儿，即胎儿脱离母体时（不管怀孕月数），有过呼吸或其他生命现象。年平均人数指年初、年底人口数的平均数，也可用年中人口数代替。

死亡率（又称粗死亡率）　指在一定时期内（通常为一年）一定地区的死亡人数与同期平均人数（或期中人数）之比，一般用千分率表示。计算公式为：

死亡率＝年死亡人数/年平均人数×1000‰

人口自然增长率　指在一定时期内（通常为一年）人口自然增加数（出生人数减死亡人数）与该时期内平均人数（或期中人数）之比，一般用千分率表示。计算公式为：

人口自然增长率＝（本年出生人数－本年死亡人数）/年平均人数×1000‰＝人口出生率－人口死亡率

性别比　总人口中男性人数与女性人数之比。通常用每100个女性人口相应有多少男性人口表示。其计算公式为：

性别比＝男性人口数/女性人口数×100％

五、从业人员和职工工资

5-1 重点年份从业人员

单位:人

年份	从业人员	按三次产业分			按城乡分	
		第一产业	第二产业	第三产业	城镇	乡村
1983	3539804	3071228	219073	249503	423209	3116595
1984	3738250	3222838	223799	291613	470618	3267632
1985	3909000	3004000	362000	543000	543000	3367000
1986	4144000	3247000	443000	454000	574000	3570000
1987	4298000	3289000	491000	518000	597000	3701000
1988	4396000	3228000	574000	594000	644000	3752000
1989	4456000	3349000	516000	591000	650000	3806000
1990	4566000	3453000	526000	587000	641000	3925000
1991	4813000	3694000	373000	746000	634000	4179000
1992	4994000	3703000	434000	857000	680000	4335000
1993	5022130	3371783	941322	709025	755997	4266133
1994	5193400	3361000	945000	887400	792200	4401200
1995	5700400	3814000	978000	908000	968000	4732400
1996	5396300	3299600	1000500	1096200	1029200	4367100
1997	5629300	3425400	1047400	1156500	1024900	4604400
1998	6017000	3610200	1143200	1263600	1444800	4572200
1999	6077200	3632200	1145200	1299800	752500	5324700
2000	6110800	4319400	826400	965000	747100	5363700
2001	5947317	4002320	946745	998252	717417	5229900
2002	5848170	4010011	790898	1047261	853070	4995100

5-2 按城乡分的从业人员

（2002 年底）　　单位：人

项　　　目	合　计	城　镇	国有单位	集体单位	私　营	个　体	乡　村
从业人员总计	**5848170**	**853070**	**428493**	**134608**	**18483**	**173034**	**4995100**
按国民经济行业分							
农、林、牧、渔业	4010011	12911	10433	1298	580	376	3997100
工　业	651242	255942	129311	22968	10706	21555	395300
采掘业	72839	40439	37043	229	1356	1194	32400
制造业	551142	199542	78512	22059	9350	20361	351600
电力、煤气及水的生产和供应业	27261	15961	13756	680			11300
建筑业	139656	47256	19697	12636	1173	104	92400
地质勘查业水利管理业	6814	5214	5203	11			1600
交通运输、仓储及邮电通信业	102689	39489	23443	1811	469	12827	63200
批发和零售贸易餐饮业	260084	180684	37828	23666	3604	108217	79400
金融、保险业	17100	17100	9529	6412			
房地产业	5364	5364	4845	185			
社会服务业	47190	47190	19802	2848	1145	20984	
卫生体育和社会福利业	55349	32649	31560	848			22700
教育、文化艺术及广播电影电视业	118242	118242	59197	58640			
科学研究和综合技术服务业	6873	6873	6598	91			
国家机关、政党机关和社会团体	66366	66366	65883	348			
其　他	361290	17790	5164	2846	806	8971	343500
按三次产业分							
第一产业	4010011	12911	10433	1298	580	376	3997100
第二产业	790898	303198	149008	35604	11879	21659	487700
第三产业	1047261	536961	269052	97706	6024	150999	510300

5-3 按经济类型分的在岗职工人数

单位:人

年　份	职工年末人数				职工平均人数			
	合计	国有经济	集体经济	其他经济	合计	国有经济	集体经济	其他经济
1978年	312858	264920	47938		302738	255288	47249	
1979年	335991	281768	54223		324425	273344	51081	
1980年	374430	321064	53366		360912	308703	51927	
1981年	402629	344697	57932		386340	330795	55737	
1982年	400530	342305	58225		396774	339686	56894	
1983年	423985	362454	61531		407486	348329	59304	
1984年	442985	344838	98147		428696	337371	91417	
1985年	471878	367265	104613		457462	360123	97232	
1986年	504246	389518	114728		487053	378475	108577	
1987年	532037	406600	125437		510550	396566	114252	
1988年	562414	427532	134882		546184	419512	126586	
1989年	560218	421621	138597		553249	419575	133489	
1990年	566853	423659	143194		558563	419698	139128	
1991年	585412	442413	141943	1056	566782	432714	133462	1031
1992年	631527	497362	133358	807	613425	484748	128727	932
1993年	630696	487675	136816	6205	615409	475443	134235	6180
1994年	671406	507268	137434	26704	656319	496622	134183	26679
1995年	697092	533790	121028	42274	682986	522980	119175	42249
1996年	714792	548521	119803	46468	695794	536614	114472	46443
1997年	725429	503896	153117	68416	713271	496916	149602	68391
1998年	736705	482390	154925	99390	730762	479333	153354	99365
1999年	663260	446599	134256	82405	659950	444429	132318	83203
2000年	658117	439629	134991	83497	658861	438633	135014	85214
2001年	647210	434241	134771	78198	646212	436385	131982	77845
2002年	650705	421905	131766	97034	651392	423041	131505	96846

5-4 按经济类型分的在岗职工工资和平均工资

年份	职工工资总额(万元)				职工平均工资(元)			
	合计	国有经济	集体经济	其他经济	合计	国有经济	集体经济	其他经济
1978年	15924	13760	2164		510	539	458	
1979年	18969	16403	2566		584	604	473	
1980年	24145	21424	2721		669	694	524	
1981年	26387	23288	3099		683	704	556	
1982年	28290	24865	3425		713	732	602	
1983年	29502	26264	3238		724	754	546	
1984年	33524	28103	5421		782	833	593	
1985年	41995	35004	6991		918	972	719	
1986年	50897	42200	8697		1045	1115	801	
1987年	58458	48381	10077		1145	1220	882	
1988年	73571	61039	12532		1347	1455	990	
1989年	81217	67174	14043		1468	1601	1052	
1990年	92170	76469	15638		1649	1822	1124	
1991年	102871	85461	17270	140	1815	1975	1294	1358
1992年	130905	111686	19219	155	2134	2304	1493	1663
1993年	154837	127704	25894	1239	2516	2686	1929	2005
1994年	222492	183750	30889	7853	3390	3700	2302	2944
1995年	282961	232569	35955	14437	4143	4447	3017	3417
1996年	326884	267019	40775	19090	4698	4976	3562	4110
1997年	342798	254620	61217	26961	4806	5124	4092	3942
1998年	361362	260326	59946	41090	4945	5431	3909	4135
1999年	379414	276786	61974	40655	5749	6228	4684	4886
2000年	406096	303919	63867	38310	6164	6929	4730	4496
2001年	440319	326243	70650	43425	6814	7476	5353	5578
2002年	495996	351629	82576	61792	7614	8312	6279	6380

5-5 各县(市、区)年末在岗职工人数

单位:人

县市区	1978年	1980年	1985年	1990年	1995年	2001年	2002年
总计	**312858**	**374430**	**471878**	**567353**	**697092**	**647210**	**650705**
宛城区	19603	24875	35432	38328	30611	29524	32494
卧龙区	67964	78589	104352	126168	45875	31036	29350
南召县	18074	30221	37258	41797	29560	23458	21563
方城县	17433	20418	27884	31985	31254	34653	34561
西峡县	12277	14513	19227	27601	28861	26778	24932
镇平县	18658	25249	30787	37235	39376	38594	39049
内乡县	16167	17980	20534	25848	31540	31605	31651
淅川县	18467	21715	28280	35273	42251	39994	38690
社旗县	14943	15811	20099	21931	25186	23279	22756
唐河县	21311	24835	30042	36803	47744	44430	43614
新野县	20068	23393	28200	32419	46991	43702	43421
桐柏县	12861	13623	16129	20325	24505	24367	23601
邓州市	29125	34201	42721	54176	57544	58719	58899
市直					143132	150283	150933
军工油田					72662	46788	55191

5−6 各县(市、区)在岗职工工资总额

单位:万元

县 市 区	1978 年	1980 年	1985 年	1990 年	1995 年	2001 年	2002 年
总 计	**15924**	**24145**	**41996**	**92170**	**282961**	**440319**	**495996**
宛 城 区	1014	1481	2171	6124	12274	19092	23181
卧 龙 区	3837	5423	9505	21398	14777	17724	19244
南 召 县	901	2032	3619	7309	9184	12915	13858
方 城 县	890	1219	2275	4477	10711	20147	21305
西 峡 县	590	924	1678	4354	10374	17854	18984
镇 平 县	931	1581	2520	5346	13670	21262	23673
内 乡 县	808	1093	1870	3813	10352	17431	19659
淅 川 县	932	1278	2203	4861	13650	22018	23511
社 旗 县	716	983	1721	3116	8266	12872	13757
唐 河 县	1048	1500	2236	5482	15304	23573	27066
新 野 县	931	1246	2160	4393	15246	24620	26677
桐 柏 县	631	836	1387	3273	9320	13925	15621
邓 州 市	1354	2131	3646	7733	19542	31748	35525
市 直					67779	127554	149348
军 工 油 田	1341	2418	5005	10491	52512	57584	64588

5−7 各县(市、区)在岗职工平均工资

单位:元

县 市 区	1978 年	1980 年	1985 年	1990 年	1995 年	2001 年	2002 年
总 计	**510**	**669**	**918**	**1649**	**4143**	**6814**	**7614**
宛 城 区	517	654	672	1642	3907	6636	7273
卧 龙 区	565	711	943	1730	3264	5646	6573
南 召 县	499	697	975	1770	3167	5724	6510
方 城 县	511	621	853	1416	3528	5861	6195
西 峡 县	481	650	903	1609	3650	6694	7714
镇 平 县	499	645	841	1418	3531	5574	6080
内 乡 县	500	603	920	1497	3399	5636	6311
淅 川 县	505	614	826	1419	3362	5593	6032
社 旗 县	479	646	879	1401	3376	5501	6030
唐 河 县	492	614	791	1522	3286	5452	6214
新 野 县	464	572	785	1382	3280	5684	6282
桐 柏 县	491	627	871	1639	3867	5832	6668
邓 州 市	465	643	864	1428	3530	5425	6035
市 直					4891	8498	9780
军 工 油 田					7176	11172	11316

5-8 各种分组的在岗职工

单位：人

类　　别	合　计	国有单位	城镇集体单位	其他单位	专业技术人员
总　　计	**650705**	**421905**	**131766**	**97034**	**156742**
#专业技术人员	156742	97963	50189	8590	156742
#女　性	63446	39733	20978	2735	
按企业事业机关分					
企　业	387955	220971	70902	96082	47040
事　业	195665	133849	60864	952	102703
机　关	67085	67085			6999
按三次产业分					
第一产业	11918	10398	1296	224	2415
第二产业	265551	147837	33818	83896	30616
第三产业	373236	263670	96652	12914	123711
按国民经济行业分					
农、林、牧、渔业	11918	10398	1296	224	2415
农　业	1545	1517	16	12	140
林　业	704	571	48	85	66
畜牧业	338	95	218	25	9
渔　业	142	118	24		6
农、林、牧、渔服务业	9189	8097	990	102	2194
采掘业	37772	36942	229	601	8878
石油和天然气开采业	31507	31507			8255
有色金属矿采选业	4478	3944		534	449
非金属矿采选业	1787	1491	229	67	174
制造业	167633	77574	21493	68566	14332
食品加工业	7057	4041	274	2742	642
食品制造业	859		239	620	92
饮料制造业	8894	6381	171	2342	456
烟草加工业	5753	5524	229		309
纺织业	38971	13003	6852	19116	1816
服装及其他纤维制品制造业	2297	120	811	1366	108
皮革、毛皮、羽绒及其制品业	714		175	539	61
木材加工及竹、藤、棕、草制品业	758	281	45	432	7
家具制造业	243		159	84	14
造纸及纸制品业	3168	559	289	2320	532
印刷业，记录媒介的复制	2648	850	829	969	203
文教体育用品制造业	79		79		8
石油加工及炼焦业	1194		1089	105	64
化学原料及化学制品制造业	13777	7609	355	5813	1915
医药制造业	7915	4830	52	3033	1313
化学纤维制造业	1015	575	440		72
橡胶制品业	467	467			24
塑料制品业	1174	108	925	141	438
非金属矿物制品业	14364	4781	642	8941	974

5—8 续表 1

单位:人

类别	合计	国有单位	城镇集体单位	其他单位	专业技术人员
黑色金属冶炼及压延加工业	4005	1703	50	2252	315
有色金属冶炼及压延加工业	40		25	15	4
金属制品业	2626		1864	762	230
普通机械制造业	4763	1820	538	2405	390
专用设备制造业	6762	3678	317	2767	739
交通运输设备制造业	6423	4029	480	1914	955
武器弹药制造业	16162	16162			939
电气机械及器材制造业	7312	324	2435	4553	1088
电子及通信设备制造业	2976	328		2648	67
仪器仪表及文化、办公用机械制造业	813		40	773	36
其他制造业	4404	401	2089	1914	521
电力、煤气及水的生产和供应业	15886	13735	626	1525	2019
电力、蒸汽、热水的生产和供应业	12094	10081	626	1387	1784
煤气生产和供应业	476	476			54
自来水的生产和供应业	3316	3178		138	181
建筑业	44260	19586	11470	13204	5387
土木工程建筑业	40516	18515	9691	12310	5298
线路、管道和设备安装业	3264	1071	1419	774	76
装修装饰业	480		360	120	13
地质勘查业、水利管理业	5200	5189	11		896
地质勘查业	1050	1050			329
水利管理业	4150	4139	11		567
交通运输、仓储及邮电通信业	25029	22298	1792	939	2385
铁路运输业	699	699			40
公路运输业	9536	8268	970	298	536
水上运输业	171		131	40	
交通运输辅助业	8753	8253	467	33	538
仓储业	693	611	22	60	66
邮电通信业	5177	4467	202	508	1205
批发和零售贸易、餐饮业	67756	37104	23363	7289	5717
食品、饮料、烟草和家庭用品批发业	31165	18457	11138	1570	2792
能源、材料和机械电子设备批发业	6266	4426	652	1188	268
其他批发业	7315	4236	2342	737	716
零售业	19846	8588	8252	3006	1788
商业经纪与代理业	1808	609	487	712	34
餐饮业	1356	788	492	76	119
金融、保险业	14250	7371	5896	983	6054
金融业	13010	6204	5896	910	5923
保险业	1240	1167		73	131
房地产业	5351	4832	185	334	1248
房地产开发与经营业	1187	668	185	334	298
房地产管理业	1175	1175			157
房地产代理与经纪业	2989	2989			793

5—8 续表 2　　　　单位：人

类　　　别	合　计	国有单位	城镇集体单　位	其他单位	专　业技术人员
社会服务业	24844	19592	2848	2404	2544
公共服务业	11467	10830	156	481	980
居民服务业	803	554	209	40	89
旅　馆　业	6579	3998	1837	744	1015
租赁服务业	577	270	83	224	1
旅　游　业	665	364	106	195	
娱乐服务业	212	12	105	95	16
信息、咨询服务业	2055	1409	251	395	203
计算机应用服务业	90	42	20	28	8
其他社会服务业	2396	2113	81	202	232
卫生、体育和社会福利业	32247	31158	848	241	18281
卫　　　生	30408	29668	499	241	18083
体　　　育	127	127			55
社会福利保障业	1712	1363	349		143
教育、文化艺术及广播电影电视业	117539	58709	58425	405	77458
教　　　育	111835	53365	58284	186	75953
普通高等教育	1552	1552			810
普 通 中 学	47213	36462	10565	186	30979
小　学　校	50008	3094	46914		37230
文化艺术业	3029	2848		181	951
广播电影电视业	2675	2496	141	38	554
科学研究和综合技术服务业	6862	6590	91	181	1748
科学研究业	1486	1486			423
自然科学研究	1054	1054			388
社会科学研究	390	390			35
其他科学研究	42	42			
综合技术服务业	5376	5104	91	181	1325
气　　　象	161	161			74
地　　　震	12	12			
测　　　绘	140	140			7
技术监督	1936	1936			292
环境保护	508	508			140
技术推广和科技交流服务业	1251	1044	40	167	316
工程设计业	1248	1248			
其他综合技术服务业	120	55	51	14	
国家机关、政党机关和社会团体	66146	65663	348	135	
国家机关	61669	61186	348	135	
政党机关	3681	3681			
社会团体	931	796	135		
其它行业	8012	5164	2845	3	
其它行业	8012	5164	2845	3	
企业管理机构	8012	5164	2845	3	

5-9 各 县（市、区）分 行

（2002

	合　计	农　林 牧渔业	采掘业	制造业	电力、煤气 及水的生产 和供应业	建筑业	地质勘 查业、水利 管理业
南阳市	**650705**	**11918**	**37772**	**167633**	**15886**	**44260**	**5200**
宛城区	32494	1081	185	7744	275	4219	
卧龙区	29350	305		5084		952	295
南召县	21563	901		1396	509	845	306
方城县	34561	894	334	5126	996	868	141
西峡县	24932	1228	72	5819	740	14	164
镇平县	39049	1141	189	8034	892	846	574
内乡县	31651	484	183	8025	939	786	159
淅川县	38690	1004	439	11119	1141	3430	222
社旗县	22756	461		3572	658	913	30
唐河县	43614	1002		3555	1245	3193	411
新野县	43421	703		16591	725	1380	120
桐柏县	23601	1052	4253	1550	591	797	159
邓州市	58899	1114		13341	1315	1578	185
市直	150933	548	610	56846	5860	22993	2434
军工油田	55191		31507	19831		1446	

5-10 各县（市、区）分行业

（2002

	合　计	农　林 牧渔业	采掘业	制造业	电力、煤气 及水的生产 和供应业	建筑业	地质勘 查业、水利 管理业
南阳市	**495996**	**6517**	**48644**	**106375**	**18389**	**26300**	**3822**
宛城区	23181	773	144	3849	150	2234	
卧龙区	19244	153		1896		408	169
南召县	13858	519		783	409	372	176
方城县	21305	404	192	1950	866	306	63
西峡县	18984	716	34	3292	713	12	84
镇平县	23673	589	70	3009	1145	461	359
内乡县	19659	241	102	3247	767	406	67
淅川县	23511	357	215	5396	1540	1260	84
社旗县	13757	160		1455	614	365	18
唐河县	27066	444		1865	917	1411	172
新野县	26677	496		8714	611	420	84
桐柏县	15621	580	2738	976	551	243	71
邓州市	35525	596		4388	1139	696	85
市直	149348	490	641	47983	8967	16789	2388
军工油田	64588		44509	17573		918	

业在岗职工人数

年）

单位：人

交通运输仓储及邮电通信业	批发和零售贸易、餐饮业	金融保险业	房地产业	社会服务业	卫生、体育和社会福利业	教育、文化艺术及广播电影电视业	科学研究和综合技术服务业	国家机关政党机关和社会团体	其他行业
25029	**67756**	**14250**	**5351**	**24844**	**32247**	**117539**	**6862**	**66146**	**8012**
904	2795	1093	42	579	1510	7255	85	3013	1714
850	5144	1294	4	980	1989	7418	85	4522	428
998	1691	1076	11	656	1521	6943	768	3757	185
1250	5136	845	410	976	2647	8900	111	5778	149
1235	2407	760	394	550	1433	5962	135	3883	136
1277	5757	1119	232	679	2273	9756	285	5693	302
1201	4711	628	161	883	1615	6744	236	4606	290
1270	2771	576	199	1177	1838	9008	373	3901	222
744	2733	716	138	669	1480	5549	239	4765	89
1480	7942	966	369	1057	2958	11608	409	6939	480
1516	5486	1036	175	925	2245	7897	200	4249	173
1178	1639	487	80	514	1195	5509	167	4155	275
1628	11083	1108	372	1191	3561	15657	272	5608	886
9296	8461	2546	2764	13983	5982	9333	3457	5277	543
202				25			40		2140

在岗职工工资总额

年）

单位：万元

交通运输仓储及邮电通信业	批发和零售贸易、餐饮业	金融保险业	房地产业	社会服务业	卫生、体育和社会福利业	教育、文化艺术及广播电影电视业	科学研究和综合技术服务业	国家机关政党机关和社会团体	其他行业
18698	**39120**	**15683**	**4484**	**17889**	**29350**	**92955**	**5870**	**56806**	**5095**
738	1817	1333	37	368	1406	6483	75	3011	763
468	2293	1136	1	614	1952	5633	50	4159	313
587	768	1022	6	463	875	4383	364	2989	142
923	2054	1047	225	564	1575	6654	63	4307	111
1164	1017	1246	292	369	1331	5079	102	3417	119
1245	2211	795	107	376	1525	6941	201	4429	210
934	2392	658	43	393	1875	4342	98	3910	183
717	1179	511	86	561	1565	6502	181	3204	153
397	1344	693	55	401	1044	3442	137	3570	62
1033	2337	1394	160	447	2381	8578	258	5378	292
1023	1806	1095	106	528	1838	6116	170	3520	150
738	678	391	65	319	793	3972	129	3216	160
876	4846	836	205	551	3081	12619	183	4892	531
7622	14376	3525	3095	11906	8110	12212	3783	6806	655
233				29			77		1250

5-11 各县（市、区）分行业

（2002

	合计	农林牧渔业	采掘业	制造业	电力、煤气及水的生产和供应业	建筑业	地质勘查业、水利管理业
南阳市	**7614**	**5607**	**12410**	**6302**	**11672**	**6000**	**7368**
宛城区	7273	7171	7789	5023	5455	6098	
卧龙区	6573	5007		3730		4291	5855
南召县	6510	5758		5570	7963	4430	5784
方城县	6195	4510	5760	3852	8831	3610	4331
西峡县	7714	7142	4667	6026	9660	8643	5140
镇平县	6080	5201	3677	3752	12832	5089	6206
内乡县	6311	4981	4975	4090	8133	5181	4168
淅川县	6032	3558	4900	4814	13641	3617	3770
社旗县	6030	3503		4035	9333	3999	6033
唐河县	6214	4424		5211	7496	4526	4292
新野县	6282	7593		5224	9389	3391	8029
桐柏县	6668	5512	6303	6776	9646	3464	4491
邓州市	6035	5367		3288	8677	4409	4589
市直	9780	8994	9341	8259	15281	7191	9780
军工油田	11316		13593	8699		6338	

5-12 各县（市、区）国有分

（2002

	合计	农林牧渔业	采掘业	制造业	电力、煤气及水的生产和供应业	建筑业	地质勘查业、水利管理业
总计	**421905**	**10398**	**36942**	**77574**	**13735**	**19586**	**5189**
宛城区	20321	742		3512	275	702	
卧龙区	17880	285		985		61	284
南召县	13847	822		843	509	20	306
方城县	20441	788	290	820	996	353	141
西峡县	14100	1186		673	740	14	164
镇平县	18208	957	189	391	596		574
内乡县	17651	478	158	1192	939	450	159
淅川县	23879	985	439	3937	1044	1824	222
社旗县	14064	313		1409	658	222	30
唐河县	26428	684		1411	1245	30	411
新野县	19701	667		1270	725	1255	120
桐柏县	15528	1047	3749		299	17	159
邓州市	41252	896		7694	1315	896	185
市直	109842	548	610	36181	4394	13742	2434
军工油田	48763		31507	17256			

在岗职工平均工资

年）

单位：人

交通运输仓储及邮电通信业	批发和零售贸易、餐饮业	金融保险业	房地产业	社会服务业	卫生、体育和社会福利业	教育、文化艺术及广播电影电视业	科学研究和综合技术服务业	国家机关政党机关和社会团体	其他行业
7486	**5766**	**10841**	**8510**	**7268**	**9238**	**7947**	**8589**	**8605**	**6183**
8168	6504	11904	8810	6513	9311	8927	8812	9996	4450
5550	4456	8640	3000	6391	10011	7593	5929	9240	7308
5898	5035	10389	5455	7061	5815	6313	4745	7969	7615
7442	4008	12091	5488	5795	5998	7487	5640	7509	7463
8713	4305	13029	8025	6705	9532	8439	7639	8747	8772
9866	3931	7331	4398	5582	6792	7057	7060	7816	7084
7826	5158	10917	2836	4552	11669	6702	4161	8548	6297
5595	4154	8566	4317	4772	8587	7170	4861	8189	6883
5311	4728	9108	3957	5988	7043	6361	5765	7483	6944
7005	2907	14120	4424	4272	8118	7398	6370	7752	6441
7193	3418	10755	6609	5985	9003	7935	9016	8251	9221
6309	4158	8018	8175	6127	6655	7223	7731	7778	5773
5387	4345	7581	5505	4636	8733	8079	6936	8756	5998
8219	16253	13638	11334	8590	13662	13242	10946	12935	12077
11266				11400			17953		5195

行业在岗职工人数

年）

单位：人

交通运输仓储及邮电通信业	批发和零售贸易、餐饮业	金融保险业	房地产业	社会服务业	卫生、体育和社会福利业	教育、文化艺术及广播电影电视业	科学研究和综合技术服务业	国家机关政党机关和社会团体	其他行业
22298	**37104**	**7371**	**4832**	**19592**	**31158**	**58709**	**6590**	**65663**	**5164**
861	1121	624	42	330	1342	5977	66	3013	1714
575	2862	856		812	1851	4316	85	4522	386
998	922	420		472	1488	2340	768	3757	182
1156	3706	349	410	618	2594	2315	111	5703	91
937	978	377	134	512	1433	2823	135	3883	111
1180	3384	514	232	555	2101	1290	285	5693	267
1111	2348	293	80	834	1615	3210	236	4258	290
1099	1664	342	199	1065	1838	4725	373	3901	222
744	1832	269	138	669	1438	1289	239	4765	49
1451	2602	400	310	980	2958	6190	409	6939	408
1258	2376	451	113	699	2154	4046	200	4249	118
1041	1051	198	80	482	1044	2022	167	4149	23
1159	7538	667	330	936	3561	9386	272	5608	809
8728	4720	1611	2764	10628	5741	8780	3244	5223	494

5-13 各县（市、区）国有分行

（2002

	合计	农林牧渔业	采掘业	制造业	电力、煤气及水的生产和供应业	建筑业	地质勘查业、水利管理业
南阳市	**351629**	**5730**	**47976**	**54168**	**13797**	**13693**	**3814**
宛城区	15759	504		1571	150	280	
卧龙区	13238	142		209		30	161
南召县	9336	480		427	409	10	176
方城县	13509	371	182	309	866	112	63
西峡县	11890	695		409	713	12	84
镇平县	12640	492	70	135	803		359
内乡县	13088	239	94	421	767	271	67
淅川县	15981	347	215	2166	1499	576	84
社旗县	9384	109		524	614	127	18
唐河县	18833	290		777	917	8	172
新野县	13887	483		466	611	332	84
桐柏县	10717	577	2266		388	6	71
邓州市	26134	511		2434	1139	394	85
市直	108819	490	641	30414	4921	11534	2388
军工油田	58414		44509	13905			

5-14 各县（市、区）国有分行

（2002

	合计	农林牧渔业	采掘业	制造业	电力、煤气及水的生产和供应业	建筑业	地质勘查业、水利管理业
南阳市	**8312**	**5671**	**12501**	**6877**	**10134**	**6898**	**7368**
宛城区	7749	6816		4465	5455	4000	
卧龙区	7438	4965		2126		4852	5788
南召县	6862	5834		4922	7963	4900	5784
方城县	6639	4699	6262	3773	8831	3184	4331
西峡县	8522	7226		6021	9660	8643	5140
镇平县	6985	5188	3677	3450	13468		6206
内乡县	7446	5015	5251	3499	8133	6018	4168
淅川县	6661	3524	4900	5502	14522	3072	3770
社旗县	6568	3511		3659	9333	5739	6033
唐河县	7111	4235		5121	7496	3160	4292
新野县	7488	7833		3726	9389	2985	8029
桐柏县	6877	5513	5886		13436	3765	4491
邓州市	6337	5722		3159	8677	4378	4589
市直	9776	8994	9341	8148	11179	8181	9780
军工油田	11710		13593	8114			

业在岗职工工资总额

年）

单位:万元

交通运输仓储及邮电通信业	批发和零售贸易、餐饮业	金融保险业	房地产业	社会服务业	卫生、体育和社会福利业	教育、文化艺术及广播电影电视业	科学研究和综合技术服务业	国家机关政党机关和社会团体	其他行业
16575	**23395**	**9445**	**4175**	**13803**	**28503**	**51269**	**5554**	**56408**	**3326**
714	1036	858	37	217	1204	5356	59	3011	763
403	1379	718		535	1861	3312	50	4159	281
587	469	390		376	862	1656	364	2989	141
898	1653	534	225	427	1556	1924	63	4267	60
891	573	603	118	351	1331	2491	102	3417	101
1193	1421	451	107	318	1455	1026	201	4429	182
905	1617	507	16	376	1875	2024	98	3628	183
672	770	320	86	511	1565	3633	181	3204	153
397	1012	286	55	401	1027	1069	137	3570	39
1021	1403	670	126	423	2381	4797	258	5378	212
938	970	657	56	424	1832	3236	170	3520	108
696	453	221	65	304	694	1607	129	3212	26
697	3383	547	189	450	3081	7654	183	4892	496
6564	7256	2685	3095	8691	7779	11485	3560	6736	582

业在岗职工平均工资

年）

单位:元

交通运输仓储及邮电通信业	批发和零售贸易、餐饮业	金融保险业	房地产业	社会服务业	卫生、体育和社会福利业	教育、文化艺术及广播电影电视业	科学研究和综合技术服务业	国家机关政党机关和社会团体	其他行业
7482	**6293**	**12666**	**8721**	**7124**	**9289**	**8795**	**8459**	**8608**	**6492**
8297	9267	13299	8810	6757	8974	8951	8864	9996	4450
7088	4842	8157		6758	10271	7671	5929	9240	7272
5898	6103	11878		7962	5860	7079	4745	7969	7674
7834	4485	14435	5488	6938	6047	8342	5640	7537	6538
9446	5874	15179	8776	6855	9532	8635	7639	8747	9054
10175	4209	9413	4398	5780	7018	7981	7060	7816	6916
8199	6935	16244	2000	4615	11669	6399	4161	8584	6297
6053	4417	8802	4317	4805	8587	7739	4861	8189	6883
5311	5204	8317	3957	5988	7133	8242	5765	7483	7918
7063	5216	15914	4172	4360	8118	7803	6370	7752	5560
8115	4583	15391	5784	6418	9395	8419	9016	8251	10179
6685	4343	11101	8175	6225	6661	7996	7731	7778	11478
6027	4443	8258	5715	4818	8733	8177	6936	8756	6131
7538	14750	16471	11334	8267	13658	13256	10957	12933	11813

5—15 各县(市、区)城镇集体单

(2002

	合　计	农　林 牧渔业	采掘业	制造业	电力、煤气及水的生产和供应业	建筑业	地质勘查业、水利管理业
南阳市	**131766**	**1296**	**229**	**21493**	**626**	**11470**	**11**
宛城区	8400	154	185	3134		1804	
卧龙区	8883	20		2059		775	11
南召县	6910	79		382		387	
方城县	10372	91	44	1272		510	
西峡县	4166	42		54			
镇平县	13695	184		1684	296		
内乡县	7564	6		1020		236	
淅川县	7858	19		904		1131	
社旗县	7376	141		1113		511	
唐河县	15156	318		180		3163	
新野县	8724	24		1470		35	
桐柏县	5033				154	230	
邓州市	15947	218		4139		586	
市直	5622			1548	176	958	
军工油田	6060			2534		1144	

5—16 各县(市、区)城镇集体单位

(2002

	合　计	农　林 牧渔业	采掘业	制造业	电力、煤气及水的生产和供应业	建筑业	地质勘查业、水利管理业
南阳市	**82576**	**624**	**155**	**11615**	**924**	**5952**	**8**
宛城区	5053	120	144	1412		1287	
卧龙区	4942	11		827		350	8
南召县	4127	39		274		163	
方城县	6317	27	11	482		192	
西峡县	3269	21		25			
镇平县	8178	97		595	342		
内乡县	4001	1		418		99	
淅川县	4478	10		380		558	
社旗县	3817	50		474		173	
唐河县	7149	154		39		1403	
新野县	4754	9		645		43	
桐柏县	3142				97	118	
邓州市	8617	85		1259		256	
市直	8812			1163	486	575	
军工油田	5921			3624		737	

位分行业在岗职工人数

年）

单位：人

交通运输仓储及邮电通信业	批发和零售贸易、餐饮业	金融保险业	房地产业	社会服务业	卫生、体育和社会福利业	教育、文化艺术及广播电影电视业	科学研究和综合技术服务业	国家机关政党机关和社会团体	其他行业
1792	**23363**	**5896**	**185**	**2848**	**848**	**58425**	**91**	**348**	**2845**
43	1265	461		146	103	1105			
275	1912	427		122	138	3102			42
	690	656		80	33	4603			
94	1068	496		164	53	6522			58
	549	321		36		3139			25
97	2062	605		124	142	8466			35
90	1865	335	81	49		3534		348	
131	1044	234		112		4283			
	822	447			42	4260			40
29	5333	566		77		5418			72
258	2148	585	62	145	91	3851			55
104	396	289		1	120	3487			252
469	3449	441	42	255		6271			77
	760	33		1537	126	384	51		49
202							40		2140

分行业在岗职工工资总额

年）

单位：万元

交通运输仓储及邮电通信业	批发和零售贸易、餐饮业	金融保险业	房地产业	社会服务业	卫生、体育和社会福利业	教育、文化艺术及广播电影电视业	科学研究和综合技术服务业	国家机关政党机关和社会团体	其他行业
767	**11324**	**5171**	**94**	**1944**	**573**	**41240**	**135**	**282**	**1768**
24	440	466		96	124	940			
65	780	400		55	91	2321			32
	242	633		38	13	2726			
25	234	513		58	19	4705			52
	160	441		18		2587			19
53	688	344		58	58	5915			29
29	658	152	27	17		2318		282	
34	384	192		50		2870			
	301	407			17	2373			23
12	932	724		24		3781			80
85	482	438	50	75	6	2880			42
28	136	170		1	94	2365			134
179	1430	290	16	101		4966			35
	4457	3		1354	152	493	58		72
233							77		1250

5-17 各县(市、区)城镇集体单位

(2002

	合计	农林牧渔业	采掘业	制造业	电力、煤气及水的生产和供应业	建筑业	地质勘查业、水利管理业
南阳市	**6279**	**4819**	**6764**	**5294**	**15003**	**5499**	**7545**
宛城区	6506	7805	7789	4636		10285	
卧龙区	5555	5600		4017		4530	7545
南召县	5989	4975		7170		4254	
方城县	6103	2934	2455	3810		3912	
西峡县	7862	5125		4574			
镇平县	5993	5272		3533	11551		
内乡县	5545	2333		4175		4199	
淅川县	5640	5316		4206		4932	
社旗县	5305	3511		4274		3384	
唐河县	4726	4828		2139		4538	
新野县	5383	3667		4310		12200	
桐柏县	6261				6701	5130	
邓州市	5406	3913		3037		4350	
市直	15420			7282	27602	6000	
军工油田	8680			12003		6427	

5-18 各县(市、区)按登记注

(2002

	在岗职工	国有经济	集体经济
南阳市	**650705**	**421905**	**131766**
宛城区	32494	20321	8400
卧龙区	29350	17880	8883
南召县	21563	13847	6910
方城县	34561	20441	10372
西峡县	24932	14100	4166
镇平县	39049	18208	13695
内乡县	31651	17651	7564
淅川县	38690	23879	7858
社旗县	22756	14064	7376
唐河县	43614	26428	15156
新野县	43421	19701	8724
桐柏县	23601	15528	5033
邓州市	58899	41252	15947
市直	150933	109842	5622
军工油田	55191	48763	6060

分行业在岗职工平均工资

年）

单位:元

交通运输仓储及邮电通信业	批发和零售贸易、餐饮业	金融保险业	房地产业	社会服务业	卫生、体育和社会福利业	教育、文化艺术及广播电影电视业	科学研究和综合技术服务业	国家机关政党机关和社会团体	其他行业
4285	**4863**	**8868**	**5258**	**6840**	**6751**	**7079**	**14394**	**8112**	**5676**
5581	3476	9976		6575	12000	8506			
2375	4042	9443		4500	6594	7484			7643
	3579	9645		4700	3818	5924			
2660	2174	10343		3512	3604	7218			8914
	2907	13729		4889		8258			7520
5844	3554	5683		4702	4063	6918			8382
3244	3638	5206	3764	3510		6992		8112	
2595	3715	8201		4464		6560			
	3667	9760			3952	5768			5750
4138	1745	12784		3169		6942			11111
3184	2189	7406	7859	5329	604	7453			7439
2948	3434	5896		7000	7858	6777			5256
3811	4153	6565	3857	3969		7932			4597
	55365	818		8813	12071	12841	11392		14735
11266							17953		5195

册类型分组的在岗职工

年）

单位:人

股份合作经济	联营经济	港澳台经济	外商经济	其它
6893	**1042**	**6538**	**3929**	**78632**
420	229	540		2584
598		35	125	1829
71			137	598
439	34	208	39	3028
110				6556
3048	482	280	336	3000
		304	650	5482
225	10	520	152	6046
	251	7		1058
308		781		941
213		377		14406
382	36	996	2	1624
138		295		1267
941		2154	2488	29886
		41		327

5—19 离开本单位仍保留劳动关系的职工

（2002年底）　　　　单位：人

类　　别	合　　计	国有单位	城镇集体单位	其他单位
总　　计	**82557**	**51307**	**15805**	**15445**
按企业、事业、机关分				
企　　业	78097	47400	15257	15440
事　　业	2905	2352	548	5
机　　关	1555	1555		
按国民经济行业分				
农林牧渔业	667	599	64	4
工　　业	43151	24488	5808	12855
采 掘 业	7340	7107		233
制 造 业	35060	16679	5797	12584
电力、煤气及水的生产和供应业	751	702	11	38
建 筑 业	1399	824	337	238
地质勘查业、水利管理业	484	484		
交通运输、仓储及邮电通信业	4091	2835	1165	91
批发和零售贸易、餐饮业	26499	17068	7404	2027
金融、保险业	1350	1071	153	126
房 地 产 业	178	178		
社会服务业	1066	687	280	99
卫生、体育和社会福利事业	558	433	121	4
教育、文化、艺术和广播电影电视业	1300	878	421	1
科学研究和综合技术服务业	156	155	1	
国家机关、政党机关和社会团体	1482	1482		
其 他 行 业	176	125	51	
按三次产业分				
第一产业	667	599	64	4
第二产业	44550	25312	6145	13093
第三产业	37340	25396	9596	2348

5-20 离开本单位仍保留劳动关系的职工生活费

（2002 年）

单位：万元

类别	合计	国有单位	城镇集体单位	其他单位
总计	**11233**	**10152**	**467**	**614**
按企业、事业、机关分				
企业	10540	9504	422	614
事业	202	157	45	
机关	491	491		
按国民经济行业分				
农林牧渔业	54	52	1	1
工业	8090	7416	147	526
采掘业	6652	6646		5
制造业	1418	754	147	517
电力、煤气及水的生产和供应业	20	16		4
建筑业	228	221	1	6
地质勘查业、水利管理业	56	56		
交通运输、仓储及邮电通信业	381	373	7	
批发和零售贸易、餐饮业	1195	935	208	52
金融、保险业	519	454	40	25
房地产业	11	11		
社会服务业	75	54	18	4
卫生、体育和社会福利事业	31	31		
教育、文化、艺术和广播电影电视业	72	28	44	
科学研究和综合技术服务业	9	9		
国家机关、政党机关和社会团体	483	483		
其他行业	30	29	1	
按三次产业分				
第一产业	54	52	1	1
第二产业	8318	7637	148	532
第三产业	2862	2463	318	81

5-21 各县(市、区)离开本单位仍保留劳动关系的职工

(2002 年底)　　单位:人

	合计	按登记注册类型分						按三次产业分		
		国有单位	城镇集体单位	其他单位	内资	港澳台投资	外商投资	第一产业	第二产业	第三产业
南阳市	**82557**	**51307**	**15805**	**15445**	**13744**	**806**	**895**	**667**	**44550**	**37340**
宛城区	1837	884	928	25	25		895	43	763	1031
卧龙区	8625	4089	3371	1165	1165			6	3530	5089
南召县	3592	1453	1148	991	711		280	1	2062	1529
方城县	3611	2090	732	789	612		177	62	938	2611
西峡县	1267	323	77	867	867			14	668	585
镇平县	8493	2872	1445	4176	4176			140	4608	3745
内乡县	3701	1570	806	1325	1067	35	223	35	1954	1712
淅川县	4979	2867	834	1278	1060	3	215	215	1920	2844
社旗县	3553	2624	768	161	161				780	2773
唐河县	4717	3683	1007	27	27			53	677	3987
新野县	4538	1453	725	2360	1822	538		32	1998	2508
桐柏县	3719	2587	788	344	265	79		47	1373	2299
邓州市	6988	4392	1960	636	490	146		18	3800	3170
市直	14526	12176	1054	1296	1296			1	11112	3413
军工油田	8411	8244	162	5		5			8367	44

5-22 各县(市、区)城镇失业人数和失业率

	年底失业人数(人)		登记失业率(%)	
	2001	2002	2001	2002
南阳市	**27459**	**23766**	**3.4**	**3.3**
宛城区	888	1381	2.4	3.5
卧龙区	637	422	2.3	3.0
南召县	1392	191	3.1	3.1
方城县	1629	1985	3.3	3.3
西峡县	1616	769	3.4	3.5
镇平县	1512	629	3.0	3.1
内乡县	684	140	3.0	3.0
淅川县	2607	488	3.4	3.4
社旗县	720	2555	2.2	3.0
唐河县	1380	914	3.2	3.3
新野县	728	2353	3.1	3.1
桐柏县	4227		3.3	3.4
邓州市	748	2195	2.7	3.3
市直	8691	9744	2.8	3.3
军工油田				

主要统计指标解释

经济活动人口 指在16岁以上，有劳动能力，参加或要求参加社会经济活动的人口；包括从业人员和失业人员。

从业人员 指从事一定社会劳动并取得劳动报酬或经营收入的人员，包括全部职工、再就业的离退休人员、私营业主、个体户主、私营和个体从业人员、乡镇企业从业人员、农村从业人员、其他从业人员（包括民办教师、宗教职业者、现役军人等）。这一指标反映了一定时期内全部劳动力资源的实际利用情况，是研究我国基本国情国力的重要指标。

各单位的从业人员 指在各级国家机关、政党机关、社会团体及企业、事业单位中工作，取得工资或其他形式的劳动报酬的全部人员。包括在岗职工、再就业的离退休人员、民办教师以及在各单位中工作的外方人员和港澳台方人员、兼职人员、借用的外单位人员和第二职业者。不包括离开本单位仍保留劳动关系的职工。各单位的从业人员反映了各单位实际参加生产或工作的全部劳动力。

城镇私营和个体从业人员 城镇私营从业人员指在工商管理部门注册登记，其经营地址设在县城关镇（含城关镇）以上的私营企业从业人员；包括私营企业投资者和雇工。城镇个体从业人员指在工商管理部门注册登记，并持有城镇户口或在城镇长期居住，经批准从事个体工商经营的从业人员；包括个体经营者和在个体工商户劳动的家庭帮工和雇工。

城镇登记失业人员 指有非农业户口，在一定的劳动年龄内，有劳动能力，无业而要求就业，并在当地就业服务机构进行求职登记的人员。

城镇登记失业率 指城镇登记失业人数同城镇从业人数与城镇登记失业人数之和的比。计算公式为：

城镇登记失业率＝城镇登记失业人数/（城镇从业人数＋城镇登记失业人数）×100％

职工 指在国有经济、城镇集体经济、联营经济、股份制经济、外商和港、澳、台投资经济、其他经济单位及其附属机构工作，并由其支付工资的各类人员，不包括返聘的离退休人员、民办教师、在国有经济单位工作的外方人员和港、澳、台人员（1998年以后的数据均为在岗职工数据，其他相关指标如职工工资总额，职工平均工资等指标也从1998年按此口径进行了相应调整）。

国有单位职工 指在国有经济单位及其附属机构工作，并由其支付工资的各类人员。

城镇集体单位职工 指在城镇集体经济单位及其管理部门工作，并由其支付工资的各类人员。

其他单位职工 指在联营经济、股份制经济、外商投资经济、港、澳、台投资经济单位工作，并由其支付工资的各类人员。

在岗职工 指在本单位工作并由单位支付工资的人员，以及有工作岗位，但由于学习、病伤产假等原因暂未工作，仍由单位支付工资的人员。

职工工资总额 指各单位在一定时期内直接支付给本单位全部职工的劳动报酬总额。工资总额的计算原则应以直接支付给职工的全部劳动报酬为根据。各单位支付给职工的劳动报酬以及其他根据有关规定支付的工资，不论是计入成本的还是不计入成本的，不论是按国家规定列入计征奖金税项目的，还是未列入计征奖金税项目的，不论是以货币形式支付的还是以实物形式支付的，均包括在工资总额内。

奖金 指支付给职工的超额劳动报酬和增收节支的劳动报酬。

津贴和补贴 指为了补偿职工特殊或额外的劳动消耗和因其他特殊原因支付给职工的津贴，以及为了保证职工工资水平不受物价影响支付给职工的物价补贴。

职工平均工资 指企业、事业、机关单位的职工在一定时期内平均每人所得的货币工资额。它表明一定时期职工工资收入的高低程度，是反映职工工资水平的主要指标。计算公式为：

职工平均工资＝报告期实际支付的全部职工工资总额/报告期全部职工平均人数

职工平均工资指数 指报告期职工平均工资与基期职工平均工资的比率，是反映不同时期职工货币工资水平变动情况的相对数。计算公式为：

职工平均工资指数＝报告期职工平均工资/基期职工平均工资

职工平均实际工资指数 职工平均实际工资指扣除物价变动因素后的职工平均工资。

职工平均实际工资指数是反映实际工资变动情况的相对数，表明职工实际工资水平提高或降低的程度。计算公式为：

职工平均实际工资指数＝报告期职工平均工资指数/报告期城镇居民消费价格指数×100％。

六、固定资产投资

6-1、历年全社会固定资产投资总额

单位:万元

	全社会固定资产投资总额	国有单位	基本建设	更新改造	集体单位	城乡个人
1978 年	28827	28648	28648		179	
1979 年	10586	10526	10526		60	
1980 年	15126	14955	8079	6876	171	
"六五"时期	238569	121306	47233	55373	27088	90175
1981 年	34435	17431	4887	12544	5216	11788
1982 年	44949	23574	7476	16098	10248	11127
1983 年	42984	19661	9527	8246	5233	18090
1984 年	46021	25283	8509	6375	1752	18986
1985 年	70180	35357	16834	12110	4639	30184
"七五"时期	598395	278811	106416	105083	88262	231322
1986 年	73288	30594	11245	12119	5725	36969
1987 年	101462	45251	18223	15283	14286	41925
1988 年	133663	65129	24833	30175	26832	41702
1989 年	136295	69490	29397	24064	22715	44090
1990 年	153687	68347	22718	23442	18704	66636
"八五"时期	2110359	1195613	550499	366336	313651	601095
1991 年	175593	85751	35269	23338	21759	68083
1992 年	286796	148866	50068	47549	50949	86981
1993 年	415466	233159	85430	81171	62482	119825
1994 年	481708	260667	104583	87644	67132	153909
1995 年	750796	467170	275149	126634	111329	172297
"九五"时期	5359066	3137082	1960344	725560	1007205	1214779
1996 年	921418	552996	326063	158207	163416	205006
1997 年	1157083	731529	502844	169032	189365	236189
1998 年	1124221	677026	431287	172761	183176	264019
1999 年	980122	518811	318866	93952	230753	230558
2000 年	1176222	656720	381284	131608	240495	279007
"十五"时期	3061097	1863327	1153353	394675	531502	666268
2001 年	1437977	857863	524652	193994	264050	316064
2002 年	1623120	1005464	628701	200681	267452	350204

注:1997 年及以后年度全社会投资总额中含 5—50 万元以下项目投资,其他指标均不包括(下同)。

6-2 各种分组的全社会固定资产投资

	1978	1980	1985	1990	1995	2000	2001	2002
投资总额(万元)	**28827**	**15126**	**70180**	**153687**	**750796**	**1176222**	**1437977**	**1623120**
按登记注册类型分								
国有经济	28648	14955	35357	68347	297855	566697	721192	777978
集体经济	179	171	4639	18704	111329	240495	264050	267452
#农　　村			3210	14040	88345	229024	241888	242000
城乡个人			30184	66636	172297	279007	316064	344623
#农　　村			25605	61991	133090	239848	267352	301300
联营经济					80	472	60	350
股份制经济					19230	38772	45828	136703
外商投资经济					3681	2996	2264	6373
港澳台投资经济						2537	1109	13011
私营经济						2447	5046	10497
其他经济					146324	42799	82364	66133
按管理渠道分								
#基本建设	28648	8079	16834	22718	275149	381284	524652	628701
更新改造		6876	12110	23442	126634	131608	193994	200681
房地产开发				1293	7610	50421	38922	73562
5－50万元投资						39794	39381	43405
城镇集体	179	171	1429	4664	22984	11471	22162	25452
城镇私营个体						3697	7154	5581
其他投资			6413	20894	57777	53613	60914	59115
城镇工矿区私人建房			4579	4645	39207	35462	41558	43323
农村非农户			3210	14040	88345	229024	241888	242000
农村农户			25605	61991	133090	239848	267352	301300
按隶属关系分								
中　　央	23750	7468	18373	44341	156433	200498	315070	332333
地　　方	5077	7658	51807	109346	594363	975724	1122907	1290787
按资金来源分								
上年末结余资金					3860	33684	31824	45408
国家预算内资金	26672	4172	3765	5563	5898	57139	44281	218506
国内贷款		1725	4260	19395	135117	157571	242604	141524
债　　券					912	3277	835	9149
利用外资		1700		5426	115415	10426	6290	11025
自筹资金		5873	56097	122347	394069	268013	428653	548334
其他资金	2155	1656	6058	956	95325	646112	689195	748525
按构成分								
建筑安装工程	20231	9236	38099	69361	426556	984630	1069791	1336726
设备工器具购置	1182	5861	15911	27799	279402	138258	167950	171661
其他费用	7414	29	16170	56527	44838	53334	200236	114733
房屋建筑面积(万平方米)								
施工面积	53.23	50.58	148.65	196.29	197.48	305.98	203.18	336.37
#住　　宅	16.14	19.99	93.38	103.23	56.17	188.81	84.00	187.99
竣工面积	26.77	39.78	123.23	172.63	129.75	161.10	120.20	164.35
#住　　宅	8.37	17.04	76.08	97.46	41.22	100.02	55.42	78.67

6—3 按登记注册类型分的全社会固定资产投资

（2002 年）　　单位：万元

项　　目	合　计	国有经济	集体经济			城乡个人		
				城　镇	农　村		城　镇	农　村
投资总额	**1623120**	**777978**	**267452**	**25452**	**242000**	**344623**	**43323**	**301300**
按隶属关系分								
中　　央	333233	333233						
地　　方	1290787	445645	267452	25452	242000	344623	43323	301300
按资金来源分								
上年末结余资金	45408	39600	200	200				
国家预算内资金	218506	218163	300	300				
国内贷款	141524	99273	243	243				
利用外资	11025	8484						
债　　券	9149	9149						
自筹资金	548334	426374	13536	13536				
其他资金	748525	48544	253173	11173	242000	344623	43323	301300
按构成分								
建筑工程	1289661	551556	256030	14030	242000	344623	43323	301300
安装工程	47065	36413	780	780				
设备、工具、器具购置	171661	126647	7552	7552				
其他费用	114733	63362	3090	3090				

6—3 续表　　（2002 年）　　单位：万元

	联营经济	股份制经济	港澳台投资	外商投资	私营经济	其他经济
投资总额	**350**	**136703**	**13011**	**6373**	**10497**	**66133**
按隶属关系分						
中　　央						
地　　方	350	136703	13011	6373	10497	66133
按资金来源分						
上年末结余资金		4242		1100	266	
国家预算内资金		43				
国内贷款		30361	5987	3200	2000	460
利用外资		265	1893	383		
债　　券						
自筹资金		97125	3484	1690	4885	1240
其他资金	350	22293	11763		3346	64433
按构成分						
建筑工程	200	60563	5109	3763	5520	62297
安装工程	20	8850	240		685	77
设备、工具、器具购置	100	30203	4904	240	740	1275
其他费用	30	37087	2758	2370	3552	2484

6-4 各县(市、区)全社会固定资产投资

	1978	1980	1985	1990	1995	2000	2001	2002
全 市	**28827**	**15126**	**70180**	**153687**	**750796**	**1176222**	**1437977**	**1623120**
宛城区	80	750	1791	1283	19192	52143	51230	65645
卧龙区	2253	1970	7371	12222	20330	43423	50008	57148
南召县	395	457	1082	1292	22664	56584	64592	77844
方城县	126	265	1101	1274	18372	60807	69527	79586
西峡县	299	468	1158	1308	17473	53080	60529	69322
镇平县	553	491	1463	920	37363	97923	107979	118933
内乡县	203	332	1884	1458	18480	63167	73072	90908
淅川县	666	534	1038	502	25376	65971	75639	82307
社旗县	41	321	715	991	17912	32647	36982	41090
唐河县	85	538	1510	1669	21750	93631	104949	117885
新野县	126	434	1030	1100	25220	81675	89966	96025
桐柏县	228	529	872	5476	26073	49797	55784	61693
邓州市	194	554	1827	1828	33612	74678	84342	93969
市 直	23578	7312	18523	46333	306279	350696	513378	570765

注：分县市区投资中：1995 年不包括房地产开发和农村农户投资。1985、1990 年不包括农村集体和农村农户投资。1980 年不包括城镇集体投资。

6-5 各县(市、区)全社会固定资产投资

（2002 年）　　　　单位:万元

	合计	地方	基本建设	地方	更新改造	地方	国有其他	地方
全　　市	**1623120**	**1290787**	**628701**	**421036**	**200681**	**104163**	**59115**	**30965**
宛 城 区	65645	65645	16077	16077	2406	2406		
卧 龙 区	57148	57148	12315	12315	789	789	435	435
南 召 县	77844	77567	41725	41448	480	480		
方 城 县	79586	79586	26136	26136	10313	10313	780	780
西 峡 县	69322	69322	30045	30045	5766	5766	2430	2430
镇 平 县	118933	118933	17021	17021	9762	9762	4624	4624
内 乡 县	90908	90258	35054	34404	12655	12655	340	340
淅 川 县	82307	82307	24311	24311	10731	10731		
社 旗 县	41090	41090	15533	15533	380	380	1513	1513
唐 河 县	117885	117885	14946	14946	2350	2350	8170	8170
新 野 县	96025	95011	10753	10573	14179	13345	3936	3936
桐 柏 县	61693	60333	21625	20265	7104	7104	1330	1330
邓 州 市	93969	93839	21969	21839	3928	3928	7407	7407
市　　直	570765	241863	341191	136123	119838	24154	28150	

6-5 续表　　　　（2002 年）　　　　单位:万元

	城镇集体	城镇私营个体	房地产投资	城镇工矿区私人建房	50万元以下投资	农村非农户投资	农村农户投资
全　　市	**25452**	**5581**	**73562**	**43323**	**43405**	**242000**	**301300**
宛 城 区	1170	320	325	5034	780	14300	25233
卧 龙 区	3117	661	9827	2300	267	18200	9237
南 召 县	400		194	3840	1609	18300	11296
方 城 县	476		115	1823	1586	8200	30157
西 峡 县	200	410	3063	2750	1054	14200	9404
镇 平 县			1290	5100	1450	38786	40900
内 乡 县		1280	1043	4747	1012	9750	25027
淅 川 县	1615	150	860	2600	3200	24050	14790
社 旗 县	2692	50	386	670	300	5900	13666
唐 河 县	3760		858	5981	1527	20200	60093
新 野 县	2922	1810		1670	5400	33300	22055
桐 柏 县	1480	400	50	2532	750	16400	10022
邓 州 市	4520	500	735	4276	800	20414	29420
市　　直	3100		54816		23670		

6-6 国有及其他经济类型固定资产投资

	1978	1980	1985	1990	1995	2000	2001	2002
投资总额(万元)	**28827**	**15126**	**35479**	**71718**	**482344**	**581673**	**808876**	**919530**
按资金来源分								
上年末结余资金					2324	33684	22547	27706
国家预算内资金	26672	4172	8871	4693	4871	57139	44281	217310
国内贷款		1725	4260	13200	108777	157571	234036	119960
债　券					912	3277	835	9149
利用外资		1700		4578	107472	10426	5740	10880
自筹资金		5873	21279	44471	206259	268013	418155	522463
其他资金	2155	1656	92	733	76030	77945	76953	83998
按隶属关系分								
中　央	23750	7468	19346	46723	156433	200498	315070	357785
地　方	5077	7658	16133	24995	325911	381175	493806	561745
按构成分								
建筑安装工程	20231	8826	22451	45445	207844	390081	450906	656940
设备、工器具购置	1182	5889	10106	22180	239164	138258	167810	171311
其他费用	7414	411	2922	4093	35336	53334	190160	91279
按建设性质分								
#新　建	26438	12429	5063	20729	218753	275105	386258	480514
扩　建	2147	2697	25402	43474	214111	160034	231770	234701
改　建			3473	2706	41715	122172	165782	165389
按三次产业分								
第一产业		985	1450	2682	4064	16321	32393	24866
第二产业	26207	11512	27257	62809	381147	270125	367455	370155
#工　业	26207	11479	27074	62650	373258	265353	364556	361972
第三产业	2620	2629	6772	6227	97133	295227	409028	524509
#交通运输邮电通信业	355	750	2443	2264	34377	155337	255174	342630
新增固定资产(万元)	**20259**	**13798**	**22061**	**49485**	**266370**	**350795**	**484823**	**472690**
房屋建筑面积(万平方米)								
施工面积	54.25	50.58	83.34	58.88	171.84	206.69	207.13	212.90
#住　宅	16.26	20.49	28.11		34.73	99.49	84.86	81.83
竣工面积	42.60	38.54	68.02	38.76	111.94	118.63	123.61	124.91
#住　宅	15.01	16.11	24.94	13.43	26.69	60.74	56.07	40.68

注:国有及其他经济类型固定资产投资是指城镇以上的投资,不包括房地产开发企业和城镇私人及农村投资。

6-7 各县（市、区）国有及其他

（2002

	投资总额	按三次产业分			按建
		第一产业	第二产业	第三产业	新建
全　　市	**919530**	**24866**	**370155**	**524509**	**480514**
宛城区	19973		8110	11863	18715
卧龙区	17317	874	8326	8117	2192
南召县	42605	1285	26241	15079	34075
方城县	37705	1233	15959	20513	26780
西峡县	38851	1500	6906	30445	14610
镇平县	31407	347	10360	20700	18964
内乡县	49329	1228	19989	28112	31439
淅川县	36807	2095	22221	12491	11402
社旗县	20168	3185	2930	14053	8990
唐河县	29226	5684	10602	12940	
新野县	33600	4160	21408	8032	10013
桐柏县	31939	1095	11624	19220	11894
邓州市	38324	2180	10163	25981	18976
市　　直	492279		195316	296963	272464

6-8 各县(市、区)国有及其他经

(2002

	投资总额	农林牧渔水利业	工业	采掘业	制造业	电力煤气水的生产和供应业	建筑业	地质勘察水利管理业
全　　市	**919530**	**24866**	**361972**	**144292**	**142941**	**74739**	**8183**	**15360**
宛城区	19973		6022		3076	2946	2088	
卧龙区	17317	874	7926		5567	2359	400	914
南召县	42605	1285	26241		2180	24061		1102
方城县	37705	1233	13259		10525	2734	2700	2502
西峡县	38851	1500	6906		6206	700		1600
镇平县	31407	347	10360		7380	2980		687
内乡县	49329	1228	19989	2700	16801	488		780
淅川县	36807	2095	22221	780	12151	9290		120
社旗县	20168	3185	2930		380	2550		1195
唐河县	29226	5684	10602		6410	4192		
新野县	33600	4160	20688		17597	3091	720	1100
桐柏县	31939	1095	10724	2300	6139	2285	900	110
邓州市	38324	2180	9463		4683	4780	700	4354
市　　直	492279		194641	138512	43846	12283	675	896

经济类型固定资产投资

年）　　　　单位：万元

设　性　质　分		按　　构　　成　　分				新增固定资产
扩　　建	改　　建	建筑工程	安装工程	设备购置	其他费用	
234701	**165389**	**613427**	**43513**	**171311**	**91279**	**472690**
1138		13915	2422	3366	270	19973
3841	9355	9794	875	3972	2676	14224
5852	2678	39067	820	2518	200	22605
1136	3809	21696	1535	12821	1653	30118
3812	20429	25581	569	3931	8770	17707
4029	1040	14413	3643	8519	4832	27317
5440	12276	42188	1943	3794	1404	43815
19977	5428	18288	3675	13544	1300	28703
3879	7039	14944	836	1889	2499	6283
653	28573	19391	1462	7802	571	29126
14031	9556	10231	184	19940	3245	25174
7041	13004	17790	2081	7659	4409	27178
16334	2270	33059	104	3956	1205	25531
147538	49932	333070	23364	77600	58245	154936

济类型分行业固定资产投资

年）　　　　单位：万元

交通运输仓储及邮电通信业	批发零售贸易及餐饮业	金融保险业	房地产业	社会服务业	卫生体育和社会福利事业	教育文化艺术及广播电视业	科学研究和综合技术服务业	国家机关政党机关和社会团体	其他行业
342630	**23970**	**17518**	**2900**	**35054**	**14450**	**26762**	**873**	**38411**	**6581**
2500	6700			2278		385			
2149	1780			1731	330	772		441	
9333						1200		3444	
6284	4256		2000	771	770	2913		1017	
17577	145	200		2590		180		5320	2833
13064		637		1080	620	843		3769	
18806	1520	80		292	1000	1000	240	3494	900
6609	1370			150		933		3309	
5574	2623	738		140	266	501	100	2709	207
8380				3600		224	150	586	
4950				1530	126			290	36
14564	70	730	900	960	591	690		350	255
7787	1115			6582	744	1265	60	4074	
225053	4391	15133		13350	10003	15856	323	9608	2350

6-9 基 本 建 设 投 资

项　　　目	1978	1980	1985	1990	1995	2000	2001	2002
投资总额(万元)	**28647**	**8079**	**16834**	**22718**	**275149**	**381284**	**524652**	**628701**
按资金来源分								
国家预算内资金	26672	3135	3388	4948	4871	42920	34156	196027
国内贷款		281	190	6278	47245	116016	192589	77799
利用外资		1700		5615	102807	8551	5740	9363
债　　券						3025	135	9149
自筹资金	1855	2963	13184	5390	112899	146806	216182	312603
其他资金	120		72	487	22113	47509	53363	57353
按隶属关系分								
中　　央	23750	2726	11294	14504	193899	104456	174011	207665
地　　方	4897	5353	5540	8214	81250	276828	350641	421036
按构成分								
建筑安装工程	20051	6780	13679	15301	113938	290896	294046	512646
设备、工器具购置	1182	940	1357	5847	135656	68223	78506	57938
其他费用	7414	359	1798	1570	25555	22165	152100	58117
按建设性质分								
#新　　建	26259	5382	1694	8113	201970	243216	329917	432173
扩　　建	2146	2697	13291	13800	48932	69229	98900	90980
改　　建			625	660	20358	54839	82920	88954
按大中小型分								
大中型项目	23574	2570	10579	10095	150078	28067	174011	206988
小型项目	5073	5509	6255	12623	125071	353217	350641	421713
按三次产业分								
第一产业	1277	985	1282	2682	1805	21377	31109	24666
第二产业	26112	4294	11951	17063	195644	123006	140056	137766
#工　　业	26095	4232	11837	16876	188622	119044	138057	132093
轻工业	425	725	194	1560	9710	4263	5016	11436
重工业	25670	3507	11643	15316	178912	114781	133041	120657
#能源工业	23107	1684	9884	10095	32637	82168	109782	103569
第三产业	1258	2800	3601	2973	77700	236901	353487	466269
#交通运输邮电通信业	355	696	71	359	19464	126581	212129	310437
教育及科学研究事业	122	267	629	984	7065	18073	26471	26755
新增固定资产(万元)	**20226**	**8839**	**7558**	**17380**	**104972**	**232052**	**317105**	**300306**
建设项目(个)								
施工项目	56	164	227	115	359	458	461	485
#大中型项目	5	2	3	1	2	1	1	1
全部建成投产项目	16	112	164	71	248	262	303	311
#大中型项目								
房屋建筑面积(万平方米)								
施工面积	53.23	37.66	57.32	29.49	111.40	156.27	155.09	155.55
#住　　宅	16.14	17.70	23.21	10.39	25.20	68.7	58.51	51.87
竣工面积	26.78	32.48	37.49	21.82	66.90	94.09	83.63	104.26
#住　　宅	8.37	15.29	15.09	9.18	17.60	47.45	31.54	35.56

6－10 国民经济各行业基本建设投资

（2002 年）　　　　单位：万元

行业	投资总额	按构成分				按建设性质分		
		建筑工程	安装工程	设备购置	其他费用	新建	扩建	改建
合计	**628701**	**485189**	**27457**	**57938**	**58117**	**432173**	**90980**	**88954**
（一）农、林、牧、渔业	**24666**	**17334**	**247**	**944**	**6141**	**13791**	**5244**	**5631**
农业	6061	4962	60	65	974	1491	4270	300
林业	4816	1740		400	2676	4463	353	
畜牧业	3425	910		30	2485	3425		
渔业								
农、林、牧、渔服务业	10364	9722	187	449	6	4412	621	5331
（二）采掘业	**33530**	**22475**	**1856**	**3989**	**5210**	**100**	**33430**	
煤炭采选业								
石油和天然气开采业	33430	22375	1856	3989	5210		33430	
黑色金属矿采选业								
有色金属矿采选业	100	100				100		
非金属矿采选业								
其他矿采选业								
木材及竹材采运业								
（三）制造业	**28724**	**14816**	**1099**	**9773**	**3036**	**15847**	**7930**	**3699**
食品加工业	3854	3224		560	70	2564	300	
食品制造业	295	190		50	55	295		
饮料制造业	1382				1382	1382		
烟草加工业	1805			1805		1805		
纺织业	464	464				464		
服装及其他纤维制品制造业								
皮革、毛皮、羽绒及其制品业								
木材加工及竹、藤、棕、草制品业	300	30	5	265		300		
家具制造业								
造纸及纸制品业	2100	2100						2100
印刷业	440	340		100			440	
文教体育用品制造业	426	40		186	200	186	240	
石油加工及炼焦业	300	250	50			300		
化学原料及化学制品制造业	1182	1020	26	130	6	1132		50
医药制造业	280	150	30	100		280		
化学纤维制造业								
橡胶制品业								
塑料制品业	225	225				225		
非金属矿物制品业	1700	990	65	645		1450	250	
黑色金属冶炼及压延加工业								
有色金属冶炼及压延加工业	7500	1330	640	4620	910	800	6700	
金属制品业	212	174		38		212		
普通机械制造业	1040	963	57		20	1040		
专用设备制造业	1129	889	176	64		1129		
交通运输设备制造业								
武器弹药制造业	1807	1807						1549
电气机械及器材制造业								
电子及通信设备制造业								
仪器仪表及文化、办公用机械制造业	2193	550	50	1200	393	2193		
其他制造业	90	80		10		90		
（四）电力、煤气及水的生产和供应业	**69839**	**32943**	**12571**	**23809**	**516**	**51337**	**6910**	**11592**
电力、蒸汽、热水的生产和供应业	67299	31922	11619	23386	372	48797	6910	11592
煤气生产和供应业	896	460	436			896		
自来水的生产和供应业	1644	561	516	423	144	1644		
（五）建筑业	**5673**	**3732**	**396**	**1091**	**454**	**4960**		**500**
土木工程建筑业	5673	3732	396	1091	454	4960		500
线路、管道和设备安装业								
建筑物的装修装饰业								

6—10 续表　　　　(2002 年)　　　　单位:万元

行业	投资总额	按构成分				按建设性质分		
		建筑工程	安装工程	设备购置	其他费用	新建	扩建	改建
(六)地质勘查业、水利管理业	**13910**	**10855**	**83**	**588**	**2384**	**9939**	**2615**	**1356**
地质勘查业	133	133						133
水利管理业	13777	10722	83	588	2384	9939	2615	1223
(七)交通运输、仓储及邮电通信业	**310437**	**279334**	**2711**	**3366**	**25026**	**250392**	**10209**	**49007**
铁路运输业	165000	165000				165000		
公路运输业	55484	31902		500	23082	50057		4927
管道运输业								
水上运输业								
航空运输业								
交通运输辅助业	67582	66534		260	788	18282	4960	44080
其他交通运输业								
仓　储　业	7477	5948	40	543	946	5631	1846	
邮电通信业	14894	9950	2671	2063	210	11422	3403	
(八)批发和零售贸易、餐饮业	**18826**	**16064**	**933**	**1445**	**384**	**15196**		**3630**
食品、饮料、烟草和家庭用品批发业	8430	7664	762		4	7670		760
能源、材料和机械电子设备批发业	5641	4130	151	1180	180	5641		
其他批发业	410	330			80	150		260
零　售　业	4345	3940	20	265	120	1735		2610
商业经纪与代理业								
餐　饮　业								
(九)金融、保险业	**7834**	**2584**	**3643**	**1397**	**210**	**7316**	**80**	
金　融　业	7834	2584	3643	1397	210	7316	80	
保　险　业								
(十)房地产业	**2900**	**2662**			**238**	**2900**		
房地产开发与经营业	2900	2662			238	2900		
房地产管理业								
房地产代理与经纪业								
(十一)社会服务业	**30863**	**22840**	**1352**	**1515**	**5156**	**11880**	**10826**	**7498**
公共设施服务业	24564	18490	957	861	4256	7360	10269	6276
居民服务业	395	355		40		140	255	
旅　馆　业	4612	3133	395	284	800	3240	302	1070
租赁服务业								
旅　游　业	1242	812		330	100	1090		152
娱乐服务业	50	50				50		
信息、咨询服务业								
计算机应用服务业								
其他社会服务业								
(十二)卫生、体育和社会福利业	**14450**	**7742**	**1220**	**5253**	**235**	**9323**	**1165**	
卫　　生	10069	3361	1220	5253	235	5023	1084	
体　　育	4300	4300				4300		
社会福利保障业	81	81					81	
(十三)教育、文化艺术及广播电影电视业	**25942**	**22868**	**587**	**2192**	**295**	**9866**	**7556**	**1005**
教　　育	23971	21138	577	2022	234	8936	7306	560
文化艺术业	1821	1730	10	20	61	930	250	445
广播电影电视业	150			150				
(十四)科学研究和综合技术服务业	**813**	**719**	**69**	**25**		**423**		**390**
科学研究业	455	361	69	25		215		240
综合技术服务业	358	358				208		150
(十五)国家机关、政党机关和社会团体	**33920**	**25795**	**585**	**1551**	**5989**	**23829**	**3715**	**4646**
国家机关	32288	24353	580	1551	5804	22460	3715	4383
政党机关	1249	1192	5		52	1249		
社会团体	60	60				60		
基层群众自治组织	323	190			133	60		263
(十六)其他行业	**6374**	**2426**	**105**	**1000**	**2843**	**5074**	**1300**	
其他行业	6374	2426	105	1000	2843	5074	1300	

6-11 国民经济各行业基本建设项目个数及新增固定资产

（2002年）

行业	施工项目（个）	新开工	全部投产项目（个）	项目建成投产率（%）	新增固定资产（万元）	固定资产交付使用率（%）
合计	**485**	**397**	**311**	**64.1**	**300306**	**47.8**
（一）农、林、牧、渔业	**34**	**30**	**23**	**67.6**	**20041**	**81.2**
农业	8	6	6	75.0	3821	63.0
林业	10	9	6	60.0	2271	47.2
畜牧业	4	3	2	50.0	3655	106.7
渔业						
农、林、牧、渔服务业	12	12	9	75.0	10294	99.3
（二）采掘业	**2**	**1**	**1**	**50.0**	**10370**	**30.9**
煤炭采选业						
石油和天然气开采业	1				10270	30.7
黑色金属矿采选业						
有色金属矿采选业	1	1	1	100.0	100	100.0
非金属矿采选业						
其他矿采选业						
木材及竹材采运业						
（三）制造业	**44**	**37**	**33**	**75.0**	**21416**	**74.6**
食品加工业	6	6	5	83.3	3854	100.0
食品制造业	2	2	1	50.0	240	81.4
饮料制造业	1	1				
烟草加工业	1		1	100.0	1805	100.0
纺织业	2	1	2	100.0	464	100.0
服装及其他纤维制品制造业						
皮革、毛皮、羽绒及其制品业						
木材加工及竹、藤、棕、草制品业	1	1	1	100.0	300	100.0
家具制造业						
造纸及纸制品业	1	1				
印刷业	1	1			440	100.0
文教体育用品制造业	2	2	2	100.0	426	100.0
石油加工及炼焦业	1	1	1	100.0	300	100.0
化学原料及化学制品制造业	5	5	5	100.0	1182	100.0
医药制造业	1	1	1	100.0	280	100.0
化学纤维制造业						
橡胶制品业						
塑料制品业	1	1	1	100.0	225	100.0
非金属矿物制品业	5	5	5	100.0	1700	100.0
黑色金属冶炼及压延加工业						

6－11 续表1 （2002年）

行业	施工项目（个）	新开工	全部投产项目（个）	项目建成投产率（%）	新增固定资产（万元）	固定资产交付使用率（%）
有色金属冶炼及压延加工业	2	1	1	50.0	7500	100.0
金属制品业	2	2	2	100.0	212	100.0
普通机械制造业	3	2	2	66.7	1740	167.3
专用设备制造业	3	2	1	33.3	400	35.4
交通运输设备制造业						
武器弹药制造业	2		1	50.0	258	14.3
电气机械及器材制造业						
电子及通信设备制造业						
仪器仪表及文化、办公用机械制造业	1	1				
其他制造业	1	1	1	100.0	90	100.0
（四）电力、煤气及水的生产和供应业	**30**	**21**	**13**	**43.3**	**29694**	**42.5**
电力、蒸汽、热水的生产和供应业	24	17	9	37.5	26650	39.6
煤气生产和供应业	1					
自来水的生产和供应业	5	4	4	80.0	3044	185.2
（五）建筑业	**8**	**5**	**2**	**25.0**	**3011**	**53.1**
土木工程建筑业	8	5	2	25.0	3011	53.1
线路、管道和设备安装业						
建筑物的装修装饰业						
（六）地质勘查业、水利管理业	**26**	**22**	**15**	**57.7**	**8005**	**57.5**
地质勘查业	1		1	100.0	431	324.1
水利管理业	25	22	14	56.0	7574	55.0
（七）交通运输、仓储及邮电通信业	**98**	**83**	**65**	**66.3**	**91805**	**29.6**
铁路运输业	1					
公路运输业	18	14	13	72.2	14140	25.5
管道运输业						
水上运输业						
航空运输业						
交通运输辅助业	44	39	28	63.6	58181	86.1
其他交通运输业						
仓储业	13	12	9	69.2	7376	98.6
邮电通信业	22	18	15	68.2	12108	81.3
（八）批发和零售贸易、餐饮业	**22**	**18**	**16**	**72.7**	**16765**	**89.1**
食品、饮料、烟草和家庭用品批发业	5	4	3	60.0	7880	93.5
能源、材料和机械电子设备批发业	4	3	3	75.0	5050	89.5
其他批发业	3	3	3	100.0	410	100.0
零售业	10	8	7	70.0	3425	78.8

6—11 续表 2　　　　　　　　(2002 年)

行　　　　业	施工项目（个）	新开工	全部投产项目（个）	项目建成投产率（%）	新增固定资产（万元）	固定资产交付使用率（%）
商业经纪与代理业						
餐　饮　业						
(九)金融、保险业	**9**	**6**	**5**	**55.6**	**1097**	**14.0**
金　融　业	9	6	5	55.6	1097	14.0
保　险　业						
(十)房地产业	**3**	**3**				
房地产开发与经营业	3	3				
房地产管理业						
房地产代理与经纪业						
(十一)社会服务业	**46**	**35**	**28**	**60.9**	**21873**	**70.9**
公共设施服务业	32	24	18	56.3	16829	68.5
居民服务业	2	1	1	50.0	280	70.9
旅　馆　业	5	3	5	100.0	4092	88.7
租赁服务业						
旅　游　业	6	6	3	50.0	622	50.1
娱乐服务业	1	1	1	100.0	50	100.0
信息、咨询服务业						
计算机应用服务业						
其他社会服务业						
(十二)卫生、体育和社会福利业	**15**	**10**	**10**	**66.7**	**11271**	**120.9**
卫　　生	14	10	9	64.3	11095	110.2
体　　育						
社会福利保障业	1		1	100.0	176	217.3
(十三)教育、文化艺术及广播电影电视业	**66**	**56**	**43**	**65.2**	**28628**	**110.4**
教　　育	60	53	40	66.7	27298	113.9
文化艺术业	5	3	3	60.0	1180	64.8
广播电影电视业	1				150	100.0
(十四)科学研究和综合技术服务业	**5**	**4**	**4**	**80.0**	**974**	**119.8**
科学研究业	2	1	2	100.0	716	157.4
综合技术服务业	3	3	2	66.7	258	72.1
(十五)国家机关、政党机关和社会团体	**71**	**62**	**48**	**67.6**	**31791**	**93.7**
国家机关	62	53	46	74.2	30309	93.9
政党机关	6	6	1	16.7	1159	92.8
社会团体	1	1			60	100.0
基层群众自治组织	2	2	1	50.0	263	81.4
(十六)其他行业	**6**	**4**	**5**	**83.3**	**3565**	**55.9**
其他行业	6	4	5	83.3	3565	55.9

6—12 各县（市、区）基

（2002

	投资总额	地　　方	按三次产业分		
			第一产业	第二产业	第三产业
全　　市	**628701**	**421036**	**24666**	**137766**	**466269**
宛城区	16077	16077		4894	11183
卧龙区	12315	12315	874	4645	6796
南召县	41725	41448	1285	25361	15079
方城县	26136	26136	1233	5646	19257
西峡县	30045	30045	1500	940	27605
镇平县	17021	17021	347	3645	13029
内乡县	35054	34404	1228	6054	27772
淅川县	24311	24311	2095	11490	10726
社旗县	15533	15533	3135	2550	9848
唐河县	14946	14946	5684	4492	4770
新野县	10753	10573	4160	3331	3262
桐柏县	21625	20265	1095	3240	17290
邓州市	21969	21839	2030	4780	15159
市　　直	341191	136123		56698	284493

6—13 各县（市、区）分行

（2002

	合　计	农林牧渔水利业	工　业	采掘业	制造业	电力煤气水的生产和供应业	建筑业	地质勘察水利管理业
全　　市	**628701**	**24666**	**132093**	**33530**	**28724**	**69839**	**5673**	**13910**
宛城区	16077		3496		800	2696	1398	
卧龙区	12315	874	4645		2286	2359		914
南召县	41725	1285	25361		1300	24061		1102
方城县	26136	1233	2946		212	2734	2700	2502
西峡县	30045	1500	940		240	700		1600
镇平县	17021	347	3645		715	2930		
内乡县	35054	1228	6054	100	5466	488		780
淅川县	24311	2095	11490		6700	4790		120
社旗县	15533	3135	2550			2550		1195
唐河县	14946	5684	4492		300	4192		
新野县	10753	4160	3331		240	3091		1100
桐柏县	21625	1095	2340		55	2285	900	110
邓州市	21969	2030	4780			4780		4354
市　　直	341191		56023	33430	10410	12183	675	133

本　建　设　投　资

年）　　　　　　　　　　　　　　　　　　　　　　　　单位:万元

按建设性质分			按构成分			
新　建	扩　建	改　建	建筑工程	安装工程	设备购置	其他费用
432173	**90980**	**88954**	**485189**	**27457**	**57938**	**58117**
15239	838		12285	2052	1740	
1531	3841	6943	8329	785	1776	1425
34075	4972	2678	39017	800	1708	200
21264	336	2556	18655	685	6022	774
10595		19450	22910	228	868	6039
15563	558	900	10391	3563	1725	1342
21679	1030	12276	31950	1230	860	1014
9637	11323	3351	14111	1080	7940	1180
6358	3389	5526	11328	765	1789	1651
	653	14293	10241	1052	3082	571
8003		2750	5093	100	3410	2150
8684	1841	11100	14706	1130	3311	2478
12938	7077	1210	19862	44	858	1205
266607	55122	5921	266311	13943	22849	38088

业　基　本　建　设　投　资

年）　　　　　　　　　　　　　　　　　　　　　　　　单位:万元

交通运输仓储及邮电通信业	批发零售贸易及餐饮业	金融保险业	房地产业	社会服务业	卫生体育和社会福利事业	教育文化艺术及广播电视业	科学研究和综合技术服务业	国家机关政党机关和社会团体	其他行业
310437	**18826**	**7834**	**2900**	**30863**	**14450**	**25942**	**813**	**33920**	**6374**
2500	6500			1798		385			
2149	1120			1070	330	772		441	
9333						1200		3444	
6284	3550		2000	771	770	2563		817	
17377	145			2380		180		3090	2833
7706		637		630	620	473		2963	
18806	1520	80		292	1000	1000	240	3154	900
6609	670					933		2394	
3777	1160			140	266	501	100	2709	
210				3600		224	150	586	
180				1530	126			290	36
13234	70	130	900	960	591	690		350	255
380				4342	744	1265		4074	
221892	4091	6987		13350	10003	15756	323	9608	2350

6－14 各县(市、区)基本建设施工、竣工房屋建筑面积

(2002 年)

	施工面积(平方米)	住宅	竣工面积(平方米)	住宅	竣工率(%)	住宅
全市	**1555501**	**518699**	**1042568**	**355557**	**67.0**	**68.5**
宛城区	115740	24340	18460	15460	15.9	63.5
卧龙区	104353	55500	54953	10500	52.7	18.9
南召县	49398	5925	49398	5925	100.0	100.0
方城县	165963	28795	86963	27795	52.4	96.5
西峡县	50725	11200	39062	8200	77.0	73.2
镇平县	63908	8980	39534	5080	61.9	56.6
内乡县	119908	9304	115608	9304	96.4	100.0
淅川县	38112	21575	38112	21575	100.0	100.0
社旗县	13386	7303	11258	6543	84.1	89.6
唐河县	16562	3509	16562	3509	100.0	100.0
新野县	30900	14300	26900	11900	87.1	83.2
桐柏县	55812	29050	35006	17050	62.7	58.7
邓州市	43908	4387	43028	4387	98.0	100.0
市直	686826	294531	467724	208329	68.1	70.7

6-15 更新改造投资

项目	1980	1985	1990	1995	2000	2001	2002
投资总额(万元)	**6876**	**12110**	**23442**	**126634**	**131608**	**193994**	**200681**
按资金来源分							
国家预算内资金		364	233		9151	9820	20600
国内贷款		3637	5520	50747	33828	38099	32300
债　券						650	
利用外资				4345	1875		1517
自筹资金		8095	17519	76440	81840	138702	151024
其他资金		20	170	1512	18761	518	4517
按隶属关系分							
中　央	4742	4555	12595	47176	70005	106257	96518
地　方	2134	7555	10847	79458	61603	87737	104163
按构成分							
建筑安装工程	1923	3539	11898	38613	54812	89926	78921
设备、工器具购置	4901	8021	9813	82348	59995	78908	102132
其他费用	52	550	1731	5673	16801	25160	19628
按建设性质分							
#新　建	3246	227	13085	8035	16130	31822	24468
扩　建	3630	8618	10357	104172	83234	126843	130384
改　建		2848		12308	26817	27080	25386
按三次产业分							
第一产业		168					
第二产业	6862	11006	22298	114791	112524	176622	185403
#工　业	6833	10960	22298	114791	112524	176622	185403
第三产业	14	936	1144	11843	19084	17372	15278
新增固定资产(万元)	**4808**	**8889**	**14816**	**92606**	**81340**	**117797**	**122651**
建设项目(个)							
施工项目	78	133	87	208	87	98	110
全部建成投产项目	45	82	36	129	48	51	70
房屋建筑面积(万平方米)							
施工面积	11.34	14.24	16.16	37.80	34.53	30.17	37.26
#住　宅	2.29	2.97	3.27	8.65	23.01	15.90	23.85
竣工面积	6.03	11.83	11.40	27.62	11.24	20.43	5.68
#住　宅	1.35	2.68	3.26	8.24	7.65	15.85	0.59

注:1980年更新改造投资没有资金来源分组。

6－16 国民经济各行业更新改造投资

（2002 年）

单位：万元

行业	投资总额	按构成分				按建设性质分		
		建筑工程	安装工程	设备购置	其他费用	新建	扩建	改建
合计	**200681**	**63933**	**14988**	**102132**	**19628**	**24468**	**130384**	**25386**
（一）农、林、牧、渔业								
农业								
林业								
畜牧业								
渔业								
农、林、牧、渔服务业								
（二）采掘业	**82612**	**42335**	**8777**	**21258**	**10242**	**2600**	**80012**	
煤炭采选业								
石油和天然气开采业	76932	39235	8462	19343	9892		76932	
黑色金属矿采选业								
有色金属矿采选业	5680	3100	315	1915	350	2600	3080	
非金属矿采选业								
其他矿采选业								
木材及竹材采运业								
（三）制造业	**97891**	**19017**	**4554**	**65148**	**9172**	**19444**	**44077**	**24173**
食品加工业	674			674		180		300
食品制造业	605	200		405		200		162
饮料制造业	2734	453	112	1987	182	691	1000	903
烟草加工业	12704	1707	203	10794		3552		9152
纺织业	22433	1030	150	20759	494	3156	12760	6227
服装及其他纤维制品制造业								
皮革、毛皮、羽绒及其制品业								
木材加工及竹、藤、棕、草制品业								
家具制造业	380		30	350			300	80
造纸及纸制品业	2154	230	150	1656	118		2154	
印刷业	300	90	70	110	30	300		
文教体育用品制造业								
石油加工及炼焦业								
化学原料及化学制品制造业	14219	3217	1684	6713	2605	2760	8655	2714
医药制造业	8604	4043	922	3069	570	2345	3382	2877
化学纤维制造业	2050	400	55	1490	105	2050		
橡胶制品业								
塑料制品业								
非金属矿物制品业	12474	3714	353	5433	2974	1750	2644	1195
黑色金属冶炼及压延加工业								

6—16 续表 1　　　　　　　　　　(2002 年)　　　　　　　　　　单位:万元

行业	投资总额	按构成分				按建设性质分		
		建筑工程	安装工程	设备购置	其他费用	新建	扩建	改建
有色金属冶炼及压延加工业								
金属制品业	280	110		170			280	
普通机械制造业	3687	648	217	2550	272		1252	80
专用设备制造业	360	285	75			360		
交通运输设备制造业	2650	230	70	1870	480		2650	
武器弹药制造业	483	310	8	141	24			483
电气机械及器材制造业	3025	76	19	2113	817		3025	
电子及通信设备制造业	1854	108	63	1373	310		1854	
仪器仪表及文化、办公用机械制造业	3691	536	13	2951	191		3691	
其他制造业	2530	1630	360	540		2100	430	
(四)电力、煤气及水的生产和供应业	**4900**	**1000**	**1600**	**2300**		**350**	**4500**	**50**
电力、蒸汽、热水的生产和供应业	4650	800	1600	2250		100	4500	50
煤气生产和供应业	250	200		50		250		
自来水的生产和供应业								
(五)建　筑　业								
土木工程建筑业								
线路、管道和设备安装业								
建筑物的装修装饰业								
(六)地质勘查业、水利管理业	**763**	**535**	**3**	**11**	**214**			**763**
地质勘查业								
水利管理业	763	535	3	11	214			763
(七)交通运输、仓储及邮电通信业	**6672**	**636**	**34**	**6002**		**2074**	**1795**	
铁路运输业								
公路运输业	1536			1536				
管道运输业								
水上运输业								
航空运输业								
交通运输辅助业	2677			2677		630	780	
其他交通运输业								
仓　储　业								
邮电通信业	2459	636	34	1789		1444	1015	
(八)批发和零售贸易、餐饮业	**400**	**310**	**20**	**70**				**400**
食品、饮料、烟草和家庭用品批发业								
能源、材料和机械电子设备批发业								
其他批发业	100	100						100
零　售　业	300	210	20	70				300

6—16 续表 2　　(2002 年)　　单位:万元

行　　业	投资总额	按构成分				按建设性质分		
		建筑工程	安装工程	设备购置	其他费用	新 建	扩 建	改 建
商业经纪与代理业								
餐　饮　业								
(九)金融、保险业	**6973**			**6973**				
金　融　业	6973			6973				
保　险　业								
(十)房地产业								
房地产开发与经营业								
房地产管理业								
房地产代理与经纪业								
(十一)社会服务业								
公共设施服务业								
居民服务业								
旅　馆　业								
租赁服务业								
旅　游　业								
娱乐服务业								
信息、咨询服务业								
计算机应用服务业								
其他社会服务业								
(十二)卫生、体育和社会福利业								
卫　　生								
体　　育								
社会福利保障业								
(十三)教育、文化艺术及广播电影业	**470**	**100**		**370**				
教　　育	370			370				
文化艺术业	100	100						
广播电影电视业								
(十四)科学研究和综合技术服务业								
科学研究业								
综合技术服务业								
(十五)国家机关、政党机关和社会团体								
国家机关								
政党机关								
社会团体								
基层群众自治组织								
(十六)其他行业								
其他行业								

6-17 国民经济各行业更新改造项目个数及新增固定资产

（2002 年）

行业	施工项目（个）	新开工	全部投产项目（个）	项目建成投产率（%）	新增固定资产（万元）	固定资产交付使用率（%）
合计	**110**	**85**	**70**	**63.6**	**122651**	**61.1**
（一）农、林、牧、渔业						
农业						
林业						
畜牧业						
渔业						
农、林、牧、渔服务业						
（二）采掘业	**5**	**4**	**2**	**40.0**	**40317**	**48.8**
煤炭采选业						
石油和天然气开采业	1	1			37717	49.0
黑色金属矿采选业						
有色金属矿采选业	4	3	2	50.0	2600	45.8
非金属矿采选业						
其他矿采选业						
木材及竹材采运业						
（三）制造业	**91**	**73**	**62**	**68.1**	**70881**	**72.4**
食品加工业	2	2	2	100.0	674	100.0
食品制造业	1	1	1	100.0	605	100.0
饮料制造业	10	8	8	80.0	2168	79.3
烟草加工业	5	3	4	80.0	11974	94.3
纺织业	13	7	9	69.2	16180	72.1
服装及其他纤维制品制造业						
皮革、毛皮、羽绒及其制品业						
木材加工及竹、藤、棕、草制品业						
家具制造业	2	2	1	50.0	380	100.0
造纸及纸制品业	3	3	1	33.3	260	12.1
印刷业	1	1	1	100.0	300	100.0
文教体育用品制造业						
石油加工及炼焦业						
化学原料及化学制品制造业	11	9	10	90.9	11370	80.0
医药制造业	12	10	6	50.0	5952	69.2
化学纤维制造业	2	2	1	50.0	50	2.4
橡胶制品业						
塑料制品业						
非金属矿物制品业	11	10	8	72.7	11635	93.3
黑色金属冶炼及压延加工业						
有色金属冶炼及压延加工业						
金属制品业	2	2	2	100.0	280	100.0
普通机械制造业	5	5	4	80.0	3297	89.4
专用设备制造业	1	1	1	100.0	360	100.0
交通运输设备制造业	2	1	1	50.0	2500	94.3
武器弹药制造业						
电气机械及器材制造业	2	1	1	50.0	2117	70.0
电子及通信设备制造业						
仪器仪表及文化、办公用机械制造业	1				179	4.8
其他制造业	5	5	1	20.0	600	23.7
（四）电力、煤气及水的生产和供应业	**4**	**3**	**2**	**50.0**	**4900**	**100.0**

6—17 续表1　　　　　　　　　　　(2002年)

行　　　　业	施工项目(个)	新开工	全部投产项目(个)	项目建成投产率(%)	新增固定资产(万元)	固定资产交付使用率(%)
电力、蒸汽、热水的生产和供应业	3	2	2	66.7	4650	100.0
煤气生产和供应业	1	1			250	100.0
自来水的生产和供应业						
(五)建　筑　业						
土木工程建筑业						
线路、管道和设备安装业						
建筑物的装修装饰业						
(六)地质勘查业、水利管理业						
地质勘查业						
水利管理业						
(七)交通运输、仓储及邮电通信业	**6**	**3**	**2**	**40.0**	**5683**	**85.2**
铁路运输业						
公路运输业	1				1536	106.5
管道运输业						
水上运输业						
航空运输业						
交通运输辅助业	1	1	1	100.0	2677	100.0
其他交通运输业						
仓　储　业						
邮电通信业	4	2	1	25.0	1470	59.8
(八)批发和零售贸易、餐饮业	**2**	**1**	**1**	**50.0**	**400**	**100.0**
食品、饮料、烟草和家庭用品批发业						
能源、材料和机械电子设备批发业						
其他批发业	1				100	100.0
零　售　业	1	1	1	100.0	300	100.0
商业经纪与代理业						
餐　饮　业						
(九)金融、保险业						
金　融　业						
保　险　业						
(十)房　地　产　业						
房地产开发与经营业						
房地产管理业						
房地产代理与经纪业						
(十一)社会服务业						
公共设施服务业						
居民服务业						
旅　馆　业						
租赁服务业						
旅　游　业						
娱乐服务业						
信息、咨询服务业						
计算机应用服务业						
其他社会服务业						
(十二)卫生、体育和社会福利业						
卫　　　生						
体　　　育						
社会福利保障业						

6－17 续表 2　　　　(2002 年)

行　　业	施工项目(个)	新开工	全部投产项目(个)	项目建成投产率(%)	新增固定资产(万元)	固定资产交付使用率(%)
(十三)教育、文化艺术及广播电影业	**2**		**1**	**50.0**	**470**	**100.0**
教　育	1				370	100.0
文化艺术业	1		1	100.0	100	100.0
广播电影电视业						
(十四)科学研究和综合技术服务业						
科学研究业						
综合技术服务业						
(十五)国家机关、政党机关和社会团体						
国家机关						
政党机关						
社会团体						
基层群众自治组织						
(十六)其他行业						
其他行业						

6－18 按用途分的更新改造投资

单位:万元

	1980	1985	1990	1995	2000	2001	2002
总　计	**6876**	**12110**	**23442**	**126634**	**131608**	**193394**	**200681**
生产性建设	6876	11548	19325	126634	131608	193394	200681
增　产	6588	5196	10596	81121	87325	103476	106157
节约能源	10	705	1033	3568	495	10135	6166
其它节约				1051	50	466	329
增加品种			1039	21520	7667	7670	18234
提高产品质量	65	511	3201	11149	5729	22207	19417
三废治理		255	60	1155	2195	3221	7734
其　它	213	4881	3396	7070	28147	46819	42644
非生产性建设		562	4117				
#住　宅		258	948				

6-19 各县（市、区）更

（2002

	投资总额	按三次产业分			
		地方	第一产业	第二产业	第三产业
全市	**200681**	**104163**		**185403**	**15278**
宛城区	2406	2406		2406	
卧龙区	789	789		689	100
南召县	480	480		480	
方城县	10313	10313		10313	
西峡县	5766	5766		5766	
镇平县	9762	9762		6715	3047
内乡县	12655	12655		12655	
淅川县	10731	10731		10731	
社旗县	380	380		380	
唐河县	2350	2350		2350	
新野县	14179	13345		13345	834
桐柏县	7104	7104		7104	
邓州市	3928	3928		3928	
市直	119838	24154		108541	11297

6-20 各县（市、区）分行

（2002

	合计	农林牧渔水利业	工业	采掘业	制造业	电力煤气水的生产和供应业	建筑业	地质勘察水利管理业
全市	**200681**		**185403**	**82612**	**97891**	**4900**		**763**
宛城区	2406		2406		2156	250		
卧龙区	789		689		689			
南召县	480		480		480			
方城县	10313		10313		10313			
西峡县	5766		5766		5766			
镇平县	9762		6715		6665	50		
内乡县	12655		12655	2600	10055			
淅川县	10731		10731	780	5451	4500		
社旗县	380		380		380			
唐河县	2350		2350		2350			
新野县	14179		13345		13345			
桐柏县	7104		7104	2300	4804			
邓州市	3928		3928		3928			
市直	119838		108541	76932	31509	100		763

新　改　造　投　资

年）　　　　　　　　　　　　　　　　　　　　　　　　　单位:万元

按建设性质分			按构成分			
新建	扩建	改建	建筑工程	安装工程	设备购置	其他费用
24468	**130384**	**25386**	**63933**	**14988**	**102132**	**19628**
2406			900		1309	197
		262	100		689	
	480		50	10	420	
4810	800	903	2035	850	6549	879
1375	3612	779	1563	254	2903	1046
830	1480	140	150	80	6732	2800
8495	4160		9098	713	2594	250
	8654	2077	2412	2595	5604	120
	380		230	50	100	
		2350	150	200	2000	
	13879	300		34	14145	
	5200	1904	1374	846	3333	1551
2858	260	810	1360	20	2548	
3694	91479	15861	44511	9336	53206	12785

业　更　新　改　造　投　资

年）　　　　　　　　　　　　　　　　　　　　　　　　　单位:万元

交通运输仓储及邮电通信业	批发零售贸易及餐饮业	金融保险业	房地产业	社会服务业	卫生体育和社会福利事业	教育文化艺术及广播电视业	科学研究和综合技术服务业	国家机关政党机关和社会团体	其他行业
6672	**400**	**6973**				**470**			
	100								
2677						370			
834									
3161	300	6973				100			

6－21 各县(市、区)按用途分的更新改造投资

(2002 年)　　单位:万元

	合 计	增产措施	节约能源	其他节约	增加品种	提高产品质量	三废治理	其他措施
全　市	**200681**	**106157**	**6166**	**329**	**18234**	**19417**	**7734**	**42644**
宛城区	2406		250		2156			
卧龙区	789	599			90			100
南召县	480	260			220			
方城县	10313	3078	1222	300	2300	1193	410	1810
西峡县	5766	3846			1150	176		594
镇平县	9762	3784	70	20	20	265	20	5583
内乡县	12655	2216			9719	150		570
淅川县	10731	4662	4616		1090	253	110	
社旗县	380							380
唐河县	2350	1250				1100		
新野县	14179	12930						1249
桐柏县	7104	7104						
邓州市	3928	3330				598		
市　直	119838	63098	8	9	1489	15682	7194	32358

6－22 各县(市、区)更新改造施工、竣工房屋建筑面积

(2002 年)

	施工面积(平方米)	住 宅	竣工面积(平方米)	住 宅	竣 工 率(%)	住 宅
全　市	**372555**	**238476**	**56802**	**5920**	**15.2**	**2.5**
宛城区						
卧龙区						
南召县						
方城县	7120	5920	5920	5920	83.1	100.0
西峡县	25641		11141		43.4	
镇平县						
内乡县	7504		7504		100.0	
淅川县						
社旗县	1700		1700		100.0	
唐河县						
新野县						
桐柏县						
邓州市	2200		1000		45.5	
市　直	328390	232556	29537		9.0	

6-23 基本建设和更新改造投资项目个数及交付使用率

	基本建设投资					更新改造投资				
	施工项目个数（个）	全部投产项目个数（个）	项目建成投产率（%）	新增固定资产（万元）	固定资产交付使用率（%）	施工项目个数（个）	全部投产项目个数（个）	项目建成投产率（%）	新增固定资产（万元）	固定资产交付使用率（%）
1978	56	16	28.6	20226	70.6					
1980	52	32	61.5	8839	109.4	78	45	57.7	4808	69.9
1985	227	164	72.2	7558	44.9	133	82	61.7	8889	73.4
1986	202	135	66.8	7991	71.1	141	87	61.7	9414	77.7
1987	244	155	63.5	11039	60.6	182	98	53.8	14082	92.1
1988	294	207	70.4	18542	74.7	173	109	63.0	17011	56.4
1989	134	101	75.4	24235	82.4	135	85	63.0	18652	77.5
1990	115	71	61.7	17380	76.5	87	36	41.4	14816	63.2
1991	169	112	66.3	17592	49.9	92	48	52.2	16474	70.6
1992	370	266	71.9	42432	84.7	164	84	51.2	29163	61.3
1993	401	292	72.8	51274	60.0	145	61	42.1	53053	65.4
1994	279	183	65.6	75000	71.7	135	88	65.2	61132	69.8
1995	359	248	69.1	104972	38.2	208	129	62.0	92606	73.1
1996	501	342	68.3	166662	51.1	256	157	61.3	123166	77.9
1997	542	381	70.3	201077	40.7	188	122	64.9	133649	79.4
1998	738	537	72.8	699395	162.2	150	106	70.7	135431	78.4
1999	532	329	61.8	373787	117.2	96	57	59.4	66011	70.3
2000	458	262	57.2	232052	60.9	87	48	55.2	81340	61.8
2001	461	302	65.5	297715	56.7	95	51	53.7	117797	60.7
2002	485	311	64.1	300306	47.8	110	70	63.6	122651	61.1

6-24 各县(市、区)基本建设和更新改造投资项目个数及交付使用率

（2002年）

	基本建设投资					更新改造投资				
	施工项目个数（个）	全部投产项目个数（个）	项目建成投产率（%）	新增固定资产（万元）	固定资产交付使用率（%）	施工项目个数（个）	全部投产项目个数（个）	项目建成投产率（%）	新增固定资产（万元）	固定资产交付使用率（%）
全市	**485**	**311**	**64.1**	**300306**	**47.8**	**110**	**70**	**63.6**	**122651**	**61.1**
宛城区	15			16077	100.0	2			2406	100.0
卧龙区	24	20	83.3	10005	81.2				789	100.0
南召县	35	32	91.4	21725	52.1	2	2	100.0	480	100.0
方城县	54	45	83.3	20549	78.6	10	9	90.0	8313	80.6
西峡县	27	10	37.0	12710	42.3	13	8	61.5	4067	70.5
镇平县	44	11	25.0	13518	79.4	7	1	14.3	9919	101.6
内乡县	61	58	95.1	31684	90.4	19	17	89.5	10511	83.1
淅川县	26	25	96.2	19871	81.7	8	2	25.0	7067	65.9
社旗县	34			3333	21.5	1			380	100.0
唐河县	14	13	92.9	14946	100.0	2	2	100.0	2350	100.0
新野县	14	11	78.6	10527	97.9	12	11	91.7	7979	56.3
桐柏县	32	20	62.5	21314	98.6	4	3	75.0	4804	67.6
邓州市	20	13	65.0	11281	51.3	7	5	71.4	3198	81.4
市直	85	53	62.4	92766	27.2	23	10	43.5	60388	50.4

6-25 本年新增生产能力

(2002年)

生产能力(或效益)名称	总计	基本建设	更新改造	其他投资
天然石油开采(万吨/年)	22.72	22.72		
电解铝(吨/年)	30000	30000		
输电线路长度(11万伏以上的)(公里)	228	228		
变电设备能力(11万伏以上的)(万千伏安)	19.44	19.44		
交流电动机制造(万千瓦/年)	20		20	
棉布织机(台)	436		436	
水泥(万吨/年)	5		5	
程控交换机(万线/年)	12.9		12.9	
棉纺锭(锭)	24500		15000	9500
棉印染布(万米/年)	8			8
机制纸浆(万吨/年)	0.3			0.3
新建公路(公里)	159.1	123.7		20
改建公路(公里)	237.8	142.3		95.5
造林面积(万亩)	56.97	56.97		
有效灌溉面积(万亩)	57.62	42.4	15.22	
粮食仓库：储量(万公斤)	3500	3500		
建筑面积(平方米)	3200	3200		
中等学校：学生席位(个)	21018	21018		
建筑面积(平方米)	34183	34183		
其他学校：学生席位(个)	300	300		
建筑面积(平方米)	4000	4000		
医院病床(张)	100	100		
城市公共交通车辆购置	90	90		
城市排水管道铺设长度(公里)	11.72	11.72		
城市道路扩建长度(公里)	29.88	13.76		16.12
城市道路扩建面积(万平方米)	1531.91	1528.55		3.36

6-26 国民经济各行业城镇集体投资和新增固定资产

(2002年)　　单位:万元

行　　业	投资总额	新增固定资产	固定资产交付使用率(%)
总　　计	**25452**	**20979**	**82.4**
农、林、牧、渔业			
工　业	12231	9463	77.4
建筑业	2010	2310	114.9
地质勘查业、水利管理业			
交通运输、仓储及邮电通信业	284	184	64.8
批发和零售贸易、餐饮业	4114	2769	67.3
金融、保险业	2711	2711	100.0
房地产业			
社会服务业	2720	2160	79.4
卫生、体育和社会福利业			
教育、文化艺术及广播电影电视业			
科学研究和综合技术服务业	60	60	100.0
国家机关、政党机关和社会团体	1115	1115	100.0
其他行业	207	207	100.0

6-27 城镇集体经济固定资产投资

	1995	1996	1997	1998	1999	2000	2001	2002
投资总额(万元)	**22784**	**36709**	**21993**	**14249**	**19153**	**11471**	**22162**	**25452**
按资金来源分								
国家预算内资金								300
国内贷款	8673	9444	6616	1282			270	243
债　券							50	
利用外资								
自筹资金	12317	24826	12297	11509	12340	6884	10565	13536
其　他	1606	2946	4412	2095	4123	4264	11093	11173
按构成分								
建筑安装工程	10129	18638	14946	8354	13462	9252	13935	14810
设备、工器具购置	11686	16782	5627	4942	4658	2140	6869	7552
其他费用	969	1289	1420	953	1033	79	1358	3090
新增固定资产(万元)	**13392**	**35915**	**17176**	**12820**	**15031**	**11539**	**19667**	**20979**
建设项目(个)								
施工项目	132	221	96	71	71	36	57	60
竣工项目	83	152	55	62	56	30	49	39
房屋建筑面积(平方米)								
施工房屋面积	199911	234548	262220	146855	158445	94849	165132	142378
#住　宅	8573	25321	34510	44443	42310	50032	97922	54714
竣工房屋面积	148275	205526	179847	109251	96640	72517	147432	120213
#住　宅	8573	20921	26420	37839	28310	28600	80222	39914

6—28 各市城镇集体经济固定资产投资

(2002 年)　　单位:万元

	投资总额	按构成分			
		建筑工程	安装工程	设备购置	其他费用
全　市	**25452**	**14030**	**780**	**7552**	**3090**
宛城区	1170	730	270	97	73
卧龙区	3117	1340	20	1167	590
南召县	400		10	390	
方城县	476	476			
西峡县	200	140	30		30
镇平县					
内乡县					
淅川县	1615	1615			
社旗县	2692	1825	20		847
唐河县	3760	830	210	2720	
新野县	2922	752		1160	1010
桐柏县	1480	590	95	685	110
邓州市	4520	3930	40	550	
市　直	3100	1802	85	783	430

6—29 各县(市、区)城镇集体经济施工、竣工房屋建筑面积

(2002 年)　　单位:平方米

	施工房屋建筑面积	#住　宅	竣工房屋建筑面积	#住　宅
全　市	**142378**	**54714**	**120213**	**39914**
宛城区	13800	13800		
卧龙区	16430	10500	14430	10500
南召县				
方城县	6269	2600	6269	2600
西峡县	4000	4000	4000	4000
镇平县				
内乡县				
淅川县	30431		30431	
社旗县	19854	7154	19854	7154
唐河县	11500		11500	
新野县	400		400	
桐柏县	16000	2000	14000	1000
邓州市	2500	660	2500	660
市　直	21194	14000	16829	14000

6—30 各县(市、区)城镇和工矿区私人建房情况

(2002年)

	城镇工矿区个数(个)	竣工房屋建筑面积(平方米)	#住宅	竣工房屋价值(万元)	#住宅	建房户数(户)
全　　市	**12**	**924736**	**867160**	**43323**	**39227**	**5300**
宛　城　区	1	92755	92755	5034	5034	1151
卧　龙　区		49062	49062	2300	2300	425
南　召　县	1	98000	98000	3840	3840	750
方　城　县	1	46764	28808	1823	1064	279
西　峡　县	1	94828	94828	2750	2750	280
镇　平　县	1	85800	51810	5100	3120	381
内　乡　县	1	68240	67410	4747	3540	350
淅　川　县	1	52000	52000	2600	2600	150
社　旗　县	1	13392	13392	670	670	126
唐　河　县	1	102360	102360	5981	5981	510
新　野　县	1	52300	47500	1670	1520	136
桐　柏　县	1	68435	68435	2532	2532	202
邓　州　市	1	100800	100800	4276	4276	560
市　　直						

6—31 城镇和工矿区私人建房情况

(2002年)

类　别	城镇工矿区个数(个)	竣工房屋建筑面积(万平方米)	#住宅	竣工房屋价值(万元)	#住宅	建房户数(户)
总　计	**12**	**924736**	**867160**	**43323**	**39227**	**5300**
#农业户建房		303854	285053	12188	11783	1741
市	1	141817	141817	7334	7334	1576
#农业户建房		74173	74173	3595	3595	645
县　城	11	782919	725343	35989	31893	3724
#农业户建房		229681	210880	8593	8188	1096
镇						
#农业户建房						
工矿区						
#农业户建房						

6-32 房地产施工、竣工面积及价值

（2002 年）

项　　　目	施 工 面 积（平方米）	新　开　工	竣工房屋面积（平方米）	竣工房屋价值（万元）
总　　　计	**1234680**	**747755**	**394429**	**28796**
住　　宅	1061559	644566	379903	26918
＃别墅、高档公寓				
经济适用房	379264	226187	138562	10725
办 公 楼	71967	30615	5130	230
商业营业用房	92316	65586	5046	1356
其　　他	8838	6988	4350	292

6-33 房地产开发企业基本情况

指　　　标	1995	1996	1997	1998	1999	2000	2001	2002
年末从业人员数(人)	1262	1527	2238	2552	2955	2794	2718	2664
年平均从业人员数(人)	1157	1469	1491	2448	2627	2682	2724	
实收资本	6466	12217	11572	13964	19786	32320	61703	57867
＃国家资本			630	460	633	1432		567
资产总计(万元)	19525	29497	36396	50209	77740	95983	184096	160375
固定资产累计折旧(万元)	245	790	838	1458	1190	1213	4728	2824
＃本年折旧	94	237	253	552	340	366	2853	694
负债总计(万元)	15856	23297	27808	37641	63099	70554	130790	105247
所有者权益合计(万元)	3669	6200	8588	12568	14641	25365	53306	55128
经营收入总计(万元)	5159	8892	10871	19446	25794	28340	58346	43130
土地转让收入	863	594	794	653	1229	1137	3015	962
商品房屋销售收入	3539	6417	7072	12878	22255	26269	46337	37932
房屋出租收入	11	13	22	162	115	52	12	80
其他收入	746	1868	2983	5753	2195	882	8982	4156
税金及附加(万元)		215	402	812	1120	1325	2571	2022
利润总额(万元)	139	-77	-503	609	366	152	2329	104
商品房屋销售额(万元)	3167	6127	7413	12955	22384	26257	23414	38263
＃住　　宅	2054	4974	6422	10949	17896	19207	19306	34254
商品房屋销售面积(平方米)	53566	125244	174882	179379	280007	289200	281089	397948
＃住　　宅	41744	102452	152557	172279	260882	266500	264316	378315
＃别墅、高档公寓			3280	1200		2300		10821
经济适用房			26400	17500	33450	74400	51361	132268
办 公 楼	1600	9059	1200		2992	3300		1370
商业营业用房	9822	9773	4035	7100	10086	18200	9344.00	17763
其他房屋	400	3960	17090		6047	1200	7429.00	500
房屋销售价格(元)	579	489	424	722	799	908	833	962
＃住　　宅	492	485	421	713	683	721	730	905
＃别墅、高档公寓			613	900				
经济适用房				611	524	588	630	808
办 公 楼	562	802	500		628	670		511
商业营业用房	941	282	699	939	3911	3708	3958	2189
其他房屋	500	379	380		691	667	552	1000
个人购买商品住宅(平方米)	26347	18426	58212	140968	166272	228800	211738	358764

6-34 房地产开发投资完成情况

指　　　标	1995	1996	1997	1998	1999	2000	2001	2002
投资总额(万元)	7610	11631	18865	29460	48613	50421	38922	73562
#商品房建设投资额	5429	8124	12246	23614	30878	35837	24286	48101
土地开发投资额	643	2688	5390	5117	8574	10610	8420	15721
按构成分								
建筑、安装工程	6118	8479	12542	24083	33468	38148	28706	49758
设备、工器具购置	152	55	131	147	74	27	140	350
其他费用	1340	3097	6192	5230	15071	12246	10076	23454
#土地购置费	794	2552	5175	4292	13926	10389	8182	15857
按工程用途分								
住　　宅	5779	5947	10520	22583	29891	37315	30432	46290
#别墅、高级公寓				1818		60		
经济适用房			90	1580	4737	9858	7609	13582
办 公 楼	194	1008	574	234	1312	2953	1208	3386
商业营业用房	602	1619	1512	1017	4172	2831	1624	6013
其　　他	1035	3057	6259	5626	13238	7322	5658	17873
按资金来源分								
国家预算内资金					496	18		1196
国内贷款	2628	4660	4926	8950	16944	19229	8568	21564
债　　券								
利用外资	625	400	400	280				
#外商直接投资								
自筹资金	1646	2845	7695	7241	12385	15088	14254	25871
其他资金	3638	5128	7189	14356	21826	19001	26011	34509
新增固定资产(万元)	5431	7603	10470	14424	24278	30753	31375	33480
本年购置土地面积(平方米)	265000	175800	274891	307175	804321	360844	397965	690921
本年完成开发土地面积(平方米)	126400	116900	184004	238228	352430	221046	220571	363761
本年正在开发的土地面积(平方米)	35700	64100	58004	144904	364449	356240		
本年待开发的土地面积(平方米)	62300	86300	103945	150220	444113	243175		343553
本年实际需要总投资(万元)	15681	35194	35562	58292	104767	129564	130353	224667
自开始建设至本年底累计完成投资(万元)	13949	19937	24803	34824	62143	72955	38922	110140
房屋建筑面积(平方米)								
施工面积	256354	389889	419939	730288	934124	993000	854463	1234680
#住　　宅	214410	313241	348279	646747	853562	897200	768782	1061559
竣工面积	178077	149874	168673	247754	414951	425000	378251	394429
#住　　宅	145296	112412	136274	217384	378526	396900	356211	379903
商品房屋销售建筑面积(平方米)	54671	125244	174882	179379	280007	289300	281089	397948
#销售给个人	40904	22139	152557	146879	227456	244600	239176	370097
房屋空置面积(平方米)	104849	115737	58397	46415	166937	129100	160417	75987
商品房屋竣工价值(万元)	7587	6786	9293	14423	21265	29276	23878	28796
商品房屋销售额(万元)	3167	6127	7413	12955	22384	26257	23414	38263
#销售给个人	2581	879	3757	10949	17896	21195	15975	36804

6－35 各县(市、区)房地产投资完成情况

(2002 年)

	投资总额（万元）	建筑工程	安装工程	新增固定资产（万元）	土地开发面积（平方米）	土地开发投资额（万元）
全　　市	**73562**	**46206**	**3552**	**33480**	**363761**	**15721**
宛 城 区	325	5		325	37337	325
卧 龙 区	9827	6582	705	5471	48298	3466
南 召 县	194	194		194		
方 城 县	115	110	5	165		50
西 峡 县	3063	1858	23	1408	35525	311
镇 平 县	1290	1141	142	1015		
内 乡 县	1043	755	18	610	16233	410
淅 川 县	860	860		376		
社 旗 县	386	244		104	7379	142
唐 河 县	858	700	102	1287	10700	290
新 野 县						
桐 柏 县	50	50				
邓 州 市	735	651	44	655	5499	75
市　　直	54816	33056	2513	21870	202790	10652

6－36 各县(市、区)房地产开发经营情况

(2002 年)

	经营总收入（万元）	土地转让收入	商品房屋销售收入	房屋出租收入	商品房屋销售额（万元）	住宅	商品房屋销售面积（平方米）	住宅
全　　市	**43130**	**962**	**37932**	**80**	**38263**	**34254**	**397948**	**378315**
宛 城 区								
卧 龙 区	9256		9256		9256	8543	97072	92320
南 召 县	191		139		139	139	2641	2641
方 城 县	192		192		192	112	3340	2200
西 峡 县	2270	48	2222		2280	2280	39976	39976
镇 平 县	1315		1125		1205	1135	17697	16327
内 乡 县	716		716		716	716	13500	13500
淅 川 县	330		330		330	330	6603	6603
社 旗 县	104		104		104		1038	
唐 河 县	779	96	683		683	683	11920	11920
新 野 县								
桐 柏 县	6							
邓 州 市	506		506		515	485	7410	7350
市　　直	27465	818	22659	80	22843	19831	196751	185478

6－37 房地产开发公司生产经营情况

（2002 年）

企业名称	资质	全年累计完成投资（万元）	资产总计（万元）	期末从业人员（人）	全年从业人员劳动报酬（万元）	施工面积（平方米）	实际销售面积（平方米）	利润总额（万元）
南阳市东方房地产开发公司	3	325	1696	20	12	2200		-455
邓州市城市综合开发公司	4	200	1233	15	8	8600	860	
邓州市房地产开发公司	4	460	1028	90	46	10000	5600	58
邓州市住宅开发有限公司	4	75	131	40	19	444	950	1
方城县房地产开发公司	4	65	220	20	10	1140	1140	1
方城县兴达房地产开发有限责任公司	4	50	150	15	8	2200	2200	10
河南省万家园房地产开发有限公司	3	4300	3638	66	28	30000		-45
内乡县城关镇房地产开发公司	4	180	386	24	8	2600	2000	3
内乡县宏达房地产实业公司	3	863	1055	81	27	13965	11500	15
南阳港达房地产开发有限公司	3	4950	2458	47	4	35911	29540	12
南阳宏昌房地产开发有限责任公司	4	1630	3240	34	32	46100	41051	250
南阳鸿德房地产开发有限公司	2	4300	8888	192	185	28400	12824	517
南阳玛斯房地产开发有限公司	3	260	373	11	6			6
南阳三杰房地产开发有限公司	2	3800	8126	37	355	41000	24140	83
南阳市安居房地产开发有限责任公司	4	150	1030	10	6	7000	1050	-18
南阳市博望房地产开发有限责任公司	3	860	1010	16	14	7000		-41
南阳市拆迁安置建设开发公司	3	1760	8143	81	70	28791	13597	238
南阳市城建实业开发公司	3	518	13202	46	35	12813		-11
南阳市城市建设开发公司	2	83	2699	165	89	4560	675	-236
南阳市大昌房地产开发有限公司	4	110	545	20	12			-16
南阳市大民房地产开发有限责任公司	5	650	650	12	4	6970		-1
南阳市德扬房地产开发公司	4	180	450	15	11	3600	1000	
南阳市第二房地产开发公司	2	816	3356	34	31	16100	6910	27
南阳市房地产开发(集团)公司	3	600	3184	60	35	9200	1500	56
南阳市房地产开发公司	2	600	3196	52	37	6900	8000	53
南阳市富来阁房地产开发有限公司	5	500	156	23	600			-19
南阳市富立达房地产开发有限责任公司	3	3000	8031	26	19	48000	2000	547
南阳市富星房地产开发有限公司	5	450	450	15	10			
南阳市广厦实业开发有限公司	2	5600	6500	79	48	32000	19520	518
南阳市广宇房地产开发有限责任公司	5	3398	3093	36	35	27224		-31
南阳市海诺房地产开发有限公司	5	750	1099	12	1	8500		-14
南阳市恒业房地产开发有限责任公司	4	230	125	18	10	3704		
南阳市弘宛房地产开发有限公司	4	200	760	13	9	11400	1780	10
南阳市宏业房地产开发有限责任公司	5	150	312	12	6			-9
南阳市华夏军创房地产开发有限公司	4	500	689	15	20	28000		
南阳市华云房地产开发有限公司	4	600	787	12	8			-15
南阳市黄河房地产开发有限责任公司	3	1600	1585	24	16	30000		-36
南阳市建业房地产开发有限责任公司	4	70	105	12	8	3062		-19
南阳市金居地房地产开发有限责任公司	5	150	120	26	19	5726		-10

6—37 续表 （2002 年）

企业名称	资质	全年累计完成投资（万元）	资产总计（万元）	期末从业人员（人）	全年从业人员劳动报酬（万元）	施工面积（平方米）	实际销售面积（平方米）	利润总额（万元）
南阳市经济适用住房开发中心	3	620	1000	17	13	54600		1
南阳市康复综合材料开发建设中心	5	268	209	17	16	3700	2700	11
南阳市绿源房地产开发有限公司	5	230	682	25	12			-137
南阳市麒麟房地产开发有限公司	4	492	205	6	5			
南阳市舒家乐房地产开发有限公司	4	600	587	11	4	11000		-11
南阳市天娇房地产开发有限责任公司	4	83	510	25	1			-1
南阳市天龙房地产开发有限公司	4	3327	1302	30	11	60962	9903	4
南阳市天顺房地产开发中心	4	241	693	16	15	3500	2500	11
南阳市天阳房地产开发有限公司	5	25	427	26	16	3117		-7
南阳市天元房地产开发有限责任公司	4	350	130	10	1	5000	3830	6
南阳市万吉房地产开发有限责任公司	4	75	177	15	5			-23
南阳市新博房地产开发有限责任公司	4	200	125	18	9	3403		-3
南阳市新城房地产开发有限责任公司	5	2300	2423	110	6600	29500	15500	-75
南阳市新锦江房地产开发有限责任公司	5	972	373	16	2	11824		-5
南阳市鑫福苑房地产开发有限公司	4	150	391	16	17			-7
南阳市兴达房地产开发有限公司	2	6500	15827	57	33	247158	87169	-733
南阳市兴隆房地产开发中心	5	1153	230	7	5			-5
南阳市兴民房地产开发有限责任公司	4	16	535	20	70	1460		-17
南阳市星旺房地产开发有限责任公司	4	749	816	18	6	8600		-10
南阳市永兴房地产开发有限责任公司	4	492	635	32	20	4500		-20
南阳市云飞房地产开发有限公司	4	295	459	56	39	10400	3600	-6
南阳市中意房地产开发有限责任公司	5	530	537	20	15	12000	634	10
南阳市住宅统建开发公司	4	383	1120	27	26	4660	3500	15
南阳万正房地产开发有限公司	2	787	15830	40	39	9560	900	-200
南阳鸭电置业发展有限公司	4	1040	1299	16	27	32222		57
南召县九龙房地产开发公司	4	194	621	11	8	5201	2641	-14
社旗县房地产建设开发有限公司	4	386	206	10	6	6785	1038	-76
唐河县房地产开发公司	3	240	1775	59	24	7500	3300	6
唐河县恒基房地产开发有限公司	4	338	676	42	21	13051	8620	24
唐河县金源房地产开发有限公司	4	170	520	18	13	5018		-23
唐河县兴唐房地产开发公司	4	110	4594	18	13	11420		-110
桐柏县房地产开发公司	3	50	106	15	13	1500		-21
宛城区房地产开发建设总公司	4		100	36	25			-25
西峡县房地产开发有限责任公司	2	1400	3358	60	45	42865	32056	27
西峡县鸿运房地产开发公司	3	1369	3479	12	13	36039	5970	2
西峡县中鼎房地产开发公司	4	294	791	12	11	19293	1950	3
淅川县房地产开发公司	3	860	1322	68	31	18482	6603	25
镇平县城乡建设综合开发公司	3	480	1380	57	32	14892	9462	2
镇平县和平房地产开发有限公司	3	810	1026	69	37	12358	8235	

6-38 农村固定资产投资完成情况

项　　目	合计		农村非农户		农村农户	
	2002	2001	2002	2001	2002	2001
农村投资总额(万元)	**543300**	**509240**	**242000**	**241888**	**301300**	**267352**
按投资来源分						
国内贷款	41588	20873	26634	15560	14953	5313
国家资金	31503	28680	31504	28680		
利用外资	5688	9772	5688	9772		
自筹资金	422335	386711	148374	151606	273961	235105
其他资金	42186	63204	29800	36270	12386	26934
按投资构成分						
建筑工程	384055	363158	146827	152115	237228	211043
安装工程	14756	20779	12781	19677	1975	1102
设备工器具购置	99090	94146	57908	53376	41182	40770
其　　他	45399	31157	24484	16720	20915	14437
按投资方向分						
第一产业	127790	123679	78922	79492	48868	44187
第二产业	72978	63231	65623	56400	7355	6831
#工　　业	66631	59126	61482	52975	5149	6151
第三产业	342532	322330	97455	105996	245077	216334
#交通运输仓储及邮电业	61381	41702	53905	31313	7476	10389
文化教育事业	14321	22122	13816	21994	505	128
卫生体育和社会福利业	3426	3964	3426	3799		165
社会服务业	4095	4635	2935	1482	1160	3153
按具体投资项目分						
房　　屋	261619	235500	36925	44743	224694	190757
#住　　宅	224465	189038	4587	5733	219878	183305
道　　路	50408	36438	50408	35012		1426
桥　　梁	4246	1967	4246	1967		
设　　备	99090	94146	57908	53376	41182	40770
水　　利	44080	71490	37539	60292	6541	11198
其　　他	83857	69699	54974	46498	28883	23201
本年施工房屋面积(万平方米)	**976**	**1051**	**100**	**134**	**876**	**917**
#住　　宅	863	880	13	15	850	865
本年竣工房屋面积(万平方米)	**979**	**1039**	**100**	**127**	**878**	**912**
#住　　宅	863	891	13	15	850	876

6—39 各县（市、区）农村固

（2002

	农村固定资产投资额			按			投		资
				建筑工程			安装工程		
	合计	非农户	农户	合计	非农户	农户	合计	非农户	农户
全　　市	**543300**	**242000**	**301300**	**384055**	**146827**	**237228**	**14756**	**12781**	**1975**
宛　城　区	39533	14300	25233	25648	8346	17302	281	229	52
卧　龙　区	27437	18200	9237	16265	10192	6073	546	546	
南　召　县	29596	18300	11296	19237	9409	9828	1141	1010	131
方　城　县	38357	8200	30157	25425	6200	19225	93	93	
西　峡　县	23605	14200	9405	16671	7266	9405	99	99	
镇　平　县	79686	38786	40900	50744	21853	28891	6529	4840	1689
内　乡　县	34777	9750	25027	28541	6829	21712	338	235	103
淅　川　县	38840	24050	14790	28945	16228	12717	468	468	
社　旗　县	19566	5900	13666	13385	3934	9451			
唐　河　县	80293	20200	60093	72528	19008	53520	34	34	
新　野　县	55355	33300	22055	36340	17777	18563	1018	1018	
桐　柏　县	26422	16400	10022	14537	8361	6176	1853	1853	
邓　州　市	49833	20414	29419	35789	11424	24365	2356	2356	

6—39 续表 1　　（2002

	按						投		
	第二产业						第三产业		
				工业					
	合计	非农户	农户	合计	非农户	农户	合计	非农户	农户
全　　市	**72978**	**65623**	**7355**	**66631**	**61482**	**5149**	**342532**	**97455**	**245077**
宛　城　区	6206	5583	623	4882	4882		25592	6726	18866
卧　龙　区	6089	4914	1175	4788	4005	783	15109	8372	6737
南　召　县	5206	4670	536	4356	3820	536	17211	8576	8635
方　城　县	3034	746	2288	1930	746	1184	28846	5655	23191
西　峡　县	3418	3418		3418	3418		12177	2772	9405
镇　平　县	16416	13801	2615	16416	13801	2615	44260	10883	33377
内　乡　县	2227	2227		2227	2227		25522	4524	20998
淅　川　县	4166	4166		4166	4166		22147	10704	11443
社　旗　县							13791	1553	12238
唐　河　县	1132	1132		796	796		57904	7021	50883
新　野　县	12747	12747		12188	12188		33698	15135	18563
桐　柏　县	4613	4495	118	3770	3739	31	11418	4880	6538
邓　州　市	7724	7724		7694	7694		34857	10654	24203

定资产投资完成情况

年）

单位:万元

构成分						按投资方向分		
设备工器具购置			其他			第一产业		
合计	非农户	农户	合计	非农户	农户	合计	非农户	农户
99090	**57908**	**41182**	**45399**	**24484**	**20915**	**127790**	**72870**	**54920**
11119	4843	6276	2485	882	1603	7735	1991	5744
6152	4186	1966	4474	3276	1198	6239	4914	1325
3360	2878	482	5858	5003	855	7179	5053	2126
10474	1132	9342	2365	774	1591	6477	1799	4678
5942	5942		893	893		8010	8010	
16203	9746	6457	6210	2347	3863	19010	8050	10960
3369	2200	1169	2529	486	2043	7028	3000	4028
6107	4034	2073	3320	3320		12527	9179	3348
			6181	1966	4215	5775	4347	1428
7731	1157	6574				21257	12047	9210
13769	11818	1951	4228	2689	1539	8910	5419	3491
4985	3796	1189	5047	2390	2657	10391	7025	3366
9879	6176	3703	1809	458	1351	7252	2036	5216

年）

单位:万元

资方向分								
交通运输仓储及邮电业			文化教育事业			卫生体育福利和社会服务业		
合计	非农户	农户	合计	非农户	农户	合计	非农户	农户
61381	**53905**	**7476**	**14321**	**13816**	**505**	**7521**	**6361**	**1160**
2072	2072		1335	1335		501	501	
2657	2002	655	1820	1820		2333	1806	527
3434	3324	110	622	622		387	387	
8024	4057	3967	617	617		245	245	
			571	571				
4940	4779	161	2855	2855		1239	1239	
3287	3113	174	260	260		179	179	
8581	6508	2073	345	345		1399	1399	
1104	1104		476		476	27		27
6062	5877	185	554	554		781	175	606
10439	10439		3839	3839		120	120	
2055	1904	151	561	532	29	38	38	
8726	8726		466	466		272	272	

6—39 续表 2

(2002

	按具体					
	房屋					
				住宅		
	合计	非农户	农户	合计	非农户	农户
全　市	**261619**	**36925**	**224694**	**224465**	**4587**	**219878**
宛城区	22299	5621	16678	16817	139	16678
卧龙区	7352	2366	4986	6623	1638	4985
南召县	9761	1981	7780	8439	659	7780
方城县	20032	807	19225	19428	203	19225
西峡县	14113	4708	9405	9796	392	9404
镇平县	34837	6570	28267	28107		28107
内乡县	22230	1493	20737	20869	132	20737
淅川县	13935	4379	9556	6589	313	6276
社旗县	9549	98	9451	9549	98	9451
唐河县	51808	1716	50092	50465	373	50092
新野县	22226	3663	18563	18612	48	18564
桐柏县	6981	1392	5589	4729	353	4376
邓州市	26496	2131	24365	24442	239	24203

6—39 续表 3

(2002

	按具体投资项目分						本年施工房屋面积（万平方米）		
	水利			其他					
	合计	非农户	农户	合计	非农户	农户	合计	非农户	农户
全　市	**44080**	**37539**	**6541**	**83857**	**54974**	**28883**	**976**	**100**	**876**
宛城区	1665	1042	623	2545	890	1655	92	11	81
卧龙区	3716	3574	142	7257	5114	2143	28	10	18
南召县	3993	2191	1802	9145	7913	1232	43	3	40
方城县	523	523		3271	1680	1591	84	3	81
西峡县	482	482		2175	2175		40	9	31
镇平县	2830	2468	362	21615	15802	5813	94	13	81
内乡县	2322	1346	976	3744	1598	2146	106	5	101
淅川县	4059	2011	2048	8468	7354	1114	55	9	46
社旗县	3605	3605		5308	1093	4215	42		42
唐河县	10113	10113		3479	51	3428	175	6	169
新野县	3508	3508		5670	4131	1539	70	9	61
桐柏县	5773	5185	588	6070	3414	2656	38	13	25
邓州市	1491	1491		5110	3759	1351	109	9	100

年）　　　　　　　　　　　　　　　　　　　　　　　　　　　单位：万元

投资项目分								
道路			桥梁			设备		
合计	非农户	农户	合计	非农户	农户	合计	非农户	农户
50408	**50408**		**4246**	**4246**		**99090**	**57908**	**41182**
1762	1762		143	143		11119	4843	6276
2912	2912		48	48		6152	4186	1966
3244	3244		93	93		3360	2878	482
4057	4057					10474	1132	9342
858	858		35	35		5942	5942	
4145	4145		56	56		16203	9746	6457
3113	3113					3368	2200	1168
6271	6271					6107	4034	2073
1104	1104							
6930	6930		232	232		7731	1157	6574
6747	6747		3434	3434		13770	11818	1952
2408	2408		205	205		4985	3796	1189
6857	6857					9879	6176	3703

年）　　　　　　　　　　　　　　　　　　　　　　　　　　　单位：万元

住宅			本年竣工房屋面积（万平方米）			住宅		
合计	非农户	农户	合计	非农户	农户	合计	非农户	农户
863	**13**	**850**	**979**	**100**	**879**	**863**	**13**	**850**
81		81	90	9	81	81		81
23	5	18	28	10	18	23	5	18
41	1	40	45	5	40	41	1	40
82	1	81	84	3	81	82	1	81
32	1	31	43	9	34	32	1	31
80		80	94	13	81	80		80
100		100	106	5	101	100		100
28		28	55	9	46	28		28
42		42	42		42	42		42
170	1	169	175	6	169	170	1	169
61		61	70	9	61	61		61
22	3	19	38	13	25	22	3	19
101	1	100	109	9	100	101	1	100

6-40 计划总投资在1000万

（2002

序号	单位名称	项目名称	计划总投资	实际需要的总投资
1	邓州市电业局	农网改造	5000	5000
2	邓州市东城办事处	花洲书院修复工程	1500	1500
3	邓州市东城办事处	临湍风景带	1500	1500
4	邓州市东城办事处	三里阁蔬菜市场	1400	1400
5	邓州市东城办事处	张白蔬菜市场	2000	2000
6	邓州市建设局	市政工程	5000	5000
7	邓州市交通局	邓孟路改造	6035	6035
8	邓州市交通局	邓襄路改造	2707	2707
9	邓州市南阳烟叶复烤厂	打烟生产线一期工程续建工程	1000	1000
10	邓州市南阳引丹局	续建配套	10800	10800
11	邓州市农综开发办公室	农综开发	2000	2000
12	邓州市水利局	打井配套	3744	3744
13	邓州市引丹局	节水改造	2500	2500
14	桐柏县移动公司	基站、传输网建设	1240	1240
15	方城县电业局	农网改造	2590	2590
16	方城县广阳镇	5万吨油库建设	3200	3200
17	方城县华丰化工有限公司	生物有机复合肥	2300	2300
18	方城县建设局	交通街综合开发建设	2235	2235
19	方城县建设局	康达住宅小区	1400	1400
20	方城县建设局	中意花园住宅小区	2500	2500
21	方城县交通局	广鸭路	1028	1028
22	方城县教体局	电教室配套设备	1255	1255
23	方城县粮食局	国家储备库	1402	1402
24	方城县人民医院	综合病房楼	1500	1500
25	方城县宛北水泥有限公司	30万吨水泥生产线扩改	1500	1500
26	方城县翔宇化纤有限公司	高强涤纶缝纫线生产线	2955	2955
27	方城县畜牧局	世行贷款肉牛发展项目	1175	1175
28	方城县裕州轴承有限公司	6万套数控机床精密轴承	2300	2300
29	方城县综合开发办公室	世行贷款农业灌溉	1615	1615
30	河南红阳机械厂	高新工程	2500	2500
31	河南金冠王码信息股份有限公司	高能压敏电阻及避雷器	7743	7743
32	河南南阳光武国家粮食储备库	扩建工程	1349	1349
33	河南南阳航天水泥厂	3000吨熟料水泥生产线	32700	32700
34	河南省电信公司南阳市分公司	电信综合楼	12573	12573
35	河南省电信公司南阳市分公司	线路改造工程	6973	6973
36	河南省华龙辛荑开发有限责任公司	辛荑油深加工项目	1100	1100
37	河南省南阳宾馆	会议中心	1640	1640
38	河南省南阳监狱	狱政设施改造	1806	1806
39	河南省南阳市烙画厂	玉雕交易市场	2000	2000
40	河南省许平南高速公路有限公司	高速公路	368000	368000
41	河南省烟草公司南阳分公司	科技培训中心	1500	1500
42	河南省移动通信有限责任公司南召县营业部	转播塔综合项目	2000	2000
43	河南石油勘探局	更新改造	76932	76932

元以上项目投资情况

年）

单位：万元

累计完成投资	累计新增固定资产	本年计划投资	本年完成投资	建筑工程	安装工程	设备购置	本年新增固定资产
4780	4780	5000	4780	4780			
650	650	1300	650	650			650
1210	1210	1500	1210	1210			
700	700	1000	700	700			
415	415	1280	415	415			
2830	2830	3500	2830	2770	20	40	
4700	4700	6035	4700	4700			4700
2707	2707	2707	2707	2707			2707
1000	1000	1000	1000	500		500	1000
3828	2566	2074	2895	1618	8	69	2116
2000	2000	2000	2000	2000			2000
3744	3744	3744	3744	3744			3744
1459		2000	1459	1459			
1000		1240	1000	250	60	570	
2590	2590	2590	2590	657	194	1689	2590
3200	3200	3200	3200	2000	50	1000	3200
2300	2300	2300	2300	550	420	1000	2300
2200		2235	2200	2200			
1000		1400	1000	1000			
1000		1000	1000	1000			
1028	1028	1028	1028	1028			1028
1255	1255	1255	1255			1255	1255
1402	1402	1402	1402	1322			1402
400		1500	400	300			
1500	1500	1500	1500	277	103	1031	1500
2000		2000	2000	400	50	1450	
1175	1175	120	120	90		30	1175
2300	2300	2300	2300	500	150	1400	2300
1500		1615	1500	1335		165	
1789		1549	1549	1549			
5589		4008	1854	108	63	1373	
1346	1346	1346	1346	1130		160	1245
5160	5160	5000	5160			2360	5160
11201		1336	1336	1336			
6973		6973	6973			6973	
220	220	220	220			220	220
1640	1640	1640	1640	1361	245	34	1640
1806	1806	500	648	648			963
2000	2000	1500	2000	1800		200	2000
37795		50000	37795	18162			
1500	1500	1300	1300	1300			1300
1546	1546	2000	1546	837	400	309	1546
76932	37717	76932	76932	39235	8462	19343	37717

6—40 续表 1 (2002

序号	单位名称	项目名称	计划总投资	实际需要的总投资
44	河南石油勘探局	基本建设	40000	40000
45	河南石油勘探局	其他投资	30000	30000
46	河南石油勘探局南阳石油机械厂	51#—56#号经济适用住宅楼	1798	1798
47	河南天冠集团有限公司	30 万吨/年燃料乙醇项目	128624	128624
48	河南天冠企业集团有限公司	20 万吨/年燃料乙醇	7210	7210
49	河南向东机械厂	轻型汽车车桥生产线	1300	1300
50	河南新野纺织集团股份有限公司	纺织生产线扩建	9000	9000
51	河南新野纺织集团股份有限公司	高档服装面料生产线扩建	14958	14985
52	河南移动通信有限责任公司南阳分公司	综合生产楼	2900	2900
53	河南中光学集团有限公司	特种镜头系列和夜视瞄准镜技术改造	9638	9638
54	乐凯第二胶片厂	高速 ps 版生产线	24352	24352
55	内乡交通局	灌二战备公路改建	13000	13000
56	内乡交通局	国道 312 大修	2000	2000
57	内乡交通局	内余路改建	2064	2064
58	内乡交通局	豫 52 线道路改建	4300	4300
59	内乡交通局	豫 53 线改建	1380	1380
60	内乡隆丰化工有限公司	综合项目	1700	1700
61	内乡三泰石材有限公司	高级大理石工艺品生产线	1300	1300
62	内乡水利局	国债农村饮水解困工程	1225	1225
63	内乡县城建局	城市改造	3043	3043
64	内乡县黄金局	珠宝首饰加工	1800	1800
65	内乡县医院	建病房楼	1000	1000
66	内乡县裕隆地毯公司	地毯生产线	1500	1500
67	内乡寅兴公司	人造大理石生产线	1600	1600
68	内乡造纸厂	综合项目	18000	18000
69	南纺集团邓州正兴公司	设备改造	3000	3000
70	南阳防爆集团有限公司	防尘防爆电机	3002	3002
71	南阳纺织集团有限公司	高档服装面料生产线	18984	18984
72	南阳飞亚食品有限公司	建厂	2073	2073
73	南阳孚达光电技术有限公司	生产线	7200	7200
74	南阳高新区创业服务中心	新建生产线	1000	1050
75	南阳高新区管委会	独山大道扩建、主干道美亮化	2500	2500
76	南阳海咏纺织制衣企业有限公司	海咏纺织制衣生产线	5000	6000
77	南阳衡湇制药有限责任公司	大输液 GMP 改造工程	1370	1370
78	南阳卷烟厂	“九五”技改	9152	9152
79	南阳卷烟厂	九五技改公用工程	3000	3000
80	南阳卷烟厂	制丝车间	8389	8389
81	南阳理工学院	校区扩建	5000	5000
82	南阳普康集团化学制药厂	CMP 制剂大楼	2895	2895
83	南阳汽车运输总公司	购车	1536	1536
84	南阳汽车运输总公司	汽车南站	1300	1300
85	南阳师范学院	文博楼	3000	3050
86	南阳市百乐宾馆	百乐商务大厦	1300	1300

年）

单位:万元

累计完成投资	累计新增固定资产	本年计划投资	本年完成投资				本年新增固定资产
				建筑工程	安装工程	设备购置	
33430	10270	40000	33430	22375	1856	3989	10270
28150		30000	28150	20446		762	
729		900	729	593	136		
1382		10000	1382				
4620		3016	426	25	40	361	
459		459	459	310	8	141	
9000	9000	5900	5900			5900	5900
6200		14958	6200			6200	
1840		2000	426	426			
5528	1663	3691	3691	536	13	2951	179
20131		9699	2849	810	100	875	
2800		2800	2800	2800			
2000	2000	2000	2000	2000			2000
2064	2064	2064	2064	2064			2064
4300	4300	4300	4300	4300			4300
1380	1380	1380	1380	1380			1380
1700	1700	1700	1700	630	60	1010	1700
1300	1300	1300	1300	1300			1300
650		1225	650	453	55	142	
3043	3043	3043	3043	3043			3043
1800	1800	1800	1800	1800			1800
1000	1000	1000	1000	1000			1000
1500	1500	1500	1500	1500			
1600	1600	1600	1600	1600			1600
644		644	644			561	
850	850	3000	850	130	20	700	850
2910	2002	3002	2910	76	19	1998	2002
18200	18200	5127	4977		120	4560	4977
2073	2073	2073	2073	1763		240	2073
2193		1700	2193	550	50	1200	
1050	1050	1000	1050		50	1000	1050
2500	2500	2500	2500	2000			2500
2156	2156	4000	2156	700		1259	2156
1370	1370	1132	1132	353	150	629	1370
9152	9152	9152	9152			9152	9152
3000	3000	1805	1805			1805	1805
8389	8389	3000	1724	477	203	1044	1724
4500	4500	5000	4500	4500			4500
1600		1600	1600	800		800	
1536	1536	1536	1536			1536	1536
900	900	900	900	900			900
1380		1380	1380	1240	80	60	
1300	1300	1020	1020	1020			1300

6—40 续表 2 (2002

序号	单位名称	项目名称	计划总投资	实际需要的总投资
87	南阳市碧源纸业有限公司	碧源纸业公司住宅楼	3000	3000
88	南阳市地方铁路局	汽车配件市场	1500	1500
89	南阳市第五中学	综合教学楼	1600	1800
90	南阳市电业局	城网改造	46435	46435
91	南阳市电业局	调度综合楼	8500	8500
92	南阳市电业局	东郊农电公司农网改造二期	2560	2560
93	南阳市电业局	东郊农网改造	3700	3700
94	南阳市电业局	西郊农电公司农网改造二期	2500	2500
95	南阳市电业局东郊农电公司	农网改造	2560	2560
96	南阳市电业局西郊农电公司	卧龙区电网改造	8510	8510
97	南阳市高速公路有限公司	新建	240000	240000
98	南阳市公路工程处	滨河路西延	4265	4265
99	南阳市建设委员会	滨河路人行道、栏杆工程	1048	1048
100	南阳市建设委员会	东环路扩建工程	3240	3240
101	南阳市建设委员会	卧龙路改建工程	4761	4761
102	南阳市建设委员会	中州东路改建工程	7829	7829
103	南阳市郊区电业局	西郊农网改造	6203	6203
104	南阳市京达实业有限公司	南开附中南阳分校	1200	1600
105	南阳市林业局	防护林建设	2685	2685
106	南阳市商业银行	培训中心	13600	13600
107	南阳市商业银行泉永丰支行	泉永丰、华润住宅楼	1000	1100
108	南阳市食品商贸城	集资楼	8000	8000
109	南阳市体育局	体育中心新建	19970	19970
110	南阳市卧龙区公路管理局	312 国道大修加宽	1500	1500
111	南阳市卧龙区轧花厂	卧龙区轧花厂搬迁	3000	3000
112	南阳市新起点生化技术研究所	GMP 生产车间	1600	1600
113	南阳市新亚电力实业股份有限公司	培训中心	3600	3600
114	南阳市鸭河口灌区配套办公室	鸭灌续建配套	79200	79200
115	南阳市盐业管理局	办公住宅综合楼	1600	1600
116	南阳市一中	迁建	12380	12380
117	南阳市沼气公司	煤气工程	3698	3698
118	南阳市中级人民法院	综合楼	3819	3819
119	南阳市中心医院	医疗设备购置	3218	3218
120	南阳市中心医院	医疗综合楼	1020	1020
121	南阳市中心医院	住宅楼	1030	1798
122	南阳市自来水公司	张衡路住宅小区	2000	2000
123	南阳新亚电力股份公司	万和医院	1800	1800
124	南阳烟叶复烤厂	打烟生产线二期工程	3600	3600
125	南阳中医药学校	住宅楼	1100	1100
126	南召县崔庄乡人民政府	南召县崔庄乡回龙沟抽水蓄能电站	45000	45000
127	南召县电业局	农网改造续建	3950	3950
128	南召县建设局	南召县滨河大道	1400	1400
129	南召县交通局	南召县 207 国道南召至南河店段	4588	4588

年）

单位：万元

累计完成投资	累计新增固定资产	本年计划投资	本年完成投资	建筑工程	安装工程	设备购置	本年新增固定资产
2100		3000	2100	2100			
1500	1500	1500	1500	1500			1500
1775	1775	764	764	622	24	108	1775
28500		1969	2665		1199	1466	
8500	8500	1000	100	100			100
2560		2560	2560		840	1720	
3509	3509	1928	1928	104	592	1232	3509
2395		2500	2395		785	1610	
2560	2560		2560	20	800	1740	2560
8510	8510	2500	2359		785	1574	2359
3449		3449	3449				
4265	4265	4265	4265	4265			4265
1048	1048	737	737	737			1048
3240	3240	3240	3240	2930			3240
2966		1921	126				
2620		7071	2300				
6203	6203	1139	1139		490	649	1139
1600	800	1200	1600	400	150	250	800
2685	2685	2685	2685				2685
11945		6868	5213	73	3553	1377	
1100	1100	1000	1100	890			1100
6500	6500	6500	6500	5750	750		6500
4300		4300	4300	4300			
1500	1500	1500	1500	1500			1500
550		550	550				
990		1600	990	700		120	
2191		2200	591	430	81	80	
5263	5263	1600	763	535	3	11	
1600	1600	1600	1600	1200			1600
9851	9851	5914	5914	5672	242		9851
896		2000	896	460	436		
3819	3819	1655	1655	1626	29		3819
3218	3218	3218	3218			3218	3218
1020	1020	55	55		55		1020
1798	1798	812	812	45	767		1798
2000	2000	600	600	100	200	300	2000
1130		1800	1130	100	50	980	
730	730	1200	730	730			
728	728	1100	728	728			728
20000	20000	20000	20000	20000			
3950	3950	3950	3950	3950			3950
1400	1400	1400	1400	1400			1400
1398	1398	1500	1398	1398			1398

序号	单位名称	项目名称	计划总投资	实际需要的总投资
130	南召县交通局	南召县乔端镇宝天曼公路	1100	1100
131	南召县交通局	南召县石人山公路网	3150	3150
132	南召县经贸委	南召县经贸委综合项目	1374	1374
133	南召县水利局	碾坪水电站	2080	2080
134	宁西铁路建设指挥部	南阳段建设	575000	575000
135	社旗县城乡建设管理局	红旗路及建设路	1176	1176
136	社旗县电业局	11 万变电站	1700	1700
137	社旗县电业局	农网城网改造第二期	3040	3040
138	社旗县发展计划委员会	潘赵河城区段防洪工程	1997	1997
139	社旗县公路管理局	南驻路改建	1730	1730
140	社旗县国土资源房产管理局	怡园小区	1500	1500
141	社旗县农业综合开发办公室	农综开发项目	2140	2140
142	社旗县县乡公路管理所	黄杨公路社太段	2160	2160
143	社旗县畜牧局	世行贷款肉牛发展项目	1100	1100
144	石门水利枢纽工程指挥部	水利工程	12316	12316
145	唐河公路管理所	312 国道一豫 49 线改建	5100	5100
146	唐河县城建局	滨河路建设	3180	3180
147	唐河县电业局	农网改造二期工程	4400	4400
148	唐河县公路管理段	豫 54 线唐新路改建	2170	2170
149	唐河县丽荔公司	1200 头气流纺改造	1293	1293
150	唐河县龙山水泥集团有限公司	高性能水泥生产技术	1500	1500
151	唐河县农业综合开发办公室	农业综合开发	1587	1587
152	唐河县水利局	农田水利基本建设	3744	3744
153	铁通南阳分公司	基本建设	1000	1000
154	桐柏县安棚碱矿	二期改建	1900	1904
155	桐柏县电业局	农网改造	3700	3700
156	桐柏县公路局	312 国道改建	1500	1500
157	桐柏县公路局	国道大修	2400	2400
158	桐柏县公路局	桐明线改建	8524	8524
159	桐柏县碱矿有限责任公司	3.5 万吨/年二期工程	2300	2300
160	桐柏县人民医院	扩建	1000	1000
161	桐柏县水利局	龙潭河水库	2770	2770
162	桐柏县万和实业有限公司	商贸城	16000	16000
163	桐柏县县乡公路管理所	桐柏至安棚	3400	3400
164	桐柏县县乡公路管理所	桐柏至鲁山	1800	1800
165	桐柏县兴业公司	扩建	2500	2500
166	桐柏县畜牧局	南江黄羊开发项目	1000	1000
167	宛城区县乡公路管理所	八条县乡公路	2500	2500
168	西峡县城关镇政府	龙湾开发小区	4000	4000
169	西峡县电业局	二期农村电网改造	4700	4700
170	西峡县工业园区管委会	工业园区	17600	17600
171	西峡县公路段	209 公路	3200	3200
172	西峡县公路段	312 公路改建	9000	9000
173	西峡县公路段	豫 48 公路	9150	9150

年）　　　　单位：万元

累计完成投资	累计新增固定资产	本年计划投资	本年完成投资	建筑工程	安装工程	设备购置	本年新增固定资产
1100	1100	1100	1100	1100			1100
1700	1700	1700	1700	1700			1700
1374	1374	1374	1374	800	200	374	1374
111	111	150	111	111			111
335000		165000	165000	165000			
1176		1176	1176	971			
600		600	600	420	180		
1950		3040	1950		585	1307	
100		100	100	100			
1513		1730	1513	1513			
500		500	500	500			
2140		2140	2140	2140			
2160	2160	2160	2160	2160			2160
450		450	450	400			
11746	11746	2000	570	570			
5100	5100	5100	5100	5100			5100
3180	3180	3180	3180	3180			3180
4192	4192	4400	4192	40	1038	2906	4192
2170	2170	2170	2170	2170			2170
1250	1250	1293	1250	100		1150	1250
1100	1100	1100	1100	50	200	850	1100
1587	1587	1587	1587	1587			1587
3744	3744	3744	3744	3744			3744
610		1000	610	93	517		
1904	1904	1900	1904	44	122	547	1904
2000		3700	2000	100	500	1400	
1500	1500	1500	1500	1000			1500
2400	2400	2400	2400	2400			2400
8524	8524	2724	2724	2724			8524
2300	2300	2300	2300	900	554	846	2300
591		1000	591	100	260	231	
50		1429	50	50			
900		1000	900	662			
3400	3400	3400	3400	3400			3400
1800	1800	1800	1800	1800			1800
2300		2500	2300	400	150	1400	
375		1000	375				
2500	2500		2500	2500			2500
4000		4000	1967	300			
700		4700	700		211	473	
2833		17600	2833				
3200	3200	2000	183	183			128
7130		8000	7130	7130			
8753	8753	8753	8753	8753			8753

6—40 续表 4 （2002

序号	单位名称	项目名称	计划总投资	实际需要的总投资
174	西峡县建设局	人民会堂	1010	1010
175	西峡县建设局	橡胶坝	1030	1030
176	西峡县建设局	中心广场	6500	6500
177	西峡县老界岭生态旅游管理处	老界岭旅游生态工程	3600	3600
178	西峡县石门水利枢纽管理局	石门旅游设施	3786	3786
179	西峡县水泵厂	轿车水泵生产线	2500	2500
180	西峡县水泵厂	汽车配件毛坯铸造	1500	1500
181	西峡县宛西制药厂	山茱肉基地	2000	2000
182	西峡县宛西制药公司	天麻颗粒新技术	10080	10080
183	西峡县乡公路管理所	西坪—寨公路	2080	2080
184	西峡县镇政府居委会	鸿运小区	3000	3000
185	淅川县长城集团	复合金粉	3630	3630
186	淅川县电业局	二期农网改造	9240	9240
187	淅川县电业局	内乡—江沟变电站	4500	4500
188	淅川县粉末冶金厂	聚四氟制品生产线	1500	1500
189	淅川县公路段	邓淅—九重线路	1106	1106
190	淅川县公路段	东环路	2284	2284
191	淅川县公路段	内淅线改建	1919	1919
192	淅川县公路段	西淅线路	1300	1300
193	淅川县计划委员会	以工代赈	1825	1825
194	淅川县铁合金厂	4。5万吨电解铝工程	15000	15000
195	淅川县造纸厂	可降解植物纤维薄膜	3800	3800
196	淅川县制药集团公司	GMP 改造认证	2077	2077
197	新野县电业局	城市电网改造	2750	2750
198	新野县交通局	溧河路改造	1936	1936
199	新野县交通局	南新路城区段改道	1200	1200
200	新野县交通局	县道汉王路工程	2117	2117
201	新野县农经委	农综合开发	1680	1680
202	新野县市政工程公司	城区道路改造	1530	1530
203	新野县水利局	城区段白河护岸	1100	1100
204	新野县畜牧局	畜牧养殖及配套	2480	2480
205	新野县造纸总厂	废水处理工程	1850	1850
206	镇平县城建局	玉雕广场建设	1500	1500
207	镇平县城市建设局	电力广场	2000	2000
208	镇平县城市建设局	赵河开发	2000	2000
209	镇平县电业局	农网改造二期工程	4040	7900
210	镇平县国家粮食储备库	粮食储备库建设	1847	1847
211	镇平县交通局	312 国道改建	1991	1991
212	镇平县林业局	退耕还林工程	3158	3158
213	镇平县农综办	农综开发	1102	1102
214	镇平县省标准石化有限公司石油储备库	石油储备库建设	3000	3000
215	中国联合通信有限公司南阳分公司	GSM 五期	5000	5000
216	中国联通有限公司南阳分公司	办公大楼	1980	1980
217	中原机械厂第二生活区项目部	住宅楼	1500	1500

年）　　　　　　　　　　　　　　　　　　　　　　　　　　　单位:万元

累计完成投资	累计新增固定资产	本年计划投资	本年完成投资	建筑工程	安装工程	设备购置	本年新增固定资产
1010	1010	1010	800	800			800
1030	1030	1030	1030	800			1030
1100		3000	1100				
1500		1500	1500	1500			
350	320	570	350	150		200	200
2500	2500	2500	2500	180	70	1870	2500
150		1000	150	50			
500		800	500				
1000		4000	1000	1000			
1050		2080	1050	1050			
2000		3000	2000	500			
780	780	1200	780	100	165	515	
4440		5000	4440	1000	440	3000	
4500	4500	4500	4500	700	1600	2200	4500
390		1000	390			390	
1106	1106	1106	1106	1106			1106
2284	2284	2284	2284	2284			2284
1919	1919	1919	1919	1919			1919
1300	1300	1300	1300	1300			1300
1825	1825	1825	1825	1825			1825
15000	15000	6700	6700	530	640	4620	6700
1250		3800	1250	230	150	835	
2077	2077	2077	2077	990	380	687	2077
2750	2750	2750	2750		100	2610	2610
1936	1936	1936	1936	1936			1936
400		1200	400	400			
1600		1600	1600	1600			
1680	1680	1680	1680	1340		340	1680
1530	1530	1530	1530	1020		460	1530
800	800	800	800	800			800
2480	2480	2480	2480	420			2480
1850	1850	1850	1850	32		818	1850
1500	1500	1500	1500	700		800	1500
2000		2000	1120	1120			
1461		2000	1461	1461			
2870	2870	3050	2870		2870		2870
1647	1647	1847	1647	1404		123	1647
1991	1991	1991	1991	1991			1991
926	926	3158	450				450
744		744	744	744			
210	210	3000	210				210
5000	5000	5000	5000	4500	110	390	5000
1980	1980	1980	1980	1480	260	240	1980
1500	1500	500	500	450	50		1500

主要统计指标解释

固定资产投资 固定资产投资是社会固定资产再生产的主要手段。通过建造和购置固定资产的活动,国民经济不断采用先进技术装备,建立新兴部门,进一步调整经济结构和生产力的地区分布,增强经济实力,为改善人民物质文化生活创造物质条件。这对我国的社会主义现代化建设具有重要意义。

固定资产投资额是以货币表现的建造和购置固定资产活动的工作量,它是反映固定资产投资规模、速度、比例关系和使用方向的综合性指标。全社会固定资产投资按经济类型可分为国有、集体、个体、联营、股份制、外商、港澳台商、其他等。按照管理渠道,全社会固定资产投资总额分为基本建设、更新改造、房地产开发投资和其他固定资产投资四个部分。

基本建设投资 基本建设指企业、事业、行政单位以扩大生产能力或工程效益为主要目的的新建、扩建工程及有关工作。其综合范围为总投资50万元以上(含50万元,下同)的基本建设项目。具体包括:(1)列入中央和各级地方本年基本建设计划的建设项目,以及虽未列入本年基本建设计划,但使用以前年度基建计划内结转投资(包括利用基建库存设备材料)在本年继续施工的建设项目;(2)本年基本建设计划内投资与更新改造计划内投资结合安排的新建项目和新增生产能力(或工程效益)达到大中型项目标准的扩建项目,以及为改变生产力布局而进行的全厂性迁建项目;(3)国有单位既未列入基建计划,也未列入更新改造计划的总投资在50万元以上的新建、扩建、恢复项目和为改变生产力布局而进行的全厂性迁建项目,以及行政、事业单位增建业务用房和行政单位增建生活福利设施的项目。

更新改造投资 更新改造指企业、事业单位对原有设施进行固定资产更新和技术改造,以及相应配套的工程和有关工作(不包括大修理和维护工程)。其综合范围为总投资50万元以上的更新改造项目。具体包括:(1)列入中央和各级地方本年更新改造计划的投资单位(项目)和虽未列入本年更新改造计划,但使用上年更新改造计划内结转的投资在本年继续施工的项目;(2)本年更新改造计划内投资与基本建设计划内投资结合安排的对企、事业单位原有设施进行技术改造或更新的项目和增建主要生产车间、分厂等其新增生产能力(或工程效益)未达到大中型项目标准的项目,以及由于城市环境保护和安全生产的需要而进行的迁建工程;(3)国有企、事业单位既未列入基建计划也未列入更新改造计划,总投资在50万元以上的属于改建或更新改造性质的项目,以及由于城市环境保护和安全生产的需要而进行的迁建工程。

房地产开发投资 指房地产开发公司、商品房建设公司及其他房地产开发法人单位和附属于其他法人单位实际从事房地产开发或经营的活动单位统一开发的包括统代建、拆迁还建的住宅、厂房、仓库、饭店、宾馆、度假村、写字楼、办公楼等房屋建筑物和配套的服务设施,土地开发工程(如道路、给水、排水、供电、供热、通讯、平整场地等基础设施工程)的投资;不包括单纯的土地交易活动。

其他固定资产投资 指全社会固定资产投资中未列入基本建设、更新改造和房地产开发投资的建造和购置固定资产的活动。具体包括:

(1)国有单位按规定不纳入基本建设计划和更新改造计划管理,计划总投资(或实际需要总投资)在50万元以上的以下工程:①用油田维护费和石油开发基金进行的油田维护和开发工程;②煤炭、铁矿、森工等采掘采伐业用维简费进行的开拓延伸工程;③交通部门用公路养路费对原有公路、桥梁进行改建的工程;④商业部门用简易建筑费建造的仓库工程。

(2)城镇集体固定资产投资:指所有隶属城市、县城和经国务院及省、自治区、直辖市批准建制的镇领导的集体单位(乡镇企业局管理的除外)建造和购置固定资产计划总投资(或实际需要总投资)在50万元以上的项目。

(3)外的其他各种企、事业单位、个体建造和购置固定资产总投资在50万元以上的、未列入基本建设计划和更新改造计划的项目。

城镇和工矿区私人建房投资和农村个人投资 城镇和工矿区私人建房包括市、县城、镇、工矿区所辖范围内的全部私人建房,不论其房主是否系本地的常住户口均应包括。农村个人投资包括农村个人建房及购置生产性固定资产的投资。

固定资产投资的资金来源 根据固定资产投资的资金来源不同,分为国家预算内资金、国内贷款、利用外资、自筹资金和其他资金来源。

(1)国家预算内资金:指中央财政和地方财政中由国家统筹安排的基本建设拨款和更新改造拨款,以及中央财政安排的专项拨款中用于基本建设的资金和基本建设拨款改贷款的资金等。

(2)国内贷款:指报告期内企、事业单位向银行及非银行金融机构借入的用于固定资产投资的各种国内借款。包括银行利用自有资金及吸收的存款发放的贷款、上级主管部门拨入的国内贷款、国家专项贷款(包括煤代油贷款、劳改煤矿专项贷款等)、地方财政专项资金安排的贷款、国内储备贷款、周转贷款等。

(3)利用外资:指报告期内收到的用于固定资产投资的国外资金,包括统借统还、自借自还的国外贷款,中外合资项目中的外资,以及对外发行债券和股票等。国家统借统还的外资指由我国政府出面同外国政府、团体或金融组织签订贷款协议、并负责偿还本息的国外贷款。

(4)自筹资金:指建设单位报告期内收到的,用于进行固定资产投资的上级主管部门、地方和企、事业单位自筹资金。

(5)其他资金来源:指报告期内收到的除以上各种拨款、借款、自筹资金之外,其他用于固定资产投资的资金。

固定资产投资按国民经济行业分 建设项目归哪个行业,按其建成投产后的主要产品或主要用途及社会经济活动性质来确定。基本建设按建设项目划分国民经济行业，更新改造、国有单位其他固定资产投资及城镇集体投资根据整个企业、事业单位所属的行业来划分。一般情况下，一个建设项目或一个企业、事业单位只能属于一种国民经济行业。为了更准确地反映国民经济各行业之间的比例关系，联合企业（总厂）所属分厂属于不同行业的，原则上按分厂划分行业。

固定资产投资按建设性质分 建设项目的性质一般分为新建、扩建、改建、迁建、恢复。基本建设按建设项目划分建设性质，更新改造、国有单位其他固定资产投资及城镇集体投资等按整个企业、事业单位的建设情况确定建设性质，房地产开发单位、农村投资、城镇工矿区私人建房等投资不划分建设性质。

(1)新建：一般是指从无到有、"平地起家"新开始建设的单位。有的单位原有的基础很小，经过建设后其新增加的固定资产价值超过原有固定资产价值（原值）三倍以上的也算新建。

(2)扩建：一般是指为扩大原有产品的生产能力，在厂内或其他地点增建主要生产车间（或主要工程）、独立的生产线或分厂的企业；事业单位和行政单位在原单位增建业务用房（如学校增建教学用房、医院增建门诊部或病床用房、行政机关增建办公楼等）也作为扩建。

(3)改建：一般是指现有企业、事业单位为了技术进步，提高产品质量，增加花色品种，促进产品升级换代，降低消耗和成本，加强资源综合利用和三废治理、劳保安全等，采用新技术、新工艺、新设备、新材料等对现有设施、工艺条件进行技术改造或更新（包括相应配套的辅助性生产、生活福利设施）。有的企业为充分发挥现有生产能力，进行填平补齐而增建不增加本单位主要产品生产能力的车间等，也属于改建。

固定资产投资按构成分 固定资产投资活动按其工作内容和实现方式分为建筑安装工程，设备、工具、器具购置，其他费用三个部分。

(1)建筑安装工程（建筑安装工作量）：指各种房屋、建筑物的建造工程和各种设备、装置的安装工程。包括各种房屋建造工程，各种用途设备基础和各种工业窑炉的砌筑工程；为施工而进行的各种准备工作和临时工程以及完工后的清理工作等；铁路、道路的铺设，矿井的开凿及石油管道的架设等；水利工程；防空地下建筑等特殊工程；以及各种机械设备的安装工程；为测定安装工程质量，对设备进行的试运工作。在安装工程中，不包括被安装设备本身的价值。

(2)设备、工具、器具购置：指购置或自制达到固定资产标准的设备、工具、器具的价值，固定资产的标准按财务部门规定。新建单位、扩建单位的新建车间按照设计和计划要求购置或自制的全部设备、工具、器具，不论是否达到固定资产标准均计入"设备、工具、器具购置"中。

(3)其他费用：指在固定资产建造和购置过程中发生的，除建筑安装工程和设备、工具、器具购置以外的各种应摊入固定资产的费用。

基本建设项目按大中小型划分 基本建设划分大中小型项目原则上应按照上级批准的设计任务书或初步设计所确定的总规模或总投资划分，没有正式批准设计任务书或初步设计的，按国家或省、自治区、直辖市年度基本建设投资计划中所列的总规模或总投资划分。上述两条均不具备的，按本年计划施工工程的建设总规模或总投资划分。生产单一产品的工业项目，按产品的设计能力划分；生产多种产品的工业项目，按其主要产品的设计能力划分。品种繁多，难以按生产能力划分的，按全部计划投资额划分。划分标准以国家颁发的《大中小型建设项目划分标准》为依据。国家曾在1953年、1962年、1972年、1977年和1979年先后五次修订《大中小型建设项目划分标准》，因此各历史时期的大中型项目数不完全可比。

施工项目 指报告期内曾进行建筑或安装工程施工活动的建设项目，包括报告期内新开工项目、报告期以前开工跨入报告期继续施工的项目以及报告期施过工并在报告期内全部建成投产或停缓建的项目。

全部建成投产项目 工业项目是指设计文件规定形成生产能力的主体工程及其相应配套的辅助设施全部建成，经负荷试运转，证明具备生产设计规定合格产品的条件，并经过验收鉴定合格或达到竣工验收标准，与生产性工程配套的生活福利设施可以满足近期正常生产的需要，正式移交生产的建设项目。非工业项目是指设计文件规定的主体工程和相应的配套工程全部建成，能够发挥设计规定的全部效益，经验收鉴定合格或达到竣工验收标准，正式移交使用的建设项目。

新增生产能力 指通过固定资产投资活动而增加的设计能力或工程效益，它是用实物形态表示的固定资产投资的成果。新增生产能力的计算，是以能独立发挥生产能力或工程效益的单项工程（或项目）为对象。当单项工程（或项目）建成，经有关部门鉴定合格，正式移交投入生产，即可计算新增生产能力。

新增生产能力或工程效益有以下几种表现形式：

(1)以建设项目或单项工程建成后的年产能力表示，如煤炭开采、石油开采等。

(2)以建设项目或单项工程建成后处理原料的能力表示，如选矿工程的年处理矿石能力、洗煤厂年洗原煤能力等。

(3)以新增的主要设备数量或容量表示，如棉纺锭锭数、发电机组容量等。

(4)以建筑物容积、容量、面积或长度表示，如水库容量、铁路公路里程等。

新增生产能力的数量一般按设计能力计算。设计能力是指设计文件中规定的在正常情况下能够达到的生产能力，而不论投产后的实际产量如何。以设备数量、建筑物容积、面积、长度等表示的新增生产能力或工程效益，则按建成的实际数量计算。

房屋建筑面积 指从房屋外墙线算起的各层平面面积的总和，包括可供使用的有效面积和房屋结构（如柱、墙）占用的面积。多层建筑按各层（包括地下室）面积总和计算。

住宅建筑面积 指施工和竣工房屋建筑面积中供居住用的施工和竣工房屋建筑面积。

施工面积 指报告期内施工的全部房屋建筑面积。包括本期新开工的面积、上期跨入本期继续施工的房屋面积、上期停缓建在本期恢复施工的房屋面积、本期竣工的房屋面积及本期施工后又停缓建的房屋面积。

竣工面积 指在报告期内房屋建筑按照设计要求已全

部完工，达到住人和使用条件，经验收鉴定合格，正式移交使用单位的建筑面积。

房屋建筑面积竣工率 指一定时期内房屋竣工面积占同期房屋施工面积的比率。它是从房屋建筑施工速度的角度反映投资效果和建筑业经济效益的指标。

新增固定资产 指通过投资活动所形成的新的固定资产价值，包括已经建成投入生产或交付使用的工程价值和达到固定资产标准的设备、工具、器具的价值及有关应摊入的费用。它是以价值形式表示的固定资产投资成果的综合性指标，可以综合反映不同时期、不同部门、不同地区的固定资产投资成果。

建设项目投产率 指一定时期内全部建成投入生产项目个数与同期正式施工项目个数的比率。它是从项目建设速度的角度反映投资效果的指标。

固定资产交付使用率 指一定时期新增固定资产与同期完成投资额的比率。它是反映各个时期固定资产动用速度，衡量建设过程中投资效果的一个综合性指标。

七、物　　价

7-1 居民消费价格总指数和商品零售价格总指数

(以上年为 100)

	全市		城镇		#城区		农村	
	居民消费价格总指数	商品零售价格总指数	居民消费价格总指数	商品零售价格总指数	居民消费价格总指数	商品零售价格总指数	居民消费价格总指数	商品零售价格总指数
1984					102.0	101.6		
1985					107.1	106.5		
1986					106.0	105.4		
1987					107.6	107.4		
1988					121.8	123.5		
1989					116.1	115.9		
1990					103.5	102.5		
1991					106.4	106.2		
1992	105.3	105.0	107.4	107.4	106.9	106.8	103.4	102.9
1993	110.3	107.2	110.6	107.7	111.1	107.9	109.8	106.5
1994	123.6	119.9	123.5	119.6	124.3	117.9	123.8	120.0
1995	116.5	116.4	115.6	113.7	114.8	113.0	116.7	118.2
1996	110.8	109.2	110.3	107.3	110.4	107.4	110.9	109.8
1997	104.7	101.3	103.3	100.1	103.6	100.1	104.8	102.1
1998	96.9	96.2	96.8	95.3	96.8	95.3	97.0	96.7
1999	97.1	96.4	97.2	95.9	97.2	95.9	97.1	96.6
2000	98.7	98.0	98.9	99.3	98.9	99.3	98.4	97.5
2001	101.2	99.7	101.3	100.2	101.5	100.2	101.1	99.5
2002	100.9	99.1	100.0	98.5	99.9	98.3	101.6	99.3

注:“商品零售价格总指数”不包括“农业生产资料价格指数”。

7-2 居民消费价格总指数和商品零售价格总指数

(2002 年)

	全市		城镇		#城区		农村	
	居民消费价格总指数	商品零售价格总指数	居民消费价格总指数	商品零售价格总指数	居民消费价格总指数	商品零售价格总指数	居民消费价格总指数	商品零售价格总指数
以1985价格为100					324.9	319.35		
以1986价格为100					306.5	301.28		
以1987价格为100					284.8	279.97		
以1988价格为100					233.9	229.89		
以1989价格为100					201.4	197.97		
以1990价格为100					194.6	191.30		
以1991价格为100	183.9	156.1	182.1	151.3	182.9	179.81	181.5	156.8
以1992价格为100	174.8	148.7	169.6	140.9	171.1	168.22	175.6	152.4
以1993价格为100	158.4	138.6	153.3	130.8	154.0	151.43	159.8	143.1
以1994价格为100	128.1	115.6	124.2	109.4	123.9	121.77	129.1	119.3
以1995价格为100	110.0	99.3	107.4	96.2	107.9	106.06	110.6	100.9
以1996价格为100	99.3	91.0	97.4	89.6	97.8	96.14	99.8	91.9
以1997价格为100	94.8	89.8	94.3	89.5	94.4	92.80	95.2	90.0
以1998价格为100	97.9	93.4	97.4	94.0	97.5	95.84	98.1	93.0
以1999价格为100	100.8	96.8	100.2	98.0	100.3	98.59	101.1	96.3
以2000价格为100	102.1	98.8	101.3	98.7	101.4	99.67	102.7	98.8
以2001价格为100	100.9	99.1	100.0	98.5	99.9	98.3	101.6	99.3

注:“商品零售价格总指数”不包括“农业生产资料价格指数”。

7-3 居民消费价格指数

(2002年)

	以上年价格为100			定基比		
	全市	城市	农村	全市	城市	农村
居民消费价格总指数	**100.9**	**100.0**	**101.6**	**101.8**	**100.8**	**102.6**
服务项目价格指数	**106.8**	**105.1**	**107.9**	**111.8**	**111.2**	**112.2**
一、食品	**98.8**	**98.7**	**98.9**	**99.9**	**99.3**	**100.6**
1.粮食	99.7	100.5	98.3	98.4	99.5	96.4
2.淀粉及薯类	110.0	109.6	112.1	117.3	117.7	113.4
3.干豆类及豆制品	95.2	94.6	96.0	95.2	92.6	99.7
4.油脂	96.5	96.7	96.4	91.1	88.9	92.6
5.肉禽及其制品	97.2	96.6	97.6	102.6	100.2	104.5
#猪肉	94.4	92.7	95.5	101.2	96.3	104.2
6.蛋	101.0	100.5	101.6	103.3	104.2	102.0
#鲜蛋	100.9	100.5	101.3	103.8	104.4	102.9
7.水产品	95.8	93.7	98.2	99.2	101.5	96.9
8.菜	101.8	102.4	101.4	96.3	97.5	95.4
#鲜菜	104.6	103.6	109.8	96.0	97.6	95.6
9.调味品	100.3	98.7	100.8	106.7	105.5	107.1
10.糖	92.8	94.1	92.4	97.9	89.5	101.4
11.茶及饮料	97.2	96.6	98.7	97.0	94.9	101.6
12.干鲜瓜果	95.7	94.3	104.7	100.8	103.4	101.9
#鲜果	94.6	94.3	106.0	104.2	108.5	105.0
13.糕点饼干面包	96.7	95.6	98.4	93.1	92.0	95.0
14.奶及奶制品	95.8	95.6	96.3	94.2	92.9	98.4
15.在外用膳食品	100.9	101.4	100.3	101.2	101.4	100.9
16.其它食品及食品加工服务	99.4	100.0	99.1	99.0	97.8	99.0
二、烟酒及用品	**100.2**	**99.9**	**100.4**	**99.9**	**101.1**	**99.4**
三、衣着	**98.1**	**98.3**	**97.8**	**96.0**	**95.6**	**96.4**
1.服装	97.3	97.9	96.6	94.3	93.9	94.5
2.衣着材料	98.0	95.4	99.7	97.0	95.1	98.1
3.鞋袜帽	100.1	100.5	99.9	100.3	100.7	100.0
4.衣着加工服务	100.1	100.0	100.3	101.7	102.5	100.1
四、家庭设备用品及维修服务	**98.4**	**97.9**	**99.0**	**95.6**	**94.3**	**97.2**
1.耐用消费品	97.1	96.8	97.6	92.5	91.5	94.2
2.室内装饰品	98.8	98.8	99.8	98.4	98.5	95.0
3.床上用品	99.3	100.0	98.7	98.8	100.1	97.8
4.家庭日用杂品	99.3	99.2	99.3	98.0	97.2	98.5
5.家庭服务及加工维修服务	101.7	100.0	103.7	102.2	100.0	104.9
五、医疗保健和个人用品	**110.3**	**110.1**	**110.3**	**111.5**	**111.1**	**111.6**
1.医疗保健	116.7	114.8	117.7	119.1	117.2	120.1
2.个人用品及服务	99.7	97.6	100.3	99.1	95.4	100.3
六、交通和通讯	**99.7**	**99.0**	**100.3**	**98.8**	**96.1**	**101.4**
1.交通	101.0	101.0	100.9	102.0	100.8	102.6
2.通信	97.6	97.5	97.6	93.8	92.7	96.8
七、娱乐教育文化用品及服务	**102.3**	**98.8**	**104.1**	**103.6**	**97.9**	**106.7**
1.文娱用耐用消费品及服务	98.9	91.9	101.5	93.2	79.6	99.0
2.教育	104.0	100.5	105.6	108.0	101.8	110.9
3.文化娱乐用品	100.3	100.3	100.4	100.6	101.2	99.7
4.旅游及外出	96.7	98.5	100.3	100.1	108.6	100.5
八、居住	**100.6**	**101.3**	**100.1**	**105.6**	**111.2**	**101.8**
1.建房及装修材料	98.6	97.4	98.8	99.3	101.2	98.9
2.租房	109.7	110.5	105.3	154.7	161.2	109.2
3.自有住房	94.7	91.8	107.6	96.1	91.8	116.7
4.水、电、燃料	103.8	105.3	102.2	109.1	110.8	107.2

说明:定基比是指以2000年平均价格为100进行对比计算的指数。

7-4 商品零售及农业生产资料价格指数

(上年＝100)

项目	2002			2001		
	全市	城市	农村	全市	城市	农村
商品零售价格总指数	**99.1**	**98.5**	**99.3**	**99.7**	**100.2**	**99.5**
食品类	100.1	100.8	100.8	100.6	102.3	100.0
粮食	98.2	103.5	96.1	96.4	100.0	95.0
细粮	98.3	103.5	96.0	95.9	100.1	94.0
粗粮	97.1	102.0	96.3	99.7	98.8	100.2
油脂类	95.1	94.1	95.2	94.6	89.3	95.9
肉禽蛋	99.9	98.3	100.6	104.9	105.2	104.7
#猪肉	95.3	92.2	96.7	106.1	102.8	107.6
鲜蛋	101.3	101.3	101.3	104.1	107.6	101.7
水产品	96.1	93.7	97.3	102.3	104.3	101.2
鲜菜	106.8	108.7	106.0	96.7	101.4	94.8
干菜	98.3	97.6	98.5	100.3	100.0	100.4
鲜果	111.7	113.9	110.4	107.4	121.0	99.2
干果	101.4	95.5	102.7	96.8	93.4	97.6
其他食品类	98.4	97.2	98.6	103.8	100.9	104.7
饮食业	99.5	98.9	99.8	99.0	99.4	98.7
饮料、烟酒类	100.5	101.1	100.4	99.1	101.8	98.3
饮料	97.9	97.7	98.1	97.3	98.8	96.9
烟、酒	101.0	101.8	100.9	99.4	102.5	98.6
服装、鞋帽类	98.3	97.4	98.7	98.5	97.0	99.3
服装	97.2	96.2	97.8	97.7	95.5	99.0
鞋	99.8	99.6	99.9	99.4	100.3	99.0
其他衣着	100.0	99.6	100.0	100.3	98.5	100.7
纺织品类	99.1	98.1	99.4	98.6	99.8	98.2
棉布	100.2	99.2	100.4	99.3	98.7	99.4
棉布化纤混纺布	99.3	99.7	99.3	98.2	100.0	98.0
化纤布	99.1	100.0	98.9	98.4	100.0	98.0
呢绒	99.2	100.0	98.7	99.3	100.0	98.9
绸缎	98.8	99.2	98.7	97.4	100.0	96.2
其他纺织品	98.6	94.3	100.1	98.7	99.8	98.3
中、西药品类	97.4	96.4	98.0	97.2	96.4	97.7
中药	97.9	96.3	98.6	100.1	96.4	101.8
西药	97.0	95.9	97.6	95.5	95.7	95.4
化妆品类	97.6	94.2	98.9	98.0	99.9	97.2
书报、杂志类	102.5	100.5	103.2	106.9	100.3	109.0
文化体育用品类	99.5	99.2	99.7	99.6	99.0	99.8
文化用品	99.5	99.0	99.8	99.4	98.7	99.7
体育用品	99.7	99.8	99.7	100.0	100.0	100.1
日用品类	99.1	99.8	98.9	98.0	99.1	97.6
一般日用品	98.3	98.4	98.3	98.0	98.5	97.8
家具类	99.8	102.6	98.9	97.6	100.4	96.6
日用杂品	100.1	98.6	100.7	99.1	98.4	99.4
家用电器类	95.7	95.4	95.9	93.7	94.5	93.3
首饰类	93.9	89.9	96.2	94.0	95.9	92.7
燃料类	102.6	102.2	102.8	108.8	100.8	111.5
建筑装璜材料类	97.9	97.0	98.2	103.0	109.1	100.9
机电产品类	91.9	88.6	94.6	94.2	94.1	94.3
农业生产资料价格总指数	**100.1**		**100.1**	**98.9**		**98.9**
小农具	98.3		98.3	98.6		98.6
饲料	99.5		99.5	105.6		105.6
幼禽家畜	96.6		96.6	102.4		102.4
大牲畜	100.6		100.6	98.8		98.8
半机械化农具	98.4		98.4	99.7		99.7
机械化农具	97.0		97.0	97.4		97.4
化学肥料	101.8		101.8	97.1		97.1
农药及农药械	100.8		100.8	98.9		98.9
#农药	101.0		101.0	98.9		98.9
农用机油	96.9		96.9	105.1		105.1
其他	101.9		101.9	99.0		99.0

7-5 各县(市、区)居民消费价格指数

(2002 年,上年=100)

	居民消费价格总指数	服务项目价格指数	食品	烟酒及用品	衣着	家庭设备用品及维修服务	医疗保健和个人用品	交通和通讯	娱乐教育文化用品及服务	居住
总计	**100.9**	**106.8**	**98.8**	**100.2**	**98.1**	**98.4**	**110.3**	**99.7**	**102.3**	**100.6**
城区	99.9	105.1	98.5	99.9	98.3	97.9	110.1	99.0	98.8	101.3
南召县	101.1	105.6	98.9	99.5	101.1	100.1	113.2	98.7	98.8	101.9
方城县	101.3	104.8	100.6	100.6	98.5	97.8	105.6	98.5	98.5	106.6
西峡县	101.2	100.7	104.0	10.4	100.2	101.7	100.2	103.3	99.1	99.8
镇平县	101.5	112.7	98.1	100.6	98.6	96.8	103.0	99.8	114.5	100.1
内乡县	99.2	101.5	99.6	100.8	96.7	96.6	102.8	98.0	97.8	100.8
淅川县	102.0	108.3	100.9	100.0	98.8	100.0	101.0	96.9	110.2	102.1
社旗县	100.9	104.5	100.0	99.8	98.4	98.7	108.1	98.3	99.6	102.4
唐河县	101.3	112.1	99.2	101.9	95.6	97.3	115.1	100.4	99.6	98.6
新野县	98.7	101.2	99.8	100.6	97.5	98.9	98.4	99.7	98.6	99.0
桐柏县	100.1	100.2	99.1	101.6	100.4	100.5	100.7	100.4	100.1	100.9
邓州市	102.1	108.6	98.5	101.0	94.8	97.5	104.8	103.6	107.9	105.0

7-6 各县（市、区）商品零

（2002年

市	商品零售价格总指数	食品类	饮料烟酒类	服装、鞋帽类	纺织品类	中、西药品类	化妆品类
总计	**99.1**	**100.1**	**100.5**	**98.3**	**99.1**	**97.4**	**97.6**
城区	98.3	100.9	101.2	97.1	98.1	96.4	94.2
南召县	99.1	101.0	99.6	101.1	100.8	91.0	98.0
方城县	100.0	100.9	98.3	99.3	100.0	102.6	98.4
西峡县	101.2	101.5	110.5	95.7	98.5	106.7	98.5
镇平县	99.1	98.7	100.9	98.4	98.2	97.3	98.4
内乡县	99.0	100.7	97.5	100.4	95.3	84.9	99.5
淅川县	98.0	97.3	98.4	98.5	98.4	98.4	96.9
社旗县	98.7	97.8	100.7	96.7	100.1	100.5	101.5
唐河县	99.1	100.6	100.5	98.3	96.8	93.4	97.8
新野县	98.0	99.6	98.5	98.9	99.0	92.9	92.7
桐柏县	100.5	100.9	99.2	99.3	100.3	104.2	100.8
邓州市	100.4	101.9	99.2	99.8	101.4	99.5	106.2

7-7 各县(市、区)农业生产资

(2002年

	农业资料价格总指数	小农具	饲料	幼禽、家畜	大牲畜
总计	**100.1**	**98.3**	**99.5**	**96.6**	**100.6**
南召县	97.8	95.8	97.6	98.0	99.8
方城县	100.3	100.3	103.4	101.6	101.2
西峡县	102.6	100.0	109.6	94.0	100.0
镇平县	99.4	96.8	97.8	104.6	99.0
内乡县	98.0	97.4	111.5	97.8	97.5
淅川县	97.3	97.9	102.1	109.3	94.4
社旗县	99.8	103.0	100.4	98.6	101.3
唐河县	102.7	98.4	104.0	87.2	100.0
新野县	97.9	95.9	90.5	88.7	99.6
桐柏县	100.8	106.8	104.8	101.7	100.9
邓州市	97.0	94.0	99.6	98.6	109.7

售　价　格　指　数

上年＝100）

书报杂志类	文化体育用品类	日用品类	家用电器类	首饰类	燃料类	建筑装潢材料类	机电产品类
102.5	**99.5**	**99.1**	**95.7**	**93.9**	**102.6**	**97.9**	**91.9**
100.5	99.2	99.8	95.5	89.8	102.2	97.3	87.6
100.4	97.0	95.4	93.7	88.5	109.8	96.5	94.1
98.6	99.8	98.0	98.2	91.8	105.7	101.6	95.6
112.5	100.2	99.8	99.2	97.2	100.7	95.8	95.6
101.0	100.2	97.7	97.7	96.8	105.7	98.8	97.9
109.0	98.2	94.4	94.3	93.3	115.8	101.9	97.5
104.8	97.9	97.7	93.1	88.9	115.8	96.3	87.1
100.1	99.9	102.2	86.5	96.5	102.7	106.1	86.3
101.6	99.7	98.3	93.9	102.8	105.6	98.2	95.3
106.3	98.8	96.1	103.4	99.7	83.9	95.5	96.6
100.0	102.9	100.1	100.3	99.0	100.2	99.6	98.0
108.1	101.2	102.5	93.6	99.3	99.2	98.5	93.5

料　价　格　指　数

上年＝100）

半机械化农具	机械化农具	化学肥料	农药及农药械	农药	农用机油	其他
98.4	**97.0**	**101.8**	**100.8**	**101.0**	**96.9**	**101.9**
99.1	98.4	96.8	98.9	98.8	97.6	99.3
99.9	99.1	100.9	98.2	98.3	93.9	99.5
98.5	99.5	104.5	100.2	100.3	96.9	119.6
96.7	97.9	101.2	100.6	101.1	97.1	95.2
99.9	99.5	93.8	104.9	105.6	108.8	98.0
97.9	90.6	95.2	104.7	105.7	103.2	102.6
98.9	95.7	104.1	101.9	102.0	86.6	99.4
100.0	99.8	108.7	106.3	106.4	95.8	99.2
94.3	93.3	99.8	97.1	96.9	105.8	99.2
106.5	95.0	104.2	98.6	98.6	96.0	97.7
98.5	93.4	99.1	97.8	97.6	96.0	105.3

主要统计指标解释

商品零售价格指数 是反映城乡商品零售价格变动趋势的一种经济指数。零售物价的调整变动直接影响到城乡居民的生活支出和国家的财政收入，影响居民购买力和市场供需平衡，影响消费与积累的比例。因此，计算零售价格指数，可以从一个侧面对上述经济活动进行观察和分析。

居民消费价格指数 是反映一定时期内城乡居民所购买的生活消费品价格和服务项目价格变动趋势和程度的相对数，是对城市居民消费价格指数和农村居民消费价格指数进行综合汇总计算的结果。利用居民消费价格指数，可以观察和分析消费品的零售价格和服务价格变动对城乡居民实际生活费支出的影响程度。

城市居民消费价格指数 是反映城市居民家庭所购买的生活消费品价格和服务项目价格变动趋势和程度的相对数。城市居民消费价格指数可以观察和分析消费品的零售价格和服务项目价格变动对职工货币工资的影响，作为研究职工生活和确定工资政策的依据。

农村居民消费价格指数 是反映农村居民家庭所购买的生活消费品价格和服务项目价格变动趋势和程度的相对数。农村居民消费价格指数可以观察农村消费品的零售价格和服务项目价格变动对农村居民生活消费支出的影响，直接反映农民生活水平的实际变化情况，为分析和研究农村居民生活问题提供依据。

八、人民生活

8-1 居民消费水平及指数

年份	居民消费水平（元）			城乡消费水平对比 农民=1	居民消费水平指数(以上年为100)		
	全体居民	农村居民	城镇居民		全体居民	农村居民	城镇居民
1980	147	130	428	3.30			
1981	181	164	456	2.79	109.4	111.4	94.3
1982	187	168	468	2.78	101.2	101.4	101.0
1983	228	206	534	2.59	121.8	122.2	114.0
1984	245	225	521	2.32	109.0	110.4	98.7
1985	286	255	664	2.61	108.2	105.0	117.8
1986	317	277	779	2.81	108.4	106.6	114.9
1987	391	344	918	2.67	113.6	114.7	108.9
1988	396	343	972	2.84	90.4	88.8	94.5
1989	401	342	1017	2.98	95.8	94.3	98.0
1990	476	420	1046	2.49	110.3	113.9	96.2
1991	499	416	1314	3.16	102.1	96.5	122.1
1992	591	513	1343	2.62	114.6	119.1	98.7
1993	678	575	1594	2.77	108.8	106.5	112.8
1994	914	767	2113	2.75	111.5	109.9	110.5
1995	1086	883	2615	2.96	105.4	103.7	105.4
1996	1429	1210	2999	2.48	119.2	123.6	104.8
1997	1534	1273	3336	2.62	104.6	102.9	108.1
1998	1567	1279	3464	2.71	104.9	103.4	106.1
1999	1644	1346	3554	2.64	108.2	108.3	106.2
2000	1688	1359	3739	2.75	103.4	101.8	106.2
2001	1795	1434	3984	2.78	105.6	104.7	105.8
2002	1956	1531	4467	2.92	108.6	106.1	112.4

注：本表绝对数按当年价格计算，指数按可比价格计算。

8-2 城乡居民收支及恩格尔系数

单位:元

年份	城镇居民家庭人均					农民家庭人均				
	可支配收入	可支配收入指数	消费性支出	食品	恩格尔系数(%)	纯收入	纯收入指数	生活消费支出	食品	恩格尔系数(%)
1985	601.63	116.00	545.35	258.20	47.3	317	111.0	270	263	97.4
1986	723.00	120.20	645.53	309.42	47.9	325	123.5	304	294	96.7
1987	808.00	111.80	705.76	354.01	50.2	357	103.6	297	170	57.2
1988	867.00	107.30	792.49	392.26	49.5	353	107.4	296	169	57.1
1989	1084.00	125.00	935.04	450.74	48.2	395	116.5	343	193	56.3
1990	1264.85	116.70	970.42	496.68	51.2	487	112.2	455	418	91.9
1991	1382.19	109.30	1096.79	518.40	47.3	511	94.2	434	393	90.6
1992	1576.47	114.10	1112.36	556.18	50.0	546	122.4	482	429	89.0
1993	1689.46	107.20	1282.11	646.98	50.5	633	112.3	541	316	58.4
1994	2157.63	127.70	1765.19	884.50	50.1	874	139.5	751	434	57.8
1995	2772.61	128.50	2245.07	1101.08	49.0	1124	114.7	870	545	62.6
1996	3376.26	121.80	2734.94	1299.94	47.5	1499	149.0	1230	728	59.2
1997	3713.29	110.00	3056.98	1372.23	44.9	1777	105.6	1378	798	57.9
1998	3859.50	103.90	3148.64	1364.32	43.3	1846	101.8	1266	715	56.5
1999	4144.33	107.40	3168.75	1354.88	42.8	1886	92.8	1214	678	55.8
2000	4429.54	106.90	3402.94	1345.42	39.5	1889	118.0	1179	562	47.7
2001	4751.75	107.30	3693.28	1229.48	33.3	1940	106.6	1360	683	50.2
2002	5658.84	119.10	4118.28	1366.20	33.2	2020	107.7	1453	700	48.2

注：农民人均纯收入指数为计算现金纯收入、实物纯收入及扣除物价因素后得出。

8—3 各县(市、区)居民收支及恩格尔系数

(2002年) 单位:元

	城镇居民人均				农村居民人均			
	可支配收入	消费性支出	食品	恩格尔系数(%)	纯收入	生活费支出	食品	恩格尔系数(%)
全市	**5658.84**	**4118.28**	**1366.20**	**33.2**	**2020.03**	**1453.07**	**699.92**	**48.2**
宛城	6415.92	4696.17	1529.40	32.6	2327.39	1883.11	991.85	52.7
卧龙	6415.92	4696.17	1529.40	32.6	2126.60	1735.51	902.91	52.0
南召县	4704.20	3177.40	980.04	30.9	1489.95	1109.10	646.20	58.3
方城县	5042.40	3441.13	1169.28	34.0	1963.08	1558.27	740.80	47.5
西峡县	5097.88	3623.45	1075.80	29.7	2136.30	1554.71	547.36	35.2
镇平县	4865.27	3864.93	1381.92	35.8	2385.46	1666.12	710.94	42.7
内乡县	5094.66	3437.78	1180.56	34.3	2174.93	1591.81	594.47	37.3
淅川县	4782.30	3803.60	1221.48	32.1	1446.04	1135.91	623.59	54.9
社旗县	4445.11	3044.65	1135.92	37.3	1507.59	924.93	490.80	53.1
唐河县	4926.31	3223.44	1062.72	33.0	2179.66	1643.12	803.67	48.9
新野县	5058.98	3338.83	1126.08	33.7	2232.35	1222.91	568.74	46.5
桐柏县	4866.04	3615.95	1399.44	38.7	1418.91	1276.69	639.63	50.1
邓州市	5247.50	4246.25	1439.88	33.9	2154.50	1364.74	676.97	49.6

8—4 城镇居民家庭基本情况

(2002年) 单位:元

	单位	1985年	1990年	1995年	2000年	2001年	2002年
一、调查户数	户	130	130	300	650	650	647.75
二、家庭人口数	人	513.86	470.5	1033.8	2129.51	2121.56	2040.48
平均每户家庭人口数	人	3.95	3.62	3.45	3.28	3.26	3.15
三、就业人口数	人	285.05	248.91	551.1	1151.5	1144	1081.74
平均每户就业人口数	人	2.19	1.91	1.84	1.77	1.76	1.67
平均每一就业人口负担人数	人	1.80	1.89	1.88	1.85	1.85	1.88
四、平均每人全年家庭总收入	元	603.56	1268.91	2774.66	4435.63	4773.07	5832.45
#可支配收入	元	601.63	1264.85	2772.61	4429.54	4751.75	5658.84
五、平均每人全年家庭总支出	元	627.15	1269.88	2551.47	3944.82	4241.92	5058.12
#消费性支出	元	545.35	970.42	2245.07	3402.94	3693.28	4118.28
六、现住房总使用面积	平方米	4893.41	6653.00	13755.00	42339.88	42730.70	54286.44
平均每户总使用面积	平方米	37.64	51.18	76.00	65.14	65.74	83.81
平均每人总使用面积	平方米	9.52	14.11	13.30	19.95	20.14	26.60
现住房总辅助面积	平方米	1883.80	1411.00	5025.00	13583.30	13248.46	14004.61
平均每户总辅助面积	平方米	14.49	10.85	16.75	20.90	20.38	21.62
平均每人总辅助面积	平方米	3.67	3.00	4.86	6.38	6.24	8.87

8-5 按收入等级分的城镇居民家庭生活基本情况

（2002年，按人均可支配收入水平分组）

	单 位	200元以下	200-400元	400-600元	600-800元	800-1000元	1000-1500元
调查户数	户	61.25	286.67	187.42	59.75	24.08	19.25
比　　重	%	9.5	44.3	28.9	9.2	3.7	3.0
家庭人口数	人	219.28	963.21	584.75	164.91	65.26	50.24
就业人口数	人	88.20	498.81	329.86	90.22	39.25	28.49
平均每户家庭人口数	人	3.58	3.36	3.12	2.76	2.71	2.61
平均每户就业人口数	人	1.44	1.74	1.76	1.51	1.63	1.48
平均每户就业面	%	40.2	51.8	56.4	54.7	60.1	56.7
平均每一就业者负担人	人	2.49	1.93	1.77	1.83	1.66	1.76
平均每人年可支配收入	元	1888.68	3638.14	5815.92	8325.53	10585.69	14274.34
平均每人年消费性支出	元	2067.79	2860.36	4276.28	6220.95	7365.14	8330.22

8—5 续表

	单 位	1500-2000元	2000-2500元	2500-3000元	3000-4000元	4000-5000元	5千元以上
调查户数	户	4.67	1.42	0.42	0.58	0.33	0.17
比　　重	%	0.7	0.2	0.1	0.1	0.1	
家庭人口数	人	12.00	3.95	1.15	1.29	1.30	0.59
就业人口数	人	6.54	2.63	0.79	0.79	0.61	0.08
平均每户家庭人口数	人	2.57	2.78	2.74	2.22	3.94	3.47
平均每户就业人口数	人	1.40	1.85	1.87	1.37	1.85	0.47
平均每户就业面	%	54.5	66.5	68.2	61.7	47.0	13.5
平均每一就业者负担人	人	1.84	1.50	1.47	1.62	2.13	7.38
平均每人年可支配收入	元	20041.90	26869.06	33020.18	39998.62	49876.18	72187.31
平均每人年消费性支出	元	11499.37	13976.62	7914.88	25606.15	10860.88	23351.11

8-6 城镇居民家庭平均每人现金收支情况

单位:元

	1985年	1990年	1995年	2000年	2001年	2002年
一、期初手存现金	**64.03**	**95.15**	**152.40**	**159.64**	**408.45**	**643.45**
二、家庭总收入	**603.56**	**1268.91**	**2774.66**	**4435.63**	**4773.07**	**5832.45**
其中:可支配收入	601.63	1264.85	2772.61	4429.54	4751.75	5658.84
(一)工薪收入	490.92	814.38	2048.93	2731.88	2979.76	4035.35
1.工资及补贴收入	488.02	805.07	2035.90	2663.77	2869.40	3877.80
2.其他劳动收入	2.90		13.03	68.11	110.36	157.55
(二)经营净收入		9.31	50.67	540.76	575.40	520.14
(三)财产性收入			52.98	287.79	246.34	63.05
1.利息收入			30.46	25.25	17.27	12.05
2.股息与红利收入			12.09	5.77	8.04	6.77
3.保险收益						0.57
4.其它投资收入			1.40	50.35	53.96	8.20
5.出租房屋收入			8.12	205.41	175.84	34.24
6.知识产权收入						
7.其他财产性收入			0.90	1.00	1.12	1.23
(四)转移性收入	65.64	216.86	493.59	859.25	952.88	1213.91
1.养老金或离退休金	14.68	113.92	412.80	729.10	769.06	1019.42
2.社会救济收入	1.10	1.34	1.57	3.36	4.17	4.56
3.辞退金						
4.赔偿收入						
5.保险收入						2.18
其中:失业保险金						1.14
6.赡养收入	8.96	22.21	40.58	47.80	58.63	37.64
7.捐赠收入	14.57	42.34	35.00	76.10	90.66	120.93
8.亲友搭伙费	3.72	10.61	0.45	0.30	2.58	1.36
9.提取住房公积金						0.50
10.记帐补贴	5.92	8.65	3.27	3.15	18.25	20.33
11.其他转移性收入	15.37	15.46	0.40	2.47	5.35	6.99
三、出售财物收入	**2.42**	**3.67**	**1.02**	**0.32**	**8.35**	**18.58**
1.出售住房收入						16.46
2.出售其他物品收入						2.12
四、借贷收入	**151.04**	**178.48**	**392.68**	**484.22**	**762.83**	**675.86**
1.提取储蓄存款	54.63	112.21	260.68	349.56	554.49	576.88
2.借入款	79.83	47.42	107.54	113.92	131.31	57.39
3.收回借出款			18.72	16.16	42.24	31.74
4.收回储蓄性保险本					7.92	0.19
5.兑售有价证券			7.08	2.98	10.63	
6.收回投资本金						0.33
7.住房贷款						
8.汽车贷款						

8－6 续表　　　　单位:元

	1985年	1990年	1995年	2000年	2001年	2002年
9.教 育 贷 款						
10.其 他 贷 款						0.34
11.其他借贷收入	1.33	3.68	6.74	1.57	16.23	8.99
五、家庭总支出	**627.15**	**1269.88**	**2551.47**	**3944.82**	**4241.92**	**5058.12**
(一)消 费 支 出	545.35	970.42	2245.07	3402.94	3693.28	4118.28
其中：服务性消费支出						910.49
(二)购房与建房支出			26.45	51.29	51.29	151.93
1.购　　房						149.63
2.建　　房						2.30
(三)转移性支出	40.48	111.34	274.78	486.03	493.46	637.99
1.交纳的个人收入税			0.30	0.16	3.35	4.73
2.捐 赠 支 出	24.69	75.25	196.99	406.71	388.50	506.45
3.购 买 彩 票						5.24
4.赡 养 支 出	15.79	36.09	56.00	39.20	43.15	89.22
其中：在外就学子女费用						37.01
5.各种非储蓄性保险支出			0.97	4.50	29.52	7.61
其中：车辆保险支出						0.01
6.其他转移性支出			20.52	35.46	28.94	24.74
(四)财产性支出			1.75	0.24	3.35	1.47
1.非生产性利息支出			1.75	0.24	3.35	0.41
2.其　　他						1.06
(五)社会保障支出						148.52
1.个人交纳的养老基金						69.51
2.个人交纳的住房公积金						44.04
3.个人交纳的医疗基金						24.94
4.个人交纳的失业基金						9.02
5.其他社会保障支出						1.01
六、借贷支出	**116.56**	**258.25**	**612.59**	**728.27**	**1087.93**	**997.47**
1.存入储蓄款	62.10	177.62	481.08	563.92	853.68	771.91
2.借 出 款	7.76	16.27	23.38	38.15	53.84	36.16
3.归 还 借 款	33.68	43.88	67.07	59.31	63.32	73.79
4.储蓄性保险支出			2.76	55.07	90.84	42.31
5.购买有价证券			6.67	1.57	0.67	24.77
6.其它投资支出						0.40
7.归还住房贷款			1.93		1.89	40.34
8.归还汽车贷款						
9.归还教育贷款						0.35
10.归还其他贷款						1.75
11.其他借贷支出	6.84	8.83	5.95	9.22	22.29	5.69
七、期末手存现金	**42.55**	**68.00**	**155.38**	**406.40**	**614.49**	**682.72**

8-7 各县(市、区)城镇居民家庭平均每人现金收支情况

(2002年)　　　　单位:元

	市　区	南召县	方城县	西峡县	镇平县	内乡县
一、期初手存现金	**781.73**	**486.22**	**1052.96**	**597.31**	**839.49**	**345.41**
二、家庭总收入	**6678.71**	**4754.30**	**5140.35**	**5307.30**	**5025.48**	**5141.43**
其中:可支配收入	6415.92	4704.20	5042.40	5097.88	4865.27	5094.66
(一)工薪收入	4841.06	3369.84	3509.18	4344.10	3756.72	3596.22
1.工资及补贴收入	4814.36	2052.67	3252.30	4273.53	3688.05	3588.95
2.其他劳动收入	26.71	1317.17	256.88	70.56	68.67	7.27
(二)经营净收入	221.86	988.88	871.71	630.88	310.41	365.59
(三)财产性收入	58.96	143.77	18.15	22.57	84.83	0.46
1.利息收入	20.24			0.16	15.04	0.46
2.股息与红利收入	11.03				2.79	
3.保险收益			14.07			
4.其它投资收入					0.76	
5.出租房屋收入	27.69	143.77	4.08	22.41	66.25	
6.知识产权收入						
7.其他财产性收入						
(四)转移性收入	1556.82	251.81	741.32	309.75	873.52	1179.17
1.养老金或离退休金	1339.43	168.69	670.03	260.72	467.02	1128.88
2.社会救济收入	8.18			2.05		
3.辞退金						
4.赔偿收入						
5.保险收入	2.29					
其中:失业保险金	0.16					
6.赡养收入	37.95		0.81	12.35	18.65	42.95
7.捐赠收入	138.48	83.06	1.41	28.01	366.23	6.94
8.亲友搭伙费	1.86				1.21	
9.提取住房公积金						
10.记帐补贴	19.38	0.06	68.67	1.81	20.29	0.40
11.其他转移性收入	9.26		0.40	4.82	0.12	
三、出售财物收入	**1.40**	**120.22**		**1.20**	**0.30**	**0.85**
1.出售住房收入		120.22		1.20		
2.出售其他物品收入	1.40				0.30	0.85
四、借贷收入	**925.78**	**35.09**	**150.58**	**544.35**	**670.79**	**210.13**
1.提取储蓄存款	846.76		143.64	477.71	413.43	193.61
2.借入款	34.31			53.61	247.03	
3.收回借出款	30.81	2.73	1.16	12.30	10.07	16.52
4.收回储蓄性保险本					0.27	
5.兑售有价证券						
6.收回投资本金	0.67					
7.住房贷款						
8.汽车贷款						

8—7 续表 1　　　　　　　　(2002 年)　　　　　　　　单位:元

	淅川县	社旗县	唐河县	新野县	桐柏县	邓州市
9.教育贷款						
10.其他贷款			5.78			
11.其他借贷收入	13.22	32.36		0.72		
五、家庭总支出	**5909.08**	**3618.54**	**3940.17**	**4775.60**	**5031.47**	**4054.92**
(一)消费支出	4696.17	3177.40	3441.13	3623.45	3864.93	3437.78
其中：服务性消费支出	1030.45	807.72	903.58	860.76	933.63	806.37
(二)购房与建房支出	274.50		35.26		242.08	
1.购房	274.50		35.26		242.08	
2.建房						
(三)转移性支出	701.07	397.97	435.08	941.80	787.94	570.76
1.交纳的个人收入税	6.06	8.24	0.59	8.94	3.39	
2.捐赠支出	555.92	387.26	363.33	852.22	432.92	500.84
3.购买彩票	7.86			1.17	5.15	19.09
4.赡养支出	91.39	2.46	30.69	49.26	330.08	30.53
其中：在外就学子女费用	22.23			18.18	250.35	
5.各种非储蓄性保险支出	6.98		2.31	4.35	1.61	0.99
其中：车辆保险支出				0.43		
6.其他转移性支出	32.85	0.02	38.16	25.86	14.78	19.31
(四)财产性支出		1.37		11.67		
1.非生产性利息支出				11.60		
2.其他		1.37		0.07		
(五)社会保障支出	237.35	41.81	28.69	198.67	136.53	46.38
1.个人交纳的养老基金	110.41	25.43	18.29	80.92	49.72	21.59
2.个人交纳的住房公积金	76.08	5.63	0.35	82.70	53.22	0.75
3.个人交纳的医疗基金	33.64	10.38	8.23	34.65	30.04	21.20
4.个人交纳的失业基金	17.22	0.26	1.43	0.11	3.54	2.04
5.其他社会保障支出		0.11	0.40	0.29		0.79
六、借贷支出	**972.82**	**981.31**	**806.95**	**368.46**	**740.77**	**737.11**
1.存入储蓄款	700.98	907.10	762.13	161.31	361.91	498.23
2.借出款	15.63	8.20		0.60	194.09	141.41
3.归还借款	78.22	30.79	38.18	108.43	119.79	46.85
4.储蓄性保险支出	47.80	33.72	1.73	80.85	17.70	17.58
5.购买有价证券	50.38	0.56				
6.其它投资支出			0.87	0.36	0.05	
7.归还住房贷款	76.70			10.84	28.44	19.82
8.归还汽车贷款						
9.归还教育贷款						
10.归还其他贷款			4.05	3.01		13.22
11.其他借贷支出	3.11	0.94		3.04	18.79	
七、期末手存现金	**842.06**	**512.04**	**1098.27**	**656.38**	**833.19**	**392.11**

8—7 续表 2　　　　　　　　(2002 年)　　　　　　　　单位:元

	淅川县	社旗县	唐河县	新野县	桐柏县	邓州市
一、期初手存现金	**239.37**	**627.43**	**118.42**	**999.12**	**97.51**	**526.09**
二、家庭总收入	**4960.69**	**4507.41**	**4995.54**	**5203.08**	**4892.35**	**5283.29**
其中：可支配收入	4782.30	4445.11	4926.31	5058.98	4866.04	5247.50
(一)工薪收入	4050.39	2491.02	2255.59	4278.89	2323.35	3117.79
1.工资及补贴收入	3939.67	2330.61	2130.39	4139.27	2310.10	2885.00
2.其他劳动收入	110.72	160.41	125.20	139.62	13.25	232.80
(二)经营净收入	375.05	848.80	1198.75	168.23	1944.11	652.24
(三)财产性收入	19.99	81.00	116.18	69.37	25.31	53.81
1.利息收入	5.35		2.43	17.63	0.01	4.60
2.股息与红利收入	1.57		0.11	23.07	9.04	
3.保险收益						
4.其它投资收入		21.88	110.73			
5.出租房屋收入	12.70	57.27		7.01	16.26	45.48
6.知识产权收入						
7.其他财产性收入	0.37	1.85	2.91	21.66		3.73
(四)转移性收入	515.26	1086.59	1425.02	686.59	599.57	1459.45
1.养老金或离退休金	427.50	787.11	1303.39	582.29	424.03	1166.78
2.社会救济收入		1.97	5.83	1.27		
3.辞退金						
4.赔偿收入						
5.保险收入						14.29
其中：失业保险金						14.29
6.赡养收入	0.57	187.92	55.95	12.74	69.94	39.57
7.捐赠收入	32.53	66.01	16.90	47.83	81.51	220.74
8.亲友搭伙费			5.25	0.96		
9.提取住房公积金			7.34			
10.记帐补贴	33.97	36.06	29.20	15.54	18.07	16.21
11.其他转移性收入	20.69	7.52	1.17	25.96	6.02	1.86
三、出售财物收入	**17.43**	**258.60**	**2.41**	**18.64**		**4.97**
1.出售住房收入		253.47		5.10		4.97
2.出售其他物品收入	17.43	5.13	2.41	13.54		
四、借贷收入	**568.25**	**370.08**	**414.52**	**159.17**	**399.22**	**961.72**
1.提取储蓄存款	486.78	215.72	390.19	124.78	290.66	617.36
2.借入款	65.66	89.37	15.15	7.64		256.52
3.收回借出款	10.92	61.63	8.16	23.57	107.72	86.37
4.收回储蓄性保险本	4.89					
5.兑售有价证券						
6.收回投资本金						
7.住房贷款						
8.汽车贷款						

	淅川县	社旗县	唐河县	新野县	桐柏县	邓州市
9.教育贷款						
10.其他贷款						1.47
11.其他借贷收入		3.36	1.02	3.18	0.84	
五、家庭总支出	**4645.72**	**3745.93**	**3712.79**	**4314.87**	**4002.78**	**4865.32**
(一)消费支出	3803.60	3044.65	3223.44	3338.83	3615.95	4246.25
其中：服务性消费支出	891.85	532.55	626.39	652.96	633.90	967.25
(二)购房与建房支出		61.63		12.74		
1.购房						
2.建房		61.63		12.74		
(三)转移性支出	688.47	613.37	457.53	835.38	378.60	591.91
1.交纳的个人收入税	0.07	1.11	8.22	0.84		1.92
2.捐赠支出	543.40	490.77	291.05	769.21	346.72	478.85
3.购买彩票	3.61	1.36	1.29	4.08		0.32
4.赡养支出	86.27	105.70	112.83	45.39	18.98	80.27
其中：在外就学子女费用	52.87	68.41	91.56	0.17	1.33	18.94
5.各种非储蓄性保险支出	14.94	2.97	9.17	6.91	2.92	30.32
其中：车辆保险支出						
6.其他转移性支出	40.17	11.47	34.96	8.95	9.99	0.23
(四)财产性支出	9.31	1.14		0.20		9.51
1.非生产性利息支出	2.87					0.22
2.其他	6.44	1.14		0.20		9.29
(五)社会保障支出	144.35	25.14	31.81	127.72	8.23	17.65
1.个人交纳的养老基金	67.52	9.03	20.18	89.18	3.43	3.67
2.个人交纳的住房公积金	15.21			0.48		9.19
3.个人交纳的医疗基金	54.40	7.68	9.62	25.89	2.63	4.32
4.个人交纳的失业基金	0.44		2.02	1.65		0.25
5.其他社会保障支出	6.78	8.43		10.52	2.17	0.22
六、借贷支出	**888.62**	**1378.31**	**1656.96**	**485.40**	**1286.01**	**1136.33**
1.存入储蓄款	662.09	781.20	1622.81	327.50	1243.15	935.27
2.借出款	28.74	217.56	4.08	25.48		45.96
3.归还借款	106.89	254.56	20.69	97.18	18.07	50.62
4.储蓄性保险支出	86.60	35.07	9.38	26.00	6.72	92.98
5.购买有价证券	0.17					
6.其它投资支出	0.12	2.32				3.73
7.归还住房贷款	2.87			1.91		
8.归还汽车贷款						
9.归还教育贷款						4.66
10.归还其他贷款					18.07	3.11
11.其他借贷支出	1.15	87.59		7.32		
七、期末手存现金	**240.38**	**628.42**	**121.98**	**1047.59**	**97.74**	**546.78**

8-8 按收入等级分的城镇居民家庭人均现金收支情况

（2002 年）

单位:元

	最低 10%	更低 5%	低 10%	较低 20%	中间 20%	较高 20%	高 10%	最高 10%	更高 5%
一、期初手存现金	**437.44**	**425.87**	**480.88**	**578.90**	**560.76**	**688.08**	**670.53**	**1041.23**	**1024.19**
二、家庭总收入	**1969.51**	**1572.77**	**2913.33**	**3756.53**	**4746.30**	**6019.84**	**7985.36**	**13496.61**	**16862.07**
其中：可支配收入	1876.12	1487.31	2819.67	3632.63	4636.52	5878.57	7719.82	13071.39	16406.13
(一)工薪收入	1265.49	1010.96	1917.88	2772.34	3594.27	4142.07	5437.16	8928.21	10710.63
1.工资及补贴收入	1067.36	800.31	1794.99	2631.84	3441.88	4009.44	5271.25	8709.24	10492.86
2.其他劳动收入	198.14	210.65	122.89	140.51	152.39	132.63	165.91	218.98	217.77
(二)经营净收入	325.55	301.66	445.57	365.41	479.98	627.11	592.45	793.45	1091.83
(三)财产性收入	9.68	9.53	29.66	24.13	32.73	58.55	54.74	239.44	414.50
1.利息收入	1.45	1.49	0.64	2.18	1.21	11.52	7.56	62.24	94.81
2.股息与红利收入	2.67	5.46		0.29		0.02	4.71	45.15	85.21
3.保险收益				1.07	1.09	0.77	0.23		
4.其它投资收入			0.18	0.02	0.32	1.18	3.90	56.68	115.44
5.出租房屋收入	5.56	2.58	28.85	19.09	30.03	44.02	37.99	70.21	114.71
6.知识产权收入									
7.其他财产性收入				1.47	0.08	1.04	0.36	5.16	4.33
(四)转移性收入	368.80	250.62	520.23	594.65	639.32	1192.10	1901.01	3535.50	4645.12
1.养老金或离退休金	319.70	209.29	479.94	533.24	586.22	1108.26	1726.49	2553.02	3032.93
2.社会救济收入	13.06	20.50	5.86	11.84	0.30	1.25		0.38	0.62
3.辞退金									
4.赔偿收入									
5.保险收入							0.75	15.92	32.42
其中：失业保险金							0.75	8.02	16.34
6.赡养收入	12.69	5.59	5.90	16.95	23.24	18.76	44.91	152.41	201.34
7.捐赠收入	5.39	1.38	2.79	13.11	6.24	39.08	95.64	748.58	1272.31
8.亲友搭伙费			1.70	0.39	0.23	5.09	0.37	0.45	0.61
9.提取住房公积金							4.64		
10.记帐补贴	15.36	13.71	12.39	18.27	12.64	15.62	24.47	46.81	77.16
11.其他转移性收入	2.61	0.15	11.65	0.85	10.44	4.05	3.73	17.94	27.73
三、出售财物收入	**92.14**	**5.72**	**78.21**	**0.65**	**2.78**	**2.18**	**2.68**	**1.50**	**0.44**
1.出售住房收入	86.94		74.98	0.15		0.98			
2.出售其他物品收入	5.20	5.72	3.23	0.50	2.78	1.20	2.68	1.50	0.44
四、借贷收入	**210.84**	**232.37**	**230.16**	**313.11**	**311.54**	**629.56**	**761.05**	**2387.68**	**1835.02**
1.提取储蓄存款	145.80	131.03	141.93	278.62	255.81	511.97	659.65	2130.98	1640.76
2.借入款	53.60	83.20	42.40	18.58	21.48	80.78	45.28	153.86	130.47
3.收回借出款	8.70	12.55	29.80	9.00	32.00	28.50	19.47	98.27	59.09
4.收回储蓄性保险本				0.89		0.08			
5.兑售有价证券									
6.收回投资本金							3.10		
7.住房贷款									
8.汽车贷款									

8－8 续表 (2002 年) 单位:元

	最低 10%	更低 5%	低 10%	较低 20%	中间 20%	较高 20%	高 10%	最高 10%	更高 5%
9.教育贷款									
10.其他贷款				0.54		1.24			
11.其他借贷收入	2.73	5.58	16.02	5.48	2.25	6.99	33.56	4.58	4.71
五、家庭总支出	**2404.75**	**2274.33**	**2705.99**	**3379.19**	**3967.59**	**5046.03**	**6829.64**	**11400.94**	**12262.73**
(一)消费支出	2091.76	1985.38	2374.10	2912.69	3414.66	4282.75	5641.26	8250.06	9108.79
其中：服务性消费支出	408.73	395.84	496.10	628.81	687.86	1005.47	1343.04	1833.54	2031.03
(二)购房与建房支出				9.50	8.38			1125.52	663.86
1.购房					8.38			1122.49	657.68
2.建房				9.50				3.03	6.18
(三)转移性支出	238.89	221.18	251.58	351.51	446.70	638.84	959.60	1657.06	2104.46
1.交纳的个人收入税	4.04	4.17	1.95	0.21	1.15	2.51	13.22	15.26	3.57
2.捐赠支出	170.57	131.13	196.31	275.98	381.12	511.67	772.50	1286.90	1609.67
3.购买彩票	4.34	5.80	3.03	2.22	3.15	4.44	6.99	14.70	15.18
4.赡养支出	47.58	62.23	35.11	55.67	40.89	87.18	84.14	283.34	418.85
其中:在外就学子女费用	28.62	57.49	21.25	29.37	9.02	23.61	42.13	118.61	202.80
5.各种非储蓄性保险支出	0.77	1.34	2.29	5.06	4.40	17.03	12.99	6.98	12.80
其中：车辆保险支出						0.06			
6.其他转移性支出	11.61	16.50	12.88	12.37	16.00	16.01	69.75	49.87	44.39
(四)财产性支出	0.09	0.19	0.99	0.07	1.85	1.30	0.93	5.15	10.41
1.非生产性利息支出					1.84	0.51	0.02		
2.其他	0.09	0.19	0.99	0.07	0.01	0.79	0.91	5.15	10.41
(五)社会保障支出	74.00	67.57	79.33	105.42	96.00	123.14	227.85	363.15	375.21
1.个人交纳的养老基金	45.65	40.82	48.98	54.99	44.54	54.08	107.45	148.81	151.26
2.个人交纳的住房公积金	8.33	7.51	14.98	26.52	33.71	39.45	65.82	121.95	128.11
3.个人交纳的医疗基金	9.11	10.97	5.60	16.15	15.32	25.81	41.37	63.20	67.21
4.个人交纳的失业基金	5.85	2.63	9.69	6.90	1.90	3.44	12.17	28.51	28.54
5.其他社会保障支出	5.07	5.65	0.08	0.87	0.53	0.36	1.04	0.68	0.08
六、借贷支出	**195.72**	**193.05**	**543.86**	**520.53**	**658.75**	**1199.46**	**1046.91**	**2766.63**	**4117.95**
1.存入储蓄款	139.23	110.53	468.30	437.12	500.50	839.45	687.50	2296.75	3643.25
2.借出款	23.96	38.34	30.46	21.64	29.94	42.23	70.30	43.18	15.76
3.归还借款	23.97	29.33	24.85	37.71	37.60	42.33	190.33	201.27	151.26
4.储蓄性保险支出	4.99	10.20	15.79	14.13	15.52	79.85	80.17	83.33	99.21
5.购买有价证券	0.07					131.08			
6.其它投资支出	0.76	0.42		0.03		0.06		2.36	4.26
7.归还住房贷款			3.71	8.45	68.20	54.27	8.90	116.98	161.70
8.归还汽车贷款									
9.归还教育贷款					2.03				
10.归还其他贷款				1.15	0.44	4.40	5.78		
11.其他借贷支出	2.74	4.21	0.75	0.30	4.53	5.81	3.93	22.76	42.51
七、期末手存现金	**410.11**	**371.16**	**478.53**	**593.12**	**596.95**	**721.92**	**743.24**	**1184.42**	**1217.27**

8-9 城镇居民家庭平均每人全年消费支出

单位:元

	1985年	1990年	1995年	2000年	2001年	2002年
消费支出	**545.35**	**970.42**	**2245.07**	**3402.94**	**3693.28**	**4118.28**
一、食品	**258.20**	**496.68**	**1101.08**	**1345.42**	**1229.48**	**1366.20**
(一)粮油类	81.03	122.06	383.79	381.72	321.80	297.26
1.粮食	69.57	98.68	299.03	270.70	221.27	209.62
(1)大米	20.79	41.85	56.62	53.34	44.96	42.07
(2)面粉	25.42	51.15	85.46	83.38	60.86	49.63
(3)其他粮食	23.36	5.68	6.01	8.32	9.51	10.08
2.淀粉及薯类			15.80	23.93	17.44	11.62
3.干豆类及豆制品	3.14	9.53	18.45	25.46	24.35	19.11
4.油脂类	8.32	13.85	50.51	61.63	58.74	56.91
(1)食用植物油	8.32	13.82	50.50	59.12	56.38	55.74
(2)食用动物油			0.01	2.51	2.36	1.18
(二)肉禽蛋水产品类	68.14	129.98	290.76	321.73	330.13	394.58
1.肉类	52.10	92.30	213.01	214.59	244.65	247.26
(1)猪肉	30.25	64.40	137.76	121.25	126.90	141.52
(2)牛肉	4.31	10.32	13.16	21.28	20.31	26.54
(3)羊肉	7.35	17.58	22.41	36.23	34.57	45.72
2.禽类	4.07	6.33	7.66	31.42	17.02	49.84
(1)鸡	3.66	5.70	6.59	28.28	15.32	33.56
(2)鸭	0.41	0.63	0.67	3.14	1.70	1.98
3.蛋类	11.97	31.35	77.09	75.72	68.46	71.97
(1)鲜蛋	10.83	26.47	56.43	74.23	66.72	69.59
4.水产品类	4.93	7.54	14.61	24.40	24.98	25.52
(1)鱼	3.08	6.61	13.71	21.45	22.28	21.77
(2)虾				1.78	1.28	1.29
(三)菜类	28.55	63.35	107.82	131.19	123.22	165.55
1.鲜菜	25.86	56.29	102.05	114.90	114.63	158.22
2.干菜	2.69	7.06	4.21	12.25	6.15	4.35
(四)调味品	5.21	12.26	16.47	29.32	26.57	25.71
(五)糖烟酒饮料类	49.94	83.61	149.87	245.21	189.87	187.74
1.糖类	7.04	13.14	16.12	16.76	16.19	14.70
2.烟草类	19.35	42.61	64.80	104.33	82.05	77.79
3.酒类	11.20	21.45	53.09	88.33	70.72	71.57
4.饮料	3.35	6.41	15.86	35.79	20.91	23.69
(六)干鲜瓜果类	12.48	29.06	51.84	41.17	39.83	56.58
(七)糕点、奶及奶制品	11.85	19.97	33.96	50.35	46.08	66.74
(八)其他食品			1.73	4.71	13.41	18.62
(九)饮食服务	5.01	10.72	39.07	91.94	100.45	153.38
二、衣着	**72.23**	**146.64**	**351.41**	**428.48**	**443.00**	**689.64**
(一)服装	29.55	61.94	231.55	290.42	293.12	531.57

8—9 续表 1

单位:元

	1985年	1990年	1995年	2000年	2001年	2002年
(二)衣着材料	28.50	52.80	42.77	22.28	17.52	9.26
(三)鞋　　类	10.89	24.63	54.05	85.23	99.13	112.35
(四)其他衣着用品	3.21	7.27	15.96	23.01	26.08	33.10
(五)衣着加工服务费			7.08	7.53	7.15	3.37
三、家庭设备用品及服务	**44.52**	**104.87**	**183.61**	**228.50**	**330.58**	**275.40**
(一)耐用消费品	26.29	67.75	103.24	109.83	188.19	152.72
1.家　　具	2.17	11.87	24.83	33.34	55.95	41.88
2.家庭设备	18.81	50.57	63.41	65.21	117.17	110.84
(二)室内装饰品		1.13	5.63	15.46	18.90	6.55
(三)床上用品	1.30	2.00	11.59	22.85	21.09	17.11
(四)家庭日用杂品	4.21	8.19	43.93	54.17	64.09	77.67
(五)家具材料	10.31	20.00	2.03	10.07	4.18	7.55
(六)家庭服务	2.41	6.00	17.20	16.12	34.13	13.79
四、医疗保健	**10.53**	**45.17**	**95.29**	**261.63**	**260.49**	**327.60**
(一)医疗器具			0.39	0.71	0.41	0.52
(二)保健器具	0.50	0.80	1.45	2.59	4.44	1.32
(三)药品费	7.97	36.00	81.55	229.96	232.77	259.23
(四)滋补保健品	0.63	2.40	1.05	0.61	0.49	5.38
(五)医疗费	1.43	5.98	7.58	26.73	20.63	56.14
(六)其　　他			3.27	1.04	1.75	5.02
五、交通和通讯	**0.43**	**20.83**	**91.62**	**209.19**	**287.41**	**440.76**
(一)交　　通	9.16	20.30	44.18	78.71	118.85	142.74
1.家庭交通工具	5.29	13.46	22.63	31.87	65.73	66.14
2.车辆用燃料及零配件			0.03	4.32	5.63	18.15
3.交通工具服务支出			4.43	8.79	12.05	13.06
4.交通费	3.87	6.84	17.10	33.72	35.44	45.39
(二)通　　信	0.27	0.53	47.43	130.49	168.56	298.07
1.通信工具			5.04	17.17	17.29	37.22
2.通信服务	0.27	0.53	42.39	113.32	151.27	260.85
(1)电信费			15.95	109.72	148.38	240.66
(2)邮　　费	0.27	0.53	3.24	2.10	1.73	0.63
(3)其　　他			23.20	1.50	1.16	19.56
六、教育文化娱乐服务	**31.50**	**61.87**	**182.35**	**315.24**	**344.28**	**466.20**
(一)文化娱乐用品	16.30	26.69	40.13	69.08	87.38	92.32
(二)文化娱乐服务	10.03	15.12	35.29	89.01	124.84	141.06
1.参观游览			5.50	31.44	47.31	74.09
2.健身活动						0.26
3.团体旅游				4.00	6.00	9.83
4.其它文娱活动	1.31	1.65	11.05	24.21	41.13	47.28
5.文娱用品修理服务费	0.72	3.74	6.73	7.35	8.39	9.61

8—9 续表 2

单位:元

	1985年	1990年	1995年	2000年	2001年	2002年
(三)教　育	13.17	27.06	118.94	179.15	213.38	232.83
1.教　材	1.50	2.00	8.47	13.30	6.29	13.31
(1)课本及参考书	1.50	2.00	8.47	13.30	6.29	11.66
(2)教育软件						0.13
2.教育费用	11.67	25.06	110.47	165.85	207.51	219.52
(1)非义务教育学杂费	2.77	7.67	34.54	49.11	60.77	51.94
(2)义务教育学杂费	4.58	12.67	56.89	81.15	100.42	83.30
(3)托幼费	2.32	2.58	3.05	4.78	8.69	13.37
(4)成人教育费			5.11	8.55	19.32	21.24
(5)家教费						2.35
(6)培训班						18.33
(7)学校住宿费						6.31
(8)其　他	2.00	2.14	10.68	22.27	17.89	22.68
七、居　住	**31.89**	**65.04**	**175.32**	**522.65**	**639.20**	**447.84**
(一)住　房					8.00	160.78
1.租赁房房租	2.33	4.49	8.20	7.49	8.00	10.45
2.自有房租金折算						0.12
3.住房装潢支出						37.46
4.维修用建筑材料	15.34	26.47	65.11	102.61	148.01	88.29
5.其　他	0.81	1.51	6.72	17.23	31.15	24.46
(二)水电燃料及其他	13.41	32.57	87.29	185.32	236.10	262.86
1.水	0.98	3.83	9.96	29.61	28.55	34.94
2.电	2.13	8.84	22.26	78.17	101.20	129.73
3.燃　料	10.30	19.90	54.37	76.30	101.12	95.66
4.其　他			0.70	1.02	3.39	2.52
(三)居住服务费						24.20
1.物业管理费						5.98
2.维修服务费						12.59
3.其　它						5.63
八、杂项商品和服务	**26.09**	**45.89**	**64.39**	**91.83**	**105.53**	**104.52**
(一)杂项商品	18.23	35.06	45.46	62.96	77.61	71.33
1.金银珠宝饰品	4.23	4.83	5.48	5.57	13.85	9.76
2.手　表	0.35	0.62	0.59	0.27	0.61	0.95
3.理发美容用具	0.24	0.45	0.63	0.23	0.23	0.52
4.化妆品	5.85	8.15	16.17	25.24	27.13	27.28
5.其他杂品	7.56	21.01	22.50	31.65	35.79	32.82
(二)服　务	1.86	10.83	18.93	28.81	27.92	33.20
1.旅馆住宿费	0.83	0.91	1.00	1.06	1.12	1.58
2.理发洗澡费	3.55	4.65	8.00	9.36	9.63	12.85
3.美容费	2.00	2.10	3.42	4.10	2.96	4.55
4.其他服务	1.48	3.17	6.51	14.35	14.21	14.22

8-10 各县(市、区)城镇居民家庭平均每人全年消费支出

(2002年)　　单位:元

	市　区	南召县	方城县	西峡县	镇平县	内乡县
消　费　支　出	**4696.17**	**3177.40**	**3441.13**	**3623.45**	**3864.93**	**3437.78**
一、食　品	**1529.40**	**980.04**	**1169.28**	**1075.80**	**1381.92**	**1180.56**
(一)粮　油　类	301.33	294.52	296.67	274.58	242.76	308.18
1.粮　食	211.59	259.87	225.94	184.86	153.08	202.08
(1)大　米	43.91	59.31	25.62	33.83	28.17	36.27
(2)面　粉	39.41	53.60	59.16	35.70	48.22	78.66
(3)其他粮食	8.10	26.24	13.82	7.17	5.29	10.76
2.淀粉及薯类	11.79	3.22	14.24	11.48	13.86	10.24
3.干豆类及豆制品	19.63	0.13	14.36	20.17	18.14	18.02
4.油　脂　类	58.32	31.29	42.12	58.07	57.68	77.84
(1)食用植物油	57.64	27.91	41.14	55.54	56.66	75.43
(2)食用动物油	0.68	3.38	0.98	2.53	1.02	2.42
(二)肉禽蛋水产品类	468.69	275.28	293.20	286.26	344.65	276.32
1.肉　类	296.65	191.09	173.80	184.88	204.57	165.33
(1)猪　肉	180.97	107.18	95.20	110.09	127.33	98.31
(2)牛　肉	29.30	14.42	20.08	4.37	18.30	10.30
(3)羊　肉	38.73	63.82	27.39	36.61	41.29	42.65
2.禽　类	61.07	41.47	39.08	30.41	52.91	13.83
(1)鸡	38.71	38.12	33.82	12.06	26.54	10.06
(2)鸭	1.29	2.06	0.83	0.20	0.45	0.10
3.蛋　类	80.81	30.28	61.62	58.99	70.21	89.27
(1)鲜　蛋	77.23	29.99	61.17	57.44	68.89	86.91
4.水产品类	30.16	12.44	18.70	11.97	16.95	7.88
(1)鱼	24.53	11.54	17.79	9.27	14.28	7.73
(2)虾	2.04		0.75	0.46	0.34	0.03
1.鲜　菜	177.11	121.21	150.75	120.16	124.99	127.50
2.干　菜	3.96	0.84	3.41	4.90	5.43	4.22
(四)调　味　品	24.50	23.90	19.17	19.50	26.25	21.65
(五)糖烟酒饮料类	167.64	178.22	163.93	145.76	176.03	187.48
1.糖　类	15.23	8.35	9.68	8.85	18.46	20.53
2.烟　草　类	68.63	78.41	86.01	47.24	56.14	88.00
3.酒　类	60.64	81.06	54.89	75.45	83.86	57.44
4.饮　料	23.13	10.41	13.35	14.22	17.57	21.52
(六)干鲜瓜果类	66.51	19.53	38.64	40.68	64.51	46.85
(七)糕点、奶及奶制品	90.51	23.34	23.53	54.19	65.43	65.09
(八)其他食品	18.50	41.88	30.52	12.45	22.32	9.73
(九)饮食服务	207.41	1.05	146.38	113.78	306.22	130.84
二、衣　着	**895.10**	**428.39**	**341.31**	**497.27**	**544.05**	**475.11**
(一)服　装	735.65	255.52	213.27	360.81	431.32	338.81
(二)衣着材料	11.22	7.90	4.27	3.37	3.20	8.82

8—10 续表1　　(2002年)　　单位:元

	市　区	南召县	方城县	西峡县	镇平县	内乡县
(三)鞋　　类	117.24	63.75	83.16	122.13	97.55	92.74
(四)其他衣着用品	26.15	101.20	39.20	9.19	9.17	32.50
(五)衣着加工服务费	4.84	0.02	1.41	1.77	2.81	2.24
三、家庭设备用品及服务	**282.04**	**291.79**	**254.20**	**450.44**	**334.88**	**218.01**
(一)耐用消费品	164.29	168.98	25.88	303.15	215.37	120.92
1.家　　具	39.17	84.66	5.55	20.57	153.89	46.92
2.家庭设备	125.12	84.32	20.33	282.58	61.48	74.01
(二)室内装饰品	6.92		11.31	7.93	23.58	0.40
(三)床上用品	17.58	16.98	11.06	30.94	13.16	13.08
(四)家庭日用杂品	72.86	96.41	160.29	62.30	73.69	58.61
(五)家具材料	5.44		40.46	2.87	0.88	1.96
(六)家庭服务	14.95	9.42	5.20	43.25	8.20	23.04
四、医疗保健	**401.62**	**152.28**	**270.27**	**210.93**	**194.64**	**266.44**
(一)医疗器具	0.67				0.15	
(二)保健器具	1.48			0.21		
(三)药　品　费	338.22	0.18	250.15	203.16	158.47	197.06
(四)滋补保健品	8.75	0.03		0.09	3.39	3.90
(五)医　疗　费	49.99	126.04	19.34	7.23	31.50	60.94
(六)其　　他	2.51	26.02	0.78	0.24	1.12	4.55
五、交通和通讯	**464.41**	**375.51**	**419.37**	**574.68**	**500.22**	**435.36**
(一)交　　通	140.34	157.24	157.46	226.22	176.16	119.36
1.家庭交通工具	50.17	83.06	40.32	163.21	91.86	62.29
2.车辆用燃料及零配件	21.85	11.40	2.88	10.95	18.71	7.69
3.交通工具服务支出	17.31	14.89	1.12	12.91	13.51	6.15
4.交　通　费	51.01	47.89	113.15	39.15	52.08	43.22
(二)通　　信	324.07	218.27	261.91	348.46	324.06	316.01
1.通信工具	33.59		58.72	56.66	18.83	63.01
2.通信服务	290.47	218.27	203.19	291.80	305.23	253.00
(1)电　信　费	287.80	0.76	175.28	290.71	302.01	210.36
(2)邮　　费	0.47		0.38	1.09	1.09	0.59
(3)其　　他	2.20	217.50	27.53		2.13	42.05
六、教育文化娱乐服务	**547.15**	**460.57**	**493.64**	**487.79**	**369.78**	**356.29**
(一)文化娱乐用品	114.10	112.00	38.25	124.59	103.02	66.74
(二)文化娱乐服务	207.52	147.48	60.58	71.40	66.60	92.60
1.参观游览	141.18		9.11	6.16	9.50	31.31
2.健身活动	0.13		0.06			
3.团体旅游	1.04	88.32	4.34	24.10	15.19	13.22
4.其它文娱活动	60.56	36.69	46.90	36.50	39.22	28.76
5.文娱用品修理服务费	4.62	22.47	0.17	4.64	2.69	19.32
(三)教　　育	225.53	201.09	394.81	291.81	200.17	196.95

	市　区	南召县	方城县	西峡县	镇平县	内乡县
1.教　　材	18.78	0.04	1.24	5.28	10.33	25.94
(1)课本及参考书	16.86	0.04	1.18	4.34	10.29	25.58
(2)教育软件	0.09			0.18		
2.教育费用	206.75	201.05	393.57	286.53	189.84	171.01
(1)非义务教育学杂费	41.56	1.40	17.99	99.02	47.51	60.45
(2)义务教育学杂费	54.12	162.83	311.64	75.49	76.68	68.21
(3)托　幼　费	21.21		0.35	19.62	12.60	
(4)成人教育费	10.51	35.21	48.79	49.36	39.16	24.55
(5)家　教　费	3.76			2.41	3.50	
(6)培　训　班	31.71		3.65	2.17	1.63	1.32
(7)学校住宿费	10.63		0.74	0.30		6.61
(8)其　　他	33.26	1.61	10.41	38.15	8.76	9.87
七、居　　住	**475.08**	**342.74**	**470.62**	**242.45**	**396.74**	**384.66**
(一)住　　房	147.70	116.34	262.68	27.93	113.24	158.38
1.租赁房房租	14.12	2.73	0.28	21.67	9.91	13.82
2.自有房租金折算		1.31				
3.住房装潢支出	4.24				47.74	81.60
4.维修用建筑材料	115.36	104.91	261.98	6.26	55.59	57.04
5.其　　他	13.98	7.39	0.42			5.92
(二)水电燃料及其他	291.70	225.58	185.92	211.31	247.17	218.49
1.水	43.81	17.16	18.60	11.62	30.06	18.77
2.电	147.61	109.71	95.09	110.21	118.43	86.67
3.燃　　料	96.02	98.59	72.23	89.47	97.63	112.00
4.其　　他	4.27	0.12			1.05	1.05
(三)居住服务费	35.68	0.82	22.02	3.21	36.33	7.78
1.物业管理费	11.86	0.44		1.44		
2.维修服务费	17.88	0.09	17.34	0.12	19.47	7.30
3.其　　它	5.94	0.29	4.68	1.65	16.86	0.48
八、杂项商品和服务	**101.38**	**146.08**	**22.49**	**84.14**	**142.71**	**121.31**
(一)杂项商品	69.30	108.87	12.36	59.31	97.69	87.19
1.金银珠宝饰品	13.84		2.16	10.16	27.79	11.08
2.手　　表	1.17		0.17	0.18		0.56
3.理发美容用具	0.50	1.88	0.18	0.71	0.24	0.35
4.化　妆　品	29.56	9.78	9.81	27.42	39.43	48.77
5.其他杂品	24.22	97.20	0.02	20.84	30.23	26.44
(二)服　　务	32.09	37.21	10.13	24.82	45.02	34.12
1.旅馆住宿费	0.36	2.46			8.31	0.16
2.理发洗澡费	11.42	2.97	9.94	14.19	24.35	9.59
3.美　容　费	5.91	12.40	0.09	2.36	1.38	1.19
4.其他服务	14.39	19.37	0.10	8.27	10.98	23.18

8—10 续表 3 (2002 年) 单位:元

	淅川县	社旗县	唐河县	新野县	桐柏县	邓州市
消费支出	**3803.60**	**3044.65**	**3223.44**	**3338.83**	**3615.95**	**4246.25**
一、食品	**1221.48**	**1135.92**	**1062.72**	**1126.08**	**1399.44**	**1439.88**
(一)粮油类	265.18	357.18	313.74	195.19	343.65	307.04
1.粮食	187.35	261.36	206.83	138.78	201.91	223.27
(1)大米	37.29	31.78	33.18	23.88	78.79	38.87
(2)面粉	53.88	84.04	57.66	53.72	35.22	84.19
(3)其他粮食	4.19	20.36	15.33	6.37	2.49	10.87
2.淀粉及薯类	5.46	12.12	18.9	4.77	19.42	9.91
3.干豆类及豆制品	16.43	23.21	33.3	10.09	37.7	15.26
4.油脂类	55.94	60.49	54.72	41.56	84.62	58.6
(1)食用植物油	53.31	60.33	51.71	40.74	83.82	58.47
(2)食用动物油	2.63	0.15	3.01	0.81	0.8	0.13
(二)肉禽蛋水产品类	293.67	282.7	300.67	310.61	369.27	429.46
1.肉类	174.37	169.13	180.56	180.56	203.76	286.77
(1)猪肉	124.62	101.03	116.95	95.38	118.96	59.17
(2)牛肉	21.38	16.21	31.36	28.57	32.09	42.09
(3)羊肉	8.03	38.59	27.11	37.35	13.45	155.47
2.禽类	33.09	31.92	35.57	39.82	55.14	39.57
(1)鸡	21.75	30.3	30.48	32.13	48.33	19.99
(2)鸭	2.30	0.61	3.62	1.09	1.36	9.43
3.蛋类	70.51	66.94	63.66	62.71	55.42	79.03
(1)鲜蛋	68.05	66.83	62.1	60.48	54.71	77.92
4.水产品类	15.71	14.71	20.87	27.51	54.95	24.09
(1)鱼	14.57	14.28	17.13	23.61	52.55	22.36
(2)虾	0.19	0.23	0.23	1.77	0.59	1.53
1.鲜菜	132.03	145.31	127.64	125.06	186.26	165.67
2.干菜	3.54	6.18	6.14	4.8	7.39	5.60
(四)调味品	22.01	23.52	28.16	23.12	31.42	40.50
(五)糖烟酒饮料类	219.54	179.44	140.37	205.53	336.49	296.58
1.糖类	11.07	12.88	12.65	12.78	21.27	17.31
2.烟草类	85.40	94.64	58.31	103.42	126.93	120.77
3.酒类	86.69	48.6	50.27	65.6	151.36	114.94
4.饮料	36.37	23.33	19.14	23.73	36.93	43.57
(六)干鲜瓜果类	53.54	35.09	53.19	41.7	72.05	48.34
(七)糕点、奶及奶制品	63.64	42.27	38.71	58.44	29.87	41.97
(八)其他食品	27.91	12.65	15.66	13.05	0.93	9.21
(九)饮食服务	137.8	49.78	35.51	145.8	18.92	91.46
二、衣着	**655.05**	**340.95**	**521.17**	**480.42**	**621.5**	**476.71**
(一)服装	479.02	213.04	326.92	349.32	425.00	314.97
(二)衣着材料	12.75	10.73	6.13	8.94	12.09	5.92

	淅川县	社旗县	唐河县	新野县	桐柏县	邓州市
(三)鞋　类	136.67	83.76	160.45	93.57	154.25	94.79
(四)其他衣着用品	24.2	28.93	25.91	24.66	29.12	59.10
(五)衣着加工服务费	2.4	4.5	1.76	3.94	1.04	1.93
三、家庭设备用品及服务	**291.66**	**237.54**	**146.04**	**194.73**	**280.32**	**307.94**
(一)耐用消费品	132.21	134.47	38.85	112.47	126.93	202.19
1.家　具	28.11	2.47	4.43	1.9	71.66	17.39
2.家庭设备	104.1	132	34.42	110.56	55.27	184.80
(二)室内装饰品	7.59	0.16	0.78	5.08	9.51	3.31
(三)床上用品	28.19	4.29	11.15	9.53	43.84	9.61
(四)家庭日用杂品	90.07	91.51	73.54	62.77	70.97	66.82
(五)家具材料	8.69	6.47	5.43	1.3	16.26	18.63
(六)家庭服务	24.9	0.65	16.3	3.59	12.8	7.37
四、医疗保健	**175.49**	**238.42**	**461.06**	**220.85**	**92.89**	**376.86**
(一)医疗器具			0.52	0.08	3.01	
(二)保健器具	2.36			1.25		6.27
(三)药品费	124.05	215.93	429.92	155.87	63.06	194.18
(四)滋补保健品	4.11	0.02	0.14	9.32	6.63	
(五)医疗费	44.07	21.42	16.18	51.28	13.64	171.57
(六)其　他	0.90	1.06	14.28	3.06	6.55	4.84
五、交通和通讯	**508.6**	**410.8**	**241.47**	**739.76**	**217.96**	**440.61**
(一)交　通	171.84	145.72	50.20	316.99	25.19	162.93
1.家庭交通工具	99.57	73.65	25.00	287.4	6.48	81.51
2.车辆用燃料及零配件	11.07	1.98	0.61	7.62	0.17	56.8
3.交通工具服务支出	11.31	17.37	2.18	4.93		13.25
4.交通费	49.89	52.71	22.41	17.04	18.55	11.37
(二)通　信	336.77	265.08	191.27	422.76	192.77	277.68
1.通信工具	81.63	54.89	13.78	173.1	0.18	36.03
2.通信服务	255.14	210.19	177.49	249.66	192.59	241.66
(1)电信费	254.53	191.07	175.86	245.06	191.65	234.16
(2)邮　费	0.36	0.18	0.72	0.23	0.95	2.10
(3)其　他	0.25	18.94	0.9	4.37		5.40
六、教育文化娱乐服务	**524.63**	**210.99**	**360.22**	**270.68**	**266.83**	**417.44**
(一)文化娱乐用品	105.67	108.35	21.87	29.52	19.13	75.71
(二)文化娱乐服务	125.93	7.79	71.27	50.67	47.77	63.84
1.参观游览	40.13		2.46	15.48	1.69	6.46
2.健身活动	0.81			0.01		2.17
3.团体旅游	25.82				7.83	
4.其它文娱活动	58.55	2.04	66.74	29.31	3.92	17.55
5.文娱用品修理服务费	0.63	5.75	2.07	5.87	34.34	37.65
(三)教　育	293.03	94.85	267.09	190.49	199.92	277.89

	淅川县	社旗县	唐河县	新野县	桐柏县	邓州市
1.教　　材	28.92	13.71	0.75	17.72	2.03	3.56
(1)课本及参考书	24.26	11.82	0.70	12.81	0.09	0.98
(2)教育软件	0.01			2.45		
2.教育费用	264.11	81.15	266.34	172.77	197.9	274.33
(1)非义务教育学杂费	65.23	40.89	133.58	37.69	145.72	40.01
(2)义务教育学杂费	141.46	17.18	61.6	45.57	23.05	166.47
(3)托幼费		2.37	8.80	27.83		2.89
(4)成人教育费	16.84	2.11	51.26	34.62		30.40
(5)家教费	0.46	0.97	1.81	1.53		0.47
(6)培训班	14.37	4.09	6.82	4.33	0.78	15.48
(7)学校住宿费	14.14	0.15		9.83		
(8)其　　他	11.61	13.38	2.47	11.36	28.34	18.61
七、居　　住	**281.14**	**423.33**	**365.72**	**246.09**	**568.53**	**665.06**
(一)住　　房	45.45	201.12	108.33	38.99	298.73	367.59
1.租赁房房租	15.24	11.82	12.42			
2.自有房租金折算		0.92				
3.住房装潢支出	11.78	150.26	91.79	10.2	103.11	183.11
4.维修用建筑材料	11.18	30.99	1.49	11	34.7	73.09
5.其他	7.24	7.12	2.63	17.79	160.92	111.39
(二)水电燃料及其他	231.08	215.46	254.75	203.85	250.83	272.67
1.水	29.61	26.85	28.28	24.12	22.97	44.40
2.电	105.76	92.77	128.77	112.93	109.19	131.38
3.燃　　料	95.71	94.65	93.97	65.91	118.67	96.77
4.其　　他		1.19	3.74	0.89		0.12
(三)居住服务费	4.62	6.75	2.63	3.25	18.98	24.80
1.物业管理费	0.97					0.81
2.维修服务费	1.35	3.66	1.89	0.66	18.86	7.99
3.其　　它	2.30	3.08	0.74	2.59	0.12	16.01
八、杂项商品和服务	**145.58**	**46.67**	**65.02**	**60.19**	**168.48**	**121.8**
(一)杂项商品	125.63	15.00	45.44	37.61	88.55	83.65
1.金银珠宝饰品	7.86	4.01		5.69		1.43
2.手　　表	5.02	0.37		1.50	2.17	
3.理发美容用具	0.29	0.02	0.58	1.07		0.12
4.化妆品	41.98	6.63	37.86	13.13	16.67	22.79
5.其他杂品	70.48	3.97	7.00	16.22	69.71	59.30
(二)服　　务	19.95	31.67	19.59	22.59	79.93	38.14
1.旅馆住宿费	4.90	8.13		1.91	5.96	
2.理发洗澡费	13.04	20.08	5.69	4.22	9.99	34.09
3.美容费	1.32		2.80	0.91	2.29	3.63
4.其他服务	0.68	3.46	11.11	15.54	61.69	0.43

8-11 按收入等级分的城镇居民家庭平均每人全年消费性支出

（2002 年）

	最低 10%	更低 5%	低 10%	较低 20%	中间 20%	较高 20%	高 10%	最高 10%	更高 5%
消费支出	**2091.76**	**1985.38**	**2374.10**	**2912.69**	**3414.66**	**4282.75**	**5641.26**	**8250.06**	**9108.79**
一、食品	**867.27**	**856.88**	**975.71**	**1082.20**	**1236.53**	**1368.46**	**1717.36**	**2349.60**	**2706.91**
(一)粮油类	262.22	277.26	250.94	271.30	295.63	300.81	317.10	380.47	381.54
1.粮食	193.71	207.51	182.70	188.18	211.25	211.24	229.72	254.86	254.22
(1)大米	34.11	33.75	38.40	37.11	41.95	44.66	44.31	52.89	55.04
(2)面粉	57.24	63.26	43.96	45.68	49.49	49.24	56.05	50.44	50.90
(3)其他粮食	9.73	12.72	7.77	8.79	10.54	11.46	10.02	11.67	9.35
2.淀粉及薯类	8.48	8.62	9.09	9.73	10.81	11.48	13.50	18.50	18.42
3.干豆类及豆制品	12.45	13.53	15.31	17.02	19.09	20.07	24.90	24.05	22.12
4.油脂类	47.58	47.59	43.83	56.38	54.49	58.02	48.98	83.07	86.78
(1)食用植物油	46.26	45.33	42.96	55.43	53.16	56.75	48.06	81.48	86.41
(2)食用动物油	1.32	2.26	0.87	0.94	1.33	1.27	0.92	1.59	0.38
(二)肉禽蛋水产品类	218.68	199.51	260.37	292.74	358.19	417.95	491.85	718.29	851.54
1.肉类	141.75	127.66	153.12	176.13	220.00	255.39	313.28	477.08	594.51
(1)猪肉	93.85	91.53	100.00	103.25	127.21	142.70	176.21	256.05	297.51
(2)牛肉	8.28	5.67	8.17	11.12	21.13	31.04	32.55	73.59	106.33
(3)羊肉	24.91	21.72	22.49	36.68	42.97	52.26	53.33	81.25	108.00
2.禽类	23.24	20.67	33.20	35.46	48.70	53.00	62.86	90.52	95.98
(1)鸡	18.18	16.55	22.28	24.34	34.82	34.09	38.71	61.10	66.54
(2)鸭	0.80	0.75	1.45	1.14	2.97	2.54	2.33	2.19	2.51
3.蛋类	45.63	41.93	57.70	61.58	69.01	80.70	82.96	100.43	96.99
(1)鲜蛋	45.36	41.67	56.39	60.28	67.25	77.71	77.95	96.29	93.97
4.水产品类	8.06	9.25	16.35	19.58	20.48	28.87	32.74	50.26	64.06
(1)鱼	7.24	8.54	13.41	17.53	18.21	23.97	28.41	41.40	54.83
(2)虾	0.36	0.16	0.36	0.31	0.89	2.62	1.09	2.96	1.92
1.鲜菜	117.94	111.65	129.99	142.52	148.10	167.68	182.31	213.70	216.69
2.干菜	1.19	1.67	4.05	2.24	3.79	4.08	7.03	8.97	11.42
(四)调味品	17.98	17.78	20.79	21.32	26.47	28.54	31.51	32.13	30.38
(五)糖烟酒饮料类	110.64	116.08	141.28	138.65	176.85	182.70	274.46	305.86	377.27
1.糖类	7.61	7.74	8.22	9.00	10.89	14.32	22.56	32.78	42.51
2.烟草类	52.16	59.42	69.49	61.79	77.67	72.88	117.63	101.83	110.85
3.酒类	37.02	37.64	47.38	49.69	63.55	70.50	107.67	131.65	176.79
4.饮料	13.84	11.29	16.20	18.16	24.74	25.00	26.59	39.59	47.13
(六)干鲜瓜果类	26.81	24.21	35.11	38.03	50.75	59.80	86.68	101.92	112.58
(七)糕点、奶及奶制品	28.64	27.13	41.35	55.76	59.64	69.58	94.80	113.56	124.60
(八)其他食品	9.53	9.27	8.73	12.57	15.48	19.61	16.48	46.71	64.33
(九)饮食服务	71.99	70.30	81.53	104.42	99.54	114.37	211.52	422.34	531.14
二、衣着	**260.76**	**259.50**	**364.22**	**442.88**	**568.49**	**711.92**	**950.74**	**1547.14**	**1758.08**
(一)服装	182.06	188.84	262.41	313.24	417.75	532.22	758.15	1293.06	1477.84
(二)衣着材料	6.33	4.06	9.20	6.58	6.77	7.77	8.38	21.52	20.95

8—11 续表 1　　　　(2002 年)

	最低 10%	更低 5%	低 10%	较低 20%	中间 20%	较高 20%	高 10%	最高 10%	更高 5%
(三)鞋　　类	50.08	41.29	65.33	94.72	105.22	128.26	144.94	181.71	200.44
(四)其他衣着用品	21.12	24.53	24.86	25.79	36.72	39.34	34.86	44.40	53.34
(五)衣着加工服务费	1.18	0.78	2.42	2.55	2.02	4.34	4.40	6.45	5.51
三、家庭设备用品及服务	**115.55**	**115.23**	**125.02**	**158.60**	**235.59**	**266.98**	**544.01**	**535.00**	**770.86**
(一)耐用消费品	68.34	67.12	53.35	78.58	111.00	131.33	335.03	343.34	558.83
1.家　　具	33.10	56.49	18.09	4.78	15.83	26.78	170.03	75.42	129.94
2.家庭设备	35.24	10.64	35.25	73.80	95.17	104.55	165.01	267.92	428.88
(二)室内装饰品	1.01	1.84	3.86	2.36	3.47	9.79	8.22	17.03	19.36
(三)床上用品	2.58	1.78	8.08	8.78	12.63	14.64	44.60	34.53	46.15
(四)家庭日用杂品	39.10	40.66	47.61	60.60	77.65	100.27	102.82	102.81	107.43
(五)家具材料	1.23	1.09	6.97	1.96	12.56	3.03	28.65	3.87	5.89
(六)家庭服务	3.30	2.73	5.15	6.32	18.28	7.92	24.69	33.42	33.21
四、医疗保健	**146.17**	**97.89**	**168.67**	**250.01**	**230.14**	**322.64**	**481.82**	**712.04**	**642.49**
(一)医疗器具					0.03		0.21	3.69	1.26
(二)保健器具					0.21	0.71	0.65	8.19	6.39
(三)药品费	123.75	75.22	131.21	204.41	192.86	236.86	384.22	559.71	406.49
(四)滋补保健品	0.20	0.17	5.25	6.51	2.17	1.39	15.72	8.91	10.90
(五)医疗费	18.32	18.97	30.07	35.77	31.89	78.24	69.00	124.38	204.49
(六)其　　他	3.90	3.53	2.13	3.32	2.98	5.44	12.02	7.15	12.96
五、交通和通讯	**201.17**	**177.62**	**227.89**	**311.59**	**361.76**	**489.30**	**631.05**	**859.63**	**811.05**
(一)交　　通	84.89	69.68	41.38	93.93	103.11	159.24	188.39	331.64	325.25
1.家庭交通工具	49.85	24.24	10.73	45.45	45.51	87.82	66.68	149.84	1[illegible]4.19
2.车辆用燃料及零配件	5.83	6.54	6.21	11.68	12.61	14.65	32.04	47.38	58.78
3.交通工具服务支出	5.61	5.81	3.93	7.24	9.71	13.82	23.87	29.14	20.29
4.交通费	23.59	33.09	20.50	29.56	35.28	42.94	65.79	105.28	111.98
(二)通　　信	116.28	107.94	186.51	217.65	258.65	330.06	442.66	528.00	485.80
1.通信工具	0.58	0.02	5.40	11.74	25.44	31.85	49.74	140.64	120.40
2.通信服务	115.70	107.92	181.11	205.91	233.21	298.21	392.92	387.35	365.40
(1)电信费	98.52	89.92	166.58	190.15	209.34	272.89	361.68	374.67	350.97
(2)邮　　费	0.21	0.03	0.36	0.17	1.09	0.98	0.44	0.88	
(3)其　　他	16.98	17.97	14.17	15.59	22.78	24.33	30.80	11.80	14.42
六、教育文化娱乐服务	**205.22**	**161.80**	**226.23**	**305.19**	**327.54**	**530.10**	**737.21**	**960.03**	**1179.57**
(一)文化娱乐用品	42.35	14.63	40.16	46.22	69.66	104.55	119.90	229.78	319.44
(二)文化娱乐服务	23.13	20.97	42.86	57.28	74.55	167.26	276.26	370.93	413.06
1.参观游览	0.26	0.12	0.69	17.11	18.75	91.04	214.55	206.40	239.06
2.健身活动	0.02		0.05	0.07	0.01	1.11	0.19	0.02	0.03
3.团体旅游			9.77	10.04	2.09	19.53	2.36	18.58	37.84
4.其它文娱活动	17.22	12.33	24.67	22.68	39.67	46.97	47.35	134.61	121.61
5.文娱用品修理服务费	5.62	8.52	7.68	7.38	14.02	8.62	11.81	11.34	14.52
(三)教　　育	139.74	126.20	143.21	201.68	183.33	258.28	341.05	359.32	447.07

8—11 续表 2　　　　　　　　　　　　(2002 年)

	最低 10%	更低 5%	低 10%	较低 20%	中间 20%	较高 20%	高 10%	最高 10%	更高 5%
1.教　　材	5.74	10.25	9.27	7.12	9.07	18.42	10.62	31.70	31.50
(1)课本及参考书	4.17	8.09	8.93	6.63	7.89	13.67	9.86	30.28	28.99
(2)教育软件	0.48					0.43			
2.教育费用	134.00	115.95	133.94	194.56	174.27	239.87	330.43	327.61	415.57
(1)非义务教育学杂费	12.59	15.42	41.71	55.67	24.16	75.09	66.48	73.29	58.65
(2)义务教育学杂费	78.80	87.92	55.69	74.62	96.89	87.10	78.90	103.03	99.58
(3)托　幼　费	29.45	1.06	7.57	21.10	9.14	4.59	7.86	17.62	34.28
(4)成人教育费	3.66	3.04	11.35	15.15	21.21	30.24	45.94	18.18	16.91
(5)家　教　费	0.68	0.15	0.03	0.13	0.82	2.39	2.24	10.84	10.75
(6)培　训　班	1.09	1.05	10.81	8.97	6.87	32.73	46.35	22.36	39.15
(7)学校住宿费	1.77	3.52	1.70	7.16	0.10	2.22	23.74	11.75	14.47
(8)其　　他	5.97	3.80	5.08	11.77	15.08	5.50	58.92	70.53	141.78
七、居　　住	**239.10**	**243.51**	**239.87**	**305.02**	**364.57**	**469.18**	**469.98**	**1041.78**	**919.72**
(一)住　　房	54.88	75.74	27.01	78.65	113.02	157.30	115.51	573.44	501.58
1.租赁房房租	15.48	11.11	7.79	4.79	10.23	14.94	5.92	15.25	6.98
2.自有房租金折算						0.29		0.47	0.21
3.住房装潢支出	0.79		3.98	17.41	36.66	32.32	7.28	154.09	173.50
4.维修用建筑材料	33.50	61.55	8.56	34.61	50.02	80.28	38.58	375.06	276.87
5.其　　他	5.10	3.09	6.69	21.83	16.11	29.47	63.72	28.57	44.02
(二)水电燃料及其他	179.33	163.09	198.85	215.37	239.57	289.24	342.14	374.58	388.98
1.水	23.69	19.23	26.53	31.57	30.86	37.01	44.23	49.70	55.08
2.电	83.86	76.23	89.76	99.43	115.11	143.86	171.73	205.56	223.16
3.燃　　料	71.69	67.46	81.80	83.21	91.53	100.46	125.43	117.22	109.28
4.其　　他	0.09	0.17	0.76	1.16	2.07	7.90	0.75	2.10	1.45
(三)居住服务费	4.89	4.67	14.01	11.01	11.97	22.64	12.34	93.76	29.16
1.物业管理费	0.20		0.49	2.06	4.43	8.34	7.23	18.13	17.69
2.维修服务费	1.44	1.67	8.14	2.48	1.60	7.63	1.08	70.01	6.53
3.其　　它	3.25	3.01	5.38	6.47	5.94	6.67	4.03	5.62	4.95
八、杂项商品和服务	**56.51**	**72.95**	**46.50**	**57.22**	**90.02**	**124.17**	**109.10**	**244.84**	**320.10**
(一)杂项商品	29.45	34.56	34.87	42.64	68.10	79.14	80.20	160.17	192.53
1.金银珠宝饰品			1.14	2.45	5.27	9.13	6.54	44.11	45.69
2.手　　表	0.03		1.26	0.89	0.93	0.88	2.14	0.59	0.56
3.理发美容用具	0.12	0.20	0.42	0.21	0.47	0.21	0.29	2.04	3.96
4.化　妆　品	9.57	10.04	12.75	18.06	28.26	33.07	28.79	54.98	79.59
5.其他杂品	19.73	24.33	19.30	21.04	33.17	35.86	42.45	58.46	62.73
(二)服　　务	27.06	38.38	11.64	14.57	21.92	45.03	28.89	84.67	127.57
1.旅馆住宿费	0.11	0.22	0.43	2.13	0.27	2.24	0.91	4.01	5.75
2.理发洗澡费	7.24	6.97	7.96	8.49	14.71	13.97	15.99	20.90	26.68
3.美　容　费	1.90	0.02	0.15	1.24	1.31	2.57	3.28	23.14	34.62
4.其他服务	17.82	31.17	3.10	2.72	5.63	26.26	8.71	36.62	60.52

8-12 城镇居民家庭平均每人全年购买的主要商品量

	单位	1985年	1990年	1995年	2000年	2001年	2002年
粮食	千克	155.14	159.70	141.92	136.90	116.60	107.28
大米	千克	30.15	31.13	28.38	28.40	23.30	21.30
面粉	千克	59.99	62.34	59.92	57.60	43.90	36.22
油脂类	千克	4.41	4.44	5.04	7.00	7.40	7.53
食用植物油	千克	4.11	4.14	4.90	6.60	7.10	7.36
食用动物油	千克	0.30	0.30	0.14	0.40	0.30	0.18
猪肉	千克	11.69	10.05	12.57	12.40	12.10	13.56
牛肉	千克	0.60	0.80	0.92	1.60	1.50	2.01
羊肉	千克	1.40	1.60	1.81	2.60	2.30	2.80
鸡	千克	1.90	2.20	2.40	3.50	3.40	3.74
禽制品	千克				0.40	0.50	0.74
鲜蛋	千克	5.35	6.80	12.50	17.70	15.00	15.34
蛋制品	千克	0.12	0.14	0.15	0.20	0.30	0.36
水产品类	千克	0.69	1.58	1.81	3.40	3.60	25.52
鱼	千克	0.61	1.43	1.75	3.10	3.30	3.03
虾	千克	0.07	0.05	0.05	0.10	0.10	0.07
鲜菜	千克	130.58	132.88	116.30	108.00	111.90	143.91
干菜	千克	0.45	10.37	0.34	0.60	0.30	0.21
白酒	千克	2.41	2.28	3.16	3.40	2.90	2.88
果酒	千克	0.10	0.10	0.10	0.10	0.10	0.10
啤酒	千克	1.04	2.29	3.30	6.20	4.30	4.13
碳酸饮料	千克	0.40	0.60	0.80	1.30	0.50	0.62
果蔬饮料	千克	0.13	0.14	0.15	0.18	0.20	0.21
鲜果	千克	12.40	13.60	14.70	17.80	15.00	17.68
鲜瓜	千克	6.30	7.30	8.80	9.20	16.70	11.28
干果	千克	0.20	0.20	0.25	0.30	0.30	0.78
瓜果制品	千克	1.20	1.40	1.80	1.90	2.20	0.26
坚果及果仁	千克	1.40	2.60	3.00	4.00	2.50	1.00
糕点	千克	2.25	2.23	2.49	2.10	1.90	2.37
鲜乳品	千克	5.64	5.36	1.93	5.70	5.00	9.05
男士服装	件	1.00	1.33	2.27	1.90	1.90	2.73
女士服装	件	0.61	1.00	2.01	1.50	2.50	2.92
童装	件			0.76	0.80	1.00	0.97
鞋类	双	2.25	2.30	2.40	2.50	2.50	2.62

8-13 按收入等级分的城镇居民家庭平均每人全年购买的主要商品

(2002年)

	单位	最低 10%	更低 5%	低 10%	较低 20%	中间 20%	较高 20%	高 10%	最高 10%	更高 5%
粮食	千克	110.44	121.57	96.23	98.55	107.65	107.47	115.01	120.45	121.09
大米	千克	18.32	18.16	20.02	18.95	22.01	21.84	22.20	25.58	26.72
面粉	千克	42.74	47.07	32.52	34.07	35.53	36.11	40.21	35.79	36.52
油脂类	千克	6.72	6.75	6.11	7.47	7.29	7.81	6.58	10.08	9.90
食用植物油	千克	6.52	6.41	5.97	7.33	7.09	7.63	6.46	9.83	9.85
食用动物油	千克	0.20	0.34	0.14	0.14	0.19	0.18	0.12	0.25	0.05
猪肉	千克	8.97	8.87	9.82	10.02	12.12	13.67	16.78	24.34	28.26
牛肉	千克	0.60	0.43	0.59	0.86	1.63	2.32	2.48	5.56	8.12
羊肉	千克	1.53	1.35	1.42	2.32	2.72	3.22	3.18	4.79	6.43
鸡	千克	2.15	1.97	2.57	2.77	3.90	3.71	4.33	6.65	7.41
禽制品	千克	0.25	0.21	0.51	0.57	0.53	0.81	1.20	1.33	1.31
鲜蛋	千克	10.10	9.21	12.59	13.38	14.87	17.16	17.03	20.92	20.45
蛋制品	千克	0.04	0.04	0.22	0.21	0.28	0.46	0.73	0.57	0.50
水产品类	千克	8.06	9.25	16.35	19.58	20.48	28.87	32.74	50.26	64.06
鱼	千克	1.02	1.19	1.90	2.40	2.55	3.41	4.03	5.60	7.29
虾	千克	0.03	0.01	0.02	0.02	0.06	0.13	0.09	0.15	0.12
鲜菜	千克	115.34	112.54	124.29	131.29	133.17	150.92	164.62	186.41	192.08
干菜	千克	0.08	0.10	0.17	0.12	0.15	0.18	0.37	0.43	0.50
白酒	千克	1.78	1.91	2.04	2.11	2.54	2.99	3.75	5.06	6.50
果酒	千克		0.01	0.01	0.02	0.04	0.14	0.11	0.35	0.44
啤酒	千克	3.71	3.09	4.56	4.21	5.15	3.42	4.35	3.49	4.00
碳酸饮料	千克	0.28	0.43	0.59	0.53	0.76	0.77	0.75	0.48	0.54
果疏饮料	千克	0.02	0.01	0.04	0.08	0.15	0.31	0.22	0.60	0.77
鲜果	千克	9.53	9.86	10.03	13.44	16.56	20.23	25.95	27.30	25.94
鲜瓜	千克	7.75	4.21	12.15	9.14	10.80	10.17	15.90	14.73	12.93
干果	千克	0.24	0.25	0.54	0.56	0.87	0.79	1.35	1.09	1.29
瓜果制品	千克	0.12	0.13	0.10	0.18	0.20	0.28	0.40	0.53	0.75
坚果及果仁	千克	0.40	0.35	0.49	0.43	0.86	1.01	1.48	2.49	3.21
糕点	千克	1.40	1.39	1.90	1.99	2.21	2.08	3.08	4.04	4.69
鲜乳品	千克	2.19	1.74	3.72	7.16	7.73	10.02	15.52	16.27	16.52
男士服装	件	1.28	1.31	1.96	2.25	2.22	2.95	3.39	4.91	4.99
女士服装	件	1.68	1.56	2.01	2.24	2.76	2.89	3.48	5.41	6.20
童装	件	0.47	0.61	0.84	0.70	0.87	0.84	0.91	2.20	2.44
鞋类	双	1.71	1.63	1.96	2.35	2.61	2.60	3.12	3.88	4.17

8－14 城镇居民家庭平均每百户年末主要耐用消费品拥有量

	单 位	1985年	1990年	1995年	2000年	2001年	2002年
1.成套家具	套	8.00	15.00	19.00	20.00	28.00	35.00
2.摩托车	辆		2.50	3.20	20.73	23.84	36.15
3.自行车	辆	200.88	245.21	258.05	209.64	215.72	200.78
4.助力车	辆			2.30	3.20	4.40	5.71
5.家用汽车	辆				0.48	0.24	0.77
6.洗衣机	台	33.11	79.53	91.05	91.38	93.27	91.94
7.电风扇	台	86.64	166.66	212.60	199.20	202.21	222.15
8.电冰箱	台	5.00	23.36	28.85	61.62	62.89	68.07
9.冰柜	台		1.10	2.30	6.00	6.58	9.17
10.彩色电视机	台	14.64	39.78	66.00	101.40	102.84	114.25
11.影碟机	台	11.21	13.21	16.38	29.31	29.93	45.08
12.录音机	台	28.49	30.15	33.35	24.65	26.69	30.95
13.录放像机	台		1.21	3.75	5.57	29.93	6.85
14.家用电脑	台				2.20	5.93	8.55
15.组合音响	套		3.41	6.25	11.01	11.38	14.76
16.摄像机	架				0.70	0.70	1.51
17.照相机	架	2.50	8.92	14.25	15.61	15.31	27.12
18.钢琴	架				0.70	0.70	1.89
19.其他中高档乐器	件		5.90	6.15	1.62	2.20	4.68
20.微波炉	台		0.58	1.80	2.20	2.79	11.31
21.空调器	台		4.81	8.10	30.35	38.02	55.27
22.取暖器	台	18.00	19.00	20.00	23.00	25.00	25.54
23.电炊具	台	2.31	4.46	25.80	25.11	27.34	36.80
24.淋浴热水器	台		5.10	8.90	11.79	13.12	21.34
25.排油烟机	台		7.30	10.05	19.89	21.70	27.03
26.消毒碗柜	台				3.80	4.40	4.32
27.洗碗机	台						0.44
28.饮水机	台			9.50	14.20	15.00	16.12
29.吸尘器	台		0.80	0.90	1.95	1.96	2.15
30.健身器材	套	1.10	1.80	2.20	2.34	2.57	3.57
31.普通电话	部	10.21	24.00	34.00	75.00	86.00	89.83
32.移动电话	部		5.00	15.00	45.11	45.20	45.30
33.传真机	部						0.60

8-15 农民家庭基本情况

项目	单位	1985年	1990年	1995年	2000年	2001年	2002年
调查户数	户	700	1190	1280	1410	1410	1410
调查户常住人口	人	3596	5694	5735	5633	5581	5552
平均每户常住人口	人	5.14	4.78	4.48	4.00	3.96	3.94
平均每户整、半劳动力	人	2.83	2.75	3.00	2.72	2.72	2.73
平均每个劳动力负担人口	人	1.81	1.74	1.50	1.47	1.46	1.44
平均每百个劳动力文化状况							
1.文盲半文盲人数	人	23.21		15.60	3.91	4.33	4.24
2.小学程度人数	人	35.57		28.25	24.90	22.61	21.25
3.初中程度人数	人	33.80		42.59	59.29	61.17	61.99
4.高中程度人数	人	6.96		12.68	10.46	10.08	10.69
5.中专程度人数	人	0.40		0.76	1.23	1.59	1.61
6.大专以上程度人数	人	0.05		0.13	0.21	0.21	0.21
平均每百人经营耕地面积	公顷	10.98	10.73	9.96	9.96	10.41	10.58
平均每百人经营山地面积	公顷	2.19	1.73	4.04	1.58	1.81	1.51
平均每户年内新建住房间数	间	0.28		0.18			
平均每人年内新建住房面积	平方米	0.84		0.64	1.21	1.07	1.22
#砖木结构	平方米	0.56		0.13	0.17	0.14	0.19
钢筋混凝土结构	平方米	0.05		0.48	0.97	0.89	1.02
年内平均每间新建房屋价值	元	568.51		2453.64			
年内平均每平方米新建房屋价值	元	36.78		155.06	218.08	220.82	252.94
年内平均每人新建房屋中生活用房面积	平方米	0.71		0.60			
年内平均每人新建房屋中楼房面积	平方米	0.03		0.01	0.56	0.58	0.67
平均每人年末住房面积	平方米	11.57	14.01	17.98	23.49	24.52	24.86
#砖木结构	平方米	6.69		9.11	10.60	10.24	9.91
钢筋混凝土结构	平方米	0.42		4.78	10.83	12.49	13.52

8-16 农民家庭平均每人总收入

单位:元

项目	1985年	1990年	1995年	2000年	2001年	2002年
全年总收入	**443.72**	**647.31**	**1760.16**	**2467.46**	**2604.14**	**2700.29**
工资性收入	**27.43**	**40.02**	**108.82**	**404.08**	**420.58**	**448.31**
在非企业组织中劳动得到的收入			21.80	104.59	106.33	96.40
在本地企业中劳动得到的收入				106.50	91.06	67.99
#在本地乡镇企业得到的收入				61.70	58.47	38.22
常住人口外出从业得到的收入				125.01	141.98	161.60
其他工资性收入				67.99	81.20	122.32
家庭经营收入	**405.06**	**588.77**	**1563.11**	**1921.62**	**2061.86**	**2120.25**
农业收入	302.45	411.20	1142.80	1385.43	1503.39	1555.88
#种植业收入	190.25	229.64	641.52	1310.08	1410.93	1425.30
林业收入	4.98	4.41	6.90	11.96	19.46	15.19
牧业收入	48.79	85.61	250.07	321.85	324.81	342.73
渔业收入	0.49	1.11	0.34	7.82	16.27	5.20
工业收入	0.28	6.43	17.62	52.76	63.96	69.02
建筑业收入	4.47	6.95	22.04	20.61	17.86	22.42
交通运输、邮电业收入	2.94	7.67	12.18	24.94	31.16	27.64
批发和零售贸易、餐饮业收入	4.31	5.58	29.49	36.69	38.47	37.08
社会服务业收入	4.56	5.00	7.19	16.85	17.44	15.63
文教卫生业收入				4.92	4.38	3.29
其他家庭经营收入	4.59	6.19	32.39	34.78	24.67	26.16
财产性收入			**33.72**	**19.18**	**16.55**	**16.60**
转移性收入			**54.51**	**122.57**	**105.16**	**115.14**
#家庭非常住人口寄回和带回	7.21	4.92	24.69	55.15	38.12	35.26
亲友赠送收入				39.20	37.24	45.71
调查补贴	4.72		5.86	10.97	20.23	17.87

8-17 农民家庭人均现金收入构成

单位:元

项　　　　目	1985年	1995年	2000年	2001年	2002年
全　年　现　金　收　入	**274.49**	**962.47**	**1506.55**	**1567.34**	**1661.23**
基本收入		**851.49**	**1390.14**	**1458.09**	**1541.87**
1.劳动者的报酬收入		108.70	391.33	412.85	445.59
2.家庭经营现金收入		742.80	998.81	1045.24	1096.28
#出售种植业产品的现金	127.32	410.98	555.41	591.52	633.80
出售林业产品的现金	4.35	4.44	3.69	5.05	6.01
出售牧业产品的现金	39.27	177.52	224.77	223.26	234.52
出售渔业产品的现金	0.45	0.20	6.43	7.12	2.98
出售手工业产品的现金	8.59	19.41			
出售采集捕猎产品的现金	2.28	2.22			
出售工业产品的现金	1.36	8.56	12.73	18.94	18.22
建筑业现金收入	4.45	22.04	20.61	17.86	22.42
运输业现金收入	2.88	12.18	24.94	31.16	27.64
商业现金收入		22.95			
饮食业现金收入		6.54			
服务业现金收入	4.56	7.19	16.85	17.44	15.63
其他家庭经营现金收入	2.42	32.86	31.43	22.31	22.64
转移性收入		**65.30**	**97.79**	**93.06**	**103.23**
财产性收入		**45.67**	**18.62**	**16.20**	**16.13**

8-18 农民家庭人均总支出构成

单位:元

项目	1985年	1990年	1995年	2000年	2001年	2002年
全年总支出	**412.33**	**617.13**	**1518.44**	**1802.20**	**2081.93**	**2185.72**
一、家庭经营费用支出	**92.14**	**148.21**	**534.35**	**380.41**	**442.63**	**446.69**
1.种植业生产支出	62.77	98.32	346.72	219.62	263.84	269.85
2.林业生产支出	0.35	2.00	3.33	0.52	1.08	2.17
3.牧业生产支出	22.56	34.29	141.50	116.69	119.66	117.47
4.渔业生产支出	1.25	0.17	0.21	0.98	1.63	0.28
5.手工业生产支出	2.43	3.41	6.31			
6.工业生产支出	0.10	0.38	4.10		16.45	18.63
7.建筑业支出	0.04	1.34	1.68	7.21	8.68	9.86
8.运输业支出	0.47	2.10	3.75	6.03	9.11	8.10
9.商业支出		0.44	8.40			15.19
10.饮食业支出		0.22	3.56			
11.服务业支出	0.62	0.65	0.86	0.65	0.51	0.32
12.其他经营支出	1.03	4.89	13.94	4.55	4.67	4.69
二、购置生产性固定资产支出	**18.29**	**12.21**	**50.60**	**36.93**	**53.58**	**61.20**
#大中型铁木农具	0.55			0.59	0.43	1.41
农林牧渔业机械	2.56		17.81	17.68	28.11	29.73
工业机械	0.96		1.65	0.92	2.72	4.60
三、缴纳税款	**5.36**	**7.59**	**11.10**	**102.08**	**113.75**	**99.92**
四、上交集体的承包任务、提留和摊派	**15.74**	**31.65**	**52.26**			
五、生活消费支出	**269.95**	**400.13**	**870.13**	**1178.91**	**1360.36**	**1453.07**
六、其他非借贷性支出	**10.83**	**17.34**				
#寄给和带给在外人口	1.68	1.22		2.57	2.68	4.38
赠送农村以外亲友	2.27	3.83		26.53	0.90	11.89

8—19 农民家庭人均纯收入构成

单位:元

项　　　　　目	1985年	1990年	1995年	2000年	2001年	2002年
全　年　纯　收　入	**317**	**439**	**1124**	**1889**	**1940**	**2020**
一、按 来 源 分						
基 本 收 入			1042	1783	1857	1942
1.劳动者的报酬收入			109	404	421	448
2.家庭经营纯收入		388	933	1379	1436	1494
转移性收入			49	87	66	61
财产性收入			33	19	17	17
二、按 性 质 分						
生产性纯收入		398	1035	1767	1857	1942
非生产性纯收入		41	89	122	83	78

8—20 农民家庭人均纯收入分组户数构成

单位:%

项　　　　　目	1985年	1990年	1995年	2000年	2001年	2002年
合　　　　计	**100.0**	**100.0**	**100.0**	**100.0**	**100.0**	**100.0**
100 元以下的户	0.7	0.1				
100—200 元的户	11.7	1.3				
200—300 元的户	37.6	11.5	0.8		0.1	
300—400 元的户	30.4	22.1	0.4	0.1		0.3
400—500 元的户	12.0	23.3	2.1	0.4	0.3	0.3
500—600 元的户	4.6	18.6	2.8	1.0	0.5	0.6
600—800 元的户	2.4	16.4	14.5	3.4	4.2	2.6
800—1000 元的户	0.4	3.9	19.7	5.7	6.5	4.7
1000—1200 元的户	0.1	2.3	44.1	9.6	9.2	8.2
1200—1300 元的户				5.3	5.5	5.3
1300—1500 元的户				13.1	9.7	10.6
1500—1700 元的户		0.5	11.5	11.4	12.6	9.8
1700—2000 元的户				13.4	13.6	14.1
2000—2500 元的户		0.2	4.2	15.7	16.6	18.0
2500—3000 元的户				9.6	9.2	11.3
3000—3500 元的户				5.1	4.5	7.1
3500—4000 元的户				2.8	3.0	3.6
4000—4500 元的户				1.6	1.6	1.4
4500—5000 元的户				1.0	1.0	0.6
5000 元以上的户				1.1	2.3	1.8

8-21 农民家庭人均生活消费支出

单位:元

项　　目	1980年	1985年	1990年	1995年	2000年	2001年	2002年
全年生活消费支出	**133.70**	**269.95**	**400.13**	**870.13**	**1178.91**	**1360.36**	**1453.07**
#货币性消费	74.60	144.88		473.37	830.13	885.24	
一、食　　品	**77.30**	**153.14**	**363.08**	**544.89**	**562.33**	**683.43**	**699.92**
#货币性消费	25.70	47.99		177.21	270.25	278.59	
主　　食	50.10	97.13	107.38	332.80	244.45	233.76	234.27
副　　食	20.10	38.37	61.58	135.28	190.73	320.01	327.86
其他食品		14.99	27.50	51.51	88.90	84.36	90.34
在外饮食		2.64	5.01	16.55	27.05	33.28	36.51
食品加工费				8.75			
二、衣　　着	**17.20**	**27.34**	**36.89**	**70.56**	**69.98**	**71.52**	**74.89**
#货币性消费	16.80	26.35		68.56	69.15	70.95	73.68
三、居　　住				**100.70**	**218.27**	**252.59**	**297.65**
#货币性消费				73.62	162.41	182.97	203.11
#住　　房	17.60	32.62	54.80	57.91	126.17	142.90	163.44
电　　费		0.78		9.10	20.59	24.08	25.66
燃　　料	5.60	19.30	23.35	30.93	11.13	13.16	11.75
四、家庭设备、用品及服务				**37.25**	**51.12**	**51.57**	**64.87**
#货币性消费				37.25	51.10	51.51	64.86
五、医疗保健				**30.46**	**54.56**	**62.94**	**66.74**
#货币性消费				30.46	54.56	62.94	66.74
#医疗卫生保健用品				20.31	32.49	37.92	36.52
医疗保健服务费				9.98	15.97	16.90	22.69
六、交通和通讯				**14.23**	**47.91**	**58.46**	**74.48**
#货币性消费				14.23	47.91	58.46	74.48
#交通费				6.68	15.32	16.10	15.27
邮电费				0.28	13.07	20.42	29.30
七、文化、教育、娱乐用品及服务				**59.57**	**130.20.**	**128.08**	**115.58**
#货币性消费				59.57	130.20	128.08	115.58
文化、教育、娱乐用品				15.99	20.79	16.31	14.00
文化、教育、娱乐服务				43.58	109.41	111.77	101.57
八、其他商品和服务				**12.47**	**44.55**	**51.74**	**58.94**
#货币性消费				12.47	44.55	51.74	58.94
商品性支出				2.83	7.37	8.61	7.91
服务支出				9.63	37.18	43.13	51.03

8－22 农民家庭主要消费品人均消费量和年末平均每百户主要耐用消费品拥有量

品　　名	单位	1980年	1985年	1990年	1995年	2000年	2001年	2002年
一、主要消费品人均消费量								
粮　　食	千克	225.30	258.47	277.05	244.41	282.96	244.66	248.91
#小　　麦	千克	101.20	189.22		175.91	216.42	181.35	184.67
稻　　谷	千克	5.35	11.75		22.07	20.61	19.47	19.09
玉　　米	千克					36.35	32.93	36.24
薯　　类	千克					8.95	10.28	8.34
豆类及豆制品	千克					4.22	3.23	3.16
#大　　豆	千克					2.16	1.65	2.21
杂　　豆	千克					0.06	0.12	0.12
蔬菜及菜制品	千克	58.55	68.69	76.27	55.93	146.42	172.34	149.68
调 味 品	千克					1.28	3.15	2.82
油 脂 类	千克	1.16	17.15	2.90	2.88	4.93	6.57	7.75
#植 物 油	千克	0.90	16.66	2.09	2.26	4.25	5.32	7.09
动 物 油	千克	0.26	0.49	0.81	0.62	0.68	1.24	0.66
肉禽及其制品	千克	4.15	5.43	5.76	5.07	12.98	11.81	14.73
#猪　　肉	千克	3.55	4.86	5.31	4.59	10.54	9.24	11.40
牛　　肉	千克					0.65	1.00	0.84
羊　　肉	千克					0.49	0.55	0.63
家　　禽	千克		0.35		0.15	1.17	0.90	1.69
肉禽制品	千克					0.05	0.07	0.09
蛋类及制品	千克	1.55	2.60	3.26	2.61	10.94	11.89	11.05
奶及奶制品	千克				0.09	0.11	0.26	0.19
水 产 品	千克	0.01	0.13		0.21	0.70	0.82	0.94
食　　糖	千克	0.60	1.24	1.70	1.94	1.43	1.58	1.86
酒和饮料	千克	1.00	1.74	2.77	3.09	5.58	6.21	5.91
糖　　果	千克					0.22	0.13	0.15
糕　　点	千克					0.65	0.77	0.92
水果及水果制品	千克					8.57	10.11	6.91
坚果及果仁制品	千克					0.15	0.16	0.12
二、年末平均每百户主要耐用消费品拥有量								
大型家具	件		108.86	169.50	583.20	158.72	129.50	140.85
洗 衣 机	台			2.10	4.45	23.55	25.18	28.51
电 风 扇	台		1.14	20.25	67.89	128.44	131.35	137.94
电 冰 箱	台				0.86	4.47	5.39	6.95
空 调 机	台					0.14	0.43	0.64
抽油烟机	台					0.50	0.21	0.43
吸 尘 器	台						0.07	
微 波 炉	台					0.07	0.14	0.07
热 水 器	台					0.92	0.78	0.43
自 行 车	辆	37.50	91.29	119.92	136.33	145.46	146.95	146.52
摩 托 车	辆		0.14		0.55	12.06	14.54	18.30
汽　　车(生活用)	辆						0.14	
电 话 机	部					22.48	26.74	32.27
移动电话	部					0.43	1.42	1.77
寻 呼 机	部					1.49	0.92	1.35
彩色电视机	台			2.10	5.55	37.09	41.06	42.98
黑白电视机	台		0.29	22.44	68.98	60.64	61.28	60.43
录放像机	台					0.99	0.71	0.99
摄 像 机	台							0.07
影 碟 机	台					6.31	6.88	6.45
组合音响	套					3.40	3.26	3.55
收 录 机	台		0.86	7.98	14.53	12.41	11.99	10.57
照 相 机	架		0.29	0.34	0.39	0.92	0.99	0.92
家用计算机	台					1.28	0.07	
中高档乐器	件					0.43	0.28	0.07

8-23 各县（市、区）农民

县市区	1991年	1992年	1993年	1994年	1995年	1996年
全市	**466**	**518**	**557**	**777**	**962**	**1250**
宛城区	569	689	666	950	1246	1292
卧龙区	887	954	1026	1279	1132	1490
南召县	284	442	554	687	832	932
方城县	371	404	400	627	714	1238
西峡县	384	435	505	609	700	966
镇平县	548	596	638	1008	1170	1232
内乡县	500	582	583	695	1042	1252
淅川县	351	379	411	538	751	1325
社旗县	461	434	449	584	742	1308
唐河县	450	489	631	912	1091	1395
新野县	578	654	616	942	1427	1536
桐柏县	404	485	346	392	717	872
邓州市	465	459	632	729	887	1399

注：1.卧龙区、宛城区1993年以前数据分别为原南阳市、南阳县数据；
　　2.1999年"新"数据是按照2000年农村住户调查新方案计算出的新口径数据。

8-24 各县（市、区）农民

县市区	1978年	1980年	1985年	1990年（老）	1990年（新）	1991年	1992年	1993年
全市	**65**	**148**	**317**	**439**	**487**	**511**	**546**	**633**
宛城区	78	170	364	487	552	601	642	721
卧龙区	90	108	371	770	801	860	917	1062
南召县	55	62	186	351	393	416	511	613
方城县	65	71	292	386	413	423	456	529
西峡县	53	58	256		370	402	454	538
镇平县	87	139	357	510	588	626	697	778
内乡县	42	134	296	420	471	516	552	652
淅川县	41	48	126	321	355	397	452	496
社旗县	70	92	341	493	471	577	494	567
唐河县	91	111	341	493	471	577	494	567
新野县	60	84	309	430	462	529	456	704
桐柏县	63	60	149		417	582	506	546
邓州市	50	152	280	417	474	517	497	596

注释：1.卧龙、宛城两区1993年以前数据分别为原南阳市、南阳县数据；
　　2.1990年以后数据为新口径数据。

人 均 现 金 收 入

单位:元

1997年	1998年	1999(老)	1999(新)	2000年	2001年	2002年
1396	**1397**	**1464**	**1446**	**1507**	**1567**	**1661**
1594	1673	1752	1713	1879	1953	2057
1825	1857	1897	1893	1976	2037	2119
884	841	874	864	940	969	1009
1355	1226	1304	1293	1351	1416	1497
1514	1708	1759	1757	1832	1891	1991
1655	1627	1666	1650	1750	1867	1982
1328	1435	1531	1531	1594	1693	1806
1150	1070	1070	1069	1120	1132	1180
1194	1252	1210	1195	1142	1198	1248
1701	1625	1604	1601	1683	1663	1760
1735	1534	1598	1598	1517	1639	1741
482	864	874	874	920	954	1007
1716	1467	1512	1504	1496	1630	1745

人 均 纯 收 入

单位:元

1994年	1995年	1996年	1997年	1998年	1999年	2000年	2001年	2002年
874	**1124**	**1499**	**1777**	**1846**	**1886**	**1889**	**1940**	**2020**
959	1458	1725	2118	2173	2246	2122	2193	2327
1372	1070	1378	1686	1853	1918	2002	2049	2127
796	1040	1305	1365	1360	1416	1461	1466	1490
757	999	1366	1569	1714	1796	1901	1954	1963
676	983	1292	1812	1938	2044	1938	1975	2136
927	1355	1724	2077	2085	2184	2192	2285	2385
862	1144	1503	1714	1868	1962	1976	2109	2175
680	925	1321	1354	1362	1369	1369	1370	1446
783	1038	1419	1699	1852	1716	1477	1472	1508
783	1038	1419	1699	1852	1716	1477	2056	2180
959	1239	1605	1973	2000	2033	1960	2105	2232
844	1123	1508	1311	1358	1356	1365	1370	1419
781	1080	1476	1875	1932	1991	1989	2072	2155

8—25 各县（市、区）农民

（2002年

指标名称	全市	宛城区	卧龙区	南召县	方城县
一、总收入	**2700.29**	**3450.10**	**3065.97**	**1849.31**	**2528.42**
(一)工资性收入	448.31	373.16	808.54	249.36	478.28
1.在非企业组织中得到收入	96.40	104.29	148.47	43.84	161.19
2.在本地企业中得到收入	67.99	63.65	428.53	157.65	3.31
其中：在本地乡企得到收入	38.22	58.90	383.89	82.09	3.31
(1)在第一产业得到收收入	6.71	57.40	38.31	11.11	
(2)在第二产业得到收入	43.09		196.26	119.01	2.29
(3)在第三产业得到收入	18.19	6.25	193.96	27.54	1.02
3.常住人口外出从业得到收入	161.60	94.96	24.23	16.90	148.32
(1)在第一产业从业得到收入	7.74	69.63	1.28	0.81	6.94
(2)在第二产业从业得到收入	105.77		9.94	10.97	101.38
(3)在第三产业从业得到收入	48.09	25.33	13.01	5.12	40.00
4.其他	122.32	110.26	207.31	30.97	165.46
(二)家庭经营收入	2120.25	2867.58	2088.12	1570.31	1962.14
1.农业收入	1555.88	2122.45	968.55	862.64	1430.92
其中：种植业收入	1425.30	1872.71	947.37	858.49	1312.07
2.林业收入	15.19	30.51	2.52	93.48	37.78
3.牧业收入	342.73	436.67	660.02	306.70	299.15
4.渔业收入	5.20	12.75		20.27	
5.工业收入	69.02	2.75	50.03	119.32	22.51
6.建筑业收入	22.42	110.03	157.93	45.82	
7.交通、运输和邮电业收入	27.64	76.88	109.99	34.20	51.57
8.批发零售贸易、餐饮业收入	37.08	15.20	36.38	9.32	68.56
9.社会服务业收入	15.63	25.13	91.83	22.87	16.49
10.文教卫生业收入	3.29	23.00			5.22
11.其他家庭经营收入	26.16	12.23	10.88	55.68	29.93
(三)财产性收入	16.60	35.29	38.10	3.21	31.92
1.利息	0.84	4.54	0.50		0.34
2.股息					
3.租金	3.23		11.36	3.21	21.19
4.红利					
5.土地征用补偿	7.43	19.75	6.07		8.11
6.其他	5.10	11.00	20.17		2.27
(四)转移性收入	115.14	174.08	131.21	26.43	56.08
1.家庭非常住人口寄回	35.26	58.88	40.98	6.33	7.39
2.亲友赠送	45.71	72.53	41.55	1.46	19.87
其中：农村外部亲友赠送	7.68	0.88	0.21	0.38	0.69
3.调查补贴	17.87	20.80	41.86	17.36	10.87
4.救济金	0.14				
5.救灾款	0.01				
6.保险年金	0.05				
7.退休金	3.46	18.73			5.70
8.抚恤金	0.52		5.84		
9.其他	12.13	3.15	0.98	1.29	12.25
二、总支出	**2185.72**	**2931.86**	**2824.04**	**1497.36**	**2280.24**
(一)家庭经营费用支出	446.69	656.76	727.18	258.86	390.77
1.农业生产	269.85	471.35	189.27	128.45	252.93
其中：种植业	269.71	471.35	189.27	128.45	252.93

家 庭 总 收 支 情 况

人均数据）　　　　　　　　　　　　　　　　　　　　单位：元/人

西峡县	镇平县	内乡县	淅川县	社旗县	唐河县	新野县	桐柏县	邓州市
2814.52	**3060.58**	**2769.29**	**2062.78**	**1952.31**	**2962.43**	**2881.78**	**1830.65**	**2893.62**
609.00	509.84	704.39	166.18	268.58	408.60	454.71	326.68	469.11
191.82	70.47	52.26	73.33	43.61	98.02	142.08	39.47	78.53
15.19	56.10	118.32			72.77	45.16	11.60	15.16
13.37	10.25	2.12			6.92	32.82		4.03
						0.50		
15.19	38.64	116.20			58.16	39.23	11.60	15.16
	17.46	2.12			14.61	5.43		
79.58	138.93	462.75	11.99	114.68	210.98	172.21	64.85	293.57
20.42				11.19	2.04	5.14		1.90
22.55	102.67	454.97	7.19	98.26	189.12	114.44		117.81
36.60	36.26	7.78	4.80	5.22	19.81	52.63	64.85	173.85
322.41	244.34	71.05	80.86	110.29	26.84	95.27	210.76	81.86
2056.73	2359.75	1888.36	1725.67	1573.55	2378.98	2340.57	1448.60	2338.18
1752.50	1522.60	1486.90	1103.53	1238.57	1715.37	2148.75	1015.12	1941.78
1539.80	1384.71	1160.67	1049.95	1232.21	1564.71	2068.99	823.40	1785.05
13.40	1.34	9.31		5.69	11.45	2.56	22.82	1.12
172.32	372.17	240.81	302.82	281.87	511.72	119.36	284.58	308.42
5.94					20.33		12.77	
31.93	340.66	10.53	66.47		75.01	5.13	18.17	52.10
1.64			31.18				3.76	3.65
2.71	42.16	7.96	13.81		7.94	0.70	10.63	12.08
	41.32	98.55	163.06		22.88	15.44	11.42	4.33
12.11	15.48	26.58	5.29		2.55	15.01	1.02	
	1.34			1.12			13.50	3.85
64.19	22.68	7.73	39.50	46.31	11.72	33.62	54.82	10.86
1.46	33.75	15.36	0.87	7.32	23.34	0.12	1.41	6.13
0.09	0.58	1.69	0.01		1.79	0.09		0.64
0.50				0.50			0.90	0.88
	16.31	6.91		6.77	20.61		0.51	
0.87	16.86	6.75	0.86	0.05	0.95	0.03		4.61
147.33	157.24	161.19	170.05	102.86	151.50	86.38	53.96	80.20
37.21	66.79	24.30	122.33	14.40	52.87	29.57		0.74
71.15	61.91	121.33	32.05	4.37	49.88	33.78	25.38	53.88
0.85	23.91	23.79	8.39		23.60			1.75
17.24	19.28	12.98	11.99	18.56	16.86	14.57	15.23	18.27
	0.48			0.02	0.78			
								0.04
	0.18					0.38		
16.33			0.89	0.25				6.22
		2.55						
5.39	8.60	0.03	2.80	65.26	31.11	8.07	13.35	1.04
2320.11	**2384.94**	**2245.44**	**1665.90**	**1430.58**	**2469.99**	**1922.67**	**1717.68**	**2178.02**
436.03	460.34	336.34	424.19	325.57	522.97	383.69	224.29	467.59
343.29	193.82	208.18	184.20	197.32	358.04	348.98	164.66	315.88
343.10	193.73	207.88	183.89	197.32	357.84	348.98	164.66	315.52

指标名称	全市	宛城区	卧龙区	南召县	方城县
2.林业生产	2.17	20.92	1.33	0.81	0.39
3.牧业生产	117.47	106.48	364.00	77.95	111.80
4.渔业生产	0.28			0.94	0.06
5.工业生产	18.63	0.50	16.25	29.58	3.08
6.建筑业生产	9.86	26.95	77.91	5.82	4.23
7.交通、运输和邮电业	8.10	14.81	64.15	9.43	9.84
8.批发和零售贸易、餐饮业	15.19	2.60	14.26	2.04	7.42
9.社会服务业	0.32	0.25		3.47	
10.文教卫生业	0.14				
11.其他家庭经营支出	4.69	12.90		0.37	1.04
(二)购置生产性固定资产支出	61.20	96.78	46.47	23.28	154.48
生产性固定资产折旧	79.76	217.72	76.31	36.95	76.22
(三)税费支出	99.92	155.63	52.70	45.89	68.30
1.缴纳生产税	76.77	91.19	40.26	34.25	48.57
第一产业	76.37	91.19	40.26	32.87	48.29
第二产业	0.12			0.92	0.20
第三产业	0.28			0.46	0.08
2.缴纳其他直接税	0.42				
3.村提留	6.32	14.52	2.72	6.82	2.11
4.乡统筹	4.53	12.83	9.40	4.82	3.13
5.其他各项收费	11.89	37.09	0.33		14.49
(四)生活消费支出	1453.07	1883.11	1735.51	1109.10	1558.27
1.食品消费支出	699.92	991.85	902.91	646.20	740.80
其中：(1)主食	234.27	331.54	213.70	211.89	251.73
(2)副食	327.86	441.49	542.62	301.36	325.15
(3)其他食品	90.34	131.34	91.47	70.45	102.37
(4)在外饮食	36.51	78.03	44.86	40.42	52.22
2.衣着消费	74.89	67.36	119.19	61.50	94.51
3.居住消费	297.65	339.67	223.86	139.36	307.41
其中：住房装饰	3.94	7.73	1.48	0.05	0.97
4.庭设备、用品及服务	64.87	109.18	123.96	48.20	61.85
5.医疗保健	66.74	56.28	89.05	51.57	62.76
6.交通通讯消费	74.48	100.05	98.81	73.76	105.37
7.文教娱乐用品及服务	115.58	128.35	155.26	77.18	161.73
8.其他商品和服务消费	58.94	90.38	22.46	11.34	23.85
(五)财产性支出	2.06	0.95	2.72		7.09
1.非生产性贷款利息	0.53		0.03		3.79
2.其他	1.52	0.95	2.70		3.30
(六)转移性支出	122.78	138.64	259.46	60.22	101.32
1.寄给或带给家庭非常住人口	4.38	6.58	0.01		4.33
2.赠送亲友	112.59	127.67	250.85	57.23	91.27
其中：赠送农村外部亲友	11.89		133.93	1.21	11.17
3.缴纳保险费	1.71	1.40	5.70		1.58
4.缴纳罚款	0.81	3.00	2.85		
5.其他	3.29		0.04	2.99	4.13
三、可支配收入	**1993.88**	**2315.63**	**1981.34**	**1484.96**	**1934.77**
四、全年家庭纯收入	**2020.03**	**2327.55**	**2126.60**	**1489.16**	**1963.08**

人均数据）　　　　单位：元/人

西峡县	镇平县	内乡县	淅川县	社旗县	唐河县	新野县	桐柏县	邓州市
2.28	2.81	3.46	0.04	0.09	0.12	0.63	0.76	0.10
71.20	146.12	84.69	73.11	107.97	145.35	26.18	53.09	107.80
0.69		0.07			1.17		0.56	0.15
4.50	95.64	4.19	15.15		12.02	0.68	2.28	23.38
0.19			6.18				0.53	13.32
0.62	6.52	1.51	4.06	0.15	0.94	1.37	1.17	2.19
	4.36	33.97	137.77		2.97	2.98	1.24	2.43
0.04	1.04	0.07			0.01	0.06		0.05
	0.01							0.94
13.23	10.02	0.20	3.69	20.05	2.36	2.80		1.36
3.62	78.67	7.56	10.11	59.86	88.11	52.11	55.99	38.09
20.21	69.58	25.81	107.80	46.49	106.73	85.68	87.15	57.67
134.44	87.96	137.60	49.11	49.74	118.34	131.73	60.08	143.45
61.20	85.04	78.87	49.11	9.34	118.17	103.99	58.60	115.78
61.02	82.89	78.87	48.01	9.34	118.10	103.99	58.60	115.78
0.19	0.07		0.48					
	2.08		0.62		0.07			
9.34	0.35							
12.07		9.91		31.02		4.18		8.39
12.81		10.80		7.48		0.88		5.57
39.01	2.57	38.02		1.90	0.18	22.68	1.48	13.70
1554.71	1666.12	1591.81	1135.91	924.93	1643.12	1222.91	1276.69	1364.74
547.36	710.94	594.47	623.59	490.80	803.67	568.74	639.63	676.97
204.02	229.05	240.33	264.00	220.49	207.72	214.61	267.57	222.32
220.88	328.30	232.76	268.11	155.15	439.24	259.21	270.17	323.75
72.53	92.34	65.92	81.70	87.51	109.46	68.65	91.13	84.59
33.12	49.85	39.39		18.03	38.04	18.55	0.28	37.00
59.06	108.36	56.54	60.31	54.60	81.69	50.30	81.00	62.51
475.79	496.14	358.69	96.61	140.98	302.00	373.77	244.16	299.15
6.14	4.59	1.94	3.68	0.51	10.42	2.93	1.98	3.64
73.32	52.88	56.71	53.75	32.89	89.93	26.90	38.71	60.86
103.34	87.60	83.99	35.49	57.96	70.93	28.13	46.98	79.18
76.95	44.21	58.38	36.80	47.16	117.72	47.72	67.36	65.91
162.94	109.45	119.87	141.36	69.54	107.66	90.06	88.02	99.44
55.96	56.55	263.15	88.01	30.99	69.53	37.28	70.83	20.71
9.49	0.12	1.97	2.06		0.65	1.00	0.05	1.92
2.38		0.58	0.13		0.08			
7.11	0.12	1.39	1.93		0.57	1.00	0.05	1.92
181.82	91.72	170.16	44.52	70.50	96.79	131.24	100.58	162.22
2.14	0.08	17.70		36.07	0.23	0.88		
172.01	88.41	144.63	44.24	33.17	93.99	102.31	89.06	160.73
0.06	0.18	36.10			0.63	0.47		0.13
7.41	3.23			0.44	0.81	2.37	3.32	0.41
		0.53		0.50	1.03	1.25		1.01
0.27		7.30	0.28	0.32	0.74	24.43	8.20	0.07
2116.93	**2381.80**	**2095.41**	**1443.69**	**1470.26**	**2167.16**	**2201.93**	**1406.96**	**2150.96**
2136.30	**2385.46**	**2174.93**	**1446.04**	**1507.59**	**2179.66**	**2232.33**	**1418.91**	**2154.50**

8—26 各县（市、区）农民家

（2002年

指标名称	全市	宛城区	卧龙区	南召县	方城县
一、期内现金收入	**1661.23**	**2057.04**	**2118.78**	**1009.13**	**1497.10**
(一)工资性收入	445.59	373.16	783.35	249.36	473.18
1.在非企业组织中得到收入	95.34	104.29	148.47	43.84	156.09
2.在本地企业中得到收入元/人	67.92	63.65	428.53	157.65	3.31
其中：在本地乡企得到收入	38.15	58.90	383.89	82.09	3.31
(1)在第一产业得到的收入	6.71	57.40	38.31	11.11	
(2)在第二产业得到的收入	43.02		196.26	119.01	2.29
(3)在第三产业得到的收入	18.19	6.25	193.96	27.54	1.02
3.常住人口外出从业得到收入	161.60	94.96	24.23	16.90	148.32
(1)在第一产业从业得到收入	7.74	69.63	1.28	0.81	6.94
(2)在第二产业从业得到收入	105.77		9.94	10.97	101.38
(3)在第三产业从业得到收入	48.09	25.33	13.01	5.12	40.00
4.其　　他	120.73	110.26	182.13	30.97	165.46
(二)家庭经营收入	1096.28	1474.52	1203.68	730.13	944.17
1.出售产品的收入	901.04	1136.79	700.79	523.15	760.17
(1)出售农业产品收入	635.77	852.32	374.91	217.42	513.51
其中：种　植　业	633.80	850.93	374.38	216.10	513.35
(2)出售林业产品收入	6.01	6.27		32.76	7.87
(3)出售牧业产品收入	234.52	276.22	325.88	184.13	220.73
(4)出售渔业产品收入	2.98			2.18	
(5)出售工业产品的收入	18.22			80.87	6.77
(6)出售其他产品的收入	3.52	1.98		5.79	11.29
2.工业加工费	50.80	2.75	50.03	38.46	15.74
3.建　筑　业	22.42	110.03	157.93	45.82	
4.交通运输	27.64	76.88	109.99	34.20	51.57
5.批发和零售贸易、餐饮业	37.08	15.20	36.38	9.32	68.56
6.社会服务业	15.63	25.13	91.83	22.87	16.49
7.文教卫生业	3.29	23.00			5.22
8.其他家庭经营收入	22.64	10.25	10.88	49.89	18.64
(三)财产性收入	16.13	35.29	38.10	3.21	29.69
1.利　　息	0.84	4.54	0.50		0.34
2.股　　息					
3.租　　金	3.23		11.36	3.21	21.19
4.红　　利					
5.土地征用补偿	7.43	19.75	6.07		8.11
6.其　　他	4.62	11.00	20.17		0.04
(四)转移性收入	103.23	174.08	93.64	26.43	50.06
1.家庭非常住人口寄回或带回	35.16	58.88	39.40	6.33	7.39
2.亲友赠送	39.53	72.53	41.34	1.46	19.77
其中：农村外部亲友赠送	1.49	0.88		0.38	0.59
3.调查补贴	15.43	20.80	6.09	17.36	10.87
4.救　济　金	0.14				

庭现金收支情况

人均数据）　　　　　　　　　　　　　　　　　　　　　　　　　　　　单位:元/人

西峡县	镇平县	内乡县	淅川县	社旗县	唐河县	新野县	桐柏县	邓州市
1990.79	**1982.03**	**1805.71**	**1179.99**	**1247.77**	**1759.98**	**1741.22**	**1007.40**	**1744.56**
609.00	509.12	704.39	166.18	268.58	408.60	454.71	312.21	469.11
191.82	70.47	52.26	73.33	43.61	98.02	142.08	25.00	78.53
15.19	55.38	118.32			72.77	45.16	11.60	15.16
13.37	9.53	2.12			6.92	32.82		4.03
						0.50		
15.19	37.92	116.20			58.16	39.23	11.60	15.16
	17.46	2.12			14.61	5.43		
79.58	138.93	462.75	11.99	114.68	210.98	172.21	64.85	293.57
20.42				11.19	2.04	5.14		1.90
22.55	102.67	454.97	7.19	98.26	189.12	114.44		117.81
36.60	36.26	7.78	4.80	5.22	19.81	52.63	64.85	173.85
322.41	244.34	71.05	80.86	110.29	26.84	95.27	210.76	81.86
1237.00	1301.11	948.99	842.88	869.01	1218.40	1200.01	639.81	1192.56
1155.91	973.09	710.34	529.67	816.03	1097.79	1130.11	522.04	1102.30
999.47	536.18	476.80	345.29	538.00	704.67	1038.84	303.76	912.89
971.79	535.03	476.44	345.05	537.32	704.08	1038.57	295.36	912.72
8.24	1.34	9.31		1.33	10.05	1.41	14.55	0.20
105.14	299.95	220.48	177.43	276.57	363.18	89.86	196.86	188.83
5.94					18.72		6.87	
0.05	135.62		6.95					
37.06		3.77		0.12	1.17			0.37
31.88	205.05	10.53	59.52		75.01	5.13	18.17	52.10
1.64			31.18				3.76	3.65
2.71	42.16	7.96	13.81		7.94	0.70	10.63	12.08
	41.32	98.55	163.06		22.88	15.44	11.42	4.33
12.11	15.48	26.58	5.29		2.55	15.01	1.02	
	1.34			1.12			13.50	3.85
27.13	22.68	3.96	39.50	46.18	10.55	33.62	54.82	10.48
1.46	33.75	15.36	0.87	7.32	23.34	0.12	1.41	4.48
0.09	0.58	1.69	0.01		1.79	0.09		0.64
0.50				0.50			0.90	0.88
	16.31	6.91		6.77	20.61		0.51	
0.87	16.86	6.75	0.86	0.05	0.95	0.03		2.96
143.32	138.06	136.97	170.05	102.86	109.64	86.38	53.96	78.41
37.21	66.79	24.30	122.33	14.40	52.87	29.57		0.74
71.15	42.72	97.54	32.05	4.37	27.69	33.78	25.38	52.79
0.85	4.72		8.39		1.40			0.66
13.23	19.28	12.56	11.99	18.56	16.86	14.57	15.23	18.27
	0.48			0.02	0.78			

指 标 名 称	全 市	宛城区	卧龙区	南召县	方城县
5.救 灾 款	0.01				
6.保险年金收入	0.05				
7.退 休 金	3.46	18.73			5.70
8.抚 恤 金	0.52		5.84		
9.其 他	8.95	3.15	0.98	1.29	6.33
二、非收入所得	**245.81**	**106.70**	**76.11**	**57.18**	**564.14**
1.从银行信用社得到的贷款	9.50	3.75	1.26	3.77	18.37
2.借 入 款	130.97	46.82	38.26	35.42	330.08
3.收回借出款	48.58	2.83	9.77	17.99	108.03
4.从银行信用社取回存款	45.07	46.50	26.45		51.43
5.收回投资款	0.78	6.80			
6.出售财产得款	8.89		0.36		56.24
7.一次性工伤补贴	0.44				
8.保险公司赔付	1.58				
9.其 他					
三、期内现金支出	**1574.90**	**2075.41**	**1731.86**	**1040.12**	**1647.11**
(一)生产费用支出	407.43	629.23	385.63	186.83	429.17
1.家庭经营费用支出	346.23	532.45	339.16	163.55	274.69
(1)农业生产支出	237.69	453.13	150.60	106.25	194.72
其中：种植业支出	237.55	453.13	150.60	106.25	194.72
(2)林业生产支出	2.17	20.92	1.33	0.81	0.37
(3)牧业生产支出	58.13	23.77	84.11	28.03	56.24
(4)渔业生产支出	0.28			0.94	0.06
(5)工业生产支出	16.92		7.96	13.53	3.07
(6)建筑业生产支出	7.37	12.68	57.25	1.75	4.23
(7)交通运输支出	5.84	8.81	37.22	8.40	9.67
(8)批发和零售贸易、餐饮业	13.60		0.69		5.72
(9)社会服务业支出	0.32	0.25		3.47	
(10)文教卫生业	0.14				
(11)其他经营支出	3.77	12.90		0.37	0.62
2.购置生产性固定资产支出	61.20	96.78	46.47	23.28	154.48
其中：房屋及建筑物					
大中型铁木农具	1.41	5.08	0.61	0.65	2.37
农林牧渔业机械	29.73	33.40	41.32	18.76	48.31
工 业 机 械	4.60				12.24
运 输 机 械	5.31	6.00		1.89	44.02
役 畜	16.22	43.13			41.80
产 品 畜	2.68	9.18	4.53		4.08
(二)税 费 支 出	97.98	154.69	34.80	35.19	68.20
1.缴纳生产税	75.96	90.25	32.44	32.87	48.47
第 一 产 业	75.67	90.25	32.44	32.87	48.19
第 二 产 业	0.03				0.20

人均数据） 单位:元/人

西峡县	镇平县	内乡县	淅川县	社旗县	唐河县	新野县	桐柏县	邓州市
								0.04
	0.18					0.38		
16.33			0.89	0.25				6.22
		2.55						
5.39	8.60	0.03	2.80	65.26	11.44	8.07	13.35	0.34
326.32	**320.88**	**125.87**	**71.92**	**63.49**	**410.61**	**244.34**	**89.54**	**271.80**
16.98		31.89	16.55	0.75		2.51	1.27	20.35
111.41	190.21	45.81	53.31	60.94	222.75	133.93	33.07	122.26
135.42	74.15	24.30	0.14	1.79	111.80	17.67	14.21	39.47
31.43	55.64	7.96	1.20		53.74	90.23	40.61	86.87
8.54								
22.55	0.84		0.72	0.01	13.92			2.86
					3.50			
	0.04	15.92			4.91		0.38	
1806.97	**1864.51**	**1653.20**	**1246.93**	**1108.43**	**1751.87**	**1448.52**	**1113.20**	**1550.58**
393.10	517.44	298.89	408.28	335.58	436.17	375.47	280.28	418.86
389.48	438.77	291.33	398.17	275.72	348.06	323.36	224.29	380.77
343.29	189.42	198.68	176.36	197.00	262.29	304.09	164.66	285.76
343.10	189.33	198.38	176.05	197.00	262.09	304.09	164.66	285.40
2.28	2.81	3.46	0.04	0.09	0.12	0.63	0.76	0.10
24.65	138.30	49.18	54.93	58.44	67.51	14.49	53.09	53.07
0.69		0.07			1.17		0.56	0.15
4.50	95.64	4.19	15.15		10.69		2.28	22.89
0.19			6.18				0.53	12.94
0.62	6.52	1.51	4.06	0.15	0.94	1.30	1.17	1.55
	4.36	33.97	137.77		2.97		1.24	1.98
0.04	1.04	0.07			0.01	0.06		0.05
	0.01							0.94
13.23	0.67	0.20	3.69	20.05	2.36	2.80		1.36
3.62	78.67	7.56	10.11	59.86	88.11	52.11	55.99	38.09
	0.37	0.95		0.19	0.35	2.36		2.98
1.21	40.89	6.60	5.90	35.34	45.75	19.82	39.62	22.82
	28.06				5.37	1.00		
						5.64		
1.72	9.35		3.84	21.83	29.32	16.29		11.65
					7.08	5.50		0.63
134.44	87.96	135.35	48.63	49.74	118.34	131.73	60.08	143.45
61.20	85.04	76.62	48.63	9.34	118.17	103.99	58.60	115.78
61.02	82.89	76.62	48.01	9.34	118.10	103.99	58.60	115.78
0.19	0.07							

8—26 续表 2 (2002 年

指标名称	全市	宛城区	卧龙区	南召县	方城县
第三产业	0.26				0.08
2.缴纳其他直接税	0.42				
3.村提留	6.02	14.52	2.04	2.16	2.11
4.乡统筹	3.69	12.83		0.16	3.13
5.其他各项收费	11.89	37.09	0.33		14.49
(三)生活消费支出	953.08	1151.91	1183.06	757.88	1041.33
A、食品	295.68	451.84	350.46	294.97	316.91
(1)主食	20.54	78.99	27.34	15.97	15.07
1.粮食	14.31	73.22	14.88	7.77	6.92
2.粮食复制品	6.23	5.77	12.46	8.20	8.16
(2)副食	137.91	155.55	176.53	146.15	138.77
1.蔬菜	26.27	16.81	29.91	33.96	27.16
2.豆制品	1.82	1.04	3.03	3.83	2.01
3.油脂类	15.04	22.33	19.21	15.11	8.96
4.食糖	5.09	4.07	7.77	2.91	4.40
5.肉、禽及其制品	54.13	72.94	69.73	58.85	56.16
6.蛋类	14.44	13.27	24.10	9.94	12.09
7.水产品	4.22	6.40	5.04	3.25	3.76
8.调味品	14.34	15.02	17.07	18.24	14.52
9.其他	2.56	3.67	0.69	0.04	9.71
(3)其他食品	89.78	129.82	91.47	70.37	101.52
1.烟草类	43.14	66.69	47.20	31.18	49.24
2.酒类	26.22	27.78	25.20	15.10	23.14
3.饮料类	2.19	2.38	1.96	1.49	1.97
4.干鲜果品	5.72	8.35	9.85	6.48	9.21
5.糖果糕点	5.61	9.68	3.89		10.59
6.奶和奶制品	1.95	1.74	2.77	3.37	3.03
7.罐头类	0.01		0.01		
8.其他	4.93	13.20	0.59	12.74	4.35
(4)在外饮食	36.51	78.03	44.86	40.42	52.22
(5)食品加工费	10.94	9.45	10.27	22.07	9.33
B、衣着	73.68	65.35	119.19	61.50	94.51
(1)服装	45.70	34.56	79.41	20.13	48.08
(2)衣着材料	1.84	1.67	1.27	0.15	1.46
(3)鞋、帽、袜类	19.68	14.30	31.29	23.43	28.00
(4)衣着加工费	0.29	0.05	0.13	0.09	0.40
(5)其他	6.16	14.78	7.09	17.70	16.58
C、居住	203.11	150.49	223.86	139.36	214.36
(1)住房	163.44	98.61	171.01	78.98	157.85
1.建筑材料	124.29	88.87	79.54	71.77	126.85
2.住房装饰、装修	3.94	7.73	1.48	0.05	0.97
3.房租	0.36	0.10		0.23	

人均数据）

单位:元/人

西峡县	镇平县	内乡县	淅川县	社旗县	唐河县	新野县	桐柏县	邓州市
	2.08		0.62		0.07			
9.34	0.35							
12.07		9.91		31.02		4.18		8.39
12.81		10.80		7.48		0.88		5.57
39.01	2.57	38.02		1.90	0.18	22.68	1.48	13.70
1088.12	1167.26	1047.03	743.44	652.61	1099.92	809.08	672.21	824.13
260.17	348.82	215.03	231.69	218.49	330.18	234.38	218.32	284.93
35.10	11.90	8.07	23.22	6.25	16.27	30.67	5.46	11.74
27.10	7.83	3.99	21.85	4.35	5.62	27.87	1.19	5.58
8.00	4.06	4.08	1.36	1.89	10.64	2.80	4.26	6.16
102.70	183.33	86.65	116.99	97.08	159.04	109.76	110.97	142.28
9.64	30.71	8.72	39.87	23.74	33.60	12.77	22.78	30.02
2.01	1.94	1.62	1.66	0.31	2.13	1.17	1.72	1.54
21.67	23.54	18.33	8.33	5.18	13.15	16.55	15.89	13.82
6.48	5.95	5.68	3.61	4.96	7.32	3.02	5.39	4.34
34.05	64.41	29.74	45.00	42.86	60.40	45.69	42.73	56.10
11.62	32.14	8.82	5.31	7.20	16.21	12.26	4.62	15.49
1.13	2.97	0.74	0.89	2.05	6.41	4.15	8.73	6.14
14.49	15.38	12.47	10.67	10.79	19.27	12.41	9.12	12.84
1.62	6.28	0.51	1.65		0.55	1.74		2.00
72.44	92.34	64.85	81.70	87.51	107.63	67.68	91.13	84.59
32.93	41.97	31.48	37.91	36.80	56.00	39.03	28.60	39.91
23.73	24.96	17.03	35.50	16.00	27.70	21.30	51.73	31.64
1.15	2.73	1.51	1.12	0.86	3.12	1.96	1.46	3.42
5.49	7.39	2.55	0.48	4.11	7.54	2.40	4.10	4.24
2.18	4.92	4.95	2.16	15.00	8.94	1.73	2.07	2.65
4.46	3.12	1.78	0.26	2.04	1.76	0.16	1.18	1.16
0.03	0.05		0.05		0.01	0.03		
2.48	7.19	5.55	4.22	12.70	2.58	1.07	1.99	1.57
33.12	49.85	39.39		18.03	38.04	18.55	0.28	37.00
16.81	11.40	16.07	9.78	9.62	9.21	7.72	10.49	9.31
59.06	108.36	56.54	59.74	54.60	73.89	50.30	81.00	62.15
29.34	70.70	38.60	46.05	33.63	48.37	30.78	59.33	42.27
2.17	1.72	0.64	2.53	1.16	2.96	1.16	0.53	3.16
22.95	29.45	15.79	10.28	15.64	19.10	14.45	21.04	13.78
0.45	0.01	0.05	0.03	0.56	0.57	0.25		0.54
4.15	6.48	1.47	0.85	3.60	2.89	3.67	0.10	2.40
296.39	359.40	193.36	96.61	140.98	240.08	294.30	60.98	150.96
256.96	311.71	165.19	66.82	117.74	206.81	260.21	21.09	121.17
146.97	226.60	97.36	61.48	113.14	161.58	218.88	17.46	99.95
6.14	4.59	1.94	3.68	0.51	10.42	2.93	1.98	3.64
0.05	2.99	0.27						0.29

指 标 名 称	全 市	宛 城 区	卧 龙 区	南 召 县	方 城 县
4.其 他	34.85	1.91	89.99	6.92	30.03
(2)电 费	25.66	33.77	25.09	39.81	36.24
(3)水 费	1.00	2.91	1.65		1.26
(4)燃 料	11.75	14.66	26.12	18.54	14.86
1.煤 炭	8.96	14.04	21.74		11.47
2.液化气(煤气、天然气)	0.64	0.23	2.19	0.26	0.66
3.柴 草	0.22			0.13	
4.其 他	1.93	0.40	2.19	18.15	2.73
(5)其 他	1.28	0.55		2.03	4.14
D、家庭设备、用品及服务	64.86	109.18	123.96	48.20	61.85
(1)耐用消费品	30.75	71.94	74.55	7.39	16.35
1.家 具	20.94	53.50	55.79		3.02
2.家 庭 设 备	8.81	18.37	18.70	7.39	12.61
3.其 他	1.00	0.06	0.06		0.72
(2)床 上 用 品	4.92	5.50	5.60	5.06	7.06
(3)家庭日用杂品	26.66	28.57	30.74	32.29	36.56
1.日用小五金	1.40	0.56	0.58	0.28	2.10
2.日 用 百 货	18.72	19.77	19.50	16.95	26.88
3.其 他	6.53	8.24	10.67	15.06	7.58
(4)设备用品加工修理费	0.80	0.71	0.93	1.29	1.09
(5)其 他	1.74	2.48	12.13	2.18	0.79
E、医 疗 保 健	66.74	56.28	89.05	51.57	62.76
(1)医疗卫生保健用品	36.52	12.90	23.21	33.81	55.01
(2)医疗保健服务费	22.69	25.61	31.94	17.29	5.91
(3)医疗卫生保健设备	0.03				
(4)其 他	7.50	17.77	33.90	0.47	1.83
F、交通和通讯	74.48	100.05	98.81	73.76	105.37
(1)交 通 工 具	20.27	40.10	42.93	3.37	31.41
(2)通 讯 工 具	2.12	6.19	2.46	3.49	1.84
(3)交 通 费	16.27	7.82	7.87	17.86	24.23
1.客运交通费	16.06	7.82	7.87	17.54	24.00
2.运 费	0.21			0.33	0.23
(4)邮 电 费	29.30	36.74	38.37	33.29	38.12
(5)交通、通讯工具修理费	4.10	5.11	4.47	6.66	4.06
(6)动力燃料及其他	2.43	4.09	2.70	9.09	5.70
G、文化教育、娱乐用品及服务	115.58	128.35	155.26	77.18	161.73
(1)文化教育、娱乐用品	14.00	9.85	14.29	15.27	16.46
1.文化教育娱乐用机电消费品	9.22	6.60	11.21	12.26	8.09
2.书、报、杂志	0.37		0.24		0.02
3.纸张、文具	2.19	1.57	2.08	1.88	3.37
4.其 他 用 品	2.22	1.69	0.76	1.13	4.98
(2)文化教育、娱乐服务	101.57	118.49	140.97	61.91	145.27

人均数据）　　　　　　　　　　　　　　　　　　　　　　单位:元/人

西峡县	镇平县	内乡县	淅川县	社旗县	唐河县	新野县	桐柏县	邓州市
103.79	77.53	65.63	1.65	4.09	34.80	38.40	1.65	17.28
26.70	29.71	22.84	20.18	17.86	20.27	23.53	20.58	21.42
	2.76	0.05	1.10	0.21	1.39	0.16	0.61	0.12
12.73	15.15	5.25	8.04	3.93	8.53	10.40	14.75	7.87
3.84	14.13	4.06	7.18	3.93	7.07	9.07	10.91	7.16
2.65	0.43	0.27	0.36		0.72	0.65	1.05	0.25
2.59		0.50				0.03	1.75	0.04
3.66	0.59	0.42	0.50		0.73	0.65	1.05	0.41
	0.07	0.02	0.48	1.24	3.08		3.96	0.38
73.32	52.88	56.71	53.75	32.89	89.93	26.90	38.71	60.84
35.29	15.29	26.55	39.23	3.01	49.41	8.35	11.18	31.00
28.29	11.64	21.56	20.14	0.48	30.86	4.91	7.66	27.44
6.89	3.53	3.23	15.90	2.03	15.36	2.49	3.52	3.12
0.11	0.12	1.76	3.19	0.50	3.18	0.95		0.45
4.98	2.88	5.58	2.65	4.13	10.69	2.56	1.31	2.55
27.44	32.41	22.99	11.19	23.84	28.86	15.44	26.09	25.54
1.91	0.41	1.15	0.47		3.91	0.27		2.46
13.53	27.34	21.21	9.68	20.02	17.47	8.86	25.17	16.27
12.00	4.66	0.62	1.04	3.82	7.49	6.31	0.92	6.81
1.79	0.91	1.15	0.46	1.40	0.58	0.18	0.13	0.54
3.82	1.40	0.44	0.22	0.51	0.39	0.37		1.20
103.34	87.60	83.99	35.49	57.96	70.93	28.13	46.98	79.18
92.37	70.44	44.92	7.31	38.70	42.23	12.01		30.76
7.52	9.02	26.31		19.16	27.50	13.49	46.82	48.22
0.39			0.20	0.02				
3.06	8.14	12.76	27.98	0.07	1.20	2.64	0.16	0.20
76.95	44.21	58.38	36.80	47.16	117.72	47.72	67.36	65.91
46.98	3.14	2.57	10.50	2.64	11.86	5.88	25.79	8.65
3.27	0.89			1.83	1.81	0.50	3.05	3.17
11.63	11.84	15.09	6.12	15.99	24.56	14.19	12.60	21.83
11.02	11.84	14.86	5.99	15.94	24.48	14.19	10.57	21.63
0.61		0.24	0.13	0.05	0.08		2.03	0.20
12.75	25.07	24.68	14.92	20.81	39.17	24.66	24.97	29.50
2.17	1.80	13.80	5.25	4.37	4.05	2.34	0.96	1.83
0.15	1.46	2.24		1.51	3.27	0.15		0.93
162.94	109.45	119.87	141.36	69.54	107.66	90.06	88.02	99.44
12.63	17.64	30.33	8.58	4.87	22.50	8.39	8.18	8.89
8.21	9.64	24.80	5.64		18.45	6.05	6.22	3.36
2.11	0.06	1.71		1.07	0.23	0.31	0.20	0.22
0.63	2.43	2.35	2.87	1.96	2.22	1.27	1.73	2.34
1.66	5.51	1.47	0.08	1.84	1.60	0.77	0.04	2.98
150.32	91.81	89.54	132.78	64.67	85.16	81.66	79.83	90.55

指 标 名 称	全 市	宛城区	卧龙区	南召县	方城县
1.学 杂 费	99.03	118.09	130.36	58.61	143.21
2.技术培训费	0.92		10.06	0.18	0.41
3.文 娱 费	0.48	0.33	0.03	0.31	0.01
4.用品加工修理服务费	0.38	0.08	0.14	0.09	0.38
5.其 他	0.76		0.39	2.71	1.27
H、其他商品和服务	58.94	90.38	22.46	11.34	23.85
(1)商品性支出	7.91	13.30	4.68	2.54	2.36
1.化 妆 品	0.80	0.81	1.00	0.95	1.45
2.首 饰 饰 品	0.07				
3.其 他	7.03	12.49	3.68	1.59	0.91
(2)服 务 支 出	51.03	77.08	17.78	8.80	21.49
1.旅店住宿费	0.06		0.13	0.03	0.08
2.殡 殓 费	7.31	31.97			1.02
3.其 他	43.66	45.11	17.66	8.77	20.39
(四)财产性支出	2.06	0.95	2.72		7.09
1.非生产性贷款利息支出	0.53		0.03		3.79
2.其 他	1.52	0.95	2.70		3.30
(五)转移性支出	114.35	138.64	125.64	60.22	101.32
1.寄给或带给家庭非常住人口	4.37	6.58			4.33
2.赠送亲友支出	104.17	127.67	117.05	57.23	91.27
其中：赠送农村外部亲友	3.47		0.13	1.21	11.17
3.支付保险费支出	1.71	1.40	5.70		1.58
4.缴 纳 罚 款	0.81	3.00	2.85		
5.其 他	3.29		0.04	2.99	4.13
四、非消费性现金支出	**231.61**	**64.03**	**164.08**	**61.70**	**340.22**
1.归还银行信用社贷款	6.01		1.01		26.89
2.借 出 款	7.19	14.00	0.66	1.89	9.28
3.归 还 借 款	54.75	26.28	23.49	59.82	77.73
4.存入银行信用社	163.52	23.75	138.92		226.33
5.购买股票支出					
6.支出投资额	0.14				
7.其 他					
五、期末金融资产余额	**1202.10**	**1155.47**	**1690.25**	**284.79**	**1027.47**
1.债 券					
2.股 票					
3.银 行 存 款	476.30	291.84	416.32		555.51
4.手 存 现 金	725.79	863.63	1273.93	284.79	471.96
5.其 他					
六、期末债务余额	**7.50**			**112.53**	
1.银行、信用社贷款	0.49			5.93	
2.乡村集体组织、企业借款	0.23			1.08	
3.个人借(欠)款	6.05			92.05	
4.其 他	0.73			13.48	

人均数据）　　　　　　　　　　　　　　　　　　　　　　　　　　　　　单位：元/人

西峡县	镇平县	内乡县	淅川县	社旗县	唐河县	新野县	桐柏县	邓州市
138.36	90.53	84.81	132.43	63.99	84.32	80.91	73.27	89.92
4.80	0.16							0.18
0.49	0.97	0.13	0.14		0.17	0.21	6.52	0.15
2.63	0.07	1.79	0.20		0.59	0.21		0.02
4.03	0.08	2.81		0.69	0.07	0.33	0.04	0.28
55.96	56.55	263.15	88.01	30.99	69.53	37.28	70.83	20.71
17.19	6.11	16.46	9.72	12.26	16.27	2.62	1.09	2.51
0.84	0.92	0.40	0.13	0.66	0.69	0.79	0.91	0.74
					0.49	0.18		
16.36	5.19	16.06	9.59	11.60	15.09	1.65	0.18	1.77
38.76	50.44	246.69	78.29	18.73	53.26	34.66	69.74	18.20
		0.05						0.29
1.33		6.18	2.58	1.24	15.09	27.50		3.56
37.44	50.44	240.45	75.71	17.49	38.17	7.16	69.74	14.35
9.49	0.12	1.97	2.06		0.65	1.00	0.05	1.92
2.38		0.58	0.13		0.08			
7.11	0.12	1.39	1.93		0.57	1.00	0.05	1.92
181.82	91.72	169.96	44.52	70.50	96.79	131.24	100.58	162.22
2.14	0.08	17.51		36.07	0.23	0.88		
172.01	88.41	144.63	44.24	33.17	93.99	102.31	89.06	160.73
0.06	0.18	36.10			0.63	0.47		0.13
7.41	3.23			0.44	0.81	2.37	3.32	0.41
		0.53		0.50	1.03	1.25		1.01
0.27		7.30	0.28	0.32	0.74	24.43	8.20	0.07
201.28	**215.80**	**70.20**	**30.70**	**51.81**	**160.47**	**137.33**	**36.47**	**722.07**
5.88				11.47	8.41			8.07
19.14	5.40	0.80	6.24		16.05	7.57		5.61
121.75	42.06	54.02	19.67	40.35	77.13	41.41	18.71	72.23
54.51	168.35	15.38	4.80		58.88	86.47	17.77	636.17
						1.88		
852.33	**2775.86**	**1074.38**	**267.12**	**427.87**	**924.23**	**1489.20**	**237.00**	**1731.12**
215.94	1301.64	63.27	6.00		236.29	553.93	31.73	1110.44
636.39	1474.22	1011.11	261.12	427.87	687.94	935.27	205.27	620.68
	7.19		**10.55**					
			2.40					
			2.40					
	7.19		5.76					

8-27 各县（市、区）农民

（2002年

指标名称	单位	全市	宛城区	卧龙区	南召县	方城县
一、购买食品	**元/人**	**248.03**	**364.21**	**295.10**	**232.29**	**255.13**
1.粮食(原粮)	公斤/人	5.19	52.77	10.46	2.42	3.26
金额	元/人	5.21	51.86	9.98	2.35	3.66
2.食用植物油	公斤/人	1.99	2.78	2.10	2.25	1.50
金额	元/人	11.34	17.85	14.22	12.67	8.25
3.动物油	公斤/人	0.65	0.88	1.01	0.49	0.12
金额	元/人	3.70	4.48	4.99	2.44	0.71
4.蔬菜	公斤/人	38.15	21.07	37.63	35.45	37.36
金额	元/人	26.05	16.69	29.54	33.96	26.86
5.豆制品	公斤/人	0.77	0.39	0.86	1.68	0.95
金额	元/人	1.58	0.70	1.72	3.70	1.40
6.猪肉	公斤/人	7.32	7.67	6.60	13.51	5.96
金额	元/人	44.98	57.83	52.28	43.75	47.69
7.牛肉	公斤/人	0.30	0.84	0.59	0.24	0.21
金额	元/人	3.93	11.76	7.69	2.42	2.63
8.羊肉	公斤/人	0.14	0.16	0.45	0.36	0.10
金额	元/人	1.82	1.53	4.82	3.55	1.65
9.家禽	公斤/人	0.30	0.38	0.35	1.31	0.31
金额	元/人	2.19	1.60	2.74	8.51	1.94
10.鲜蛋	公斤/人	3.45	3.03	5.52	5.11	2.82
金额	元/人	14.38	13.24	24.08	9.93	12.05
11.淡水鱼类	公斤/人	0.67	1.19	0.85	0.58	0.56
金额	元/人	3.38	5.63	4.74	2.89	2.97
12.淡水虾贝蟹类	公斤/人			0.01		
金额	元/人	0.02		0.02		0.20
13.海水鱼类	公斤/人	0.18	0.01			0.02
金额	元/人	0.53	0.01			0.20
14.海水虾贝蟹类	公斤/人					0.04
金额	元/人	0.02				0.16
15.海水藻类	公斤/人	0.05	0.13			0.03
金额	元/人	0.17	0.56	0.01		0.11
16.食糖	公斤/人	1.85	1.05	2.07	0.80	1.56
金额	元/人	5.09	4.07	7.77	2.91	4.40
17.糕点	公斤/人	0.92	1.44	0.66		1.44
金额	元/人	4.82	4.93	3.69		9.97
18.糖果	公斤/人	0.15	0.64	0.05		0.15
金额	元/人	0.79	4.75	0.20		0.62
19.卷烟	盒/人	29.43	37.39	31.74	25.34	32.03
金额	元/人	43.10	66.67	47.20	31.18	49.23
20.酒	公斤/人	5.17	6.24	4.48	1.80	9.58
金额	元/人	26.22	27.78	25.20	15.10	23.14

家庭商品购买情况

数据）

单位:元

西峡县	镇平县	内乡县	淅川县	社旗县	唐河县	新野县	桐柏县	邓州市
210.01	**287.35**	**159.34**	**221.90**	**190.65**	**282.64**	**207.97**	**207.39**	**238.41**
0.25	0.95	2.19	0.26	0.83	1.75	0.35	0.40	0.99
0.31	1.27	1.93	0.53	0.88	1.83	0.57	0.46	1.03
2.63	1.67	1.71	0.46	0.76	1.91	2.85	1.35	3.05
14.83	10.98	9.73	3.71	4.36	12.00	16.41	8.58	13.07
1.07	2.05	1.75	0.52	0.17	0.23	0.03	1.35	0.15
6.84	12.57	8.60	4.61	0.82	1.15	0.14	7.30	0.76
7.48	50.09	12.98	73.96	32.66	44.57	33.58	24.59	43.47
7.95	30.55	8.72	39.87	23.74	33.52	12.73	21.56	29.93
0.80	0.78	0.85	0.69	0.06	0.61	0.72	0.66	0.94
1.81	1.91	1.52	1.65	0.14	1.87	1.17	1.63	1.52
3.42	5.68	3.47	5.02	5.02	13.56	4.65	4.29	8.64
30.64	51.87	27.45	40.68	40.50	53.94	38.59	35.80	43.49
0.06	0.36	0.04	0.12	0.06	0.18	0.36	0.11	0.46
0.78	4.93	0.57	1.76	1.02	2.54	4.01	1.72	5.89
0.07	0.18	0.07	0.12	0.06	0.04	0.01	0.07	0.18
1.12	2.86	1.15	1.57	0.53	0.49	0.11	1.08	2.76
0.12	0.27			0.08	0.31	0.28	0.51	0.27
1.15	2.02	0.04		0.80	2.58	2.34	3.90	2.11
2.55	7.31	2.01	1.22	1.85	3.35	2.72	0.95	3.79
11.55	32.13	8.76	5.31	7.20	16.13	12.14	4.61	15.36
0.14	0.43	0.08	0.13	0.10	0.66	0.60	2.02	1.22
0.79	2.59	0.31	0.83	0.55	3.68	2.53	8.73	5.90
0.00								
0.02								
0.02		1.36		0.32	0.34	0.38		0.03
0.14		0.13		1.50	2.22	1.46		0.11
								0.01
0.01	0.11	0.06	0.01		0.10	0.03		0.04
0.02	0.39	0.29	0.06		0.30	0.08		0.11
1.84	1.68	1.92	0.95	1.54	3.31	0.86	1.59	2.63
6.48	5.95	5.68	3.61	4.96	7.32	3.02	5.39	4.34
0.29	0.64	0.93	0.02	2.90	1.49	0.40	0.16	0.67
1.92	4.60	4.53	0.14	14.32	8.43	1.50	1.12	2.36
0.07	0.06	0.09	0.39	0.15	0.10	0.06	0.16	0.11
0.26	0.32	0.41	2.01	0.68	0.52	0.23	0.96	0.30
21.54	27.08	20.53	24.22	25.33	39.67	29.98	18.04	30.12
32.93	41.62	31.48	37.91	36.80	55.95	39.03	28.60	39.91
5.37	3.90	3.48	6.14	2.39	5.38	3.70	8.39	5.12
23.73	24.96	17.03	35.50	16.00	27.70	21.30	51.73	31.64

指 标 名 称	单 位	全 市	宛城区	卧龙区	南召县	方城县
其中：啤 酒	公斤/人	2.89	2.82	2.38	0.99	7.77
金 额	元/人	5.57	5.34	4.91	3.47	3.90
21.茶 叶	公斤/人	0.10	0.16	0.06	0.04	0.15
金 额	元/人	1.25	0.93	0.88	0.36	0.43
22.水 果	公斤/人	2.87	3.97	4.16	3.14	4.80
金 额	元/人	3.63	4.30	5.71	4.26	6.56
23.鲜 奶	公斤/人	0.06	0.08	0.47		0.16
金 额	元/人	0.19	0.25	1.63		0.28
24.奶 制 品	公斤/人	0.13	0.18	0.12	0.17	0.20
金 额	元/人	1.77	1.49	1.14	3.37	2.75
25.罐 头	公斤/人	0.01				
金 额	元/人	0.01		0.01		
二、购买衣着和床上用品	**元/人**	**78.28**	**70.78**	**124.63**	**66.47**	**101.14**
1.棉 布	米/人	0.07	0.02	0.01		0.03
金 额	元/人	0.28	0.13	0.07		0.16
2.棉布服装	件/人	0.06	0.07	0.21	0.01	0.06
金 额	元/人	1.20	2.67	3.22	0.22	1.02
3.化 纤 布	米/人	0.10	0.02	0.07		0.06
金 额	元/人	1.00	0.22	0.79		0.63
4.化纤布服装	件/人	1.12	0.87	1.95	0.40	0.96
金 额	元/人	32.93	26.82	69.97	17.60	27.81
5.毛 料	米/人	0.01	0.10			
金 额	元/人	0.11	1.27		0.12	
6.毛料服装	件/人	0.01	0.01	0.01		0.01
金 额	元/人	0.40	0.61	0.20		2.19
7.皮 料	米/人					
金 额	元/人	0.13				
8.皮料服装	件/人					
金 额	元/人	0.02				
9.鞋帽类金额	元/人	19.68	14.30	31.29	23.43	28.00
10.床上用品金额	元/人	4.92	5.50	5.60	5.06	7.06
三、购买文化体育用品	**元/人**	**14.00**	**9.85**	**14.28**	**15.27**	**16.44**
1.黑白电视机	台/人					
金 额	元/人	0.07				0.71
2.彩色电视机	台/人	0.01	0.01	0.01	0.01	0.01
金 额	元/人	7.56	5.50	8.19	10.38	6.22
3.收 录 机	台/人					
金 额	元/人	0.13				
4.录 像 机	台/人					
金 额	元/人					
5.照 相 机	只/人					
金 额	元/人					

数 据）

单位:元

西峡县	镇平县	内乡县	淅川县	社旗县	唐河县	新野县	桐柏县	邓州市
3.73	2.31	1.93	3.02	1.12	2.64	1.59	4.80	2.17
10.23	5.76	3.99	8.18	3.03	6.02	4.33	11.92	5.48
0.01	0.20	0.11	0.04	0.05	0.07	0.09	0.03	0.17
0.30	1.32	0.68	1.07	0.57	1.17	1.67	0.93	3.12
3.58	4.29	1.64	0.20	2.29	3.48	1.45	1.93	1.88
3.68	4.85	1.81	0.33	3.03	4.79	1.67	2.92	2.26
	0.03	0.05			0.04			0.01
	0.07	0.14			0.17		0.01	0.02
0.28	0.18	0.15	0.03	0.16	0.11	0.02	0.15	0.09
4.46	3.05	1.64	0.26	2.04	1.58	0.16	1.17	1.13
0.01	0.01		0.02			0.02		
0.03	0.05		0.05		0.01	0.03		
63.57	**111.22**	**62.03**	**62.36**	**58.15**	**83.98**	**52.59**	**82.31**	**64.14**
0.07	0.01	0.06	0.60	0.10	0.01	0.04		0.06
0.40	0.05	0.42	1.21	0.63	0.05	0.13		0.44
0.06				0.11	0.05	0.01		0.15
1.48				1.01	0.72	0.18		3.15
0.12	0.10	0.02	0.10	0.04	0.24	0.05		0.19
1.08	0.97	0.18	0.90	0.53	2.64	0.52	0.01	1.67
0.71	1.79	1.51		1.50	1.73	0.87		1.02
19.34	68.91	37.15	0.07	32.43	41.95	21.89		30.72
0.01						0.02		
0.06		0.04	0.05			0.17		
0.01		0.02	0.02		0.01			0.01
0.77		0.24	0.27		0.18	0.09		0.21
								0.86
					0.19			
22.95	29.45	15.79	10.28	15.64	19.10	14.45	21.04	13.78
4.98	2.88	5.58	2.65	4.13	10.69	2.56	1.31	2.55
12.63	**17.63**	**30.32**	**8.58**	**4.86**	**22.50**	**8.39**	**8.18**	**8.89**
0.01		0.01			0.01	0.01		
7.69	7.43	12.79	5.16		18.36	5.39	4.70	3.18
	0.55	0.74	0.36			0.13		

8—27 续表2 (2002 年

指标名称	单位	全市	宛城区	卧龙区	南召县	方城县
6.影碟机	台/人				0.01	
金额	元/人	0.67	1.00	3.02	1.89	
7.摄像机	台/人					
金额	元/人					
8.组合音响	台/人					
金额	元/人					
9.家用计算机	台/人					
金额	元/人					
10.文具纸张	元/人	2.19	1.57	2.08	1.88	3.37
11.中高档乐器	元/人	0.47				
12.音像制品	元/人	0.03	0.21		0.02	
13.玩具	只/人	0.02	0.01	0.05	0.01	0.02
金额	元/人	0.21	0.65	0.32	0.59	0.06
四、购买建筑材料	**元/人**	**124.29**	**88.87**	**79.54**	**71.77**	**126.85**
1.水泥	公斤/人	113.10	26.94	18.06	95.28	144.37
金额	元/人	22.61	5.74	3.18	23.60	28.92
维修房屋用	公斤/人	10.34	10.00	1.44	26.42	21.10
金额	元/人	2.18	2.50	0.28	6.12	4.24
2.木材	立米/人	0.01		0.06		0.01
金额	元/人	5.31	0.23	35.13	1.28	4.08
维修房屋用木材	立米/人			0.02		
金额	元/人	1.11		13.82	1.28	
3.钢材	公斤/人	8.09	5.73	8.35	6.67	7.95
金额	元/人	18.09	8.99	25.43	14.34	22.59
维修房屋用钢材	公斤/人	0.55	0.11	3.29	0.42	0.27
金额	元/人	1.40	0.22	7.35	0.94	0.59
4.水泥预制件	件/人	0.25	0.60	0.13	0.03	0.35
金额	元/人	4.50	5.77	0.77	0.17	10.19
维修房屋用	件/人	0.02		0.01		0.01
金额	元/人	0.24		0.09		0.40
5.玻璃	平方米	0.04	0.09	0.02		0.07
金额	元/人	0.42	1.06	0.29		0.57
维修房屋用	平方米	0.01	0.05			
金额	元/人	0.09	0.45			
6.砖瓦	块/人	320.67	407.75	37.66	119.68	379.62
金额	元/人	34.07	45.53	4.28	13.89	26.24
维修房屋用砖瓦	块/人	12.23	7.75	0.38	12.40	4.08
金额	元/人	1.32	0.70	0.07	1.71	0.41
7.沙石	立米/人	0.28	0.25	0.06	0.09	0.27
金额	元/人	6.11	4.89	2.03	2.74	3.93
维修房屋用沙石	立米/人	0.02	0.02			0.01
金额	元/人	0.29	0.64		0.02	0.11

数　据）　　　　　　　　　　　　　　　　　　　　　　　　　　　　　　　　单位:元

西峡县	镇平县	内乡县	淅川县	社旗县	唐河县	新野县	桐柏县	邓州市
		0.01						
	1.15	2.47					1.52	
0.63	2.43	2.35	2.87	1.96	2.22	1.27	1.73	2.34
		7.96						
					0.12			0.03
0.01	0.02	0.03		0.03	0.02			0.02
0.03	0.06	0.10		0.19	0.08	0.01		0.48
146.97	**226.60**	**97.36**	**61.48**	**113.14**	**161.58**	**218.88**	**17.46**	**99.95**
206.76	231.14	105.78	79.21	67.41	182.79	117.74	23.50	76.82
41.84	43.68	20.94	18.37	14.55	36.09	21.46	3.46	15.30
1.59	11.21	6.84	33.65		8.84	12.53	1.42	0.35
0.42	2.35	1.59	7.03		2.23	1.28	0.33	0.14
0.00	0.02				0.01	0.05		
1.61	11.90				3.36	9.79		1.82
0.00	0.01							
1.61	1.11				0.05			
8.70	20.75	4.34	5.28	11.60	7.87	5.22	0.03	6.51
21.25	35.02	8.52	12.11	19.39	23.70	14.09	0.07	13.81
0.29	0.28	0.04	2.40		0.41	0.20	0.03	0.04
1.36	0.76	0.06	5.28		1.64	1.00	0.07	0.12
0.29	0.19	0.02			0.73	0.40		0.08
2.72	2.45	0.08			17.21	4.32		1.45
0.29	0.02	0.02			0.01			
2.72	0.31	0.08			0.36			0.04
	0.10	0.09			0.06			
	1.48	0.91			0.68			
		0.09			0.01			
		0.91			0.09			
391.11	796.31	263.24	254.20	302.01	347.62	108.05	28.93	338.17
50.80	84.49	27.99	20.70	34.52	38.03	12.47	3.91	41.61
1.06	43.17		74.34		2.87	5.01	1.02	3.08
0.13	4.84		7.51		0.31	0.60	0.12	0.35
0.06	0.62	0.45	0.25	0.14	0.38	0.23	0.10	0.30
1.98	18.23	5.27	5.06	4.88	7.76	3.31	2.04	6.97
0.01	0.03	0.01	0.13		0.02			
0.27	0.35	0.06	2.04		0.39			

8—27 续表 3 （2002 年

指标名称	单位	全市	宛城区	卧龙区	南召县	方城县
五、购买生活用燃料	**元/人**	**11.11**	**14.43**	**23.93**	**18.29**	**14.20**
1.柴草	公斤/人	0.07			0.01	
金额	元/人	0.22			0.13	
2.煤	公斤/人	36.44	82.70	75.95		50.50
金额	元/人	8.96	14.04	21.74		11.47
3.液化气	元/人	0.64	0.23	2.19	0.26	0.66
六、购买用品	**元/人**	**93.93**	**172.62**	**170.32**	**59.29**	**95.09**
1.购买卫生纸	元/人	2.64	3.32	1.88	3.01	3.85
2.购买洗涤及卫生用品	元/人	7.44	6.85	4.41	6.83	8.60
3.购买护肤、化妆用品	元/人	0.80	0.81	1.00	0.95	1.45
4.购买日用金属制品	元/人	0.84	0.40	0.76	0.08	0.60
5.购买日用塑料制品	元/人	0.34	0.06	0.16		0.22
6.购买日用橡胶制品	元/人	0.02	0.03	0.01		0.01
7.购买日用陶瓷制品	元/人	0.38	0.28	0.25		0.28
8.购买日用玻璃制品	元/人	0.07	0.07	0.09		0.09
9.购买其它日用百货	元/人	7.04	8.80	11.98	7.05	13.28
10.购买其他日用杂品	元/人	6.53	8.24	10.67	15.06	7.58
11.购买日用小五金	元/人	1.40	0.56	0.58	0.28	2.10
12.购买住房装饰用品	元/人	0.42	0.43	0.38		0.91
13.购买住房装饰、装饰材料	元/人	2.28	6.84	0.42	0.05	0.02
14.购买洗衣机	台/人		0.02	0.01		
金额	元/人	2.54	10.09	3.02		2.29
15.购买缝纫机	台/人					
金额	元/人	0.23	0.70			
16.购买电风扇	台/人	0.02	0.03	0.02	0.01	0.02
金额	元/人	1.32	2.24	1.34	1.36	0.90
17.购买电冰箱	台/人					
金额	元/人	2.30	5.33	5.29	3.45	
18.购买空调机	台/人					
金额	元/人	1.16		7.05		7.14
19.购买吸尘器	台/人					
金额	元/人					
20.购买抽油烟机	台/人					
金额	元/人					
21.购买热水器	台/人					
金额	元/人					
22.购买微波炉	台/人					
金额	元/人	0.12		1.93		
23.购买家具	元/人	20.94	53.50	55.79		3.02
24.购买家具用材料	元/人	1.16	1.20	11.53	1.11	
25.购买自行车	辆/人	0.01	0.01	0.03	0.02	0.02
金额	元/人	3.06	2.31	5.28	3.37	3.70

数 据）　　　　单位：元

西峡县	镇平县	内乡县	淅川县	社旗县	唐河县	新野县	桐柏县	邓州市
10.08	**14.72**	**4.99**	**7.68**	**3.93**	**7.80**	**9.75**	**13.70**	**7.61**
0.14		0.05				0.01	0.18	0.35
2.59		0.50				0.03	1.75	0.04
9.37	59.66	15.32	24.00	15.51	32.27	29.04	29.46	29.01
3.84	14.13	4.06	7.18	3.93	7.07	9.07	10.91	7.16
2.65	0.43	0.27	0.36		0.72	0.65	1.05	0.25
130.54	**64.70**	**71.08**	**70.65**	**45.89**	**154.96**	**35.82**	**67.18**	**73.28**
2.78	4.74	2.49	0.92	2.31	2.98	1.37	2.47	1.78
4.86	12.05	8.00	4.65	8.62	8.93	5.41	0.02	8.49
0.84	0.92	0.40	0.13	0.66	0.69	0.79	0.91	0.74
1.26	0.88	0.79	0.55	1.28	1.54	0.33		1.22
0.25	0.52	0.25	0.09	0.65	0.78	0.50		0.28
0.04	0.01	0.02	0.03	0.02	0.02	0.05		0.03
0.68	0.39	0.40	0.35	0.34	0.76	0.27		0.43
0.05	0.01	0.03	0.19	0.08	0.13	0.01		0.05
3.64	8.79	9.31	2.89	6.76	2.40	0.96	22.71	4.05
12.00	4.66	0.62	1.04	3.82	7.49	6.31	0.92	6.81
1.91	0.41	1.15	0.47		3.91	0.27		2.46
0.26	0.26				1.83			0.07
0.05	4.23			0.51	8.59	2.93		0.50
0.00			0.01		0.01			
1.46	1.68	1.33	9.06		4.21			
						0.01		
		0.69	0.48			1.45		
0.02	0.02	0.02	0.03	0.02	0.02	0.01	0.01	0.01
1.58	1.35	1.21	2.76	1.09	1.79	0.46	0.47	0.82
0.00					0.01			
2.79			3.12		7.85		3.05	
28.29	11.64	21.56	20.14	0.48	30.86	4.91	7.66	27.44
	0.97	0.34		0.31	0.14	0.02		0.96
	0.01	0.01	0.01	0.01	0.02	0.03	0.01	0.01
	3.14	2.18	2.83	2.20	4.09	5.38	1.29	1.97

指　标　名　称	单　位	全　市	宛城区	卧龙区	南召县	方城县
26.购买摩托车	辆/人		0.01	0.01		0.01
金　　额	元/人	16.72	37.63	37.66		27.45
27.购买电话	部/人	0.01	0.02	0.01		0.01
金　　额	元/人	1.13	3.64	0.39		1.81
28.购买手机	部/人					
金　　额	元/人	0.93	2.25	2.07	3.37	
29.购买寻呼机	个/人					
金　　额	元/人	0.02	0.30			
七、购买药品及医疗用品	**元/人**	**36.52**	**12.90**	**23.21**	**33.81**	**55.01**
1.药　　品	元/人	36.15	12.90	22.96	33.81	54.95
2.医疗用品	元/人	0.37		0.25		0.06
八、购买生产资料	**元/人**	**332.55**	**586.57**	**248.51**	**149.28**	**381.92**
1.化　　肥	公斤/人	168.10	231.44	95.09	95.22	131.30
金　　额	元/人	125.46	227.60	78.41	63.00	106.94
2.饼　　肥	公斤/人	0.67	0.54			2.81
金　　额	元/人	0.60	0.46			3.08
3.农　　药	公斤/人	1.47	4.21	0.56	0.61	0.69
金　　额	元/人	15.20	33.28	5.11	9.09	7.10
4.农用薄膜	公斤/人	0.49	2.88	0.15	0.15	0.51
金　　额	元/人	3.47	18.86	1.11	1.20	3.78
5.生产用燃料	公斤/人	16.62	14.64	10.23	1.95	12.41
金　　额	元/人	24.24	39.86	10.50	7.06	26.25
6.生产用种籽	公斤/人	6.45	13.56	10.12	4.09	3.54
金　　额	元/人	22.96	35.60	26.38	17.77	16.06
7.生产用饲料	公斤/人	32.57	37.16	39.47	2.64	28.66
金　　额	元/人	32.85	48.07	33.03	2.75	27.41
8.汽　　车	辆/人					
金　　额	元/人					
9.大中型拖拉机	台/人			0.01		0.01
金　　额	元/人	7.58	6.38	32.12		29.49
10.小型和手扶拉机	台/人	0.01	0.01		0.01	
金　　额	元/人	16.16	24.63		18.76	14.94
11.机动脱粒机	台/人					
金　　额	元/人	0.78	1.75			
12.收割机	台/人					
金　　额	元/人	0.26				
13.动力机	台/人					
金　　额	元/人	0.37				
14.胶轮大车	辆/人					
金　　额	元/人					
15.水　　泵	台/人	0.01		0.01		
金　　额	元/人	1.66	0.65	3.64		
16.役　　畜	头/人	0.01	0.03			0.02
金　　额	元/人	16.22	43.13			41.80
17.产品畜	头/人		0.02	0.01		
金　　额	元/人	2.68	9.18	4.53		4.08

数　据）　　　　　　　　　　　　　　　　　　　　单位:元

西峡县	镇平县	内乡县	淅川县	社旗县	唐河县	新野县	桐柏县	邓州市
0.01					0.01		0.01	
44.83			7.67		38.67		24.49	6.59
0.02	0.01			0.01	0.01			0.01
3.27	0.89			1.83	1.53	0.50		0.83
							3.05	2.34
92.37	**70.44**	**44.92**	**7.31**	**38.70**	**42.23**	**12.01**		**30.76**
92.37	70.44	44.92	3.00	38.70	41.95	12.01		30.76
0.00			4.32		0.28			
251.63	**408.85**	**207.47**	**171.02**	**304.14**	**394.22**	**363.33**	**252.39**	**358.33**
82.44	195.31	202.62	132.04	112.84	205.54	197.10	157.72	212.06
58.48	103.70	108.62	90.82	117.75	146.23	180.08	93.57	157.89
		0.14	0.07			0.01		2.24
		0.07	0.07			0.01		1.64
0.38	0.90	0.70	0.58	1.12	1.22	2.10	0.81	3.07
4.31	8.29	8.37	5.59	11.24	15.71	26.87	7.29	31.10
1.30	0.22	0.32	0.25	0.03	0.34	0.61	0.23	0.16
9.01	2.15	2.53	2.10	0.20	2.43	4.41	1.77	1.14
3.03	5.96	14.48	1.67	0.15	19.36	15.49	9.46	53.04
5.74	18.46	18.14	2.21	0.28	32.83	40.23	29.76	43.09
3.16	6.18	6.24	3.34	5.04	7.54	6.72	3.25	7.63
13.50	19.82	21.31	12.46	16.66	28.95	36.40	16.26	25.48
7.69	100.29	5.44	16.16	31.54	39.64	8.81	14.91	34.90
7.94	102.90	8.58	14.78	29.83	42.10	7.40	9.25	34.12
	23.62							
				0.01	0.01		0.01	0.01
	16.07	3.98	5.49	24.00	31.43	12.53	21.19	17.86
						0.01		
					3.27	3.43		
							0.01	
							6.90	
				0.85				2.06
0.01		0.11		0.02		0.01	0.01	
1.21	1.20	2.62	0.41	7.80	1.57	2.71	1.75	0.55
0.00				0.02	0.02	0.01		0.01
1.72	9.35		3.84	21.83	29.32	16.29		11.65
					0.01	0.01		
					7.08	5.50		0.63

8—28 各县（市、区）农民家庭

（2002年

指标名称	单位	全市	宛城区	卧龙区	南召县	方城县
一、出售粮食数量	**公斤/人**	**178.66**	**248.57**	**186.76**	**59.45**	**143.19**
金额	元/人	188.26	265.39	197.83	57.94	164.90
其中：1.小麦数量	公斤/人	93.54	172.53	69.75	5.59	46.94
金额	元/人	89.75	166.49	66.22	5.12	46.11
优质小麦数量	公斤/人	0.09	0.75	0.50		
金额	元/人	0.08	0.68	0.46		
2.稻谷数量	公斤/人	9.21	10.88		10.00	10.83
金额	元/人	10.96	10.32		10.57	18.40
优质稻谷数量	公斤/人	0.62	1.50			4.90
金额	元/人	1.14	1.74			9.80
3.玉米数量	公斤/人	48.18	33.18	98.68	37.19	38.03
金额	元/人	44.90	30.47	99.33	36.32	34.64
优质玉米数量	公斤/人	0.46	3.00			2.48
金额	元/人	0.41	2.52			2.40
4.豆类数量	公斤/人	17.66	26.08	17.23	0.65	24.82
金额	元/人	33.91	53.17	31.18	1.04	48.17
5.薯类数量	公斤/人	9.33	5.75		4.82	21.85
金额	元/人	8.07	4.63		3.83	16.82
二、出售棉花数量	**公斤/人**	**17.03**	**27.19**	**10.74**		**0.11**
金额	元/人	167.75	254.21	77.89		0.92
三、出售油料数量	**公斤/人**	**43.57**	**0.39**	**22.24**	**42.37**	**104.23**
金额	元/人	102.82	1.42	55.37	90.03	228.39
四、出售麻类数量	**公斤/人**					
金额	元/人	0.01				
五、出售糖料数量	**公斤/人**	**14.73**				
金额	元/人	3.94				
六、出售烟叶数量	**公斤/人**	**4.93**				**7.64**
金额	元/人	32.32				63.53
七、出售蔬菜数量	**公斤/人**	**145.14**	**370.77**	**104.27**	**26.43**	**56.23**
金额	元/人	120.63	303.71	41.89	22.15	50.44
八、出售水果数量	**公斤/人**	**3.17**	**10.10**		**18.45**	
金额	元/人	3.42	9.48		20.57	
其中：苹果数量	公斤/人	0.17			3.11	
金额	元/人	0.23			4.25	
柑桔数量	公斤/人					
金额	元/人					
香蕉数量	公斤/人					
金额	元/人					
菠萝数量	公斤/人					
金额	元/人					
九、出售茶叶数量	**公斤/人**					
金额	元/人					
十、出售木材数量	**立方**	**0.01**			**0.04**	**0.02**
金额	元/人	4.17			14.09	7.68

主要产品出售情况

数 据）

西峡县	镇平县	内乡县	淅川县	社旗县	唐河县	新野县	桐柏县	邓州市
99.62	**210.54**	**129.45**	**71.24**	**194.60**	**259.31**	**245.60**	**187.26**	**174.48**
110.05	**232.17**	**116.56**	**69.66**	**236.71**	**280.42**	**216.50**	**195.22**	**178.90**
7.01	90.72	28.68	31.20	88.89	184.40	134.90	81.53	120.99
6.94	89.91	28.07	29.44	85.33	183.46	119.02	75.65	113.84
							0.30	
							0.30	
10.93		3.01	21.82		9.27		90.18	0.59
21.42		2.91	21.90		10.58		99.35	0.94
							0.89	
							1.37	
56.05	79.85	60.77	10.38	25.50	41.05	99.60	8.30	35.76
53.19	74.18	57.91	10.15	23.21	39.18	85.68	7.60	32.58
							0.38	0.02
							0.22	0.02
0.71	37.72	0.46	5.35	43.19	21.48	3.95	6.60	15.93
1.30	66.44	0.98	6.29	88.16	44.38	8.01	12.23	30.51
24.88	1.22	36.53	2.43	36.45	0.23	7.15	0.66	1.01
27.10	0.85	26.70	1.75	39.48	0.41	3.79	0.39	0.89
	5.35	**4.40**	**0.47**	**19.50**	**21.63**	**49.27**	**0.14**	**40.62**
	58.27	34.69	3.89	203.88	217.58	486.28	1.22	408.63
1.14	**42.14**	**24.57**	**9.54**	**9.79**	**39.18**	**92.08**	**30.63**	**64.04**
2.34	100.53	64.17	36.27	35.86	87.81	209.43	79.42	155.91
					0.04			
					0.11			
0.27	**157.43**							
0.28	41.97							
4.40		**4.98**	**10.96**	**4.56**	**6.99**	**0.05**		**11.37**
18.59		31.68	59.67	27.76	45.31	0.30		75.96
215.80	**243.41**	**155.64**	**68.42**	**25.86**	**71.50**	**512.19**	**9.91**	**86.35**
738.03	97.05	177.97	160.85	29.44	52.85	119.96	6.62	87.70
2.62		**0.05**	**0.22**		**10.22**		**2.75**	**0.07**
2.69		0.03	0.65		11.11		3.28	0.13
0.01	**0.01**	**0.08**			**0.03**	**0.01**	**0.03**	
3.18	1.34	9.31		1.33	10.05	1.41	9.10	0.20

指　标　名　称	单　位	全　市	宛城区	卧龙区	南召县	方城县
十一、出售牧业产品						
其中：1.出售肉猪数量	头/人	0.22	0.31	0.47	0.17	0.25
金　　额	元/人	114.08	162.58	221.13	86.64	125.34
2.出售肉牛数量	头/人	0.03	0.04	0.03	0.02	0.02
金　　额	元/人	44.17	58.70	37.83	16.42	33.71
3.出售菜羊数量	头/人	0.10	0.13	0.20	0.14	0.11
金　　额	元/人	20.11	28.76	41.66	32.80	20.99
4.出售家禽数量	只/人	0.39	0.60	0.28	0.33	0.16
金　　额	元/人	4.90	6.08	4.20	5.55	3.08
5.出售猪肉数量	公斤/人	0.90	0.20		1.74	0.60
金　　额	元/人	7.09	1.70		13.53	5.01
6.出售牛肉数量	公斤/人	0.06			0.20	
金　　额	元/人	0.73			1.62	
7.出售羊肉数量	公斤/人	0.06				0.07
金　　额	元/人	0.46				0.88
8.出售蛋类数量	公斤/人	3.52	0.36	0.23	0.85	0.15
金　　额	元/人	14.84	1.63	1.06	4.30	0.72
9.出售羊毛数量	公斤/人					
金　　额	元/人					
10.出售羊绒数量	公斤/人					
金　　额	元/人					
11.出售牛羊奶数量	公斤/人	0.20		3.07		0.03
金　　额	元/人	0.52		8.19		0.04
12.出售猪皮数量	张/人					
金　　额	元/人					
13.出售牛皮数量	张/人					
金　　额	元/人					
14.出售羊皮数量	张/人					
金　　额	元/人					
15.出售兔毛、绒数量	公斤/人	0.05	0.02			
金　　额	元/人	3.25	1.57			
16.出售蚕茧数量	公斤/人	0.26			1.15	0.01
金　　额	元/人	2.67			7.37	0.04
17.出售蜂蜜数量	公斤/人	0.04				
金　　额	元/人	0.32				
十二、出售水产品数量	**公斤/人**	**0.68**			**0.38**	
金　　额	**元/人**	**2.98**			**2.18**	
其中：1.鱼类数量	公斤/人	0.64			0.27	
金　　额	元/人	2.80			1.75	
2.虾、贝、蟹类数量	公斤/人	0.03				
金　　额	元/人	0.16				
3.藻类数量	公斤/人					
金　　额	元/人					

数 据）

西峡县	镇平县	内乡县	淅川县	社旗县	唐河县	新野县	桐柏县	邓州市
0.09	0.22	0.32	0.12	0.27	0.26	0.04	0.23	0.16
58.50	101.77	153.45	64.82	135.23	145.88	20.89	153.52	82.53
0.02			0.01	0.07	0.07	0.03		0.02
22.36	2.45		11.70	92.54	135.86	40.55		37.95
0.04	0.07	0.11	0.12	0.04	0.08	0.08	0.03	0.14
8.83	16.65	27.98	26.73	7.70	12.38	11.36	3.81	21.44
0.03	0.66	0.36	0.12	0.22	0.55	0.27	0.66	0.54
0.23	7.62	4.09	1.39	2.31	7.25	3.21	6.63	6.75
0.47	0.64	0.16	5.06		1.62		1.10	0.26
4.34	4.92	1.27	38.25		13.64		8.35	1.76
							0.13	0.32
							1.27	3.92
			0.63					0.03
			4.41					0.34
0.01	33.54	0.26	0.20	0.17	1.01	0.30	0.16	0.57
0.03	139.88	1.28	0.92	0.66	4.36	1.41	0.82	2.72
0.01		0.06		0.08	0.31			0.01
0.32	0.05	1.24		5.28	20.98		0.09	0.47
		0.86	2.04					
		9.99	23.52					
					0.32			
					2.52			
1.33					**4.40**		**1.22**	
5.94					**18.72**		**6.87**	
1.33					4.40		0.49	
5.94					18.72		2.61	
							0.72	
							4.26	

主要统计指标解释

城镇居民家庭全部收入 指被调查城镇居民家庭全部的实际收入，包括经常或固定得到的收入和一次性收入。不包括周转性收入，如提取银行存款、向亲友借款、收回借出款以及其他各种暂收款。

城镇居民家庭可支配收入 指被调查的城镇居民家庭在支付个人所得税、财产税及其他经常性转移支出后所余下的实际收入。

城镇居民家庭消费性支出 指被调查的城镇居民家庭用于日常生活的全部支出，包括购买商品支出和文化生活、服务等非商品性支出。不包括罚没、丢失款和缴纳的各种税款（如个人所得税、牌照税、房产税等），也不包括个体劳动者生产经营过程中发生的各项费用。

城镇居民家庭购买商品支出 指被调查的城镇居民家庭为自用或赠送亲友而购买商品的全部支出，包括从商店、工厂、饮食业、工作单位食堂、集市以及直接从农民手中购买各种商品的开支。商品支出分为以下八类：食品；衣着；家庭设备用品及服务；医疗保健；交通与通信；娱乐、教育、文化服务；居住；杂项商品和服务。

农村居民家庭纯收入 指农村常住居民家庭总收入中，扣除从事生产和非生产经营费用支出、缴纳税款和上交承包集体任务金额以后剩余的，可直接用于进行生产性、非生产性建设投资、生活消费和积蓄的那一部分收入。农村居民家庭纯收入包括从事生产性和非生产性的经营收入，取自在外人口寄回带回和国家财政救济、各种补贴等非经营性收入；既包括货币收入，又包括自产自用的实物收入。但不包括向银行、信用社和向亲友借款等属于借贷性的收入。

农村居民家庭生活消费支出 指农村常住居民家庭用于日常生活的全部开支，是反映和研究农民家庭实际生活消费水平高低的重要指标。

农民家庭总收入：是指调查期内农村住户和住户成员从各种来源渠道得到的收入总和。按收入的性质划分为工资性收入、家庭经营收入、财产性收入和转移性收入。

农民家庭现金收入：指农村住户和住户成员在调查期内得到以现金形态表现的收入。按来源分成工资性收入、家庭经营现金收入、财产性收入、转移性收入。

九、城市建设

9—1 南阳中心城区建设基本情况

指　　标	1985	1990	1995	2000	2001	2002
城市总户数(万户)					45.31	49.90
城市人口数(万人)	29.50	36.50	155.90	164.90	166.40	167.32
#非农业人口(万人)	19.40	25.10	41.20	50.96	52.37	53.12
城市面积(平方公里)	174	166	1981	1981	1981	1981
#建成区面积	17.30	19.10	31.00	37.00	44.50	50.01
城市建设用地面积(平方公里)	17.30	19.10	25.90	36.31	59.81	66.94
#居住用地	6.60	2.00	3.10	5.38	13.62	15.82
本年征用土地面积(平方公里)		1.10	1.40	1.52	3.19	0.07
年底供水综合生产能力(万立方米/日)	6.00	27.30	36.00	34.14	36.33	36.73
全年供水总量(万立方米)	1943	6458	7695	7741	8572	8456
#生活用水量	1244	2124	2910	2401	2275	2372
平均每人每天生活用水量(升)	115.53	189.50	177.20	123.05	143.28	152.82
用水普及率(%)	53.20	84.10	28.86	32.41	36.13	35.25
公共交通标准运营车辆(标台)	39	46	82	171	219	289
平均每万人拥有公交车辆(标台)	1.32	1.26	0.53	1.04	1.32	7.72
用气人口(万人)	9.10	9.90	6.30		28.79	48.35
用气普及率(%)	30.80	27.10	45.60	73.59	22.96	28.85
集中供热面积(万平方米)			20.00	44.87	48.60	47.80
道路长度(千米)	63.00	81.00	88.00	200.00	330.82	420.15
道路面积(万平方米)	70.00	93.00	154.00	277.68	583.23	833.30
排水管道长度(千米)	91.00	129.00	164.00	320.05	444.77	471.74
建成区绿化覆盖面积(公顷)	517	574	671	1272	1769	1185
建成区绿化覆盖率(%)	31.00	30.05	21.60	34.27	39.75	23.70
公共绿地面积(公顷)	47.00	55.00	182.00	652.50	926.68	2803.98
人均公共绿地面积(平方米)	2.30	2.20	1.05	12.80	5.57	16.73
公园个数(个)	2	6	3	28	30	33
公园面积(公顷)	31.00	31.00	24.00	464.06	466.62	2287.92
生活垃圾清运量(万吨)	4.80	10.90	20.00	23.20	22.00	23.00
垃圾无害化处理率(%)		6.42	100.00	100.00	90.91	92.61

注：1.本部分资料来源于南阳市建设委员会城市建设年报。

2.中心城区指宛城，卧龙辖区，县市区指城关镇辖区。

3.1985，1990年数据为撤地设市前原南阳市有关数据。

4.1996年及以后年度公园个数、面积含小游园。

5.2002年绿化覆盖面积不含白河游览水域660公顷，公共绿地面积增加麒麟湖风景区1800公顷。

9-2 城 市 设 施 水 平

(2002年)

	人口密度(人/平方公里)	用水普及率(%)	燃气普及率(%)	每万人拥有公共交通车辆(标台)	人均道路面积(平方米)	路网密度(公里/平方公里)
南阳	**3439**	**92.82**	**30.28**	**1.74**	**12.32**	**2.11**
中心城区	846	35.25	28.85	1.72	4.97	0.21
南召县	1875	95.56	42.22		8.82	1.39
方城县	3291	99.08	19.82	3.30	12.02	2.17
西峡县	7667	67.72	28.26	1.41	16.57	4.43
镇平县	6325	99.60	24.27		9.29	2.67
内乡县	1980	90.57	23.57	3.70	15.79	1.80
淅川县	2317	99.28	30.22	1.58	7.68	1.47
社旗县	4525	98.16	8.84	1.47	15.60	5.08
唐河县	3531	95.91	34.48	2.16	15.19	2.02
新野县	4620	90.04	36.80	2.02	9.70	1.62
桐柏县	1975	99.10	56.96	2.53	16.02	1.64
邓州市	4010	97.26	46.13	7.61	12.28	2.27

9—2 续表

(2002年)

	排水管道密度(公里/平方公里)	污水处理率(%)	人均公共绿地面积(平方米)	建成区绿化覆盖率(%)	生活垃圾无害化处理率(%)	水冲公厕比率(%)
南阳	**4.55**	**6.20**	**11.30**	**10.78**	**15.28**	**27.81**
中心城区	9.43	44.16	16.73	23.70	92.21	30.58
南召县	2.63		4.00	4.50		23.08
方城县	3.73		1.24	2.97		42.11
西峡县	7.68		21.33	30.62	87.17	70.00
镇平县	4.11		1.10	6.75	93.55	22.78
内乡县	5.63	44.44	4.14	4.85		19.61
淅川县	3.28		37.14	11.32		22.22
社旗县	5.15	3.36	1.15	5.43		8.00
唐河县	4.96		1.35	6.71		30.56
新野县	3.63		0.85	1.88		32.00
桐柏县	5.14		65.72	40.01		45.45
邓州市	4.25		2.68	14.63		41.54

9—3 城市人口和建设用地

(2002年)

	城市总户数(万户)	城市人口(万人)		城市面积(平方公里)		城市建设用地面积		
			非农业人口		建成区面积	小计	居住用地	公共建设用地
南阳	**24.58**	**80.91**	**61.89**	**235.28**	**104.44**	**90.45**	**31.63**	**11.78**
中心城区	49.90	167.62	53.12	1981.00	50.01	66.94	15.82	12.06
南召县	1.62	4.50	3.03	24.00	8.00	5.33	3.16	0.61
方城县	2.60	7.57	5.70	23.00	11.80	7.96	2.79	1.19
西峡县	2.71	9.20	7.00	12.00	10.50	10.15	3.95	0.96
镇平县	3.61	12.65	9.40	20.00	14.10	12.80	4.01	2.71
内乡县	2.61	5.94	5.32	30.00	7.90	6.99	2.89	0.95
淅川县	2.31	6.95	6.07	30.00	7.93	8.90	2.61	0.59
社旗县	2.44	5.43	4.56	12.00	6.70	6.55	2.26	1.32
唐河县	2.32	9.28	7.21	26.28	12.51	9.16	3.48	0.76
新野县	3.25	13.86	8.92	30.00	16.00	15.14	3.90	1.95
桐柏县	1.11	5.53	4.68	28.00	9.00	7.47	2.58	0.74
邓州市	3.82	16.04	11.83	40.00	16.00	13.60	4.80	1.60

注:新野县因县城规划重新调编,范围扩大,数据较上年变化较大。

9—4 城市市区供、排水情况

(2002年)

	年底供水综合生产能力(万立方米/日)	供水管道长度(公里)	全年供水总量(万立方米)		用水人口(万人)	排水管道长度(公里)	
				居民家庭用水			污水管道
南阳	**31.37**	**664.43**	**7983**	**2264**	**75.10**	**474.87**	**113.30**
中心城区	36.73	630.82	8456	2372	59.09	471.74	44.83
南召县	1.50	35.00	430	180	4.30	21.00	
方城县	3.50	83.00	730	281	7.50	44.00	
西峡县	4.67	85.43	1364	230	6.23	80.60	
镇平县	3.70	133.50	960	310	12.60	58.00	23.00
内乡县	3.00	45.00	995	214	5.38	44.47	33.80
淅川县	2.60	91.00	695	73	6.90	26.00	
社旗县	1.70	39.00	559	170	5.33	34.50	27.50
唐河县	3.50	55.00	850	388	8.90	62.00	
新野县	2.90	51.50	870	320	12.48	58.00	28.00
桐柏县	4.30	46.00	530	98	5.48	46.30	1.00
邓州市	10.30	141.00	1013	357	15.60	68.0	

9—5 市政设施、公共交通、燃气供应情况

(2002 年)

	年底道路长度(公里)	年底道路面积(万平方米)	人行道面积	年底路灯盏数(盏)	年底实有运营车辆(辆)	全年客运总量(万人次)	年底实有出租汽车(辆)
南阳	496.33	966.60	230.60	15859	213	359.60	721
中心城区	420.15	833.30	186.00	7946	291	3285.00	1245
南召县	33.30	39.70	7.30	836			
方城县	50.00	91.00	11.00	706	35	117.00	94
西峡县	53.22	152.40	41.30	1376	18	54.00	125
镇平县	53.43	117.50	28.70	1834			154
内乡县	54.08	93.80	25.00	1788	32	29.90	
淅川县	44.00	53.40	17.00	2701	16	36.70	89
社旗县	60.90	84.70	7.00	1412	12	20.00	
唐河县	53.00	141.00	41.00	1726	40	18.00	87
新野县	48.50	134.50	43.50	1748	40	4.00	120
桐柏县	45.90	88.60	8.80	1732	20	80.00	52
邓州市	91.00	197.00	38.00	2800	174	150.00	100

9—6 城 市 园 林 绿 化 情 况

(2002 年)

城市名称	绿化覆盖面积(公顷)	建成区	园林绿地面积(公顷)	建成区	公共绿地面积(公顷)	公园个数(个)	公园面积(公顷)
南阳	**1521.30**	**1126.30**	**1514.90**	**1132.70**	**914.19**	**15**	**766.90**
中心城区	2105.30	1185.00	3335.80	1533.20	2803.98	33	2287.92
南召县	40.00	36.00	29.00	26.00	18.00	1	12.50
方城县	43.00	35.00	29.00	21.00	9.40		
西峡县	348.50	321.50	338.50	311.50	196.22	2	180.10
镇平县	95.20	95.20	77.00	77.00	13.90	2	5.30
内乡县	56.30	38.30	47.30	29.30	24.60	1	1.60
淅川县	89.80	89.80	274.80	274.80	258.10	3	231.10
社旗县	39.40	36.40	25.70	21.70	6.22	1	1.20
唐河县	95.00	84.00	24.80	21.60	12.50	2	2.10
新野县	52.00	30.00	41.00	24.00	11.80		
桐柏县	662.10	360.10	627.80	325.80	363.45	3	333.00
邓州市	244.00	234.00	144.00	134.00	43.00	9	38.00

注:公园个数、面积含小游园。

9—7 城市燃气及集中供热情况

(2002 年)

城市名称	供气总量（万立方米、吨）	家庭用量	用气户数（户）	家庭用户	用气人口（万人）	集中供热面积（万平方米）
南阳	**6703**	**6069**	**60967**	**54091**	**24.50**	
中心城区	1663+8620	1273+8560	135484	132942	48.35	47.80
南召县	500	500	5556	5556	1.90	
方城县	497	449	5522	4988	1.50	
西峡县	920	690	10222	7667	2.60	
镇平县	790	790	8778	8778	3.07	10.00
内乡县	340	330	4610	3666	1.40	
淅川县	820	620	9111	6888	2.10	
社旗县	250	200	2300	2222	0.48	
唐河县	810	720	8500	8000	3.20	
新野县	1200	1200			5.10	
桐柏县	576	570	6368	6326	3.15	
邓州市	1600	1600	17777	17777	7.40	

注：中心城区供气总量为人工煤气 1663 万立方米，液化石油气 8620 吨；其中家庭用量为人工煤气 1273 万立方米，液化石油气 8560 吨。其它县市均为液化石油气。

9—8 城市污水及市容环境卫生情况

(2002 年)

城市名称	污水排放量（万立方米）	污水处理量（万立方米）	道路清扫保洁面积（万立方米）	生活垃圾清运量（万吨）	生活垃圾无害化处理量（万吨）	市容卫生专用车辆（台）
南阳	**6044**	**375**	**858.70**	**87**	**13.32**	**108**
中心城区	6621	2924	673.50	23	21.30	156
南召县	347		33.00	4		3
方城县	584		67.00	8		11
西峡县	1091		80.00	5	4.62	15
镇平县	794		208.00	9	8.70	25
内乡县	810	360	72.00	11		14
淅川县	556		48.20	9		7
社旗县	447	15	66.00	11		1
唐河县	443		120.00	12		16
新野县	548		134.50	12		12
桐柏县	424		30.00	6		4
邓州市	810		118.00	8		37

主要统计指标解释

年末自来水生产能力　指年底城建部门管理的自来水厂和自备水源的社会单位取水、净化、送水、出厂输水干管等环节的实际生产能力。

年末供水管道长度　指从送水泵到用户水表之间所有管道的长度。

全年供水总量　指公用自来水厂和自备水源的社会单位全年的供水总量，包括有效供水量及损失水量。

生活用水量　指居民日常生活与公共福利设施的用水量，包括居民、饮食店、旅馆、医院、理发店、浴池、洗衣店、游泳池、商店、学校、机关、部队等单位的用水量。

城市人口用水普及率　指城市用水的非农业人口数(不包括临时人口和流动人口)与城市非农业人口总数之比。计算公式为：

用水普及率＝城市用水的非农业人口数/城市非农业人口数×100％

人工煤气生产能力　指城市煤气厂制气、净化、输送等环节的综合实际生产能力。

输气管道长度　指由压缩机、鼓风机、储气罐的出口到用户煤气表之间的全部管道长度。

全年供气总量　指全年售给各类用户的全部煤气量，包括工业用量、家庭用量和其他用量。

城市用气普及率　指使用煤气(包括人工煤气、液化石油气、天然气)的城市非农业人口数(不包括临时人口和流动人口)与城市非农业人口总数之比。计算公式为：

城市煤气普及率＝城市用气的非农业人口数/城市非农业人口总数×100％

城市供热能力　指热电厂、热力公司和达到标准的集中采暖锅炉房向城市输送的供热源的设计能力，即每小时向城市输送蒸汽、热水的能力。

城市供热总量　指热电厂、热力公司和达到标准的集中采暖锅炉房向城市输送的全部蒸汽、热水量。

城市供热管道长度　指热电厂、热力公司和达到标准的集中采暖锅炉房管理的集中供热热源到用户之间的全部供气、供热水的管道长度。

年底实有铺装道路长度　指除土路外，路面经过铺装宽度在3.5米以上的道路，包括高级、次高级道路和普通道路。

城市桥梁　指城市范围内，修建在河道上的桥梁和道路与道路立交、道路跨越铁路的立交桥及人行天桥。包括永久性桥和半永久性桥，不包括临时性桥、铁路桥、涵洞。

城市下水道总长度　指所有排水总管、干管、支管及暗渠、检查井、连接井进出水口等长度之和。

城市污水日处理能力　指污水处理厂每昼夜处理污水量的设计能力。

年末实有公共汽(电)车　指年底可参加营运的全部车辆数，包括营运车辆数和库存查封未参加营运的车辆。不包括非营运车辆，如架线车、油罐车、工程车、货车及其他专用车辆和借入的客运车辆。

城市园林绿地面积　指城市公共绿地、专用绿地、生产绿地、防护绿地、郊区风景名胜区的全部面积。

公共绿地　指供游览休息的各种公园、动物园、植物园、陵园以及花园、游园和供游览休息用的林荫道绿地、广场绿地，不包括一般栽植的行道树及林荫道的面积。

十、农村经济

10－1 农 村 基 本 情 况

（年底数）

指　　　　标	1990年	1995年	2000年	2001年	2002年
农村基层组织（个）					
乡　　镇	224	227	227	227	227
＃镇	54	78	117	125	125
村民委员会	4638	4669	4651	4653	4652
农村基础设施（个）					
自来水受益村数		980	1365	1460	1675
通汽车村数		4319	4485	4514	4542
通电话村数		1955	4635	4642	4647
乡村人口和从业人员					
乡村户数（万户）	216.00	228.76	230.51	231.50	232.97
乡村人口数（万人）	881.81	921.58	896.59	896.86	899.54
乡村劳动力资源数（万人）	391.13	424.43	536.37	562.49	566.34
＃劳动力年龄内（万人）			486.34	509.69	517.41
乡村从业人员（万人）	391.13	424.43	536.37	522.99	520.00
＃劳动力年龄内（万人）			486.34	490.38	485.84
按性别分					
男	218.11	228.92	286.67	279.33	278.45
女	173.02	195.51	249.70	243.66	241.55
按国民经济行业分					
农　　业	327.93	322.01	431.61	399.07	387.68
工　　业	17.44	30.99	37.38	43.28	45.47
建 筑 业	14.97	20.74	14.51	22.93	24.67
交运仓储及邮电通讯业	4.91	8.58	9.14	11.19	12.56
批零贸易及餐饮业	6.39	11.02	16.56	19.71	21.03
其　　他	19.47	31.09	27.17	26.81	28.59

注：1.乡镇个数、镇个数、村民委员会个数为民政部门数据（10－2表同）。

2.1995年以前的乡村实有劳动力数与乡村从业人员数相等，分行业以乡村实有劳动力进行分解。

10-2 各县(市、区)农村基本情况

(2002年底)

县　　市	乡　镇(个)	镇	乡村户数(万户)	乡村人口数(万人)	乡村劳动力资源数(万人)	劳动力年龄内	乡村从业人员(万人)	劳动力年龄内
全　　市	**227**	**125**	**232.97**	**899.54**	**566.34**	**517.41**	**520.00**	**485.84**
宛城区	12	5	14.98	57.75	35.23	34.34	31.46	30.98
卧龙区	14	7	14.93	56.55	34.44	30.99	31.47	29.17
南召县	16	8	12.95	48.46	31.41	29.62	30.46	27.53
方城县	16	7	24.23	90.10	59.58	54.28	57.27	53.26
西峡县	18	8	10.53	36.87	24.26	21.32	22.99	21.20
镇平县	23	12	21.78	84.30	48.10	43.40	46.33	41.70
内乡县	16	9	14.76	53.04	31.38	28.18	29.08	27.37
淅川县	16	12	16.36	64.52	40.89	39.19	35.11	34.15
社旗县	18	9	14.69	57.17	38.12	34.23	34.28	32.62
唐河县	20	14	28.86	113.03	65.61	57.33	61.23	54.00
新野县	14	9	16.55	66.61	45.20	42.99	41.23	39.70
桐柏县	16	9	9.35	34.14	21.12	19.54	20.09	19.16
邓州市	28	16	33.00	137.00	91.00	82.00	79.00	75.00

10—2 续表　　(2002年底)

	男	女	农　业	工　业	建筑业	交通仓储及邮电运输业	批零贸易及餐饮业	其　他
全　　市	**278.45**	**241.55**	**387.68**	**45.47**	**24.67**	**12.56**	**21.03**	**28.59**
宛城区	16.78	14.68	25.02	1.67	1.63	0.78	1.33	1.03
卧龙区	16.71	14.76	23.66	2.36	1.94	0.95	1.16	1.40
南召县	17.69	12.77	22.07	3.91	0.63	0.61	0.84	2.40
方城县	31.29	25.98	45.66	3.52	2.00	1.05	2.42	2.62
西峡县	12.41	10.58	17.44	1.76	1.00	0.67	0.91	1.21
镇平县	24.77	21.56	28.73	8.51	2.35	1.20	2.44	3.10
内乡县	15.33	13.75	20.52	2.54	1.59	1.01	0.97	2.45
淅川县	18.09	17.02	25.78	3.41	1.96	0.95	1.40	1.61
社旗县	17.85	16.43	28.43	1.32	1.32	0.55	1.19	1.47
唐河县	32.44	28.79	48.73	3.97	3.31	1.10	2.01	2.11
新野县	21.32	19.91	30.61	3.82	1.88	1.23	1.61	2.08
桐柏县	10.77	9.32	15.03	1.68	1.06	0.46	0.75	1.11
邓州市	43.00	36.00	56.00	7.00	4.00	2.00	4.00	6.00

10—3 农村劳动力转移情况

指标名称	单位	1990年	1995年	2000年	2001年	2002年
一、调查户劳动力合计	**人**			**3173**	**3829**	**3844**
其中:整劳动力	人			2443	2846	2858
其中:乡镇企业就业情况	人			147		178
二、调查户16周岁劳动力人数	**人**			**30**	**38**	
三、调查户劳动力转移人数	**人**	**364**	**554**	**654**	**329**	**549**
其中:整劳动力	人			584	304	490
1.本省内转移	人		512	437	65	226
2.转向外省	人		323	217	264	321
3.转向国外	人					2
四、外出劳动力在外总收入	**元**				**1767754**	**2949839**
1.本省内转移	元				246980	858730
2.转向外省	元				1339732	1628992
3.国外	元					26000
4.乡镇企业劳动力在外总收入	元				110276	184017
五、外出劳动力在外总消费	**元**				**769988**	
1.本省内转移	元				97550	339174
2.转向外省						
3.国外	元					10400
4.乡镇企业劳动力在外总消费	元				53419	
六、外出劳动力寄回带回现金	**元**			**2011030**	**905028**	**1537200**
1.本省内转移	元			1008750	150630	515238
2.转向外省	元			610890	648517	930900
3.国外	元					15600
4.乡镇企业劳动力寄带回现金	元			391390	51757	86366
五、调查户劳动力当年返回人数	**人**			**7**	**35**	**33**
其中:整劳动力	人			3	30	26
1.由本省返回的劳动力	人			7	13	19
2.由外省返回的劳动力	人			1	22	14
其中:由城市返回	人				14	14
其中:省会城市	人				9	13
3.由国外返回的劳动力	人					
调查人口数	人	53506	19528		5563	
家庭人口	元				16057	
耕地面积	亩				24944.1	
年龄	岁				142916	
在家居住的时间	月				41744	
从事农业劳动的时间	月				29825	
从事非农劳动的时间	月				9742	
当年在乡镇企业工作的时间	月				628	
在外从业时间	月				3651	
在外从业总收入	元				1767754	
在外总消费	元				769988	
其中:食品	元				429870	
衣着	元				143624	
居住	元				94541	
交通通讯	元				101881	
寄回和带回现金	元				905028	
调查户数	户	13268	4977	1290	1410	1410

10-4 历年农林牧渔业总产值

单位:万元

年份	农林牧渔业	农业	林业	牧业	渔业
1949年	31561	26298	702	4521	40
1950年	34011	29212	831	3904	64
1951年	39148	33981	937	4156	74
1952年	40981	35115	979	4804	83
1953年	44882	38153	1166	5466	97
1954年	49906	43092	1365	5345	104
1955年	52710	45724	1488	5383	115
1956年	57260	49872	2030	5240	118
1957年	53783	46564	1952	5157	110
1958年	62475	54403	2948	4967	157
1959年	47943	41928	1450	4381	184
1960年	45595	41012	1174	3242	167
1961年	33944	30047	689	3144	64
1962年	41324	35191	581	5488	64
1963年	45142	37895	900	6274	73
1964年	48846	41120	1481	6172	73
1965年	57182	48699	1735	6646	102
1966年	64359	51323	1907	11024	105
1967年	73600	63351	2164	7959	126
1968年	75141	64325	2227	8459	130
1969年	64653	53943	2640	7953	117
1970年	70701	59565	3168	7830	138
1971年	79981	68041	3255	8526	159
1972年	88422	72620	3685	11934	183
1973年	93266	77311	3658	12128	169
1974年	107715	88198	4664	14648	205
1975年	115569	95271	5234	14638	426
1976年	125923	107888	4107	13640	288
1977年	113909	93995	3935	15768	211
1978年	125189	104069	4326	16548	246
1979年	126598	106640	3000	16645	313
1980年	150948	128594	3341	18631	382
1981年	194587	169273	5950	18803	561
1982年	194648	163887	6995	23301	465
1983年	261462	228610	8200	24119	533
1984年	276081	236919	10103	28289	770
1985年	320742	268293	11595	39693	1161
1986年	330291	273874	12084	43403	930
1987年	420311	356293	11795	50663	1560
1988年	453789	363534	15036	72865	2354
1989年	520100	384774	17998	113636	3692
1990年	617951	480468	18085	115029	4369
1991年	635537	472098	19990	138334	5115
1992年	663259	478572	23471	155549	5667
1993年	823308	583764	30288	201797	7459
1994年	1239925	853732	39815	337238	9140
1995年	1686216	1107992	50586	518317	9321
1996年	2073870	1465656	62216	533434	12564
1997年	2403665	1645837	71919	668881	17028
1998年	2613323	1760515	73933	755770	23105
1999年	2661641	1754322	86522	792908	27889
2000年	2640999	1695177	94017	820189	31616
2001年	2909214	1894958	101341	875810	37105
2002年	3126350	2007482	111523	967389	39956

10—5 历年农林牧渔业总产值指数

(1952=100)

年 份	农林牧渔业	农 业	林 业	牧 业	渔 业
1949年	77.1	75.0	71.8	93.9	47.9
1950年	83.0	83.2	84.9	81.0	77.5
1951年	97.1	98.3	97.3	87.8	91.6
1952年	100.0	100.0	100.0	100.0	100.0
1953年	108.5	107.6	118.0	112.9	116.9
1954年	121.3	122.2	138.9	111.3	125.4
1955年	128.3	129.8	151.7	112.5	139.4
1956年	134.0	137.0	200.2	106.3	138.0
1957年	125.6	126.7	190.8	103.8	128.2
1958年	139.9	143.2	254.0	92.6	181.7
1959年	107.7	110.7	125.4	82.2	214.1
1960年	104.3	110.0	103.2	62.8	198.6
1961年	77.6	80.6	60.6	61.0	76.1
1962年	94.5	94.4	51.0	104.7	76.1
1963年	100.8	99.3	77.3	117.0	84.5
1964年	109.1	107.7	127.3	115.5	84.5
1965年	127.9	127.8	149.4	124.3	118.3
1966年	144.3	145.0	164.4	135.3	122.5
1967年	164.7	166.3	186.2	148.9	145.1
1968年	168.3	169.1	191.8	158.4	150.7
1969年	147.9	144.7	232.2	152.1	139.4
1970年	161.7	159.7	278.7	150.7	163.4
1971年	157.3	156.9	246.3	141.8	162.0
1972年	150.0	145.6	217.7	165.3	173.2
1973年	173.9	170.6	237.5	183.2	174.7
1974年	178.5	172.9	269.2	197.6	188.7
1975年	191.6	187.0	302.1	196.2	393.0
1976年	208.7	211.7	237.0	184.3	260.6
1977年	188.8	184.5	227.2	210.9	194.9
1978年	207.3	203.9	249.5	222.6	226.8
1979年	210.3	210.0	173.6	221.9	290.1
1980年	214.4	215.9	165.2	216.1	301.4
1981年	272.9	283.8	188.4	223.5	350.7
1982年	256.9	258.2	208.4	261.1	273.2
1983年	341.8	356.7	242.0	271.2	309.9
1984年	362.1	370.4	299.1	320.3	449.3
1985年	379.2	377.7	309.5	403.7	611.3
1986年	359.3	354.2	296.7	408.7	450.7
1987年	420.0	423.4	266.1	440.4	694.4
1988年	367.8	348.7	275.1	516.2	849.3
1989年	414.1	399.3	293.7	542.1	907.0
1990年	451.1	442.5	274.5	557.0	945.1
1991年	453.9	429.3	266.2	641.2	1028.2
1992年	464.4	425.8	289.0	716.7	1083.1
1993年	546.3	493.6	363.8	872.4	1254.9
1994年	622.7	529.0	473.8	1144.6	1362.3
1995年	734.8	586.4	511.3	1554.7	1563.9
1996年	832.3	698.8	581.9	1583.8	1987.6
1997年	962.1	808.4	658.7	1826.7	2561.2
1998年	1056.8	871.0	690.7	2090.3	3375.4
1999年	1119.2	892.8	779.8	2339.0	3989.7
2000年	1175.2	924.9	839.9	2505.1	4412.6
2001年	1271.5	1019.2	870.1	2610.3	5709.9
2002年	1372.0	1091.6	963.2	2853.0	5932.6

说明：本表按可比价格计算。

10－6 历年农林牧渔业总产值指数

（上年＝100）

年份	农林牧渔业	农业	林业	牧业	渔业
1949年					
1950年	107.7	111.0	118.3	86.3	161.8
1951年	116.9	118.1	114.5	108.4	118.2
1952年	103.0	101.7	102.8	113.9	109.2
1953年	108.5	107.6	118.0	112.9	116.9
1954年	111.8	113.6	117.7	98.5	107.2
1955年	105.8	106.2	109.2	101.1	111.2
1956年	105.1	105.6	132.0	94.5	99.0
1957年	93.0	92.5	95.3	97.7	92.9
1958年	108.8	108.0	118.5	113.0	104.4
1959年	77.0	77.3	49.4	88.7	117.8
1960年	96.8	99.5	82.3	76.4	92.5
1961年	74.4	73.2	58.7	97.1	38.1
1962年	121.7	117.2	84.3	171.6	100.0
1963年	106.7	105.2	151.4	111.8	112.5
1964年	108.2	108.5	164.6	98.7	100.0
1965年	117.2	118.6	117.3	107.6	139.7
1966年	112.8	113.5	110.1	108.9	103.4
1967年	114.1	114.7	113.3	110.0	118.7
1968年	102.2	101.6	103.0	106.4	103.7
1969年	87.9	85.6	121.0	96.0	92.0
1970年	109.4	110.4	120.0	99.1	117.5
1971年	97.3	98.2	88.4	94.1	99.2
1972年	131.7	130.4	145.4	136.2	122.5
1973年	115.9	117.2	109.1	110.8	101.3
1974年	102.7	101.3	113.3	107.9	108.2
1975年	107.3	108.2	112.3	99.2	207.6
1976年	108.9	113.2	78.4	94.0	66.4
1977年	90.5	87.2	95.8	114.4	74.7
1978年	109.8	110.5	109.9	105.5	116.4
1979年	101.4	103.0	69.6	99.7	127.7
1980年	101.9	102.8	95.2	97.4	104.2
1981年	137.4	136.0	211.9	133.0	171.9
1982年	94.1	91.0	110.7	116.8	78.1
1983年	133.0	138.1	116.1	103.9	113.3
1984年	105.9	103.9	123.6	118.1	145.0
1985年	104.7	102.0	103.5	126.1	135.9
1986年	94.7	93.8	95.9	101.2	73.7
1987年	116.9	119.5	89.7	107.7	154.1
1988年	87.6	82.4	103.4	117.2	122.4
1989年	112.6	114.5	106.7	105.0	106.8
1990年	109.0	110.8	93.5	102.7	104.1
1991年	194.4	182.7	221.6	250.1	283.5
1992年	102.3	99.2	108.5	111.8	105.3
1993年	117.6	115.9	125.9	121.7	115.9
1994年	114.0	107.2	130.2	131.2	108.6
1995年	118.0	110.9	107.9	135.8	114.8
1996年	113.3	119.2	113.8	101.9	127.1
1997年	115.6	115.7	113.2	115.3	128.9
1998年	109.9	107.7	104.9	114.4	131.8
1999年	105.9	102.5	112.9	111.9	118.2
2000年	105.0	103.6	107.7	107.1	110.6
2001年	108.2	110.2	103.6	104.2	129.4
2002年	107.9	107.1	110.7	109.3	103.9

说明：本表按可比价格计算。

10－7 农林牧渔业增加值

指　　标	1990年	1995年	2000年	2001年	2002年
农林牧渔业增加值(万元)	**362737**	**988260**	**1532610**	**1696195**	**1827172**
农　业	287890	681559	1034184	1160586	1237310
林　业	13415	37525	66003	71113	78039
牧　业	58216	262316	410092	438379	483700
渔　业	3216	6860	22331	26117	28123
农林牧渔业增加值占总产值比重(%)	**58.7**	**58.6**	**58.0**	**58.3**	**58.4**
农　业	59.9	61.5	61.0	61.3	61.6
林　业	74.2	74.2	70.2	70.2	70.0
牧　业	50.6	50.6	50.0	50.1	50.0
渔　业	73.6	73.6	70.6	70.4	70.4

注:本表按当年价格计算。

10-8 农林牧渔业分项产值

指标	绝对数(亿元) 2002	2001	构成(%) 2002	2001	2002年比2001年增长%
农林牧渔业总产值	**3126350**	**2909214**	**100.0**	**100.0**	**7.9**
农业产值	2007482	1894958	64.2	65.1	7.1
种植业	1860783	1739829	59.5	59.8	7.5
#粮食作物产值	511000	456059	16.3	15.7	3.1
主产品产值	1794746	1675034	57.4	57.6	7.6
#谷物	356636	354749	11.4	12.2	2.1
豆类	41183	35093	1.3	1.2	17.6
油料	194356	156503	6.2	5.4	23.3
棉花	181764	171890	5.8	5.9	5.3
麻类	215	338			-40.8
薯类	65466	66217	2.1	2.3	0.1
蔬菜、瓜类	645628	613268	20.7	21.1	4.5
茶、桑、果	120427	97134	3.9	3.3	15.9
副产品产值	66037	64795	2.1	2.3	6.0
其他农业	146699	155129	4.7	5.3	2.6
采集	32791	31602	1.0	1.1	1.9
农民家庭兼营商品性工业	113908	123527	3.6	4.3	2.7
林业产值	111523	101341	3.6	3.5	10.7
营林	42431	37843	1.4	1.3	20.5
林产品	50514	47010	1.6	1.6	6.7
竹木采伐	18578	16488	0.6	0.6	8.0
牧业产值	967389	875810	30.9	30.1	9.3
牲畜	651081	589063	20.8	5.3	8.8
大牲畜繁殖、增长、增重	164543	155368	5.3	5.3	4.0
猪	393122	355017	12.6	12.2	9.7
羊	93416	78678	3.0	2.7	13.9
家禽的饲养	73183	63805	2.3	2.2	14.6
活的畜禽产品	198789	181886	6.4	6.3	9.0
捕猎	3970	3686	0.1	0.1	8.8
其他动物及产品	40366	37370	1.3	1.3	4.2
渔业产值	39956	37105	1.3	1.3	3.9
#养殖	39556	37105	1.3	1.3	3.9

说明:本表绝对数、构成按当年价格计算,发展速度按可比价格计算。

10—9 各县(市、区)农林牧渔业总产值及指数

(2002年)

县　　市	农林牧渔业总产值(万元)	农业	林业	牧业	渔业
全　　市	**3126350**	**2007482**	**111523**	**967389**	**39956**
宛城区	240484	178816	1022	59074	1572
卧龙区	167776	103812	1956	60508	1500
南召县	114004	51965	12428	45240	4371
方城县	260780	170969	5626	82902	1283
西峡县	150219	87657	19995	40195	2372
镇平县	268735	180253	5336	79295	3851
内乡县	204742	116973	14254	71760	1755
淅川县	196390	121246	6575	57714	10855
社旗县	169327	108230	917	58927	1253
唐河县	427592	277259	3496	143777	3060
新野县	277483	188336	3799	83244	2104
桐柏县	147036	67254	33022	43120	3640
邓州市	501782	354712	3097	141633	2340

10—9续表

(2002年)

县　　市	农林牧渔业指数(上年=100)	农业	林业	牧业	渔业
全　　市	**107.9**	**107.1**	**110.7**	**109.3**	**103.9**
宛城区	108.4	105.5	110.7	116.9	99.5
卧龙区	106.1	106.6	109.3	105.3	102.6
南召县	107.1	105.1	110.0	109.3	104.0
方城县	107.6	109.4	114.7	103.8	114.2
西峡县	111.6	109.9	130.4	106.5	128.4
镇平县	107.2	105.6	105.5	110.3	104.3
内乡县	108.4	105.8	107.2	113.7	126.7
淅川县	107.4	107.8	117.4	107.0	101.2
社旗县	106.1	106.0	177.9	105.7	104.4
唐河县	109.1	107.8	103.8	111.7	101.0
新野县	107.3	105.3	106.1	111.6	100.7
桐柏县	109.6	112.6	103.7	109.9	105.0
邓州市	107.1	107.1	89.4	107.7	96.4

说明:本表绝对数按当年价格计算,指数按可比价格计算。

10—10 各县(市、区)农林牧渔业增加值

(2002 年)

单位:万元

县市	农林牧渔业	农业	林业	牧业	渔业
全市	**1827172**	**1237310**	**78039**	**483700**	**28123**
宛城区	138197	107043	716	29157	1281
卧龙区	96168	61583	1466	32069	1050
南召县	66672	32791	8115	22710	3056
方城县	153878	101565	4309	47033	971
西峡县	89152	53465	13457	20500	1730
镇平县	154369	108012	4516	39721	2120
内乡县	120046	71967	10647	36120	1312
淅川县	116195	73718	4805	29954	7718
社旗县	99258	68848	521	29192	697
唐河县	245701	166747	2805	73426	2723
新野县	163322	122418	2431	37013	1460
桐柏县	83098	40098	21928	18822	2250
邓州市	301116	229055	2323	67983	1755

说明:本表按当年价格计算。

10—11 各县(市、区)农林牧渔业增加值占总产值的比重

(2002 年,各业总产值=100)

县市	农林牧渔业	农业	林业	牧业	渔业
全市	**58.4**	**61.6**	**70.0**	**50.0**	**70.4**
宛城区	57.5	59.9	70.1	49.4	81.5
卧龙区	57.3	59.3	74.9	53.0	70.0
南召县	58.5	63.1	65.3	50.2	69.9
方城县	59.0	59.4	76.6	56.7	75.7
西峡县	59.3	61.0	67.3	51.0	72.9
镇平县	57.4	59.9	84.6	50.1	55.1
内乡县	58.6	61.5	74.7	50.3	74.8
淅川县	59.2	60.8	73.1	51.9	71.1
社旗县	58.6	63.6	56.8	49.5	55.6
唐河县	57.5	60.1	80.2	51.1	89.0
新野县	58.9	65.0	64.0	44.5	69.4
桐柏县	56.5	59.6	66.4	43.7	61.8
邓州市	60.0	64.6	75.0	48.0	75.0

10－12 历年年末耕地面积

单位:千公顷

年份	年末实有耕地面积	水田	旱地	机耕地面积	有效灌溉面积
1949年	878.27	23.33	854.94		
1950年	1026.13	21.20	1004.93		
1951年	1082.33	35.60	1046.73		
1952年	1096.27	25.80	1070.47		
1953年	1091.53	26.33	1065.20		
1954年	1092.20	27.33	1064.87		
1955年	1090.47	27.87	1062.60	0.53	
1956年	1086.33	33.93	1052.40	6.93	
1957年	1081.67	35.60	1046.07	19.53	
1958年	1047.40	44.73	1002.67	28.67	
1959年	1030.60	38.67	991.93	38.00	
1960年	1017.67	33.53	984.14	47.33	
1961年	1010.93	27.67	983.26	56.67	
1962年	1007.27	26.13	981.14	66.87	
1963年	1004.07	26.87	977.20	100.00	
1964年	1004.40	28.00	976.40	132.47	
1965年	993.20	31.27	961.93	125.73	
1966年	987.67	31.60	956.07	170.00	
1967年	975.27	34.13	941.14	192.00	
1968年	993.33	43.13	950.20	213.73	
1969年	987.67	43.13	944.54	249.20	
1970年	943.33	65.00	878.33	310.20	
1971年	942.47	55.93	886.54	307.60	
1972年	940.73	55.07	885.66	284.33	
1973年	937.40	51.53	885.87	315.73	
1974年	931.93	48.13	883.80	299.20	
1975年	928.60	41.53	887.07	343.60	
1976年	924.40	35.47	888.93	332.60	
1977年	922.13	32.67	889.46	319.80	
1978年	920.67	32.67	888.00	357.67	
1979年	919.27	32.60	886.67	390.87	
1980年	918.27	30.53	887.74	420.00	
1981年	917.07	31.87	885.20	278.73	
1982年	915.20	27.93	887.27	183.73	
1983年	913.80	26.47	887.33	145.07	
1984年	912.20	26.73	885.47	155.20	
1985年	908.87	25.60	883.27	161.13	241.00
1986年	904.67	25.20	879.47	289.80	239.56
1987年	903.20	25.33	877.87	312.47	261.93
1988年	902.27	26.87	875.40	353.80	271.25
1989年	900.80	25.87	874.93	496.53	283.91
1990年	899.40	28.00	871.40	525.20	297.00
1991年	897.07	44.20	852.87	551.07	305.04
1992年	884.07	58.47	825.60	559.20	321.55
1993年	880.00	51.00	829.00	572.00	336.00
1994年	873.51	54.55	818.96	580.00	343.67
1995年	871.00	53.31	817.69	595.36	347.93
1996年	873.24	54.72	818.52	615.41	365.88
1997年	872.14	66.94	805.19	682.01	372.12
1998年	874.29	56.76	817.53	674.69	398.95
1999年	874.29	57.95	816.78	733.28	421.54
2000年	874.42	61.72	812.70	765.93	431.54
2001年	891.94	67.69	824.25	759.11	432.27
2002年	951.50	40.25	911.25	783.31	433.38

注:2002年耕地面积口径改为常用耕地面积。

10—13 耕地面积变动情况

指标	1985年	1990年	1995年	2000年	2001年	2002年
年底实有耕地面积(千公顷)	908.88	899.40	871.00	874.42	891.94	951.50
水田	25.59	28.00	53.31	61.72	67.69	40.25
占年底耕地面积比重(%)	2.82	3.11	6.12	7.06	7.59	4.23
旱地	883.29	871.40	817.69	812.70	824.25	911.25
占年底耕地面积比重(%)	97.18	96.89	93.88	92.94	92.41	95.77
当年增加耕地面积(千公顷)	0.11	0.27	1.79	0.94	18.64	0.85
#新开荒地面积	0.07	0.25	0.48	0.70	3.58	0.65
占增加耕地面积比重(%)	60.61	95.00	26.82	73.68	19.21	76.47
当年减少耕地面积(千公顷)	3.45	1.68	4.30	1.26	1.12	12.43
#国家基建占地	0.78	0.41	0.53	0.87	0.64	0.61
占减少耕地面积比重(%)	22.61	24.60	12.33	69.05	57.14	4.91
乡村集体占地	0.28	0.31	0.20	0.10	0.12	
占减少耕地面积比重(%)	8.12	18.65	4.65	7.94	10.71	
农民个人建房占地	0.25	0.06	0.24	0.12	0.19	
占减少耕地面积比重(%)	7.34	3.57	5.58	9.52	16.96	

10—14 各县市区耕地面积变动情况

(2002年)

单位:千公顷

县市	年初耕地总资源	当年增加耕地面积	新开荒	当年减少耕地面积	国家基建占地	退耕还林还草占地	耕地改为园地	年末耕地总资源	常用耕地面积	水田	水浇地	临时性耕地面积
全市	**1016.12**	**0.85**	**0.65**	**12.43**	**0.61**	**10.96**	**0.45**	**1004.54**	**951.50**	**40.25**	**249.04**	**53.04**
宛城区	64.60	0.08	0.07	0.11			0.10	64.57	63.38	2.85	34.81	1.19
卧龙区	57.13	0.07	0.05	0.06				57.14	55.03	2.17	13.51	2.11
南召县	32.72	0.01		1.14		0.94	0.20	31.59	27.10	2.61	1.91	4.49
方城县	111.45	0.21	0.20	1.20	0.15	0.97		110.46	106.27	0.11	0.84	4.19
西峡县	23.56	0.04	0.04	1.71	0.11	1.56		21.89	16.99	1.17	3.66	4.90
镇平县	80.83	0.01		1.39	0.10	1.14	0.15	79.45	75.93	0.23	36.43	3.52
内乡县	66.28	0.13	0.13	1.76	0.17	1.56		64.65	57.23	2.01	9.15	7.42
淅川县	67.05	0.03	0.03	1.55		1.50		65.53	61.38	1.41	4.25	4.15
社旗县	85.63	0.01		1.01		1.01		84.63	80.18	0.83	2.67	4.45
唐河县	146.50	0.01		0.83		0.83		145.68	140.31	4.79	16.50	5.37
新野县	67.84	0.12	0.06	0.17	0.05			67.79	65.84		60.28	1.95
桐柏县	48.57	0.08	0.07	1.38	0.03	1.33		47.27	40.89	22.00	0.01	6.38
邓州市	163.96	0.05		0.12		0.12		163.89	160.97	0.07	65.02	2.92

注:年末耕地总资源=常用耕地面积+临时耕地面积(年报数)

10—15 农用机械和农产品加工机械拥有量

机械名称	1985年	1990年	1995年	2000年	2001年	2002年
农用机械总动力(万千瓦)	**112.46**	**152.91**	**177.97**	**354.24**	**362.97**	**405.16**
#柴油发动机动力		107.88	125.22	291.92	299.24	341.48
汽油发动机动力		4.640	5.12	7.15	3.77	4.25
电动机动力		40.39	47.63	55.17	59.95	59.43
大中型拖拉机(台)	3400	2400	2700	3700	4019	4062
(万千瓦)				10.05	11.03	11.41
小型拖拉机(台)	22900	57700	70500	189400	200983	232800
(万千瓦)				165.58	176.48	201.31
大中型拖拉机配套农具(台)	4538	2621	3712	7600	7364	7700
小型拖拉机配套农具(台)	16869	63124	102661	403100	460335	509900
农用排灌机械(台)				57000	63016	63900
(万千瓦)	25.6	29.53	34.63	42.92	45.9	45.88
#柴油机(台)				22900	24084	24500
(万千瓦)	13.57	15.07	15.95	21.34	21.92	22.02
电动机(台)				34100	38932	39400
(万千瓦)	12.03	14.46	18.68	21.58	23.99	23.86
农用水泵(台)	25797	32573	47400	91900	96414	103900
节水灌溉类机械(套)				10200	10643	12537
联合收获机(台)	30	15	28	300	478	700
(千瓦)				15200	16004	23000
机动收割机(台)	2036	40	94	100	4449	4800
(千瓦)				1500	6086	6400
机动脱粒机(台)	23451	26526	24812	38400	30960	31400
机动喷雾(粉)机(部)				85800	26290	27300
(千瓦)				34400	37720	42500
渔用机动船(艘)				700	682	700
农副产品加工作业机械(台)	35753	38901	36273	33100	34868	34900
#粮食加工机械	26684	30888	29231	26300	27510	27000
棉花加工机械	4102	3195	2743	2400	2626	2800
油料加工机械	4967	4818	4299	4400	4732	5100
农用运输车(辆)	2200	3000	3100	55300	57882	60300
(万千瓦)				62.94	70.61	79.58

10—16 各县（市、区）农用机械和

（2002

县　　市	农用机械总动力（万千瓦）	柴油发动机	汽油发动机	电动机	大中型拖拉机（台）	大中型拖拉机（万千瓦）	小　型（万台）
全　　市	**405.16**	**341.48**	**4.25**	**59.43**	**4062**	**11.41**	**23.28**
宛城区	55.01	43.84	0.62	10.55	200	0.92	3.28
卧龙区	23.03	19.04	0.12	3.87	100	0.55	0.78
南召县	13.50	11.10	0.06	2.34	11	0.03	0.33
方城县	40.51	36.49	0.09	3.93	100	0.32	1.54
西峡县	10.34	7.46	0.16	2.72	51	0.17	0.17
镇平县	28.03	23.35	0.17	4.51	100	0.46	2.24
内乡县	25.01	21.21	0.14	3.66	300	1.22	1.93
淅川县	27.06	20.43	0.08	6.55	400	0.81	1.79
社旗县	25.79	23.35	0.37	2.07	100	0.31	1.72
唐河县	42.38	37.86	0.29	4.23	400	1.13	1.70
新野县	34.54	28.33	1.10	5.11	300	1.16	1.86
桐柏县	34.72	30.11	0.07	4.54	1600	3.22	2.75
邓州市	45.24	38.91	0.98	5.35	400	1.11	3.19

10—16 续表 （2002

市	联合收获机（台）	联合收获机（千瓦）	机动割晒机（台）	机动脱粒机（台）	机动喷（部）
全　　市	**700**	**23000**	**4827**	**31400**	**27300**
宛城区	100	3500	3000	6900	5100
卧龙区	81	2800	200	1200	300
南召县	10	300	29	900	200
方城县	34	2300	100	2900	900
西峡县	3	100		1900	700
镇平县	64	2000	500	1300	1100
内乡县	34	600	28	1400	800
淅川县	26	900	100	1600	500
社旗县	47	1900	20	1600	1400
唐河县	200	5200	50	3000	1900
新野县	25	700		3400	5000
桐柏县			600	600	600
邓州市	76	2700	200	4700	8800

农产品加工机械拥有量

年底)

拖拉机 (万千瓦)	大中型拖拉机配套农具(台)	小型拖拉机配套农具(万台)	农用排灌机械 (万台)	农用排灌机械 (万千瓦)	#电动机 (万台)	#电动机 (万千瓦)	农用水泵 (万台)	节水灌溉机械 (套)
201.31	**7700**	**50.99**	**6.39**	**45.88**	**3.94**	**23.86**	**10.39**	**12537**
28.81	200	6.95	1.28	8.69	0.88	5.01	2.87	100
6.96	600	1.87	0.44	3.41	0.27	1.83	0.67	37
2.92	100	1.30	0.19	1.34	0.14	0.88	0.15	600
19.52	100	3.82	0.47	3.41	0.34	2.28	0.58	800
1.76	100	0.37	0.39	1.13	0.23	0.58	0.28	700
15.20	200	5.42	0.57	3.80	0.37	2.10	0.61	1600
14.18	200	4.36	0.34	2.57	0.25	1.63	0.36	400
11.92	1000	3.90	0.27	2.04	0.21	1.51	0.38	600
15.49	100	3.85	0.26	1.79	0.16	0.84	0.32	2500
21.10	900	4.86	0.22	1.46	0.22	1.46	0.82	600
17.32	200	2.35	0.63	5.18	0.27	1.93	1.34	500
20.04	3400	6.74	0.48	3.92	0.26	2.19	0.51	900
26.09	600	5.20	0.85	7.14	0.24	1.62	1.50	3200

年)

雾(粉)机 (千瓦)	农副产品加工作业机械(台)	粮食加工	棉花加工	油料加工	农用运输车 (辆)	农用运输车 (万千瓦)
42500	**34900**	**27000**	**2800**	**5100**	**60300**	**79.58**
6200	3100	2500	300	300	5800	7.57
1200	1300	900	100	300	4200	8.61
600	2900	2700	100	100	6000	6.23
900	4700	3500	400	800	8200	10.04
1600	1700	1400	100	200	1500	3.00
1700	2200	1700	200	300	5300	5.08
1400	1600	1100	200	300	2400	4.01
800	3700	2900	200	600	4800	5.96
3700	2400	1900	200	300	6400	5.80
2900	3100	2400	300	400	7800	13.74
11000	1600	1200	100	300	1500	2.25
700	3000	2200	300	500	2600	2.74
9800	3600	2600	300	700	3800	4.55

10—17 农业机械化、能源、主要物资消耗及水利建设情况

指 标	1985年	1990年	1995年	2000年	2001年	2002年
农业机械化情况						
当年实际机耕面积(千公顷)	161.00	525.00	595.36	765.93	759.11	783.31
为耕地面积%	17.3	58.3	68.4	87.6	85.1	82.8
当年机械播种面积(千公顷)	5.00	26.00	109.03	512.04	471.01	525.71
为农作物播种面积%	0.3	1.7	7.0	30.3	27.1	29.8
当年机械收获面积(千公顷)	31.00	125.00	178.07	353.37	380.07	458.50
为农作物播种面积%	2.1	8.2	11.4	20.9	21.8	26.0
农村能源情况						
农村用电量(万千瓦小时)	16962	32519	63251	94521	99123	104458
乡、村水电站数(个)				152	152	152
装机容量(千千瓦)				9.92	9.93	9.93
实际发电量(万千瓦小时)				1097.4	1034.60	911.8
农业主要物资消耗情况						
农用化肥施用折纯量(吨)	203000	260000	394513	529475	557167	603870
每公顷耕地平均施用量(千克)	226	289	453	606	624	638
农用塑料薄膜使用量(吨)		3641	7045	12239	13570	15838
农药施用实物量(吨)		5311	10111	14111	15379	16736
农用柴油使用量(吨)			53792	97953	98095	105360
农田水利建设情况						
农田有效灌溉面积(千公顷)	241.00	297.00	347.93	431.54	432.27	433.38
有效灌溉面积占耕地面积比重(%)	26.0	33.0	39.9	49.4	48.5	45.8
机电井数(万眼)	3.39	3.24	4.69	7.21	7.23	7.26
旱涝保收农田面积(千公顷)		211.00	252.70	284.16	288.96	293.63

注：本表中 2002 年“占耕地面积%”指标更名为“占常用耕地面积%”。

10—18 水　库、灌　区　情　况

指　　　　标	1985年	1990年	1995年	2000年	2001年	2002年
年底水库数(座)	508	505	495	496	496	496
大型水库(1亿立方米以上)	1	1	1	2	2	2
中型水库(1千万至1亿立方米)	19	19	19	18	18	18
小型水库(10万至1千万立方米)	488	485	475	476	476	476
水库库容量(万立方米)	227625	227880	235329	236467	236467	236467
大型水库	122000	122500	131600	142250	142250	142250
中型水库	66457	66457	66457	56742	56742	56742
小型水库	39168	38923	37272	37475	37475	37475
水库灌溉面积(千公顷)	152527	131300	135984	137705	138038	138464
#大型水库	101033	88407	89034	97605	97771	97904
中型水库	29000	26020	29566	21906.00	22073.00	22406
年底灌区数(处)	4495	3305	3302	3301	3301	3301
#3.3万公顷以上	2	2	2	2	2	2
灌区有效灌溉面积(千公顷)	204233	184567	193358	199985	200905	201331
#3.3万公顷以上	126860	122107	124820	119886	120052	121085

注:本表由林业局、水利局提供。

10—19 除涝、治水、治碱情况

指　　　　标	1985年	1990年	1995年	2000年	2001年	2002年
易涝面积(千公顷)	223.35	224.69	224.69	224.69	224.69	224.69
除涝面积(千公顷)	190.96	178.00	182.91	185.25	185.87	186.50
占易涝面积比重(%)	85.5	79.2	81.4	82.5	82.7	83.0
水土流失面积(平方公里)	12547	12547	12547	12547	12547	12547
水土流失治理面积(平方公里)	7963	8947	6626	7338	7465	7589
占水土流失面积比重(%)	63.5	71.3	52.8	58.5	59.5	60.48
堤防长度(公里)	832	834	834	842	842	845
堤防保护面积(千公顷)	136.17	133.38	133.38	132.50	132.50	191.92

注:本表由林业局、水利局提供。

10－20 各县(市、区)农业机械化和能源情况

(2002年)

县　　市	农业机械化情况			农村能源情况			
					乡、村及村以下办水电站		
	机耕面积(千公顷)	机播面积(千公顷)	机收面积(千公顷)	农村用电量(万千瓦小时)	个数	装机容量(千千瓦)	发电量(万千瓦小时)
全　市	**783.31**	**525.71**	**458.50**	**104458**	**152**	**9.93**	**911.8**
宛城区	55.45	41.15	32.20	6602	1	0.16	
卧龙区	51.50	37.93	21.37	7077			
南召县	15.81	14.78	5.05	2855	26	1.03	29.8
方城县	80.13	83.58	64.76	7138	10	0.06	
西峡县	11.53	0.14	0.14	7035	66	3.79	187.0
镇平县	55.46	43.41	28.10	8102	6	0.10	
内乡县	45.89	29.70	26.10	5784	12	0.90	15.0
淅川县	32.24	8.20	8.66	18106	22	3.47	637.0
社旗县	81.20	44.20	52.90	2572			
唐河县	114.00	84.00	104.00	7335	6	0.34	43.0
新野县	81.40	45.05	35.25	13497			
桐柏县	25.70	6.90	9.60	3669	3	0.08	
邓州市	133.00	86.67	70.27	14686			

10－21 各县(市、区)农用物资消耗情况

(2002年)

单位:吨

县　　市	农用化肥使用折纯量	氮肥	磷肥	钾肥	农用地膜使用量	农用柴油使用量	农药使用量
全　市	**603870**	**236668**	**156852**	**73477**	**15838**	**105360**	**16736**
宛城区	48240	15402	9601	8320	1094	7989	650
卧龙区	28435	12618	5523	3266	468	13618	760
南召县	14167	7773	2819	835	191	1165	173
方城县	64155	23770	17077	6328	1534	7033	874
西峡县	23596	12284	5341	2819	1002	2698	272
镇平县	40183	16942	13460	2967	846	6840	709
内乡县	23395	6648	4559	4843	1541	4134	535
淅川县	33329	11155	7007	6828	796	2150	253
社旗县	41524	18430	11228	4572	593	10164	1825
唐河县	85860	32728	24558	8217	1496	16405	3141
新野县	85362	24005	18896	13646	2825	8042	2650
桐柏县	39274	19913	14433	1200	1052	6322	444
邓州市	76350	35000	22350	9636	2400	18800	4450

10—22 各县(市、区)农田水利情况

(2002年)

县　　市	农田有效灌溉面积（千公顷）	机电灌	有效灌溉面积占常用耕地面积 %	机电灌溉面积占有效灌溉面积 %	旱涝保收农田面积（千公顷）
全　　市	**433.38**	**248.58**	**45.8**	**57.4**	**293.63**
宛城区	42.00	14.63	67.4	34.8	34.01
卧龙区	30.37	25.27	55.2	83.2	19.57
南召县	13.64	4.49	48.9	32.9	10.91
方城县	33.71	17.92	31.8	53.2	26.36
西峡县	7.72	1.44	55.3	18.7	6.09
镇平县	43.02	28.48	56.6	66.2	32.74
内乡县	17.73	6.45	30.1	36.4	14.38
淅川县	15.21	11.71	24.8	77.0	8.02
社旗县	26.18	18.45	32.2	70.5	17.01
唐河县	52.98	30.04	39.2	56.7	28.55
新野县	48.80	31.34	74.1	64.2	35.56
桐柏县	21.95	10.16	52.0	46.3	12.68
邓州市	80.07	48.20	49.7	60.2	47.75

10—23 各县(市、区)水利设施和除涝面积

(2002年)

县　　市	水库数（座）	水库库容量（万立方米）	易涝面积（千公顷）	除涝面积（千公顷）	除涝面积占易涝面积 %
全　　市	**496**	**236467**	**224.69**	**186.50**	**83.0**
宛城区			45.33	33.63	74.2
卧龙区	29	19026	13.33	8.66	65.0
南召县	86	8146			
方城县	104	8841	12.95	11.02	85.1
西峡县	65	6700			
镇平县	18	19665	10.47	9.14	87.3
内乡县	49	9496	10.20	9.69	95.0
淅川县	23	1733			
社旗县	9	1256	21.15	18.65	88.2
唐河县	24	14323	23.67	20.63	87.2
新野县			44.00	39.27	89.3
桐柏县	72	11974			
邓州市	16	3707	43.59	35.81	82.2
市　　直	1	131600			

10－24 农民家庭平均每户生产性固定资产原价

（年底数） 单位：元

指标	1985年	1995年	2000年	2001年	2002年
合计	**139.06**	**2157.53**	**3524.56**	**4081.31**	**4596.22**
农业			2958.53	3451.27	3823.86
#房屋及建筑物			802.60	1123.66	1408.38
役畜及产品畜	81.91	1149.46	460.42	593.21	632.09
大中型铁木农具	4.93	79.87	381.61	404.84	352.63
农林牧渔业机械	7.07	335.14	1183.64	1280.17	1363.72
工业			240.53	177.40	274.21
#房屋及建筑物			80.53	51.52	86.10
生产设备	2.36	33.29	142.94	113.47	172.16
建筑业			13.87	10.60	19.61
交通运输业	15.89	114.52	211.84	267.60	318.21
批发和零售、餐饮业			65.32	119.93	97.59
社会服务业			17.78	21.95	16.70
文教卫生业			5.53	15.11	31.84
其他	4.36	178.07	11.17	17.46	14.20

说明：本表为农村住户抽样调查资料（下表同）。

10—25 农民家庭平均每百户拥有主要生产性固定资产数量

（年底数）

指　　标	1985年	1995年	2000年	2001年	2002年
房屋及建筑物（平方米）	884.43		865.17	1278.29	1253.76
汽　车（辆）		0.16	0.28	0.21	0.43
大中型拖拉机（台）	0.14	2.96	3.40	3.69	2.55
小型和手扶拖拉机（台）	1.84	8.52	31.28	33.76	37.87
机动脱粒机（台）		1.02	5.18	5.60	5.74
收割机（台）			1.35	2.13	3.12
农用动力机械（台）			9.29	9.72	9.65
胶轮大车（辆）		1.17	18.87	27.38	27.09
水　泵（台）		7.27	22.27	28.44	31.06
役　畜（头）	64.19	54.06	25.46	29.79	28.01
产品畜（头）	15.36	39.84	34.26	47.73	38.51

10—26 农作物播种面积

单位：千公顷

指标	1985年	1990年	1995年	2000年	2001年	2002年
播种面积总计	**1499.77**	**1530.58**	**1559.33**	**1692.92**	**1740.75**	**1763.80**
粮食作物	1155.95	1176.86	1067.47	991.48	994.63	990.86
#谷物	779.02	831.00	798.26	785.49	790.68	793.05
粮食作物占总播种面积%	77.07	76.88	68.46	58.59	57.14	56.18
夏收粮食	589.93	606.51	579.56	585.59	555.22	561.13
小麦	560.01	584.75	568.01	580.54	549.42	554.87
夏杂粮	29.92	21.76	11.55	5.05	5.80	6.26
秋收粮食	566.02	570.35	487.91	405.89	439.41	429.73
稻谷	25.65	29.81	46.62	54.19	56.65	53.07
玉米	146.10	171.77	163.33	143.20	175.11	177.42
大豆	115.80	97.00	84.61	62.30	69.92	65.77
薯类	158.42	169.23	150.51	119.33	111.27	106.36
高粱	16.97	11.67	5.04	2.33	2.86	2.13
谷子	20.37	10.55	3.71	1.82	2.54	1.80
其他秋杂粮(含绿豆)	82.71	80.32	34.09	22.72	20.05	23.18
经济作物	344.00	354.00	491.86	701.44	746.12	762.30
占总播种面积%	22.93	23.12	31.54	41.51	42.86	43.22
棉花	104.75	112.99	175.23	144.72	147.99	144.63
油料	122.51	133.56	166.17	213.36	229.02	257.30
#花生	24.75	40.77	89.10	129.27	135.09	151.16
油菜籽	17.10	26.97	24.84	20.44	30.62	38.92
芝麻	80.52	65.81	52.23	63.58	62.65	66.43
麻类	16.47	3.80	1.36	0.61	0.51	0.28
#黄红麻	11.99	2.71	1.32	0.31	0.41	0.28
大麻(线麻)	0.35	0.11	0.02	0.15	0.10	
烟叶	34.13	32.83	27.19	29.07	33.66	31.70
#烤烟	31.97	31.19	25.80	27.65	32.48	30.83
糖料	0.38	0.33	0.37	0.38	0.29	0.32
#甘蔗	0.37	0.33	0.37	0.38	0.29	0.32
药材	2.44	0.33	0.95	9.62	15.89	18.73
花卉				0.96	0.98	13.29
#温室花卉				0.10	0.05	
其他农作物	5.55	8.57	0.39	3.24	5.00	10.64
占总播种面积%	0.33	0.59	0.03	0.19	0.29	0.60
#蔬菜	37.01	50.03	81.60	264.17	277.47	271.03
果用瓜	14.07	6.26	11.25	35.31	35.31	38.31
青饲料	2.47	7.58	0.39	0.62	0.62	2.84

10—27 主要农产品产量

单位:吨

指标	1985年	1990年	1995年	2000年	2001年	2002年
粮食	3443870	3975157	3596428	3780463	4076625	4203624
#谷物	2829820	3301661	2813942	403376	3439548	3541013
夏收粮食	2137815	2289275	1636931	2023285	2274113	2244223
小麦	2073205	2233461	1613259	2009131	2256701	2223251
夏杂粮	64610	55814	23672	14154	17412	20972
秋收粮食	1306055	1685882	1959497	1757198	1802512	1959401
稻谷	123360	192218	333236	403376	379618	389430
玉米	424100	686810	734829	660109	780840	903214
大豆	125755	153541	173102	117551	105399	120948
薯类	488295	519955	641784	530557	494163	494829
高粱	25915	24002	12387	6718	5679	6359
谷子	29065	19943	9432	4498	3673	4851
其他秋杂粮(含绿豆)	89565	89413	54727	34389	33140	39770
棉花	83958	92951	151598	118487	144445	152103
油料	121875	177146	370464	533434	596236	733697
#花生	44570	84932	282475	444382	457656	562215
油菜籽	27020	46701	35008	31260	65152	80381
芝麻	50120	45513	52961	57542	70576	88813
麻类	24235	6937	3432	1413	1277	781
#黄红麻	17260	5597	3302	730	1033	781
大麻(线麻)	200	169	36	293	244	
烟叶	64705	58265	44562	46503	67857	63164
#烤烟	6051	55384	42623	45647	65092	60942
糖料	16865	17639	21231	20354	23720	20277
#甘蔗	16865	17639	21231	20354	23720	20277
蔬菜	824960	887362	2478718	6784708	7351855	7720872
果用瓜	262480	137572	376232	1333204	1348524	1580101

10-28 按人口平均的主要农产品产量

单位:千克/人

指　　标	1985年	1990年	1995年	2000年	2001年	2002年
粮　　食	412.68	450.80	390.25	421.65	454.54	453.19
#谷　　物	339.10	374.42	305.34	345.01	383.51	382.36
棉　　花	10.06	10.54	16.45	13.22	16.11	16.05
油　　料	14.60	20.09	40.20	59.50	66.48	66.28
猪、牛、羊肉	9.20	16.14	45.73	69.36	71.97	76.85
水 产 品	0.65	1.38	2.02	5.26	6.13	6.21
蔬　　菜	98.85	100.63	268.96	756.72	819.73	817.28
果 用 瓜	31.45	15.60	40.86	148.70	150.36	149.91
水　　果	3.77	3.20	9.49	23.10	24.38	27.69

10-29 主要农产品单位面积产量

（按播种面积计算）

单位:千克/公顷

指　　标	1985年	1990年	1995年	2000年	2001年	2002年
粮　食	2979.13	3377.36	3369.11	3812.95	4098.63	4242.40
#谷　物	3541.70	3973.12	3525.09	513.53	4350.11	4465.06
夏收粮食	3623.42	3771.46	2824.44	3455.12	4095.88	3999.47
小　麦	3702.15	3817.88	2840.19	3460.80	4107.42	4006.80
夏杂粮	2153.67	2537.00	2049.52	2802.77	3002.07	2781.47
秋收粮食	2307.52	2957.69	4016.10	4329.25	4102.12	4559.91
稻　谷	4744.62	6407.27	7147.92	7443.74	6701.11	7338.04
玉　米	2904.79	4016.43	4499.04	4609.70	4459.14	5090.82
大　豆	1084.09	1582.90	2045.88	1886.85	1507.42	1838.95
薯　类	3090.47	3076.66	4264.06	4446.13	4441.12	4652.40
高　粱	1524.41	2000.17	2457.74	2883.26	1985.66	2985.45
谷　子	1453.25	1813.00	2542.32	2471.43	1446.06	2695.00
其他秋杂粮(含绿豆)	1079.10	1117.66	1605.37	404.39	1652.87	1429.68
棉　花	799.60	822.58	865.14	818.73	976.05	1051.67
油　料	990.85	1321.99	2229.43	2500.16	2603.42	2851.52
#花　生	1800.00	2085.00	3170.31	3437.63	3387.79	3719.34
油菜籽	1582.50	1725.00	1409.34	1529.35	2127.76	2065.29
芝　麻	622.50	690.00	1014.00	905.03	1126.51	1336.94
麻　类	1514.69	1734.25	2523.53	2316.39	2503.92	2789.28
#黄红麻	1440.00	2070.00	2501.52	2354.84	2519.51	2789.28
大麻(线麻)	577.50	1485.00	1800.00	1953.33	2440.00	
烟　叶	1903.09	1765.61	1638.91	1599.69	2015.95	1992.55
#烤　烟	1890.00	1770.00	1652.05	1650.89	2004.06	1976.71
糖　料	44385.00	52920.00	57381.08	53563.16	81793.10	63365.63
#甘　蔗	44385.00	52920.00	57381.08	53563.16	81793.10	63365.63
蔬　菜	21709.47	17747.24	30376.45	25683.11	26496.04	28487.15
果用瓜	18748.57	22928.67	33442.84	37757.12	38190.99	41245.13

10－30 各县（市、区）主要农

（2002

县市	农作物播种面积	粮食作物	谷物	夏收粮食	小麦	秋收粮食	稻谷	玉米	大豆	薯类
全市	**1763.80**	**990.86**	**793.05**	**561.13**	**554.87**	**429.73**	**53.07**	**177.42**	**65.77**	**106.36**
宛城区	122.12	63.92	55.24	38.70	38.63	25.22	4.84	11.62	4.69	2.90
卧龙区	93.03	56.57	45.45	31.10	30.51	25.47	1.51	13.11	2.88	6.75
南召县	56.24	37.16	30.54	16.55	16.38	20.61	6.81	7.33	0.83	5.40
方城县	205.03	122.08	92.45	66.08	65.72	56.00	1.23	24.40	14.29	13.14
西峡县	38.02	29.38	25.09	13.31	13.28	16.07	3.06	8.75	0.91	3.12
镇平县	136.84	86.42	72.70	50.24	49.30	36.18	1.46	21.91	2.33	7.75
内乡县	78.26	42.73	33.69	21.17	21.17	21.56	1.48	11.04	0.06	8.68
淅川县	112.68	62.95	50.10	32.62	32.41	30.33	1.65	15.80	0.42	10.22
社旗县	124.18	85.26	60.26	47.43	46.87	37.83		11.85	11.18	11.32
唐河县	297.78	178.62	138.24	96.93	94.43	81.69	14.23	25.93	13.07	22.67
新野县	137.14	53.34	46.53	38.28	38.28	15.06	0.83	7.42	2.13	3.55
桐柏县	71.18	44.57	37.92	20.79	20.55	23.78	15.05	2.27	3.99	1.75
邓州市	291.30	127.86	104.84	87.93	87.34	39.93	0.92	15.99	8.99	9.11

10－31 各县（市、区）主要

（2002

县市	粮食作物	谷物	夏收粮食	小麦	秋收粮食	稻谷	玉米	大豆	薯类
全市	**4203624**	**3541013**	**2244223**	**2223251**	**1959401**	**389430**	**903214**	**120948**	**494829**
宛城区	348437	318203	205005	204654	143432	40186	72601	14652	12830
卧龙区	233444	195291	109740	108752	123704	12284	73613	6217	29884
南召县	173475	141160	47997	47796	125478	53110	40228	1799	29789
方城县	406841	334238	197329	196603	209512	10502	121532	23721	45182
西峡县	109332	92216	45081	45018	64251	14990	32208	1831	14889
镇平县	409898	365364	226525	222797	183373	11279	131223	3420	34311
内乡县	206222	150352	87919	87919	118303	11130	51303	93	55237
淅川县	235076	187677	111612	111163	123464	11560	64628	670	43154
社旗县	335174	249764	190223	188584	144951		57539	20044	61735
唐河县	764587	649639	411601	401840	352986	110672	125755	14701	93373
新野县	245330	222129	176853	176853	68477	5664	39612	4140	17391
桐柏县	187570	171144	63346	62877	124224	99818	8363	5195	8925
邓州市	548238	463836	370992	368395	177246	8235	84609	24465	48129

作物播种面积

年）　　　　　　　　　　　　　　　　　　　　　　　　　　单位：千公顷

棉花	油料				麻类		烟叶		蔬菜	果用瓜
		花生	油菜籽	芝麻		黄红麻		烤烟		
144.63	**257.30**	**151.16**	**38.92**	**66.43**	**0.28**	**0.28**	**31.70**	**30.83**	**271.03**	**38.31**
24.81	5.87	3.02	0.42	2.15			0.01		23.48	3.20
6.50	12.97	10.84	0.59	1.34	0.01	0.01	0.01	0.01	14.99	0.94
	8.66	8.05	0.29	0.32					4.87	0.31
4.86	41.53	26.66	6.53	8.34			5.21	5.21	27.89	2.29
	1.30	0.62	0.17	0.51			1.27	0.41	3.06	0.30
7.76	19.99	13.31	1.67	5.01			3.61	3.61	13.86	2.32
1.32	8.09	4.97	1.21	1.91			5.16	5.16	18.90	0.38
0.17	22.24	2.82	9.15	10.17			1.67	1.67	21.72	0.19
12.49	13.50	2.74	1.84	8.92	0.08	0.08	2.76	2.76	7.84	1.77
28.20	34.94	19.07	3.47	12.40	0.07	0.07	2.73	2.73	34.35	14.99
24.61	16.93	12.68	1.26	2.99	0.12	0.12	0.80	0.80	32.49	5.43
0.62	18.92	15.40	1.76	1.76					5.07	1.06
33.29	52.36	30.98	10.56	10.61			8.47	8.47	62.51	5.13

农产品产量

年）　　　　　　　　　　　　　　　　　　　　　　　　　　单位：吨

棉花	油料				麻类		烟叶		蔬菜	果用瓜
		花生	油菜籽	芝麻		黄红麻		烤烟		
152103	**733697**	**562215**	**80381**	**88813**	**781**	**781**	**63164**	**60942**	**7720872**	**1580101**
30211	18742	12344	1376	3846			27		1048267	172020
6636	34440	31283	1406	1699	36	36	19	19	574500	27637
	26540	25743	362	435					114824	9453
5835	118615	95988	10686	11941			9811	9811	478853	78566
	2378	1602	269	507			3028	833	72148	8823
8850	60797	49920	5015	5862			6690	6690	733223	99810
1088	19570	15678	1847	2045			8543	8543	201961	9555
170	41509	9473	15519	16235			4263	4263	142447	3490
14726	22025	10886	2798	8341	204	204	4064	4064	142919	31111
27495	110572	87431	9191	13950	195	195	4389	4389	1016425	506449
25654	50292	45060	3253	1979	346	346	1370	1370	1409116	272620
626	49616	44355	3180	2081					83130	29747
30812	178601	132452	25479	19892			20960	20960	1703059	330820

10－32 各县(市、区)主要农产品单位面积产量

(2002年,按播种面积计算)　　单位:千克/公顷

县　市	粮食	谷物	夏收粮食	小麦	秋收粮食	稻谷	玉米	大豆	薯类	棉花
全　市	**4242.40**	**4465.06**	**3999.47**	**4006.80**	**4559.61**	**7338.04**	**5090.82**	**1838.95**	**4652.40**	**1051.67**
宛城区	5451.14	5760.37	5297.29	5297.80	5687.23	8302.89	6247.93	3124.09	4424.14	1217.69
卧龙区	4126.64	4296.83	3528.62	3564.47	4856.85	8135.10	5615.03	2158.68	4427.26	1020.92
南召县	4668.33	4622.13	2900.12	2917.95	6088.21	7798.83	5488.13	2167.47	5516.48	
方城县	3332.58	3615.34	2986.21	2991.52	3741.29	8538.21	4980.82	1659.97	3438.51	1200.62
西峡县	3721.31	3675.41	3387.00	3389.91	3998.20	4898.69	3680.91	2012.09	4772.12	
镇平县	4743.09	5025.64	4508.86	4519.21	5068.35	7725.34	5989.18	1467.81	4427.23	1140.46
内乡县	4826.16	4462.81	4153.00	4153.00	5487.15	7520.27	4647.01	1550.00	6363.71	824.24
淅川县	3734.33	3746.05	3421.58	3429.90	4070.69	7006.06	4090.38	1595.24	4222.50	1000.00
社旗县	3931.20	4144.77	4010.61	4023.55	3831.64		4855.61	1792.84	5453.62	1179.02
唐河县	4280.52	4699.36	4246.37	4255.43	4321.04	7777.37	4849.79	1124.79	4118.79	975.00
新野县	4599.36	4773.89	4619.98	4619.98	4546.95	6824.10	5338.54	1943.66	4898.87	1042.42
桐柏县	4208.44	4513.29	3046.95	3059.71	5223.89	6632.43	3684.14	1302.01	5100.00	1009.68
邓州市	4287.80	4424.23	4219.17	4217.94	4438.92	8951.09	5291.37	2721.36	5283.10	925.56

10－32 续表　　(2002年,按播种面积计算)　　单位:千克/公顷

县　市	油料	花生	油菜籽	芝麻	麻类	黄红麻(折熟麻)	烟叶	烤烟	蔬菜	果用瓜
全　市	**2851.52**	**3719.34**	**2065.29**	**1336.94**	**2789.29**	**2789.29**	**1992.56**	**1976.71**	**28487.15**	**41245.13**
宛城区	3192.84	4087.42	3276.19	1788.84			2700.00		44645.10	53756.25
卧龙区	2655.36	2885.89	2383.05	1267.91	3600.00	3600.00	1900.00	1900.00	38325.55	29401.06
南召县	3064.67	3197.89	1248.28	1359.38					23577.82	30493.55
方城县	2856.13	3600.45	1636.45	1431.77			1883.11	1883.11	17169.34	34308.30
西峡县	1829.23	2583.87	1582.35	994.12			2384.25	2031.71	23577.78	29410.00
镇平县	3041.37	3750.56	3002.99	1170.06			1853.19	1853.19	52902.09	43021.55
内乡县	2419.04	3154.53	1526.45	1070.68			1655.62	1655.62	10685.77	25144.74
淅川县	1866.41	3359.22	1696.07	1596.36			2552.69	2552.69	6558.33	18368.42
社旗县	1631.48	3972.99	1520.65	935.09	2550.00	2550.00	1472.46	1472.46	18229.46	17576.84
唐河县	3164.63	4584.74	2648.70	1125.00	2785.71	2785.71	1607.69	1607.69	29590.25	33785.79
新野县	2970.58	3553.63	2581.75	661.87	2883.33	2883.33	1712.50	1712.50	43370.76	50206.26
桐柏县	2622.41	2880.19	1806.82	1182.39					16396.45	28063.21
邓州市	3411.02	4275.40	2412.78	1874.84			2474.62	2474.62	27244.58	64487.33

10—33 茶园、果园面积和茶叶、蚕茧、水果产量

指标	1985年	1990年	1995年	2000年	2001年	2002年
面积						
茶园面积(千公顷)	3.02	1.46	1.49	1.52	1.55	1.80
果园面积(千公顷)	12.62	22.01	44.64	46.68	44.27	47.75
苹果园	6.02	10.37	29.75	16.76	11.45	10.86
梨园	1.17	1.05	5.23	8.16	8.34	8.48
葡萄园	0.21	0.28	0.81	1.54	1.29	1.23
枣园	3.70	1.01	0.44	1.66	5.76	5.18
柿园	0.11	0.35	1.12	2.57	2.70	3.06
桃园	0.19	1.48	2.85	5.72	5.01	8.07
柑桔园	1.04	6.03	2.89	4.77	4.56	3.97
其他果园	0.18	1.44	1.55	5.50	5.16	6.90
产量						
茶叶产量(吨)	60	116	267	616	624	764
蚕茧产量(吨)	3325	3905	10765	9620	11291	12013
#桑蚕茧	95	367	8646	7259	8525	9026
柞蚕茧	3229	3538	2119	2361	2766	2987
水果产量(万吨)	**3.15**	**2.82**	**8.75**	**20.71**	**21.87**	**24.91**
苹果	1.08	1.06	4.60	7.12	6.20	6.19
梨	0.38	0.26	0.93	4.29	4.89	5.68
葡萄	0.02	0.08	0.64	1.04	1.11	1.21
鲜枣	0.53	0.30	0.44	0.63	1.20	1.48
柿	0.88	0.55	0.70	1.30	1.37	1.56
桃	0.08	0.22	1.13	2.55	2.60	3.78
柑桔	0.02	0.13	0.23	1.85	2.16	2.15
其他水果	0.16	0.24	0.08	1.93	2.34	2.86

10—34 各县（市、区）果园面积

（2002年）　　单位：千公顷

市	合计	苹果园	梨园	葡萄园	枣园	柿园	桃园
全市	**47.75**	**10.86**	**8.48**	**1.23**	**5.18**	**3.06**	**8.07**
宛城区	3.85	0.27	1.67	0.37	0.21	0.03	1.21
卧龙区	1.72	0.54	0.24	0.11	0.29	0.16	0.28
南召县	3.37	2.45	0.10		0.01	0.35	0.34
方城县	3.33	1.76	0.09	0.02	0.37	0.16	0.74
西峡县	7.31	1.51	0.99	0.12	0.01	0.78	0.32
镇平县	0.93	0.17	0.06	0.01	0.13	0.22	0.08
内乡县	4.19	0.70	0.45	0.07	0.08	0.17	2.45
淅川县	7.55	0.24	0.12	0.03	1.67	0.69	0.23
社旗县	1.11	0.16	0.10	0.05	0.13	0.11	0.10
唐河县	5.81	0.24	3.28	0.17	0.12	0.04	1.26
新野县	2.44	1.25	0.35	0.03	0.04	0.07	0.46
桐柏县	1.99	0.37	0.61	0.06	0.48	0.04	0.40
邓州市	4.15	1.20	0.42	0.19	1.64	0.24	0.20

10—35 各县（市、区）水果产量

（2002年）　　单位：吨

县市	合计	苹果	梨	葡萄	枣	柿	桃
全市	**249056**	**61872**	**56763**	**12058**	**14756**	**15621**	**37752**
宛城区	18899	3764	4008	3934	384	493	6126
卧龙区	9859	4264	1434	1033	352	795	1294
南召县	8159	4860	475		15	1266	1346
方城县	14281	8233	770	252	690	953	2290
西峡县	28608	5839	393	432	196	4347	876
镇平县	7629	2491	655	205	1367	702	403
内乡县	17731	7374	1784	1156	449	822	4988
淅川县	26281	771	485	124	2014	2788	1135
社旗县	1234	145	249	124	185	203	328
唐河县	60993	2331	38456	3124	920	1979	10785
新野县	11760	7136	1546	277	70	285	1704
桐柏县	11536	4754	584	231	668	267	4901
邓州市	32086	9910	5924	1166	7446	721	1576

10－36 林业生产情况

指标	1990年	1995年	2000年	2001年	2002年
营林情况					
当年造林面积(千公顷)	32.00	31.37	29.33	14.76	39.09
人工造林	29.00	27.67	25.87	10.68	35.8
飞机播种造林	3.00	3.7	3.46	4.07	3.29
按用途分的造林面积(千公顷)					
用材林	19.00	13.78	7.35	4.76	5.67
#速生丰产林面积	3.90	2.6	1.37	0.84	
经济林	10.00	10.12	14.38	8.83	8.94
防护林	1.00	6.88	7.60	3.82	24.45
薪炭林	2.00	0.59		0.07	0.03
迹地更新面积(千公顷)	3.00	4.92	2.12	0.45	1.59
零星(四旁)植树(万株)	3119	2997	3443	3538	3263
育苗面积(千公顷)	3.00	1.93	1.85	1.94	3.17
幼林抚育作业面积(千公顷次)	59.00	257.65	318.04	329.98	307.98
成林抚育面积(千公顷)	31.00	113.08	207.88	205.24	217.6
主要林产品产量					
生漆(吨)	26	57	448	571	727
油桐籽(吨)	7089	10676	20566	22128	24316
油茶籽(吨)		39	301	305	163
乌柏籽(吨)	532	475	1573	1709	3856
五倍子(吨)		88	558	788	1534
核桃(吨)	571	1579	3184	3761	4493
木耳(按干重计算)(吨)		791			
板栗(吨)	592	4037	22432	25317	27228
猕猴桃(吨)		3954			
山楂(吨)		1662			
花椒(吨)		2789	999		
白果(吨)		114			
村及村以下竹木采伐量					
木材(万立方米)	11.73	14.99	11.63	12.00	14.97
竹材(万根)	6.80	34.25	4.00	4.05	44.09

10—37 各县(市、区)林业生产情况

(2002年)　　　　单位:千公顷

市	当年造林面积	人工造林	飞播造林	用材林	经济林	防护林
全　　市	**39.09**	**35.80**	**3.29**	**5.67**	**8.95**	**24.45**
宛　城　区						
卧　龙　区	0.50	0.50			0.15	0.35
南　召　县	6.63	5.53	1.10	2.43	1.91	2.28
方　城　县	2.67	2.67		0.30	1.16	1.20
西　峡　县	6.01	4.99	1.02		1.11	4.91
镇　平　县	3.25	3.25			0.34	2.91
内　乡　县	4.24	3.67	0.57	0.73	0.78	2.74
淅　川　县	6.20	5.60	0.60	0.76	2.15	3.26
社　旗　县	2.48	2.48			0.27	2.21
唐　河　县	2.97	2.97		0.73	0.37	1.87
新　野　县	0.23	0.23			0.06	0.18
桐　柏　县	3.67	3.67		0.72	0.65	2.30
邓　州　市	0.24	0.24				0.24

10—37 续表　　　　(2002年)　　　　单位:千公顷

	薪炭林	迹地更新面积	零星(四旁)植树(万株)	育苗面积	幼林抚育作业面积(千公顷次)	成林抚育面积
全　　市	**0.03**	**1.59**	**3263**	**3.17**	**307.98**	**217.60**
宛　城　区				0.23	0.86	1.00
卧　龙　区		0.28	306	0.65		4.10
南　召　县			90	0.08	28.60	16.50
方　城　县			168	0.20	2.80	11.00
西　峡　县		1.31	225	0.63	11.50	22.12
镇　平　县			52	0.30	7.50	9.00
内　乡　县			165	0.18	44.09	30.73
淅　川　县	0.03		520	0.11	14.01	16.80
社　旗　县			90	0.07	0.37	0.60
唐　河　县			250	0.23	46.65	6.80
新　野　县			197	0.07	30.00	10.00
桐　柏　县			530	0.16	105.95	83.62
邓　州　市			670	0.26	15.65	4.85

注:涉及市直的指标数据直接在总计中反映。

10—38 畜牧业生产情况

指标	1985年	1990年	1995年	2000年	2001年	2002年
牲畜年底头数						
大牲畜(万头)	119.92	153.62	246.06	283.03	290.12	298.20
#役畜	86.61	104.69	159.1	155.17	145.79	111.37
牛	113.16	147.54	238.64	272.45	279.30	289.45
黄牛	111.37	145.44	235.08	270.04	276.59	286.15
良种及改良乳牛	0.05	0.06	0.27	0.92	1.14	
水牛	1.74	2.04	3.29	1.49	1.57	1.74
马	1.77	1.77	2.72	3.76	4.07	3.31
驴	4.61	3.81	3.97	5.65	5.69	4.48
骡	0.38	0.05	0.73	1.17	1.06	0.96
猪(万头)	190.37	207.85	348.33	484.04	517.50	559.93
羊(万只)	79.13	143.61	358.04	469.20	502.47	553.71
山羊	61.76	123.94	323.82	425.71	450.90	494.97
绵羊	17.37	19.67	34.22	43.49	51.57	58.74
家禽(万只)	1811.20	2543.12	4505.81	6130.4	6457.48	7033.31
家兔(万只)	107.78	38.12	157.01	283.13	279.84	580.59
畜产品产量						
猪牛羊出栏头(只)数						
猪(万头)	95.00	130.00	353.94	520.38	542.82	590.49
牛(万头)	5.00	30.00	89.29	122.97	132.82	133.13
羊(万只)	33.00	86.00	298.31	477.27	495.32	550.80
肉类总产量(吨)	82135	151347	468419	688877	718340	773642
#猪牛羊肉	76950	142323	421440	621858	645426	691333
猪肉	65805	96002	264898	410471	417970	456450
牛肉	6160	33497	118256	155072	169000	169913
羊肉	4985	12824	38286	56315	58456	64970
禽肉	4985	8240	42600	58701	64019	71319
兔肉	200	323	2156	4691	5346	6443
其他畜产品产量						
奶类产量(吨)	1970	4965	16031	46987	60244	92926
#牛奶	670	935	9211	29022	42260	59615
山羊毛(吨)	165	342	874	874	876	807
绵羊毛(吨)	360	551	1100	1654	1900	2074
#细羊毛	110	202	428	76	98	541
羊绒(吨)		1	30	129	129	199
蜂蜜(吨)	1425	2024	3802	11581	12163	12190
禽蛋(吨)	43710	78020	176007	320959	341343	368309

10-39 各县(市、区)牲畜饲养情况

(2002 年)

县市	大牲畜年底头数(万头)	役畜	牛(万头)	黄牛	水牛	马(万头)	驴(万头)
全市	**298.20**	**111.37**	**289.45**	**286.15**	**1.74**	**3.31**	**4.48**
宛城区	13.47	11.57	13.28	12.5	0.23	0.09	0.10
卧龙区	8.47	7.61	8.46	7.98			0.01
南召县	15.09		15.05	15.04		0.02	0.01
方城县	39.37	15.45	38.67	38.65		0.28	0.34
西峡县	7.01	1.10	6.77	6.73	0.03	0.20	0.03
镇平县	13.54	6.77	13.12	12.91		0.08	0.23
内乡县	15.79	7.46	15.72	15.66	0.01	0.03	0.03
淅川县	21.57		20.8	20.73	0.06	0.29	0.40
社旗县	29.59	15.90	28.49	28.44		0.40	0.40
唐河县	57.10	25.16	52.64	52.54	0.03	1.53	2.59
新野县	23.66	11.00	23.40	22.86	0.50	0.20	0.06
桐柏县	15.39	8.38	15.02	14.22	0.79	0.16	0.21
邓州市	38.15	0.97	38.03	37.89	0.09	0.03	0.07

10-39 续表

(2002 年)

县市	骡(万头)	猪年底头数(万头)	羊年底只数(万只)	山羊	绵羊	家禽(万只)	兔(万只)
全市	**0.96**	**559.93**	**553.71**	**494.97**	**58.74**	**7033.31**	**580.59**
宛城区		33.49	18.73	11.01	7.72	611.88	61.22
卧龙区		31.82	11.70	9.59	2.11	542.75	13.53
南召县	0.01	32.41	34.04	33.17	0.87	240.86	0.05
方城县	0.08	43.26	42.93	37.92	5.01	594.86	6.83
西峡县	0.01	27.85	33.54	33.26	0.28	216.54	2.42
镇平县	0.11	54.2	38.25	34.42	3.83	750.5	10.80
内乡县	0.01	36.58	78.86	75.15	3.71	411.19	7.53
淅川县	0.08	32.48	40.73	40.31	0.42	352.18	
社旗县	0.30	29.96	33.04	27.09	5.95	409.1	25.00
唐河县	0.34	73.80	50.48	39.48	11.00	969.84	106.64
新野县		46.88	45.18	40.66	4.52	602.13	29.80
桐柏县		24.05	17.12	15.83	1.29	239.88	293.00
邓州市	0.02	93.15	109.11	97.08	12.03	1091.60	23.77

10—40 各县(市、区)畜产品产量

(2002年)

县　市	猪牛羊出栏头(只)数			肉类总产量(吨)	猪肉	牛肉	羊肉
	猪(万头)	牛(万头)	羊(万只)				
全　市	**590.49**	**133.13**	**550.80**	**773642**	**456450**	**169913**	**64970**
宛城区	28.06	6.59	11.85	37993	22044	8361	1400
卧龙区	35.22	4.00	10.37	39636	28895	5039	1227
南召县	35.21	4.96	26.39	37828	26743	6245	3021
方城县	42.47	16.67	39.80	67472	32799	21241	4590
西峡县	26.35	3.09	36.91	30298	20504	3963	4356
镇平县	51.69	5.08	29.37	57323	38933	6314	3409
内乡县	41.57	9.01	105.56	58146	31152	11253	12457
淅川县	38.42	8.53	43.46	48733	29456	10754	5009
社旗县	36.34	11.56	27.44	50378	28712	14603	3237
唐河县	91.59	20.77	56.91	118260	69884	26471	6584
新野县	45.88	11.06	54.56	67524	36759	14139	7039
桐柏县	25.54	7.01	18.23	33313	19063	8817	2152
邓州市	92.15	24.80	89.95	126738	71506	32713	10489

10—40 续表

(2002年)

县　市	奶类总产量(吨)	牛奶	蜂蜜(吨)	禽蛋(吨)	绵羊毛(吨)	细羊毛	山羊毛(吨)
全　市	**92926**	**59615**	**12190**	**368309**	**2074**	**541**	**807**
宛城区	23086	19853	207	31782	208	190	
卧龙区	50846	23989	40	34200	40	18	7
南召县	170	170	60	13233	4	4	
方城县	899	654	279	30132	105		154
西峡县	152	152	94	9789			
镇平县	9155	7717	257	41289	142		70
内乡县	1540	1271	873	17294	111	111	150
淅川县	155	155	83	16030	5		
社旗县	1752	1688	800	23743	117		30
唐河县	2958	2005	1848	46453	456	218	223
新野县	669	549	1870	37335	209		
桐柏县	501	401	4866	12411	256		8
邓州市	1043	1011	913	54618	421		165

10－41 各县(市、区)渔业生产情况

(2002 年)

县　　市	水产品产量(吨)	天然生产	人工养殖	鱼　类	虾蟹类	贝　类	其　他
全　　市	**55892**	**2311**	**53581**	**49041**	**4031**	**50**	**459**
宛 城 区	2550		2550	2453	93		4
卧 龙 区	2602	300	2302	2298	4		
南 召 县	7505	266	7239	6844	392		3
方 城 县	2753	433	2320	2309	7		4
西 峡 县	1400	400	1000	800			200
镇 平 县	4080	150	3930	3830			100
内 乡 县	2260	150	2110	2030	44		36
淅 川 县	13000		13000	9561	3350	50	39
社 旗 县	2132	37	2095	2091			4
唐 河 县	4870	330	4540	4515			25
新 野 县	3200		3200	3166	5		29
桐 柏 县	5500	105	5395	5280	110		5
邓 州 市	4040	140	3900	3864	26		10

10－42 农民家庭平均每人出售的主要农林产品

单位：千克

指　　标	1985年	1995年	2000年	2001年	2002年
粮　　食	130.66	81.97	150.02	164.79	178.66
棉　　花	9.87	10.71	15.13	15.46	17.03
油　　料	9.81	19.97	37.86	42.26	43.57
麻　　类	0.19	0.07	0.08	0.05	
烟　　叶	7.11	2.97	3.74	6.72	4.93
蔬　　菜	19.83	77.79	143.92	141.20	145.14
水　　果	0.11	2.62	127.58	109.24	120.63

说明：本表为农村住户抽样调查资料(下表同)。

10—43 农民家庭平均每人出售畜禽产品情况

项　　目	1985年	1995年	2000年	2001年	2002年
肉　　猪(头)	0.08	0.40	0.24	0.20	0.22
猪　　肉(公斤)	5.95	0.47	0.92	0.70	0.90
肉　　牛(头)	0.004	0.02	0.02	0.03	0.03
牛　　肉(公斤)	0.44	0.02	0.06	0.02	0.06
菜　　羊(只)	0.06	0.08	0.07	0.09	0.10
羊　　肉(公斤)	0.94	0.01	0.09	0.08	0.06
家　　禽(只)	0.36	0.40	0.69	0.71	0.39
蛋　　类(公斤)	1.69	0.91	2.45	2.78	3.52
水　产　品(公斤)	0.19	0.03	1.30	1.61	0.68

注:1993 年以前出售猪肉、牛肉、羊肉的数量,包括出售猪、牛、羊的毛重按胴体重折肉。

10—44 各县(市、区)农作物受灾和成灾情况

(2002 年)

单位:千公顷

县　　市	受灾面积	成灾面积	成灾面积占受灾面积%	水灾面积	成灾面积	旱灾面积	成灾	病虫面积	成灾	减产粮食(万吨)
全　　市	**588.60**	**360.85**	**61.31**	**151.23**	**87.37**	**181.55**	**108.92**	**108.37**	**66.77**	**67.26**
宛　城　区	63.85	30.24	47.36	6.45	3.65	42.00	23.00			4.55
卧　龙　区	37.00	33.00	89.19	3.00	2.00	30.00	28.00	4.00	3.00	30.00
南　召　县	8.15	6.98	85.64			3.13	2.80			1.67
方　城　县	90.00	45.10	50.11	8.00	5.30	65.00	26.80			7.10
西　峡　县	14.70	8.80	59.86	9.80	7.70					0.45
镇　平　县	54.20	31.15	57.47	0.30	0.20			48.07	27.27	1.86
内　乡　县	30.60	24.30	79.41	0.40	0.30	27.82	22.72	3.00	2.40	3.73
淅　川　县	22.60	12.20	53.98	7.00	5.20	13.60	5.60	2.00	1.40	0.86
社　旗　县	59.20	41.08	69.39	47.60	31.98			11.60	9.10	5.46
唐　河　县	119.30	80.20	67.23	16.30	9.30			39.70	23.60	10.87
新　野　县	20.70	15.60	75.36							
桐　柏　县	4.80	3.70	77.08	3.00	2.30					0.71
邓　州　市	63.50	28.50	44.88	49.38	19.44					

主要统计指标解释

农林牧渔业总产值　指以货币表现的农、林、牧、渔业全部产品的总量，它反映一定时期内农业生产总规模和总成果。农业总产值的计算方法通常是按农林牧渔业产品及其副产品的产量分别乘以各自单位产品价格求得；少数生产周期较长，当年没有产品或产品产量不易统计的，则采用间接方法匡算其产值；然后将四业产品产值相加即为农业总产值。1957 年以前的农业总产值中包括了厩肥和农民自给性手工业(如农民自制衣服、鞋、袜，自己从事粮食初步加工等)。1958 年及以后的农业总产值，林业中增加了村及村以下竹木采伐产值；牧业中取消了厩肥产值；副业中取消了农民自给性手工业产值，增加了村及村以下办的工业产值；渔业中增加了海洋捕捞水产品产值。1980 年及以后的农业总产值，在副业中增加了农民家庭兼营工业商品部分的产值。从 1984 年起村及村以下工业产值划归工业。从 1993 年起取消副业，将野生动物的捕猎划入牧业、野生植物采集和农民家庭兼营商品性工业划归农业。

粮食产量　指全社会的产量。包括国有经济经营的、集体统一经营的和农民家庭经营的粮食产量，还包括工矿企业办的农场和其他生产单位的产量。粮食除包括稻谷、小麦、玉米、高粱、谷子及其他杂粮外，还包括薯类和豆类。其产量计算方法，豆类按去豆荚后的干豆计算；薯类(包括甘薯和马铃薯，不包括芋头和木薯)1963 年以前按每 4 公斤鲜薯折 1 公斤粮食计算，从 1964 年开始改为按 5 公斤鲜薯折 1 公斤粮食计算。城市郊区作为蔬菜的薯类(如马铃薯等)按鲜品计算，并且不作粮食统计。其他粮食一律按脱粒后的原粮计算。

油料产量　指全部油料作物的生产量。包括花生、油菜籽、芝麻、向日葵籽、胡麻籽(亚麻籽)和其他油料。不包括大豆、木本油料和野生油料。花生以带壳干花生计算。

水产品产量　指人工养殖的水产品和天然生长的水产品的捕捞量。包括海水的鱼类、虾蟹类、贝类和藻类以及内陆水域的鱼类、虾蟹类和贝类，不包括淡水生植物。

猪、牛、羊肉产量　指当年出栏并已屠宰、除去头蹄下水后带骨肉(即胴体重)的重量。

期初(末)畜禽存栏头(只)数　指报告期初(末)农村各种合作经济组织和国营农场、农民个人、机关、团体、学校、工矿企业、部队等单位以及城镇居民饲养的大牲畜、猪、羊、家禽等畜禽的存栏数。

耕地面积　指可以用来种植农作物、经常进行耕锄的田地，包括熟地、当年新开荒地、连续撂荒未满三年的耕地和当年的休闲地(轮歇地)，还包括以种植农作物为主并附带种植桑树、茶树、果树和其他林木的土地，以及沿海、沿湖地区已围垦利用的"海涂"、"湖田"等面积。不包括属于专业性的桑园、茶园、果园、果木苗圃、林地、芦苇地、天然或人工草地面积。

农作物播种面积　指实际播种或移植有农作物的面积。凡是实际种植有农作物的面积，不论种植在耕地上还是种植在非耕地上，均包括在农作物播种面积中。在播种季节基本结束后，因遭灾而重新改种和补种的农作物面积，也包括在内。

有效灌溉面积　指具有一定的水源，地块比较平整，灌溉工程或设备已经配套，在一般年景下当年能够进行正常灌溉的耕地面积。

农用化肥施用量　指本年内实际用于农业生产的化肥数量，包括氮肥、磷肥、钾肥和复合肥。化肥施用量要求按折纯量计算数量。折纯量是指把氮肥、磷肥、钾肥分别按含氮、含五氧化二磷、含氧化钾的百分之一百成份进行折算后的数量。复合肥按其所含主要成分折算。

农业机械总动力　指主要用于农、林、牧、渔业的各种动力机械的动力总和。包括耕作机械、排灌机械、收获机械、农用运输机械、植物保护机械、牧业机械、林业机械、渔业机械和其他农业机械〔内燃机按引擎马力折成瓦(特)计算、电动机按功率折成瓦(特)计算〕。不包括专门用于乡、镇、村、组办工业、基本建设、非农业运输、科学试验和教学等非农业生产方面用的动力机械与作业机械。

农林牧渔业劳动力　指全社会直接参加农林牧渔业生产活动的劳动力。

十一、工　业

11－1 历年工业企业单位数

单位:个

	总计	国有工业	集体工业	城乡个体工业	城乡合作工业	其他经济类型工业	轻工业	重工业
1949年	22	8		14				
1950年	32	11		21				
1951年	58	20		38				
1952年	66	43		23				
1953年	145	20		125				
1954年	228	32		196				
1955年	227	32		195				
1956年	99	75		24				
1957年	232	78		154				
1958年	4432	306	4126					
1959年	1655	353	1302					
1960年	982	330	652					
1961年	834	232	602					
1962年	685	178	507					
1963年	706	150	556					
1964年	447	151	296					
1965年	515	153	362					
1966年	511	149	362					
1967年	441	135	306					
1968年	442	136	306					
1969年	377	177	200					
1970年	753	231	522					
1971年	754	247	507					
1972年	663	259	404					
1973年	688	262	426					
1974年	749	279	470					
1975年	1007	314	693					
1976年	1088	327	761					
1977年	1225	351	874					
1978年	1299	362	937					
1979年	1367	373	994					
1980年	1445	383	1062					
1981年	1443	379	1064					
1982年	1484	397	1087					
1983年	3096	416	1127	1553				
1984年	70359	350	4147	65862				
1985年	36553	369	3697	27695	4791	1		
1986年	65275	386	3951	52817	8121			
1987年	90982	421	6404	76041	8110	6		
1988年	101597	431	6692	85216	9256	2		
1989年	93768	443	5800	84017	3504	4	58499	35269
1990年	99427	474	5029	85745	8173	6	65451	33976
1991年	97955	445	5056	92323	128	3	60684	37271
1992年	118719	433	5318	111637	1322	9	92256	26463
1993年	170367	500	6186	160694	2892	95	78927	91440
1994年	201462	438	6432	189674	4654	264	129784	71678
1995年	188576	481	6186	161755	19697	457	132861	55715
1996年	189189	525	6933	162212	19151	368	133043	56146
1997年	161564	403	7723	41973	110977	488	127065	34499
1998年	137295	201	4883	128399		3812	107353	29942
1999年	132393	302	4755	123617		3719	104928	27465
2000年	132020	252	4695	123043		4030	102709	29311
2001年	131098	250	4378	121063		5407	100020	31078
2002年	135407	300	3419	126361		5327	105847	29560

11-2 历年工业总产值

单位:万元

	总计	国有工业	集体工业	城乡个体工业	城乡合作工业	其他经济类型工业	轻工业	重工业
1949年	1537	2		1535			1127	410
1950年	1972	160		1812			1414	558
1951年	2016	186		1830			1399	617
1952年	2523	399		2124			1780	743
1953年	3062	515		2547			2243	819
1954年	4257	637		3620			2946	1311
1955年	4101	994		3107			2894	1207
1956年	6674	2955		3719			4477	2197
1957年	7780	2268		5512			4742	3038
1958年	15038	9026	6012				7739	7299
1959年	27196	10858	16338				14757	12439
1960年	25792	19005	6787				13410	12382
1961年	13239	10018	3221				8241	4998
1962年	9822	6302	3520				6520	3302
1963年	10471	7441	3030				6848	3623
1964年	11208	7890	3318				7245	3963
1965年	14329	10422	3907				8922	5407
1966年	18311	14058	4253				11151	7160
1967年	20396	13703	6693				14194	6202
1968年	18305	13647	4658				12459	5846
1969年	23231	17902	5329				15821	7410
1970年	30866	24145	6721				20872	9994
1971年	38948	30641	8307				26180	12768
1972年	48897	39850	9047				31929	16968
1973年	53833	43075	10758				33906	19927
1974年	66073	51302	14771				41229	24844
1975年	77310	56750	20560				49217	28093
1976年	68836	48009	20827				44871	23965
1977年	88784	63831	24953				55801	32983
1978年	117360	89713	27647				61397	55963
1979年	143473	108897	34576				74066	69407
1980年	166765	125908	40790	67			85756	81009
1981年	180424	145007	35291	126			99282	81142
1982年	194232	152122	41819	291			102398	91834
1983年	212076	162981	48713	382			107239	104837
1984年	251524	181752	58227	8225	3320		128530	122994
1985年	340090	234831	83084	14080	8081	14	165999	174091
1986年	385909	240692	93545	31991	19681		182328	203581
1987年	501713	314975	116146	47913	21575	1104	243038	258675
1988年	604620	372359	133309	69776	28363	813	301622	302998
1989年	708576	410096	175317	91306	30729	1129	371672	336904
1990年	777331	422332	198003	117542	38121	1333	419148	358183
1991年	886437	458313	248591	177209	718	1606	495924	390513
1992年	1187397	552426	345108	272732	12428	4703	574932	612465
1993年	1963781	755971	531246	582116	57416	37032	916793	1046988
1994年	3017288	1021696	819705	934176	86262	155449	1742437	1274851
1995年	4306696	1361028	1092078	1334451	202945	316194	2281753	2024943
(1995年)	(4025264)	(1185245)	(1021018)	(1299862)	(202945)	(316194)	2107660	1917604
1996年	4997649	1347082	1423153	1566955	286797	373662	2525455	2472194
1997年	5536318	1278431	1622190	834538	1198969	602190	2774159	2762159
1998年	5818208	1011105	1355457	1032779	1483779	935088	3556207	2262001
1999年	6144520	1177955	1494747	2384332		1087486	2913701	3230819
2000年	6714826	1295385	1469228	2689710		1260503	3675234	3039592
2001年	7454718	1694768	1026263	2966786		1766901	4124677	3330041
2002年	8135081	1767912	1480389	3303002		1583778	4682024	3453057

注：1.1995年以前为原规定，括号内及1996年始为新规定。

2.1998年及以后年度国有企业为国有及国有控股企业(11－3.11－4表同)。

3.本表按当年价格计算。

11-3 历年工业总产值指数

（1952 年＝100）

	总　计	国　有 工　业	集　体 工　业	城乡个体 工　业	城乡合作 工　业	其他经济 类型工业	轻工业	重工业
1949年	60.1	0.6		100.0			62.0	55.4
1950年	78.1	40.0		119.7			77.7	79.1
1951年	79.9	46.7		120.9			78.3	83.7
1952年	100.0	100.0		140.4			100.0	100.0
1953年	121.5	129.3		168.2			125.8	111.2
1954年	168.1	159.1		238.4			166.8	171.3
1955年	153.8	235.4		194.1			152.4	156.6
1956年	284.6	796.8		264.6			270.2	319.4
1957年	298.7	550.4		352.9			257.4	397.2
1958年	637.8	2432.8	100.0				480.9	1005.7
1959年	1140.0	2893.0	268.6				899.7	1705.6
1960年	1108.7	5191.9	114.1				828.9	1764.2
1961年	561.2	2698.7	53.5				505.6	695.4
1962年	417.8	1703.5	58.7				399.9	463.7
1963年	447.1	2019.6	50.7				421.1	512.2
1964年	478.6	2141.3	55.6				445.8	559.6
1965年	611.9	2828.4	65.4				548.7	764.4
1966年	777.7	3794.4	70.8				685.1	999.5
1967年	870.9	3718.5	112.1				871.2	880.5
1968年	781.2	3701.2	78.2				766.6	823.8
1969年	990.4	4850.1	89.1				980.6	1024.6
1970年	1312.5	6525.4	112.1				1284.2	1393.0
1971年	1603.6	8018.2	134.1				1573.1	1692.8
1972年	1912.4	9955.9	136.2				1818.4	2152.4
1973年	2263.7	11570.5	174.1				2084.4	2705.8
1974年	2593.2	12861.7	223.1				2363.0	3157.5
1975年	3041.7	14262.6	311.4				2821.0	3588.9
1976年	2706.5	12057.9	315.2				2571.7	3050.3
1977年	3740.4	17178.3	404.6				3425.6	4514.3
1978年	4423.1	21597.4	401.1				3376.4	6904.9
1979年	5580.8	26086.5	499.1				4048.3	8536.1
1980年	5980.8	28844.4	563.1				4757.4	8891.1
1981年	6235.9	32014.5	469.5	647.9	183.6		5117.1	8910.2
1982年	6847.9	34259.7	567.5	1515.4	429.5		5417.5	10248.1
1983年	7392.4	36290.0	653.6	1967.0	557.4		5622.3	11582.0
1984年	8627.0	39820.7	168.7	4172.5	1183.3		6646.4	13320.4
1985年	10962.0	48350.6	1030.8	6713.5	2706.5		8487.8	16828.1
1986年	12710.3	50638.6	1185.9	15588.8	6735.7		9525.8	20237.0
1987年	15781.6	63288.4	1406.2	22292.0	7052.3		11266.7	26415.4
1988年	18166.9	66805.4	1720.7	33727.9	9630.6	91.2	13699.6	28732.1
1989年	18942.3	64487.0	2026.4	37100.6	10593.7	140.0	14901.3	28541.5
1990年	20588.6	64713.2	2293.2	47117.8	10716.1	153.4	16744.8	29762.3
1991年	23056.1	68328.2	2796.8	72231.6	209.0	185.3	19502.7	31688.2
1992年	29116.5	76826.8	3755.4	103724.6	3374.1	487.8	25587.9	37922.3
1993年	42506.8	90820.0	5336.3	191268.1	13458.7	421776.0	32410.4	66176.6
1994年	57244.0	100748.7	7080.0	287284.7	18943.1	1506162.0	52232.7	70348.2
1995年	69319.5	119142.0	8371.6	325206.2	64813.7	2623734.1	57583.7	97572.5
1996年	83460.8	131342.1	11318.4	370409.9	88846.6	3376745.8	66912.2	122063.1
1997年	91214.3	122936.3	11024.1	400894.7	366447.9	5402455.6	74165.5	129716.5
1998年	101612.8	103020.6	9271.3	467042.3		8945926.3	90630.7	126862.7
1999年	112688.2	118888.5	10127.6	517809.8		10923870.6	92501.4	158311.8
2000年	123145.7	130741.7	9954.4	575390.2		12428087.6	96527.5	175685.6
2001年	136814.8	140415.8	10780.6	635230.8		14714855.7	108593.5	192343.5
2002年	152316.0	195669.5	124917.6	699122.6			123796.6	166165.6

注：1.本表按可比价格计算。

11-4 历年工业总产值指数

（上年＝100）

	总　计	国　有 工　业	集　体 工　业	城乡个体 工　业	城乡合作 工　业	其他经济 类型工业	轻工业	重工业
1949年	100.0	100.0		100.0			100.0	100.0
1950年	130.1	6900.0		119.7			125.3	142.9
1951年	102.3	116.7		101.0			100.8	105.9
1952年	125.1	214.3		116.1			127.7	119.4
1953年	121.5	129.3		120.0			125.8	111.2
1954年	138.4	123.1		141.5			132.6	154.1
1955年	91.4	148.0		81.4			91.4	91.4
1956年	185.3	338.5		136.3			177.3	204.0
1957年	104.9	69.1		133.4			95.3	124.4
1958年	213.5	442.0					261.1	253.2
1959年	178.8	118.9	268.6				187.1	169.6
1960年	97.2	179.4	42.5				92.1	103.4
1961年	50.6	52.0	46.9				61.0	39.4
1962年	74.4	63.1	109.7				79.1	66.7
1963年	107.0	118.6	86.4				105.3	110.5
1964年	107.0	106.0	109.7				105.9	109.3
1965年	127.9	132.1	117.6				123.1	136.6
1966年	127.1	134.2	108.3				124.9	130.8
1967年	112.0	98.0	158.3				127.2	88.1
1968年	89.7	99.5	69.8				88.0	93.6
1969年	126.8	131.0	113.9				127.9	124.4
1970年	132.5	134.5	125.8				131.0	136.0
1971年	122.2	122.9	119.6				122.5	121.5
1972年	119.3	124.2	101.6				115.6	127.2
1973年	118.4	116.2	127.8				114.6	125.7
1974年	114.6	111.2	128.1				113.4	116.7
1975年	117.3	110.9	139.6				119.4	113.7
1976年	89.0	84.5	101.2				91.2	85.0
1977年	138.2	142.5	128.4				133.2	148.0
1978年	118.3	125.7	99.1				98.6	153.0
1979年	121.6	120.8	124.1				119.9	123.6
1980年	111.2	110.6	112.8				117.5	104.2
1981年	104.3	11.0	83.4	183.6	183.6		107.6	100.2
1982年	109.8	107.0	120.9	233.9	233.9		105.9	115.0
1983年	108.0	105.9	115.2	129.8	129.8		103.8	113.0
1984年	116.7	109.7	117.6	2121.3	2120.3		118.2	115.0
1985年	127.1	121.4	134.1	160.9	228.7		127.7	126.3
1986年	116.0	104.7	115.1	232.2	248.9		112.2	120.3
1987年	124.2	125.0	118.6	143.0	104.7		118.3	130.5
1988年	115.3	105.6	122.4	151.3	136.6	91.2	121.9	108.8
1989年	104.1	96.5	117.8	116.0	96.0	153.5	108.5	99.3
1990年	108.9	100.4	113.2	127.0	122.4	109.6	112.4	104.3
1991年	112.0	105.6	122.0	153.3	2.0	120.8	116.5	106.5
1992年	126.3	112.4	134.3	143.6	1614.7	263.2	131.2	119.7
1993年	146.0	118.2	142.1	184.4	398.9	864.6	126.7	174.5
1994年	134.7	110.9	132.7	150.2	140.8	357.1	161.2	106.3
1995年	121.1	118.3	292.6	113.2	342.2	174.2	110.2	138.7
1996年	120.4	110.3	146.9	113.9	137.1	128.7	116.2	125.1
1997年	109.3	93.6	112.5	108.2	412.5	160.0	110.8	106.3
1998年	111.4	83.8	84.1	116.5		165.6	122.2	97.8
1999年	110.9	115.4	109.2	110.9		122.1	102.1	124.8
2000年	109.3	110.0	98.3	111.1		113.8	104.4	111.0
2001年	111.1	107.4	108.3	110.4		118.4	112.5	109.5
2002年	111.3	139.4	94.3	110.1			114.0	86.4

注：1.本表按可比价格计算。

11-5 全部工业总产值、增加值

(2002年)

项　　目	企业单位数（个）	工业总产值（万元）	比上年增长（%）	工业增加值（万元）	比上年增长（%）
全部工业总计	**135407**	**8135081**	**11.3**	**2497280**	**9.9**
#国有及国有控股	300	1767912	39.4	670593	25.7
#集体企业	3419	1480389	-5.7	411182	5.4
股份有限公司	47	250283	-59.7	76439	-63.0
外商投资企业	26	104388	11.9	38881	8.7
港澳台商投资企业	44	52367	3.5	14879	3.1
城乡个体工业	126361	3303002	10.1	945359	9.7
#轻工业	105847	4682024	14.0	1328604	15.5
重工业	29560	3453057	-13.6	1168676	0.3
#大型企业	29	1258931	6.3	525854	3.5
中型企业	64	423068	15.9	141800	13.4
小型企业	135314	6453082	7.6	1829626	6.5
国有及限额以上工业总计	**889**	**3240613**	**12.8**	**1112947**	**10.0**
#国有及国有控股	230	1759580	9.5	668447	6.6
#集体企业	389	839034	16.2	231600	16.0
股份有限公司	35	246297	2.0	75352	2.6
外商投资企业	15	101877	12.3	38157	9.1
港澳台商投资企业	23	48764	5.1	13841	4.5
#轻工业	496	1487093	14.5	431377	12.7
重工业	393	1753520	11.4	681570	8.4
限额以下工业总计	**8157**	**1591466**	**10.9**	**438974**	**10.2**
#国有及国有控股	70	8332	-51.7	2146	-56.8
#集体企业	3030	641355	-14.8	179582	-14.0
股份有限公司	12	3986	-43.1	1087	-41.1
外商投资企业	11	2511	-7.8	724	-11.2
港澳台商投资企业	21	3603	-14.4	1038	-12.1
#轻工业	3501	685261	11.8	179850	5.8
重工业	4656	906205	10.2	259124	13.5
城乡个体	**126361**	**3303002**	**10.1**	**945359**	**9.7**
#轻工业	101850	2509670	17.4	717377	21.2
重工业	24511	793332	7.9	227982	-15.6

注：1.本表工业总产出、总产值、增加值按当年价格计算。

2.国有及限额以上工业是指全部国有及年产品销售收入500万元及以上非国有工业企业(下同)。

3.限额以下工业是指限额以下企业(年销售收入500万元以下的非国有工业企业和非工业法人单位附营的工业产业活动单位)以及城乡个体工业(下同)。

11-6 各县(市、区)工业企业单位数

(2002年)　　单位:个

	总计	国有及国有控股企业	集体工业	城乡个体工业	轻工业	重工业	大型企业	中型企业	小型企业
全　市	**135407**	**300**	**3419**	**126361**	**105847**	**29560**	**29**	**64**	**135314**
市　直	199	88	55		77	122	21	20	158
宛城区	4854	7	347	4315	3188	1666		2	4852
卧龙区	8181	11	301	7709	3711	4470		4	8177
南召县	10855	15	246	10454	8323	2532			10855
方城县	8756	24	154	8126	5948	2808		5	8751
西峡县	10313	17	81	9728	9290	1023	1	4	10308
镇平县	32630	10	342	31853	31092	1538	1	3	32626
内乡县	7227	17	485	6387	4595	2632		2	7225
淅川县	10478	26	169	9915	9120	1358	2	7	10469
社旗县	5813	12	128	5391	4208	1605	1	1	5811
唐河县	9528	14	255	8540	6628	2900		3	9525
新野县	5575	31	362	4440	4259	1316	3	2	5570
桐柏县	7813	5	201	7267	4717	3096		3	7810
邓州市	13185	23	293	12236	10691	2494		8	13177

11-7 各县(市、区)工业总产值及指数

(2002年)　　单位:万元

	总产值	国有及国有控股企业	集体工业	城乡个体工业	轻工业	重工业	大型企业	中型企业	总产值指数(上年=100)
全　市	**8135081**	**1767912**	**1480389**	**3303002**	**4682024**	**3453057**	**1258931**	**423068**	**111.3**
市　直	1299175	1075950	29716		417584	881591	1046092	123042	108.5
宛城区	328307	11526	110804	154110	182726	145581		3596	111.6
卧龙区	443857	3535	143480	224866	154699	289158		12691	107.2
南召县	385929	15385	108617	223622	179593	206336		26732	111.0
方城县	324562	43865	55133	128704	168895	155667	45391	17658	111.0
西峡县	391310	76865	43998	148123	234739	156571	21075	12513	114.4
镇平县	1378083	11408	313842	853942	1135441	242642		19144	111.2
内乡县	390578	51527	114728	146525	178171	212407			115.6
淅川县	488695	129001	44090	232498	265696	222999	31476	99777	114.3
社旗县	158987	19431	28068	75083	112335	46652	13307	3499	114.0
唐河县	641460	32862	105620	371861	408506	232954		13243	105.4
新野县	725637	164300	164785	173466	530322	195315	101590	5918	114.6
桐柏县	365260	25311	88405	166222	135549	229711		15822	118.9
邓州市	813241	106946	129103	403976	577768	235473		69434	113.0

注:本表绝对数按当年价格计算,指数按可比价格计算。

11-8 各县(市、区)全部工业增加值

(2002年)

	全部工业			国有及限额以上		限额以下企业		城乡个体	
	增加值(万元)	比上年增长(%)	增加值率(%)	增加值(万元)	增加值率(%)	增加值(万元)	增加值率(%)	增加值(万元)	增加值率(%)
全市	**2497280**	**9.9**	**30.7**	**1112947**	**34.3**	**438974**	**27.6**	**945359**	**28.6**
市直	548038	1.3	42.2	545700	42.3	2339	25.2		
宛城区	90195	11.6	27.5	15378	26.2	32450	28.1	42367	27.5
卧龙区	123361	9.0	27.5	30918	28.0	30298	27.9	62145	27.6
南召县	110518	9.0	28.6	27032	29.4	19723	28.0	63763	28.5
方城县	89511	10.3	27.6	32600	29.5	23028	27.0	33883	26.3
西峡县	114682	13.8	29.3	51316	32.0	22654	27.4	40712	27.5
镇平县	402505	11.7	29.2	94073	28.3	55167	28.8	253265	29.7
内乡县	126663	12.8	32.4	27722	30.8	44119	28.6	54822	37.4
淅川县	144734	13.5	29.6	51221	32.4	28176	28.7	65337	28.1
社旗县	44582	11.7	28.0	14377	31.1	10174	27.0	20031	26.7
唐河县	177249	7.7	27.6	34587	28.2	39722	27.0	102940	27.7
新野县	201132	12.8	27.7	89525	27.4	59020	26.2	52587	30.3
桐柏县	102748	17.3	28.1	27715	29.8	29337	27.7	45696	27.5
邓州市	221361	11.2	27.2	70783	28.4	42767	26.8	107811	26.7

注:本表按当年价格计算。

11-9 全部国有及限额以上工业企业单位数、总产值、增加值及销售产值

(2002年)

	单位数(个)	工业总产值(万元)	工业总产值指数(上年=100)	工业增加值(万元)	工业销售产值(万元)
总计	**889**	**3240613**	**112.8**	**1112947**	**3193126**
#国有及国有控股企业	230	1759580	109.5	668447	1735812
集体企业	389	839034	116.2	231600	820321
私营企业	161	276251	138.9	74998	273338
港澳台商投资企业	23	48764	105.1	13841	46878
外商投资企业	15	101877	112.3	38157	100694
#轻工业	496	1487093	114.5	431377	1455186
以农产品为原料	395	1183547	112.9	342989	1159472
以非农产品为原料	101	303546	121.4	88388	295715
重工业	393	1753520	111.4	681570	1737940
采掘业	51	526914	100.8	267500	531171
原料工业	95	524647	115.8	222755	521002
加工工业	247	701959	117.4	191315	685767
#大型企业	29	1258931	106.3	525854	1247978
中型企业	64	423068	115.9	141800	414493
小型企业	796	1558614	117.8	445292	1530656

注:本表产值按当年价格计算,指数按可比价格计算。

11－10 全部国有及限额以上工业企业分行业单位数、总产值、增加值及销售产值

（2002 年）

	单位数（个）	工业总产值（万元）	工业总产值指数（上年＝100）	工业增加值（万元）	工业销售产值（万元）
总计	**889**	**3240613**	**112.8**	**1112947**	**3193126**
煤炭采选业					
石油和天然气开采业	2	386057	96.6	227233	390189
黑色金属矿采选业	4	7845	114.2	1942	7713
有色金属矿采选业	17	47702	109.4	14585	49382
非金属矿采选业	27	84296	118.1	23434	82863
其他矿采选业	1	1014	120.8	306	1024
木材及竹材采运业					
食品加工业	157	313713	114.9	69993	307011
食品制造业	21	31726	115.0	8300	31355
饮料制造业	18	92946	95.8	32472	89307
烟草加工业	4	96166	94.7	53634	96991
纺 织 业	84	393992	118.0	99857	384631
服装及其他纤维制品业	15	19466	111.4	4968	19545
皮革毛皮羽绒及其制品业	10	15072	124.0	3997	15179
木材加工及竹藤棕草业	14	15992	130.3	4417	15631
家具制造业	5	9750	111.3	2833	9626
造纸及纸制品业	28	85124	133.3	25020	83150
印刷业，记录媒介的复制	18	17321	118.8	5269	16720
文教体育用品制造业	2	5669	124.3	1417	5654
石油加工及炼焦业	7	17337	98.3	6408	16901
化学原料及化学制品业	50	216655	125.5	62671	214141
医药制造业	20	124086	124.8	38141	121850
化学纤维制造业	2	6937	110.3	2275	6727
橡胶制品业	5	7517	116.6	2144	7459
塑料制品业	23	41089	139.2	11091	40192
非金属矿物制品业	143	326049	112.1	99071	317557
黑色金属冶炼及压延业	8	61445	163.7	16935	61060
有色金属冶炼及压延业	4	4821	129.6	1128	5479
金属制品业	23	20541	107.3	5554	19723
普通机械制造业	23	68936	121.0	19772	67595
专用设备制造业	22	33573	107.4	10318	33121
交通运输设备制造业	25	79519	114.2	20400	76573
武器弹药制造业	8	92713	127.8	14463	87094
电气机械及器材制造业	19	56529	106.7	16273	56232
电子及通信设备制造业	3	33799	86.2	12420	34756
仪器仪表及办公用机械业	5	5061	115.7	1199	5061
其他制造业	40	103140	109.8	32289	101001
电力蒸汽热水生产供应业	18	305064	112.8	155480	304581
煤气生产和供应业	1	595	141.9	181	595
自来水的生产和供应业	13	11355	137.0	5058	9458

注：本表产值按当年价格计算，指数按可比价格计算。

11－11 各县(市、区)全部国有及限额以上工业企业单位数

(2002 年底)

单位:个

	合计	国有及国有控股企业	集体企业	私营企业	外商及港澳台投资企业	轻工业	重工业	大型企业	中型企业	小型企业
总计	**889**	**230**	**389**	**161**	**38**	**496**	**393**	**29**	**64**	**796**
宛城区	36	7	27			24	12		2	34
卧龙区	65	3	49	7	4	28	37		4	61
南召县	42	10	23	1	4	20	22			42
方城县	53	15	18	17	2	29	24		5	48
西峡县	50	13	10	18		18	32	1	4	45
镇平县	98	7	61	20	4	57	41	1	3	94
内乡县	40	16	10	7	2	22	18		2	38
淅川县	39	17	8	4		19	20	2	7	30
社旗县	32	11	13	5		27	5	1	1	30
唐河县	69	13	37	14	2	46	23		3	66
新野县	125	15	53	42	4	97	28	3	2	120
桐柏县	40	4	25	6	2	15	25		3	37
邓州市	87	20	37	18	5	56	31		8	79
市直	70	60	4		5	26	44	10	16	44
高新区	14	7	2	2	3	6	8	2	1	11
两属	29	12	12		1	6	23	9	3	17

11－12 各县(市、区)全部国有及限额以上工业总产值

(2002 年)

单位:万元

	总产值	国有及国有控股企业	集体企业	私营企业	外商及港澳台投资企业	轻工业	重工业	大型企业	中型企业	小型企业
总计	**3240613**	**1759580**	**839034**	**276251**	**150642**	**1487093**	**1753520**	**1258931**	**423068**	**1558614**
宛城区	58662	11526	45393			39919	18743		3596	55066
卧龙区	110372	2986	73462	16417	14257	54693	55679		12691	97681
南召县	91889	14515	61515		6836	31536	60353			91889
方城县	110544	43244	33424	23240	942	51648	58896		26732	83812
西峡县	160515	76136	34103	34256		68453	92063	45391	17658	97466
镇平县	332681	11111	231816	72882	8670	196649	136032	21075	12513	299093
内乡县	89879	51459	23828	6070	6422	41564	48315		19144	70735
淅川县	157926	127439	12547	2157		30958	126968	31476	99777	26673
社旗县	46262	19431	13478	5998		36816	9446	13307	3499	29457
唐河县	122523	32862	63783	14503	8355	79212	43311		13243	109280
新野县	326923	162852	88996	61348	3308	264200	62723	101590	5918	219415
桐柏县	93037	25073	52306	7540	6350	26162	66876		15822	77215
邓州市	249511	106764	76744	30604	10864	148187	101324		69434	180078
市直	504246	489491	3817		19714	314840	189406	366454	70551	67242
高新区	38473	27018	1582	1237	18826	12355	26118	7130	4493	26850
两属	747170	557674	22243		46097	89902	657268	672509	47998	26663

注:本表按当年价格计算。

11—13 各县(市、区)全部国有及限额以上工业总产值指数

(2002 年)

单位:%

	合计	国有及国有控股企业	集体企业	私营企业	外商及港澳台投资企业	轻工业	重工业	大型企业	中型企业	小型企业
总计	**112.8**	**109.5**	**116.2**	**138.9**	**109.9**	**114.5**	**111.4**	**106.3**	**115.9**	**117.8**
宛城区	118.0	131.9	114.7			117.1	119.9		124.8	116.0
卧龙区	113.2	70.9	107.6	131.5	133.4	112.0	114.3		88.6	115.8
南召县	109.9	111.4	109.5		114.3	113.6	108.1			108.4
方城县	113.5	113.1	105.4	134.2	43.0	113.7	113.3		110.0	113.1
西峡县	119.9	118.4	117.8	126.3		113.5	125.3	116.0	130.6	118.5
镇平县	118.0	101.3	116.6	126.6	112.5	118.4	117.3	108.5	112.5	117.3
内乡县	115.0	116.2	119.0	113.1	103.5	104.0	126.5		131.3	109.8
淅川县	116.7	121.6	94.9	91.0		103.5	120.4	105.3	128.2	95.1
社旗县	119.7	106.1	128.3	179.3		119.8	119.2	107.2	140.3	122.4
唐河县	111.7	101.4	119.6	119.8	109.5	110.9	113.2		107.2	110.8
新野县	115.8	99.5	121.9	194.2	115.1	115.3	118.2	93.6	85.7	129.7
桐柏县	118.7	105.8	134.6	188.0	91.0	124.0	116.7		83.6	128.1
邓州市	115.4	110.6	117.3	125.2	107.3	112.4	120.1		108.4	116.8
市直	116.4	116.8	103.6		126.8	114.4	119.9	114.4	139.4	106.9
高新区	107.5	110.8	80.4	109.6	121.8	92.1	116.7	101.9	128.7	104.7
两属	103.7	103.2	118.8		100.8	122.6	101.5	103.8	100.9	104.3

注:本表按可比价格计算。

11—14 各县(市、区)全部国有及限额以上工业销售产值

(2002 年)

单位:万元

	合计	国有及国有控股企业	集体企业	私营企业	外商及港澳台投资企业	轻工业	重工业	大型企业	中型企业	小型企业
总计	**3193126**	**1735812**	**820321**	**273338**	**147571**	**1455186**	**1737940**	**1247978**	**414493**	**1530656**
宛城区	59019	11807	45524			40006	19013		3488	55531
卧龙区	107343	2890	71583	16050	13632	53062	54281		12204	95139
南召县	89248	14053	57588		7154	29276	59972			89248
方城县	109321	42354	33280	23431	921	51165	58156		26311	83010
西峡县	158165	75923	33580	32561		68394	89771	45584	17547	95034
镇平县	329837	10534	229014	73010	8859	193529	136308	20433	12026	297379
内乡县	88301	50627	22751	6377	5631	40146	48155		19929	68372
淅川县	155990	125682	12168	2460		30223	125767	30934	98740	26316
社旗县	45113	18909	13668	5798		35786	9326	12915	3499	28699
唐河县	119819	31925	63006	14230	8126	76859	42961		12877	106943
新野县	321562	159425	87215	61225	3308	259136	62427	99075	5717	216770
桐柏县	91948	26412	50238	7294	6272	25612	66337		15899	76049
邓州市	244091	104536	74703	29829	10654	144349	99742		68026	176065
市直	492066	478500	3745		18388	306644	185422	361655	65743	64668
高新区	38372	27058	1755	1075	18530	12713	25659	7093	4585	26694
两属	742932	555179	20505		46097	88288	654644	670289	47904	24739

注:本表按当年价格计算。

11—15 各县(市、区)全部国有及限额以上工业增加值

(2002 年)

单位:万元

	合 计	国有及国有控股企业	集体企业	私营企业	外商及港澳台投资企业	轻工业	重工业	大型企业	中型企业	小型企业
总 计	**1112947**	**668447**	**231600**	**74998**	**51998**	**431377**	**681570**	**525855**	**141800**	**445292**
宛城区	15378	3231	11785			10242	5136		1088	14290
卧龙区	30918	761	20676	5133	3299	14329	16589		3530	27388
南召县	27032	5307	17149		1981	8494	18538			27032
方城县	32600	14596	9031	6207	206	14212	18387		10054	22545
西峡县	51316	26572	10069	9839		23869	27447	17026	4816	29474
镇平县	94073	5176	64395	19586	2660	52487	41586	6647	4666	82760
内乡县	27722	16851	7232	1803	1403	11266	16457		5452	22270
淅川县	51221	42011	3728	593		8555	42665	8195	35191	7834
社旗县	14377	7253	3416	1410		10810	3567	4699	977	8702
唐河县	34587	10375	17015	3675	2178	19303	15284		3841	30746
新野县	89525	47126	22907	15694	851	67625	21900	26602	1433	61490
桐柏县	27715	8748	14345	1933	2194	7289	20426		4662	23054
邓州市	70783	31533	21197	8723	2614	38837	31946		21258	49525
市 直	179611	174976	1134		6233	114497	65113	137500	20152	21959
高新区	11321	8013	346	402	5709	2766	8556	1940	1713	7668
两 属	354767	265919	7175		22670	26796	327972	323244	22967	8556

注:本表按当年价格计算。

11—16 各县(市、区)全部国有及限额以上工业增加值率

(2002 年)

单位:万元

	合 计	国有及国有控股企业	集体企业	私营企业	外商及港澳台投资企业	轻工业	重工业	大型企业	中型企业	小型企业
总 计	**34.3**	**38.0**	**27.6**	**27.2**	**34.5**	**29.0**	**38.9**	**41.8**	**33.5**	**28.6**
宛城区	26.2	28.0	26.0			25.7	27.4		30.3	26.0
卧龙区	28.0	25.5	28.2	31.3	23.1	26.2	29.8		27.8	28.0
南召县	29.4	36.6	27.9		29.0	26.9	30.7			29.4
方城县	29.5	33.8	27.0	26.7	21.8	27.5	31.2		37.6	26.9
西峡县	32.0	34.9	29.5	28.7		34.9	29.8	37.5	27.3	30.2
镇平县	28.3	46.6	27.8	26.9	30.7	26.7	30.6	31.5	37.3	27.7
内乡县	30.8	32.8	30.4	29.7	21.8	27.1	34.1		28.5	31.5
淅川县	32.4	33.0	29.7	27.5		27.6	33.6	26.0	35.3	29.4
社旗县	31.1	37.3	25.4	23.5		29.4	37.8	35.3	27.9	29.5
唐河县	28.2	31.6	26.7	25.3	26.1	24.4	35.3		29.0	28.1
新野县	27.4	28.9	25.7	25.6	25.7	25.6	34.9	26.2	24.2	28.0
桐柏县	29.8	34.9	27.4	25.6	34.6	27.9	30.5		29.5	29.9
邓州市	28.4	29.5	27.6	28.5	24.1	26.2	31.5		30.6	27.5
市 直	35.6	35.8	29.7		31.6	36.4	34.4	37.5	28.6	32.7
高新区	29.4	29.7	21.8	32.5	30.3	22.4	32.8	27.2	38.1	28.6
两 属	47.5	47.7	32.3		49.2	29.8	49.9	48.1	47.9	32.1

11－17 国有及国有控股工业企业分行业单位数、总产值、增加值及销售产值

（2002 年）

行业	单位数（个）	工业总产值（万元）	工业总产值指数（上年＝100）	工业增加值（万元）	工业销售产值（万元）
总计	**230**	**1759580**	**109.5**	**668447**	**1735812**
煤炭采选业					
石油和天然气开采业	2	386057	96.6	227233	390189
黑色金属矿采选业					
有色金属矿采选业	8	33926	114.2	10348	34520
非金属矿采选业	5	12479	103.8	3549	12785
其他矿采选业					
木材及竹材采运业					
食品加工业	30	77793	97.3	16841	75422
食品制造业	2	418	83.6	114	419
饮料制造业	7	76664	96.0	27040	73134
烟草加工业	3	93711	94.5	52907	94586
纺织业	13	248352	112.6	63006	242951
服装及其他纤维制品业	2	685	136.8	174	653
皮革毛皮羽绒及其制品业	1	673	106.4	179	673
木材加工及竹藤棕草业	1	601	94.5	164	525
家具制造业					
造纸及纸制品业	6	28410	108.9	8373	27319
印刷业，记录媒介的复制	6	4427	110.1	1347	3735
文教体育用品制造业					
石油加工及炼焦业					
化学原料及化学制品业	22	153473	130.9	45029	152190
医药制造业	10	103549	125.4	32204	102284
化学纤维制造业	1	6690	111.5	2202	6480
橡胶制品业	2	943	96.5	255	851
塑料制品业	1	2054	105.1	400	1973
非金属矿物制品业	24	68940	115.1	22127	65575
黑色金属冶炼及压延业	2	49334	141.5	13039	48801
有色金属冶炼及压延业					
金属制品业	2	19	32.0	5	20
普通机械制造业	5	21771	119.1	6512	20456
专用设备制造业	11	20757	112.6	6424	20352
交通运输设备制造业	12	53668	114.4	13644	51204
武器弹药制造业	8	92713	127.8	14463	87094
电气机械及器材制造业	8	42577	112.0	12698	43250
电子及通信设备制造业	3	33799	86.2	12420	34756
仪器仪表及办公用机械业	3	698	93.3	165	675
其他制造业	3	1736	117.8	548	2237
电力蒸汽热水生产供应业	15	135052	124.2	71868	134926
煤气生产和供应业	1	595	141.9	181	595
自来水的生产和供应业	11	7015	130.1	2988	5186

11－18 限额以上集体工业企业分行业单位数、总产值、增加值及销售产值

（2002 年）

行业	单位数（个）	工业总产值（万元）	工业总产值指数（上年＝100）	工业增加值（万元）	工业销售产值（万元）
总计	**389**	**839034**	**116.2**	**231600**	**820321**
煤炭采选业					
石油和天然气开采业					
黑色金属矿采选业	4	7845	114.2	1942	7713
有色金属矿采选业	7	7905	96.5	2418	7532
非金属矿采选业	20	60413	124.1	16562	59032
其他矿采选业					
木材及竹材采运业					
食品加工业	67	132367	115.5	29865	129571
食品制造业	9	11437	129.3	2832	11252
饮料制造业	4	5037	124.0	1575	4963
烟草加工业	1	2454	102.4	727	2406
纺织业	50	107328	118.1	27198	103447
服装及其他纤维制品业	7	8592	101.1	2201	8142
皮革毛皮羽绒及其制品业	1	600	33.5	181	588
木材加工及竹藤棕草业	5	8910	147.2	2470	8794
家具制造业					
造纸及纸制品业	16	33320	114.6	9710	32486
印刷业，记录媒介的复制	7	9318	132.8	2835	9424
文教体育用品制造业	2	5669	124.3	1417	5654
石油加工及炼焦业	7	17337	98.3	6408	16901
化学原料及化学制品业	16	34019	108.6	9434	33064
医药制造业	5	13985	135.0	3634	13645
化学纤维制造业	1	247	84.5	73	247
橡胶制品业	2	1932	102.8	543	1875
塑料制品业	12	27352	151.1	7479	26577
非金属矿物制品业	65	170823	115.8	50545	168245
黑色金属冶炼及压延业	3	1287	112.5	370	1280
有色金属冶炼及压延业	3	3523	122.0	819	4203
金属制品业	15	14896	127.0	4030	14045
普通机械制造业	15	40825	118.4	11504	41015
专用设备制造业	5	4126	95.4	1362	4235
交通运输设备制造业	10	18821	101.0	4925	18332
武器弹药制造业					
电气机械及器材制造业	6	8713	107.4	2145	8206
电子及通信设备制造业					
仪器仪表及办公用机械业	1	828	96.5	196	812
其他制造业	21	71598	110.2	22518	69464
电力蒸汽热水生产供应业	1	6131	104.2	3015	5774
煤气生产和供应业					
自来水的生产和供应业	1	1400	258.6	668	1400

11—19 主 要 工 业

	单 位	1952年	1957年	1965年	1970年
电风扇	台				
纱	吨			199	167
布	万米	5	534	109	296
#化纤布	万米				
丝	吨				
丝织品	万米	11	76	177	
皮鞋	万双				
卷烟	万箱	3	2	4	7
饮料酒	吨	450	1310	4579	9343
#啤酒	吨				
机制纸	吨			899	1809
日用陶瓷	万件	92	186		
塑料制品	吨				
灯泡	万只				24
肥皂	吨	338	597	145	778
原油	万吨				
天然汽	万立方米				
发电量	万千瓦时	6	151	2415	4877
铁矿石	吨				66080
生铁	吨	202	583		713
钢	吨				
硫酸	吨				
烧碱	吨				17
合成氨	吨				
化肥	吨				22964
氮肥	吨				
磷肥	吨				
油漆	吨				
水泥	万吨			1	5
交流电动机	万千瓦				3
汽车	辆				35
酒精	吨	431	2399	3518	8303
脱粒机	台				
机砖	万块	1229	905	2250	
家具	万件				
铁合金	吨				
大理石板	平方米				
服装	万件				

产　品　产　量

1978年	1980年	1985年	1990年	1995年	2000年	2001年	2002年
10500	32647	79000	87230				
44800	5968	13410	25271	52210	94455	111584	136482
2157	2986	3898	6232	13275	13643	15722	18424
134	258	225	381	1358	478	417	400
29	34	23	60	557	871	590	716
317	391	545	522	725	971	355	722
21		37	23	114	4		3
13	21	39	39	44	40	39	34
24210	33486	72178	88671	121828	78394	98620	83214
		7657	17394	27061	38526	60048	55048
3944	5800	17726	29106	120052	76469	85997	99763
576	574	276	277	1095			
1939	3476	6544	9880	29884	23321	23930	39173
	283	543	203	5600	3		
716	1945	2608	3303	2262			
167	231	243	252	192	185	186	188
		4389	3781	3560	5332	9003	11000
12723	9900	11478	16225	10089	461180	513225	535101
185941	155527		159438	324091	186654	181773	214200
38890	46597	54453	126461	186152	47864	57798	196700
2950	2161	4334	3735	5166			
1597	2413	4049	15469	23241	13436	11644	23380
1577	3316	7078	10666	25954	28877	33742	50363
36556	67654	90542	185595	225831	154686	182601	189300
126436	46524	62894	159315	195904	136346	157851	208098
109618	45503	61258	132420	171252	116122	134091	177826
16818	1021	16363	26895	24652	18044	21111	26918
421	752	1455	4284	33166	26373	22746	19539
24	28	73	106	285	417	496	544
17	17	36	50	48	93	110	147
20	170	620	79	39			
16257	18092	30744	66090	105938	76082	94751	90419
862	2718	8600	5852				
61327	71433	153212	85982	1010662	126929	137896	164603
		23	29	33	3	4	3
636	308	4535	12705	16067	9047	16270	27853
9220	11246		176963	6792340	4082809	2842433	1741066
			181	865	621	870	787

11－20 各县（市、区）主要

（2002

	原油（万吨）	铁矿石（吨）	饮料酒（吨）	啤酒（吨）	酒精（吨）	卷烟（箱）
总计	**188**	**214200**	**83214**	**55048**	**90419**	**338453**
宛城区						
卧龙区			812			
南召县						
方城县			3852			
西峡县			2163			
镇平县						
内乡县			192			
淅川县			275			
社旗县			6753		16647	
唐河县			1450			
新野县			1825		22467	
桐柏县		214200	3478			
邓州市			2001			6447
市直			60413	55048	51305	332006
高新区						
两属	188					

11－20 续表

（2002

	烧碱（吨）	合成氨（吨）	化肥（折纯吨）	氮肥（折纯吨）	磷肥（折纯吨）	油漆（吨）
总计	**50363**	**189300**	**208098**	**177826**	**26918**	**19539**
宛城区						
卧龙区						13700
南召县						
方城县		34454	38793	24174	14619	
西峡县						
镇平县						3331
内乡县		42008	31883	31883		
淅川县	8677	30160	20630	20630		
社旗县		20304	13931	13931		
唐河县						
新野县						
桐柏县						
邓州市		26596	77546	61893	12299	2508
市直	41686	35777	25316	25316		
高新区						
两属						

工 业 产 品 产 量

年）

纱 （吨）	布 （万米）	化纤布 （万米）	丝 （吨）	丝织品 （万米）	服装 （万件）	家俱 （件）	机制纸 （吨）	硫酸 （吨）
136482	**18424**	**400**	**716**	**722**	**787**	**30630**	**99763**	**23380**
1373					41			
165	400	400			116	23616		
			716		172			
							6035	
							2863	
					146	4743		
					5		36810	
					58			
710							7536	
5873	386							
67338	9109				8			
								11975
13619	619				4	2271	46519	
47404	7910			722				11405
					238			

年）

塑料制品 （吨）	水泥 （万吨）	砖 （万块）	大理石板材 （平方米）	生铁 （吨）	铁合金 （吨）	交流电动机 （万千瓦）	发电量 （万千瓦时）	天然气 （万立方米）
39173	**544**	**164603**	**1741066**	**196700**	**27853**	**147**	**535101**	**11000**
	17	8400						
	12	52900	131460					
	5		1103665					
351	31	20360						
	22		103000				135	
50	20	1161	300498				12190	
	38		102443				1169	
	63	832			27853		2140	
1870								
11033	62							
3088	35	44176						
11469	10	17079		62000				
10612	98	14695						
616	131	5000		134700		147	23247	
83							496220	11000

11-21 全部国有及限额以上工业企业主要经济指标

（2002年）

单位：万元

指标	合计	国有及国有控股企业	集体企业	私营企业	外商及港澳台投资企业	轻工业	重工业	大型企业	中型企业	小型企业
企业单位数(个)	889	230	389	161	38	496	393	29	64	796
#亏损企业	60	43	8	2	4	26	34	6	13	41
平均从业人员(人)	269532	160299	68736	18659	8753	117366	152166	86348	41685	141499
工业总产值(现价)	3240613	1759580	839034	276251	150642	1487093	1753520	1258931	423068	1558614
#新产品产值	312619	259201	23618	13699	12326	163682	148937	195667	51327	65625
工业增加值(生产法)	1112947	668447	231600	74998	51998	431377	681570	525855	141800	445292
工业销售产值	3193126	1735812	820321	273338	147571	1455186	1737940	1247978	414493	1530656
#出口交货值	124477	83785	25725	3694	13126	98058	26419	72803	12838	38836
资产总计	4596072	3210601	546009	112035	217405	1426732	3169340	2661971	693751	1240350
流动资产合计	1830422	1329667	301543	57040	65282	738056	1092366	927016	280066	623340
#应收帐款净额	446546	305512	75243	18110	19232	139127	307419	232488	66109	147950
#存货	569146	396946	109903	17637	21409	306057	263089	255627	95894	217625
#产成品	264039	163866	70134	9124	12212	140681	123358	85651	48421	129968
流动资产年平均余额	1801441	1319480	280845	59274	64971	707792	1093649	926007	276073	599361
固定资产合计	2526794	1722729	200721	43798	143528	591342	1935452	1633508	364904	528382
固定资产原价	2939497	1866266	257115	50865	196974	737610	2201888	1771557	494086	673855
#生产经营用	2584371	1620784	215251	44667	148907	618512	1965859	1657857	373075	553439
累计折旧	902932	610723	74170	8885	55509	220962	681971	564132	149005	189795
#本年折旧	139013	69471	12454	2246	13221	29988	109024	81630	27064	30319
固定资产净值	2036565	1255542	182945	41980	141465	516648	1519917	1207425	345080	484060
固定资产净值年平均余额	2004233	1180600	195235	41399	141189	509518	1494715	1208848	320334	475051
无形及递延资产合计	114837	73260	23395	2389	6215	54791	60046	46799	30215	37822
#无形资产	83713	57892	15408	1277	5827	46220	37494	31225	25559	26929
负债合计	3023516	2051362	369248	65947	140063	1065494	1958022	1642916	504236	876364
#流动负债	1987626	1443300	292466	50692	93595	854037	1133589	916222	375633	695770
长期负债	1035357	608029	76283	15255	46467	211033	824324	726694	128603	180061
流动负债年平均余额	1898260	1391005	280298	37029	86996	808713	1089547	897235	353172	647853

11－21 续表　　　　　　　　　　　(2002 年)　　　　　　　　　　　单位:万元

指标	合计	国有及国有控股企业	集体企业	私营企业	外商及港澳台投资企业	轻工业	重工业	大型企业	中型企业	小型企业
所有者权益合计	1572556	1159239	176761	46088	77342	361239	1211318	1019055	189515	363987
#实收资本	900814	563203	126011	35203	82746	272768	628046	463837	157321	279655
#国家资本	282862	270533	3246		8976	140404	142458	120544	84783	77535
集体资本	87122	1927	71859	5909	2647	49851	37272	9970	12204	64949
法人资本	401697	267155	23211	6459	20956	34934	366763	323691	18103	59903
港澳台资本	7251	540	145	43	6914	2792	4459			7251
产品销售收入	3097587	1781600	745787	231159	136712	1355435	1742152	1321025	357522	1419040
#产品销售成本	2456164	1381461	622723	187720	107825	1095901	1360263	968555	304158	1183450
产品销售费用	108189	43939	38527	12920	5301	57312	50877	30209	8659	69321
产品销售税金及附加	63821	54582	4782	1970	435	47375	16445	52236	1244	10341
产品销售利润	469382	301588	79755	28550	23151	154846	314536	270025	43430	155927
管理费用	249748	200545	27409	7088	6244	61243	188505	168749	18185	62814
#税金	5897	3472	1450	585	50	2519	3378	2553	634	2710
财产保险费	4816	4159	395	103	67	1897	2919	3033	647	1136
劳动待业保险费	28251	26646	969	63	164	7050	21201	22658	1807	3787
财务费用	90152	38370	15832	4517	8913	32190	57962	45814	15473	28865
#利息支出	84606	37562	12863	3398	8746	29962	54644	45517	14898	24191
营业利润	138417	68313	38477	17054	8500	66103	72314	57148	10902	70367
利润总额	135841	65184	36633	15597	9295	64127	71714	58953	13114	63774
#应交所得税	43077	27183	6776	4316	1111	20718	22359	25179	2779	15119
应付利润	26982	13285	7045	2515	4829	7856	19125	12536	4316	10130
亏损企业的亏损总额	12432	10631	560	20	379	3346	9086	4645	3030	4757
税利总额	363331	214072	72009	27382	18754	174625	188705	198512	33285	131534
本年应交增值税	157772	90835	29143	9231	8974	60604	97169	84770	18293	54709
本年销项税额	408814	274473	66266	21411	16374	167004	241810	223630	47977	137207
本年进项税额	290101	222428	38214	11824	7804	108610	181491	175799	29533	84770
本年应付工资额	203784	146443	35411	9050	7255	75362	128422	100185	24796	78803
本年应付福利费	26355	19621	4233	926	1018	10592	15763	14136	3052	9167

11—22 全部国有及限额以上工业

(2002

行业	企业单位数(个)	资产总计	流动资产合计	流动资产年平均余额	固定资产合计	固定资产原价	固定资产净值年平均余额	所有者权益
总计	**889**	**4596072**	**1830422**	**1801441**	**2526794**	**2939497**	**2004233**	**1572556**
一、总计中:(按轻重工分)								
轻工业	496	1426732	738056	707792	591342	737610	509518	361239
以农产品为原料	395	1106272	589469	565654	440656	527756	374884	241267
以非农产品为原料	101	320461	148587	142138	150686	209854	134634	119971
重工业	393	3169340	1092366	1093649	1935452	2201888	1494715	1211318
采掘工业	51	1077116	360357	376687	685315	526624	323831	659022
原料工业	95	1287425	293112	299224	943215	1230040	890245	298365
加工工业	247	804798	438897	417738	306921	445224	280639	253931
二、总计中:(按规模分组)								
大型企业	29	2661971	927016	926007	1633508	1771557	1208848	1019055
中型企业	64	693751	280066	276073	364904	494086	320334	189515
小型企业	796	1240350	623340	599361	528382	673855	475051	363987
三、按国民经济行业分								
煤炭采选业								
石油和天然气开采业	2	906669	295805	308514	586863	407311	240117	596612
黑色金属矿采选业	4	1562	813	804	705	834	751	499
有色金属矿采选业	17	64032	25736	24916	36353	49272	32549	15775
非金属矿采选业	27	104335	37805	42329	61076	68850	50095	45880
其他矿采选业	1	519	199	125	320	358	320	256
木材及竹材采运业								
食品加工业	157	140413	65844	66820	65271	73524	67131	17426
食品制造业	21	20130	9145	8030	9471	11223	8734	7438
饮料制造业	18	128275	72909	66976	44876	68911	43393	16130
烟草加工业	4	147094	91737	88819	53561	51066	28794	22086
纺织业	84	431661	227166	219001	179248	210287	149620	113461
服装及其他纤维制品业	15	12485	6983	7160	4564	5858	4002	1544
皮革毛皮羽绒及其制品业	10	12672	5407	5653	6320	5913	5429	1875
木材加工及竹藤棕草业	14	8518	3829	3952	4196	4961	3965	5323
家具制造业	5	3073	1306	1266	1729	2150	1577	1459
造纸及纸制品业	28	93033	39780	37645	42900	49446	36372	24641
印刷业,记录媒介的复制	18	16933	9459	9193	6176	9382	5211	3062
文教体育用品制造业	2	2630	1457	943	1129	1225	1250	1906
石油加工及炼焦业	7	24719	14393	15065	5583	11902	5478	15112
化学原料及化学制品业	50	218922	108757	99867	96592	140891	86882	90424
医药制造业	20	156320	69657	63873	71755	91291	58984	49142
化学纤维制造业	2	12547	3631	3404	5787	8077	4258	3824
橡胶制品业	5	4357	2574	2906	1755	2466	2148	451
塑料制品业	23	27410	14500	11539	9399	14085	9365	11598
非金属矿物制品业	143	292320	135362	120196	127647	153763	110938	92297
黑色金属冶炼及压延业	8	74721	45049	54173	27150	42278	16314	11014
有色金属冶炼及压延业	4	4103	1772	1868	2217	2791	2200	1635
金属制品业	23	13358	8191	7750	3843	6335	3950	2966
普通机械制造业	23	57306	36905	37023	17609	27188	15910	17684
专用设备制造业	22	62620	33619	33285	24767	32749	23698	16779
交通运输设备制造业	25	125923	64558	62763	49151	68993	45182	21259
武器弹药制造业	8	174685	88459	84178	75678	127821	72325	81508
电气机械及器材制造业	19	80817	49109	47931	22436	35540	20111	18671
电子及通信设备制造业	3	111857	69420	63817	36189	53226	32661	33876
仪器仪表及办公用机械业	5	2173	1844	1887	302	435	1151	-535
其他制造业	40	52567	36532	37370	13328	19649	13968	11608
电力蒸汽热水生产供应业	18	973237	143452	153023	806440	1052604	780995	201449
煤气生产和供应业	1	10869	1901	2043	8797	6764	4510	2363
自来水的生产和供应业	13	21211	5363	5338	15615	20081	13897	14063

企业分行业主要经济指标

年）

单位:万元

实收资本	流动负债合计	长期负债合计	产品销售收入	产品销售费用	产品销售税金及附加	产品销售利润	利润总额	利税总额	从业人员数（人）
900814	**1987626**	**1035357**	**3097587**	**108189**	**63821**	**469382**	**135841**	**363331**	**269532**
272768	854037	211033	1355435	57312	47375	154846	64127	174625	117366
190384	695199	169381	1068502	46802	46145	108801	42534	138966	92626
82384	158837	41652	286933	10510	1231	46045	21593	35659	24740
628046	1133589	824324	1742152	50877	16445	314536	71714	188705	152166
189359	349661	68434	595199	4337	10320	153285	28967	74500	44912
222883	331460	657567	501519	10510	3458	82512	22876	69145	32105
215805	452468	98323	645434	36031	2668	78739	19870	45061	75149
463837	916222	726694	1321025	30209	52236	270025	58953	198512	86348
157321	375633	128603	357522	8659	1244	43430	13114	33285	41685
279655	695770	180061	1419040	69321	10341	155927	63774	131534	141499
162501	276344	33714	481486		9396	131917	18020	54485	27700
523	567	496	7579	299	70	922	538	1269	786
11905	24095	24161	35969	892	155	6136	2959	4797	5750
14173	48549	9906	69150	3143	697	14176	7359	13804	9884
256	105	158	1015	3	2	134	92	146	792
34873	99748	23238	269621	10868	1417	21079	8199	17324	13485
5290	11202	1490	28336	2201	518	2946	1820	3662	3544
13732	92564	19580	82017	4957	4972	6109	1691	11175	7610
20449	112624	12385	95692	3612	35471	10012	2793	46802	2994
60837	240380	77775	390791	7696	2740	42902	16538	35251	40732
2104	8876	2064	15351	580	38	1125	296	746	2929
2038	9798	999	11661	825	80	1953	936	1360	1058
3785	2734	461	13683	930	65	1643	878	1409	1387
1203	1565	50	7841	123	10	685	560	690	529
20776	55929	12085	72018	5798	301	7603	3540	8030	7032
2722	9545	4326	13577	472	42	1542	330	830	2396
1234	509	215	4570	104	13	100	106	140	237
8504	9607		25717	1075	200	1751	210	1496	1811
56760	108212	20253	195897	4968	726	31545	15507	24271	16358
26618	86543	20635	109466	12032	582	20156	9066	17057	8074
4909	7620	1104	4286	70	11	1150	614	766	983
742	3463	443	7317	300	108	594	112	405	402
9497	13301	2511	40695	1361	323	3485	1160	3562	2810
65945	132670	67353	293461	19609	1468	26849	9993	24671	34908
8894	62035	1672	52070	788	159	2677	194	2002	3567
888	2466	2	4225	207	37	726	365	634	274
3995	8983	1410	14663	598	227	1569	607	1245	2004
16279	34843	4703	57759	4363	182	7846	3016	5635	7157
11086	37763	8079	30321	1836	132	4922	1314	2442	6534
15660	80692	23973	75880	3508	261	9191	929	4247	8638
95940	73690	19487	85880	1981	143	13901	303	2445	13656
16490	49651	12495	53758	4057	393	9466	2623	6088	5782
11966	61912	16069	51395	2528	182	7015	1261	3017	2985
1915	1621	1087	5146	718	8	306	140	160	841
16931	29993	10966	78402	2305	225	6790	3939	7944	9100
154315	178339	593449	300781	2547	2391	67943	17980	52828	10787
2997	3505	5000	596	181		-915	-259	-259	573
12081	5583	1565	9516	658	78	1435	115	757	3443

11-23 各县(市、区)全部国有及限额

(2002

	企业单位数(个)	资产总计	流动资产合计	流动资产年平均余额	固定资产合计	固定资产原价	固定资产净值年平均余额
总计	**889**	**4596072**	**1830422**	**1801441**	**2526794**	**2939497**	**2004233**
宛城区	36	80179	56691	43214	21538	28203	19395
卧龙区	65	70667	32754	29854	27661	39625	26383
南召县	42	55984	32503	30708	19127	24723	18673
方城县	53	57420	27611	25017	25819	31731	21842
西峡县	50	172218	103754	95831	47838	68515	43189
镇平县	98	141872	74056	75740	60192	73410	64685
内乡县	40	92415	44951	40198	39824	56476	38735
淅川县	39	234446	113268	98450	110590	138342	74619
社旗县	32	43323	22755	22440	19797	30186	18133
唐河县	69	68338	33383	31661	31078	41338	25152
新野县	125	289109	142633	151333	128521	155292	120404
桐柏县	40	153204	49839	53709	94834	114922	82319
邓州市	87	152865	60969	61082	79600	92743	72055
市直	70	1132150	482408	485058	588716	714673	473300
高新区	14	62717	28691	30100	30399	37938	28597
两属	29	1789165	524159	527049	1201262	1291379	876754

以上工业企业主要经济指标

年）

单位:万元

所有者权益	实收资本	流动负债合计	长期负债合计	产品销售收入	产品销售费用	产品销售税金及附加	产品销售利润	利润总额	利税总额
1572556	**900814**	**1987626**	**1035357**	**3097587**	**108189**	**63821**	**469382**	**135841**	**363331**
18890	9547	56580	4708	50831	1362	82	3768	1150	2339
26261	21371	39618	4786	93093	3576	202	7480	3910	6006
13733	7606	24139	18113	75025	2713	122	5708	2088	3965
21092	14283	27878	8450	87842	3717	648	10548	5625	11279
57943	32461	89684	24591	136879	21612	965	23815	9542	21517
21279	38357	74084	46510	262549	9658	1422	22506	8883	19095
22003	20934	49449	20586	64262	2149	310	6368	3531	7884
63238	32144	134825	36383	132799	5486	683	18247	7078	14603
1735	5531	35363	6225	41425	1791	858	2901	400	2417
21497	21252	37503	9338	116227	4727	306	9785	3921	9360
84656	51449	145239	59093	324429	9208	3600	45851	19553	37163
56948	21587	61447	34809	81490	3352	905	18531	8841	17234
35758	30651	109237	7871	235694	8732	650	12961	6088	11181
213849	145627	549395	368907	500853	19820	41424	61080	12894	87469
11944	18062	39492	11249	35618	2541	44	4145	-1606	-222
901732	429951	513693	373739	858572	7747	11601	215689	43941	112042

11-24 国有及国有控股工业企

（2002

	企业单位数（个）	资产总计	流动资产合计	流动资产年平均余额	固定资产合计	固定资产原价	固定资产净值年平均余额
总计	**230**	**3210601**	**1329667**	**1319480**	**1722729**	**1866266**	**1180600**
一、总计中:(按轻重工分)							
轻工业	106	986870	479168	458975	442456	544622	361320
以农产品为原料	75	722758	359772	346265	313574	365889	248521
以非农产品为原料	31	264112	119396	112710	128882	178733	112799
重工业	124	2223731	850499	860506	1280273	1321644	819280
采掘工业	15	997717	334302	353033	636261	473426	279570
原料工业	39	626441	189676	196585	412551	500924	329924
加工工业	70	599573	326521	310888	231462	347293	209786
二、总计中:(按规模分组)							
大型企业	26	2214178	869905	866733	1253694	1251356	804727
中型企业	50	492962	235877	233769	222308	296465	173021
小型企业	154	503462	223884	218978	246727	318445	202853
三、按国民经济行业分							
煤炭采选业							
石油和天然气开采业	2	906669	295805	308514	586863	407311	240117
黑色金属矿采选业							
有色金属矿采选业	8	59575	23487	22593	34405	46849	30530
非金属矿采选业	5	31473	15010	21926	14993	19267	8924
其他矿采选业							
木材及竹材采运业							
食品加工业	30	61467	28359	29353	30439	33033	28784
食品制造业	2	1217	489	473	331	341	336
饮料制造业	7	115318	64430	58540	41512	63375	40138
烟草加工业	3	143699	88879	86226	53024	50261	28274
纺织业	13	294508	123652	125461	149770	171411	121360
服装及其他纤维制品业	2	835	669	656	67	102	69
皮革毛皮羽绒及其制品业	1	1369	930	910	350	363	322
木材加工及竹藤棕草业	1	796	164	109	633	667	700
家具制造业							
造纸及纸制品业	6	53076	24935	20974	22906	25681	16318
印刷业,记录媒介的复制	6	7020	3773	3644	3169	4258	2407
文教体育用品制造业							
石油加工及炼焦业							
化学原料及化学制品业	22	170863	86201	77298	77475	112942	68153
医药制造业	10	144575	64658	57338	66050	84027	53626
化学纤维制造业	1	5701	1815	1708	3245	4527	2237
橡胶制品业	2	3259	1745	2068	1513	2131	1329
塑料制品业	1	8504	4733	5324	2532	3178	2089
非金属矿物制品业	24	126894	54293	46039	57303	65297	44640
黑色金属冶炼及压延业	2	71430	42969	52094	25995	41081	15205
有色金属冶炼及压延业							
金属制品业	2	528	252	264	243	207	197
普通机械制造业	5	37185	24870	25617	11517	17292	9702
专用设备制造业	11	54864	28170	27852	22744	29725	21611
交通运输设备制造业	12	112617	57421	55776	43894	61713	40828
武器弹药制造业	8	174685	88459	84178	75678	127821	72325
电气机械及器材制造业	8	62609	37353	37294	17520	26991	15508
电子及通信设备制造业	3	111857	69420	63817	36189	53226	32661
仪器仪表及办公用机械业	3	1147	958	945	161	259	186
其他制造业	3	3673	2286	2002	1052	1110	951
电力蒸汽热水生产供应业	15	412472	86917	93875	317369	385784	263124
煤气生产和供应业	1	10869	1901	2043	8797	6764	4510
自来水的生产和供应业	11	19847	4665	4572	14993	19274	13443

业分行业主要经济指标

年）

单位:万元

所有者权益	实收资本	流动负债合计	长期负债合计	产品销售收入	产品销售费用	产品销售税金及附加	产品销售利润	利润总额	利税总额
1159239	**563203**	**1443300**	**608029**	**1781600**	**43939**	**54582**	**301588**	**65184**	**214072**
245372	154662	582657	158840	719734	26707	42602	87495	32568	113463
143495	91222	453814	125448	552583	20419	41862	52733	16682	89068
101877	63440	128843	33392	167151	6287	741	34762	15886	24396
913867	408541	860643	449189	1061866	17232	11979	214092	32616	100609
616663	178726	322867	58187	514678	811	9562	139399	20837	59256
107137	61911	200753	318519	224871	2582	1586	28857	5274	22966
190067	167905	337023	72483	322317	13839	832	45837	6505	18387
919600	377659	844282	450297	1192636	28415	51002	237808	49391	172240
119705	88493	308488	64769	268346	6031	959	25444	7092	18061
119935	97051	290531	92963	320618	9493	2621	38336	8701	23771
596612	162501	276344	33714	481486		9396	131917	18020	54485
12994	9666	23021	23560	23996	547	128	4801	2111	3649
7057	6559	23503	913	9196	265	38	2681	705	1122
-4792	6812	58813	7446	63850	1323	32	1637	-179	182
-57	98	1274		217	1	1	21	2	8
13551	10503	85044	16723	70068	4211	4697	4220	1039	9764
20300	19769	111015	12385	93171	3612	35455	9522	2590	46415
89853	39259	133768	70887	261288	2640	1157	26879	9146	21971
78	146	757		717	76	1	98	4	21
515	498	715	139	57	11		-11		1
418	418	199	180	581	28	4	13	22	52
8842	7991	36931	7304	22712	761	145	2277	1211	2770
446	650	3177	3398	2380	38	12	292	-34	95
70813	44545	85268	14750	141549	2779	523	26930	12993	20177
47324	22989	78201	19050	95339	10620	499	17895	8160	15373
3336	1766	1271	1095	3732	69	6	870	725	826
583	340	2677		564	21	3	30	2	44
1923	2489	5534	1047	3409	210	10	-144	-831	-769
37042	26806	50345	39507	60051	2208	247	5074	757	4183
9364	7155	60417	1650	39731	489	129	2069	-162	1310
-400	137	928		13	6		-2	-75	-73
12894	12573	22904	1387	16595	794	20	3132	891	1834
13934	8953	33232	7699	18006	1012	31	3075	387	911
16569	12170	74589	21460	53181	3019	198	6109	-47	2459
81508	95940	73690	19487	85880	1981	143	13901	303	2445
11542	7877	39749	11318	42176	3058	293	8114	2350	5325
33876	11966	61912	16069	51395	2528	182	7015	1261	3017
448	835	699		1255	656		101	19	19
80	245	3327	267	1953	199	9	364	23	201
56955	27179	85247	270271	131014	45	1157	22472	4149	16179
2363	2997	3505	5000	596	181		-915	-259	-259
13272	11372	5249	1326	5441	553	68	1153	-99	339

11—25 各县(市、区)国有及国有控

(2002

	企业单位数(个)	资产总计	流动资产合计	流动资产年平均余额	固定资产合计	固定资产原价	固定资产净值年平均余额
总计	**230**	**3210601**	**1329667**	**1319480**	**1722729**	**1866266**	**1180600**
宛城区	7	24282	12454	8604	11006	13802	10249
卧龙区	3	15619	8190	7545	5076	6562	4195
南召县	10	28424	15227	13347	10855	13804	10864
方城县	15	33695	14952	15007	15252	19657	12437
西峡县	13	89305	48851	44508	27751	41721	25042
镇平县	7	19843	5699	5149	11527	14119	9608
内乡县	16	56182	27638	22633	27403	39337	26573
淅川县	17	192075	92395	79607	92833	116415	60167
社旗县	11	19851	9140	8735	10547	16732	9074
唐河县	13	34119	16247	15526	15514	21101	10398
新野县	15	188250	81055	83588	98236	119137	90559
桐柏县	4	76455	27055	34053	43413	56812	33967
邓州市	20	93404	38767	39164	48709	58359	42315
市直	60	1103893	467776	471687	578417	697535	463335
高新区	7	47217	21516	23373	23380	28763	21419
两属	12	1187987	442705	446956	702809	602409	350399

股工业企业主要经济指标

年）　　　　　　　　　　　　　　　　　　　　　　　　　　单位：万元

所有者权益	实收资本	流动负债合计	长期负债合计	产品销售收入	产品销售费用	产品销售税金及附加	产品销售利润	利润总额	利税总额
1159239	**563203**	**1443300**	**608029**	**1781600**	**43939**	**54582**	**301588**	**65184**	**214072**
6953	3117	14115	3214	10711	488	28	995	59	476
1233	779	12938	1448	1474	10	6	-1	1	80
5151	2245	11616	11658	12453	117	57	1746	20	742
12335	7935	15888	5472	28976	597	170	4151	2115	3369
24301	11353	48582	16422	64402	8879	507	12108	4321	10951
7597	3466	6050	6196	10770	55	47	1146	236	900
12423	12982	30398	13360	35239	999	138	3891	3060	5683
52126	25980	110676	29273	103635	3536	402	14696	5914	11343
-755	1839	16925	3681	18598	1060	713	1850	-68	1068
7503	9492	24836	1780	28695	411	41	2855	530	1623
58308	24066	79703	50239	174126	1611	805	17832	5217	12161
14612	11350	38637	23206	20919	270	109	5095	1384	2825
10453	11593	78347	4604	101624	954	503	4645	713	3399
204127	134533	532194	367573	485987	19135	41034	59073	12747	85831
6710	11128	29770	10704	25877	1865	29	3597	-735	216
736164	291347	392623	59200	658115	3951	9994	167907	29671	73406

11-26 集体工业企业分

(2002

	企业单位数(个)	资产总计	流动资产合计	流动资产年平均余额	固定资产合计	固定资产原价	固定资产净值年平均余额
总计	**389**	**546009**	**301543**	**280845**	**200721**	**257115**	**195235**
一、总计中:(按轻重工分)							
轻工业	219	299501	184556	170092	92408	120603	93461
以农产品为原料	178	259547	164440	150564	76832	97745	78237
以非农产品为原料	41	39954	20116	19528	15577	22858	15224
重工业	170	246508	116986	110752	108312	136511	101774
采掘工业	31	66440	17309	15602	47264	50819	42587
原料工业	33	71371	32400	31961	29861	46177	30576
加工工业	106	108698	67277	63190	31188	39516	28612
二、总计中:(按规模分组)							
大型企业	1	21210	16490	15968	3616	8083	4098
中型企业	6	38658	12766	14159	18759	26336	17952
小型企业	382	486141	272288	250717	178346	222696	173185
三、按国民经济行业分							
煤炭采选业							
石油和天然气开采业							
黑色金属矿采选业	4	1562	813	804	705	834	751
有色金属矿采选业	7	3138	1593	1669	1309	1739	1560
非金属矿采选业	20	61739	14904	13129	45251	48246	40276
其他矿采选业							
木材及竹材采运业							
食品加工业	67	45303	22451	20867	20072	20938	23555
食品制造业	9	4934	2778	2923	1847	2600	1524
饮料制造业	4	2547	1467	1333	613	1214	709
烟草加工业	1	3395	2858	2593	537	805	520
纺织业	50	117810	91516	80301	22799	30141	21936
服装及其他纤维制品业	7	6472	3137	3207	2866	3731	2451
皮革毛皮羽绒及其制品业	1	585	214	280	302	682	485
木材加工及竹藤棕草业	5	2711	1034	1137	1275	1586	1164
家具制造业							
造纸及纸制品业	16	32882	11223	10916	16419	18555	15964
印刷业,记录媒介的复制	7	5931	3298	3161	1667	2855	1424
文教体育用品制造业	2	2630	1457	943	1129	1225	1250
石油加工及炼焦业	7	24719	14393	15065	5583	11902	5478
化学原料及化学制品业	16	22977	13022	11715	6629	11528	6308
医药制造业	5	6091	1510	3720	3961	4401	3651
化学纤维制造业	1	6846	1816	1696	2542	3550	2021
橡胶制品业	2	431	287	372	116	210	191
塑料制品业	12	14139	7027	3861	5063	8674	5198
非金属矿物制品业	65	84726	48946	45400	26879	31744	24102
黑色金属冶炼及压延业	3	690	523	566	165	177	159
有色金属冶炼及压延业	3	3428	1636	1525	1701	2271	1999
金属制品业	15	9373	6132	5885	2254	4062	2403
普通机械制造业	15	13203	7597	7326	3824	6698	4209
专用设备制造业	5	2095	1195	1266	874	1335	876
交通运输设备制造业	10	8622	4960	5128	3414	5234	2788
武器弹药制造业							
电气机械及器材制造业	6	6758	4999	4462	1638	2443	1616
电子及通信设备制造业							
仪器仪表及办公用机械业	1	473	411	399	62	74	444
其他制造业	21	35573	25727	26195	8279	13699	9030
电力蒸汽热水生产供应业	1	13679	2280	2563	10741	13754	11049
煤气生产和供应业							
自来水的生产和供应业	1	548	341	441	207	207	147

行业主要经济指标

年）

单位：万元

所有者权益	实收资本	流动负债合计	长期负债合计	产品销售收入	产品销售费用	产品销售税金及附加	产品销售利润	利润总额	利税总额
176761	**126011**	**292466**	**76283**	**745787**	**38527**	**4782**	**79755**	**36633**	**72009**
73483	70390	189873	35721	393533	17207	2657	42101	18013	35265
59693	56068	169148	30283	304825	13927	2266	34032	14186	27708
13791	14322	20725	5438	88708	3280	391	8068	3827	7557
103277	55620	102592	40562	352254	21320	2126	37654	18620	36744
36552	8715	19831	10056	68361	2407	704	11296	6415	12831
33255	27118	24681	13435	68212	2712	448	6041	2453	5836
33470	19788	58081	17071	215681	16201	974	20318	9752	18077
6734	9970	8946	5530	9227	134	52	1704	1549	2138
6795	10125	20352	11511	14088	345	89	2100	440	1573
163232	105916	263168	59242	722471	38047	4641	75950	34645	68298
499	523	567	496	7579	299	70	922	538	1269
1976	1697	595	568	7001	302	21	1010	610	799
34078	6494	18669	8992	53782	1806	613	9364	5268	10763
8992	13125	24634	11677	116593	5316	791	11883	4469	9846
2536	2548	2083	315	9456	897	72	1573	921	1403
639	614	1644	264	4926	88	15	507	283	418
1785	680	1610		2521		16	490	203	387
23452	14691	88665	5648	99478	3606	1142	11780	4225	8284
476	1090	5393	603	5831	219	28	387	60	320
89	89	336	160	588	107		59	41	44
1531	864	986	193	6919	236	20	775	350	635
9240	6396	19639	3626	32356	2366	82	3317	1700	3076
1974	1361	3399	558	7740	295	12	735	333	472
1906	1234	509	215	4570	104	13	100	106	140
15112	8504	9607		25717	1075	200	1751	210	1496
12105	8258	7979	2893	28695	1080	108	2605	1531	2236
-1162	1525	5814	1438	8814	1025	26	1537	481	827
488	3144	6349	8	555	1	5	280	-111	-60
199	157	232		1859	148	4	117	85	137
7587	5583	6142	411	27711	794	246	2631	1400	2956
30234	19130	42310	12182	157779	11917	732	15343	7551	14219
289	339	401		1268	46		104	98	108
1115	838	2311	2	3149	203	34	695	340	562
1339	1984	6760	1273	11270	404	27	816	322	572
2472	2608	8254	2402	35076	3259	117	2815	1497	2568
771	722	1205	120	4400	277	29	578	218	400
2766	2008	3718	2138	16064	241	45	1324	649	1175
1349	1145	4458	952	6710	677	69	706	222	468
114	560	358		81	6		6		1
9512	14117	17155	8906	50606	1634	178	4400	2722	5407
3202	3885	462	10015	5393		62	909	138	821
98	98	223	228	1300	99	7	239	176	261

11－27 各县(市、区)集体及股份合

(2002

	企业单位数(个)	资产总计	流动资产合计	流动资产年平均余额	固定资产合计	固定资产原价	固定资产净值年平均余额
总计	**389**	**546009**	**301543**	**280845**	**200721**	**257115**	**195235**
宛城区	27	55164	43932	34107	10104	13922	8767
卧龙区	49	44696	20661	19232	14406	23040	13941
南召县	23	20779	12745	12658	6570	8586	6426
方城县	18	12666	6783	5477	5680	6157	4999
西峡县	10	26098	20113	17400	5167	6747	4512
镇平县	61	100962	56679	55204	39633	48760	45805
内乡县	10	25967	12040	12209	9137	13700	8930
淅川县	8	16326	9434	7866	5492	5246	3235
社旗县	13	11472	7468	7591	3796	5372	3708
唐河县	37	16390	9944	9809	6246	7713	5949
新野县	53	66166	42167	45296	18227	20845	18153
桐柏县	25	65907	16879	15553	47494	52494	42828
邓州市	37	28380	12461	11654	14383	16037	14171
市直	4	13682	7417	7114	3490	5347	3014
高新区	2	1655	45	59	516	806	505
两属	12	39701	22775	19617	10381	22344	10291

作工业企业主要经济指标

年） 单位:万元

所有者权益	实收资本	流动负债合计	长期负债合计	产品销售收入	产品销售费用	产品销售税金及附加	产品销售利润	利润总额	利税总额
176761	**126011**	**292466**	**76283**	**745787**	**38527**	**4782**	**79755**	**36633**	**72009**
11420	5928	42397	1347	38148	647	50	2516	990	1655
17808	13877	22360	4527	61667	2730	152	5042	2909	4496
5999	3611	9538	5241	48582	2475	54	3224	1644	2546
4722	3368	6479	1465	28524	1046	252	3282	1743	3887
10383	3139	14506	1209	34085	5549	186	4415	2569	5154
12243	28253	54913	33806	180059	6987	982	14986	5544	13141
8177	6509	11898	5514	17652	608	127	1621	671	1738
4311	911	10088	1927	12912	1404	62	1808	135	773
844	2758	9682	945	12927	204	69	488	285	703
8207	7178	7955	229	63211	2864	188	5847	2841	5547
19610	15858	40714	5721	87303	4001	1524	16546	7388	13162
35803	6872	20470	9634	48433	2625	676	11258	6373	12405
11422	8652	14301	2656	73805	5909	33	5064	3266	4278
3023	4342	10101	558	4723	132	32	1054	97	462
1268	1200	192	196	1799	243		-143	-209	-203
21519	13556	16873	1310	31956	1104	397	2745	389	2264

11—28 外商及港澳台投资企业

(2002

	企业单位数(个)	资产总计	流动资产合计	流动资产年平均余额	固定资产合计	固定资产原价	固定资产净值年平均余额
总计	**38**	**217405**	**65282**	**64971**	**143528**	**196974**	**141189**
一、总计中:(按轻重工分)							
轻工业	31	55027	28332	29101	23252	31477	17811
以农产品为原料	25	49730	24266	24818	22235	29692	16704
以非农产品为原料	6	5297	4066	4283	1017	1785	1107
重工业	7	162378	36950	35870	120277	165496	123378
采掘工业							
原料工业	2	131569	16637	15979	110047	151572	114934
加工工业	5	30809	20313	19891	10229	13924	8444
二、总计中:(按规模分组)							
大型企业							
中型企业	2	135520	17548	16439	111748	151326	111894
小型企业	36	81884	47735	48532	31780	45647	29295
三、按国民经济行业分							
煤炭采选业							
石油和天然气开采业							
黑色金属矿采选业							
有色金属矿采选业							
非金属矿采选业							
其他矿采选业							
木材及竹材采运业							
食品加工业	6	12706	6419	6408	6183	9306	6364
食品制造业	2	4864	1695	1559	2838	3197	2756
饮料制造业	1	4283	2273	2253	1375	2699	1210
烟草加工业							
纺织业	4	16365	7429	7825	7264	9014	2583
服装及其他纤维制品业	3	1471	829	1006	516	590	383
皮革毛皮羽绒及其制品业	3	4454	2481	2432	1902	2189	1403
木材加工及竹藤棕草业	3	3400	1823	1905	1507	1904	1336
家具制造业	1	333	28	28	280	289	282
造纸及纸制品业							
印刷业,记录媒介的复制							
文教体育用品制造业							
石油加工及炼焦业							
化学原料及化学制品业	2	737	423	417	268	422	284
医药制造业	1	2100	1778	1824	275	673	282
化学纤维制造业							
橡胶制品业							
塑料制品业	1	692	416	387	249	310	249
非金属矿物制品业	3	18130	8822	8326	9130	13966	8377
黑色金属冶炼及压延业							
有色金属冶炼及压延业							
金属制品业	1	348	347	175	1	1	1
普通机械制造业	1	14671	9647	9974	4894	5920	3956
专用设备制造业	1	3308	3100	2970	103	293	117
交通运输设备制造业							
武器弹药制造业							
电气机械及器材制造业							
电子及通信设备制造业							
仪器仪表及办公用机械业							
其他制造业	4	3623	2739	3057	594	884	678
电力蒸汽热水生产供应业	1	125920	15035	14426	106148	145316	110927
煤气生产和供应业							
自来水的生产和供应业							

分行业主要经济指标

年）

单位:万元

所有者权益	实收资本	流动负债合计	长期负债合计	产品销售收入	产品销售费用	产品销售税金及附加	产品销售利润	利润总额	利税总额
77342	**82746**	**93595**	**46467**	**136712**	**5301**	**435**	**23151**	**9295**	**18754**
9332	19501	41523	4172	60392	2888	435	4303	3103	5208
7949	18165	38149	3632	47084	1980	397	1588	990	2125
1384	1335	3374	540	13308	907	38	2715	2113	3084
68010	63246	52073	42296	76319	2413		18848	6192	13546
52878	51640	36395	42296	50478	1097		14415	4695	11191
15132	11606	15678		25841	1316		4433	1498	2355
49889	51767	43026	42606	52554	1107	9	14395	4895	11143
27453	30980	50569	3862	84157	4193	426	8756	4401	7611
2518	6546	9663	525	18070	432	1	725	7	84
2129	740	1981	755	2229	248	335	58	139	649
1270	1111	1535	1478	2655	235	5	207	7	79
-3875	5832	19929	310	9577	198	9	-623	150	249
501	543	748	222	3901	291		329	161	194
2150	802	2304		2275	6	25	220	122	230
2373	1768	1027		3577	490	11	511	306	376
229	220	104		1731	20	2	97	78	109
-145	719	839	43	1136	18	13	133	52	95
1152	254	948		2627	547		1667	1459	1859
445	200	247		1793	119	17	145	103	306
11718	10021	6411		14070	669		1457	48	395
9	8	339							
7320	5250	7351		12752	584		2738	994	1645
854	300	2455		2908	128		511	405	611
583	767	2200	839	10822	285	17	834	520	979
48109	47667	35516	42296	46589	1033		14142	4746	10895

11—29 各县(市、区)外商及港澳台投资企业主要经济指标

(2002年)　　单位:万元

	企业单位数(个)	资产总计	流动资产合计	流动资产年平均余额	固定资产合计	固定资产原价	固定资产净值年平均余额	所有者权益	实收资本
总计	**38**	**217405**	**65282**	**64971**	**143528**	**196974**	**141189**	**77342**	**82746**
宛城区									
卧龙区	4	7445	2001	1945	5356	6894	5211	2292	3108
南召县	4	3247	2352	2547	671	1118	705	1538	1050
方城县	2	677	500	327	151	164	151	—67	8
西峡县									
镇平县	4	5623	3787	3962	1741	2216	1408	1661	544
内乡县	2	4677	3141	3132	1489	1991	1546	—248	218
淅川县									
社旗县									
唐河县	2	10292	2929	2400	5849	6320	1216	2225	4300
新野县	4	7273	5278	6214	1713	3073	1666	—5599	1858
桐柏县	2	4547	2367	2347	1509	2857	1344	1450	1290
邓州市	5	4221	2041	2144	2063	2304	1793	1025	2739
市直	5	22284	11469	10931	10260	15843	9530	14040	10415
高新区	3	21198	14383	14595	6579	8877	5692	10917	9550
两属	1	125920	15035	14426	106148	145316	110927	48109	47667

11—29 续表　　(2002年)　　单位:万元

	流动负债合计	长期负债合计	产品销售收入	产品销售费用	产品销售税金及附加	产品销售利润	利润总额	利税总额
总计	**93595**	**46467**	**136712**	**5301**	**435**	**23151**	**9295**	**18754**
宛城区								
卧龙区	5154		11171	370	4	826	234	300
南召县	1235	474	6321	101	8	398	188	359
方城县	743		191	4		2	4	4
西峡县								
镇平县	3465	497	9352	225	9	991	611	1019
内乡县	4749	177	1132	48	1	177	11	62
淅川县								
社旗县								
唐河县	7757	310	7758	193	25	398	252	554
新野县	12872		4149	184		—808	1	5
桐柏县	1576	1521	3174	248	18	324	59	173
邓州市	3106	90	10048	674	36	340	261	344
市直	7490	755	18414	1441	333	3124	1645	2876
高新区	9933	349	18412	780		3237	1284	2164
两属	35516	42296	46589	1033		14142	4746	10895

11—30 全部国有及限额以上工业企业主要经济效益指标

（2002 年）

	总资产贡献率（%）	成本费用利润率（%）	资产负债率（%）	产品销售率（%）	资本保值增值率（%）	销售收入利税率（%）	资金利税率（%）	固定资产原价利税率（%）	流动资产周转次数（次/年）	全员劳动生产率（元/人年）
总计	**10.0**	**4.7**	**65.8**	**98.5**	**113.1**	**11.7**	**9.6**	**12.4**	**1.72**	**41292**
一、总计中：（按轻重工分）										
轻工业	14.7	5.1	74.7	97.9	123.0	12.9	14.4	23.7	1.92	36755
以农产品为原料	15.1	4.3	78.2	98.0	122.5	13.0	14.8	26.3	1.89	37029
以非农产品为原料	13.3	8.1	62.6	97.4	123.8	12.4	12.9	17.0	2.02	35727
重工业	7.9	4.3	61.8	99.1	110.4	10.8	7.3	8.6	1.59	44791
采掘工业	8.0	5.2	38.8	100.8	117.3	12.5	10.6	14.2	1.58	59561
原料工业	8.0	4.8	76.8	99.3	107.1	13.8	5.8	5.6	1.68	69383
加工工业	7.5	3.2	68.5	97.7	99.1	7.0	6.5	10.1	1.55	25458
二、总计中：（按规模分组）										
大型企业	9.3	4.9	61.7	99.1	115.2	15.0	9.3	11.2	1.43	60899
中型企业	7.0	3.8	72.7	98.0	100.3	9.3	5.6	6.7	1.30	34017
小型企业	13.4	4.7	70.7	98.2	114.7	9.3	12.2	19.5	2.37	31470
三、按国民经济行业分										
煤炭采选业										
石油和天然气开采业	6.6	4.0	34.2	101.1	115.8	11.3	9.9	13.4	1.56	82034
黑色金属矿采选业	85.8	7.8	68.1	98.3	85.9	16.7	81.6	152.1	9.42	24711
有色金属矿采选业	9.5	8.6	75.4	103.5	70.7	13.3	8.4	9.7	1.44	25365
非金属矿采选业	20.5	12.1	56.0	98.3	194.9	20.0	14.9	20.1	1.63	23709
其他矿采选业	47.9	10.0	50.6	100.9	314.5	14.4	32.9	40.8	8.15	3857
木材及竹材采运业										
食品加工业	15.2	3.2	87.6	97.9	89.5	6.4	12.9	23.6	4.04	51904
食品制造业	20.2	7.0	63.1	98.8	97.6	12.9	21.9	32.6	3.53	23419
饮料制造业	9.8	2.2	87.4	96.1	548.9	13.6	10.1	16.2	1.22	42670
烟草加工业	35.0	5.0	85.0	100.9	113.4	48.9	39.8	91.7	1.08	179139
纺织业	11.1	4.4	73.7	97.6	127.7	9.0	9.6	16.8	1.78	24516
服装及其他纤维制品业	8.7	2.0	87.6	100.4	96.8	4.9	6.7	12.7	2.14	16962
皮革毛皮羽绒及其制品业	12.0	9.0	85.2	100.7	118.7	11.7	12.3	23.0	2.06	37782
木材加工及竹藤棕草业	19.3	6.9	37.5	97.7	111.8	10.3	17.8	28.4	3.46	31846
家具制造业	23.1	7.7	52.5	98.7	101.8	8.8	24.3	32.1	6.19	53554
造纸及纸制品业	11.7	5.1	73.5	97.7	114.8	11.2	10.9	16.2	1.91	35581
印刷业，记录媒介的复制	6.8	2.6	81.9	96.5	99.2	6.1	5.8	8.8	1.48	21991
文教体育用品制造业	13.3	2.3	27.5	99.7	116.7	3.1	6.4	11.4	4.85	59781
石油加工及炼焦业	6.1	0.8	38.9	97.5	102.9	5.8	7.3	12.6	1.71	35382
化学原料及化学制品业	12.6	8.6	58.7	98.8	122.2	12.4	13.0	17.2	1.96	38312
医药制造业	14.2	9.0	68.6	98.2	118.3	15.6	13.9	18.7	1.71	47239
化学纤维制造业	8.3	16.5	69.5	97.0	152.7	17.9	10.0	9.5	1.26	23144
橡胶制品业	10.5	1.6	89.7	99.2	160.1	5.5	8.0	16.4	2.52	53333
塑料制品业	14.9	3.0	57.7	97.8	97.6	8.8	17.0	25.3	3.53	39470
非金属矿物制品业	10.4	3.5	68.4	97.4	103.2	8.4	10.7	16.0	2.44	28381
黑色金属冶炼及压延业	3.1	0.4	85.3	99.4	70.9	3.9	2.8	4.7	0.96	47476
有色金属冶炼及压延业	20.1	9.5	60.2	113.7	110.2	15.0	15.6	22.7	2.26	41172
金属制品业	11.6	4.4	77.8	96.0	94.8	8.5	10.6	19.7	1.89	27715
普通机械制造业	11.5	5.6	69.1	98.1	110.6	9.8	10.7	20.7	1.56	27626
专用设备制造业	5.0	4.6	73.2	98.7	104.8	8.1	4.3	7.5	0.91	15791
交通运输设备制造业	5.7	1.2	83.1	96.3	72.9	5.6	3.9	6.2	1.21	23617
武器弹药制造业	2.2	0.4	53.3	93.9	99.2	2.9	1.6	1.9	1.02	10591
电气机械及器材制造业	9.8	5.3	76.9	99.5	107.4	11.3	9.0	17.1	1.12	28144
电子及通信设备制造业	5.3	2.6	69.7	102.8	99.8	5.9	3.1	5.7	0.81	41607
仪器仪表及办公用机械业	6.3	2.8	124.6	100.0	131.8	3.1	5.3	36.8	2.73	14256
其他制造业	16.6	5.3	77.9	97.9	95.1	10.1	15.5	40.4	2.10	35482
电力蒸汽热水生产供应业	8.6	6.4	79.3	99.8	114.1	17.6	5.7	5.0	1.97	144137
煤气生产和供应业	-1.5	-15.7	78.3	100.0	90.2	-43.5	-4.0	-3.8	0.29	3157
自来水的生产和供应业	4.0	1.3	33.7	83.3	95.6	8.0	3.9	3.8	1.78	14690

11－31 各县(市、区)全部国有及限额以上工业企业主要经济效益指标

(2002 年)

	总资产贡献率(%)	成本费用利润率(%)	资产负债率(%)	产品销售率(%)	资本保值增值率(%)	销售收入利税率(%)	资金利税率(%)	固定资产原价利税率(%)	流动资产周转次数(次/年)	全员劳动生产率(元/人年)
总计	**10.0**	**4.7**	**65.8**	**98.5**	**113.1**	**11.7**	**9.6**	**12.4**	**1.72**	**41292**
宛城区	4.0	2.3	76.4	100.6	127.8	4.6	3.7	8.3	1.18	22949
卧龙区	9.4	4.4	62.8	97.3	93.6	6.5	10.7	15.2	3.12	28917
南召县	9.0	2.9	75.5	97.1	102.1	5.3	8.0	16.0	2.44	29952
方城县	24.0	6.8	63.3	98.9	114.9	12.8	24.1	35.5	3.51	29332
西峡县	15.9	7.5	66.4	98.5	107.1	15.7	15.5	31.4	1.43	41528
镇平县	16.3	3.6	85.0	99.2	112.3	7.3	13.6	26.0	3.47	46300
内乡县	10.4	5.6	76.2	98.2	95.3	12.3	10.0	14.0	1.60	26718
淅川县	8.9	5.6	73.0	98.8	105.5	11.0	8.4	10.6	1.35	37401
社旗县	4.8	1.0	96.0	97.5	-17.5	5.8	6.0	8.0	1.85	30972
唐河县	15.5	3.5	68.5	97.8	93.7	8.1	16.5	22.6	3.67	43402
新野县	17.4	6.4	70.7	98.4	113.9	11.5	13.7	23.9	2.14	32767
桐柏县	15.3	12.0	62.8	98.8	148.6	21.2	12.7	15.0	1.52	24075
邓州市	8.5	2.7	76.6	97.8	95.8	4.7	8.4	12.1	3.86	38785
市直	9.5	3.0	81.1	97.6	106.5	17.5	9.1	12.2	1.03	36759
高新区	1.2	-4.3	81.0	99.7	128.5	-0.6	-0.4	-0.6	1.18	17740
两属	8.2	5.4	49.6	99.4	114.6	13.1	8.0	8.7	1.63	70509

11－32 国有及国有控股工业企业主要经济效益指标

（2002 年）

	总资产贡献率（%）	成本费用利润率（%）	资产负债率（%）	产品销售率（%）	资本保值增值率（%）	销售收入利税率（%）	资金利税率（%）	固定资产原价利税率（%）	流动资产周转次数（次/年）	全员劳动生产率（元/人年）
总计	**8.1**	**3.9**	**63.9**	**98.7**	**111.9**	**12.0**	**8.6**	**11.5**	**1.35**	**41700**
一、总计中：（按轻重工分）										
轻工业	13.6	5.0	75.1	97.8	126.2	15.8	13.8	20.8	1.57	38517
以农产品为原料	14.5	3.4	80.2	97.9	125.4	16.1	15.0	24.3	1.60	42125
以非农产品为原料	11.2	10.4	61.4	97.5	127.3	14.6	10.8	13.7	1.48	28676
重工业	5.6	3.2	58.9	99.2	108.6	9.5	6.0	7.6	1.23	43645
采掘工业	6.7	4.3	38.2	101.2	113.0	11.5	9.4	12.5	1.46	69010
原料工业	4.6	2.4	82.9	99.1	105.9	10.2	4.4	4.6	1.14	49111
加工工业	4.8	2.1	68.3	96.9	97.7	5.7	3.5	5.3	1.04	20370
二、总计中：（按规模分组）										
大型企业	9.1	4.5	58.5	99.1	115.2	14.4	10.3	13.8	1.38	55173
中型企业	5.2	2.7	75.7	97.7	95.3	6.7	4.4	6.1	1.15	28099
小型企业	6.2	2.8	76.2	98.1	106.7	7.4	5.6	7.5	1.46	26172
三、按国民经济行业分										
煤炭采选业										
石油和天然气开采业	6.6	4.0	34.2	101.1	115.8	11.3	9.9	13.4	1.56	82034
黑色金属矿采选业										
有色金属矿采选业	8.2	9.0	78.2	101.8	64.2	15.2	6.9	7.8	1.06	20757
非金属矿采选业	6.4	8.1	77.6	102.5	68.5	12.2	3.6	5.8	0.42	15730
其他矿采选业										
木材及竹材采运业										
食品加工业	1.2	-0.3	107.8	97.0	114.1	0.3	0.3	0.6	2.18	33158
食品制造业	0.6	0.9	104.7	100.2	174.2	3.6	1.0	2.3	0.46	5974
饮料制造业	9.4	1.6	88.3	95.4	3533.5	13.9	9.9	15.4	1.20	46269
烟草加工业	35.6	4.8	85.9	100.9	113.5	49.8	40.5	92.4	1.08	193445
纺织业	10.1	3.7	69.5	97.8	114.8	8.4	8.9	12.8	2.08	25186
服装及其他纤维制品业	6.5	0.6	90.7	95.2	104.7	2.9	2.9	20.5	1.09	9689
皮革毛皮羽绒及其制品业	0.0	0.1	62.4	100.0	89.0	0.9	0.0	0.1	0.06	44825
木材加工及竹藤棕草业	6.4	3.8	47.5	87.4	100.0	9.0	6.4	7.8	5.34	18404
家具制造业										
造纸及纸制品业	6.6	5.6	83.3	96.2	94.8	12.2	7.4	10.8	1.08	33641
印刷业，记录媒介的复制	2.1	-1.5	93.7	84.4	103.3	4.0	1.6	2.2	0.65	14798
文教体育用品制造业										
石油加工及炼焦业										
化学原料及化学制品业	13.7	10.1	58.6	99.2	139.7	14.3	13.9	17.9	1.83	38477
医药制造业	14.2	9.4	67.3	98.8	117.9	16.1	13.9	18.3	1.66	48036
化学纤维制造业	20.3	23.3	41.5	96.9	175.1	22.1	20.9	18.2	2.18	40560
橡胶制品业	1.6	0.3	82.1	90.2	100.2	7.7	1.3	2.0	0.27	14144
塑料制品业	-6.2	-21.8	77.4	96.1	73.2	-22.6	-10.4	-24.2	0.64	12890
非金属矿物制品业	4.6	1.3	70.8	95.1	90.9	7.0	4.6	6.4	1.30	25335
黑色金属冶炼及压延业	2.3	-0.4	86.9	98.9	65.1	3.3	2.0	3.2	0.76	44231
有色金属冶炼及压延业										
金属制品业	-11.2	-157.8	175.8	104.8	119.5	-564.6	-16.0	-35.5	0.05	1020
普通机械制造业	6.0	5.7	65.3	94.0	115.1	11.1	5.2	10.6	0.65	17563
专用设备制造业	2.5	2.3	74.6	98.1	109.4	5.1	1.8	3.1	0.65	11457
交通运输设备制造业	4.3	-0.1	85.3	95.4	67.3	4.6	2.6	4.0	0.95	19303
武器弹药制造业	2.2	0.4	53.3	93.9	99.2	2.9	1.6	1.9	1.02	10591
电气机械及器材制造业	11.1	6.1	81.6	101.6	130.7	12.6	10.1	19.7	1.13	28606
电子及通信设备制造业	5.3	2.6	69.7	102.8	99.8	5.9	3.1	5.7	0.81	41607
仪器仪表及办公用机械业	1.1	1.5	61.0	96.8	84.7	1.5	1.7	7.3	1.33	8260
其他制造业	6.4	1.3	97.8	128.8	45.2	10.3	6.8	18.1	0.98	10952
电力蒸汽热水生产供应业	4.8	3.4	86.2	99.9	125.4	12.4	4.5	4.2	1.40	75350
煤气生产和供应业	-1.5	-15.7	78.3	100.0	90.2	-43.5	-4.0	-3.8	0.29	3157
自来水的生产和供应业	2.2	-1.9	33.1	73.9	95.2	6.2	1.9	1.8	1.19	8947

11—33 各县(市、区)国有及国有控股工业企业主要经济效益指标

(2002年)

	总资产贡献率(%)	成本费用利润率(%)	资产负债率(%)	产品销售率(%)	资本保值增值率(%)	销售收入利税率(%)	资金利税率(%)	固定资产原价利税率(%)	流动资产周转次数(次/年)	全员劳动生产率(元/人年)
总　计	**8.1**	**3.9**	**63.9**	**98.7**	**111.9**	**12.0**	**8.6**	**11.5**	**1.35**	**41700**
宛城区	2.6	0.5	71.4	102.4	96.4	4.4	2.5	3.5	1.24	14698
卧龙区	0.6	0.1	92.1	96.8	100.1	5.4	0.7	1.2	0.20	9358
南召县	3.1	0.2	81.9	96.8	101.1	6.0	3.1	5.4	0.93	26299
方城县	12.6	7.7	63.4	97.9	138.0	11.6	12.3	17.1	1.93	37892
西峡县	15.6	7.2	72.8	99.7	106.2	17.0	15.8	26.3	1.45	50681
镇平县	5.0	2.2	61.7	94.8	115.2	8.4	6.1	6.4	2.09	30699
内乡县	11.7	8.9	77.9	98.4	92.5	16.1	11.6	14.5	1.56	28819
淅川县	8.5	6.0	72.9	98.6	96.7	11.0	8.1	9.7	1.30	53038
社旗县	3.9	-0.4	103.8	97.3	5.9	5.7	6.0	6.4	2.13	34133
唐河县	5.0	1.9	78.0	97.2	80.9	5.7	6.3	7.7	1.85	27614
新野县	9.5	3.1	69.0	97.9	107.8	7.0	7.0	10.2	2.08	31634
桐柏县	5.7	6.4	80.9	105.3	59.4	13.5	4.2	5.0	0.61	17009
邓州市	4.7	0.7	88.8	97.9	132.4	3.3	4.2	5.8	2.59	36955
市　直	9.6	3.0	81.5	97.8	107.4	17.7	9.2	12.3	1.03	37477
高新区	2.5	-2.7	85.8	100.2	90.6	0.8	0.5	0.8	1.11	18155
两　属	6.9	4.8	38.0	99.6	115.7	11.2	9.2	12.2	1.47	58880

11—34 集体工业企业主要经济效益指标

（2002 年）

	总资产贡献率（%）	成本费用利润率（%）	资产负债率（%）	产品销售率（%）	资本保值增值率（%）	销售收入利税率（%）	资金利税率（%）	固定资产原价利税率（%）	流动资产周转次数（次/年）	全员劳动生产率（元/人年）
总计	**16.7**	**5.2**	**67.6**	**97.8**	**128.5**	**9.7**	**15.1**	**28.0**	**2.66**	**33694**
一、总计中：(按轻重工分)										
轻工业	14.8	4.8	75.5	97.2	123.3	9.0	13.4	29.2	2.31	34787
以农产品为原料	13.7	4.9	77.0	97.2	127.5	9.1	12.1	28.4	2.02	30951
以非农产品为原料	22.0	4.6	65.5	97.0	107.8	8.5	21.8	33.1	4.54	54854
重工业	19.1	5.6	58.1	98.5	132.4	10.4	17.3	26.9	3.18	32596
采掘工业	33.4	10.5	45.0	97.5	315.8	18.8	22.1	25.3	4.38	24670
原料工业	8.6	3.7	53.4	99.1	91.0	8.6	9.3	12.6	2.13	40604
加工工业	20.7	4.8	69.2	98.6	112.0	8.4	19.7	45.8	3.41	33666
二、总计中：(按规模分组)										
大型企业	10.0	17.9	68.3	97.0	88.5	23.2	10.7	26.5	0.58	47649
中型企业	4.4	3.3	82.4	95.6	85.1	11.2	4.9	6.0	0.99	41467
小型企业	18.0	5.1	66.4	97.9	133.8	9.5	16.1	30.7	2.88	33176
三、按国民经济行业分										
煤炭采选业										
石油和天然气开采业										
黑色金属矿采选业	85.8	7.8	68.1	98.3	85.9	16.7	81.6	152.1	9.42	24711
有色金属矿采选业	30.0	9.8	37.1	95.3	135.8	11.4	24.8	46.0	4.20	38017
非金属矿采选业	31.6	11.0	44.8	97.7	357.3	20.0	20.2	22.3	4.10	23463
其他矿采选业										
木材及竹材采运业										
食品加工业	26.8	4.1	80.2	97.9	72.4	8.4	22.2	47.0	5.59	62506
食品制造业	33.4	10.9	48.6	98.4	111.6	14.8	31.6	54.0	3.24	32663
饮料制造业	19.7	6.1	74.9	98.5	98.1	8.5	20.5	34.4	3.70	26881
烟草加工业	12.3	9.4	47.4	98.0	112.5	15.4	12.4	48.1	0.97	28077
纺织业	9.9	4.5	80.1	96.4	239.9	8.3	8.1	27.5	1.24	22618
服装及其他纤维制品业	6.6	1.0	92.7	94.8	91.5	5.5	5.7	8.6	1.82	15241
皮革毛皮羽绒及其制品业	9.2	7.5	84.8	98.0	100.0	7.6	5.8	6.5	2.10	22675
木材加工及竹藤棕草业	29.3	5.4	43.5	98.7	139.4	9.2	27.6	40.0	6.08	64310
家具制造业										
造纸及纸制品业	13.0	5.6	71.9	97.5	154.9	9.5	11.4	16.6	2.96	28779
印刷业，记录媒介的复制	10.0	4.5	66.7	101.1	95.1	6.1	10.3	16.6	2.45	36293
文教体育用品制造业	13.3	2.3	27.5	99.7	116.7	3.1	6.4	11.4	4.85	59781
石油加工及炼焦业	6.1	0.8	38.9	97.5	102.9	5.8	7.3	12.6	1.71	35382
化学原料及化学制品业	10.3	5.6	47.3	97.2	96.9	7.8	12.4	19.4	2.45	52849
医药制造业	19.0	5.8	119.1	97.6	110.0	9.4	11.2	18.8	2.37	67294
化学纤维制造业	0.3	-18.3	92.9	100.0	81.4	-10.7	-1.6	-1.7	0.33	1652
橡胶制品业	36.5	4.8	53.8	97.1	142.8	7.3	24.3	65.0	5.00	54280
塑料制品业	22.1	5.4	46.3	97.2	105.4	10.7	32.6	34.1	7.18	40060
非金属矿物制品业	20.5	5.1	64.3	98.5	105.1	9.0	20.5	44.8	3.48	31836
黑色金属冶炼及压延业	14.6	8.4	58.1	99.5	85.8	8.6	15.0	61.2	2.24	25538
有色金属冶炼及压延业	21.7	12.2	67.5	119.3	107.3	17.9	16.0	24.8	2.07	32008
金属制品业	7.9	3.0	85.7	94.3	92.9	5.1	6.9	14.1	1.91	27887
普通机械制造业	22.5	4.5	81.3	100.5	80.3	7.3	22.3	38.3	4.79	41651
专用设备制造业	20.5	5.3	63.2	102.6	87.8	9.1	18.7	29.9	3.48	32728
交通运输设备制造业	18.5	4.1	67.9	97.4	103.5	7.3	14.8	22.5	3.13	48287
武器弹药制造业										
电气机械及器材制造业	9.0	3.4	80.0	94.2	91.9	7.0	7.7	19.2	1.50	27575
电子及通信设备制造业										
仪器仪表及办公用机械业	0.7	0.0	75.8	98.0	214.2	1.2	0.1	1.4	0.20	4893
其他制造业	16.4	5.6	73.3	97.0	94.4	10.7	15.4	39.5	1.93	41608
电力蒸汽热水生产供应业	5.8	2.7	76.6	94.2	80.1	15.2	6.0	6.0	2.10	86143
煤气生产和供应业										
自来水的生产和供应业	62.8	15.8	82.2	100.0	125.0	20.1	44.4	126.2	2.95	190714

11－35 各县(市、区)集体工业企业主要经济效益指标

(2002 年)

	总资产贡献率(%)	成本费用利润率(%)	资产负债率(%)	产品销售率(%)	资本保值增值率(%)	销售收入利税率(%)	资金利税率(%)	固定资产原价利税率(%)	流动资产周转次数(次/年)	全员劳动生产率(元/人年)
总计	**16.7**	**5.2**	**67.6**	**97.8**	**128.5**	**9.7**	**15.1**	**28.0**	**2.66**	**33694**
宛城区	4.3	2.6	79.3	100.3	157.8	4.3	3.9	11.9	1.12	26797
卧龙区	10.9	4.9	60.2	97.4	92.0	7.3	13.6	19.5	3.21	25791
南召县	16.0	3.5	71.1	93.6	96.1	5.2	13.3	29.7	3.84	32017
方城县	38.5	6.6	62.7	99.6	95.0	13.6	37.1	63.1	5.21	28560
西峡县	23.8	8.2	60.2	98.5	118.8	15.1	23.5	76.4	1.96	37853
镇平县	16.2	3.2	87.9	98.8	113.9	7.3	13.0	27.0	3.26	47210
内乡县	8.8	3.9	68.5	95.5	97.6	9.9	8.2	12.7	1.45	26402
淅川县	8.9	1.1	73.6	97.0	451.6	6.0	7.0	14.7	1.64	18502
社旗县	7.3	2.2	92.6	101.4	243.5	5.4	6.2	13.1	1.70	24280
唐河县	41.6	4.7	49.9	98.8	98.7	8.8	35.2	71.9	6.44	68142
新野县	26.4	9.4	70.4	98.0	137.3	15.1	20.7	63.1	1.93	29391
桐柏县	31.5	15.6	45.7	96.1	368.6	25.6	21.3	23.6	3.11	27582
邓州市	16.8	4.7	59.8	97.3	85.9	5.8	16.6	26.7	6.33	40678
市直	4.9	2.2	77.9	98.1	103.7	9.8	4.6	8.6	0.66	10903
高新区	-12.3	-9.9	23.4	110.9	97.7	-11.3	-35.9	-25.1	30.60	51567
两属	5.6	1.2	45.8	92.2	103.4	7.1	7.6	10.1	1.63	20315

11－36 外商及港澳台投资企业主要经济效益指标

（2002年）

	总资产贡献率（%）	成本费用利润率（%）	资产负债率（%）	产品销售率（%）	资本保值增值率（%）	销售收入利税率（%）	资金利税率（%）	固定资产原价利税率（%）	流动资产周转次数（次/年）	全员劳动生产率（元/人年）
总计	**12.6**	**7.3**	**64.4**	**98.0**	**103.3**	**13.7**	**9.1**	**9.5**	**2.10**	**59405**
一、总计中：（按轻重工分）										
轻工业	11.6	5.3	83.0	98.0	79.2	8.6	11.1	16.6	2.08	33857
以农产品为原料	6.3	2.1	84.0	97.7	77.4	4.5	5.1	7.2	1.90	31396
以非农产品为原料	60.2	19.3	73.9	99.6	91.1	23.2	57.2	172.8	3.11	48375
重工业	12.9	8.9	58.1	97.9	107.8	17.8	8.5	8.2	2.13	106251
采掘工业										
原料工业	13.6	10.3	59.8	99.9	106.8	22.2	8.6	7.4	3.16	295829
加工工业	9.5	6.3	50.9	94.3	111.5	9.1	8.3	16.9	1.30	38759
二、总计中：（按规模分组）										
大型企业										
中型企业	13.3	10.3	63.2	99.7	105.3	21.2	8.7	7.4	3.20	199201
小型企业	11.3	5.5	66.5	97.1	99.9	9.0	9.8	16.7	1.73	36743
三、按国民经济行业分										
煤炭采选业										
石油和天然气开采业										
黑色金属矿采选业										
有色金属矿采选业										
非金属矿采选业										
其他矿采选业										
木材及竹材采运业										
食品加工业	1.6	0.0	80.2	95.6	94.2	0.5	0.7	0.9	2.82	96834
食品制造业	16.0	7.0	56.2	98.1	101.3	29.1	15.0	20.3	1.43	14071
饮料制造业	1.9	0.3	70.4	98.8	100.3	3.0	2.3	2.9	1.18	44672
烟草加工业										
纺织业	5.2	1.3	123.7	98.1	366.8	2.6	2.4	2.8	1.22	16317
服装及其他纤维制品业	17.7	4.3	66.0	115.6	87.6	5.0	14.0	32.9	3.88	27766
皮革毛皮羽绒及其制品业	5.8	5.6	51.7	101.0	133.2	10.1	6.0	10.5	0.94	11941
木材加工及竹藤棕草业	11.7	9.4	30.2	96.9	100.9	10.5	11.6	19.8	1.88	20779
家具制造业	31.1	4.7	31.2	96.2	67.2	6.3	35.1	37.7	61.83	64963
造纸及纸制品业										
印刷业，记录媒介的复制										
文教体育用品制造业										
石油加工及炼焦业										
化学原料及化学制品业	14.6	4.9	119.6	91.5	92.2	8.4	13.6	22.5	2.72	7057
医药制造业	86.3	131.1	45.1	101.3	102.7	70.7	88.3	276.1	1.44	98938
化学纤维制造业										
橡胶制品业										
塑料制品业	50.2	6.2	35.7	97.4	110.7	17.1	48.1	98.7	4.63	87667
非金属矿物制品业	2.9	0.4	35.4	90.9	106.3	2.8	2.4	2.8	1.69	36213
黑色金属冶炼及压延业										
有色金属冶炼及压延业										
金属制品业										
普通机械制造业	14.4	8.4	50.1	98.1	112.1	12.9	11.8	27.8	1.28	43354
专用设备制造业	19.3	15.6	74.2	100.0	106.1	21.0	19.8	208.4	0.98	168782
交通运输设备制造业										
武器弹药制造业										
电气机械及器材制造业										
电子及通信设备制造业										
仪器仪表及办公用机械业										
其他制造业	29.4	5.1	83.9	97.4	105.0	9.0	26.2	110.7	3.54	56037
电力蒸汽热水生产供应业	14.0	11.4	61.8	100.0	107.7	23.4	8.7	7.5	3.23	412189
煤气生产和供应业										
自来水的生产和供应业										

11－37 各县(市、区)外商及港澳台投资企业主要经济效益指标

(2002年)

	总资产贡献率(%)	成本费用利润率(%)	资产负债率(%)	产品销售率(%)	资本保值增值率(%)	销售收入利税率(%)	资金利税率(%)	固定资产原价利税率(%)	流动资产周转次数(次/年)	全员劳动生产率(元/人年)
总　计	**12.6**	**7.3**	**64.4**	**98.0**	**103.3**	**13.7**	**9.1**	**9.5**	**2.10**	**59405**
宛城区										
卧龙区	6.7	2.1	69.2	95.6	95.0	2.7	4.2	4.4	5.74	74966
南召县	12.4	3.1	52.6	104.6	114.2	5.7	11.1	32.2	2.48	21957
方城县	0.5	1.6	109.8	97.8	5123.1	1.8	0.7	2.1	0.58	12172
西峡县										
镇平县	20.6	7.1	70.5	102.2	126.4	10.9	19.0	46.0	2.36	43113
内乡县	1.5	1.1	105.3	87.7	100.0	5.5	1.3	3.1	0.36	59181
淅川县										
社旗县										
唐河县	6.5	3.4	78.4	97.3	71.5	7.1	15.3	8.8	3.23	29795
新野县	7.3	0.0	177.0	100.0	150.9	0.1	0.1	0.2	0.67	9570
桐柏县	4.0	1.9	68.1	98.8	101.1	5.4	4.7	6.1	1.35	43022
邓州市	9.4	2.7	75.7	98.1	92.9	3.4	8.8	15.0	4.69	32477
市　直	14.0	10.5	37.0	93.3	106.3	15.6	14.1	18.2	1.68	34764
高新区	12.4	7.4	48.5	98.4	106.9	11.8	10.7	24.4	1.26	51435
两　属	14.0	11.4	61.8	100.0	107.7	23.4	8.7	7.5	3.23	412189

11—38 1975—2002年国有独立核算工业企业主要财务指标

单位:万元

	企业个数	亏损	销售收入	亏损企业亏损额	盈亏相抵后的利润	实现利税总额	年末固定资产原值
1975年	242	70		2476	-100		32427
1980年	309	70	99818	1316	7725	7279	114833
1981年	317	91	113515	1631	9627	9086	142069
1982年	319	90	126052	1894	8247	8509	152155
1983年	321	30	129331	430	11107	7833	147537
1984年	377	26	126016	616	10973	22309	166997
1985年	308	29	158005	1020	14877	10656	185563
1986年	326	41	225966	2570	14825	13874	265263
1987年	337	40	300081	2128	25224	14435	299302
1988年	340	32	348271	4012	22018	9243	340115
1989年	330	48	352982	16342	5467	8845	387879
1990年	345	78	369859	31608	-13115	8191	455557
1991年	340	78	413139	32392	-15206	5119	519897
1992年	347	77	481448	41363	-16906	8320	608070
1993年	376	82	715648	17240	11479	65570	800921
1994年	351	63	814485	11469	20183	104846	963789
1995年	371	91	1082451	15156	27037	127917	1248706
1996年	382	60	1109116	19960	10065	121469	1297325
1997年	255	40	1105376	10720	25794	193007	1390921
1998年	184	48	1079342	12055	13921	122040	1439248
1999年	201	47	1046628	21326	4727	118081	1570276
2000年	201	52	1215587	22922	53358	170017	1368104
2001年	196	47	1367887	16392	46901	174534	1499997
2002年	181	39	1446809	10171	49749	179592	1595290

11—39 限额以下工业企

(2002

	单位数	实收资本	固定资产	本期折旧	流动资产
总计	**8157**	**395717**	**380822**	**34146**	**359063**
按登记注册类型分组					
国有企业	68	2230	4403	1145	11675
集体企业	2416	118122	109815	10434	113348
股份合作企业	563	38057	37712	3369	35731
集体联营企业	51	2505	2361	283	2255
其他联营企业	32	2742	2142	180	1984
国有独资公司	2	33	35	2	30
其他有限责任公司	112	11494	12129	1232	13501
股份有限公司	12	881	1004	96	853
私营独资企业	3931	162184	153227	12499	126341
私营合伙企业	798	45601	47266	4033	44386
私营有限责任公司	71	5652	5116	418	4647
私营股份有限公司	31	2438	2443	168	1572
其他企业	37	1444	1212	106	1027
港、澳、台与大陆合资经营企业	15	574	624	57	655
港、澳、台与大陆合作经营企业	1				
港、澳、台商独资经营企业	2	231	241	24	288
港、澳、台商投资股份有限公司	4	431	477	46	139
中外合资经营企业	9	984	508	41	528
外资企业	2	115	107	14	105
按隶属关系分组					
中央属	1	16	14	1	12
省属	6	114	105	14	72
市(地区)属	18	1549	1843	202	2383
县(区)、县级市属	319	18696	19872	1797	18645
街道属	31	1054	992	122	987
镇属	150	8907	8113	727	8395
乡属	683	47907	46032	4171	42054
居委会属	105	4484	3840	421	3098
村属	1730	80221	71256	7136	60458
其他属	5114	232770	228756	19555	222961
按轻重工业分组					
轻工业	3501	173548	168782	14489	163007
以农产品为原料	2776	134057	129056	11146	124792
以非农产品为原料	725	39491	39726	3343	38214
重工业	4656	222169	212040	19657	196057
采掘工业	593	31602	32201	2780	30480
原料工业	513	23130	24213	2938	28256
加工工业	3550	167437	155626	13940	137321

业 主 要 经 济 指 标

年）　　　　　　　　　　　　　　　　　　　　　　　　　　　　　　单位：万元

营业收入	应交税金	所得税	利润总额	从业人员（人）	应付工资	工业总产值	工业增加值
1548142	**86272**	**13421**	**136854**	**220710**	**97405**	**1591466**	**438974**
7950	400	61	438	1469	812	8171	2101
476998	25490	4285	41281	83962	37111	490342	137046
135469	8051	1067	10807	19273	8168	139260	39223
11433	439	81	847	2112	877	11753	3313
11506	436	91	907	1662	563	11828	3235
157	8	2	12	55	25	161	45
36342	1967	297	2615	10325	4812	37359	10510
3878	188	48	237	1503	721	3986	1087
662351	37297	5955	63231	73090	32237	680893	184991
163391	9804	1129	13658	21441	9278	167963	46607
18742	1099	266	1402	2224	1122	19267	5168
8136	456	63	657	703	339	8364	2282
5842	334	51	474	701	299	6005	1605
1434	70	9	66	854	394	1473	413
				20	9		
442	21	2	5	136	57	454	187
1630	90	7	106	91	47	1676	438
1916	108	5	82	1029	508	1969	569
527	14	3	30	60	25	542	155
82	4	2	8	15	9	85	27
443	16	4	20	84	36	456	118
2445	91		-62	1290	631	2514	715
68478	3878	594	5388	27161	11535	70395	19855
5175	144	26	304	880	366	5319	1508
34736	1755	160	2581	5185	2185	35707	10184
175243	10124	1451	14122	26559	12155	180148	50580
19459	1059	161	1427	1855	799	20004	5508
339847	17361	3528	29980	47772	21607	349358	97248
902234	51840	7496	83088	109909	48082	927482	253231
666604	38075	5522	57590	94849	40316	685261	179850
529638	29934	4520	46105	75423	32083	544462	140576
136966	8140	1002	11485	19426	8234	140799	39274
881538	48197	7899	79265	125861	57089	906205	259124
123307	7020	1382	11838	14091	7367	126758	35503
94623	5008	862	8138	10093	4537	97268	28643
663608	36170	5655	59289	101677	45185	682180	194978

11—39 续表 (2002

	单位数	实收资本	固定资产	本期折旧	流动资产
按国民经济行业分组					
煤炭采选业	6	157	123	12	94
黑色金属矿采选业	47	3922	3585	323	2974
有色金属矿采选业	108	10665	10841	879	10506
非金属矿采选业	425	16753	17517	1555	16741
其他矿采选业	7	105	135	10	166
食品加工业	1071	51063	48446	3854	39335
食品制造业	257	8557	7578	784	6302
饮料制造业	120	6044	5720	427	4448
烟草加工业	3	45	37	3	30
纺　织　业	237	18037	18873	1658	27854
服装及其他纤维制品制造业	96	4727	4090	396	3429
皮革、毛皮、羽绒及其制品业	53	2877	2845	289	2586
木材加工及竹、藤、棕、草制品业	330	13336	12025	992	10320
家具制造业	254	9048	8325	844	7701
造纸及纸制品业	112	6406	6607	605	6546
印刷业，记录媒介的复制	113	6499	6469	597	6309
文教体育用品制造业	15	849	777	63	747
石油加工及炼焦业	29	1584	3354	1132	10271
化学原料及化学制品制造业	220	13961	13745	1162	12034
医药制造业	26	1560	1602	147	1685
化学纤维制造业	1	217	233	24	283
橡胶制品业	13	466	483	41	545
塑料制品业	186	11354	10876	904	10273
非金属矿物制品业	2975	136243	126782	11270	105150
黑色金属冶炼及压延加工业	20	1133	1372	127	1159
有色金属冶炼及压延加工业	27	2419	2311	209	2114
金属制品业	192	8087	7704	650	7475
普通机械制造业	122	6476	6279	554	6416
专用设备制造业	126	5387	4797	443	4560
交通运输设备制造业	146	7914	7678	726	7517
电气机械及器材制造业	53	3963	3596	353	4129
电子及通信设备制造业	13	549	550	54	648
仪器仪表及文化、办公用机械制造业	17	2013	1544	166	2894
其他制造业	686	31773	32452	2780	34733
电力、蒸汽、热水的生产和供应业	40	1091	1110	78	699
煤气生产和供应业	2	164	102	14	150
自来水的生产和供应业	9	274	263	23	244

年)

单位:万元

营业收入	应交税金	所得税	利润总额	从业人员(人)	应付工资	工业总产值	工业增加值
601	32	3	23	42	21	618	269
15704	748	247	1341	1059	650	16143	4047
35709	2258	271	2911	3083	1436	36708	11050
70662	3942	859	7472	9779	5202	72639	19955
633	41	2	91	128	59	650	182
211763	11699	1739	18800	14790	6652	217692	47481
34114	1824	275	2977	4972	2035	35068	9451
22478	1295	226	2100	2888	1320	23107	7156
175	11	1	18	263	121	180	62
72860	3933	620	5892	14301	5522	74898	18925
18088	1031	56	1396	2856	1260	18595	4759
11829	729	103	1035	1767	744	12160	3314
55372	3126	583	5294	5556	2516	56921	15653
39182	2182	476	3983	3419	1563	40279	11691
23302	1309	196	1978	3031	1330	23954	7072
24481	1456	209	2007	2858	1246	25167	7657
3150	161	32	300	239	104	3238	823
5859	248	41	274	434	185	6023	2200
47704	2631	362	3808	5730	2555	49039	13478
5305	319	49	409	1398	596	5454	1876
311	12		-9	407	194	320	94
2655	145	46	246	282	126	2729	766
45027	2554	390	4261	3774	1627	46287	12363
543507	29502	4558	49050	90037	39775	558717	161109
4637	222	31	307	811	377	4766	1182
8833	450	42	571	1065	454	9080	2411
30509	1665	245	2569	4106	1802	31363	8498
24783	1431	247	2240	3098	1411	25478	7271
20947	1119	175	1724	2635	1179	21533	6139
28686	1675	342	2644	2471	1123	29488	8797
14141	690	81	955	1582	726	14538	3783
2780	76	14	187	266	116	2858	835
5722	214	17	395	720	419	5883	1438
110638	7244	798	9071	30043	12542	113730	34384
3935	225	68	371	434	233	4045	1941
828	16	3	53	16	8	851	277
1236	58	16	109	370	177	1271	587

11－40 各县(市、区)限额以下工业企业主要经济指标

(2002 年)

单位:万元

	户数(个)	实收资本	固定资产	本期折旧	流动资产	营业收入
全　　市	**8157**	**395717**	**380822**	**34146**	**359063**	**1548142**
宛城区	503	27388	26158	3476	18980	107342
卧龙区	407	16742	16006	2022	27144	94948
南召县	359	18371	13252	1134	10930	69009
方城县	577	13593	18039	1283	27451	83605
西峡县	535	22419	29374	1845	21462	81020
镇平县	679	66370	73956	6454	85507	187638
内乡县	800	37050	33039	3554	35434	151092
淅川县	524	25328	25229	1672	15906	96307
社旗县	390	10557	7916	1481	3520	36891
唐河县	919	44673	40549	2306	18817	144133
新野县	1010	39473	33492	2260	33664	220742
桐柏县	506	20569	18272	1733	15805	103883
邓州市	862	43826	34200	2969	22342	156550
市　　直	86	9360	11341	1960	22100	14982

11－40 续表

(2002 年)

单位:万元

	应交税金	所得税	利润总额	从业人员(人)	应付工资	工业增加值
全　　市	**86272**	**13421**	**136854**	**220710**	**97405**	**438974**
宛城区	3855	956	4709	15767	6895	30678
卧龙区	1285	69	6568	16358	6538	27228
南召县	4170	187	2489	6586	3450	19871
方城县	5101	334	11506	11836	5329	23201
西峡县	2567	680	4565	14056	7326	22824
镇平县	14530	601	13426	32567	12038	55581
内乡县	9843	3010	20975	23066	11675	44450
淅川县	5984	2105	8667	11263	5496	28388
社旗县	1840	9	2060	8198	2629	10251
唐河县	7354	74	18073	23834	8704	40020
新野县	14586	3473	20142	19506	7757	59464
桐柏县	5111	1808	10675	12454	7762	29557
邓州市	9425	83	12994	21303	9829	43088
市　　直	621	32	4	3916	1978	4373

11－41 个体经营工业主要经济指标

（2002 年） 单位：万元

项目	户数（个）	固定资产	营业收入	从业人员（人）	实交税金	工业增加值
总计	**126361**	**630844**	**3303002**	**585957**	**50581**	**945359**
一、按轻重工业分组						
轻工业	101850	476985	2509670	436718	36886	717377
以农产品为原料	77220	299371	1647500	325365	29651	454807
以非农产品为原料	24630	177615	862170	111353	7235	262570
重工业	24511	153859	793332	149239	13695	227982
采掘工业	2623	36282	110309	26802	2328	33226
原料工业	3432	30338	104469	19583	2353	29301
加工工业	18456	87239	578554	102854	9014	165454
二、按国民经济行业分组						
有色金属矿采选业	298	1346	16003	2491	131	5051
非金属矿采选业	2296	34745	94120	24167	2196	28123
木材及竹材采运业	29	192	187	145	1	52
食品加工业	33258	117556	570170	116991	11823	147829
食品制造业	9451	26594	225826	35223	3133	64446
饮料制造业	927	7177	39153	5022	613	12475
纺织业	874	3294	14997	5515	243	3946
服装及其他纤维制品制造业	10499	71732	339444	61952	5418	91747
皮革、毛皮、羽绒及其制品业	1676	8632	32749	11108	1101	9045
木材加工及竹、藤、棕、草制品业	4657	15648	111607	17415	2153	32592
家具制造业	7709	33900	198417	34527	3545	55199
造纸及纸制品业	574	1633	7168	2056	209	2654
印刷业，记录媒介的复制	136	625	5288	604	176	1589
文教体育用品制造业	57	248	2683	343	14	620
石油加工及炼焦业	62	296	3723	341	23	888
化学原料及化学制品制造业	479	2111	9811	3739	363	2733
医药制造业	140	423	2362	610	59	695
化学纤维制造业	29	268	813	145	30	151
橡胶制品业	7	43	348	27	11	102
塑料制品业	135	433	4069	970	63	1088
非金属矿物制品业	8509	58873	334987	71049	5590	94502
黑色金属冶炼及压延加工业	193	15787	18571	6378	354	5055
有色金属冶炼及压延加工业	97	875	4470	318	173	856
金属制品业	2943	13079	63378	11568	1211	17083
普通机械制造业	2041	4749	50571	5543	853	13902
专用设备制造业	2149	4496	65866	8712	665	19692
交通运输设备制造业	4950	14907	111184	14339	1490	32981
电气机械及器材制造业	152	847	2962	662	90	837
电子及通信设备制造业	101	284	732	194	12	203
其他制造业	31924	189994	970845	143775	8839	299082
自来水的生产和供应业	9	57	501	28	2	138
三、按是否领照分组						
1.领有执照	62847	324063	1780252	313359	29439	497308
2.未领执照	63514	306782	1522750	272598	21142	448051

11－42 各县(市、区)个体经营工业主要经济指标

(2002年)

单位:万元

	户 数 (个)	固定资产	营业收入	从业人员 (人)	应交税金	工业增加值
全　市	**126361**	**630844**	**3303002**	**585957**	**50581**	**945359**
宛城区	4315	7486	154110	12916	976	41278
卧龙区	7709	17213	224866	30839	2075	63546
南召县	10454	47659	223626	52276	5816	65200
方城县	8126	10568	128704	24385	1335	34646
西峡县	9728	32182	148123	38908	2814	41629
镇平县	31853	234798	853942	159269	8966	258974
内乡县	6387	11119	146525	31925	5092	40461
淅川县	9915	24472	232498	49594	2698	66810
社旗县	5391	10578	75083	16170	392	20482
唐河县	8540	6622	371861	42563	1942	105260
新野县	4440	22773	173466	17668	5623	50104
桐柏县	7267	106682	166222	58154	4125	46726
邓州市	12236	98691	403975	51290	8727	110242

11－43 部分重点工业企业主要指标

(2002年)　　　　单位:万元

	职工平均人数(人)	工业总产值(现价)	所有者权益	资产总计	固定资产净值平均余额	流动资产平均余额	产品销售收入	利税总额
一、大型工业企业								
1.河南石油勘探局	27700	386057	596612	906669	240117	308514	481486	54485
2.南阳鸭河口发电有限责任公司	349	117785	93184	421165	395895	42159	117785	24934
3.南阳纺织集团有限公司	8336	102001	38508	110173	39660	52989	100223	10157
4.河南新野纺织(集团)股份有限公司	9035	90546	40864	123682	58781	52050	109838	9095
5.南阳卷烟厂	1899	90132	21381	125747	18482	78470	90774	45559
6.中国乐凯胶片公司第二胶片厂	3142	74809	47061	79817	30984	40839	74210	16476
7.河南省宛西制药股份有限公司	1781	45391	12948	40614	8505	19394	37258	7738
8.河南红阳机械厂	3243	38471	17938	44586	13786	27033	37576	366
9.河南省天冠酒精化工集团有限公司	2272	34211	13323	81445	24792	43364	35412	6173
10.南阳金冠王码信息产业股份有限公司	2589	31197	29521	103057	31383	58208	48424	2805
11.南阳防爆集团有限公司	2269	30419	10265	40920	8291	25226	32491	4379
12.南阳市电业局	2239	24073	6318	257060	207617	27959	21449	9919
13.淅川县汽车减震器厂	1346	21196	6606	32269	14627	16428	12681	1868
14.河南省镇平县地毯集团工业公司	1395	21075	6734	21210	4098	15968	9227	2138
15.河南红宇机械厂	2545	16986	4917	25372	7169	13663	13530	460
16.河南省赊店酒厂	807	13307	1121	8252	4936	2721	13005	1257
17.河南中南机械厂	1639	11947	18835	29668	16762	8559	11743	615
18.河南光达实业(集团)股份有限公司	956	11044	6113	18270	11276	6881	10823	720
19.河南省淅川制药集团有限公司	1226	10280	8239	39024	10255	18639	11291	1590
20.河南向东机械厂	2606	10016	7816	27002	16285	13664	9242	-263
21.河南星光机械厂	1811	9695	24947	32481	13767	14806	9012	591
22.河南省南阳伏牛山水泥股份有限公司	864	6764	3670	22953	3571	3520	5958	315
23.河南中南光电仪器厂	831	6743	10255	27243	7351	13011	18600	791
24.河南中原机械厂	2099	3800	-4445	17496	11588	7183	3673	-1836
25.河南奥通光电有限公司	1199	3330	-462	5419	4128	1147	1376	-799
26.南阳神龙塑胶集团有限公司	310	2054	1923	8504	2089	5324	3409	-769
27.南阳柴油机厂	1860	1392	1182	11874	2654	8289	529	-252
二、中型工业企业								
28.南阳普光电力有限公司	550	46097	48109	125920	110927	14426	46589	10895
29.河南省淅川县铁合金厂	1245	31716	9280	28796	7687	10313	30137	2752
30.淅川县电业局	870	26529	15575	33050	11130	15376	24458	2581
31.河南省南阳市云阳钢铁耐火集团有限公司	1703	17619	83	42634	7519	41781	9594	-1443
32.河南省淅川县长城企业集团	444	15017	3806	10058	4851	4264	8873	957
33.邓州市第一化肥厂	1327	14850	3939	13085	6146	6996	14423	4
34.邓州市油厂	200	14501	264	6233	1867	4175	12985	119
35.西峡县汽车水泵厂	876	12975	2056	13511	2678	6482	11996	1210
36.邓州市电业局	851	12936	5771	6541	2447	3787	13013	611
37.邓州市久友面粉有限公司	243	11510	573	4065	1412	1502	11090	291

11－43 续表 1　　(2002 年)　　单位:万元

	职工平均人数(人)	工业总产值(现价)	所有者权益	资产总计	固定资产净值平均余额	流动资产平均余额	产品销售收入	利税总额
38. 南阳泰龙纸业集团有限公司	526	10416	4350	21870	6243	10144	6105	733
39. 内乡县制浆造纸股份有限公司	1303	9934	3181	12364	6405	4488	8376	1529
40. 邓州市水泥厂	418	9584	908	3316	1250	1463	8827	2
41. 河南省南阳吴城盐碱矿	1478	9394	5753	27876	7937	19824	6119	702
42. 内乡隆丰化工有限责任公司	840	9210	1169	7593	4844	2472	8007	1232
43. 南阳市石油化工厂	1181	8685	2868	12032	3996	6027	7390	203
44. 河南省淅川县水泥有限责任公司	706	8231	4905	11196	5657	2863	8030	1528
45. 河南省淅川县丰源化工有限公司	1422	7870	1513	11388	2336	1915	6850	578
46. 方城县电业局	773	7081	1944	5846	2798	2892	7150	336
47. 方城县翔宇化纤有限公司	543	6690	3336	5701	2237	1708	3732	826
48. 南阳丽荔纺织印染有限公司	671	6514	1780	9600	967	2013	5966	248
49. 南阳威克达汽车齿轮股份有限公司	751	6372	1093	13897	2433	7669	4819	433
50. 唐河县龙山水泥集团有限公司	823	6318	1274	8730	5524	1469	5479	577
51. 河南省镇平县依安欣制药有限公司	329	6185	-2180	2808	2217	2366	900	8
52. 镇平县力源热电有限公司	350	6131	3202	13679	11049	2563	5393	821
53. 南阳市油漆化工厂	173	6000	3541	4601	475	3362	4557	496
54. 南阳市氮肥厂	738	5942	2933	10622	5119	4165	5634	11
55. 河南省南阳市色织厂	1401	5869	1913	4000	752	3121	5719	64
56. 河南省南阳市桐柏县银洞坡金矿	1609	5829	1901	22637	10916	7155	4727	1337
57. 方城县华丰化工有限责任公司	503	5372	3013	4764	1586	1400	5183	193
58. 邓州市第二化肥厂	450	4867	561	2415	48	1089	4629	148
59. 南阳市自来水公司	1329	4726	10092	11515	8803	2327	3168	191
60. 南阳市纵横丝绸纺织有限公司	586	4705	2491	6106	4677	159	4547	64
61. 中国人民解放军第六四五六工厂	956	4493	5002	11613	4467	4096	3601	368
62. 方城县宛北水泥有限责任公司	390	4481	547	3071	1763	937	3547	906
63. 南阳市起重工具厂	431	4101	2165	3484	952	1547	2319	283
64. 南阳印刷总厂	690	4088	286	5589	1938	2683	2056	80
65. 南阳光辉机械厂	1279	3596	3479	11181	6692	4495	4122	133
66. 南阳万方变压器有限公司	690	3545	1170	7155	2251	3753	3672	352
67. 社旗县乘风集团有限公司	301	3499	-50	7762	2793	4329	2229	-18
68. 河南新野机械(集团)股份有限公司	950	3160	1547	6600	2000	3000	3069	21
69. 方城县酿酒公司	180	3107	65	2457	962	651	1211	72
70. 南阳水泥股份有限公司	585	3036	826	7700	3633	1704	2416	30
71. 河南新野运通(集团)公司	537	2758	561	5906	1580	3671	1609	33
72. 西峡县水电设备厂	421	2752	559	5420	2676	2320	1288	257
73. 河南省南阳大河铜矿	692	2376	2184	5328	1994	3550	2561	104
74. 南阳市化纤纺织厂	608	2059	1154	5383	1704	3040	1019	50
75. 河南省养生殿酒业有限公司	358	1413	500	2817	62	2590	855	127
76. 国营长江机械厂	853	1347	53	3323	1111	2427	1209	-538

11—43 续表 2　　　　(2002 年)　　　　单位:万元

	职工平均人数(人)	工业总产值(现价)	所有者权益	资产总计	固定资产净值平均余额	流动资产平均余额	产品销售收入	利税总额
77.南阳市晶体管厂	328	1208	3363	7347	1187	4262	1028	127
78.邓州卷烟厂	708	1185	-3755	10407	5058	5346	261	89
79.河南省南阳肉类联合加工厂	580	934	3987	12472	6990	3229	1266	5
80.南阳康远机器总厂	422	741	818	5405	3198	1987	885	4
81.河南省桐柏县桐柏山水泥有限公司	136	599	2580	2864	2658	169	538	203
82.河南东风机械厂	676	554	5248	7852	1040	2581	461	366
83.南阳市卧龙碧源造纸厂	135	532	-422	7241	1238	2625	364	26
84.南阳豫西绝缘公司	234	518	5198	5768	1331	3200	622	36
85.河南省南阳市宏大机械厂	723	458	467	5256	2121	2472	278	-42
86.唐河县汽车变速箱总厂	8	411						
87.南阳市南杭浆粕厂	440	247	488	6846	2021	1696	555	-60
88.河南省镇平县蝴蝶花集团有限公司	154	198	-496	250	235	222	19	37
89.南阳市第一造纸厂	8		994	8806	1749	1738		
三、小型工业企业								
90.西峡县保护材料厂	1192	25699	7558	19809	2244	14069	26075	3915
91.南阳纺织集团邓州正兴有限公司	2221	24125	1984	21901	11621	6217	23302	1762
92.镇平县贾宋镇食品系列集团股份公司	630	20762	-5222	3752	3527	3677	19259	1490
93.河南新野棉麻(集团)公司	3499	18993	358	32526	5358	26058	20578	550
94.桐柏县安棚碱矿	513	18129	28939	47349	35578	6994	15680	5483
95.新野县电业局	740	15878	6707	9350	4599	9163	15878	1557
96.镇平县石佛寺镇肉类加工厂	190	14298	379	3636	2403	1897	10138	912
97.河南英威东风机械制造有限公司	982	13520	7320	14671	3956	9974	12752	1645
98.南召县四棵树乡石材开发中心	585	12850	75	1350	525	680	9066	437
99.河南省新野县汉华酒业有限责任公司	698	12000	1200	2831	1041	1661	8431	425
100.南阳正大有限公司	115	11051	654	3301	2644	767	8430	125
101.西峡县龙成集团	533	11012	4624	10669	887	6970	5658	1907
102.邓州市穰东镇造纸厂	745	10686	1782	7213	5839	1239	10400	804
103.西峡县月月舒集团	502	10609	5531	10259	4423	5123	6527	531
104.邓州市老廷实业有限总公司	800	10543	5836	7618	4622	1381	10000	583
105.淅川县冶金材料厂	1050	10250	3765	11674	1935	5309	10360	658
106.镇平县晁陂镇甲林清真冷冻厂	168	9965	10	1686	709	1245	10291	678
107.新野新甸南阳恒远纺织有限公司三联	340	9840	75	881	267	614	1996	353
108.天冠酒业南阳啤酒有限公司	941	9527	2402	13090	4696	6970	7767	1850
109.南阳利达光电有限公司	970	9015	4953	9695	3795	5495	8575	-199
110.镇平县石佛寺镇玉雕集团公司	348	8924	-169	746	434	731	8254	771
111.方城县二郎庙乡三粉总公司	1162	8842	1446	2464	1162	1120	7734	620
112.南召县容益铸造有限公司	750	8466	498	1315	420	550	7281	217
113.唐河县电业局	966	8292	4451	5645	3556	1945	8321	512

11—43 续表 3　　(2002 年)　　单位:万元

	职工平均人数(人)	工业总产值(现价)	所有者权益	资产总计	固定资产净值平均余额	流动资产平均余额	产品销售收入	利税总额
114. 内乡县电业局	460	8118	2503	7938	2710	1131	8117	513
115. 河南新野阳光股份有限公司	576	7654	1572	9227	4876	2457	7673	90
116. 镇平县石佛寺镇石材集团公司	490	7545	-202	366	344	359	5200	871
117. 南阳市钢铁有限公司	300	7469	672	975	458	450	7354	40
118. 镇平县电业局	468	7321	4279	10820	4343	3308	7450	607
119. 南召县白土岗乡石材开发中心	580	6948	22	2250	825	1450	6784	295
120. 唐河县湖阳镇清真肉联厂	168	6803	646	1236	586	650	6530	1220
121. 新野县粮食局油厂	336	6769	1258	4492	2655	1792	5600	68
122. 河南省南阳卧龙岗轧花总厂	850	6625	3086	15991	1908	10084	4981	289
123. 新野县粮食局隆达油脂化工厂	200	6601	-2611	1510	1042	468	6403	67
124. 镇平县石佛寺镇玉器厂	380	6497	-440	457	430	448	6238	588
125. 南阳市宛城区第一毛巾厂	360	6169	1036	2670	716	1653	6076	421
126. 南召县南河店丝绸绢棉厂	160	6159	150	600	82	415	5236	53
127. 内乡县灌涨镇第二冷冻厂	65	6154	660	2614	383	1375	2866	115
128. 镇平县杨营乡建材集团公司	891	6024	59	658	366	645	5889	140
129. 邓州市康大科技饲料有限公司	140	5924	-555	1181	406	705	5565	-14
130. 河南油田飞亚实业总公司	903	5865	10633	17603	3168	10547	12077	783
131. 河南南阳航天水泥厂	693	5835	11120	27444	2003	13320	5455	974
132. 河南桐柏淮源食品工业有限公司	460	5820	1270	4283	1210	2253	2655	79
133. 南阳市卧龙区蒲山矿业公司	1400	5805	98	178	80	95	5570	73
134. 西峡县电业局	287	5794	5062	9395	2133	6299	5794	413
135. 中建七局机械厂	305	5793	1048	7356	608	6721	4165	330
136. 河南省南召县汽车配件厂	268	5745	513	3639	832	2475	3956	362
137. 邓州市彭桥乡矿产品集团开发公司	520	5698	362	760	168	392	5680	330
138. 新野县康泰面粉实业有限责任公司	337	5685	813	3203	1770	909	4017	63
139. 邓州市商业肉联厂	310	5659	727	1157	665	570	5659	35
140. 河南油田腾龙实业总公司	725	5624	3878	8237	2416	545	6196	629
141. 桐柏县电业局	317	5606	3413	8719	3673	1296	5651	314
142. 内乡荣鑫粮油食品企业有限公司	210	5600	-385	4312	1298	2970	522	8
143. 方城县赵河镇铸造公司	560	5461	530	995	297	652	4952	487
144. 地方国营内乡县万沟金矿	179	5450	1252	3606	1005	1482	2486	697
145. 镇平县老庄镇花岗岩集团公司	120	5402	-43	201	189	197	3048	127
146. 镇平县高丘乡金华山大理石厂	610	5400	221	1025	369	623	4594	233
147. 邓州市灵山水泥厂	405	5394	1156	2054	984	970	5394	161
148. 方城县独树镇金宇有限公司	715	5339	1004	1941	844	149	4949	1220
149. 南阳市鑫隆矿业有限公司	73	5320	614	1057	356	520	4432	249
150. 镇平县晁陂镇注油器厂	126	5290	346	1131	385	826	4632	409
151. 南召县电业局	436	5104	2238	7966	2843	3097	5187	321

11—43 续表 4　　　　(2002 年)　　　　单位:万元

	职工平均人数(人)	工业总产值(现价)	所有者权益	资产总计	固定资产净值平均余额	流动资产平均余额	产品销售收入	利税总额
152. 方城县裕州轴承有限公司	506	5065	1889	5294	410	4781	1656	345
153. 中国人民解放军第 9501 工厂内乡分厂	245	5007	2428	2898	1478	1172	1770	522
154. 河南省南阳绢纺织厂	891	5000	682	4703	1326	3488	4850	183
155. 镇平县晁陂镇卫生材料厂	97	4981	92	1027	173	726	5311	314
156. 新野县城郊乡鹏升纺织公司	510	4860	1750	2080	1020	980	4860	801
157. 内乡县地毯工艺品集团公司	536	4816	878	4641	1222	3679	2821	241
158. 邓州市裕隆地毯厂	600	4800	405	592	122	85	4312	325
159. 镇平县遮山乡石料开发公司	690	4737	-486	246	231	241	3720	194
160. 南阳市宛城区明东化工总厂	578	4732	3064	6149	3098	2735	4091	280
161. 安顺金属制品公司	122	4642	-330	668	628	466	4894	225
162. 第二胶片厂华光实业公司	487	4607	668	2435	552	1804	4946	388
163. 西峡县内燃机排气管厂	398	4544	1477	4433	1419	2287	4362	879
164. 镇平县卢医镇周堂肉联厂	160	4493	-510	441	415	432	2111	166
165. 镇平县城关镇东风制药纸盒厂	167	4389	318	380	26	168	1028	38
166. 唐河县湖阳镇宛南兽药厂	68	4365	410	770	320	450	4278	621
167. 方城县金欧化工有限公司	225	4336	221	755	124	609	744	75
168. 唐河县张店镇面粉厂	40	4330	387	627	207	434	4248	110
169. 镇平县卢医镇同成化工有限公司	146	4298	129	446	336	299	2145	242
170. 西峡县通宇保护材料有限公司	300	4291	585	4134	394	3537	4285	242
171. 桐柏县银矿	1739	4244	3545	17223	11441	5778	4422	473
172. 邓州市食品公司屠宰厂	484	4222	57	799	751	790	4222	7
173. 邓州市邓酒有限公司	700	4220	-5176	5400	2603	2458	4202	-15
174. 镇平县柳泉铺乡建材开发集团公司	1217	4197	-221	444	417	435	4151	213
175. 邓州市十林乡杨寨交通建材厂	200	4162	1343	1769	709	545	4123	84
176. 唐河县油脂食品总厂	300	4150	-1047	2998	1406	1449	2779	58
177. 新野县华星棉纺厂	430	4100	1670	1980	960	980	4100	772
178. 邓州市灵山第二水泥厂	300	4011	1523	1940	992	453	4011	222
179. 镇平县城郊乡轻纺集团公司	410	4010	139	379	275	371	4240	101
180. 南阳华锋水泥有限公司	261	4009	4769	5648	4007	1553	3889	296
181. 张林乡福利医疗器材厂	70	3978	-170	318	175	271	2400	59
182. 邓州市西城红达肉联厂	88	3963	291	640	358	378	3500	252
183. 镇平县曲屯乡中原汽车配件集团	120	3936	28	604	61	592	2894	168
184. 镇平县晁陂镇大荣玉器厂	76	3899	-76	850	145	766	3821	456
185. 镇平县神圣玉雕工艺有限责任公司	120	3862	349	713	266	652	4233	92
186. 唐河县祁仪乡面粉集团	90	3830	270	465	86	379	3820	93
187. 唐河县众丰油厂	103	3822	192	3403	1019	2237	3515	16
188. 镇平县杨营乡镇华塑料厂	223	3815	-116	540	507	290	2084	85
189. 南阳市电业局南阳电厂	453	3814	2052	29635	12282	11239	3814	-1588

	职工平均人数(人)	工业总产值(现价)	所有者权益	资产总计	固定资产净值平均余额	流动资产平均余额	产品销售收入	利税总额
190.埠江塑业集团温桐塑料编织袋厂	160	3789	844	999	502	497	3690	539
191.唐河县祁仪乡矿业开发公司	200	3750	301	471	86	385	3740	91
192.河南省西峡县双枪三木集团	283	3696	1754	4400	2404	1446	3108	848
193.河南省社旗县电业管理局	360	3646	949	4073	1201	1610	3652	-56
194.镇平县枣园乡矿产开发公司	120	3644	-227	268	150	185	1490	253
195.唐河县丰源印染(集团)公司	816	3606	721	2553	1024	1486	3034	542
196.镇平县曲屯乡卧龙制药厂	200	3603	138	604	178	341	2836	164
197.镇平县老庄镇南阳银河光电公司老庄分公司	240	3535	-1097	554	521	543	3809	140
198.南阳黄牛系列清真食品集团	63	3529	-957	1474	981	638	3712	11
199.镇平县柳泉铺乡工中德胶合板厂	115	3445	-181	430	363	320	1736	103
200.镇平县侯集镇一初中综合厂	48	3403	291	1415	88	289	1894	47
201.镇平县晁陂镇神山玉雕公司	99	3384	7	919	146	889	3931	368
202.南阳市宛城区棉麻公司红泥湾轧花厂	290	3380	289	5375	236	2528	2171	9
203.新野县染织布厂	246	3350	1630	1770	650	1120	3350	507
204.镇平县老庄镇石材开发公司	271	3348	164	344	265	337	3790	154
205.唐河县张店镇化工厂	150	3335	348	898	289	638	3275	97
206.南阳市卧龙区卧龙南方木器厂	150	3310	890	1772	696	800	3243	303
207.内乡县第二造纸厂	550	3309	1431	3672	1789	1347	3640	296
208.邓州市晓和纸业有限公司	420	3306	212	549	257	292	2020	111
209.邓州市福利造纸厂	131	3291	435	643	364	336	3178	71
210.邓州市孟楼塑料制品有限责任公司	130	3284	569	813	394	325	3121	182
211.邓州市杏山开发区建材企业集团有限公司	180	3280	154	350	80	270	3280	124
212.镇平县城郊乡建筑建材集团公司	220	3264	-288	276	259	270	3720	80
213.镇平县晁陂镇农用机动车组装厂	95	3261	270	582	85	355	3204	368
214.镇平县二龙乡龙马工业有限责任公司	27	3217	561	639	188	569	2780	73
215.镇平县高丘乡乔沟冷库	146	3187	133	376	197	254	2022	181
216.安徽省宏菱包装有限公公司桐柏分公司	200	3173	997	1129	683	446	3090	445
217.新野县上港乡第四棉织厂	130	3171	649	1292	308	985	3171	763
218.河南孟楼食品系列集团股份合作公司	86	3103	529	555	202	310	2745	157
219.二龙乡南阳启智耐火材料总公司	47	3062	317	462	107	415	2088	45
220.方城县杨楼乡光明化工厂	70	3061	120	480	214	227	2845	215
221.南阳市卧龙区卧龙岗乡华远印务公司	132	3050	451	871	358	311	2989	300
222.西施兰联合企业有限公司	80	3037	1152	2100	282	1824	2627	1859
223.河南油田炼油厂恒达实业总公司	460	3026	2072	2622	976	1892	5242	52
224.新野县歪子镇第一小麦淀粉厂	52	3021	326	516	285	230	3015	511
225.邓州市张村清真冷冻厂	50	3015	267	895	377	365	3033	23
226.南召县板山坪矿管办	220	3010	390	900	400	410	2590	153
227.唐河县粮局面粉厂	83	3009	470	2570	491	1830	2820	26

11—44 利税总额超1000万元的工业企业情况

（2002年）　　单位：万元

工业企业名称	利税总额	资产总计	产品销售收入
1.河南石油勘探局	54485	906669	481486
2.南阳卷烟厂	45559	125747	90774
3.南阳鸭河口发电有限责任公司	24934	421165	117785
4.中国乐凯胶片公司第二胶片厂	16476	79817	74210
5.南阳普光电力有限公司	10895	125920	46589
6.南阳纺织集团有限公司	10157	110173	100223
7.南阳市电业局	9919	257060	21449
8.河南新野纺织(集团)股份有限公司	9095	123682	109838
9.河南省宛西制药股份有限公司	7738	40614	37258
10.河南省天冠酒精化工集团有限公司	6173	81445	35412
11.桐柏县安棚碱矿	5483	47349	15680
12.南阳防爆集团有限公司	4379	40920	32491
13.西峡县保护材料厂	3915	19809	26075
14.河南省南阳普康集团化学制药厂	3499	21106	25296
15.南阳金冠王码信息产业股份有限公司	2805	103057	48424
16.河南省淅川县铁合金厂	2752	28796	30137
17.淅川县电业局	2581	33050	24458
18.河南省镇平县地毯集团工业公司	2138	21210	9227
19.西峡县龙成集团	1907	10669	5658
20.淅川县汽车减震器厂	1868	32269	12681
21.西施兰联合企业有限公司	1859	2100	2627
22.天冠酒业南阳啤酒有限公司	1850	13090	7767
23.南阳纺织集团邓州正兴有限公司	1762	21901	23302
24.河南英威东风机械制造有限公司	1645	14671	12752
25.河南省淅川制药集团有限公司	1590	39024	11291
26.新野县电业局	1557	9350	15878
27.内乡县制浆造纸股份有限公司	1529	12364	8376
28.河南省淅川县水泥有限责任公司	1528	11196	8030
29.镇平县贾宋镇食品系列集团股份公司	1490	3752	19259
30.河南省南阳市桐柏县银洞坡金矿	1337	22637	4727
31.河南省赊店酒厂	1257	8252	13005
32.内乡隆丰化工有限责任公司	1232	7593	8007
33.方城县独树镇金宇有限公司	1220	1941	4949
34.西峡县汽车水泵厂	1210	13511	11996

11-45 实现利润超500万元的工业企业情况

（2002年） 单位:万元

工业企业名称	实现利润总额	资产总计	产品销售收入
1.河南石油勘探局	18020	906669	481486
2.中国乐凯胶片公司第二胶片厂	11353	79817	74210
3.南阳鸭河口发电有限责任公司	8947	421165	117785
4.南阳普光电力有限公司	4746	125920	46589
5.南阳纺织集团有限公司	4286	110173	100223
6.河南新野纺织(集团)股份有限公司	4241	123682	109838
7.桐柏县安棚碱矿	3681	47349	15680
8.南阳市电业局	3354	257060	21449
9.河南省宛西制药股份有限公司	2883	40614	37258
10.河南省南阳普康集团化学制药厂	2808	21106	25296
11.南阳卷烟厂	2166	125747	90774
12.南阳防爆集团有限公司	2102	40920	32491
13.西峡县保护材料厂	1775	19809	26075
14.河南省镇平县地毯集团工业公司	1549	21210	9227
15.河南省淅川县铁合金厂	1539	28796	30137
16.西施兰联合企业有限公司	1459	2100	2627
17.西峡县龙成集团	1384	10669	5658
18.淅川县电业局	1258	33050	24458
19.南阳金冠王码信息产业股份有限公司	1127	103057	48424
20.河南英威东风机械制造有限公司	994	14671	12752
21.河南省南阳市桐柏县银洞坡金矿	890	22637	4727
22.淅川县汽车减震器厂	853	32269	12681
23.内乡县制浆造纸股份有限公司	774	12364	8376
24.河南省淅川制药集团有限公司	758	39024	11291
25.河南省淅川县长城企业集团	758	10058	8873
26.新野县电业局	734	9350	15878
27.方城县翔宇化纤有限公司	725	5701	3732
28.邓州市穰东镇造纸厂	644	7213	10400
29.内乡县风神橡胶软木股份有限公司	639	1898	1138
30.河南省淅川县水泥有限责任公司	618	11196	8030
31.新野县城郊乡鹏升纺织公司	574	2080	4860
32.河南中南光电仪器厂	566	27243	18600
33.地方国营内乡县万沟金矿	563	3606	2486
34.河南省西峡县双枪三木集团	552	4400	3108
35.河南省天冠酒精化工集团有限公司	551	81445	35412
36.方城县宛北水泥有限责任公司	510	3071	3547

11—46 主要能源本年消费量

(2002年)

品种	计量单位	本年消费品		
		合计	工业生产	非工业生产
合计	**吨标准煤**	**6489459**	**6307949**	**181510**
原煤	吨	4970984	4818722	152262
焦炭	吨	158721	158587	134
天然气	万立方米	4439	4439	
原油	吨	546507	546507	
汽油	吨	13040	10536	2504
煤油	吨	216	185	31
柴油	吨	36500	34943	1556
燃料油	吨	57922	40233	17689
液化石油气	吨	1048	1048	
炼厂干气	吨	5833	5833	
其他石油制品	吨	177	177	
热力	百万千焦	398848	398848	
电力	万千瓦时	432423	422248	10173
其他燃料	吨标准煤	25342	25342	

11—47 各县(市、区)主要能源本年消费量

(2002年)

	煤炭(吨)	焦炭(吨)	汽油(吨)	煤油(吨)	柴油(吨)	电力(万千瓦时)
总计	**4970984**	**158721**	**13040**	**216**	**36500**	**432423**
市直	757311	96695	1637	38	2022	112922
宛城区	37989	3840	86		173	4703
卧龙区	60435	6626	3152		513	5106
高新区	927	415	225		261	4590
南召县	1670		565		755	11738
方城县	102940	6334	85		93	14107
西峡县	84902	11798	24	5	231	5773
镇平县	131611	61	65		197	5744
内乡县	198448	842	163	10	177	13966
淅川县	144418	29353	719		577	73993
社旗县	34965	74				3744
唐河县	110648	110	20		282	7424
新野县	180109		728	16	467	27529
桐柏县	205708		198	123	861	19475
邓州市	238201	1562	920		456	26550
两属	2680702	1011	4453	24	29435	95059

11－48 主要能源按行业分组消费量

（2002 年）

行业	合计（吨标准煤）	煤炭（吨）	焦炭（吨）	天然气（万立方米）	原油（吨）	汽油（吨）	煤油（吨）	柴油（吨）	燃料油（吨）	热力（百万千焦）	电力（万千瓦时）
工业合计	**6489459**	**4970984**	**158721**	**4439**	**546507**	**13040**	**216**	**36500**	**57922**	**398848**	**432423**
石油和天然气开采业	1269009	26840	119	4408	546490	3706		23791	57824		62504
黑色金属矿采选业	757							26			178
有色金属矿采选业	27148	49	3300			444		851	36		5457
非金属矿采选业	174357	205449	2269			51	115	707	2		6092
其他矿采选业	154										38
食品加工业	59234	37434	9			662	8	210	30		7838
食品制造业	3315	2104				25		12			434
饮料制造业	123868	132521				671		584			6775
烟草加工业	19689	17338				6		5			1804
纺织业	260811	139376	3840			462	11	257		7740	42450
服装及其他纤维制品制造业	7066	237	1832			21		5			1258
皮革、毛皮、羽绒及其制品业	2397	1636				18					299
木材加工及竹、藤、棕、草制品业	3401	1078									652
家具制造业	715	150				36					137
造纸及纸制品业	92433	91801				231	10	100			6343
印刷业，记录媒介的复制	1587					84					362
文教体育用品制造业	301										75
石油加工及炼焦业	4252	1840		31		96		167			537
化学原料及化学制品制造业	615212	511120	117			3912		613			60555
医药制造业	186473	91315				27		70		375908	26624
化学纤维制造业	4102	454									935
橡胶制品业	660	200				4		11			134
塑料制品业	7476	388				120		710			1483
非金属矿物制品业	791774	747198	27673		17	661		1798	30	15200	56219
黑色金属冶炼及压延加工业	304125	24349	98206			323		517			47056
有色金属冶炼及压延加工业	683	180				70					112
金属制品业	5515	1414	2152			18		11			593
普通机械制造业	32876	3770	12741			83		167			4316
专用设备制造业	5875	941	613			157	16	273			997
交通运输设备制造业	26643	10650	3442			275	5	253			3638
武器弹药制造业	49673	28918	885			276	24	165			6801
电气机械及器材制造业	12965	3504	1522			92	2	90	1		2101
电子及通信设备制造业	9584	2230	3			158		605			1702
仪器仪表及文化、办公用机械制造业	1323					12					323
其他制造业	3919	981				82		16			891
电力、蒸汽、热水的生产和供应业	2357824	2871857				228		4486			71912
煤气生产和供应业	10922	13663					25				4
自来水的生产和供应业	11344					30					2797

主要统计指标解释

工业　指从事自然资源的开采，对采掘品和农产品进行加工和再加工的物质生产部门。具体包括：①对自然资源的开采，如采矿、晒盐、森林采伐等(但不包括禽兽捕猎和水产捕捞)；②对农副产品的加工、再加工，如粮油加工、食品加工、轧花、缫丝、纺织、制革等；③对采掘品的加工、再加工，如炼铁、炼钢、轧钢、化工生产、石油加工、机器制造、木材加工等，以及电力、自来水、煤气的生产和供应等；④对工业品的修理、翻新，如机器设备的修理、交通运输工具(包括小卧车)的修理等。

工业统计调查单位　工业统计调查单位分为两类：独立核算法人工业企业和工业活动单位。

独立核算法人工业企业　是指从事工业生产经营活动的单位。独立核算法人工业企业应同时具备以下条件：①依法成立，有自己的名称、组织机构和场所，能够承担民事责任；②独立拥有和使用资产，承担负债，有权与其他单位签订合同；③独立核算盈亏，并能编制资产负债表。

工业活动单位　是指在一个场所从事一种或主要从事一种工业生产活动的经济单位。它包括独立核算工业企业按主营业务活动(即工业生产活动)划分的主营业务活动单位和非工业企业所属的工业生产活动单位(即原非独立核算工业生产单位)。工业活动单位，一般应同时具备以下三个条件：①具有一个场所，从事一种或主要从事一种工业活动；②单独组织工业生产、经营或业务活动；③单独核算收入和支出。

村及村以下工业　包括农村村办工业、农村合作经营工业、农村个体工业。

轻工业　指主要提供生活消费品和制作手工工具的工业，是为满足人们吃、穿、用需要的工业，按其所使用的原料不同，可分为两大类：①以农产品为原料的轻工业，是指直接或间接以农产品为基本原料的轻工业。主要包括食品制造、饮料制造、烟草加工、纺织、缝纫、皮革和毛皮制作、造纸以及印刷等工业；②以非农产品为原料的轻工业，是指以工业品为原料的轻工业。主要包括文教体育用品、化学药品制造、合成纤维制造、日用化学制品、日用玻璃制品、日用金属制品、手工工具制造、医疗器械制造、文化和办公用机械制造等工业。

重工业　是指为国民经济各部门提供物质技术基础的主要生产资料的工业。按其生产和产品用途，可以分为下列三类：①采掘(伐)工业，是指对自然资源的开采，包括石油开采、煤炭开采、金属矿开采、非金属矿开采和木材采伐等工业；②原材料工业，是指提供国民经济各部门使用的原料、动力和燃料的工业。包括金属冶炼及加工、炼焦及焦炭化学、化工原料、水泥、人造板及电力、石油和煤炭加工等工业；③加工工业，是指对原材料进行加工制造的工业。包括装备国民经济各部门的机械设备制造工业、金属结构、水泥制品等工业，以及为农业提供的生产资料和化肥、农药等工业。根据上述划分原则，修理业中修理作业对象是重工业的划为重工业，否则划为轻工业。

大、中、小型企业　大、中、小型企业的划分标准有下列两类：

①按企业产品的年生产能力划分。凡产品比较单一的行业，如电力、原煤、石油、钢铁、有色金属、硫酸、烧碱、纯碱、合成氨、汽车、拖拉机、水泥、平板玻璃、纺织、造纸、制糖、手表、缝纫机、自行车等均以产品生产能力作为划分大、中、小型的标准(生产多种产品的企业，以其主要产品的生产能力来划分)。

②按企业拥有的固定资产原价划分。凡产品种类繁多，难以按生产能力划分的，则以企业的固定资产原价作为划分大、中、小型的标准。

工业总产值　是以货币表现的工业企业在一定时期内生产的已出售或可供出售工业产品总量，它反映一定时间内工业生产的总规模和总水平。它包括：在本企业内不再进行加工，经检验、包装入库(规定不需包装的产品除外)的成品价值，对外加工费收入，自制半成品、在产品期末初差额价值。工业总产值采用"工厂法"计算，即以工业企业作为一个整体，按企业工业生产活动的最终成果来计算，企业内部不允许重复计算，不能把企业内部各个车间(分厂)生产的成果相加。但在企业之间、行业之间、地区之间存在着重复计算。

1995年全国第三次工业普查对工业总产值的范围和计算方法做出了新规定。新规定与原规定的变化：一是对工业产值中凡自备原材料，不论其加工繁简程度如何，一律按全价计算总产值，凡来料加工，一律按加工费计算产值；二是自制半成品、在制品期末期初差额价值的计算改变了生产周期六个月以上的原则，而以当期会计是否将其计入成本核算作为是否计入产值的依据；三是现价总产值按不含增值税的价格计算。1995年以后各年工业总产值均是按新规定计算的。轻重工业总产值的划分也是按"工厂法"计算的，即一个工业企业在正常情况下生产的主要产品的性质属于轻工业，则该企业的全部总产值作为轻工业总产值；一个工业企业生产的主要产品的性质属于重工业，则该企业的全部总产值作为重工业总产值。

工业增加值　是工业企业在报告期内以货币表现的工业生产活动的最终成果。工业增加值有两种计算方法，一是生产法，二是收入法。本《年鉴》所列的工业增加值按生产法计算。

固定资产原价　是指工业企业在建造、购置、安装、改建、扩建、技术改造某项固定资产时所支出的全部货币总额。它一般包括买价、包装费、运杂费和安装费等。

固定资产净值　是指固定资产原价减去历年已提折旧额后的净额。

流动资产　是指可以在一年或者超过一年的一个营业周期内变现或者耗用的资产，包括现金及各种存款、短期投资、应收以预付货款、存货等。

利润和税金总额　指企业利润总额、产品销售税金及附加和应交增值税之和。

工业企业经济效益综合指数　是衡量工业企业经济效益各方面在数量上总体水平的一种特殊相对数，是反映工业经济运行质量的总量指数。他以一组经济效益指标分别除以各项指标的全省标准值，乘以各自的权数，加总后除以总权数求得，经济效益指标选择以下七项：

1.总资产贡献率＝（利润总额＋税金总额＋利息支出）/平均资产总额×100％

2.资本保值增值率＝报告期末所有者权益/上年同期期末所有者权益×100％

3.资产负债率＝负债总额/资产总额×100％

4.流动资产周转率（次）＝产品销售收入/全部流动资产平均余额

5.成本费用利润率＝报告期实现利润总额/报告期成本费用总额×100％

6.全员劳动生产率（元/人）＝报告期工业增加值/报告期全部职工平均人数

7.工业产品销售率（％）＝现价工业销售产值/现价工业总产值×100％

综合指数计算公式如下：

工业企业经济效益综合指数（％）＝$\sum$（某项经济效益指标报告期数值/该项指标全省标准值×权数）/总权数

全省标准值的确定是根据上述指标“七五”期间的年度数据加权平均计算的。权数是上述七项工业经济效益指标各自在综合经济效益中的重要程度，是根据专家权数法分别确立的。

十二、建　筑　业

12-1 建筑企业基本情况

年份	企业单位数（个）	国有	城镇集体	建筑业总产值（万元）	国有	城镇集体	房屋建筑面积（万平方米） 施工面积	竣工面积	从业人员（人）
1985	26	12	14	5059	3109	1950	49.62	26.49	10758
1986	24	13	11	6898	4702	2196	54.08	28.93	11621
1987	25	12	13	9415	5624	3791	66.13	38.51	14051
1988	31	12	13	21378	6988	4483	123.27	52.64	20309
1989	27	12	9	22466	7027	3151	90.41	40.44	18568
1990	26	17	9	22186	18500	3686	89.65	40.82	17584
1991	45	20	25	31189	21749	9440	130.43	61.57	25800
1992	47	20	27	45940	32753	13187	181.70	201.00	30100
1993	64	32	32	57439	44139	13300	86.50	96.00	21488
1994	126	53	70	111086	79102	28314	339.00	135.00	39221
1995	124	52	69	123229	88713	31964	362.00	210.00	49397
1996	263	68	180	200726	110300	84479	475.80	231.90	49495
1997	195	61	122	199347	97105	86892	468.40	227.00	46930
1998	210	62	124	192013	92390	79013	504.70	218.30	75506
1999	204	61	121	192878	91807	78895	444.70	197.50	69502
2000	198	61	115	212922	106437	76768	448.50	192.40	70884
2001	215	57	125	229032	119494	93975	471.96	119.35	64284
2002	136	46	32	361483	183756	46001	598.86	240.74	76972
年平均增长(%)									
七五时期	1.61	5.51	-3.93	34.40	42.86	13.58	12.56	9.03	10.33
八五时期	36.68	25.05	50.29	40.91	36.82	50.04	32.20	38.76	22.95
九五时期	9.81	3.24	10.76	11.56	3.71	19.15	4.38	-1.74	7.49
2000—2002年	-17.12	-13.16	-47.25	30.30	31.39	-22.59	15.55	11.86	4.21

12—2 按登记注册类型分的建筑业生产情况

（2002 年）

指　　标	合　计	内资企业	国　有	集　体
企 业 个 数(个)	**136**	**136**	**46**	**32**
建筑业合同情况				
签订的合同额(万元)	473202	473202	245819	63558
1.上年结转合同额	170175	170175	85662	27888
2.本年新签合同额	303027	303027	160157	35670
承包工程完成情况				
直接从建设单位承揽工程完成的产值(万元)	353893	353893	182290	41966
1.自行完成的产值	350582	350582	180876	40956
2.分包出去的产值	3311	3311	1414	1010
从建设单位以外承揽工程完成的产值(万元)	10901	10901	2880	5045
劳动人员情况				
期末从业人数(人)	76972	76972	27598	14431
#工程技术人员	10276	10276	3425	1827
计算建筑业劳动生产率的平均人数(人)	76130	76130	29572	13094
建筑业总产值(万元)	**361483**	**361483**	**183756**	**46001**
1.建筑工程产值	315487	315487	175909	41111
2.安装工程产值	31812	31812	7311	4259
3.其 他 产 值	14184	14184	536	631
#装修装饰产值	6694	6694	3101	990
竣 工 产 值(万元)	**280493**	**280493**	**151730**	**28260**
工程个数及面积				
单位工程施工个数(个)	2359	2359	914	418
#本年新开工个数	1506	1506	531	280
#实行投标承包个数	1622	1622	647	264
#本年新开工个数	1043	1043	331	182
单位工程竣工个数(个)	1382	1382	517	248
#一次交验合格个数	1118	1118	357	240
房屋建筑施工面积(平方米)	5988566	5988566	2441444	909376
#本年新开工面积	2973852	2973852	1191673	467736
#实行投标承包面积	4513988	4513988	2175650	735388
#本年新开工面积	2474900	2474900	1034041	392238
房屋建筑竣工面积(平方米)	2407439	2407439	1129527	344165
#一次交验合格面积	2121192	2121192	947398	320905
年末自有机械设备				
年末自有机械设备总台数(台)	26334	26334	7622	5691
年末自有机械设备总功率(千瓦)	260117	260117	79857	42441
#施工机械功率	206439	206439	65791	35508
年末自有机械设备净值(万元)	53287	53287	21209	6968
建筑业增加值(万元)	**92098**	**92098**	**39584**	**9621**
全员劳动生产率				
按总产值计算(元/人)	47482	47482	62139	35131
按增加值计算(元/人)	12097	12097	13387	7348
技术装备率(元/人)	6923	6923	7685	4828
动力装备率(千瓦/人)	3.38	3.38	2.89	2.94

注:本表统计范围为具有资质等级及以上的独立核算建筑业企业(下同)。

12—3 按国民经济行业分的建筑业生产情况

(2002 年)

指标	合计	土木工程建筑业			线路、管道和设备安装业		装修装饰业
			房屋	铁路、公路隧道、桥梁建筑业		设备安装业	
企业个数(个)	**136**	**119**	**87**	**22**	**13**	**7**	**4**
签订的合同额(万元)	**473202**	**432407**	**332248**	**91188**	**39767**	**8487**	**1028**
1.上年结转合同额	170175	161454	149335	7465	8483	3113	238
2.本年新签合同额	303027	270953	182913	83723	31284	5374	790
直接从建设单位承揽工程完成的产值(万元)	353893	318176	220607	88354	34813	4724	904
1.自行完成的产值	350582	315015	217768	88032	34663	4724	904
2.分包出去的产值	3311	3161	2839	322	150		
从建设单位以外承揽工程完成的产值(万元)	10901	10186	8678	1508	600		1
期末从业人数(人)	76972	71310	60277	8734	5234	1709	428
#工程技术人员	10276	9618	7745	1461	587	322	71
计算建筑业劳动生产率的平均人数(人)	76130	70154	58046	9758	5531	2028	445
建筑业总产值(万元)	**361483**	**325201**	**226446**	**89540**	**35263**	**4724**	**1019**
1.建筑工程产值	315487	310056	212910	88140	4917	2580	514
2.安装工程产值	31812	9202	8024	1078	22304	2144	306
3.其他产值	14184	5943	5512	322	8042		199
#装修装饰产值	6694	5990	5990		80	80	624
竣工产值(万元)	280493	243884	172804	57549	35621	5560	988
单位工程施工个数(个)	2359	1822	1624	170	537	175	
#本年新开工个数	1506	1132	983	132	374	47	
#实行投标承包个数	1622	1317	1211	89	305	125	
#本年新开工个数	1043	850	765	74	193	13	
单位工程竣工个数(个)	1382	992	857	117	390	48	
#一次交验合格个数	1118	853	740	96	265	44	
房屋建筑施工面积(平方米)	5988566	5920377	5828927	73970	68189	65989	
#本年新开工面积	2973852	2937795	2859485	62470	36057	33857	
#实行投标承包面积	4513988	4477763	4408883	54680	36225	34025	
#本年新开工面积	2474900	2438843	2378383	51260	36057	33857	
房屋建筑竣工面积(平方米)	2407439	2368834	2302134	59600	38605	38605	
#一次交验合格面积	2121192	2082587	2016087	59600	38605	38605	
年末自有机械设备总台数(台)	26334	24443	21157	2853	1415	570	476
年末自有机械设备总功率(千瓦)	260117	221044	149291	69384	38348	3524	725
#施工机械功率	206439	176858	127088	47886	28916	1845	665
年末自有机械设备净值(万元)	53287	49280	27278	21274	3955	1025	52
建筑业增加值(万元)	**92098**	**72528**	**52174**	**18481**	**19206**	**1401**	**364**
全员劳动生产率							
按总产值计算(元/人)	47482	46355	39011	91761	63755	23294	22899
按增加值计算(元/人)	12097	10338	8988	18939	34724	6908	8180
技术装备率(元/人)	6923	6923	4699	21802	7151	5054	1169
动力装备率(千瓦/人)	3.42	3.42	2.57	7.11	6.93	1.74	1.63

12－4 按登记注册类型分的建筑业主要经济指标

（2002 年）

单位：万元

指 标	合 计	内资企业	国 有	集 体
资产总计	369810	369810	184639	45137
流动资产合计	236005	236005	126246	28022
#存 货	79216	79216	35258	12725
#在建工程	43693	43693	21636	6947
固定资产合计	101551	101551	43841	12810
固定资产原价	125254	125254	54183	17091
#生产经营用	94873	94873	38321	11511
累计折旧	28191	28191	12168	4616
#本年折旧	5677	5677	1901	636
无形及递延资产合计	23772	23772	10904	3910
#无形资产	19049	19049	10835	2010
负债合计	200171	200171	115180	23029
流动负债	188532	188532	110043	22340
长期负债	11639	11639	5137	689
所有者权益合计	169639	169639	69459	22108
#实收资本	138498	138498	60126	19113
#国 家	53211	53211	52074	
集 体	28729	28729		16674
法 人	34500	34500	8052	1839
损益及分配				
工程结算收入	309107	309107	153749	37473
工程结算成本	269586	269586	137311	33511
工程结算税金及附加	9785	9785	4862	1224
工程结算利润	29736	29736	11576	2738
其他业务收入	17970	17970	9918	371
其他业务利润	1407	1407	685	89
管理费用	19279	19279	8218	2041
#税 金	644	644	370	79
财产保险费	407	407	337	18
劳动待业保险费	2136	2136	1784	124
财务费用	1363	1363	430	193
#利息支出	646	646	321	85
营业利润	10501	10501	3613	593
利润总额	11266	11266	3561	502
#应交所得税	3559	3559	950	234
应付利润	2828	2828	1419	200
工资、福利费				
本年应付工资总额	43566	43566	19114	5977
本年应付福利费总额	5070	5070	2505	554
年末拖欠工程款	41793	41793	31247	2773
#竣工拖欠	27821	27821	21079	1912

12－5 按国民经济行业分的建筑业主要经济指标

（2002 年）

单位：万元

指标	合计	土木工程建筑业	房屋建筑业	铁路、公路隧道、桥梁建筑业	线路、管道和设备安装业	设备安装业	装修装饰业
资产总计	369810	315464	238222	70065	52596	7958	1750
流动资产合计	236005	197131	158777	33930	38008	5630	866
#存货	79216	70070	58616	10680	9065	346	81
#在建工程	43693	43413	35140	7613	241	106	39
固定资产合计	101551	89079	53651	32960	11588	2223	884
固定资产原价	125254	106265	66235	37202	18038	2706	951
#生产经营用	94873	79021	51224	25246	15696	1813	156
累计折旧	28191	21650	15293	5997	6474	500	67
#本年折旧	5677	4029	2628	1293	1618	57	30
无形及递延资产合计	23772	23060	21171	1870	712	60	
#无形资产	19049	18794	16916	1863	255	33	
负债合计	200171	161240	127894	30391	38158	4919	773
流动负债	188532	153903	122586	28526	33856	4908	773
长期负债	11639	7337	5308	1865	4302	11	
所有者权益合计	169639	154224	110328	39674	14438	3039	977
#实收资本	138498	126726	88886	33908	10883	4123	889
#国家	53211	50253	26715	22623	2958	2947	
集体	28729	26069	25596	225	2107		553
法人	34500	30203	17383	10062	4041	932	256
损益及分配							
工程结算收入	309107	273158	199567	69335	34929	4658	1020
工程结算成本	269586	242120	177912	60844	26572	4194	894
工程结算税金及附加	9785	8911	6535	2228	845	122	29
工程结算利润	29736	22127	15120	6263	7512	342	97
其他业务收入	17970	10585	9268	1315	7385	3	
#其他业务利润	1407	910	506	404	497	1	
管理费用	19279	15124	10737	3826	4081	304	74
#税金	644	610	356	242	34	6	
财产保险费	407	401	67	330	5	3	1
劳动待业保险费	2136	2125	1006	1085	8	2	3
财务费用	1363	1332	1106	212	26	13	5
#利息支出	646	629	501	115	17	6	
营业利润	10501	6581	3783	2629	3902	26	18
利润总额	11266	6149	3447	2537	5099	15	18
#应交所得税	3559	1833	1261	517	1716	24	10
应付利润	2828	2625	1780	737	197	24	6
工资、福利费							
本年应付工资总额	43566	37706	30773	6035	5691	1107	169
本年应付福利费总额	5070	4318	3206	1064	693	79	59
年末拖欠工程款	41793	41101	31131	9380	298	298	394
#竣工拖欠	27821	27174	18045	8710	298	298	349

12—6 分县(市、区)房屋建筑竣工面积

(2002年)　　单位:平方米

	房屋建筑竣工面积	厂房	住宅	办公用房	商业、居民服务业用房	文化教育用房	医疗用房	科研用房	其他用房
总计	**2407439**	**204930**	**1243884**	**304217**	**163953**	**275494**	**41345**		**173616**
宛城区	260525		140787	13309	59908	36153			10368
卧龙区	294243	4190	246875	13465	2400	4264			23049
南召县	19979		11460	6653		826			1040
方城县	28337	5547	7393	4261		6667	966		3503
西峡县	95515	13188	54291	16151	3300	3195	4600		790
镇平县	108930	4867	64764	5760	1309	5660	5890		20680
内乡县	63160	8900	9246	13183	12467	15134	800		3430
淅川县	88415	816	47571	25257	8416	5140	574		641
社旗县	46310	10820	15500	9970	7000	3020			
唐河县	254077	29000	100280	53843	29188	27185			14581
新野县	40185		27070	2350		2000			8765
桐柏县	33815	1000	21336	9979		1500			
邓州市	69545		60872	5378	1990				1305
市直	1004403	126602	436439	124658	37975	164750	28515		85464

12—7 建筑业企业房屋建筑工程生产情况

单位:万平方米

指标	1985	1995	2000	2001	2002
竣工房屋建筑面积	**10.50**	**209.64**	**192.38**	**220.71**	**240.74**
厂房	6.18	26.93	16.63	17.66	20.49
住宅	1.87	62.02	103.87	109.15	124.40
办公用房	0.15	80.96	30.18	36.29	30.42
商业、居民服务业用房	0.24	12.94	11.51	13.54	16.39
文化教育用房	0.15	6.31	16.54	22.72	27.55
医疗用房	0.35	0.7	3.62	4.66	4.13
科研用房	0.16	2.03	0.24	1.22	
其他	1.40	17.75	9.79	15.47	17.36

12—8 各县(市、区)建筑业企业个数、从业人员

(2002年)　　　　单位:个、人

	企业个数	国有单位	地方单位	期末从业人员	国有单位	集体单位	计算建筑业劳动生产率的平均人数	国有单位	集体单位
总计	136	46	32	76972	27598	14431	76130	29572	13094
宛城区	13	2	4	10157	804	3324	9287	722	2864
卧龙区	7		2	6766		2411	5735		1913
南召县	8	1	2	3544	45	1436	3627	45	1376
方城县	4	1	1	1227	198	700	1175	186	633
西峡县	8	2	1	3267	1406	268	3762	1862	268
镇平县	6	2	1	2276	900	526	2315	938	506
内乡县	9	3	1	2804	976	446	2790	905	392
淅川县	8	5	1	3072	1372	500	2445	1013	300
社旗县	7	2	3	2926	167	1478	2970	157	1590
唐河县	6	3		6185	2735		5983	2735	
新野县	8	5	3	2168	1425	743	2171	1452	719
桐柏县	7	2	1	2820	1075	505	2629	1075	505
邓州市	15	7	5	3856	2808	578	4235	3198	561
市直	30	11	7	25904	13687	1516	27006	15284	1467

12—9 各县(市、区)建筑业签订合同、产值完成情况

(2002年)　　　　单位:万元

	签订的合同额	上年结转合同额	本年新签合同额	直接从建设单位承揽工程完成的产值	自行完成的产值	分包出支工程的产值	从建设单位以外承揽工程完成的产值
总计	**473202**	**170175**	**303027**	**353893**	**350582**	**3311**	**10901**
宛城区	52038	24624	27414	33556	33556		
卧龙区	29486	12385	17101	23962	23962		115
南召县	6900	1696	5204	14389	14389		
方城县	3186	829	2357	2225	2225		
西峡县	18325	2471	15854	27695	27244	451	2026
镇平县	10304	3182	7122	8728	8728		
内乡县	12633	3483	9150	10022	10022		119
淅川县	8344	2548	5796	7195	6759	436	436
社旗县	3218	262	2956	4113	4113		
唐河县	22418	2574	19844	20650	20650		
新野县	4745	2697	2048	3630	3630		
桐柏县	14944	2936	12008	11991	11991		
邓州市	31765	13189	18576	17485	17485		4567
市直	254896	97299	157597	168252	165828	2424	3638

12—10 各县(市、区)建筑业总产值

(2002 年)　　单位:万元

	建筑业总产值	国有	集体	建筑工程产值	国有	集体
总计	**361483**	**183756**	**46001**	**315487**	**175909**	**41111**
宛城区	33556	2739	13344	31649	1621	13344
卧龙区	24077		5893	23729		5713
南召县	14389	250	1313	14319	250	1313
方城县	2225	450	984	2225	450	984
西峡县	29270	20758	605	27359	20758	602
镇平县	8728	3927	1662	8067	3927	1310
内乡县	10141	3010	1078	9048	2293	1028
淅川县	7195	3844	700	6364	3544	700
社旗县	4113	728	2161	2980	30	1811
唐河县	20650	11214		15113	7877	
新野县	3630	2018	1612	3170	2018	1152
桐柏县	11991	8235	1629	10914	8135	1629
邓州市	22052	12321	7146	21303	11856	7006
市直	169466	114262	7874	139247	113150	4519

12—11 各县(市、区)建筑业增加值、竣工产值

(2002 年)　　单位:万元

县市区	增加值	国有	集体	竣工产值	国有	集体
总计	**92098**	**39584**	**9621**	**280493**	**151730**	**28260**
宛城区	7916	606	2878	24859	2408	5845
卧龙区	4231		176	17686		3042
南召县	2644	2	615	1720	250	476
方城县	692	81	263	1147	351	375
西峡县	4385	2758	200	4931	98	605
镇平县	3637	1570	425	7135	3192	1022
内乡县	1873	570	152	9942	2664	503
淅川县	2123	1351	253	6054	3155	250
社旗县	1306	334	603	3348	628	1531
唐河县	5573	2634		18206	10013	
新野县	1320	774	546	2137	1274	863
桐柏县	2333	1208	527	17255	14500	717
邓州市	2968	2209	543	23267	15031	5496
市直	51097	25487	2440	142806	98166	7535

12－12 各县(市、区)建筑业单位工程施工、竣工个数

(2002 年)　　　　单位:个

县市区	施工个数	国有	地方	集体	竣工个数	国有	地方	集体	#一次交验合格个数	国有	地方	集体
总计	**2359**	**914**	**832**	**418**	**1382**	**517**	**479**	**248**	**1118**	**357**	**326**	**240**
宛城区	204	13	13	49	60	10	10	16	56	9	9	16
卧龙区	150			36	86			18	86			18
南召县	59	2	2	27	19	2	2	9	17			9
方城县	40	14	14	14	25	10	10	6	24	10	10	6
西峡县	137	13	13	23	72	5	5	12	72	5	5	12
镇平县	106	31	31	16	79	24	24	7	42	23	23	7
内乡县	131	73	73	20	80	49	49	9	80	49	49	9
淅川县	88	49	49	11	58	34	34	3	37	17	17	3
社旗县	142	111	111	20	28	5	5	16	23	1	1	16
唐河县	137	48	48		120	42	42		82	4	4	
新野县	63	40	40	23	26	18	18	8	26	18	18	8
桐柏县	76	10	10	25	47	8	8	5	22	8	8	
邓州市	108	37	37	24	33	15	15	12	31	15	15	10
市直	918	473	391	130	649	295	257	127	520	198	167	126

12－13 各县(市、区)建筑业房屋建筑施工、竣工面积

(2002 年)　　　　单位:平方米

县市区	施工面积	国有	地方	集体	竣工面积	国有	地方	集体	#一次交验合格面积	国有	地方	集体
总计	5988566	2441444	1715757	909376	2407439	1129527	878034	344165	2121192	947398	739298	320905
宛城区	912722	27318	27318	314828	260525	21300	21300	80458	256114	21300	21300	80458
卧龙区	563225			173407	294243			77457	294243			77457
南召县	100410			51583	19979			10479	19979			10479
方城县	72700	13995	13995	31006	28337	9030	9030	10260	19290	9030	9030	10260
西峡县	198086			22728	95515			15620	95515			15620
镇平县	557605	51500	51500	36029	108930	31460	31460	21390	83470	31460	31460	21390
内乡县	220785	157115	157115	24122	63160	25246	25246	10900	50074	25246	25246	10900
淅川县	158869	79757	79757	24000	88415	41449	41449	5000	65821	41449	41449	5000
社旗县	63780	600	600	49860	46310			35750	45350			35750
唐河县	324076	161576	161576		254077	137977	137977		116100			
新野县	122495	78536	78536	43959	40185	28520	28520	11665	40185	28520	28520	11665
桐柏县	107914			71712	33815			13340	15875			
邓州市	214689	55179	55179	31400	69545	35815	35815	20130	58666	35056	35056	10210
市直	2371210	1815868	1090181	34742	1004403	798730	547237	31716	960510	755337	547237	31716

12—14 各县(市、区)建筑业年末自有机械总功率、净值

(2002 年)　　单位:千瓦、万元

	年末自有机械设备总功率	国有	集体	年末自有机械设备净值	国有	集体
总计	**260117**	**79857**	**42441**	**53287**	**21209**	**6968**
宛城区	36967	1672	9872	5552	202	1932
卧龙区	28397		3171	4695		1212
南召县	8624		1808	1744		106
方城县	2804	136	1621	1575	3	464
西峡县	22631	10212	1324	5129	3086	183
镇平县	8987	3816	2040	906	408	158
内乡县	14079	6591	872	3906	1293	158
淅川县	9133	4422	1669	2140	1504	350
社旗县	8420	1085	4149	1572	425	693
唐河县	16526	9926		3280	2009	
新野县	6948	3024	3924	932	246	686
桐柏县	11057	5105	731	4793	1543	54
邓州市	527	464	51	295	185	54
市直	85017	33404	11209	16768	10305	918

12—15 各县(市、区)建筑业企业技术装备情况

(2002 年)

	自有机械设备年末总台数(台)	自有机械设备年末总功率(千瓦)	施工机械功率	自有机械设备年末净值(万元)	技术装备率(元/人)	动力装备率(千瓦/人)
总计	**26334**	**260117**	**206439**	**53287**	**6923**	**3.38**
宛城区	5285	36967	31851	5552	5466	3.64
卧龙区	2376	28397	15381	4695	6939	4.2
南召县	868	8624	3509	1744	4921	2.43
方城县	711	2804	1656	1575	12836	2.29
西峡县	1469	22631	21113	5129	15699	6.93
镇平县	1544	8987	8013	906	3981	3.95
内乡县	1627	14079	10961	3906	13930	5.02
淅川县	996	9133	8661	2140	6966	2.97
社旗县	1153	8420	5539	1572	5373	2.88
唐河县	2014	16526	16272	3280	5303	2.67
新野县	1158	6948	4932	932	4299	3.2
桐柏县	908	11057	8890	4793	16996	3.92
邓州市	140	527	515	295	765	0.14
市直	6085	85017	69146	16768	6473	3.28

12—16 各县(市、区)国有建筑业企业技术装备情况

(2002年)

	自有机械设备年末总台数(台)	自有机械设备年末总功率(万千瓦)	施工机械功率	自有机械设备年末净值(万元)	技术装备率(元/人)	动力装备率(千瓦/人)
总计	**7622**	**79857**	**65791**	**21209**	**7685**	**2.89**
宛城区	256	1672		202	2512	2.08
卧龙区						
南召县						
方城县	31	136	136	3	152	0.69
西峡县	376	10212	9912	3086	21949	7.26
镇平县	602	3816	3383	408	4533	4.24
内乡县	747	6591	3872	1293	13248	6.75
淅川县	602	4422	4111	1504	10962	3.22
社旗县	113	1085	185	425	25449	6.5
唐河县	1427	9926	9772	2009	7346	3.63
新野县	398	3024	3024	246	1726	2.12
桐柏县	59	5105	4105	1543	14353	4.75
邓州市	70	464	461	185	659	0.17
市直	2941	33404	26830	10305	7529	2.44

12—17 各县(市、区)建筑业实收资本、资产合计

(2002年)

单位:万元

	实收资本	国有	集体	资产合计	国有	集体
总计	**138498**	**60126**	**19113**	**369810**	**184639**	**45137**
宛城区	17227	3668	4541	36188	7239	10189
卧龙区	12126		3500	21383		7474
南召县	4271	38	1307	7208	76	2078
方城县	1650	21	757	2699	88	991
西峡县	8803	3512	1041	19132	7061	1900
镇平县	3733	1245	620	6191	2252	1102
内乡县	7648	2318	419	13661	5475	743
淅川县	6388	4500	620	11530	9175	775
社旗县	3314	823	1252	6973	1181	3780
唐河县	7629	4259		13135	8947	
新野县	1277	357	920	3132	1321	1811
桐柏县	4737	1804	758	10138	2690	2073
邓州市	2234	1591	476	19322	12863	2180
市直	57461	35990	2902	199118	126271	10041

12—18 各县(市、区)建筑业流动资产、固定资产

(2002年)　　单位:万元

	流动资产小计	国有	集体	固定资产小计	国有	集体
总计	**236005**	**126246**	**28022**	**101551**	**43841**	**12810**
宛城区	21608	2292	6776	12973	4893	3247
卧龙区	8826		4295	6984		1397
南召县	2466	15	1272	4037	61	705
方城县	819	84	225	1576	4	464
西峡县	10376	3336	816	6748	3686	183
镇平县	3530	1335	527	1712	460	467
内乡县	6874	3756	211	4923	1295	532
淅川县	4504	3723	150	5308	3744	625
社旗县	3955	285	2545	2518	835	856
唐河县	6182	4489		5988	4128	
新野县	1896	988	908	1093	333	760
桐柏县	3725	682	1623	5777	1631	341
邓州市	17035	11526	1622	1977	1131	538
市直	144209	93735	7052	39937	21640	2695

12—19 各县(市、区)建筑业全员劳动生产率

(2002年)　　单位:元/人

市	全员劳动生产率 按总产值计算	全员劳动生产率 按增加值计算	国有 按总产值计算	国有 按增加值计算	集体 按总产值计算	集体 按增加值计算
总计	**47482**	**12097**	**62139**	**13386**	**35131**	**7348**
宛城区	36132	8524	37936	8393	46592	10049
卧龙区	41983	7378			30805	920
南召县	39672	7290	55556	444	9542	4469
方城县	18936	5889	24194	4355	15545	4155
西峡县	77804	11656	111482	14812	22575	7463
镇平县	37702	15711	41866	16738	32846	8399
内乡县	36348	6713	33260	6298	27500	3878
淅川县	29427	8683	37947	13337	23333	8433
社旗县	13848	4397	46369	21274	13591	3792
唐河县	34514	9315	41002	9631		
新野县	16720	6080	13898	5331	22420	7594
桐柏县	45610	8874	76605	11237	32257	10436
邓州市	52071	7008	38527	6907	127380	9679
市直	62751	18921	74759	16676	53674	16633

12—20 各县(市、区)建筑业工程结算收入、负债合计

(2002年)

单位:万元

县　市　区	工程结算收入	国有	集体	负债合计	国有	集体
南阳市	**309107**	**153749**	**37473**	**200171**	**115180**	**23029**
宛城区	33943	2643	13331	13413	2493	4780
卧龙区	20539		4273	7785		3974
南召县	5894	10	820	2613	37	750
方城县	2438	433	984	734	20	234
西峡县	14553	6927	605	8534	1949	859
镇平县	9455	3927	1563	2007	835	384
内乡县	8435	2358	432	5696	2971	271
淅川县	7025	3844	700	3989	3727	55
社旗县	3377	628	1597	3254	330	2332
唐河县	19023	9587		4898	4125	
新野县	2862	1571	1291	1719	938	781
桐柏县	13074	8235	2764	1953	88	1253
邓州市	10048	7625	1637	10574	9035	860
市直	158441	105961	7476	133002	88632	6496

12—21 各县(市、区)建筑业利润总额、利税总额

(2002年)

单位:万元

市	利润总额	国有	集体	利税总额	国有	集体
总计	**11266**	**3561**	**502**	**21695**	**8793**	**1805**
宛城区	716	162	306	1854	248	765
卧龙区	243		-168	800		-33
南召县	265	-8	37	536	-7	66
方城县	35	-1	11	122	13	46
西峡县	999	951	-10	1441	1002	13
镇平县	194	68	29	649	209	169
内乡县	101	5	2	363	69	17
淅川县	127	84	29	402	249	59
社旗县	76	27	19	229	47	81
唐河县	707	407		1403	804	
新野县	95	45	50	215	125	90
桐柏县	46	27	2	629	447	94
邓州市	528	397	120	731	526	144
市直	7134	1397	75	12321	5061	294

12—22 南阳市建筑施工企业主要指标

（2002 年）

单 位 名 称	企业资质等级	建筑业总产值（万元）	房屋建筑施工面积（平方米）	期末从业人数	资产合计（万元）	利润总额（万元）	应付工资（万元）
南阳市凌云建筑工程有限公司	1201	2054	136659	641	8203	31	349
南阳建设集团总公司	1201	6264	120434	1260	7668	205	380
南阳市宛城区黄台岗建筑安装工程公司	1201	7080	194394	1840	1900	175	1338
南阳市宛城区中南建筑安装工程公司	1201	3200	96800	1500	1720	178	590
南阳市恒康建筑有限责任公司	1201	5312	127861	2186	4111	17	784
南阳市路通公路工程有限公司	1202	408		102	6300		60
南阳市宛城建筑公司	1301	2790	138498	422	2143	15	419
南阳市宛城区环城三建公司	1301	1519	2100	486	1080	4	243
南阳市绿城建筑安装工程公司	1301	2418	64469	706	1200	16	484
南阳市黄河建安公司	1301			18	556	-26	9
南阳市宛城区市政工程建设维护处	1310	2331	27318	702	939	162	200
南阳市宛城工业设备安装工程公司	2211			206	65	-48	144
南阳市德鑫装饰建筑有限公司	2303	180	4189	88	303	-13	58
南阳市盛华建筑有限公司	1201	4570	114789	1810	2563	-168	520
南阳市卧龙建筑工程有限责任公司	1201	5585	92480	1076	4235	346	626
南阳市豫阳建筑有限公司	1201	8279	242281	1800	4560	56	890
南阳市建筑公司	1301	1323	58618	601	4911		274
南阳市三亚建筑有限公司	1301	1160	55057	1153	1744	4	920
南阳市远大道路桥梁工程有限公司	2226	2992		278	3259	20	390
南阳市名大装饰工程有限责任公司	2303	168		48	111	-15	13
南召县永胜建筑有限公司	1301	750	29500	309	972	11	135
南召县诚信建设工程有限责任公司	1301	610	24083	806	983	3	242
河南省南召县威凯建设工程有限公司	1301	8172	19327	960	1089	12	288
南召县新世纪建设工程有限公司	1301	703	27500	630	1095	34	171
南召县城郊乡乾坤建筑公司	1301	364		300	400	7	90
南召县市政建设工程公司	1310	250		45	76	-8	10
南召县通达公路工程有限公司	2326	3290		396	2318	202	353
南召县彩虹水利建设工程有限公司	2341	250		98	275	4	30
方城县第一建筑公司	1301	984	31006	700	991	11	149
方城县宏兴建筑安装有限公司	1301	750	27699	324	1460	25	195
方城县第二建筑公司	1301	450	13995	198	88	-1	38
河南省方城县顺达公路工程公司	2326	41		5	160		10
西峡县鸿兴建设工程有限责任公司	1301	883	39960	260	1110	13	87
西峡县刘巷建筑公司	1301	605	22728	268	1900	-10	150
西峡县第二建筑（集团）有限责任公司	1301	4322	90746	412	5826	31	337
西峡县第三建筑工程有限公司	1301	616	17600	480	870	6	102
河南省西峡县金林建筑工程有限公司	1301	703	27052	329	838	4	126
西峡县市政有限公司	1310	98		416	1435	2	92
西峡县通达机械化工程有限公司	2227	1383		112	1527	4	106
河南省西峡县公路工程有限责任公司	2227	20660		990	5626	949	526
镇平县建业建安有限公司	1301	1662	36029	526	1102	29	317
镇平县明星建筑安装公司	1301	1765	438000	350	1054	44	353
镇平县兴业建筑安装有限公司	1301	2162	51500	550	1198	24	420
镇平县鹏程公路工程有限公司	1301	1765		350	1054	44	353
镇平县宏鑫建设安装工程有限公司	1301	1258	29556	442	803	43	210

单　位　名　称	企业资质等　级	建筑业总产值（万元）	房屋建筑施工面积（平方米）	期末从业人　数	资产合计（万元）	利润总额（万元）	应付工资（万元）
镇平县宏业装饰工程有限公司	1301	116	2520	58	980	10	89
内乡县宛西公路工程有限公司	1202	4372		418	5371	60	186
内乡县湍东镇建筑公司	1301	1415	32203	760	1766	4	320
内乡县第二建筑公司	1301	1078	24122	446	743	2	120
内乡县第一建筑安装工程公司	1301	1367	51092	365	1456		251
内乡县菊龙市政工程公司	1310	930	106023	523	1794	2	94
内乡县华龙装饰水电安装有限公司	2303	93	3120	74	79	14	27
内乡县环城安装有限公司	2303	80	1105	56	148	2	26
内乡县欧式建筑装饰材料有限公司	2303	93	3120	74	79	14	27
内乡县电业局电器安装公司	2349	713		88	2225	3	60
河南省淅川县建设工程公司	1201	1174	51757	526	4590	2	211
淅川县建筑安装公司	1301	1260	28000	320	1362	28	189
淅川县城镇建筑安装工程有限公司	1301	700	24000	500	775	29	120
淅川县丹东建筑安装工程有限公司	1301	850	18888	520	825	2	110
淅川县新泰建设工程有限公司	1301	1801	36224	680	755	12	234
淅川县长建市政工程有限公司	1310	391		186	1180	2	70
淅川县路桥工程有限公司	2326	1019		324	2043	52	80
淅川县水利水电建筑工程公司	2343			16			4
社旗县建筑公司	1301	893	24800	432	841	14	128
社旗县第四建筑公司	1301	468	13060	346	729	3	128
社旗县鸿运建筑有限公司	1301	1143	9600	595	1118	28	136
社旗县社旗镇建筑工程公司	1301	800	12000	700	2210	2	132
社旗县新兴建筑有限公司	1301	81	3720	686	894	2	128
社旗县水利建筑安装公程公司	2341	30	600	37	59	2	8
社旗县电业局电气安装公司	2349	698		130	1122	25	230
唐河县恒远建筑安装工程有限公司	1301	5200	76800	1100	2000	246	690
唐河路达公路工程有限公司	1302	2827		463	2806		306
唐河县南阳宛东建筑安装工程公司	1302	8050	161576	2212	6052	381	1080
唐河县天昱建筑有限公司	1304	1756	40500	1490	902	5	316
唐河县恒达建筑安装工程有限公司	1310	2480	45200	860	1286	49	488
唐河县装饰装璜工程公司	2303	337		60	89	26	50
宛南建筑集团公司	1201	1054	52176	1001	512	10	310
新野县城郊建筑有限责任公司	1301	607	14720	302	1172	18	71
新纺集团建筑安装有限公司	1301	568	19560	246	508	17	85
新野县鸭灌处工程队	1301	126	3200	38	132	7	12
新野县粮油贸易总公司建筑安装公司	1301	128	3600	28	144	3	13
新野县城关建筑公司	1301	545	29239	354	466	18	112
新野县水利局工程队	1301	142		112	25	8	24
新野县电业局电力工程安装公司	2301	460		87	173	14	98
桐柏县淮安建筑有限公司	1301	1629	71712	505	2073	2	301
桐柏县鸿鑫建筑有限公司	1301	341	13368	350	3040	-9	76
桐柏县恒信建筑装饰工程公司	1301	350	9767	340	812	2	100
桐柏县隆泰建筑工程公司	1301	636	11867	150	963	15	76
桐柏县群力建筑有限公司	1301	800	1200	400	560	9	136
桐柏县鸿运路桥建设有限公司	1302	7300		295	1830	25	243

12—22 续表 2　　　　　　　　　　（2002 年）

单　位　名　称	企业资质等　级	建筑业总产值（万元）	房屋建筑施工面积（平方米）	期末从业人　数	资产合计（万元）	利润总额（万元）	应付工资（万元）
桐柏县水利井灌工程公司	1305	935		780	860	2	463
邓州市建筑工程有限公司	1201	3957	8210	2242	4654	263	470
邓州市建筑工程公司	1201	1385	124130	220	3663		55
邓州市市政公司	1210	1042	12652	95	2951	23	183
邓州市粮食局粮建公司	1301	562	13765	142	488	62	64
邓州市西城建筑安装公司	1301	380	9870	120	506	20	26
邓州市引丹建筑工程公司	1301	1480	8532	132	3797	32	26
邓州市白牛建筑公司	1301	3726	5210	150	367	20	32
邓州市西城建安公司	1301	380	9870	120	466	26	24
邓州市兴隆装饰公司	1301	1020	3520	48	473	20	12
南阳引丹山水施工有限公司	1305			160			40
邓州市公路工程有限责任公司	2226			25			6
邓州市建设装饰装璜公司	2303	1410	3210	63	453	26	21
邓州市建业装饰工程有限公司	2303	1250	3240	125	388	28	42
邓州市水利局建筑队	2343	4260	8500	124	500	-3	68
河南省南阳引丹建筑工程有限责任公司	2343	1200	3980	90	616	11	21
中国建筑第七工程局第四建筑公司	1011	30282	725687	1700	35958	342	1320
南阳市建筑工程总公司	1101	33383	691939	5869	31636	86	7020
河南省南阳市公路桥梁工程公司	1102	30307		1926	20584	908	2034
南阳市市政工程公司	1110	6336		1061	7120	8	645
南阳建工集团	1201	4080	163745	764	5875	-38	501
南阳市教育建筑工程有限公司	1201	4286	126380	1786	3219	125	760
南阳市住宅建筑工程公司	1201	4446	152019	1300	5501	4	725
南阳市建发工程有限责任公司	1201	8313	259623	1892	5011	369	1194
南阳御龙建筑水利水电工程有限公司	1205	1305	5000	600	2470	138	171
南阳飞龙集团有限公司	1206	24063	2200	2248	36047	5094	3454
南阳市自来水公司安装处	1210	552		122	41	2	111
河南省南阳宛棉建筑有限责任公司	1301	761	1200	192	812	3	152
南阳市豫南建设有限公司	1301	4396	75363	2218	6404	10	600
河南油田天鹏建筑安装工程公司	1301	2775	28742	268	1802	48	162
南阳市中房建筑安装有限公司	1301	253	3967	278	960	-36	60
南阳市中原建设有限公司	1301	819	15715	303	843		136
南阳市京达建筑工程有限公司	1301	120	1100	25	1969	7	25
南阳市高信建筑工程有限公司	1301	976	29552	825	947	11	170
南阳市城市建设投资公司	1301	1848	37914	262	13305	33	165
南阳市地方铁路局工程处	1302	2168	28000	246	2012	80	122
南阳市宛通公路工程技术有限公司	1302	200		142	1206	2	28
河南油田盛达实业公司	1306	2800		494	3470	16	451
河南油田石油管道安装公司	1310	666		258	920	4	190
南阳大华装饰建筑工程公司	2203	150		20	1150		16
南阳市工业设备安装工程总公司	2218	660	16564	295	3033	-30	132
南阳铁路建筑工程公司	2303	360	6000	157	268	2	32
南阳市天环装饰工程有限责任公司	2303	40	500	18	137	-13	4
南阳市鸭河口水利水电建筑工程处	2312	1074		284	1964	3	51
南阳市城市河道公司	2345	49		35	467	2	26
河南油田华宇工程建设有限公司	2353	1998		316	3987	-46	280

主要统计指标解释

建筑业统计单位 指从事房屋、构筑物建造和设备安装活动的法人企业。建筑业法人企业应同时具备的条件是:①依法成立,有自己的名称、组织机构和场所,能够承担民事责任;②独立拥有和使用资产,承担负债,有权与其他单位签订合同;③独立核算盈亏,能够编制资产负债表。

建筑业总产值(即自行完成施工产值) 是以货币表现的建筑安装企业在一定时期内生

产的建筑业产品的总和。建筑业总产值包括:

(1)建筑工程产值:指列入建筑工程预算内的各种工程价值。

(2)设备安装工程产值:指设备安装工程价值,不包括被安装设备本身价值。

(3)房屋、构筑物修理产值:指房屋、构筑物修理所完成的价值,但不包括被修理房屋、构筑物本身的价值和生产设备的修理价值。

(4)非标准设备制造产值:指加工制造没有定型的、非标准的生产设备的加工费和原材料价值,以及附属加工厂为本企业承建工程制作的非标准设备的价值。

建筑业增加值 指建筑业企业在报告期内以货币表现的建筑业生产经营活动的最终成果。目前建筑业增加值采用分配法(收入法)计算,即从收入的角度出发,根据生产要素在生产过程中应得的收入份额计算。具体计算公式为:

建筑业增加值=本年提取的固定资产折旧+应付工资+应付福利费+管理费用中的劳动待业保险金、税金+工程结算税金及附加+工程结算利润

房屋建筑施工面积 指在报告期内施工的全部房屋建筑面积,包括本期新开工的房屋面积、上期施工跨入本期继续施工的房屋面积、上期停缓建在本期恢复施工的房屋面积、本期竣工的房屋面积及本期施工后又停缓建的房屋面积。

房屋建筑竣工面积 指在报告期内房屋建筑按照设计要求全部完工,达到了住人和使用条件,经验收鉴定合格,正式移交使用单位的房屋建筑面积。

自有机械设备年末总台数 指归本企业所有,属于本企业固定资产的生产性机械设备年末总台数。包括施工机械、生产设备、运输设备以及其他设备。

自有机械设备年末总功率 指本企业自有施工机械、生产设备、运输设备以及其他设备等列为在册固定资产的生产性机械设备年末总功率,按设定能力或查定能力计算。包括机械本身的动力和为该机械服务的单独动力设备,如电动机等。计算单位用千瓦,动力换算可按1马力=0.735千瓦折合成千瓦数。电焊机、变压器、锅炉不计算动力。

工程结算收入 指企业承包工程实现的工程价款结算收入,以及向发包单位收取的除工程价款以外的按规定列作营业收入的各种款项,如临时设施费、劳动保险费、施工机械调迁费等以及向发包单位收取的各种索赔款。

工程结算利润 指已结算工程实现的利润,如亏损以"-"号表示。计算公式为:

工程结算利润=工程结算收入-工程结算成本-工程结算税金及附加

企业总收入 指与企业生产经营直接有关的各项收入,包括工程结算收入和其他业务收入。计算公式为:

企业总收入=工程结算收入+其他业务收入

十三、交通运输和邮电

13—1 旅客、货物周转量

年份	旅客周转量（万人公里）	地方铁路	公路	水运	货物周转量（万吨公里）	地方铁路	公路	水运
1952年					3016		1039	1977
1957年	2801		2801		9148		3245	5903
1962年	10630		10627	3	12612		7322	5290
1965年	11554		11544	10	19094		13332	5762
1970年	23804	1042	21800	962	24283	4511	15629	4143
1975年	32324	1531	29571	1222	24183	1211	18695	4277
1978年	39114	420	37744	949	25567	562	21093	3912
1980年	51558	661	49125	1772	19288	342	15936	3010
1981年	61561	800	58788	1973	25550	418	21614	3518
1982年	71027	791	68529	1707	32968	311	27832	4825
1983年	80106	669	77377	2060	37325	237	32259	4829
1984年	93005	654	89969	2383	41413	299	36081	5033
1985年	105194	811	101506	2877	53618	427	48902	4289
1986年	121488	1116	117846	2526	70930	337	64663	5930
1987年	134026	1235	130508	2283	65786	380	58687	6719
1988年	175346	1325	171163	2858	68982	373	61659	6950
1989年	201836	1329	197042	3465	67056	309	58688	8059
1990年	183800	1366	178641	3793	61110	294	52818	7998
1991年	222163	1493	217475	3195	78400	279	69708	8413
1992年	257400	1187	252519	3694	81001	327	71472	9202
1993年	251935	1135	247487	3313	142515	310	130739	11466
1994年	231795	1057	229217	1521	181815	275	173852	7688
1995年	267795	381	265300	2114	287689	229	280192	7268
1996年	279695	211	276709	2775	278698	152	264396	14150
1997年	301632	46	298509	3077	260431	65	247506	12860
1998年	318928	129	317346	1453	264518	66	253290	11162
1999年	316307	42	313718	2547	275270	16	262304	12950
2000年	353735		351185	2550	338270		325270	13000
2001年	357434		354857	2577	315008		302902	12106
2002年	362713		361288	1425	351697		339274	12423

13-2 旅客、货物运输量

年　　份	客运量（万人）	地方铁路	公　路	水　运	货运量（万吨）	地方铁路	公　路	水　运
1952年					12		7	5
1957年	43		43		65		46	19
1962年	150		150		126		111	15
1965年	232		232		214		188	25
1970年	451	31	400	20	323	38	254	31
1975年	680	51	595	34	694	18	627	50
1978年	763	21	716	27	857	11	801	46
1980年	1060	31	979	51	638	7	584	47
1981年	1370	37	1277	57	665	8	615	41
1982年	1619	37	1533	49	740	6	675	58
1983年	1750	30	1661	59	795	5	722	69
1984年	2106	29	2009	68	811	6	740	65
1985年	2340	34	2221	85	991	8	915	68
1986年	2847	48	2726	72	853	6	790	57
1987年	2865	55	2744	65	854	7	790	56
1988年	3922	62	3776	84	875	6	823	45
1989年	4203	67	4037	99	765	6	707	52
1990年	3953	67	3778	108	689	5	640	53
1991年	4740	75	4574	91	1174	4	1110	60
1992年	4934	74	4769	91	1219	5	1146	68
1993年	5025	57	4886	82	2220	5	2138	77
1994年	4407	53	4298	56	2384	4	2190	190
1995年	4682	19	4606	56	3446	3	3380	63
1996年	5377	14	5293	70	3608	2	3516	90
1997年	5651	2	5562	87	3576	1	3471	104
1998年	5892	6	5864	22	3569	1	3487	81
1999年	6886	2	6833	51	4144		4063	81
2000年	6113		6058	55	4381		4301	80
2001年	6013		5959	54	4835		4747	88
2002年	6793		6749	44	4894		4802	92

13-3 分县(市、区)客货运输周转量

(2002年)

	客运周转量(万人公里)	公路	交通系统	非交通系统	货运周转量(万吨公里)	公路	交通系统	非交通系统
总计	**362713**	**361288**	**231873**	**129415**	**351697**	**339274**	**38188**	**301086**
宛城区	20096	20052	2471	17581	37446	36125	6671	29454
卧龙区	10379	10362	5826	4536	25968	25051	2054	22997
南召	10724	10699	5714	4985	24005	23158	1351	21807
方城	4431	4420	2459	1961	21102	20357	2702	17655
西峡	7238	7222	4649	2573	14069	13571	1060	12511
镇平	20109	20065	5868	14197	21101	20356	5951	14405
内乡	12176	12150	2974	9176	11175	10780	1347	9433
淅川	10658	8845	7399	1446	38829	37457	858	36599
社旗	4882	4869	2170	2699	10546	10174	227	9947
唐河	19480	19435	7929	11506	27498	26526	7060	19466
新野	5569	5550	1937	3613	50666	48876	3350	45526
桐柏	4741	4730	3972	758	12299	11863	189	11674
邓州	19950	19905	9210	10695	47552	45872	3753	42119
市直	212280	212984	169295	43689	9441	9108	1615	7493

13-4 分县(市、区)客货运输量

(2002年)

	客运量(万人)	公路	交通系统	非交通系统	货运量(万吨)	公路	交通系统	非交通系统
总计	**6793**	**6749**	**4199**	**2550**	**4894**	**4802**	**153**	**4649**
宛城区	523	523	165	358	408	407	30	377
卧龙区	244	244	97	147	440	440	7	433
南召	304	304	144	160	237	237	5	232
方城	142	141	61	80	205	205	14	191
西峡	119	118	73	45	147	146	6	140
镇平	455	435	134	321	293	293	12	281
内乡	191	191	59	132	182	182	7	175
淅川	235	213	162	51	625	564	6	558
社旗	116	116	44	72	145	145	1	144
唐河	293	291	178	113	244	243	20	223
新野	33	24	17	7	945	928	16	912
桐柏	123	123	86	37	147	146	11	135
邓州	582	581	239	342	734	738	12	726
市直	3433	3425	2740	685	142	128	6	122

13—5 各县(市、区)公路线路里程

(2002 年底)　　　　单位:公里

县　市　区	总　计	等级公路	一　级	二　级	三　级	四　级	等外公路
全　　市	**7492.5**	**6466.9**		**1533.4**	**1541.4**	**3392.1**	**1025.5**
宛　城　区	421.8	414.9		113.4	25.3	276.2	7.2
卧　龙　区	300.2	294.0		90.1	77.2	126.7	6.1
南　召　县	740.9	626.9		92.4	57.5	477.0	114.0
方　城　县	585.4	457.0		128.6	111.7	216.7	128.5
西　峡　县	923.7	439.1		108.0	72.2	258.9	484.6
镇　平　县	544.7	506.3		121.7	107.2	277.4	38.3
内　乡　县	557.3	520.6		135.3	59.7	325.6	36.8
淅　川　县	738.1	737.9		59.2	383.1	295.6	
社　旗　县	419.7	390.2		96.3	133.7	160.2	29.4
唐　河　县	617.9	577.2		183.0	193.3	200.9	40.8
新　野　县	362.4	362.4		90.5	108.4	163.5	
桐　柏　县	528.6	443.9		150.1	30.4	263.4	84.5
邓　州　市	751.8	696.5		164.8	181.7	350.0	55.3

13—5 续表　　　　(2002 年底)　　　　单位:公里

县　市　区	有路面公路	高级、次高级	中　级	低　级	无路面公路
全　　市	**7190.8**	**3521.8**	**2023.5**	**1645.5**	**301.5**
宛　城　区	421.8	332.1	51.8	37.9	
卧　龙　区	297.9	203.0	75.9	19.0	2.3
南　召　县	566.4	312.2		254.2	174.5
方　城　县	569.2	273.6	183.3	112.3	16.3
西　峡　县	923.7	178.2	170.8	574.7	
镇　平　县	515.0	206.0	195.0	114.0	29.7
内　乡　县	540.6	170.9	294.5	75.2	16.7
淅　川　县	738.0	379.6	303.5	54.9	
社　旗　县	419.7	153.4	96.3	170.0	
唐　河　县	603.1	370.2	102.0	130.9	14.7
新　野　县	362.3	273.4	88.9		
桐　柏　县	481.2	254.2	179.8	47.2	47.4
邓　州　市	751.9	414.8	281.9	55.2	

13－6 铁路、公路、内河通车通航里程

单位：公里

年　　份	地方铁路	公路		内河	
		合　计	晴雨通车	合　计	通机动船
1952年		609		464	
1957年		1543	508	523	
1962年		3107	977	261	
1965年		2777	733		
1970年	200	3243	1243	401	
1975年	205	3606	1880	259	120
1978年	107	4256	2620	257	
1980年	108	4936	2457	267	83
1981年	108	4907	2531	267	83
1982年	94	4920	2544	259	198
1983年	97	4919	2543	287	161
1984年	97	4919	2542	287	226
1985年	93	4922	2547	287	226
1986年	93	5296	2792	260	134
1987年	93	5297	2824	293	167
1988年	95	5291	3091	230	169
1989年	85	5292	3081	125	125
1990年	85	5559	3390	230	169
1991年	85	5566	3422	230	169
1992年	85	5578	3458	230	169
1993年	85	5578	3463	195	169
1994年	85	5695	3590	195	169
1995年	85	5768	3662	195	169
1996年	85	5816	3765	198	169
1997年	85	5987	3955	198	169
1998年	85	6192	4524	198	169
1999年	85	6286	4633	198	169
2000年	83	6529	3059	198	169
2001年		7314	6314	198	169
2002年		7492	6573	198	169

13-7 地方铁路及内河运输工具拥有量

	地方铁路			内河		
	机车（台）	货车（辆）	客车（辆）	机动船（艘）	驳船（艘）	帆船（艘）
1952年						3525
1957年						3156
1962年				14		2556
1965年				12		1804
1970年	22	161	9	40		1191
1975年	18	119	9	112		879
1978年	19	93	6	75		800
1980年	18	93	6	80		652
1981年	17	93	6	121		638
1982年	17	93	6	122		575
1983年	17	93	6	130		563
1984年	17	93	6	88		654
1985年	4	57	6	88		601
1986年	4	57	4	393	121	132
1987年	4	58	6	351		121
1988年	6	61	12	343	55	23
1989年	6	61	12	374	62	10
1990年	6	61	12	344	44	
1991年	6	59	12	332	43	
1992年	6	59	12	348	42	
1993年	6	59	12	319	37	
1994年	6	59	12	254	31	
1995年	6	59	12	307	31	
1996年	6	59	12	310	31	
1997年	6	59	12	209	21	
1998年	6	59	12	209	21	
1999年	3	52	6	327	13	
2000年	3	33	3	346	26	
2001年				333	28	
2002年				345	27	

13-8 民用汽车拥有量

单位:辆

年份	总计	货车	大货车	小货车	客车	大客车	小客车	特种车
1952年	58	58						
1957年								
1962年	783	783						
1965年	720	645	645		75	75		
1970年	1783	1486	1470	16	218	130	88	79
1975年	3124	2317	2295	22	472	173	299	335
1978年	4629	4071	3693	378	302	297	5	256
1980年	7117	5114	5071	43	1179	402	777	824
1981年	8136	5768	5709	59	1539	462	1077	829
1982年	8726	6097	5921	176	1682	537	1145	947
1983年	10016	7161	6921	240	1908	622	1286	947
1984年	12145	8953	8554	399	2164	659	1505	1028
1985年	14160	10197	9565	632	2959	847	2112	1004
1986年	13854	9970	9027	943	3711	963	2748	173
1987年	12835	9368	8492	876	3197	819	2378	270
1988年	17475	12535	10451	2084	4758	1201	3557	182
1989年	20688	14529	12030	2499	5296	1278	4018	863
1990年	20078	13105	10342	2763	5468	1115	4353	931
1991年	22516	14046	10960	3086	6636	1297	5339	343
1992年	22163	12834	9435	3399	7371	1545	5826	746
1993年	23283	12609	8878	3731	8505	1622	6883	856
1994年	25895	13901	10231	3670	10033	1898	8135	1029
1995年	27024	13625	9865	3760	11689	1975	9714	547
1996年	25793	11313	8078	3235	12814	2015	10799	500
1997年	34028	16819	11116	5703	15538	2411	13127	541
1998年	40795	19710	12087	7623	19547	2592	16955	815
1999年	44683	21105	13122	7983	21854	2757	19097	1724
2000年	43721	20937	10699	10238	21606	2391	19215	1178
2001年	49643	19994	10699	9295	26818	5415	21403	2831
2002年	52643	16152	8201	7951	32663	2633	30030	3828

13—9 邮电通信行业基本情况

（年底数）

指　　　　标	1999年	2000年	2001年	2002年
局所及通信网络				
邮政局所(处)	530	387	332	321
电信局所(处)	1678	769	284	297
邮路总长度(公里)	5225	4818	4818	4916
#汽车邮路总长度(公里)	4860	4312	4312	4410
铁路邮路总长度(公里)				
农村投递线路总长度(公里)	28291	28103	28078	28071
长途业务电路(路)	7720	15398	73476	74344
长途电话业务电路(路)	5800	10582	73476	74344
数据通信网长途电路(路)	1056	1056	1056	1056
邮电业务总量(万元)	83396	130463	156175	162251
邮政业务总量(万元)	8341	11776	18940	19697
电信业务总量(万元)	75055	118687	137235	142554
函　　件(万件)	1490	1842	2964	1689
包　　裹(万件)	3561	43	59	40
特快专递(万件)	24	72	75	88
汇　　票(万张)	47	43	40	35
集邮业务(万枚)	1153	1267	1270	1024
报刊期发数(万份)	106	110	107	145
长途电话(万次)	3878	4951	4916	4887
移动电话用户期末数(万户)	11	21	37	53
无线寻呼用户期末数(万户)		18	15	7
国际互联网宽带用户(户)			5536	6465
分组交换用户(户)	311	425	322	252
数字数据用户(户)			3524	4188
本地电话用户(万户)	52	80	98	113
#城　　市	23	35	43	48
住宅电话用户(万户)	19	29	34	39
公用电话(万户)	1	2	4	5
电信主要通信能力				
长途电话交换机容量(路端)	10000	10000	10000	10000
局用电话交换机容量(万门)	85	107	116	129
中央国有	37	44	48	55
地方国有	48	63	68	74
移动电话交换机容量(万户)	45	57	165	195
电话机(万部)	52	80	98	113
中央国有	25	35	43	48
地方国有	26	45	54	65

13—10 重点年份邮电通信网

年份	邮电局、所（处）	邮路与农村投递路线长度（公里）	电报、电路（路）	长话电路（路）	市内电话机（部）	农村电话机（部）
1949年	170	1019			80	
1952年	266	2059			482	193
1957年	285	5845			1334	1754
1962年	233	23716	23	46	2125	6200
1965年	225	25556	20	56	2388	6520
1970年	243	26573	23	64	2708	7131
1975年	257	28545	23	88	3982	8341
1978年	276	27233	38	105	6385	8896
1980年	274	27183	41	122	6749	8546
1985年	276	29112	46	165	10718	7579
1986年	281	28808	46	168	11568	7740
1987年	281	29517	46	183	13550	7732
1988年	280	29734	42	211	15820	7554
1989年	273	29770	43	239	18963	7888
1990年	289	29884	55	383	22848	9252
1991年	292	30069	58	609	28968	9630
1992年	300	30073	57	689	39432	10935
1993年	315	29804	57	984	54358	12742
1994年	361	29975	57	1252	75627	16373
1995年	367	30130	56	1406	102307	24849
1996年	370	30468	56	3515	148776	38855
1997年	708	31803	57	5042	204801	63629
1998年	1430	32093	35	5859	275562	110606
1999年	2208	33516	3	5800	517496	18787
2000年	1156	32921	3	15398	795738	
2001年	616	32896	26	73476	977062	
2002年	618	32987	26	74344	1127323	

13-11 全市邮电业务总量

年　　份	邮电业务总量（万元）	函件（万件）	报刊发行（万份）	电报（万份）	长途电话（万张）	市话期末达到数（户）	农话期末达到数（户）
1949年	9	93				14	
1952年	70	163	637	3	5	217	214
1957年	122	430	1384	5	12	1299	2681
1962年	247	603	1169	27	33	2096	7695
1965年	276	651	2544	20	38	2328	5739
1970年	397	906	5478	34	46	2503	7954
1975年	516	1187	7186	60	67	3297	9592
1978年	545	1106	8426	63	63	3606	10032
1980年	595	1216	9344	72	81	4129	10508
1985年	1031	1395	13130	108	124	5782	11932
1986年	1078	1411	12697	102	132	6028	12219
1987年	1280	1507	13350	120	136	6534	7012
1988年	1526	1676	13710	140	151	7431	6822
1989年	1820	1384	9853	134	159	9228	6808
1990年	3132	1324	8399	125	178	11942	7017
1991年	4305	1200	9317	129	242	15755	7378
1992年	5830	1161	10501	138	473	20877	7878
1993年	8685	1496	10972	131	747	34153	10300
1994年	12588	1801	10133	117	1123	50850	14191
1995年	18832	1679	9859	82	2026	73925	22667
1996年	29175	1684	10686	56	2660	109088	37785
1997年	42267	1370	10766	36	3565	150596	62020
1998年	71477	1071	11593	27	4676	228381	109523
1999年	83396	1490	12082	21	3878	513737	18042
2000年	130463	1842	10912	96	4951	795738	
2001年	156175	2964	10412	13	4916	429446	
2002年	162251	1689	10397	6	4887	1652319	

13－12 各县(市、区)邮电通信网

(2002年)

年份	邮电局、所（处）	邮路与农村投递路线长度（公里）	电报、电路（路）	长话电路（路）	市内电话机（部）
总计	**618**	**32987**	**26**	**74344**	**1127323**
南阳城区	43	1956	2	74344	217589
南阳郊区	63	2920	2		78742
南召县	50	2364	2		65971
方城县	43	4266	2		84636
西峡县	50	1977	2		54325
镇平县	51	2261	2		96788
内乡县	36	2324	2		64631
淅川县	39	3044	2		61795
社旗县	42	1417	2		52133
唐河县	52	3603	2		102724
新野县	40	1642	2		85325
桐柏县	41	1589	2		40403
邓州市	68	3624	2		122261

13－13 各县(市、区)邮电业务总量

(2002年)

年份	邮电业务总量（万元）	函件（万件）	报刊发行（万份）	电报（万份）	长途电话（万张）	市话期末达到数（户）
总计	**162251**	**1689**	**10397**	**6**	**4887**	**1652319**
南阳城区	102876	829	2231	2	1430	741349
南阳郊区	5190	97	471	1	263	78742
南召县	4518	47	220		302	65971
方城县	4736	51	705		330	84636
西峡县	3878	74	600	1	225	54325
镇平县	6372	82	395		419	96788
内乡县	4641	91	574		215	64631
淅川县	3904	79	395		186	61795
社旗县	3454	60	367		185	52133
唐河县	6129	62	1172		364	102724
新野县	5400	66	587		244	85325
桐柏县	3013	71	718	1	173	40403
邓州市	8140	80	1962	1	551	123497

主要统计指标解释

铁路营业里程　又称营业长度(包括正式营业和临时营业里程),指办理客货运输业务的铁路正线总长度。凡是全线或部分建成双线及以上的线路,以第一线的实际长度计算;复线、站线、段管线、岔线和特殊用途线以及不计算运费的联络线都不计算营业里程。铁路营业里程是反映铁路运输业基础设施发展水平的重要指标,也是计算客货周转量、运输密度和机车车辆运用效率等指标的基础资料。

公路里程　指在一定时期内实际达到《公路工程技术标准 JTJ01－88》规定的等级公路,并经公路主管部门正式验收交付使用的公路里程数。包括大中城市的郊区公路以及通过小城镇街道部分的公路里程和桥梁、渡口的长度,不包括大中城市的街道、厂矿、林区生产用道和农业生产用道的里程。两条或多条公路共同经由同一路段,只计算一次,不得重复计算里程长度。它是反映公路建设发展规模的重要指标,也是计算运输网密度等指标的基础资料。

货(客)运量　指在一定时期内,各种运输工具实际运送的货物(旅客)数量。它是反映运输业为国民经济和人民生活服务的数量指标,也是制定和检查运输生产计划、研究运输发展规模和速度的重要指标。货运按吨计算,客运按人计算。货物不论运输距离长短、货物类别,均按实际重量统计。旅客不论行程远近或票价多少,均按一人一次客运量统计;半价票、小孩票也按一人统计。

货物(旅客)周转量　指在一定时期内,由各种运输工具运送的货物(旅客)数量与其相应运输距离的乘积之总和。它是反映运输业生产总成果的重要指标,也是编制和检查运输生产计划,计算运输效率、劳动生产率以及核算运输单位成本的主要基础资料。计算货物周转量通常按发出站与到达站之间的最短距离,也就是计费距离计算。计算公式为:

货物(旅客)周转量＝$\sum$货物(旅客)运输量×运输距离

铁路货运机车日产量　指在一定时期内,平均每台货运机车在一昼夜内所完成的总重吨公里数,包括载运货物的重量和车辆本身的自重。它从时间和牵引能力两方面反映了机车运用效率。计算公式为:

货运机车平均日产量＝货运总重吨公里数/货运机车台日数

邮电业务总量　指以价值量形式表现的邮电通信企业为社会提供各类邮电通信服务的总数量。邮电业务量按专业分类包括函件、包件、汇票、报刊发行、邮政快件、特快专递、邮政储蓄、集邮、公众电报、用户电报、传真、长途电话、出租电路、市话无线寻呼、移动电话、分组交换数据通信、出租代维等。计算方法为各类产品乘以相应的平均单价(不变价)之和,再加上出租电路和设备、代用户维护电话交换机和线路等的服务收入。它综合反映了一定时期邮电业务发展的总成果,是研究邮电业务量构成和发展趋势的重要指标。计算公式为:

邮电业务总量＝$\sum$(各类邮电业务量×不变单价)＋出租代维及其他业务收入

十四、国内贸易

14-1 国内贸易基本情况

指标	1985年	1990年	1995年	2000年	2001年	2002年
法人机构(个)			**1596**	**1987**	**2063**	**2463**
批发零售贸易业			1478	1650	1720	2086
餐饮业			118	337	343	377
产业活动单位(个)			**183**	**131**	**487**	**416**
批发零售贸易业			183	52	347	303
餐饮业				79	140	113
从业人员(人)			**191826**	**76463**	**121130**	**99876**
批发零售贸易业			172113	73585	115460	93440
餐饮业			19713	2878	5670	6436
批发零售贸易业						
商品购进总额(万元)	203877	438155	1145402	731389	819279	1376756
商品销售总额(万元)	215066	383364	1267997	1240452	1302125	1539932
商品库存总额(万元)	121426	195732	326908	177084	155864	191731
社会消费品零售总额(万元)	**177544**	**318568**	**930487**	**1831085**	**2030632**	**2249942**
按销售单位所在地分						
市	31603	83042	334576	534304	588969	653807
县	50245	83818	239207	516170	571754	633924
县以下	95696	151708	356704	780611	869909	962211
按行业分						
批发零售贸易业	127178	210171	547143	1037627	1162291	1304354
餐饮业	7972	13496	57853	153041	169441	186438
制造业	23552	52465	190701	370383	400651	433841
农业生产者	12463	26249	76274	170390	189971	207478
其他行业	6379	16187	58516	99644	108278	117831

注：1.1998年及以后批发零售贸易业商品购进、库存总额为限额以上批发零售贸易业数据。

2.1997年及以后社会消费品零售总额不含居民购买住房(下表同)。

3.1999年及以后法人机构、产业活动单位和从业人员为限额以上企业。

14-2 社会消费品零售总额

（按销售单位所在地分） 单位:万元

年份、地区	社会消费品零售总额	市	县	县以下
1978年	71182	10962	18650	41570
1980年	94772	14974	21418	58380
1985年	177544	31603	50245	95696
1990年	318568	83042	83818	151708
1995年	930487	334576	239207	356704
2000年	1831085	534304	516170	780611
2001年	2030632	588969	571754	869909
2002年	2249942	653807	633924	962211
宛城区	216208	132555		83653
卧龙区	267440	209435		58005
南召县	119435		41199	78236
方城县	154741		74171	80570
西峡县	93383		49050	44333
镇平县	211691		89088	122604
内乡县	121978		53541	68437
淅川县	128142		71916	56226
社旗县	89088		46639	42449
唐河县	190243		85656	104587
新野县	161561		76495	85066
桐柏县	114202		58129	56073
邓州市	193020	107397		85623
市直	183222	183222		

注:因为方法制度原因,总计数据不等于分县市数据之和(下同)。

14—3 社会消费品零售总额

（按行业分）　　单位：万元

年份、地区	总计	批发零售贸易业	餐饮业	制造业	农业生产者	其他行业
1978年	71182	62123	2400	4598	1354	707
1980年	94772	76075	2943	10062	3822	1870
1985年	177544	127178	7972	23552	12463	6379
1990年	318568	210171	13496	52465	26249	16187
1995年	930487	547143	57853	190701	76274	58516
2000年	1831085	1037627	153041	370383	170390	99644
2001年	2030632	1162291	169441	400651	189971	108278
2002年	2249942	1304354	186438	433841	207478	117831
宛城区	216208	134231	26156	29814	14073	11934
卧龙区	267440	165301	21670	43072	33848	3549
南召县	119435	73920	10060	20500	13750	1205
方城县	154741	86124	13542	35494	12729	6852
西峡县	93383	69825	7441	9002	5454	1661
镇平县	211691	124286	9440	42685	8170	27110
内乡县	121978	71949	5390	22984	8097	13559
淅川县	128142	84962	11199	19313	3733	8935
社旗县	89088	52586	10236	15050	8566	2650
唐河县	190243	92691	15632	50101	20525	11294
新野县	161561	90796	18705	29250	15110	7700
桐柏县	114202	58116	8989	25667	16356	5074
邓州市	193020	103713	24676	38431	23387	2813
市直	183222	94965	2982	49634	22320	13321
高新区						

14-4 限额以上批发零售贸易、餐饮业基本情况

（2002年，按登记注册类型分）

指 标	法人企业（个）	产业活动单位数（个）	从业人数（人）
总 计	**353**	**20**	**40357**
贸易业总计	**262**	**2**	**37509**
(一)批 发 业	72	1	18395
内资企业	72	1	18395
1.国有企业	31	1	7393
2.集体企业	19		8565
3.有限责任公司	16		2200
4.股份有限公司	1		88
5.私营企业	5		149
(二)零 售 业	190	1	19114
内资企业	190		18974
1.国有企业	52		7837
2.集体企业	103		8060
3.股份合作企业			
4.联营企业	1		96
5.有限责任公司	15		1416
6.股份有限公司	6		861
7.私营企业	12		643
8.其他企业	1		61
餐饮业总计	**91**	**18**	**2848**
内资企业	91	18	2848
1.国有企业	11	6	1181
2.集体企业	22	5	710
3.股份合作企业	5	6	200
4.联营企业	1		36
5.有限责任公司		1	8
6.股份有限公司			
7.私营企业	52		713
总计中：(按国民经济行业分组)			
(1)正 餐	78	16	2213
(2)快 餐	12	1	615
(3)其他餐饮业	1	1	20

14－5 限额以上批发零售贸易业商品购进、销售、库存总额

(2002 年)　　　　单位:万元

行　业	商品购进总额	商品销售总额	批发合计	对居民和社会集团商品零售	期末库存
总　计	**746671**	**848442**	**605425**	**243017**	**187839**
(一)批　发　业	526043	608717	536748	71969	108200
#国有及国有控股	378765	427671	381455	46216	31915
A 按登记注册类型分组					
内资企业	526043	608717	536748	71969	108200
1.国有企业	339169	377763	342083	35680	30187
2.集体企业	99093	129855	125689	4166	69840
3.有限责任公司	75073	87975	59528	28446	7763
#国有独资企业	9307	11867	10107	1761	
其他有限责任公司	65767	76107	49422	26686	7763
4.股份有限公司	4137	4574	2099	2475	177
5.私营企业	8570	8550	7348	1202	233
#私营独资企业	7122	7130	5928	1202	206
私营股份有限公司	1448	1421	1421		27
B 按国民经济行业分组					
1.食品、饮料、烟草和家用批发业	371138	438014	406929	31085	100783
(1)食品、饮料、烟草批发业	248258	282162	270449	11712	23989
#粮食、食用油批发业	1256	5300	5300		
烟草及其制品批发业	212470	238614	238596	18	22842
(2)棉、麻、土畜产品批发业	63483	92592	92031	562	65947
(3)纺织品、服装和鞋帽批发业	4191	6533	4663	1870	1078
(4)日用杂品批发业	1084	1215	874	341	506
(5)五金、交电、化工批发业	32783	33718	28301	5417	6111
(6)药品及医疗器械批发业	21339	21795	10612	11184	3152
2.能源、材料和机电设备批发业	115253	130195	95529	34666	3131
(1)能源批发业	88349	101215	79114	22100	2384
#石油及制品批发业	78633	85691	63591	22100	2020
煤炭及制品批发业	9716	15523	15523		364
(2)金属材料批发业	5761	6155	4394	1761	
(3)汽车、摩托车及零配件批发	14674	16143	5359	10784	744
#汽车批发业	6185	7242		7242	127
(4)再生物资回收批发业	6468	6683	6661	22	4
3.其他批发业	39652	40508	34290	6218	4286
(1)图书报刊批发业	11509	11548	9309	2239	2282
(2)农业生产资料批发业	28143	28960	24981	3979	2004

14－5 续表 (2002 年) 单位:万元

行业	商品购进总额	商品销售总额	批发合计	对居民和社会集团商品零售	期末库存
(二)零售业	220628	239725	68677	171048	79640
#国有及国有控股	105861	111426	34011	77415	16041
A 按登记注册类型分组					
内资企业	217293	236486	68677	167809	78549
1.国有企业	91456	96070	27088	68983	14401
2.集体企业	81111	94716	30691	64025	9236
3.联营企业	1838	1318		1318	520
4.有限责任公司	20250	21645	5982	15663	2806
#国有独资企业	550	593	493	100	
其他有限责任公司	19700	21052	5489	15563	2806
5.股份有限公司	4933	5178	2624	2554	815
6.私营企业	17105	16949	2022	14927	50659
#私营独资企业	15	13		13	21
私营有限责任公司	14262	13798	2022	11776	1388
私营股份有限公司	2828	3138		3138	49251
7.其他企业	600	610	270	340	112
外商投资企业	3335	3239		3239	1091
B 按国民经济行业分组					
(1)食品、饮料和烟草零售业	26652	28283	6209	22074	55063
#粮食、食用油食品零售业	6293	6752	3961	2791	2951
(2)日用百货零售业	76108	89471	26382	63089	12858
#百货零售业	47032	57832	16741	41091	9809
(3)纺织品、服装和鞋帽零售业	27402	28486	8869	19617	2663
(4)日用杂品零售业	3850	3628	1741	1887	489
(5)五金、交电、化工零售业	13748	15429	3085	12344	1810
(6)药品及医疗器械零售业	13844	14873	4147	10727	1902
(7)图书报刊零售业	15985	15289	2244	13046	2558
(8)其他零售业	43040	44265	16001	28264	2298
#汽车摩托及其配件零售业	14975	15017		15017	715
计算机及软件办公设备零售业	2022	1993	1993		103

14-6 限额以下批发零售贸易业基本情况及销售额

（2002年）

行　业	法人企业单位数（个）	产业活动单位数（个）	从业人数（人）	商品销售总额（万元）	批发合计（万元）	对居民和社会集团商品零售（万元）
总　计	**1824**	**301**	**55931**	**691491**	**408937**	**282553**
(一)批　发　业	993	85	36713	470891	343848	127044
#国有及国有控股	493	33	25629	343587	246877	96710
A 按登记注册类型分组						
内 资 企 业	993	84	36703	470891	343848	127044
1.国 有 企 业	450	33	23844	338940	242230	96710
2.集 体 企 业	209	37	6514	30301	19572	10729
3.股份合作企业	26	9	515	3936		3936
4.联 营 企 业	7		346			
5.有限责任公司	73	2	1739	15065	11247	3817
6.股份有限公司	47	1	1883	2585	2240	345
7.私 营 企 业	179	2	1792	79496	68559	10937
#私营独资企业	92	2	1137	68102	62909	5192
私营合伙企业	7		68	3128		3128
私营有限责任公司	67		469	8041	5424	2617
私营股份有限公司	13		118	226	226	
8.其 他 企 业	2		70	569		569
B 按国民经济行业分组						
1.食品、饮料、烟草和家用批发业	515	10	23451	338520	248183	90337
(1)食品、饮料、烟草批发业	337	7	16033	257858	214772	43086
#粮食、食用油批发业	213	1	10879	134299	114306	19993
(2)棉、麻、土畜产品批发业	39		712			
(3)纺织品、服装和鞋帽批发业	25		1375	34044	13766	20278
(4)日用百货批发业	32		1124	5651	1216	4435
(5)日用杂品批发业	13		489			
(6)五金、交电、化工批发业	40	2	1688	32204	14654	17550
(7)药品及医疗器械批发业	29	1	2030	8762	3776	4987
2.能源、材料和机电设备批发业	339	23	7432	90780	72914	17866
(1)能源批发业	42		1494	12792	5036	7756
#石油及制品批发业	21		753	4853		4853
煤炭及制品批发业	21		741	7939	5036	2904
(2)化工材料批发业	16	2	322			
(3)木材批发业	15	1	518	2545	2545	
(4)建筑材料批发业	34	3	729	9380	6126	3254
(5)矿产品批发业	10		213			
(6)金属材料批发业	112	2	1495	37285	34180	3105
(7)机械、电子设备批发业	63	11	1625	23356	20893	2463
(8)汽车、摩托车及零配件批发	27	3	572	3555	2311	1244
#汽车批发业	5		105			

14－6 续表　　　　　　　　　　　　（2002 年）

行　　业	法人企业单位数（个）	产业活动单位数（个）	从业人数（人）	商品销售总额（万元）	批发合计（万元）	对居民和社会集团商品零售（万元）
(9)再生物资回收批发业	20	1	464	1867	1823	44
3.其他批发业	139	52	5830	41592	22751	18841
(1)工艺美术品批发业	8	2	96			
(2)图书报刊批发业	1		17			
(3)农业生产资料批发业	97	44	5072	29484	11052	18432
(4)其他类未包括的批发业	33	6	645	12108	11699	409
(二)零　售　业	831	216	19218	220599	65090	155510
#国有及国有控股	150	36	6121	78721	25430	53292
按登记注册类型分组						
内 资 企 业	831	216	19218	220599	65090	155510
1.国 有 企 业	131	36	5768	76563	25430	51133
2.集 体 企 业	352	89	9475	96960	25361	71599
3.股份合作企业	43	14	612	1670		1670
4.联 营 企 业	5		30	34		34
5.有限责任公司	28	69	597	8548	539	8009
#国有独资企业	2	7	76	370		370
其他有限责任公司	26	62	521	8178	539	7639
6.股份有限公司	22	4	507	4603	772	3831
7.私 营 企 业	246	2	2197	30919	12988	17931
#私营独资企业	112	2	834	17702	8535	9167
私营有限责任公司	73		722	3855	2161	1694
私营股份有限公司	39		440	9362	2291	7070
8.其 他 企 业	4	2	32	1303		1303
(1)食品、饮料和烟草零售业	161	64	4316	50111	17861	32250
#粮食、食用油食品零售业	78	16	2741	26036	4612	21425
副食品零售业	55	33	1303	22839	13250	9590
(2)日用百货零售业	185	65	7282	75294	12475	62819
#百货零售业	105	21	4264	32973	1313	31661
文化体育用品零售业	15	3	117	966	16	951
(3)纺织品、服装和鞋帽零售业	72	26	2064	11940	2612	9328
(4)日用杂品零售业	22	7	699	18678	9939	8739
(5)五金、交电、化工零售业	105	38	1358	5070	2933	2137
(6)药品及医疗器械零售业	13	1	124	1846		1846
(7)图书报刊零售业	7	1	138	11486	518	10967
(8)其他零售业	266	14	3237	46174	18751	27424
#家具零售业	18	1	182	2620		2620
汽车摩托及其配件零售业	49	3	563	5216	241	4975
计算机及软件办公设备零售业	41		313	5333	686	4646

14—7 各县(市、区)限额以上批发零售贸易业商品购进、销售、库存总额

(2002年) 单位:万元

	法人企业单位数(个)	产业活动单位数(个)	从业人数(人)	商品购进总额	商品销售总额	批发合计	对居民和社会集团商品零售	期末库存
总计	**262**	**2**	**37509**	**746671**	**848442**	**605425**	**243017**	**187839**
宛城区	17		1588	40407	37113	23029	14084	9121
卧龙区	30		3060	56590	64362	50620	13743	14004
南召县	16		1564	23163	25703	13997	11705	1821
方城县	24		3327	31882	38301	24293	11008	12757
西峡县	42		1984	67047	72179	53408	18772	4946
镇平县	24		2546	33893	38017	25394	12625	8540
内乡县	30		3149	45815	52616	33997	18618	9134
淅川县	19		1907	28829	28829	13997	14832	4299
社旗县	20		1276	28142	33897	23500	10397	6171
唐河县	30		3789	44423	57465	38221	19243	24363
新野县	16	1	4307	28642	42173	32335	9838	13847
桐柏县	24		1358	17313	19011	2275	16736	1895
邓州市	23		5098	71131	76400	56010	20391	19066
市直	43	1	7927	337610	366660	284962	81698	75345

注:由于抽样总体不同,分县市数合计不等于全市数。以下分县市表相同。

14—8 各县(市、区)限额以下批发零售贸易业基本情况及销售额

(2002年) 单位:万元

	法人企业单位数(个)	产业活动单位数(个)	从业人数(人)	商品销售总额	批发合计	对居民和社会集团商品零售
南阳市	**1824**	**301**	**55931**	**691491**	**408937**	**282553**
宛城区	104	18	4014	32217	21994	10223
卧龙区	296	43	6235	148278	81742	66536
南召县	95	5	1774	24153	12365	11788
方城县	86	11	3894	14471	5174	9298
西峡县	143	9	2099	90415	72858	1755
镇平县	107	15	3970	28229	10283	17946
内乡县	110	13	2543	31463	11919	19543
淅川县	73	8	1854	21983	8570	13413
社旗县	62	15	2678	18437	6874	11563
唐河县	99		3430	24489	17659	6829
新野县	67	155	3725	47557	29888	17669
桐柏县	108	2	2423	14513	2132	12381
邓州市	144	2	4935	57535	44973	12562
市直	236	4	7197	51847	38415	13432

14—9 各县(市、区)限额以上批发零售贸易业批发总额

(2002 年)　　单位:万元

	批发总额	食品饮料烟草类	日用品类	纺织服装鞋帽类	文化体育用品类	家用电器类	医用类	书报杂志类
南阳市	**605425**	**273566**	**1234**	**1271**	**23**	**21929**	**9216**	**11738**
宛城区	43139	32571	1				1366	1711
卧龙区	167398	67078	4628	3917		1698	2209	411
南召县	24183	8534	4656	364	2			195
方城县	27151	16876						686
西峡县	132853	111878	985	223		42	1193	2
镇平县	41212	12251	1985	26		259	1386	117
内乡县	45378	14620	246	43	14		932	476
淅川县	24922	13803	439				428	196
社旗县	32631	18817	531	496	16		17	
唐河县	51313	34247	168	1271	7	23	636	1110
新野县	36827	18660		542				182
桐柏县	8488	5024	156	218			1	
邓州市	94098	16064	35					6
市直	335943	130481	26	1508		20463	5817	6827

14—10 各县(市、区)限额以上批发零售贸易业零售总额

(2002 年)　　单位:万元

	零售总额	食品饮料烟草类	日用品类	纺织服装鞋帽类	文化体育用品类	家用电器类	医用类	书报杂志类
南阳市	**243017**	**51816**	**11162**	**22931**	**1234**	**25854**	**24259**	**15349**
宛城区	24578	9602	381	2025	12	81	2770	712
卧龙区	40126	371	3748	4351	12	4120	1655	1715
南召县	24362	3933	8491	3299	33	1253	791	945
方城县	24880	11488	499	5581	9	1198	1226	1095
西峡县	36398	11052	8109	2232	28	1594	2703	897
镇平县	36321	3970	7071	3795	52	1335	695	1981
内乡县	37360	11627	2600	2808	278	961	621	1248
淅川县	27993	7416	6182	3467	148	1760	517	1019
社旗县	20918	3067	1872	9255	66	1915	108	1173
唐河县	24687	6223	3483	4958	161	1007	2166	1602
新野县	29923	10002	2358	3353	27	903		5141
桐柏县	25283	6390	3657	2629	104	887	728	906
邓州市	32825	8333	1920	4861	340	1715	1377	2463
市直	94965	10445	2098	3098	156	12614	14888	471

14—11 各县(市、区)限额以上批发零售贸易企业主要经济指标

(2002 年)　　单位:万元

	流动资产合计	存货	固定资产合计	固定资产原价	资产总计	所有者权益	实收资本	商品销售收入净额
南阳市	**493412**	**167804**	**130490**	**155184**	**646456**	**71317**	**76376**	**746156**
宛城区	43963	7620	4107	5206	51691	9058	5573	34878
卧龙区	30407	12660	3186	4742	34971	-2502	3190	49107
南召县	5846	1603	3047	3605	10122	3517	2343	17388
方城县	26179	9910	4605	6109	32992	5607	2626	28376
西峡县	9836	3762	5477	6883	16468	4205	2975	56552
镇平县	23225	6260	5166	6061	30034	1849	4688	31276
内乡县	20348	10751	7088	9262	2626	6485	3060	39374
淅川县	10781	3817	2578	3727	13597	2249	2129	24304
社旗县	16284	6519	3048	5450	19836	792	2943	28407
唐河县	63204	24499	11569	11943	72855	1594	5527	39535
新野县	29694	16393	8409	11534	40157	3188	3395	39111
桐柏县	4394	1373	1934	2143	6933	396	1301	16242
邓州市	70442	20139	12553	17538	85453	-6	4964	60064
市直	166816	55107	65174	71868	244521	38760	38023	365268

14—11 续表 1　　(2002 年)　　单位:万元

	商品销售成本	商品销售税金及附加	商品销售利润	管理费用	税金	利润总额	应缴增值税
总计	**682698**	**1184**	**30808**	**30270**	**847**	**1226**	**10573**
宛城区	32501	36	1503	1168	8	-66	347
卧龙区	45083	64	2030	2424	35	-15	215
南召县	15665	25	1106	887	43	476	329
方城县	24772	95	2290	3046	61	228	671
西峡县	50091	840	2629	1881	120	784	400
镇平县	28041	47	1721	2038	30	-438	388
内乡县	35097	74	2389	1477	109	644	597
淅川县	22265	38	1036	1097	114	58	271
社旗县	26480	44	982	1612	48	-266	417
唐河县	35738	770	1990	2384	32	47	1510
新野县	34079	75	3785	2178	8	616	710
桐柏县	15123	41	622	582	12	133	17
邓州市	54462	151	1371	3412	34	-2735	1544
市直	34095	388	9614	8533	313	2062	3197

14—12 限额以上批发零售贸易企业主要经济指标

（2002 年）　　单位:万元

	总　计	国有及国有控股	内资企业	国有企业	集体企业	私营企业	股份有限企业
年末资产负债							
流动资产合计	493412	230743	492177	208218	245572	5446	2297
#存　　货	167804	79620	166713	73993	79427	1741	1029
长期投资	11563	5660	11563	2994	7474	20	3
固定资产合计	130490	90965	130390	77406	35934	726	7109
固定资产原价	155184	105036	155032	89020	47178	677	7854
累计折旧	40828	23086	40778	20456	17823	100	759
#本年提取折旧	4580	3417	4580	3290	951	30	12
资产合计	646456	335601	645120	295558	290592	6347	10209
负债合计	575204	268150	573987	239107	283450	5328	9692
所有者权益合计	71317	67453	71197	56445	7202	1019	518
#实收资本	76376	43869	76277	32827	32968	892	1450
#国　　家	35468	31647	35468	28616	3459		965
损益及分配							
商品销售收入净额	746156	494891	743388	436154	177910	22717	8152
商品销售成本	682698	445365	680406	396628	168627	21072	7474
经营费用	31466	25522	31257	18477	2981	1044	234
商品销售税金及附加	1184	807	1183	670	229	76	10
商品销售利润	30808	23197	30541	20381	6074	525	434
代购代销收入	134	3	134	3	125	5	
主营业务利润	31133	23326	30866	20382	6196	599	434
其他业务利润	3166	1682	3161	1379	1241	151	
管理费用	30270	22470	30118	20353	6567	512	385
#税　　金	847	501	847	414	266	56	13
财产保险	208	165	208	141	35	9	4
劳动、待业保险	2876	2356	2867	2045	550	17	71
财务费用	5820	3693	5820	3647	1681	100	45
#利息支出	3580	2879	3581	2852	339	90	44
营业利润	-1792	-1155	-1911	-2239	-811	138	3
补贴收入	1893	1631	1893	1615	22	22	
利润总额	1226	1123	1107	-291	-178	151	116
工资福利及增值税							
本年应付工资总额	19818	13847	19697	12709	4705	394	222
本年应付福利费总额	3665	2768	3649	2638	789	27	32
本年应缴增值税	10573	7686	10521	6524	2408	80	90
本年进项增值税	89319	68054	88897	61422	10928	2800	1150
本年销项增值税	98103	74586	97629	66800	12764	2880	1239

14—12 续表 1　　(2002 年)　　单位:万元

	#有限责任公司	批发业	国有及国有控股	零售业	国有及国有控股	#百货商店	#专业(专卖)店	#超级市场
年末资产负债								
流动资产合计	30017	418215	192707	75197	38036	31003	30137	5727
#存　　货	10059	141876	64855	25928	14765	8044	12464	3673
长期投资	579	8723	3780	2840	1880	827	1747	242
固定资产合计	8787	82463	57025	48027	33940	28519	15266	1398
固定资产原价	9845	111391	73556	43792	31480	24632	14339	1772
累计折旧	1562	31400	17588	9429	5498	4452	3696	456
#本年提取折旧	292	3709	2931	871	486	352	344	58
资产合计	40840	516972	259243	129484	76358	64665	45754	7617
负债合计	35562	460684	201288	114519	66862	57958	38636	6215
所有者权益合计	5289	56288	57954	15028	9499	6708	8656	-132
#实收资本	7250	51681	32003	24696	11866	11322	9683	2126
#国　　家	2428	23484	20890	11984	10757	3951	7417	194
损益及分配								
商品销售收入净额	97105	563761	406609	182395	88282	76964	74647	11038
商品销售成本	85518	513720	365523	168978	79842	73175	67134	10176
经营费用	8481	24050	20694	7416	4828	1573	3826	1291
商品销售税金及附加	154	826	647	358	160	182	103	21
商品销售利润	2953	25164	19745	5644	3452	2034	2590	546
代购代销收入		7	1	127	2	117	10	
主营业务利润	3080	25239	19746	5893	3580	2277	2598	546
其他业务利润	389	2256	1100	909	582	376	272	172
管理费用	2208	23933	18450	6337	4020	2346	2810	628
#税　　金	68	410	302	437	199	238	106	73
财产保险	20	154	120	54	45	22	26	5
劳动、待业保险	184	2302	1926	575	430	246	247	9
财务费用	304	4650	2935	1170	758	694	460	19
#利息支出	225	2811	2313	769	566	436	343	
营业利润	958	-1088	-539	-704	-616	-387	-401	71
补贴收入	235	1665	1423	228	208	36	192	
利润总额	1143	968	1073	258	50	64	43	69
工资福利及增值税								
本年应付工资总额	1603	15010	10888	4808	2959	1340	2151	742
本年应付福利费总额	166	3142	2366	523	402	122	289	57
本年应缴增值税	1420	8838	6451	1735	1235	317	1053	188
本年进项增值税	12598	75084	58159	14235	9895	3545	7222	2319
本年销项增值税	13947	82736	63899	15367	10687	3739	7836	2505

14—13 限额以上餐饮企业主要经济指标

(2002 年)　　　　单位:万元

指　　标	总　计	国有及国有控股	国有企业	集体企业	股份合作企业	私营企业	正　餐	快　餐	其他餐饮业
年末资产负债									
流动资产合计	2271	824	789	691	149	626	1619	624	28
#存　　货	473	98	86	124	57	205	406	62	5
长期投资	238	6	6	50		182	230	8	
固定资产小计	6615	3787	3593	909	381	1668	4196	2383	36
固定资产原价	7479	4117	3904	1151	465	1883	4845	2598	36
累计折旧	1343	626	607	294	89	343	1113	216	15
#本年提取折旧	202	59	56	46	16	81	151	50	2
资产合计	9418	4678	4449	1703	549	2635	6296	3054	67
负债合计	3332	1826	1786	572	80	864	2460	845	27
所有者权益合计	6158	2853	2664	1131	469	1843	3909	2209	40
#实收资本	3886	844	657	1178	271	1732	3391	463	32
#国　　家	810	664	494	222	35	60	583	227	
损益及分配									
营业收入合计	9279	1091	1005	2862	786	4394	7627	1469	183
营业成本	6564	754	693	2116	526	3088	5393	1011	160
营业费用	1045	265	261	277	112	334	796	233	16
营业税金及附加	335	33	31	94	28	171	262	71	2
经营利润	1336	39	20	374	121	801	1176	155	5
管理费用	620	212	208	149	33	227	476	142	2
#税　　金	97	15	13	28	3	52	86	11	
财产保险	12	2	2	5		5	11	2	
劳动、待业保险	81	75	75	3		4	14	67	
财务费用	203	17	13	73	18	96	186	17	
#利息支出	106	15	11	37	6	50	100	6	
营业利润	903	-115	-127	454	71	489	872	26	4
利润总额	732	-11	-23	180	72	491	602	126	4
工资福利及增值税									
本年应付工资总额	937	172	166	318	84	325	671	257	9
本年应付福利费总额	114	20	20	35	12	43	94	20	

14-14 城乡集市贸易市场个数、成交额及成交量

指标	2001			2002		
	合计	城市	农村	合计	城市	农村
集市贸易市场个数(个)	**486**	**171**	**315**	**479**	**170**	**309**
集市贸易成交额(万元)	532304	193902	338401	546633	204179	342454
粮食类	48808	13024	35880	52404	15098	36606
油脂油料类	37097	9497	27501	29873	7452	22421
棉烟麻类	4317	954	3363	4537	949	3588
肉食禽蛋类	101965	37389	64577	103209	38160	64449
水产品类	15739	9379	6361	16073	9681	6104
蔬菜类	80768	36150	44618	85513	38484	47987
干鲜果类	23939	13061	10878	25929	13807	12124
大牲畜类	14331	2181	12150	15039	2272	12614
家禽牲畜类	18866	6531	12335	20135	7094	13822
工业品类	143560	53788	89772	148454	59291	89163
其他类	42914	11948	30966	45467	11891	33576
主要商品成交量(吨)						
粮食(贸易粮)	242856	72815	172040	266897	77536	189346
食用植物油	29392	8021	21471	29145	7857	21288
猪和猪肉	64360	19275	45085	68473	19631	48841
牛羊肉	24977	8983	15994	25636	8252	17384
家禽	16812	5809	12003	15516	4366	11050
鲜蛋	19884	9271	13033	25965	11504	14961
水产品	22683	10659	12024	22434	11406	11028
蔬菜	495469	250090	784379	542426	277604	264792
大牲畜(万头)	17	4	13	20	6	15

14-15 各县(市、区)城乡集市贸易市场个数及成交额

县市区	2001 市场个数(个)	农村	成交额(万元)	农村	2002 市场个数(个)	农村	成交额(万元)	农村
全市	**486**	**315**	**532304**	**338401**	**479**	**309**	**546633**	**342454**
宛城区	38	14	24901	13547	35	14	26351	14400
卧龙区	50	26	73500	22800	57	28	78000	25400
南召县	35	35	23720	23720	30	30	24472	24472
方城县	17	16	36362	29942	17	16	37390	30728
西峡县	12	10	60935	51795	13	10	67706	57550
镇平县	62	23	25773	15264	62	23	17268	10142
内乡县	22	13	2040	800	24	14	5900	3360
淅川县	33	23	54000	26670	33	23	55600	27500
社旗县	4	1	14046	7492	5	1	14836	7531
唐河县	55	50	76248	59596	55	50	50954	38879
新野县	36	28	24821	10554	36	28	27517	11700
桐柏县	24	18	19433	11004	24	18	21399	12120
邓州市	98	58	96525	65217	88	54	119240	78672

14－16 伍拾家批发额最大贸易业企业

（2002 年）　　　　单位：万元

位次	单位名称	法人代表	资产总计	销售总额	批发额
1	河南省烟草公司南阳分公司	连仲祥	52392	103557	103557
2	河南石油总公司南阳分公司	张文乾	26246	57909	45700
3	新野县棉麻集团公司	王书汉	32526	20578	20578
4	邓州市棉麻公司	杨成立	51508	19285	19285
5	邓州市烟草公司	李天亮	17155	16888	16888
6	南阳市三源燃料营运有限公司	姜春玲	3711	15523	15523
7	唐河县烟草公司	刘永欣	10810	14731	14731
8	南阳市卧龙区烟草局	李万春	2308	13620	13620
9	内乡县烟草支公司	陈彦青	8350	13486	13486
10	南阳市电业局物资公司	李守鹏	5727	13251	13251
11	镇平县烟草支公司	程心孔	5489	12729	12711
12	方城县烟草专卖局	王同祥	10338	12704	12704
13	省燃料总公司邓州分公司	耿　奇	3855	15298	12145
14	南阳市宛城区烟草公司	陈彦青	1894	12128	12128
15	河南阳天冠供销公司	张晓阳	22392	11200	11200
16	唐河县棉麻公司	王建亭	41823	11148	11148
17	南阳市海信金属材料有限责任公司	常　海	2300	11109	11109
18	南阳市五金交电化工采购供应站	孙学勤	20226	14715	10164
19	社旗县烟草公司	王炳生	2966	8318	8318
20	淅川县烟草公司	王良富	4404	8192	8192
21	河南省烟草公司新野县支公司	赵庭范	2258	7888	7888
22	西峡烟草公司	屈永来	4211	7208	7208
23	河南省烟草公司南召公司	常　方	1364	7165	7165
24	南阳市新华书店	杨振江	3245	7308	6942
25	南阳市物资回收总公司	杨建华	1895	6683	6661
26	南阳市宛城区棉麻公司	李明宏	41086	6528	6528
27	南阳市棉花储运有限公司	黄　丽	3464	6342	6342
28	南阳市棉麻公司	刘安豪	11458	6048	6048
29	南阳市卧龙区棉麻公司	孙建设	17996	5911	5911
30	河南省南阳市盐业总公司	刘太幸	3616	5712	5712
31	南阳通益摩托车销售有限责任公司	张迎新	925	8901	5359
32	南阳市农业生产资料公司	张洪敏	6276	5325	5325
33	河南省南阳国家粮食储备库	阎玉合	18704	5300	5300
34	社旗县棉麻公司	张金斗	9064	5064	5064
35	南阳市农业机械供应公司	周成才	2637	4588	4588
36	南阳市华苑金属材料集团有限公司	李聚兴	5204	6155	4394
37	方城棉麻公司	郭聚安	9434	4317	4317
38	社旗县农业生产资料公司	李恒岩	2287	4311	4311
39	南阳市健民医药有限公司	邹灵芳	512	4074	4074
40	河南省南阳市卧龙区农资集团	李选锦	625	4978	4054
41	南阳市泰丰纺织原料有限公司	翟文耀	2220	4033	4033
42	镇平县棉麻公司	张　豪	12566	3521	3521
43	南阳市南贸集团有限公司	陈瑞琦	5487	4331	3464
44	内乡县供销社农业生产资料公司	罗朝敏	1204	3237	3237
45	南阳市大明金属材料有限公司	明　军	552	3048	3048
46	昊健药械有限公司	任天林	2353	6283	2942
47	镇平县农业生产资料公司	陈居辉	784	2826	2826
48	内乡县供销社棉麻公司	黄汴本	3381	3316	2755
49	双龙鸿运菇品公司	庞书明	102	2718	2649
50	南召县石油有限责任公司	韩荣生	700	3574	2489

14—17 伍拾家零售额最大贸易业企业

(2002 年)　　　　单位:万元

位次	单位名称	法人代表	资产总计	销售总额	零售额
1	南阳市第一机电设备有限公司	牛明田	1632	11461	11461
2	淅川县厚坡镇供销合作社	胡云佳	532	7524	5937
3	南阳金汉丰商厦	史恒纯	17032	9799	4970
4	金玛特副食百货有限责任公司	李　涛	1349	4522	4522
5	康达加油站	张荣先	264	3561	3561
6	河南省南阳市大众汽车销售有限公司	梁　平	1211	3556	3556
7	南阳市万客隆副食百货有限公司	王献忠	720	3413	3413
8	西峡县石油有限责任公司	阎　勇	825	5278	3331
9	南阳白鸽食品有限公司三色鸽销售	孙建新	1335	3239	3239
10	南阳市唐河县医药公司	李兰义	745	3047	3047
11	南阳市世纪龙副食百货有限责任公司	马　涛	1020	2888	2888
12	河南省新华书店邓州市分店	李仁斌	1057	2620	2614
13	内乡县新大新集团公司	吴兴华	252	2345	2345
14	桐柏县石油公司	田龙兵	440	2272	2272
15	邓州市食品公司	马其进	545	4222	2107
16	南阳市双汇食品销售有限公司	王长海	765	2069	2069
17	邓州市工业品商场	王巧云	1537	2013	2013
18	镇平县石油公司	刘富山	424	4226	1968
19	西峡西坪供销社	刘国强	217	2350	1844
20	河南省南阳市卧龙区新华书店	杨德潮	904	2153	1754
21	邓州市糖酒公司	张国林	1957	1727	1727
22	南阳市商贸大厦	叶玉山	1749	1715	1715
23	南阳市宛城区红泥湾供销合作社	韩德立	931	1690	1690
24	南阳市卧龙区医药公司	胡祥宝	4135	4402	1615
25	内乡县师岗供销社	尹志富	450	2459	1609
26	南阳市新西家电有限责任公司	李东伟	341	1605	1605
27	唐河县新华书店	李明甫	971	2600	1578
28	西峡县医药公司	边本亮	1495	1559	1559
29	邓州市饮食服务公司	王　勇	986	1500	1500
30	邓州市医药管理局	张国华	1352	1449	1449
31	河南省新华书店镇平县县店	姜中平	782	1557	1445
32	南阳商场(集团)股份有限公司	马如全	7755	1386	1386
33	方城县石油购销公司	刑立平	582	3888	1357
34	河南省新华书店淅川县店	谭自力	925	1527	1331
35	方城县博望镇供销社商贸城	司东炎	1218	1318	1318
36	西峡双龙镇供销社	李保三	191	1374	1312
37	淅川县广播电视局广播电视器材公司	侯俊奇	289	1298	1298
38	方城县医药公司	李永长	456	1263	1263
39	内乡县供销社万宝商场	齐喜钦	221	1288	1239
40	西峡县食品有限责任公司	杨景堂	765	1726	1234
41	南召县城郊供销合作社	徐云生	633	1489	1205
42	内乡县马山口供销社	杨贵洲	271	1429	1203
43	南召县五交化公司	陈中祥	353	1201	1201
44	内乡县新华书店	黎　明	902	1655	1179
45	内乡县七里坪供销社	周明阳	362	1928	1153
46	镇平县安子营供销社	张振玉	163	1505	1146
47	河南省社旗县新华书店	乔刚强	791	1145	1145
48	内乡县灌涨供销社	陈新兴	486	1974	1141
49	南召县金龙贸易公司	职　伟	288	1136	1136
50	西峡五里桥供销社	张传普	441	1396	1106

主要统计指标解释

社会消费品零售总额 指国民经济各行业直接售给城乡居民和社会集团的消费品总额。它是反映各行业通过多种商品流通渠道向居民和社会集团供应的生活消费品总量,是研究国内零售市场变动情况、反映经济景气程度的重要指标。

社会消费品零售总额包括:(1)售给城乡居民作为生活用的商品和修建房屋用的建筑材料;(2)售给社会集团的各种办公用品和公用消费品;(3)售给机关、团体、学校、部队、企业、事业单位的职工食堂和旅店(招待所)附设专门供本店旅客食用,不对外营业的食堂的各种食品、燃料;企业、单位和国营农场直接售给本单位职工和职工食堂的自己生产的产品;(4)售给部队干部、战士生活用的粮食、副食品、衣着品、日用品、燃料;(5)售给来华的外国人、华侨、港澳台同胞的消费品;(6)居民自费购买的中、西药品、中药材及医疗用品;(7)报社、出版社直接售给居民和社会集团的报纸、图书、杂志,集邮公司出售的新、旧纪念邮票、特种邮票、首日封、集邮册、集邮工具等;(8)旧货寄售商店自购、自销部分的商品;(9)煤气公司、液化石油气站售给居民和社会集团的煤气灶具和罐装液化石油气;(10)农民售给非农业居民和社会集团的商品。不包括售给国民经济各部门企业、事业单位(包括国有经济的农场)生产经营用的各种原材料、燃料、设备、工具等和售给批发零售贸易业、餐饮业作为转卖用的商品,旧货寄售商店受托寄售卖出的商品,服务业的营业收入,邮局出售邮票的收入,自来水、电力、煤气生产(供应)单位的产品供应收入,也不包括农民之间的商品销售。

批发零售贸易业商品购、销、存总额 指各种登记注册类型的批发、零售贸易业(不包括个体)企业(单位)以本企业(单位)为总体的商品购进、销售、库存总额。

商品购进总额 指从本企业(单位)以外的单位和个人购进(包括从境外直接进口)作为转卖或加工后转卖的商品总额。它反映批发零售贸易业从国内、国外市场上购进商品的总量。商品购进总额包括:(1)从工农业生产者购进的商品;(2)从出版社、报社的出版发行部门购进的图书、杂志和报纸;(3)从各种登记注册类型的批发零售贸易企业(单位)购进的商品;(4)从其他单位购进的商品,如从机关、团体、企业等单位购进的剩余物资,从餐饮业、服务业购进的商品,从海关、市场管理部门购进的缉私和没收的商品,从居民手中收购的废旧商品等;(5)从国(境)外直接进口的商品。不包括企业(单位)为自身经营用和未通过买卖行为而收入的商品以及销售退回、商品升溢等。

商品销售总额 指对本企业(单位)以外的单位和个人出售(包括对境外直接出口)的商品总额。它反映批发零售贸易业在国内市场上销售商品以及出口商品的总量。商品销售总额包括:(1)售给城乡居民和社会集团消费用的商品;(2)售给工业、农业、建筑业、运输邮电业、批发零售贸易业、餐饮业、服务业等作为生产、经营使用的商品;(3)售给批发零售贸易业作为转卖或加工后转卖的商品;(4)对国(境)外直接出口的商品。不包括出售本企业(单位)自用的废旧包装用品;未通过买卖行为付出的商品;经本单位介绍,由买卖双方直接结算,本单位只收取手续费的业务;购货退出的商品以及商品损耗和损失等。

批发零售贸易业库存 指报告期末各种登记注册类型的批发零售贸易企业(单位)已取得所有权的商品。它反映批发零售贸易企业(单位)的商品库存情况和对市场商品供应的保证程度。期末库存包括:(1)存放在批发零售贸易业经营单位(如门市部、批发站、经营处)仓库、货场、货柜和货架中的商品;(2)挑选、整理、包装中的商品;(3)已记入购进而尚未运到本单位的商品,即发货单或银行承兑凭证已到而货未到的部分;(4)寄放他处的商品,如因购货方拒绝承付而暂时存放在购货方的商品和已办完加工成品收回手续而未提回的商品;(5)委托其他单位代销(未作销售或调出)尚未售出的商品;(6)代其他单位购进尚未交付的商品。不包括所有权不属于本单位的商品、拨付除批发零售贸易业以外的其他行业所属独立核算加工厂等加工生产尚未收回成品的商品、代国家物资储备部门保管的商品等。

库存总额采用的计算价格是:农副产品采购单位按购进价计算;批发单位按进货价计算;零售单位按核算价格计算,即按什么价格核算就按什么价格计算。

消费品市场成交额 指从事消费品交易的商品市场的全部商品成交金额。消费品市场包括农副产品市场和工业消费品市场。

十五、对外经济贸易

15-1 进出口总额

单位:万美元

	进出口总额	出口总额	外贸企业	生产企业	三资企业	进口总额
1995	6467	5922	1020	3170	1732	545
1996	8474	7849	837	4362	2650	625
1997	12106	10030	1202	6374	2454	2076
1998	11200	8584	811	6149	1624	2616
1999	9632	6220	708	4224	1288	3412
2000	10462	7213	471	5374	1368	3249
2001	13032	8527	460	7273	794	4505
2002	17134	11252	800	8528	1924	5882
宛城区	160	160		24	136	
卧龙区	239	234	40	46	148	5
南召县	435	425	53	71	301	10
方城县	109	109		70	39	
西峡县	9	8	4	4		1
镇平县	1321	1317		1302	15	4
内乡县	362	362	122	235	5	
淅川县	61	61		60	1	
社旗县	40	40		40		
唐河县	203	203		203		
新野县	2787	1186		1110	76	1601
桐柏县	21	21		21		
邓州市	141	137			137	4
开发区	127	72			72	55
市直	11119	6917	581	5342	994	4202

15-2 分种类、分国别的进出口总值

（2002 年） 单位：万美元

类别	进出口总值		出口总值		进口总值	
	2001 年	2002 年	2001 年	2002 年	2001 年	2002 年
合计	**13032**	**17134**	**8527**	**11252**	**4505**	**5882**
一、按商品类别分组						
(一)初级产品	1215	616	427	369	788	247
食品及活动物	999	321	224	122	775	199
肉及肉制品	109	146	109	146		
(二)工业制成品	11817	16518	8100	10883	3717	5635
化学成品及有关产品	1460	1907	1347	1782	113	125
有机化学品	848	409	815	371	33	38
医药品	511	1316	511	1316		
按原料分类的制成品	7792	9260	4865	5751	2927	3509
纺纱及有关产品	4651	5509	4599	5434	52	75
机械及运输设备	1255	2605	703	799	552	1806
动力机械及设备	352	371	322	370	30	1
其它产品	1370	2269	1245	2114	125	155
二、按国别分组						
亚洲	9195	10768	5178	7565	4017	3203
香港	1678	2532	1667	2505	11	27
日本	3615	3594	1251	1567	2364	2027
菲律宾	293	168	293	168		
韩国	1462	1723	626	817	836	906
泰国	879	384	104	185	775	199
非洲	192	213	192	213		
欧洲	2406	4628	2158	2204	248	2424
英国	28	142	20	76	8	66
德国	1573	2534	1414	1222	159	1312
法国	113	136	105	70	8	66
意大利	122	199	87	87	35	112
拉丁美洲	187	281	187	281		
北美洲	962	1106	723	851	239	255
加拿大	11	52	11	22		30
美国	951	1053	712	829	239	224
大洋洲	89	138	89	138		
澳大利亚	52	103	52	103		
其它国家						
三、按出口企业类别分组						
外贸企业	462	308	460	280	2	28
生产企业	10796	14603	6701	9048	4095	5555
外商投资企业	1774	2223	1366	1924	408	299

15-3 利用外资情况

	总计		对外借款		外商和港澳台商直接投资	
	个数	金额（万美元）	个数	金额（万美元）	个数	金额（万美元）
签订利用外资协议(合同)						
1985	1	30			1	30
1986						
1987	3	593	1	50	2	543
1988	4	380	4	380		
1989	4	217	2	89	2	128
1990	5	536	1	424	4	112
1991	11	364			11	364
1992	146	12426	1	2274	145	10152
1993	96	5739	3	631	93	5108
1994	47	40912	4	37580	43	3332
1995	50	8988	3	4406	47	4582
1996	48	6554	10	927	38	5627
1997	38	3449	9	1485	29	1964
1998	31	1383	7	641	24	742
1999	19	4913	2	566	17	4347
2000	13	1222	3	260	10	962
2001	32	2591	20	1251	12	1340
2002	39	8413	9	682	30	7731
实际利用外资额						
1985	1	30			1	30
1986						
1987	1	200			1	200
1988	5	791	4	380	1	411
1989	3	221	2	217	1	4
1990	4	390	1	286	3	104
1991	4	66			4	66
1992	24	2199	1	1434	23	765
1993	72	2119	3	455	69	1664
1994	91	2520	3	517	88	2003
1995	65	13725	4	12154	61	1571
1996	72	22300	10	19771	62	2529
1997	53	14340	9	8569	44	5771
1998	42	7405	13	504	29	6901
1999	40	2757	12	1306	28	1451
2000	30	2805	17	1921	13	884
2001	50	2406	29	1543	21	863
2002	65	3887	18	538	47	3349

15—4 利用外资签订协议(合同)个数及金额

单位:万美元

指标	1990年		1995年		2000年		2001年		2002年	
	个数	金额	个数	金额	个数	金额	个数	金额	个数	金额
总计	**5**	**536**	**50**	**8988**	**13**	**1222**	**32**	**2591**	**39**	**8413**
对外借款	1	424	3	4406	3	260	20	1251	9	682
#外国政府贷款	1	424	3	4406					2	6
国际金融组织贷款							1	210	4	426
出口信贷							2	60	1	30
外国银行商业贷款					3	260	17	981	2	220
对外发行股票、债券										
外商和港澳台商直接投资	4	112	47	4582	10	962	12	1340	30	7731
独资经营			6	452	4	170	4	42	8	1311
合资经营	4	112	39	4113	5	739	3	63	18	3697
合作经营			2	17	1	53	5	1235	4	2723
合作开发										

15—5 实际利用外资个数及金额

单位:万美元

指标	1990年		1995年		2000年		2001年		2002年	
	个数	金额	个数	金额	个数	金额	个数	金额	个数	金额
总计	**4**	**390**	**65**	**13725**	**30**	**2805**	**50**	**2406**	**65**	**3887**
对外借款	1	286	4	12154	17	1921	29	1543	18	538
#外国政府贷款	1	286	2	255	3	434	8	281	4	27
国际金融组织贷款			1	175	13	202	3	289	8	207
出口信贷			1	11723	1	998	1	60	2	50
外国银行商业贷款						287	17	913	4	254
对外发行股票、债券										
外商和港澳台商直接投资	3	104	61	1571	13	884	21	863	47	3349
独资经营			4	116	1	13	33	98	12	552
合资经营	3	104	56	1445	11	749	18	765	32	2451
合作经营			1	10	1	122			3	346
合作开发										

15—6 南阳市批建"三资"企业情况

单位:万美元

	单　位	批建项目情况			
		止2001年底累计	2002年	2001年	比上年增减%
一、协议企业数	**个**	**464**	**30**	**12**	**150.0**
#工商企业注册数	个	166	17	12	41.6
#投产开业	个	114	114	95	20.0
在　建	个	52	52	25	108.0
二、总投资额	**万美元**	**99475**	**11238**	**1650**	**581.1**
#外资合同额	万美元	42718	7731	1340	476.9
外资到位额	万美元	28566	3349	863	288.1
三、按企业投资方式					
#合资企业	个	368	18	4	350.0
合作企业	个	31	4	4	
独资企业	个	65	8	4	100.0

15—7 对外借款情况

(2002年)

单位:万美元

项　目	累计合同借款额	累计实际借款额	本年实际借款额	累计偿还本金	本年实际偿还本金	累计偿还利息	本年实际偿还利息	期末借款余额
合　计	**45129**	**44935**	**538**	**17071**	**3754**	**12190**	**1457**	**29926**
一、按资金来源分								
1.外国政府贷款	7055	7027	27	337	40	868	29	6690
2.国际金融组织贷款	3116	3256	207	169	61	128	40	2349
3.外国银行商业贷款	2689	2553	254	3807	375	254	56	1545
4.出口信贷	32270	32099	50	12758	3279	10940	1332	19341
二、按借款方式分								
1.统借统还	2493	2688	167	120	10	53	28	1813
2.统借自还	3255	3117	47	3849	157	364	61	2085
3.自借自还	39382	39130	324	13102	3587	11773	1368	26028

15－8 国外及港澳台地区在宛投资情况

单位:万美元

项目	签定协议						实际投资额		
	个数			投资额					
	2000年	2001年	2002年	2000年	2001年	2002年	2000年	2001年	2002年
总计	**10**	**12**	**30**	**962**	**1340**	**7731**	**884**	**863**	**3349**
一、按投资方式分组									
独资经营	4	4	8	170	42	1311	13	193	552
合资经营	5	3	18	739	63	3697	749	670	2451
合作开发									
合作经营	1	5	4	53	1235	2723	122		346
二、按投资行业分组									
工业	7	8	25	428	542	4335	385	535	2528
其它	3	4	5	534	798	3396	499	328	821
三、按投资国别地区分									
美国		1			260				102
香港	3	7	18	598	890	6393	411	627	2562
台湾		2			40	5	125	141	33
新加坡			1		120	50			171
日本	3		1	64		71	50	81	45
其它	4	2	10	300	30	1212	298	14	538

15—9 各县(市、区)新签协议(合同)金额

单位:万美元

	1990年	1995年	2000年	2001年	2002年
总计	**112**	**4582**	**962**	**1340**	**7731**
宛城区		129		123	2218
卧龙区	18	244		77	1043
南召县		240	42	40	325
方城县	6	33			224
西峡县		10			165
镇平县		88	10	20	289
内乡县		232		31	80
淅川县		1493			354
社旗县		48			185
唐河县		13			855
新野县		182	25	12	522
桐柏县		11	269		283
邓州市		222			322
开发区			144	132	299
市直	88	1637	472	905	567

15—10 各县(市、区)实际利用外资金额(直接投资)

单位:万美元

	1990年	1995年	2000年	2001年	2002年
总计	**104**	**1571**	**884**	**863**	**3349**
宛城区		21		69	217
卧龙区	8	167		10	29
南召县		23		70	289
方城县	8	60	135		179
西峡县		1	125		165
镇平县		117		40	227
内乡县		94	31	180	213
淅川县		86			425
社旗县		50			160
唐河县		80	150	169	228
新野县		21		68	271
桐柏县		55	183	4	58
邓州市		112	24		213
开发区			176	21	160
市直	88	684	60	232	515

主要统计指标解释

进出口总额　海关进出口总额指实际进出我国国境的货物总金额。包括对外贸易实际进出口货物，来料加工装配进出口货物，国家间、联合国及国际组织无偿援助物资和赠送品，华侨、港澳台同胞和外籍华人捐赠品，租赁期满归承租人所有的租赁货物，进料加工进出口货物，边境地方贸易及边境地区小额贸易进出口货物（边民互市贸易除外），中外合资企业、中外合作经营企业、外商独资经营企业进出口货物和公用物品，到、离岸价格在规定限额以上的进出口货样和广告品（无商业价值、无使用价值和免费提供出口的除外），从保税仓库提取在中国境内销售的进口货物，以及其他进出口货物。进出口总额用以观察一个国家在对外贸易方面的总规模。我国规定出口货物按离岸价格统计，进口货物按到岸价格统计。

利用外资　指我国各级政府、部门、企业和其他经济组织通过对外借款、吸收外商直接投资以及用其他方式筹措的境外现汇、设备、技术等。

对外借款　是我国利用外资的重要部分。指通过对外正式签订借款协议，从境外筹措的资金，包括外国政府贷款国际金融组织贷款、外国银行商业贷款、出口信贷以及对外发行债券等。1996 年及以前还包括对外发行股票。

外商直接投资　指外国企业和经济组织或个人（包括华侨、港澳台胞以及我国在境外注册的企业）按我国有关政策、法规，用现汇、实物、技术等在我国境内开办外商独资企业、与我国境内的企业或经济组织共同举办中外合资经营企业、合作经营企业或合作开发资源的投资（包括外商投资收益的再投资），以及经政府有关部门批准的项目投资总额内企业从境外借入的资金。

外商其他投资　指除对外借款和外商直接投资以外的各种利用外资的形式。包括企业在境内外股票市场公开发行的以外币计价的股票（目前主要是在香港证券市场发行的 H 股和在境内证券市场发行的 B 股）发行价总额，国际租赁进口设备的应付款，补偿贸易中外商提供的进口设备、技术、物料的价款，加工装配贸易中外商提供的进口设备、物料的价款。

对外承包工程　指各对外承包公司以招标议标承包方式承揽的下列业务：（1）承包国外工程建设项目，（2）承包我国对外经援项目，（3）承包我国驻外机构的工程建设项目，（4）承包我国境内利用外资进行建设的工程项目，（5）与外国承包公司合营或联合承包工程项目时我国公司分包部分，（6）对外承包兼营的房屋开发业务。对外承包工程的营业额是以货币表现的本期内完成的对外承包工程的工作量，包括以前年度签订的合同和本年度新签订的合同在报告期内完成的工作量。

十六、财政、金融和保险

16-1 历年地方财政收支总额

单位:亿元

年份	总收入	各项税收	总支出	基本建设	支援农业生产和各项农业事业费	文教、科学、卫生	行政管理费	优抚救济
1953	4223	4092	1748					
1954	6057	5517	1726					
1955	6283	5870	1832					
1956	5851	5482	2674					
1957	5532	5118	2995	381	127	1374	838	384
1958	10886	7024	4855	2430	249	123	869	169
1959	13927	7654	6247	2204	201	1580	968	182
1960	13452	7051	9131	3972	460	2465	1451	1196
1961	6859	4524	9526	4259	396	1852	1454	1574
1962	6167	5224	5020	934	276	1704	1166	906
1963	6317	5303	4973	110	834	1715	4153	234
1964	6305	4853	5277	174	1105	1880	4332	163
1965	5314	4676	5969	888	850	1914	4282	243
1966	6791	5127	6612	743	1432	2201	5293	234
1967	7413	5507	7038	1783	1089	2323	4924	219
1968	7033	5761	6864	1891	859	2135	4668	311
1969	9751	7475	9745	4278	821	2154	4795	231
1970	9622	9194	13796	8040	817	2272	4817	255
1971	9996	7396	14123	7020	1072	2677	5523	211
1972	12035	9080	11469	3838	1280	3248	6350	239
1973	12613	9670	12777	3773	1682	3630	5443	238
1974	11728	9520	12066	2420	2390	3771	5675	250
1975	11872	9663	12907	1945	2133	4039	4770	248
1976	11113	9713	14033	2662	1907	4026	1935	2354
1977	10279	11963	14262	1780	2784	4440	2202	1708
1978	15163	12695	16419	2237	3537	5320	2378	1230
1979	14639	13206	21007	1361	5269	6707	2898	2518
1980	15710	13227	19601	2031	3616	7419	3298	1060
1981	21512	18716	20249	1149	3902	7842	4481	957
1982	22058	18773	23505	2096	3940	9032	4249	965
1983	20911	19039	24282	1404	2061	9686	5214	1054
1984	23175	20507	28331	1396	2227	10822	6428	1025
1985	27678	25253	39578	1236	2233	13316	6820	1306
1986	32414	29650	42104	1172	2425	14320	8042	1671
1987	39057	34364	49693	551	3021	15842	8516	1734
1988	44625	40619	55355	444	3274	17670	8204	1430
1989	50947	47336	64784	117	3481	20616	9751	2992
1990	55309	49490	69212	117	4082	22502	11110	2094
1991	62607	55295	73992	187	4209	24766	13503	2335
1992	72319	64663	86864	234	5008	28943	16776	2420
1993	96143	86115	112207	100	5182	34584	20162	2939
1994	116244	94231	1255598	51	5338	45425	26313	3431
(1995)	139768	118256	151901	1475	5101	51723	34962	4492
1995	95835	63323	151901	1475	5101	51723	34962	4492
1996	133966	81448	195472	2201	4995	59993	36682	5073
1997	159036	93788	223897	1518	5679	65754	32102	5652
1998	164266	107863	224886	1660	6435	68932	32602	5976
1999	183006	61279	268471	1127	6754	77380	30771	7329
2000	195946	122137	299000	1130	8159	86998	40430	8182
2001	213273	117956	365847	10451	7275	11073	48936	8840
2002	192631	159899	444161	32433	8457	131615	60158	13956

注：1. 财政收入 1994 年以前为分税制前老口径，1995 年以后为分税制后新口径，括号内为分税制前老口径；
2. 2002 年财政总收入为调整后新口径，与以前年份不可比。

16-2 地 方 财 政 收 入

（2002年）　　　　　　　　　　单位：万元

项目	合计	市级	县市级	乡镇级	镇
收入总计	**192631**	**56346**	**49200**	**87085**	**53051**
一、一般预算收入	**190737**	**55017**	**48650**	**87070**	**53043**
增值税	33636	19117	8966	5553	3630
营业税	28472	8811	8344	11317	6504
企业所得税	8515	2813	5119	583	392
个人所得税	5667	1746	1253	2668	1850
资源税	2220	1000	454	766	432
固定资产投资方向调节税					
城市维护建设税	12216	8090	2729	1397	989
房产税	6177	2420	2489	1268	960
印花税	707	490	140	77	43
城镇土地使用税	644	278	281	85	61
土地增值税	38	10	19	9	9
车船使用税和牌照税	273	88	80	105	68
屠宰税	464	4	42	418	289
农业税	55412	63	120	55229	33618
农业特产税	3192		50	3142	1624
耕地占用税	274	116	95	63	43
契税	1992	831	346	815	508
国有资产经营收益	1395		1374	21	12
国有企业计划亏损补贴	-1240		-1240		
行政性收费收入	12542	2635	7788	2119	1110
罚没收入	9232	1803	6981	448	337
专项收入	7613	4701	2559	353	182
其他收入	1296	1	661	634	382
二、基金收入	**1894**	**1329**	**550**	**15**	**8**

16－3 地方财政分级支出

（2002年）

单位：万元

项　　　目	合　计	市　级	县市级	乡镇级	镇
支出总计	**444161**	**100905**	**261502**	**81754**	**50577**
一、一般预算支出	**438865**	**99014**	**258457**	**81394**	**50321**
基本建设支出	32433	15863	16365	205	63
企业挖潜改造资金	7266	3068	3951	247	218
科技三项费用	4313	1007	2816	490	364
支援农村生产支出	8457	1043	4837	2577	1621
农业综合开发支出	3375	526	2145	704	482
农林水利气象等部门事业费	18745	2774	11487	4484	2487
工业交通等部门事业费	1669	709	960		
流通部门事业费	543	234	309		
文体广播事业费	14282	3279	7955	3048	1668
教育事业费	101416	8035	73373	20008	13680
科学事业费	770	488	282		
卫生经费	15147	4044	9355	1748	1011
税务等部门事业费	19582	6235	8656	4691	2396
抚恤和社会福利救济费	13956	1580	9259	3117	1844
行政事业单位离退休经费	32824	5709	18352	8763	5615
社会保障补助支出	22915	6179	16694	42	32
行政管理费	60158	7892	31049	21217	12670
公检法司支出	25643	8452	17093	98	72
城市维护费	15702	8989	5948	765	618
政策性补贴支出	5358	3553	1805		
支援不发达地区支出	2066	203	1693	170	125
专项支出	7905	3906	3722	277	164
其他支出类	24340	5246	10351	8743	5183
二、基金支出	**5296**	**1891**	**3045**	**360**	**256**

16-4 各县(市、区)财政一般预算收支总额

单位:万元

	一般预算收入			一般预算支出		
	2002年	2001年	2002年比2001年增减%	2002年	2001年	2002年比2001年增减%
合计	**190737**	**173112**	**10.2**	**438865**	**345211**	**27.1**
宛城区	9702	7837	23.8	21651	16660	30.0
卧龙区	8815	7118	23.8	25501	18348	39.0
南召县	5500	6509	-15.5	19852	17145	15.8
方城县	11300	11933	-5.3	28817	22372	28.8
西峡县	7296	5906	23.5	25626	18298	40.0
镇平县	11369	10099	12.6	30680	22579	35.9
内乡县	10562	10030	5.3	25156	19687	27.8
淅川县	10050	9385	7.1	25104	18664	34.5
社旗县	5609	4099	36.8	18277	13431	36.1
唐河县	18662	17094	9.2	35732	27337	30.7
新野县	11236	10954	2.6	23775	20811	14.2
桐柏县	5963	6171	-3.4	20027	15488	29.3
邓州市	19656	18094	8.6	39653	35119	12.9
市直	53204	46229	15.1	97029	77279	25.6
高新区	1812	1654	9.6	1985	1993	-0.4

注:本表财政收入按分税制后新口径要求填列。

16-5 全市预算外资金收支情况

	1995年	2000年	2001年	2002年
收入总计	**77583**	**132900**	**137176**	**103010**
一、行政事业性收费收入	72385	101166	102539	87256
二、政府性基金(资金、附加)		2306	2382	539
三、乡镇自筹统筹资金		20046	20635	253
四、主管部门集中收入		1164	2554	2719
五、其它收入		8220	9066	12243
支出总计	**73048**	**123292**	**135306**	**104769**
一、行政事业支出	40697	69229	80452	96431
二、基本建设支出	18234	20275	27126	0
三、城市维护支出	582	991	338	36
四、乡镇自筹统筹资金支出		18356	20329	262
五、其他支出		14442	7061	8040

16—6 各县(市、区)预算外资金收支总额

单位:万元

	收入总额			
	1995年	2000年	2001年	2002年
总计	**77583**	**132900**	**137176**	**103010**
宛城区	4119	5685	6660	4735
卧龙区	4088	3907	5299	5607
南召县	3245	3953	4308	2787
方城县	5530	4742	7269	5403
西峡县	3311	6038	6832	6849
镇平县	2795	8308	8364	3968
内乡县	3360	2639	4016	2719
淅川县	3886	6862	3974	6940
社旗县	3198	5596	3775	3423
唐河县	6915	9774	11846	9721
新野县	3998	6969	7584	3784
桐柏县	4305	1451	3037	2779
邓州市	5099	5300	12420	5757
市直	23734	52386	51664	38294
高新区			125	243

16—6 续表1

单位:万元

	支出总额			
	1995年	2000年	2001年	2002年
总计	**73048**	**123292**	**135306**	**104769**
宛城区	3721	5926	6674	4723
卧龙区	3581	3634	5377	5482
南召县	3117	3955	4308	2735
方城县	5516	4803	7270	5532
西峡县	3101	6039	6889	6776
镇平县	2778	8030	8233	3949
内乡县	3625	2756	4012	2654
淅川县	2297	6924	3978	6942
社旗县	2966	5596	3775	3421
唐河县	6407	9336	12353	10123
新野县	3676	7126	7633	3791
桐柏县	4158	1409	3037	2796
邓州市	5093	5207	12100	5786
市直	23012	51760	49544	39823
高新区			121	237

16-7 金融机构综合信贷资金来源及分配情况

单位:万元

	1995年	2000年	2001年	2002年
各项存款合计	**937565**	**3131329**	**3613360**	**4159291**
1.企业存款	304807	651358	757192	762761
(1)活期存款			564011	600766
(2)定期存款			193181	161995
2.财政存款	8911	21691	38926	47202
3.机关团体存款	15245	36202	40657	76436
4.储蓄存款	601219	2295920	2570302	3001952
(1)活期存款	146313	553160	660189	783605
(2)定期存款	454906	1742760	1910113	2218347
5.农业存款	6012	56630	65823	63769
6.信托存款	1266			
7.委托存款			102	-1445
8.其它存款	1105	69528	140358	208616
各项贷款合计	**1250042**	**3057801**	**3230097**	**3586287**
1.短期贷款	899164	2475893	2672291	2871260
工业贷款	228042	376460	411078	453350
商业贷款	575009	966453	1025206	1003731
其中:农副产品贷款			667053	637252
建筑业贷款	15631	24023	45025	53874
农业贷款	49495	654325	717341	859147
乡镇企业贷款	29611	227492	221723	226677
三资企业贷款			5697	4069
私营企业及个体贷款	1376	13042	17389	21990
其他短期贷款			228832	248422
其中:个人短期消费贷款			9070	8124
2.中期流动贷款			82236	47271
3.中长期贷款	254236	410248	458651	615444
(1)基本建设贷款	90918	92416	98648	246895
(2)技术改造贷款	115712	163563	149553	79284
(3)其它中长期贷款	57877	154269	210450	289265
4.信托贷款				
5.融资租赁				
6.委托贷款				
7.票据融资			13175	49017
其中:贴现			13175	49017
8.各项垫款			3744	3295

16－8 银行现金收支情况

单位:万元

	1995年	2000年	2001年	2002年
收入总计	**3923295**	**9885711**	**11252163**	**13265469**
一、商品销售收入	837303	105453	1203109	1359139
二、服务业收入	111716	336269	415936	448269
三、税款收入	25746	85877	91328	119614
四、城乡个体经营收入	73771	513249	634904	783392
五、储蓄存款收入	2017590	6086669	6752676	8204256
六、其它金融机构收入	134676	193849	353417	343421
七、居民归还借贷收入			390928	495986
八、汇兑收入	59531	166359	215052	212465
九、有价证券收入			26434	7959
十、其它收入	470041	1005693	1168379	1290968
其中:兑换外币收入			44	1850
支出总计	**3999056**	**10136761**	**11390229**	**13352261**
一、工资性支出	356991	667410	725315	796839
二、农副产品采购支出	449365	369863	446648	506834
三、工矿产品采购支出	35825	126704	151378	141545
四、行政企业管理费支出	211483	332461	341379	413454
五、城乡个体经营支出	77242	517658	628858	759288
六、储蓄存款支出	1950761	6020756	6691961	7930060
七、其它金融机构支出	130561	197793	315488	267135
八、居民提取贷款支出			378898	566171
九、汇兑支出	84620	167563	247771	251168
十、有价证券支出	4064	10742	13736	17312
十一、其它支出	527222	1277970	1418796	1702455
投放(+)、回笼(-)			**138066**	**86792**

16－9 城乡居民储蓄存款年末余额

单位：万元

	1980年	1985年	1990年	1995年	2000年	2001年	2002年
总　计	**16431**	**69731**	**264740**	**958489**	**2295920**	**2570302**	**3001952**
城镇居民存款	9426	41503	184407	709785	1357158	1596158	1895081
#定期存款			151569	545969	1015121	1177769	1346979
农村居民存款	7005	28228	80333	709785	938762	974144	1106871
#定期存款			63717	199230	727639	732344	871368

16－10 各县(市、区)金融机构存贷款余额

单位：万元

	金融机构存款余额			金融机构贷款余额		
	2002年	2001年	2002年比2001年增减%	2002年	2001年	2002年比2001年增减%
总　计	**4159291**	**3613360**	**15.1**	**3586287**	**3230097**	**11.0**
南召县	150884	134193	12.4	149099	112199	32.9
方城县	175889	152620	15.2	191205	179804	6.3
西峡县	193154	176645	9.3	158821	141567	12.2
镇平县	254755	237377	7.3	196957	185606	6.1
内乡县	165049	143429	15.1	136894	120899	13.2
淅川县	181045	162275	11.6	185722	165270	12.4
社旗县	124387	106928	16.3	127390	118019	7.9
唐河县	246111	220297	11.7	262316	260839	0.6
新野县	242546	207916	16.7	225142	193087	16.6
桐柏县	121656	106590	14.1	125374	111528	12.4
邓州市	257909	217198	18.7	269022	245896	9.4
市　区	2045906	1747892	17.0	1558345	1395383	11.7

16－11 各县(市、区)城乡居民储蓄存款年末余额

单位:万元

	合计				#城镇居民			
	1995年	2000年	2001年	2002年	1995年	2000年	2001年	2002年
总计	**958489**	**2295920**	**2570302**	**3001952**	**709785**	**1357158**	**1596158**	**1895081**
市区	325491	867777	1067437	1269982	113197	721296	1067437	1078280
南召县	42876	86480	100281	111411	31067	47301	59225	69429
方城县	50919	118117	131066	147924	31676	32478	38668	45564
西峡县	36478	112558	112945	130367	25662	47660	56449	64297
镇平县	80066	215904	208987	226388	50475	108927	98354	113977
内乡县	49826	117191	114472	132411	31940	58019	55759	65239
淅川县	40017	127270	130336	150857	34988	48289	48213	56755
社旗县	33781	82148	88837	100192	22288	26196	27668	31236
唐河县	86245	185731	188046	213463	54021	72260	67107	79687
新野县	79617	151381	167161	198846	55905	69668	84325	107937
桐柏县	36639	68966	77559	99287	20424	32333	40014	52283
邓州市	86534	162397	183175	220824	63946	92733	109808	130397

注：(1)市区数据为卧龙区、宛城区、油田数据之和。
(2)2001 年城镇居民市区数含农村信用社存款,故县市叠加数多于总计数。

16－12 农村信用社存贷款余额

单位:万元

	1990年	1995年	2000年	2001年	2002年
一、各项存款	**84236**	**263108**	**1014853**	**1076936**	**1209668**
1.企业存款		14404	14831	29455	29780
活期存款		13876			
定期存款		528	14831	29455	29780
2.机关团体存款				2059	2863
3.储蓄存款	80333	248704	938762	974144	1106871
定期存款	63717	199230	727639	732344	871368
活期存款	16616	49474	211123	241800	235503
3.其它存款	327		61260	71278	70164
二、各项贷款合计	**71622**	**231170**	**796524**	**840212**	**980536**
1.乡镇企业贷款	10248	148292	165815	157415	164325
2.农业贷款	49413	61116	506252	562180	694449
3.其它贷款		21762	124467	120617	121762

16—13 各县(市、区)保险收入及赔款情况

(2002 年)　　单位:万元

	保费收入	人　险	财　险	保　额	人　险	财　险	已决赔款	人　险	财　险
总　计	**89067**	**70984**	**18083**	**4019652**	**688999**	**3330653**	**14087**	**2960**	**11127**
宛城区	5170	3898	1272	451291	106778	344513	781	157	624
卧龙区	4788	3370	1418	356513	102524	253989	890	229	661
南召县	2965	2445	520	128448	9076	119372	574	124	450
方城县	4133	3292	841	203429	25970	177459	878	166	712
西峡县	4199	3449	750	117020	25969	91051	772	199	573
镇平县	3628	2748	880	55395	9200	46195	951	211	740
内乡县	4972	4360	612	178016	114364	63652	622	195	427
淅川县	3355	2628	727	207395	9111	198284	675	196	479
社旗县	2375	1817	558	174711	30813	143898	719	117	602
唐河县	4516	3556	960	208535	53100	155435	1282	268	1014
新野县	4846	3879	967	184302	4320	179982	803	118	685
桐柏县	3392	2719	673	115709	35829	79880	626	95	531
邓州市	5456	4715	741	122241	23036	99205	800	202	598
市　区	35272	28108	7164	1516647	138909	1377738	3714	683	3031

主要统计指标解释

财政收入 是国家通过财政各个环节筹集的财政资金的总称，它是保证国家行使其职能不可缺少的财力。主要包括：各项税收、企业收入、专款收入、其他收入、国家能源交通重点基金收入及国家预算调节基金。

(1)**各项税收** 是国家按法律规定对经济单位和个人无偿征收的实物和货币，是财政收入的主要来源。我国现行的税收主要有工商税收类，包括增值税、营业税、消费税、所得税、城市维护建设税、房产税、车船税、资源税、印花税、投资方向调节税等；农牧业税和耕地占用税类；企业所得税类和个人所得税类等。

(2)**企业收入** 包括各部门所属国有企业及事业单位上交国家的利润和事业收入。

财政支出 是国家政权为行使其职能，对筹集的财政资金进行有计划的分配使用的名称。国家财政总支出，体现政府的活动范围和方向，反映财政资金的分配关系，财政总支出主要包括基本建设支出、企业挖潜改造资金、流动资金类、科技三项费用、工交商部门事业费、支援农村生产支出和各项农业事业费、文教科学卫生事业费、抚恤和社会救济费、国防费、行政管理费及其他支出等。

(1)**基本建设支出** 是指国家预算内的基本建设拨款，不包括国家预算外自筹的各种基本建设资金。基本建设基金分为经营性的和非经营性的两部分。各专业投资公司对经营性建设项目执行基本建设基金贷款，各主管部门对非经营性建设项目执行基本建设基金拨款。

(2)**流动资金类** 是指国家预算增拨各部门所属国有企业的流动资金和增拨银行的信贷资金。

(3)**企业挖潜改造资金** 是指国家预算安排用于企业挖潜、革新、改造方面的资金。企业用于挖潜、革新、改造方面的资金，主要来自企业的更新改造资金、大修理基金等自有资金及银行贷款，国家预算安排的挖潜、革新、改造资金主要用于支持重点行业的技术改造。

(4)**文教、科学、卫生事业费** 是指国家预算用于科学、文化、教育、卫生、公费医疗、体育、通讯和广播、地震、海洋、文物、计划生育等方面的事业费。

预算外资金 是指不纳入国家财政预算，由各地方、各事业行政单位，按国家规定范围自行筹集和使用的资金。它是国家财政预算内资金的补充财力。其收入来源，主要包括地方财政机关掌握使用的自筹资金，如工商税附加、农业税附加、城市公用事业附加等。事业行政单位自收自支和以收抵支未纳入预算管理的各项资金，如养路费、学杂费等。这些资金一般都有特定用途，主要是：基本建设或更新改造固定资产投资，支付养路费、城市维护费，职工福利和奖励支出，补充事业、行政经费，上交财政能源交通重点建设基金、预算调节基金和其他支出等。预算外资金的使用，也要纳入计划管理的轨道，不得擅自扩大使用范围。

财政用于农业的支出 指国家财政预算内资金安排用于农业的各项投资支出。包括：(1)对农垦、农业、畜牧、林业、农机管理、水利、水产、气象等部门的各项事业经费和基本建设、流动资金、科技三项费用等专项拨款；(2)支援农村集体(户)的各项生产支出，如小型农田水利和水土保持补助费、扶持农村经济困难的乡镇企业、农业生产队(组、户)改善生产基本条件的资金和农村开荒补助费、农村草场和畜禽保护补助费、农村造林和林木保护补助费、农村水产补助费、农业发展和发展粮食生产专项资金支出等；(3)农村社会救济费。

存款 企业、机关、团体或居民根据可以收回的原则，把货币资金存入银行或其他信用机构保管并取得一定利息的一种信用活动形式。财政存款、机关团体部队存款、城乡居民储蓄存款、农村存款、信托存款和其他存款等科目。

贷款 银行或其他信用机构根据必须归还的原则，按一定利率，为企业、个人等提供资金的一种信用活动形式。我国金融机构贷款分短期贷款、农业贷款、中长期贷款、信托贷款和其他贷款等科目。

城乡居民储蓄年底余额 包括城镇居民储蓄和农户储蓄两部分的年底余额不包括工矿企业、部队、机关团体等集团存款。

城镇居民储蓄年底余额是指各国家银行的城镇居民储蓄、城市信用社居民储蓄及邮政储蓄等。

农户储蓄是指在农村信用社的农户储蓄。

承保额 又叫保险额。它是保险人对被保险人负担损失补偿或约定给付的金额，它是保险合同上的最高责任额，也是计算保费的依据。

保费 被保险人按其得到保险利益的保障程度(保险金额)的一定比率向保险人缴付的费用。

赔款 保险人对财产保险和保险事故给予的经济补偿或对人身保险的保险事故给付的保险金。分为已决赔款和未决赔款。

十七、教育、科技和专利

17-1 全市学校教育基本情况

项　　目	1980年	1985年	1990年	1995年	1999年	2000年	2001年	2002年
平均每万人口在校学生数(人)								
大　学　生(含研究生)	2	2	2	4	6	10	14	20
普通中专生	7	8	12	18	29	29	31	37
职 业 学 生		10	19	50	58	52	46	49
普通高中生	85	54	50	45	55	71	93	121
普通初中生	488	333	338	463	555	586	575	576
小　学　生	1424	1417	1256	1110	1070	961	897	887
平均每个教师负担学生数(人)								
高等学校(含研究生)	9	9	6	8	11	14	15	19
普通中等专业学校	12	9	11	15	20	20	24	27
普 通 中 学	17	16	15	18	19	19	19	20
小　　学	23	25	23	28	23	20	18	18
入学率、巩固率、升学率								
初中适龄人口入学率(%)				89.5	98.3	99.4	94.2	92.5
初中在校生巩固率(%)		97.3	98.0	96.1	98.7	98.3	98.2	101.7
初中毕业生升学率(%)		39.7	31.1	48.8	31.4	35.3	36.0	45.1
小学适龄人口入学率(%)		97.7	98.9	99.6	99.9	100.0	99.8	99.9
小学在校生巩固率(%)		97.6	98.8	98.9	100.0	99.8	101.0	103.6
小学毕业生升学率(%)		51.2	60.7	90.4	96.2	96.2	94.0	102.9
教育经费总支出(预算内、外)(万元)				**85745.7**	**131816.5**	**146326.1**	**167459.9**	**179955.7**
国家财政性教育经费				62235.3	90855.1	106635.4	120358.2	126995.6
#预算内教育经费				40939.5	57411.6	71902.1	91832.9	108450.3
社会团体和公民个人办学经费				47.5	241.1	241.2	241.3	322.8
社会捐资和集资办学经费				13178.9			7287.6	3653.9
学费和杂费				8068.0	24311.4	24448.8	25753.5	31971.6
其他教育经费				2216.0	8044.0	9303.5	13819.3	17011.8
中小学学校校舍危房率(%)				**0.7**	**0.3**	**0.4**	**3.4**	**2.7**
小学生辍学人数(万人)		**2560**	**16875**	**13377**	**987**	**2233**	**-8327**	**-30824**
初中学生辍学人数(万人)		**3916**	**15420**	**17809**	**2367**	**9844**	**11617**	**-8904**
小学教师学历合格率(%)		**56.7**	**69.7**	**88.7**	**97.6**	**98.2**	**98.1**	**98.2**

注:教育经费1990年以前与1990年以后计算口径不一致。

17-2 学校教育学校数和教职工数

项目	1985年	1990年	1995年	2000年	2001年	2001年	2002年
学校数(所)							
普通高等学校	1	2	2	2	3	3	3
中等学校	1227	964	837	731	723	723	713
1.普通中等专业学校	14	13	14	15	14	14	14
普通中等技术学校	10	9	9	10	9	9	9
普通中等师范学校	4	4	5	5	5	5	5
2.普通中学	1159	895	709	637	641	641	635
普通高中	111	95	71	82	90	90	91
普通初中	1048	800	638	555	551	551	544
3.职业中学	54	56	114	79	68	68	64
职业高中	25	44	91	77	66	66	62
职业初中	29	12	23	2	2	2	2
小学	5874	4542	4289	4546	4426	4426	4156
幼儿园	1772	1433	4520	502	160	160	227
特殊教育学校	1	3	9	11	11	11	11
技工学校		15	20	26	20	20	20
教职工数(人)							
普通高等学校	480	828	1269	1448	1993	1993	2151
中等学校	30487	36073	39470	47592	47742	47742	48715
1.普通中等专业学校	2050	2578	2963	3467	3017	3017	3274
普通中等技术学校	1605	1881	2184	2726	2286	2286	2557
普通中等师范学校	445	697	779	741	731	731	717
2.普通中学	27588	31640	33102	40349	40920	40920	41718
普通高中	5232	5761	5569	6763			
普通初中	22356	25879	27533	33586			
3.职业中学	849	1855	3405	3776	3805	3805	3723
职业高中	594	1622	3264	3669			
职业初中	255	233	141	107			
小学	56936	59300	44518	52926	54523	54523	56030
幼儿园	4288	5794	2126	2616	1812	1812	2167
特殊教育学校	2	19	117	207	229	229	227
技工学校		1520	1430	1877	1258	1258	1258

17－3 学校教育专任教师数和在校学生数

单位：人

项　　目	1985年	1990年	1995年	2000年	2001年	2002年
专任教师数						
普通高等学校	241	363	523	783	982	1129
中等学校	23929	28563	32196	39755	40408	41371
1.普通中等专业学校	829	1103	1262	1527	1370	1442
普通中等技术学校	571	685	787	1068	910	993
普通中等师范学校	258	418	475	459	460	449
2.普通中学	22473	26155	28437	35386	36219	37169
普通高中	3582	4165	4099	5321	5750	6079
普通初中	18941	21990	24338	30065	30469	31090
3.职业中学	627	1305	2497	2842	2819	2760
职业高中	402	1098	2369	2763	2717	2672
职业初中	225	207	128	79	102	88
小学	52441	54191	40795	49398	51232	52958
幼儿园	3836	4980	1340	1902	1214	1492
特殊教育学校	1	13	78	161	171	171
技工学校		709	1430	1566	861	861
在校学生数						
普通高等学校	2130	2297	4039	10599	15175	20765
中等学校	370114	412087	591697	773908	783028	829943
1.普通中等专业学校	7384	12039	18499	30643	32770	39120
普通中等技术学校	3863	5485	10587	20549	23589	28396
普通中等师范学校	3521	6554	7932	10094	9181	10724
2.普通中学	353768	381736	521608	688572	703163	739339
普通高中	49087	48848	46451	74281	97874	128779
普通初中	304681	332888	475157	614291	605289	610560
3.职业中学	8962	18312	51590	54693	48202	51484
职业高中	6036	14884	48329	53459	46747	49789
职业初中	2926	3428	3261	1234	1455	1695
小学	1296208	1236865	1138811	1008295	939538	940318
幼儿园	125261	161733	257538	118913	92009	164035
特殊教育学校	6	105	795	616	615	615
技工学校		5361	12300	15400	5025	5025

17－4 学校教育招生数和毕业生数

单位:人

项目	1985年	1990年	1995年	2000年	2001年	2002年
招生数						
普通高等学校	972	1055	1919	5716	6804	7988
中等学校	121601	147481	242157	286932	257684	280623
1.普通中等专业学校	3140	4525	7213	9767	11077	14606
普通中等技术学校	1764	2004	3958	6952	7908	11011
普通中等师范学校	1376	2521	3255	2815	3169	3595
2.普通中学	114268	135256	208399	258917	231101	245351
普通高中	15896	16334	15524	32873	39983	51313
普通初中	98372	118922	192875	226044	191118	194038
3.职业中学	4193	7700	26545	18248	15506	20666
职业高中	2796	6264	25551	17714	14967	20044
职业初中	1397	1436	994	534	539	622
小学	242970	219869	235417	127883	125266	148971
特殊教育学校	6	15	190	90	78	91
技工学校		1890	4551	3900	1341	1341
毕业生数						
普通高等学校	199	1070	1632	1569	1492	3418
中等学校	83904	108893	134418	230849	234041	242572
1.普通中等专业学校	1902	3701	4540	9410	11073	8910
普通中等技术学校	1002	1503	1908	5065	6000	6302
普通中等师范学校	900	2198	2632	4345	5073	2608
2.普通中学	80224	101252	121590	199143	203285	216752
普通高中	16315	17653	13329	16973	17488	25899
普通初中	63909	83599	108261	182170	185797	190853
3.职业中学	1778	3940	8288	22296	19683	16910
职业高中	1316	3267	6981	21837	19365	16528
职业初中	462	673	1307	459	318	382
小学	192110	198247	214569	235562	203850	181668
特殊教育学校			22	66	66	49
技工学校		1866	3300	15000	2671	2671

17—5 普通高等学校专任教师分年龄的人数

单位:人

年龄	合计	正高级	副高级	中级	初级	无职称
总计	**1129**	**33**	**248**	**419**	**328**	**101**
30岁及以下	438			62	277	99
31—35岁	192		3	147	41	1
36—40岁	253		86	157	10	
41—45岁	89	11	54	24		
46—50岁	78	14	48	16		
51—55岁	36	7	21	8		
56—60岁	38	1	31	5		1
61岁及以上	5		5			

17—6 各县(市、区)普通中学分城乡学校数及在校学生数

(2002年)

	学校数(所)						在校学生数(人)					
	合计	高中	城镇	高中	农村	高中	合计	高中	城镇	高中	农村	高中
南阳市	**635**	**91**	**322**	**80**	**313**	**11**	**739339**	**128779**	**454277**	**122534**	**285062**	**6245**
宛城区	55	11	24	10	31	1	59758	16310	34114	15482	25644	828
卧龙区	60	13	28	11	32	2	63589	11927	35161	11662	28428	265
南召县	48	8	18	4	30	4	40763	6241	21469	5246	19294	995
方城县	55	6	16	4	39	2	74548	9971	34484	8271	40064	1700
西峡县	38	5	15	5	23		26839	5259	14953	5259	11886	
镇平县	54	5	30	5	24		61093	9136	39255	9136	21838	
内乡县	38	7	25	7	13		44941	7668	33449	7668	11492	
淅川县	41	5	24	5	17		46459	9048	35883	9048	10576	
社旗县	39	4	22	4	17		45318	8565	27837	8565	17481	
唐河县	61	9	43	9	18		91482	14532	69554	14532	21928	
新野县	37	7	23	6	14	1	52897	8774	34151	7567	18746	1207
桐柏县	27	3	19	3	8		34058	5356	25346	5356	8712	
邓州市	82	8	35	7	47	1	97594	15992	48621	14742	48973	1250

17－7 各县(市、区)普通中学分城乡招生数及毕业生数

(2002年)

单位:人

	招生数						毕业生数					
	合计	高中	城镇	高中	农村	高中	合计	高中	城镇	高中	农村	高中
南阳市	**245351**	**51313**	**151527**	**48645**	**86012**	**2668**	**216752**	**25899**	**124950**	**24628**	**91802**	**1271**
宛城区	20456	6176	11502	5796	8954	380	16724	3875	9559	3705	7165	170
卧龙区	19609	4765	11420	4609	8189	156	15515	2490	8358	2460	7157	30
南召县	12636	2187	6777	1824	5859	363	10565	1606	5455	1300	5110	306
方城县	23929	4214	11384	3524	12545	690	23221	1792	9165	1486	14056	306
西峡县	8767	1743	4942	1743	3825		7916	1032	4069	1032	3847	
镇平县	19740	3814	12787	3814	6953		17835	1560	11510	1560	6325	
内乡县	15534	3494	11825	3494	3709		13249	1455	9991	1455	3258	
淅川县	15491	3862	12472	3862	3019		11226	2267	8456	2267	2770	
社旗县	10751	3112	6990	3112	3761		13866	1250	7634	1250	6232	
唐河县	32751	5469	25521	5469	7230		28044	2763	19692	2763	8352	
新野县	16956	3528	10683	2915	6273	613	14685	1677	9793	1442	4892	235
桐柏县	10635	1925	8168	1925	2467		8331	1332	6275	1332	2056	
邓州市	30284	7024	17056	6558	13228	466	35575	2800	14993	2576	20582	224

17－8 各县(市、区)普通中学教职工人数

(2002年)

单位:人

	合计	#专任教师	按城乡分				按主管部门分		
			城镇	专任教师	农村	专任教师	教育部门办	其它部门办	集体办
南阳市	**41718**	**37169**	**26144**	**22722**	**15574**	**14447**	**39678**	**1371**	**669**
宛城区	3923	3427	2351	1941	1572	1486	3104	587	232
卧龙区	3452	3021	2093	1767	1359	1254	3127	325	
南召县	2699	2336	1436	1202	1263	1134	2313	246	140
方城县	3624	3200	1686	1440	1938	1760	3582	42	
西峡县	2028	1809	1108	946	920	863	1987		41
镇平县	3255	3085	2164	2024	1091	1061	3233		22
内乡县	2439	2220	1821	1632	618	588	2410		29
淅川县	3068	2568	2322	1882	746	685	3056		12
社旗县	2445	2120	1413	1231	1032	889	2393		52
唐河县	4363	3981	3428	3104	935	877	4363		
新野县	2961	2593	1922	1648	1039	945	2879	50	32
桐柏县	2109	1828	1610	1382	499	446	1879	121	109
邓州市	5352	4981	2790	2523	2562	2458	5352		

17—9 各县(市、区)小学分城乡学校数和在校学生数

(2002 年)

单位:所、人

	学校数			在校学生数		
	合计	城镇	农村	合计	城镇	农村
南阳市	**4156**	**248**	**3908**	**940318**	**189078**	**751240**
宛城区	192	22	170	67261	18754	48507
卧龙区	251	27	224	82653	24805	57848
南召县	321	13	308	53547	10405	43142
方城县	461	15	446	84545	12141	72404
西峡县	295	11	284	31557	7805	23752
镇平县	235	20	215	72479	14558	57921
内乡县	286	12	274	54160	10251	43909
淅川县	379	17	362	82883	19547	63336
社旗县	250	8	242	55110	5270	49840
唐河县	486	20	466	116369	16584	99785
新野县	212	20	192	65239	12784	52455
桐柏县	219	16	203	38346	9502	28844
邓州市	569	47	522	136169	26672	109497

17—10 各县(市、区)小学分城乡招生数和毕业生数

(2002 年)

单位:所

	招生数			毕业生数		
	合计	城镇	农村	合计	城镇	农村
南阳市	**148971**	**31351**	**117620**	**181668**	**38695**	**142973**
宛城区	10731	3559	7172	13909	3854	10055
卧龙区	11077	3735	7342	14844	4435	10409
南召县	9732	1792	7940	10356	1751	8605
方城县	12565	1810	10755	19684	3164	16520
西峡县	5175	1276	3899	7626	1698	5928
镇平县	11626	2225	9401	15086	2909	12177
内乡县	8929	1906	7023	11295	2444	8851
淅川县	13382	3085	10297	11587	3041	8546
社旗县	8060	929	7131	7639	526	7113
唐河县	17186	2410	14776	26729	4532	22197
新野县	9074	1766	7308	11187	2338	8849
桐柏县	6482	1626	4856	8394	2800	5594
邓州市	24952	5232	19720	23332	5203	18129

17—11 各县(市、区)小学教职工数

(2002年)　　　　单位:人

	合　计	专任教师	按城乡分：城　镇	专任教师	农　村	专任教师	按主管部门分：教育部门办	其它部门办	集体办
南　阳　市	**56030**	**52958**	**10869**	**9997**	**45161**	**42961**	**54548**	**997**	**485**
宛　城　区	3835	3625	1169	1062	2666	2563	3368	360	107
卧　龙　区	3937	3738	1161	1114	2776	2624	3686	251	
南　召　县	3735	3508	694	580	3041	2928	3484	183	68
方　城　县	4629	4113	783	676	3846	3437	4469	30	130
西　峡　县	2769	2714	457	433	2312	2281	2769		
镇　平　县	4400	4204	736	713	3664	3491	4400		
内　乡　县	3470	3455	534	526	2936	2929	3463		7
淅　川　县	4788	4495	1108	982	3680	3513	4788		
社　旗　县	3148	2903	306	261	2842	2642	3084		64
唐　河　县	5666	5433	930	868	4736	4565	5666		
新　野　县	3544	3271	600	553	2944	2718	3512		32
桐　柏　县	3047	2944	693	621	2354	2323	2797	173	77
邓　州　市	9062	8555	1698	1608	7364	6947	9062		

17—12 各县(市、区)职业中学基本情况

(2002年)　　　　单位:所、人

	学校数	在校学生数	招生数	毕业生数	教职工数	专任教师数
南　阳　市	**64**	**51484**	**20666**	**16910**	**3723**	**2760**
宛　城　区	8	5475	2096	2104	511	401
卧　龙　区	11	7217	2620	2913	261	218
南　召　县	4	2205	1136	526	259	155
方　城　县	6	4076	1259	1001	277	204
西　峡　县	2	2262	1048	562	255	194
镇　平　县	4	4281	2002	1275	206	184
内　乡　县	3	2818	1632	481	200	132
淅　川　县	2	2963	1117	1174	205	155
社　旗　县	4	2282	949	763	204	167
唐　河　县	6	4801	2160	1896	376	282
新　野　县	3	3947	1609	714	406	205
桐　柏　县	1	2256	735	664	61	50
邓　州　市	10	6901	2303	2837	502	413

17－13 各县(市、区)幼儿园基本情况

	园数(所)	班数(个)	入园幼儿人数(人)	在园幼儿人数(人)	离园幼儿人数(人)
南阳市	**227**	**5669**	**145957**	**164035**	**79398**
宛城区	12	290	7635	8593	5254
卧龙区	5	260	6801	7888	3243
南召县	11	420	9998	10475	3155
方城县	24	489	11286	13430	6352
西峡县	9	454	7013	11220	3491
镇平县	60	685	15349	16841	6921
内乡县	9	305	6511	7570	4655
淅川县	7	387	11966	13871	3653
社旗县	4	327	8712	9023	5031
唐河县	8	541	13721	14500	6299
新野县	42	505	16310	18075	9365
桐柏县	9	298	7091	7755	3692
邓州市	27	708	23564	24794	18287

17－14 各县(市、区)幼儿教职工数

(2002年)　　　　单位:人

市	教职工数				代科教师	兼任教师
	合计	专任教师	保健员	其他		
总计	**2167**	**1492**	**212**	**463**	**228**	**9**
宛城区	169	108	11	50	5	1
卧龙区	156	96	18	42		
南召县	151	85	12	54	3	3
方城县	224	162	16	46	14	
西峡县	73	58	2	13	21	
镇平县	448	283	57	108	62	3
内乡县	93	84		9	3	
淅川县	81	65	4	14	54	
社旗县	30	24	1	5	3	
唐河县	106	67	26	13	7	
新野县	252	177	14	61	6	2
桐柏县	125	86	23	16	4	
邓州市	259	197	28	34	46	
市直,高校,两属企业						

17—15 各县(市、区)教育经费情况

(2002年)

单位:万元

市	合计	国家财政性教育经费	预算内	社会团体和公民个人办学经费	社会捐资和集资办学经费	学费和杂费	其他教育经费
南阳市	**179956**	**126996**	**108450**	**323**	**3654**	**31972**	**17012**
宛城区	10662	8580	7949		12	1204	865
卧龙区	11150	7461	6538	1		1744	1943
南召县	7428	6718	6356	236	57	377	41
方城县	12706	9079	8391		120	2385	1121
西峡县	9017	7569	7078		199	645	603
镇平县	13687	9978	9659		863	1228	1618
内乡县	8899	6148	5668		44	2108	599
淅川县	10727	6850	6473	4	838	2191	844
社旗县	6315	4195	4148		8	1567	545
唐河县	13528	10424	9924		66	1909	1129
新野县	10437	7315	6432	82	343	1415	1282
桐柏县	7469	5579	4701		100	1106	685
邓州市	21570	16809	16247		873	2152	1737
市直	36362	20514	8857			12112	3736

17－16 全市县及县以上国有单位独立研究与开发机构人员和经费支出情况

（2002 年）

	机构数（个）	职工人数（人）	科学家工程师（甲类）	其它科技人员（乙类）	支出总额外（万元）	基本建设投资（万元）
南阳市	**21**	**939**	**183**	**187**	**1910**	**382**
宛城区	3	68	5	26	56	
卧龙区	1	26	1	7	52	10
南召县	1	17	3	1	7	
方城县						
西峡县	2	56	6	11	56	
镇平县	2	82	16	6	32	
内乡县	2	134	15	22	202	70
淅川县						
社旗县						
唐河县						
新野县						
桐柏县	1	36	2	3	26	
邓州市	1	70	9	5	136	10
市直（含两属）	8	450	126	106	1344	293

17－17 地方财政科技经费决算情况

（2002 年）　　单位：万元

	政府科技拨款			科技贷款			
	合计	事业费	科技三项费（2%资金）	合计	星火贷款	火炬贷款	其它
南阳市	**5086**	**1302**	**3354**	**3455**	**2445**	**20**	**990**
宛城区	195	14	181				
卧龙区	85	25	60				
南召县	36	2	34				
方城县	565	14	250	510	510		
西峡县	282	3	279				
镇平县	135	25	110				
内乡县	500	300	200	120	120		
淅川县	270		270				
社旗县	135	5	130				
唐河县	270	5	262				
新野县	225	9	210	180			180
桐柏县	549	18	411				
邓州市	322	112	210				
市直	1517	770	747	2645	1815	20	810

17—18 国有单位专业技术人员数

单位:人

	1985年	1990年	1999年	2000年	2001年	2002年
一、总　　计	**44430**	**66670**	**112941**	**116488**	**121940**	**120885**
工程技术人员	4071	5899	7674	7764	8079	7927
农业技术人员	2152	2781	2940	3011	3286	3332
卫生技术人员	8110	9817	12102	12548	13124	13211
科学研究技术人员	97	219	112	86	94	93
教 学 人 员	26059	37164	79892	82591	86840	86433
会 计 人 员	2390	3896	3072	3406	3192	3116
统 计 人 员	669	923	543	535	586	510
经 济 人 员	86	4238	3218	3251	3221	3074
编辑、记者、播音人员	65	262	401	436	507	483
翻 译 人 员	7	24	27	23	29	30
图书档案资料人员	40	637	743	675	800	718
工艺美术人员	2	32	62	53	50	65
文 艺 人 员	654	469	346	322	344	344
体育教练人员	28	68	118	125	139	101
律师、公证人员		241	235	214	145	123
政 工 人 员			1456	1448	1504	1325
二、平均每万名职工中专业技术人员	**1210**	**1574**	**1686**	**1736**	**1860**	**1827**
#工程技术人员	112	139	115	116	123	120
农业技术人员	59	66	44	45	50	50
卫生技术人员	221	232	181	187	200	200
科学研究技术人员	2	2	2	1	1	1
教 学 人 员	710	877	1192	1048	1324	1307
三、平均每万名人口中专业技术人员	**49**	**68**	**108**	**111**	**116**	**114**
#工程技术人员	5	6	7	7	8	7
农业技术人员	2	3	3	3	3	3
卫生技术人员	9	10	12	12	12	12
科学研究技术人员						
教 学 人 员	29	38	76	79	82	82

17－19 国有单位分行业科学技术人员数

单位:人

	1985年	1990年	1999年	2000年	2001年	2002年
总　　　计	**44430**	**66670**	**112941**	**116488**	**121940**	**120885**
一、农、林、牧、渔水利业	2258	3420	4402	4638	5059	4899
二、工　　业	2411	4497	5665	5355	5441	4917
三、地质普查和勘探业和水利管理业		5	1076	1260	1286	1023
四、建筑业	149	433	617	630	516	603
五、交通运输邮电通迅业	356	536	1630	1517	1491	1455
六、商业、饮食业物资供销和仓储业	1258	4434	2079	1705	1777	1741
七、房地产管理、公用事业居民服务和咨询业	98	312	61	64	73	73
八、卫生、体育和社会福利事业	7218	8894	11536	12614	12630	13239
九、教育、文化艺术和广播电视事业	27145	38925	81693	83962	88782	87695
十、科研和综合技术服务业	95	380	592	491	473	345
十一、其 他 行 业	3442	4834	3590	4252	4412	4895

17－20 按职称(务)分的地方国有企业、事业单位各类专业技术人员数

(2002年底)

单位:人

项　　目	合　计	高　级	中　级	初　级	未　聘
总　　　计	**120885**	**4309**	**41872**	**69442**	**5262**
工程技术人员	7927	223	1980	5335	389
农业技术人员	3332	115	684	2295	238
科学研究人员	93	14	35	43	1
卫生技术人员	13211	729	4277	7452	753
教 学 人 员	86433	2991	31409	48748	3285
经 济 人 员	3074	54	1217	1623	180
会 计 人 员	3116	19	884	1983	230
统 计 人 员	510	2	114	365	29
翻 译 人 员	30	6	7	11	6
图 书 档 案、文博人员	718	34	226	424	34
新闻、出版人员	417	23	103	264	27
律师、公证人员	123	6	35	64	18
播 音 人 员	66	2	7	47	10
工艺美术人员	65	4	23	36	2
体 育 人 员	101	7	21	35	38
艺 术 人 员	344	21	124	177	22
政 工 人 员	1325	59	726	540	

17－21 分县(市、区)科技成果获奖情况

单位:项

	1980年	1985年	1990年	1999年	2000年	2001年	2002年
南阳市	**31**	**138**	**136**	**409**	**389**	**334**	**295**
宛城区	8	17	15	9	6	10	13
卧龙区	1	2	14	4	7	2	22
南召县	1	6	6	11	7	6	6
方城县	2	10	5	25	15	13	3
西峡县	2	8	4	20	13	4	7
镇平县		5	5	11	6	4	3
内乡县	2	7	8	17	10	16	10
淅川县	1	10	7	7	5	5	4
社旗县	1	1	6	4	3		
唐河县		14	9	10	12	8	3
新野县		4	2	12	8	5	4
桐柏县	3	2	2	1	4	1	2
邓州市		5	9	7	8	5	4
市直,高校,两属企业	10	47	44	271	285	255	214

17－22 全市科技成果分类情况

(2002年)

单位:项

	总计	国家星火奖	国家科技进步奖	省科技进步奖	省星火奖	市科技成果奖
合计	**295**			**3**		**292**
1.工业	51			2		49
#机械电子	18			2		16
轻化纺	8					8
冶金建	13					13
其他	12					12
2.农林牧水	29			1		28
#农业	15			1		14
林业	9					9
水产养植	2					2
其他	3					3
3.医药卫生	191					191
4.软科学	24					24

17−23 分县(市、区)国家级、省级、市级科技成果获奖情况

	1990年			2000年			2001年			2002年		
	国家级	省级	市级	国家级	省级	市级	国家级	省级	市级	国家级	省级	市级
南阳市		**31**	**107**		**14**	**375**		**5**	**329**		**3**	**292**
宛城区		3	14		1	5			10			13
卧龙区		2	2			7			2			22
南召县		2	3			7			6			6
方城县			8			15			13			3
西峡县		2	6		1	12			4			7
镇平县		3	3		1	5			4			3
内乡县		5	4		1	9		1	15		1	9
淅川县			5			5			5			4
社旗县		3	1			3						
唐河县			11		3	9			8			3
新野县			4			8			5			4
桐柏县		1	1			4			1			2
邓州市		3	5		1	7			5			4
市直、高校、两属企业		7	40		6	279		4	251		2	212

17−24 全市专利申请及获权量

单位:项

指标	1985年	1990年	2000年	2001年	2002年
一、总申请量	**6**	**55**	**110**	**170**	**208**
(一)按申请对象分					
1.职务	2	21	11	32	
企业	2	21	11	32	
事业					
2.非职务	4	34	99	138	
(二)按种类分					
1.发明	1	9	12	17	31
2.实用新型	5	42	82	129	148
3.外观设计		4	16	24	29
二、总获权量		**32**	**94**	**130**	**180**
(一)按专利权对象分					
1.职务		16	5	15	
企业		16	5	15	
事业					
2.非职务		16	89	115	
(二)按种类分					
1.发明		1			3
2.实用新型		31	28	108	148
3.外观设计			16	22	29

17－25 大中型工业企业科技活动情况

指　标	1995年	2000年	2001年	2002年
单 位 数(个)	86	88	88	93
从事科技活动的人员数(人)	8815	8816	7642	7768
＃科学家工程师		4097	3851	3765
课题活动人员(人)		5501	5763	5605
当年科技活动经费筹集总额(万元)		25889	24250	28184
＃政府拨款		577	299	933
自筹资金		21576	19553	25115
银行贷款		3272	3808	600
当年科技活动经费支出总额(万元)	16881	21183	23226	27430
＃内部支出	15987	19059	21549	25372
＃劳务费		5384	7046	9041
业务费		8457	3972	3120
固定资产购建支出		12636	10531	13212
＃科研仪器		5218	4627	5466
科研(课题)项目数(项)	585	508	559	538
研究与发展(课题)项目(项)		319	254	335
＃基础研究				
应用研究		79	49	11
试验发展		240	205	324
研究与发展活动人员(人)		3744	3701	3606
＃基础研究				
应用研究		650	466	77
试验发展		3094	3235	3529
研究与发展经费内部支出(万元)		11678	14527	13914
＃基础研究		2		
应用研究		1054	956	550
试验发展		10622	13571	13364

17－26 大中型工业企业分行业科技情况表

（2002 年）

单位：人、万元

	从业人员平均人数	工程技术人员	科技活动人员	高中级技术人员	研究与试验发展人员	年末固定资产	生产经营用机器设备原价	微电子设备原价
总计	**132301**	**17447**	**7768**	**3039**	**3606**	**2327447.1**	**1975952.6**	**93433.5**
按企业规模分组								
大型企业	91165	13240	6990	2835	3576	1836836.2	1648083.5	84648.7
中型企业	41136	4207	778	204	30	490610.9	327869.1	8784.8
按登记注册类型分组								
内资企业	131080	17031	7768	3039	3606	2176120.9	1828211.8	93433.5
国有	92790	11813	4333	2164	2370	1282258.6	1041181.2	58806.9
集体	1537	317	115	17		28170.9	17682.6	1060.1
股份合作	637	89				6248.1	1026	
国有独资公司	10539	2047	1354	545	1085	122519.5	98734.8	11940.2
其他有限责任公司	7133	692	227	112		553542	535982.7	725.4
股份有限公司	18444	2073	1739	201	151	183381.8	133604.5	20900.9
港澳台商投资	671	14				6010.4	3487	
与港澳台商合资经营	671	14				6010.4	3487	
按工业行业大类分组								
石油和天然气开采业	27760	3928	1973	1179	1290	407310.5	370013.1	25792.6
有色金属矿采选业	2346	175	98	48		30538.4	9609	21.2
非金属矿采选业	1478	97				17606.7	3387.4	
食品加工业	1023	267	7	4		12696.4	5029.4	188
饮料制造业	5945	1186	843	336	740	56027.3	38921.2	10938.7
烟草加工业	2607	208	17	3	8	44041.1	43685.4	1833
纺织业	20855	1100	1703	145		153052.6	112091.5	3131.3
造纸及纸制品业	1972	228	108	10		22626.1	15757.5	42
印刷业、记录媒介的复制	690	61				3737.4	2532.6	
化学原料及化学制品制造业	10077	1426	301	181	240	104146.6	81039.5	3767
医药制造业	6286	1546	273	79	223	80900.4	63116.7	4834.4
化学纤维制造业	983	72				8077.2	2016	
塑料制品业	310	79				3178.3	2291.9	300
非金属矿物制品业	6097	386	51	22		51788.7	28614.1	2674.4
黑色金属冶炼及压延加工业	2948	35	35	4		38280.7	20911.5	
普通机械制造业	2291	310	53	16		8622.6	5707.6	949.9
专用设备制造业	4330	265	179	46		24203.4	6598.2	1322.2
交通运输设备制造业	6108	989	637	234	250	66490.2	46745.5	13546.9
武器弹药制造业	13627	1820	713	380	566	127750.3	85205.8	1401.5
电气机械及器材制造业	3917	498	404	170	184	25844.5	18864.6	1085
电子及通信设备制造业	2917	603	131	53	105	53104.1	51672.1	14555.1
其他制造业	316	8	62	1		8083	4832	165.2
电力、蒸汽、热水的生产和供应业	6089	2054	180	128		966071.7	946970.5	6787.6
自来水的生产和供应业	1329	106				13268.9	10339.5	97.5

17－26 续表 1　　　　(2002 年)　　　　单位：万元

	科技活动经费筹集总额	企业资金	金融机构资金	来自政府部门资金	来自事业单位资金	其它资金
总　计	**28183.6**	**25114.6**	**600**	**933**	**85**	**1441**
按企业规模分组						
大型企业	24651.6	22710.6		766	85	1090
中型企业	3532	2404	600	167		351
按登记注册类型分组						
内资企业	28183.6	25114.6	600	933	85	1441
国　有	17546	16064	600	436	85	351
集　体	697	697				
股份合作						
国有独资公司	7024.3	5744.3		200		1080
其他有限责任公司	367.8	367.8				
股份有限公司	2548.5	2241.5		297		10
港澳台商投资						
与港澳台商合资经营						
按工业行业大类分组						
石油和天然气开采业	8000	8000				
有色金属矿采选业	123.1	123.1				
非金属矿采选业						
食品加工业	6.2	6.2				
饮料制造业	4823	3623		120		1080
烟草加工业	188.2	128.2			60	
纺织业	1745	1745				
造纸及纸制品业	365	235	100	20		
印刷业、记录媒介的复制						
化学原料及化学制品制造业	2241	2226		15		
医药制造业	1453.8	1263.8		180		10
化学纤维制造业						
塑料制品业						
非金属矿物制品业	107.6	107.6				
黑色金属冶炼及压延加工业	351	300				51
普通机械制造业	602	602				
专用设备制造业	377	377				
交通运输设备制造业	2517	1577	500	130	10	300
武器弹药制造业	2831.9	2415.9		401	15	
电气机械及器材制造业	1466	1399		67		
电子及通信设备制造业	430.8	430.8				
其他制造业	95	95				
电力、蒸汽、热水的生产和供应业	460	460				
自来水的生产和供应业						

17－26 续表 2　　(2002 年)　　单位:万元

	科技活动经费支出总额	内部支出合计	劳务费	原材料费	非基建购买和自制设备
总　计	**27429.6**	**25372.4**	**9041.2**	**7746.7**	**5464.9**
按企业规模分组					
大型企业	24174.6	22195.6	8267.1	6988.6	3855.8
中型企业	3255	3176.8	774.1	758.1	1609.1
按登记注册类型分组					
内资企业	27429.6	25372.4	9041.2	7746.7	5464.9
国　有	17262	15682.2	5295.4	4989.6	2837.8
集　体	706	693	158.1	28.8	506.1
股份合作					
国有独资公司	7015.2	6896.8	2638.2	2028	1798
其他有限责任公司	364.5	284.5	166.5	85.2	32
股份有限公司	2081.9	1815.9	783	615.1	291
港澳台商投资					
与港澳台商合资经营					
按工业行业大类分组					
石油和天然气开采业	7968.9	6669.9	3261.5	1470.2	895.5
有色金属矿采选业	123.1	107.1	45.9	51.2	10
非金属矿采选业					
食品加工业	6.2	6.2	2	4.2	
饮料制造业	4823	4707.2	2097.9	1327.2	1025
烟草加工业	188.2	182.2	47.7	42	16.5
纺织业	1328.4	1246.1	569.1	549.1	103.3
造纸及纸制品业	343	308	78	107	108
印刷业、记录媒介的复制					
化学原料及化学制品制造业	2150.2	2095.6	449.4	800	615.4
医药制造业	1527.2	1353.3	262.5	490.2	368
化学纤维制造业					
塑料制品业					
非金属矿物制品业	85.3	77.3	20.5	23	33
黑色金属冶炼及压延加工业	331.5	320.3	63.2	115.7	138.1
普通机械制造业	602	602	92.7	25.6	483.7
专用设备制造业	377	377	90	260	20
交通运输设备制造业	2303.8	2303.8	645.8	650.3	872.1
武器弹药制造业	2816.9	2796.9	490.7	1265.2	141.6
电气机械及器材制造业	1466	1439.3	383.1	382.8	580.2
电子及通信设备制造业	424.9	389.2	197.8	119.8	12.1
其他制造业	104	91	65.4	3.2	22.4
电力、蒸汽、热水的生产和供应业	460	300	178	60	20
自来水的生产和供应业					

17－26 续表 3　　(2002 年)　　单位:万元

	研究与试验发展经费支出	应用研究支出	试验发展支出	新产品开发经费支出	用于科研基建支出	土建工程支出
总　　计	**13914.2**	**550**	**13364.2**	**12662.4**	**1427.4**	**627.5**
按企业规模分组						
大型企业	13809.2	550	13259.2	11656.4	1297.1	561.2
中型企业	105		105	1006	130.3	66.3
按登记注册类型分组						
内资企业	13914.2	550	13364.2	12662.4	1427.4	627.5
国　　有	9400.1	550	8850.1	6662.2	799.3	350.4
集　　体				54	15.8	8.8
股份合作						
国有独资公司	4223.5		4223.5	4485.6	435	160
其他有限责任公司				60		
股份有限公司	290.6		290.6	1400.6	177.3	108.3
港澳台商投资						
与港澳台商合资经营						
按工业行业大类分组						
石油和天然气开采业	4674.6	550	4124.6	534.7		
有色金属矿采选业				80	15	0
非金属矿采选业						
食品加工业						
饮料制造业	2422		2422	2422	360	100
烟草加工业	165		165	165		
纺织业				1170.9		
造纸及纸制品业				220	4.5	2.5
印刷业、记录媒介的复制						
化学原料及化学制品制造业	1565.8		1565.8	1565.8	152.5	0
医药制造业	836.3		836.3	898.8	110	110
化学纤维制造业						
塑料制品业						
非金属矿物制品业					80	11
黑色金属冶炼及压延加工业				270.5		
普通机械制造业					15.8	8.8
专用设备制造业						
交通运输设备制造业	425		425	936.7	290.3	57.3
武器弹药制造业	2492.9		2492.9	2582.9	397	335.6
电气机械及器材制造业	1119.5		1119.5	1334.1		
电子及通信设备制造业	213.1		213.1	247	2.3	2.3
其他制造业				54		
电力、蒸汽、热水的生产和供应业				180		
自来水的生产和供应业						

17—26 续表 4　　(2002 年)　　单位:万元

	外部支出合计	对国内独立研究所支出	对国内高校支出	对国内其它企业支出	对国外机构支出
总计	**2057.2**	**318.4**	**1037.2**	**626.3**	**74.6**
按企业规模分组					
大型企业	1979	310.4	1002.2	591.1	74.6
中型企业	78.2	8	35	35.2	0
按登记注册类型分组					
内资企业	2057.2	318.4	1037.2	626.3	74.6
国有	1579.8	66.5	852	606.7	54.6
集体	13	13			
股份合作					
国有独资公司	118.4	30.2	88.2		
其他有限责任公司	80	20	40		20
股份有限公司	266	188.7	57	19.6	0
港澳台商投资					
与港澳台商合资经营					
按工业行业大类分组					
石油和天然气开采业	1299	46.5	746	506.5	
有色金属矿采选业	16			16	
非金属矿采选业					
食品加工业					
饮料制造业	115.8		115.8		
烟草加工业	6		6		
纺织业	82.3	35	27	19.6	
造纸及纸制品业	35		35		
印刷业、记录媒介的复制					
化学原料及化学制品制造业	54.6				54.6
医药制造业	173.9	124	49.9		
化学纤维制造业					
塑料制品业					
非金属矿物制品业	8			8	
黑色金属冶炼及压延加工业	11.2			11.2	
普通机械制造业					
专用设备制造业					
交通运输设备制造业					
武器弹药制造业	20	20			
电气机械及器材制造业	26.7	24.2	2.5		
电子及通信设备制造业	35.7	35.7			
其他制造业	13	13			
电力、蒸汽、热水的生产和供应业	160	20	55	65	20
自来水的生产和供应业					

17—26 续表 5　　(2002年)　　单位:万元

	新产品工程准备和试生产费用	新产品和新工艺培训费用	新产品试销费用	新产品销售收入	新产品销售利润
总　计	**7544**	**3111.1**	**4418.3**	**199913.5**	**36839.6**
按企业规模分组					
大型企业	5641.7	275.3	315.7	184121	34523.2
中型企业	1902.3	2835.8	4102.6	15792.5	2316.4
按登记注册类型分组					
内资企业	7544	3111.1	4418.3	199913.5	36839.6
国　有	4296.1	3005.3	4171.8	123888.7	26284
集　体	610.7	16.9	31	5420.6	452.8
股份合作					
国有独资公司	1139.5	14	87	19346.3	3431.7
其他有限责任公司	31.2	43.1	2.1	1195.2	170.3
股份有限公司	1466.5	31.8	126.4	50062.7	6500.8
港澳台商投资					
与港澳台商合资经营					
按工业行业大类分组					
石油和天然气开采业	3.8			2948.4	338.7
有色金属矿采选业	92.5	4	7	4725.3	497.5
非金属矿采选业					
食品加工业					
饮料制造业	995	20	100	4680	420
烟草加工业					
纺织业	897.6	18.9	586.5	62864.4	5778.3
造纸及纸制品业	42	4.5	5.5	994.2	152.9
印刷业、记录媒介的复制					
化学原料及化学制品制造业	998	109.5	24.3	37105	13567.9
医药制造业	500	4	50	3911.8	1845.2
化学纤维制造业					
塑料制品业					
非金属矿物制品业	1.2	0.1	0.1	213.4	23
黑色金属冶炼及压延加工业	15.1	0.6		222.2	16.2
普通机械制造业	586	3.2	11	678.3	102.8
专用设备制造业		2800	2800	762.9	46.2
交通运输设备制造业	1423.1	43.4	786.7	15344	2661
武器弹药制造业	1784.1	39	10	36474.4	6743.8
电气机械及器材制造业	138.8	3.4	6.7	15065.1	2974.2
电子及通信设备制造业	22.1	0.8	10.5	9181.8	1321.9
其他制造业	24.7	13.7	20	4742.3	350
电力、蒸汽、热水的生产和供应业	20	46			
自来水的生产和供应业					

17—26 续表 6　　(2002 年)　　单位:万元

	全部科技项目数	新产品开发项目数	研究与试验发展项目	全部科技项目参加人员	全部科技项目经费内部支出
总　　计	**538**	**195**	**335**	**5605**	**23640.5**
按企业规模分组					
大型企业	482	182	334	5037	20519.6
中型企业	56	13	1	568	3120.9
按登记注册类型分组					
内资企业	538	195	335	5605	23640.5
国有	392	91	279	3012	15094.1
集体	6	1		108	693
股份合作					
国有独资公司	60	42	40	781	6097.3
其他有限责任公司	9	3		102	240.3
股份有限公司	71	58	16	1602	1515.8
港澳台商投资					
与港澳台商合资经营					
按工业行业大类分组					
石油和天然气开采业	219	7	212	1200	6241.3
有色金属矿采选业	2	1		40	107.1
非金属矿采选业					
食品加工业					
饮料制造业	20	11	11	372	4086.3
烟草加工业	1	1	1	8	165
纺织业	50	49		1656	1148.2
造纸及纸制品业	7	5		40	270
印刷业、记录媒介的复制					
化学原料及化学制品制造业	48	12	28	204	2087.9
医药制造业	37	23	21	201	1225.8
化学纤维制造业					
塑料制品业					
非金属矿物制品业	5			26	73.3
黑色金属冶炼及压延加工业	2	1		28	320.3
普通机械制造业	4			46	602
专用设备制造业	21			149	377
交通运输设备制造业	31	14	3	423	2195.8
武器弹药制造业	39	35	34	675	2796.9
电气机械及器材制造业	31	20	18	260	1260.7
电子及通信设备制造业	11	10	7	91	291.9
其他制造业	2	1		62	91
电力、蒸汽、热水的生产和供应业	8	5		124	300
自来水的生产和供应业					

17－26 续表 7　　（2002 年）　　单位：万元

	专利申请数	发明专利数	拥有发明专利数	技术引进经费支出	消化吸收经费支出
总　计	**28**	**4**	**20**	**17139.4**	**169.3**
按企业规模分组					
大型企业	27	4	20	17005.9	127.7
中型企业	1			133.5	41.6
按登记注册类型分组					
内资企业	28	4	20	17139.4	169.3
国　有	17	3	16	672.8	140.6
集　体				13	
股份合作					
国有独资公司	4	1	3	40	10
其他有限责任公司				120	5
股份有限公司	7		1	16293.6	13.7
港澳台商投资					
与港澳台商合资经营					
按工业行业大类分组					
石油和天然气开采业	9	2	9		
有色金属矿采选业					
非金属矿采选业					
食品加工业					
饮料制造业	2	1	3	40	10
烟草加工业					
纺织业				16130	13.7
造纸及纸制品业					
印刷业、记录媒介的复制					
化学原料及化学制品制造业				428.8	46
医药制造业	6		1	140	
化学纤维制造业					
塑料制品业					
非金属矿物制品业				13.1	
黑色金属冶炼及压延加工业				15	21.6
普通机械制造业					
专用设备制造业					
交通运输设备制造业			2	87.5	65
武器弹药制造业	8	1	5	152	8
电气机械及器材制造业	3				
电子及通信设备制造业					
其他制造业				13	
电力、蒸汽、热水的生产和供应业				120	5
自来水的生产和供应业					

17－27 大中型工业企业分县市区科技情况表

(2002年)　　　　单位:人

	工程技术人员	科技活动人员	高中级技术人员	研究与发展人员
总　　计	**17447**	**7768**	**3039**	**3606**
按隶属关系分组				
中 央 属	6939	3523	1961	2316
省(直辖市)属	1140	73	29	8
地 区 属	4555	1886	661	1190
县　　属	4151	2162	286	92
其 他 属	662	124	102	0
按地区分组				
宛 城 区	8171	3933	1922	2442
卧 龙 区	3200	939	385	506
南 召 县	1427	601	310	477
方 城 县	365	121	69	33
西 峡 县	624	171	29	76
镇 平 县	289	62	1	
内 乡 县	209	90	4	
淅 川 县	1100	138	39	16
社 旗 县	114	52	8	
唐 河 县	46			
新 野 县	792	1401	102	
桐 柏 县	252	78	40	
邓 州 市	858	182	130	56

17—27 续表1 (2002年) 单位:人

	科技活动经费筹集总额	企业资金	科技活动经费支出总额	内部支出	研究与发展经费
总计	**28183.6**	**25114.6**	**27429.6**	**25372.4**	**13914.2**
一、按隶属关系分组					
中央属	14339.5	13898.5	14202.6	12829	9053.3
省(直辖市)属	448.2	388.2	448.2	362.2	165
地区属	7994.5	6567.5	7858.7	7696.6	4436.6
县属	5201.4	4060.4	4720.1	4364.6	259.3
其他属	200	200	200	120	
二、按地区分组					
宛城区	15542.9	14205.9	15504.2	14026.7	8701.1
卧龙区	5049.4	4874.4	4830.4	4706.2	2460.9
南召县	2239.6	1823.6	2224.6	2124.6	2004.6
方城县	438	438	438	430	322.3
西峡县	1550	590	1532.5	1392.5	182.5
镇平县	95	95	104	91	
内乡县	150	150	148	148	
淅川县	858.4	677.4	817.6	771.4	76.8
社旗县	280	280	280	230	
唐河县	21	21			
新野县	1440	1440	1031	948.7	
桐柏县	43.1	43.1	43.1	27.1	
邓州市	476.2	476.2	476.2	476.2	166

17—27 续表 2　　(2002 年)　　单位:人

	新产品开发经费	新产品产值	新产品销售收入	新产品销售利润
总　计	**12662.4**	**204766.2**	**199913.5**	**36839.6**
一、按隶属关系分组				
中央属	5223.4	74876.4	78494.7	20915.3
省(直辖市)属	345			
地区属	5044.9	47653.2	47188.7	5360.5
县　属	2049.1	82236.6	74230.1	10563.8
其他属				
二、按地区分组				
宛城区	5275.6	40963.3	41551.2	4384.2
卧龙区	2754.8	49608.3	48586.1	15250.6
南召县	2004.6	30826	33601.4	5836.8
方城县	322.3			
西峡县	413	7885	7191.2	1561
镇平县	54	7392.4	4742.3	350
内乡县	60	981.8	981.8	147.3
淅川县	626	19381.9	15513.9	3203.8
社旗县		4680	4680	420
唐河县				
新野县	896.1	40019.5	40192.6	4778.9
桐柏县				
邓州市	256	3028	2873	907

17－27 续表 3　　(2002 年)　　单位：人

	科技项目数	新产品	研究与试验发展项目	项目参加人员	项目内部经费	研究与试验发展经费
总计	**538**	**195**	**335**	**5605**	**23640.5**	**13601.7**
一、按隶属关系分组						
中央属	335	62	276	2409	12292.4	8890.5
省(直辖市)属	6	6	1	64	345	165
地区属	92	71	47	1243	6769.5	4286.9
县属	102	56	11	1821	4113.6	259.3
其他属	3			68	120	
二、按地区分组						
宛城区	301	62	244	2312	12643.1	8553.6
卧龙区	103	42	46	795	4608.9	2295.9
南召县	35	30	30	545	2124.6	2004.6
方城县	8	3	3	58	426	322.3
西峡县	27	12	10	99	1265	182.5
镇平县	2	1		62	91	
内乡县	5	3		28	110	
淅川县	12	7	1	125	771.4	76.8
社旗县	6			10	230	
唐河县						
新野县	34	33		1376	873.4	
桐柏县	1			20	27.1	
邓州市	4	2	1	175	470	166

	专利申请数	拥有发明专利数	技术引进经费	消化吸收经费
总计	**28**	**20**	**17139.4**	**169.3**
一、按隶属关系分组				
中央属	17	16	549.8	99
省(直辖市)属				
地区属	5	3	50.5	10
县属	6	1	16419.1	55.3
其他属			120	5
二、按地区分组				
宛城区	14	14	40	55
卧龙区			408.3	46
南召县	8	5	120	5
方城县			31	
西峡县	6	1	217	20
镇平县			13	
内乡县				
淅川县			15	21.6
社旗县				
唐河县				
新野县			16143.1	13.7
桐柏县				
邓州市			152	8

主要统计指标解释

普通高等学校 指按照国家规定的设置标准和审批程序批准举办，通过国家统一招生考试，招收高中毕业生为主要培养对象，实施高等教育的全日制大学、独立设置的学院和高等专科学校、短期职业大学。

成人高等学校 指按照国家有关规定审批，招收通过全国成人高教统一招生考试的具有高中毕业或同等学历的在职从业人员，利用脱产、半脱产、业余或函授等多种形式对其实施高等学历教育，培养高等教育专科或本科毕业水平的专门人才，修业年限、课程设置和总学时数均按高等学历教育要求付诸实施的学校。包括广播电视大学、职工高等学校、农民高等学校、管理干部学院、教育学院、独立设置的函授学院等。

小学学龄儿童入学率 指调查范围内已入小学学习的学龄儿童占校内外学龄儿童总数（包括弱智儿童，不包括盲聋哑儿童）的比重。计算公式为：

小学学龄儿童入学率＝已入学的小学学龄儿童数/校内外小学学龄儿童总数×100％

独立研究与开发机构 指有明确的任务和研究方向，有一定学术水平的业务骨干和一定数量的研究人员，具有研究、开发、开展学术工作的基本条件，主要进行科学研究与技术开发活动，并且在行政上有独立的组织形式，财务上独立核算盈亏，有权与其他单位签订合同，在银行有单独户头的单位。包括国务院各部门、中国科学院、中国社会科学院和各省、自治区、直辖市以及地（市）以上〔含地（市）〕各部门所属的国有科学研究与技术开发机构。

独立研究与开发机构职工 指在独立研究与开发机构工作，并由其支付工资的人员。包括长期职工、临时职工和招聘人员，不包括编制以外的离休、退休人员和停薪留职人员。

研究与发展经费支出 指用于研究与发展课题活动（基础研究、应用研究、实验发展）的全部实际支出，包括用于研究与发展课题活动的直接支出和间接用于研究与发展活动的支出（如研究院、所管理费，维持研究院、所正常运转的必需费用和与研究发展有关的基本建设支出）。

科学家和工程师 指具有大学本科及以上学历和不具备上述学历但有高、中级职称的人员。

其他科技人员 指大专、中专毕业和具有初级职称的从事科技活动人员。

专业技术人员 指已取得科学技术职称，或大学、中专的理、工、农、医科系毕业，以及国民经济各部门从工作实践中提拔，从事理、工、农、医等自然科学技术的研究、教学、生产的专业人员和在机关、企业、事业中从事科学技术业务管理工作的专业人员。

工程技术人员 指在国民经济各行业中从事工程技术工作的自然科学技术专业人员，包括高级工程师、工程师、助理工程师、技术员和未评定职称的技术人员。

农业技术人员 指在国民经济各行业中从事农业技术工作的自然科学技术专业人员，包括高级农艺师、农艺师、助理农艺师、技术员和未评定职称的技术人员。

卫生技术人员 指在国民经济各行业中从事卫生医务工作的自然科学技术专业人员，包括正副主任医师、主治医师、医师、医（护）士和未评定职称的技术人员。

科学研究人员 指在国民经济各行业中从事科学技术活动的自然科学技术专业人员，包括正副研究员、助理研究员、研究实习员、技术员和未评定职称的技术人员。

自然科学教学人员 指在国民经济各行业中从事自然科学技术教学活动的专业人员，包括正副教授、讲师、助教、教师和在中学从事自然科学技术教学活动的人员。

发明 是专利法及其实施细则所称的发明，指对有关产品、方法或其改进所提出的新的技术方案。

实用新型 是专利法及其实施细则所称的实用新型，指对产品的形状、构造或者其结合所提出的适于实用的新的技术方案。

外观设计是专利法及其实施细则所称的外观设计，指对产品的形状、图案、色彩或者其结合所作出的富有美感并适于工业上应用的新设计。

文化事业机构 指从事专业文化工作和为专业文化工作服务的独立建制的单位。不包括这些单位另外举办独立核算的其他机构和各部门的业余文化组织。

艺术表演团体 指从事戏曲、音乐、舞蹈、杂技等专业艺术表演，有独立帐户的单位，不包括半工半艺、半农半艺和民间职业剧团。

电影放映单位 指具有放映机器设备、固定或不固定的放映场所与专职或兼职的放映技术人员，经有关部门登记批准，经常为一定的观众对象放映电影的机构。包括经批准对外开放进行营业，并与电影发行放映管理机构分帐的专用放映单位和军委系统租片单位。

艺术表演观众人数（人次） 指售票、包场演出或民族地区免费演出的艺术表演观众人次数，不包括彩排审查和内部观摩演出的观看人次数。

图书纯销售 指向读者直接销售的图书以及直接向国外出口的图书。

书刊排字 指用手工排字和激光排版生产的、可供印刷的排字产量。

书刊印刷 指铅印和胶印印书。

胶印印刷 指用胶印机完成的单色或多色印刷产品。

零件印刷 指单张小件印品。

十八、文化、卫生、体育、环保

18-1 文化艺术、文物事业单位数

单位:个

年份	艺术表演团体	群众艺术馆	文化馆	文化站	公共图书馆	公共图书量（万册）	博物馆
1949	8		7				
1952	17		12				
1957	30		12		1		
1962	29	1	12		1		1
1965	34	1	12		1		1
1970	17		12		1		1
1975	23		13	24	1		1
1978	24	1	13	182	2		2
1980	31	1	19	226	6		2
1981	31	1	19	226	7		2
1982	31	1	19	226	7		2
1983	30	1	19	226	7		2
1984	29	1	19	226	13		5
1985	28	1	19	227	13		8
1986	27	1	19	227	13		8
1987	24	1	19	227	13		8
1988	23	1	19	228	13	79	9
1989	23	1	19	228	13	82	11
1990	23	1	20	227	13	71	11
1991	23	1	19	227	13	72	11
1992	23	1	19	227	13	74	11
1993	22	1	19	231	13	74	11
1994	19	1	19	231	13	75	11
1995	19	1	19	231	13	79	11
1996	18	1	19	229	13	82	12
1997	17	1	19	229	13	85	12
1998	17	1	19	231	13	89	12
1999	17	1	19	231	13	84	12
2000	17	1	19	231	13	112	12
2001	17	1	16	231	13	114	12
2002	17	1	16	231	13	119	12

18－2 体育事业基本情况

单位：人

	1985年	1990年	2000年	2001年	2002年
一、举办运动会次数(次)	106	458	116	394	121
二、参加运动会人员	29340	101811	36837	174505	169000
三、等级裁判人数	134	108	351	428	21
其中：一　级			2	7	1
二　级		11	11	24	20
三　级	134	97	338	397	
四、等级运动员人数	164	415	946	2001	18
其中：一　级			3		3
二　级	30	9	34		15
三　级	97	146	527	1160	
少　年　级	37	260	382	841	

18－3 全市运动员在国内、国际比赛成绩和运动场个数

单位：人

	单　位	1985年	1990年	2000年	2001年	2002年
一、运动员获奖情况						
荣获金牌数	枚			42	47	75
荣获银牌数	枚			32	38	90
荣获铜牌数	枚			35	60	65
获团体和个人全国前六名	人次			16	7	
二、体育运动场地个数	个	2235	2377	3299	3324	2720
1.篮球场合计	个	2213	2354	2649	2657	2678
#.带固定看台灯光球场	个	6	14	15	15	15
2.游泳池合计	个	9	9	11	11	11
3.运　动　场	个	13	14	26	27	30
4.体　育　馆	个			1	1	1

18—4 卫生事业发展情况

项　　目	单位	1985年	1990年	1995年	2000年	2001年	2002年
一、卫生机构数	个	**969**	**933**	**694**	**364**	**367**	**334**
市	个			299	112	114	99
县	个			395	252	253	235
#医院、卫生院	个	269	281	289	296	296	292
#县及县以上医院	个	50	66	74	82	82	86
疗养院、所	个						
门诊部、所	个	636	588	343	13	13	1
专科防治所、站	个	2	3	3	3	3	3
卫生防疫站	个	15	15	16	14	16	15
妇幼保健所、站	个	11	11	11	10	10	13
二、卫生机构床位数	张	12298	14870	15195	14870	16279	17091
市	张			6815	7645	7720	8275
县	张			8300	2433	8559	8816
#医院、卫生院	张	11353	13397	13721	14430	14859	16152
#县及县以上医院	张	6455	8570	9011	9725	10141	11852
疗养院、所	张						
门诊部、所	张			596.00	451.00	352	23
平均每千人口卫生机构床位数	张	1.34	1.50	1.48	1.53	1.55	1.61
#医院、卫生院床位数	张	1.24	1.36	1.34	1.38	1.41	1.52
三、卫生机构人员数	人	20925	23971	27235	29203	29574	29556
#卫生技术人员	人	17617	19889	22295	23641	24185	23325
执业医师	人						6042
职业助理医师	人						1900
注册护士	人						5856
药剂人员	人						2693
检验人员	人						1325
其他人员	人						5509
平均每千人口医生数	人	0.83	0.82	0.76	0.77	0.77	0.57
四、卫生经费	万元			1310	1787	9374	9874

注:从2000年以后卫生机构数不包括个体诊所。卫生经费2001年以前与以后口径不同。

18—5 卫生机构、床位、人员数

（2002年）

机构类别	机构数（个）	床位数（张）	人员合计（人）	卫生技术人员	其他技术人员	管理人员	工勤人员
总计	**334**	**17091**	**29556**	**23325**	**1744**	**1895**	**2592**
市	99	8275	12351	9446	892	778	1235
县	235	8816	17205	13879	852	1117	1357
一、医院合计	86	11852	17727	13875	800	1149	1903
市	42	6849	9348	7249	583	544	972
县	44	5003	8379	6626	217	605	931
综合医院	57	9091	13517	10641	573	855	1448
县医院	29	3931	6194	4943	155	435	661
其他医院	28	5160	7323	5698	418	420	787
中医医院	14	1489	2443	1967	80	154	242
中西医结合医院	5	245	543	376	41	44	82
专科医院	10	1027	1224	891	106	96	131
传染病院							
精神病院	1	222	254	172	19	7	56
肿瘤医院	1	120	91	51	20	20	
康复医院	1	75	58	52		4	2
口腔医院	1	35	150	108	9	4	29
眼耳鼻喉科医院	1	150	190	138	15	21	16
骨科医院	2	265	333	269	19	29	16
其他专科医院	3	160	148	101	24	11	12
二、社区卫生服务中心							
三、卫生院	206	4300	8199	6811	647	459	282
街道卫生院							
乡镇卫生院	206	4300	8199	6811	647	459	282
市	42	1061	1365	1056	171	84	54
县	164	3239	6834	5755	476	375	228
中心卫生院	54	1520	3018	2544	177	162	135
乡卫生院	152	2780	5181	4267	470	297	147
四、门诊部	1	23	29	24	2	2	1
市							
县	1	23	29	24	2	2	1
五、采供血机构	1		88	39	4	12	33
六、妇幼保健院、所、站	13	608	1066	858	66	50	92
七、专科疾病防治站	3	70	232	158	40	20	14
#结核病防治所、站	3	70	232	158	40	20	14
八、卫生防疫站	15	110	1778	1233	149	149	247
九、卫生监督检验所	1		41	37	4		
十、医学科学研究机构	2	20	51	37	6	7	1
十一、医学在职培训机构	3	70	217	139	24	35	19
十二、其他卫生机构	3	38	128	114	2	12	

18-6 卫生机构各类人员

单位:人

人员类别	1990年	1995年	1998年	1999年	2000年	2001年	2002年
一、各类人员总计	23971	27235	27399	28671	29203	29574	29556
卫生技术人员	19889	22295	22111	23236	23641	24185	23325
其他技术人员		647	438	607	597	849	1744
管理人员		1673	1761	1807	1852	1647	1895
工勤人员		2620	3089	3021	3113	2893	2592
二、卫生技术人员	19889	22295	22111	23236	23641	24185	23325
执业医师							6042
执业助理医师							1900
注册护士							5856
药剂人员							2693
检验人员							1325
其他人员							5509
三、平均每千人口卫生技术人员	2.02	2.17	2.12	2.22	2.25	2.29	2.20
#医生	0.82	0.76	0.70	0.74	0.77	0.77	0.57

注:因卫生技术人员分类改变,故2002年以前年份数字空缺。

18-7 广播、电视事业情况

项　　目	1990年	1995年	2000年	2001年	2002年
全部职工人数(人)	1027	1431	2009	2214	2591
广播电台(座)	13	1	1	1	1
中、短波广播发射台(座)	1	1	1	1	1
广播节目套数(套)	13	10	10	10	10
平均每日广播节目播出时间(小时:分)	94:35	111:45	89:55	96:30	101:40
平均每日自办广播节目时间(小时:分)	48:50	73:00	60:40	67:00	71:15
#新闻节目	5:10	7:35	7:45	8:10	7:20
教育节目			5:30	7:20	6:50
文艺节目			23:70	27:15	26:10
广播人口覆盖率(%)			96.3	97.27	97.49
有线广播喇叭数(万只)	100.25	163.12	111.56	96.56	97.79
电　视　台(座)		1	1	1	1
电视发射台及转播台(千瓦以上)(座)		6	6	9	9
电视节目套数(套)		8	6	13	13
平均每周电视节目播出时间(小时:分)		500:50	531:55	1083:55	1182:18
平均每周自办电视节目时间(小时:分)		238:18	401:10	681:15	729:18
#新闻节目		13:48	23:10	60:30	63:00
教育节目		3:00	5:10	24:40	25:05
文艺节目		172:45	322:00	494:55	533:58
电视人口覆盖率(%)		81.1	86.2	88.39	96.27

注:从1998年起,县级改为广播电视台,不单称电台、电视台。

18－8 “三废”排放及处理情况

	单　位	1995年	1999年	2000年	2001年	2002年
一、汇总范围						
1.汇总工业企业个数	个	198	198	262	190	184
2.汇总工业企业总产值(现价)	万元	954081	957840	1088366	1644473	1601967
二、废水排放及处理情况						
1.工业废水排放量	万吨	5999	6834	12310	9057	9918
2.工业废水处理率	%	83.10	92.33	97.50		
3.工业废水排放达标率	%	36.80	71.60	87.62	90.18	90.59
4.工业废水中COD排放量	吨	152000	74242	65747	78312	167653
5.工业废水中COD去除率	%	31.2	51.21	74.52	80.5	74.37
三、废水排放三处理情况						
1.工业废气排放量	亿标立方米	177	434	601	608	547
其中:燃料燃烧废气排放量	亿标立方米	80	240	373	407	372
生产工艺废气排放量	亿标立方米	97	194	228	201	175
2.工业废气中污染物排放量						
二氧化硫排放量	吨	13777	32383	62720	54567	54550
烟尘排放量	吨	4971	20833	34291	25137	30224
粉尘排放量	吨	20185	74354	71878	61481	67482
3.工业废气中污染物去除率						
二氧化硫去除率	%		4.20	2.65	2.60	2.25
烟尘去除率	%	86.25	86.24	95.09	97.00	96.26
粉尘去除率	%	79.08	68.54	71.76	78.00	74.51
四、固体废弃物及处理情况						
工业固体废物产生量	万吨	106	140	211	237	218
工业固体废物综合利用量	万吨	48	92	139	148	128
工业固体废物贮存量	万吨	62	91	65	62	89

18—9 污染治理资金来源及使用情况

（2002年）

指标名称	单位	本年实际	指标名称	单位	本年实际
1.汇总工业企业数	个	15	其中：国家预算内资金	万元	80
2.本年施工项目总数	个	21	环保补助项目	万元	80
其中：废水治理项目	个	11	环保贷款	万元	180
废气治理项目	个	5	其他资金	万元	1196
固体废物治理项目	个	3	其中：国内贷款	万元	
噪声治理项目	个	1	利用外资	万元	17
电磁辐射治理项目	个		5.本年竣工项目数	个	19
放射性治理项目	个		其中：废水治理项目	个	10
其他治理项目	个	1	废气治理项目	个	4
其中：污染搬迁治理项目	个		固体废物治理项目	个	3
3.施工项目本年完成投资额	万元	1535.5	噪声治理项目	个	1
其中：废水治理项目	万元	979	电磁辐射治理项目	个	
废气治理项目	万元	453.5	放射性治理项目	个	
固体废物治理项目	万元	68	其他治理项目	个	1
噪声治理项目	万元	3	其中：污染搬迁治理项目	个	
电磁辐射治理项目	万元		6.本年竣工项目新增设计处理能力		
放射性治理项目	万元		其中：治理废水	吨/日	62550
其他治理项目	万元	32	治理废气	万标立方米/时	55913
其中：污染搬迁治理项目	万元		治理固体废物	吨/日	820
4.施工项目本年完成投资来源合计	万元	1536			

18-10 工业重点调查单位分行业废水排放及处理情况

（2002年） 单位:万吨

行业	汇总工业企业数（个）	工业废水排放总量	工业废水排放达标量	废水治理设施数（套）
总计	**184**	**9055**	**8335**	**323**
采掘业	16	396.6	382	31
食品、饮料和烟草制造业	20	1100.3	556.9	29
纺织业	9	1099.2	1099.2	7
皮革毛皮羽绒及其制品业	2	7.6	7.6	2
造纸及纸制品业	19	3879.3	3879.3	40
印刷业记录媒介的复制				
石油加工及炼焦业				
化学原料及化学制品制造业	21	1187.7	1107.5	123
医药制造业	7	290.4	262.2	9
化学纤维制造业	1	1.2	1.2	
橡胶制品业	1	1.2	1.2	
塑料制品业				
非金属矿物制品业	22	0.9	0.9	26
黑色金属冶炼及压延加工业	1	0.1		
有色金属冶炼及压延加工业	1	20.5	20.5	
金属制品业	2	2.9	2.9	2
机械、电气、电子设备制造业	18	252	203.6	26
电力煤气及水生产供应业	4	709	709	10
其他	29	106.1	101	18

18—11 社会福利事业单位基本情况

（2002 年）

单位:万吨

项　　目	院　　数（个）	工作人员（人）	床　　位（张）	年底收养人数（人）
总　　计	**254**	**1188**	**8193**	**6871**
优抚收养性单位	**8**	**51**	**153**	**126**
优抚休、休养院				
光　荣　院	8	51	153	126
福利类收养性单位	**246**	**1137**	**8040**	**6745**
社会福利院	4	78	480	460
儿童福利院				
精神病福利院				
城镇收养性老年福利院	2	7	50	9
农村收养性老年福利院	240	1052	7510	6276
其他收养性福利机构				

18—12 由国家支出的社会福利救济主要费用情况

单位:万元

项　　目	1999 年	2000 年	2001 年	2002 年
总　　计	**5658.9**	**4175.9**	**7231.7**	**10740.7**
抚恤事业费	3043.5	3508	3762.3	4233.5
社会救济福利事业费	930.4	1224	1816.4	4762.9
#农村社会救济费	223.6	223.1	262.2	229.7
城镇社会救济费	323.4	505.9	898.2	3849.1
自然灾害救济费	1685	2951.9	1653	1744.3

18—13 享受补助、救济人员情况

项　　目	2000 年	2001 年	2002 年
农村贫困户得到救济人次数(万人次)	5.3	4.2	3.2
农村散居五保户人数(万人)	1.6	1.5	1.5
#得到国家定期定量救济人数			
得到集体给予补助人数	1.6	1.5	1.5
城镇困难户得到救济人次数(万人次)	0.8	2.7	8.5
#得到国家定期定量救济人次数	0.1		
精减退职老弱职工得到救济人数(万人)	0.2	0.2	0.2
享受原工资 40%救济人数	0.1	0.1	0.1
享受定期定量救济人数	0.1	0.1	0.1

18-14 各县（市、区）失业

（200

县市区	应参保职工人数	参保人				
		合计	企业	国有企业	集体企业	外商投资企业
全市	**661553**	**607280**	**431241**	**322384**	**60007**	**1534**
宛城区	33017	27500	15500	10000	4500	
卧龙区	29375	29305	23267	12942	5171	
南召县	23894	22287	11520	9324	2196	
方城县	34813	29188	18188	14188	4000	
西峡县	25788	23025	13133	11016	2117	
镇平县	40315	36585	21520	11500	6200	
内乡县	32850	28300	14100	12470	1630	
淅川县	39287	36300	27368	14120	5295	
社旗县	23288	20933	11600	9700	1900	
唐河县	44756	41500	22500	13500	9000	
新野县	44010	41600	32000	25100	6900	
桐柏县	24316	23070	14614	12890	1274	
邓州市	59483	56387	37761	11069	2290	
市直	206361	191300	168170	154565	7534	1534

保 险 基 本 情 况

2 年）

单位：千人

数							
其他企业	事业单位	其他单位	覆盖率（%）	本年月平均领取失业保险金人数	领取失业保险金人数	下岗转失业人数	当年再就业人数
47316	**166796**	**9243**	**91.8**	**3006**	**36070**	**1218**	**8069**
1000	12000		83.3	130	1554	24	173
5154	6038		99.8	45	537	2	115
	10524	243	93.3	20	235		15
	11000		83.8	379	4543	98	1248
	9892		89.3	141	1695		242
3820	14900	165	90.7	176	2113	102	353
	11300	2900	86.1	40	481	127	287
7953	6319	2613	92.4	58	697	112	170
	8500	833	89.9	288	3460	202	905
	19000		92.7	168	2014	301	288
	9600		94.5	270	3244		891
450	8456		94.9	143	1716		1716
24402	16137	2489	94.8	304	3648		1453
4537	23130		92.7	844	10133	250	213

主要统计指标解释

等级运动员人数 指经考核正式批准授予等级运动员称号的人数。运动员等级分为国际级运动健将、运动健将、一级运动员、二级运动员、三级运动员、少年运动员。

等级裁判员人数 指经考核正式批准授予等级裁判员称号的人数。裁判员等级分为国际裁判、国家级裁判、一级裁判、二级裁判、三级裁判。

体育场 指在400米跑道(中心含足球场)。有固定道牙,跑道6条以上,并有固定看台的室外田径场地。以看台容纳观众人数分:甲级25000人以上,乙级15000－25000人,丙级5000－15000人,丁级5000人以下。

体育馆 指有固定看台可供篮球、排球、羽毛球、乒乓球、体操等项目训练比赛活动的室内运动场地,以看台容纳观众人数分:甲级6000人以上,乙级4000－6000人,丙级2000－4000人,丁级2000人以下。

医院 指名称为医院,设有固定床位能收容病人住院并能为病人提供医疗、护理服务的医疗机构。包括县及县以上医院、农村乡(镇)卫生院、其他医院三部分。按所属性质分为卫生部门、工业及其他部门、集体单位三类。其中县及县以上医院按业务性质分为综合医院和专科医院。

卫生技术人员 指由卫生事业机构支付工资的全部固定职工和合同制职工中现任职务为卫生技术工作的专业人员。包括中医师、西医师、中西医结合高级医师、护师、中药师、西药师、检验师、其他技师、中医士、西医士、护士、助产士、中药剂士、西药剂士、检验士、其他技士、其他中医、护理员、中药剂员、西药剂员、检验员、其他初级卫生技术人员等。

医生 指经卫生部门审查合格,从事医疗工作的专业人员。分为中医医生和西医医生。包括卫生技术人员中的中医师、西医师、中西结合高级医师、中医士、西医士和其他中医。

社会福利事业单位 指集中收养社会孤、老、残、幼的机构。包括由民政部门管理的社福利院、儿童福利院、精神病人福利院和城镇集体办的福利院,以及农村集体办的敬老院。

社会福利企业单位 指以安置城镇有一定劳动能力的盲、聋、哑和肢体残疾人员就业为的,享受国家减免税待遇的国有或集体企业,包括福利工厂、福利商业服务业、假肢厂和安置农场等单位。

在职职工保险福利费 指企业、事业、机关单位在工资以外实际支付给在职职工个人以及用于集体的劳动保险和福利费用。具体包括:医疗卫生费或公费医疗费用、职工死亡丧葬费及抚恤费、职工生活困难补助、文娱体育宣传费、集体福利事业补贴费、集体福利设施费、计划生育补贴、冬季取暖补贴及其他费用。自1994年始,上下班交通费补贴、洗理卫生费,不再计人保险福利费中。

非在职职工保险福利费 指企业、事业、机关单位在工资以外实际支付给离休、退休、退职人员个人的各项保险福利费用。具体包括:离休金、退休金、退职生活费、医疗卫生费、交通费补贴、丧葬抚恤救济费、冬季取暖补贴及其他费用。从1994年始,护理费、生活补贴不再计人保险福利费中。

律师工作者 指在律师事务所工作,担任法律顾问、刑(民)事代理人、刑事辩护人,办理非诉讼事件、解答法律询问、代写法律事务文书等主要律师业务的专职法律工作者和兼职律师。

公证人员 指在国家公证机关依法办理公证事务的司法人员。包括公证员、助理公证员和在公证处工作的其他人员。

办理公证文书 指公证处年内办结的公证文书件数。公证文书系按司法部规定或批准的格式制作。包括国内公证和涉外公证两部分。其中国内公证分为经济合同公证和民事法律关系公证两大类。

调解人员 在人民调解委员会担负调解民间一般纠纷和轻微违法行为所引起的纠纷的工作人员。包括调解委员会的委员和调解小组的调解员。

调解民间纠纷 指调解委员会依照法律规定,根据自愿原则,用说服教育的方法调解民间发生的有关民事权利和义务的争执,促成当事双方达成协议和谅解,解决纠纷。包括婚姻家庭纠纷,财产权益纠纷等,不包括法院受理调解的民事案件数。

受理劳动争议案件数 指劳动争议仲裁委员会根据国家有关规定,对劳动争议当事人的申请予以审查,符合受理条件而正式立案、准备处理的劳动争议案件数。

立案 指检察机关对犯罪线索进行初步调查后,认为存在职务犯罪事实并需要追究刑事责任时,依法决定作为刑事案件进行侦查的诉讼活动,是追究犯罪的开始。

大案 贪污贿赂犯罪案件指贪污、贿赂数额在5万元以上,挪用公款在10万元以上,其他案件在50万元以上。渎职犯罪大案一般为直接经济损失5万元以上,死亡1人以上或重伤3人以上的案件。或虽然没有造成经济损失和伤亡,但犯罪情节恶劣或造成严重后果的案件。

要案 指县处级以上干部的犯罪案件。

决定逮捕 指检察机关对直接受理、自行侦查的案件,认为需要逮捕犯罪嫌疑人时,依据法律作出的逮捕决定。

批准逮捕 指检察机关对公安机关、国家安全机关、监狱管理机关提出逮捕的犯罪嫌疑人进行审查,根据事实,依法作出逮捕决定。

决定起诉 指检察机关对公安机关、国家安全机关、监狱管理机关和检察机关内设机构反贪污贿赂部门移送起诉的刑事犯罪嫌疑人进行审查,根据事实,依法向人民法院提起公诉。

废水排放总量 统计范围为有供水系统(自来水和自备水)的单位;包括由公用自来水厂和社会单位自备水源供水的单位和居民全年排放的生产废水和生活污水总量。生产废水指企、事业单位在生产、科研过程中向外环境排放的所有排放口的废水量总和。生活污水指城镇居民区和企、事业单位职工集中居住区排放的污水量。

工业废水排放量 指经过企业厂区所有排放口排到企业外部的工业废水总量，包括外排的直接冷却水和矿区超标排放的有毒有害矿井地下水和与工业废水混排的厂区生活污水，但不包括外排的间接冷却水（清污不分流间接冷却水的应计算在内）。

工业废水排放达标量 指全面达到国家地方排放标准的外排工业废水量（包括经过处理和未经处理的），但不包括虽经处理仍未达到国家排放标准的工业废水。国家尚未正式颁布标准的，以地方制定的标准为准。

工业废水处理量 指报告期内经过各种水处理装置净化处理后的外排工业废水量（包括虽经处理仍未达到国家或地方标准的外排工业废水量），计算时，如遇有车间和厂排放口均有处理设施，并对同一废水分级处理时，不应重复计算废水处理量。

废气排放总量 指燃料燃烧和生产工艺过程中排放的各种废气总量，以标准状态下每年万标立方米表示。

净化处理的废气量 指生产工艺过程中排放的废气经过各种处理装置净化、处理的量。

工业粉尘排放量 指生产工艺过程中排放的固体微粒重量。

工业粉尘去除量 指经过各种回收处理装置去除的工业粉尘和尘泥量（包括干法和湿法），不包括电厂的烟尘。

工业固体废物产生量 指工矿企业、事业单位在生产（试验）过程中产生的工业固体废弃物总量，不包括矿山开采的剥离废石和掘进废石（煤矸石除外）。

工业固体废物综合利用量 指已用作农业肥料、造田、生产建筑材料，以及其他方式综合利用的工业固体废物量（不包括填埋和焚烧量）。利用量由原产固体废物的单位统计。

工业固体废物综合利用率 指当年已综合利用的工业固体废物量（包括利用往年的）与当年工业固体废物产生量（包括综合利用往年堆存量）之比，计算公式为：

工业固体废物综合利用率＝已综合利用的工业固体废物量/（工业固体废物产生量＋综合利用往年堆存量）×100%

“三废”综合利用产品产值 指企业利用“三废”作为主要原料生产和回收利用的产品产值。

“三废”综合利用利润 指企业利用“三废”作为主要原料生产和回收利用的产品出售后所得的利润额。

企事业污染治理资金 指企事业单位当年实际完成的各项治理资金。

十九、现代企业制度和景气调查

19-1 南阳市企业(集团)主要经济指标

(2002年)　　单位:万元

指　　标	单　位	2002年	2001年	比上年增长 %
单位数	个	18	18	
年末资产总计	万元	1422840	1379265	3.2
固定资产原价	万元	1008868	987936	2.1
累计折旧	万元	311268	266845	16.6
本年折旧	万元	61079	68555	-10.9
累计对外投资	万元	21797	21825	-0.1
本年对外投资	万元	1273	2171	-41.3
存　　货	万元	188312	173820	8.3
流动资产平均余额	万元	506720	451797	12.2
应收帐款	万元	131847	146472	-9.9
年末负债合计	万元	1002143	1003256	-0.1
流动负债	万元	530412	483366	9.7
年末股东权益	万元	420697	378507	11.2
股　　本	万元	277179	245720	12.8
营业收入	万元	864265	765585	12.9
主营业务收入	万元	842589	746841	12.8
主营业务成本	万元	639818	568925	12.5
主营业务税金及附加	万元	44679	39922	11.9
新产品销售收入	万元	141411	123665	14.4
出口销售额	万元	63358	63215	0.2
存货跌价损失和营业管理费用	万元	108074	106892	1.1
税　　金	万元	1840	1315	39.9
劳动待业保险金	万元	8067	7048	14.5
投资收益	万元	1252	1503	-16.7
营业外收入	万元	3682	2473	48.8
利润总额	万元	45274	26409	71.4
应交所得税	万元	14161	13258	6.8
应缴增值税	万元	52235	47411	10.2
固定资产投资完成额	万元	44751	52910	-15.4

19－2 南阳市企业(集团)人员及报酬

(2002年)

指 标	计量单位	2002年	2001年	同比(%)
从业人员年末人数	人	51625	52851	-2.3
#在岗职工人数	人	51103	52247	-2.2
#其他从业人员	人	522	604	-13.6
研究开发人员	人	1455	1368	6.3
从业人员劳动报酬	万元	48518	44435	9.2
#在岗职工劳动报酬	万元	48160	44024	9.4
#其他从业人员劳动报酬	万元	358	411	-11.6
研究开发人员劳动报酬	万元	1629	1587	2.6

19—3 现代企业制度主要经济指标

（2002 年）　　　　单位：万元

	企业个数	注册资本金 合计	国家资本	集体资本	法人资本	个人资本
总　　计	**64**	**561746**	**213824**	**4556**	**321943**	**20822**
按控股情况分						
国有及国有控股	49	517586	190243		313601	13737
#国有绝对控股	42	465501	175085		287489	2922
国有相对控股	7	52085	15158		26112	10815
集体控股	3	6151	151	2627	1500	1278
#集体绝对控股	2	4151	151	2627		1278
集体相对控股	1	2000			1500	
其　　他	12	38009	23430	1929	6842	5807
按主营行业分						
农、林、牧、渔业	6	40677	30908	161	9608	
工　　业	44	492040	166535	1523	305633	18344
#采掘业	1	162501			162501	
制造业	39	251581	164162	1523	67547	18344
电气水生产供应业	4	77958	2373		75585	
建筑业	3	11610	7610	2627		1278
运输邮电业	1	5800	5800			
批发零售贸易餐饮业	8	7619	2971	245	4402	
金融保险业						
房地产业	2	4000			2300	1200
其　　他						
按登记注册类型分						
国有企业	28	280349	107733		172193	423
公司制企业	34	275226	106091	2788	145348	20399
#国有独资企业	2	8918	2467		6451	
其他有限责任公司	19	223918	80173	2788	129756	11106
股份有限公司	11	38390	23451		6841	8093
中外合资企业	1	2000			800	1200
港澳台合资企业	1	2000			1500	
其　　他	2	6171		1768	4402	
按企业规模分						
特大型	2	17768	17768			
大　　型	25	474167	148575		313462	12130
中　　型	31	49106	27344	4556	8481	8124
小　　型	5	20554	19986			568
其　　他	1	151	151			

19－3 续表 1　　(2002 年)　　单位:万元

	年末资产总计			固定资产原价			累计折旧		
	本年实际	上年同期	同比(%)	本年实际	上年同期	同比%	本年实际	上年同期	同比%
总计	**3196714**	**3120467**	**2.4**	**2119284**	**2000775**	**5.9**	**746424**	**632209**	**18.1**
按控股情况分									
国有及国有控股	2745061	2648820	3.6	1660795	1587620	4.6	548620	480317	14.2
＃国有绝对控股	2511734	2450039	2.5	1539069	1477633	4.2	505889	445096	13.7
国有相对控股	233327	198781	17.4	121726	109987	10.7	42731	35223	21.3
集体控股	45783	46727	-2.0	10867	9845	10.4	3878	3651	6.2
＃集体绝对控股	38355	40285	-4.8	10774	9754	10.5	3817	3599	6.1
集体相对控股	7428	6442	15.3	93	91	2.2	61	52	17.3
其他	405870	424920	-4.5	447622	403310	10.9	193926	148239	30.8
按主营行业分									
农、林、牧、渔业	340831	345066	-1.2	426930	382471	11.6	182195	141102	29.1
工业	2668706	2590222	3.0	1625064	1556599	4.4	537220	466593	15.1
＃采掘业	906669	885237	2.4	407311	385698	5.6	161384	151391	6.6
制造业	1319362	1232088	7.0	697266	650968	7.1	234966	213883	9.9
电气水生产供应业	442675	472897	-6.4	520487	519933	0.1	140870	101319	39.0
建筑业	73184	75072	-2.5	17830	16600	704	6944	6439	7.8
运输邮电业	24144	21964	9.9	29879	25586	16.8	14880	13225	12.5
批发零售贸易餐饮业	74763	74291	0.6	17784	17668	0.6	4834	4562	6.0
金融保险业									
房地产业	15086	13852	8.9	1797	1851	-2.9	351	288	21.9
其他									
按登记注册类型分									
国有企业	1648128	1617455	1.9	1026805	950364	8.1	429114	371078	15.6
公司制企业	1483204	1437920	3.2	1081040	1038106	4.1	312938	256828	21.8
＃国有独资企业	87551	76499	14.5	41471	39839	4.1	12903	10043	28.5
其他有限责任公司	991232	1007755	-1.6	821569	797007	3.1	230388	187710	22.7
股份有限公司	389335	339814	14.6	216203	199409	8.4	69296	58787	17.9
中外合资企业	7658	7410	3.4	1704	1760	-3.2	290	236	22.9
港澳台合资企业	7428	6442	15.3	93	91	2.2	61	52	17.3
其他	65382	65092	0.5	11439	12305	-7	4372	4303	1.6
按企业规模分									
特大型	132711	120064	10.5	67594	66831	1.1	10057	18443	-45.5
大型	2439876	2364810	3.2	1484524	1426939	4.0	506959	434401	16.7
中型	361340	354205	2.1	180275	153146	17.7	56868	46513	22.3
小型	260976	279371	-6.6	386027	353196	9.3	172284	132648	29.9
其他	2308	2017	14.4	864	663	30.2	256	204	25.5

19—3 续表 2　　　　(2002 年)　　　　单位:万元

	累计对外投资			本年对外投资			存货		
	本年实际	去年同期	同比(%)	本年实际	去年同期	同比(%)	本年实际	去年同期	同比(%)
总计	**37730**	**33103**	**13.9**	**4872**	**3045**	**60**	**355128**	**336241**	**5.6**
按控股情况分									
国有及国有控股	36658	32031	14.4	4872	3045	60	304037	280549	8.4
＃国有绝对控股	25948	25176	3.1	2551	2208	15.5	259749	255215	1.8
国有相对控股	10710	6855	56.2	4321	3837	12.6	44288	25334	74.8
集体控股	1072	1072					12802	11920	7.4
＃集体绝对控股							8458	9030	-6.3
集体相对控股	1072	1072					4344	2890	50.3
其他							38289	40472	-5.4
按主营行业分									
农、林、牧、渔业	5971	4331	37.8				14816	14113	5.0
工业	30433	27482	10.7	4872	3045	60	304527	283692	7.3
＃采掘业							38798	45562	-14.8
制造业	30433	27482	10.7	4872	3045	60	257871	231408	11.4
电气水生产供应业							7858	6722	16.9
建筑业	254	118	115.2				13654	14372	-5.0
运输邮电业							381	381	
批发零售贸易餐饮业	100	100					14628	15480	-5.5
金融保险业									
房地产业	1072	1072					7122	4903	45.3
其他									
按登记注册类型分									
国有企业	10754	9063	18.6	15			159029	153920	3.3
公司制企业	26976	24040	12.2	4857	3045	59.5	179636	160450	12.0
＃国有独资企业	40	40		40	40		19799	20163	-1.8
其他有限责任公司	13657	14576	-6.3	2058	1782	15.4	93443	83289	12.2
股份有限公司	12207	8352	46.1	2759	1213	27.4	59272	52095	13.8
中外合资企业							2778	2013	38.0
港澳台合资企业	1072	1072					4344	2890	50.3
其他							16463	18571	-11.4
按企业规模分									
特大型	244	183	33.3	61	151	-59.6	15300	14131	8.3
大型	34444	29793	15.6	4756	2854	66.6	256577	238690	7.5
中型	3042	3127	-2.7	55	40	37.5	76667	71237	7.6
小型							6015	8173	-26.4
其他							569	710	-19.9

19—3 续表 3　　(2002 年)　　单位：万元

	流动资产平均余额			应收帐款			年末负债合计		
	本年实际	去年同期	同比(%)	本年实际	去年同期	同比(%)	本年实际	去年同期	同比(%)
总计	**1164089**	**1108316**	**5.0**	**304074**	**313759**	**-3.1**	**1981668**	**2025228**	**-2.2**
按控股情况分									
国有及国有控股	1024921	974404	5.1	267503	274773	-2.6	1589234	1640325	-3.1
#国有绝对控股	904698	878755	2.9	228939	243243	-5.8	1433631	1516555	-5.5
国有相对控股	120223	95649	25.6	38564	31530	22.3	155603	123770	25.7
集体控股	30217	28427	6.3	4794	4716	1.6	33941	34476	-1.6
#集体绝对控股	30217	28427	6.3	4794	4716	1.6	28582	30055	-4.9
集体相对控股							5359	4421	21.2
其他	108951	105485	3.2	31777	34270	-7.2	358493	350427	2.3
按主营行业分									
农、林、牧、渔业	80511	76174	5.6	22297	18285	21.9	294482	304605	-3.3
工业	987423	94033	5.0	260747	267548	-5.4	1553549	1588258	-2.2
#采掘业	308514	343031	-10.0	73952	68613	7.7	310057	369643	-16.1
制造业	629631	547638	14.9	162742	156776	3.8	900685	834873	7.9
电气水生产供应业	49278	49664	-0.7	24053	42159	-42.9	342807	383742	-10.7
建筑业	60228	57932	3.9	11880	13991	-15.1	57211	57287	-0.1
运输邮电业	3597	3664	-1.8	453	488	-7.1	13594	12856	5.7
批发零售贸易餐饮业	26617	24491	8.6	8453	7935	6.5	53035	53301	-0.5
金融保险业									
房地产业	5713	5722	-0.6	4244	5512	-0.2	9797	8921	9.8
其他									
按登记注册类型分									
国有企业	605158	608505	-0.5	136461	135621	0.6	867804	928315	-6.5
公司制企业	527698	470475	12.1	159910	170313	-6.1	1057660	1039687	1.7
#国有独资企业	5204	4407	18.1	16063	13006	23.5	71737	60793	18.0
其他有限责任公司	333575	307581	8.4	89826	105028	-14.4	700935	729801	-4.0
股份有限公司	183206	152765	19.9	53777	46767	14.9	275191	240172	14.6
中外合资企业	5713	5722	-0.2	5124	5512	-0.7	4438	4500	-1.4
港澳台合资企业							5359	4421	21.2
其他	31233	29336	6.4	7703	7825	-1.5	56204	57226	-1.8
按企业规模分									
特大型	61607	49512	24.4	16371	13455	21.6	83339	89280	-6.7
大型	882446	849265	3.9	238301	246461	-3.3	1364988	1418452	-3.8
中型	183981	172600	6.5	38914	45185	-13.8	286892	269572	6.4
小型	34364	35601	-3.4	10488	8658	21.1	245869	247373	-0.6
其他	1691	1338	26.3				580	551	5.3

19—3 续表 4　　(2002 年)　　单位:万元

	流动负债			年末股东权益			股本（实收资本）		
	本年实际	去年同期	同比(%)	本年实际	去年同期	同比(%)	本年实际	去年同期	同比(%)
总计	**1230258**	**1168231**	**5.3**	**1219561**	**1087339**	**12.2**	**555634**	**513569**	**8.2**
按控股情况分									
国有及国有控股	1003694	900190	10.2	1153714	1006368	14.6	530893	485581	9.3
#国有绝对控股	880805	841487	4.7	1075990	931357	15.5	485917	441492	10.1
国有相对控股	94085	68703	36.9	77724	75011	3.6	44976	44089	2.0
集体控股	29794	32209	-7.5	11842	12001	-1.3	6460	6849	-5.7
#集体绝对控股	24435	27788	-12.1	9773	9980	-2.1	4460	4849	-8.0
集体相对控股	5359	4421	21.2	2069	2021	2.3	2000	2000	
其他	196770	203052	-3.1	54005	68970	-21.7	18281	21139	-13.5
按主营行业分									
农、林、牧、渔业	130102	152386	-14.6	52380	46376	12.9	24849	12454	99.5
工业	972394	873298	11.3	1113220	988035	12.6	503423	471340	6.8
#采掘业	276344	272452	1.4	596612	515594	15.7	162501	162501	
制造业	636290	549679	15.8	418676	385224	8.6	262186	230335	13.8
电气水生产供应业	59760	51167	16.8	97932	87217	12.3	78736	78504	0.3
建筑业	49164	51590	-4.7	15982	17535	-8.8	10819	12408	-12.8
运输邮电业	12380	11381	8.8	10550	9108	15.8	5800	5800	
批发零售贸易餐饮业	58749	50275	16.9	22140	21354	3.6	7293	8117	-10.2
金融保险业									
房地产业	7472	6521	14.6	5289	4931	7.2	3450	3450	
其他									
按登记注册类型分									
国有企业	632276	631884	0.1	778922	687377	13.2	264035	256222	3.0
公司制企业	537439	461079	16.6	431461	392097	10	284587	249093	14.2
#国有独资企业	3615	3450	4.8	15814	15706	0.6	8385	7988	5.0
其他有限责任公司	337184	301351	11.9	296215	271819	8.9	216684	191928	12.9
股份有限公司	189168	149757	26.3	114143	99641	14.5	56068	45727	22.6
中外合资企业	2113	2100	0.6	3220	2910	10.6	1450	1450	
港澳台合资企业	5359	4421	21.2	2069	2021	2.3	2000	2000	
其他	60543	52488	15.4	9178	7865	16.7	7012	8254	-15.0
按企业规模分									
特大型	55308	47625	16.1	49372	30784	60.3	27297	24642	10.8
大型	844095	759058	11.2	1074389	946223	13.5	474700	451652	5.1
中型	240803	225026	7.0	78253	76507	2.3	51626	55291	-6.6
小型	89472	113191	-20.9	15819	32359	-51.1	1860	1933	-3.8
其他	580	551	5.3	1728	1466	17.8	151	142	6.3

19—3 续表 5　　　　　　　　　　　（2002 年）　　　　　　　　　　　单位:万元

	营业收入			主营业务收入			主营业务成本		
	本年实际	去年同期	同比（%）	本年实际	去年同期	同比（%）	本年实际	去年同期	同比（%）
总计	**1880297**	**1732325**	**8.5**	**1799349**	**1648421**	**9.1**	**1379154**	**1215678**	**13.4**
按控股情况分									
国有及国有控股	1662803	1537818	8.1	1585320	1454021	9	1202757	1068507	12.6
#国有绝对控股	1532284	1427483	7.3	1455920	1363933	8.2	1108474	988061	12.2
国有相对控股	130519	110335	18.3	129400	90088	21.2	94283	80446	17.2
集体控股	46080	42587	8.2	45714	42479	7.6	35161	33016	6.5
#集体绝对控股	42817	40414	5.9	42459	40311	5.3	32407	31188	3.9
集体相对控股	3263	2173	50.1	3255	2168	50.1	2754	1828	50.7
其他	171414	151920	12.8	168315	149597	12.5	141236	114155	23.7
按主营行业分									
农、林、牧、渔业	166018	138749	19.6	162225	136014	19.3	140889	111565	26.3
工业	1536378	1413772	8.6	1468443	1339471	9.6	1096047	965364	13.5
#采掘业	534332	540581	-1.2	481486	474409	1.5	340173	306600	11.0
制造业	863724	742724	16.3	848720	734609	15.5	653438	565508	15.5
电气水生产供应业	138322	130467	6.0	138237	130383	6	102436	93256	9.8
建筑业	74143	70399	5.3	65384	610653	6.1	53765	50854	5.7
运输邮电业	23805	18825	26.4	23805	18825	26.4	22248	16198	37.4
批发零售贸易餐饮业	72737	85109	-14.5	72522	84880	-14.6	60988	67434	-9.6
金融保险业									
房地产业	7216	5471	31.9	6970	5254	32.7	5217	4263	22.4
其他									
按登记注册类型分									
国有企业	1002859	976998	2.6	928995	896295	3.7	671448	621621	8.0
公司制企业	846368	725880	16.6	839284	720275	16.5	680290	572849	18.8
#国有独资企业	4001	38941	2.7	39959	38921	2.7	32866	29189	12.6
其他有限责任公司	484110	399316	21.2	477927	394526	21.1	380726	305603	24.6
股份有限公司	315041	282072	11.7	314428	281574	11.8	261481	233794	11.8
中外合资企业	3953	3298	19.9	3715	3086	20.4	2463	2435	1.1
港澳台合资企业	3263	2173	50.2	3255	2168	50.1	2754	1828	50.7
其他	31070	29527		31070	29527	5.2	27416	21208	29.3
按企业规模分									
特大型	161655	113387	42.5	160761	112972	42.3	143868	98386	46.2
大型	1379705	1316902	4.7	1303815	1234452	5.6	957900	881102	8.7
中型	246468	215899	14.2	243919	213759	14.1	202566	171618	18.0
小型	80889	74271	8.9	79274	73048	8.5	64767	54105	19.7
其他	11580	11866	-2.4	11580	11866	-2.4	10053	10467	-4.0

19—3 续表 6 (2002 年) 单位:万元

	主营业务税金及附加			其他业务收入			出口销售总额		
	本年实际	去年同期	同比(%)	本年实际	去年同期	同比(%)	本年实际	去年同期	同比(%)
总计	**57631**	**52476**	**9.8**	**80948**	**86228**	**-6.1**	**87912**	**68014**	**29.3**
按控股情况分									
国有及国有控股	54172	49188	10.1	77483	83797	-7.5	79650	59052	34.9
#国有绝对控股	52812	48545	8.8	76364	83284	-8.3	72264	51768	39.6
国有相对控股	1360	1240	9.6	1119	1001	11.7	7386	7284	1.4
集体控股	834	770	8.3	366	298	22.8			
#集体绝对控股	671	662	1.3	358	302	18.5			
集体相对控股	163	108	50.9	8	5	60			
其他	2625	2518	4.2	3099	2323	33.4	8262	8962	-7.8
按主营行业分									
农、林、牧、渔业	2373	2186	8.5	3793	2735	38.6	8340	5581	49.4
工业	52545	47677	10.2	67935	74301	-8.5	79572	62433	27.5
#采掘业	9396	9529	-1.4	52845	66172	-20.1			
制造业	41906	36922	13.5	15004	8045	86.5	79572	62433	27.5
电气水生产供应业	1243	1226	1.4	85	84	1.2			
建筑业	1780	1724	3.3	8759	8746	0.2			
运输邮电业	464	443	4.7						
批发零售贸易餐饮业	200	202	-0.9	215	229	-6.1			
金融保险业									
房地产业	269	244	10.2	246	217	13.4			
其他									
按登记注册类型分									
国有企业	49019	45323	8.2	73864	80703	-8.4	33087	25889	27.8
公司制企业	8543	7070	20.8	7084	5525	28.2	54825	42125	30.1
#国有独资企业	2701	2261	19.4	42	20	110	11314	8684	30.3
其他有限责任公司	4232	3422	23.6	6183	4790	29.1	27705	21062	31.5
股份有限公司	1341	1143	17.3	613	498	23.1	15806	12379	27.7
中外合资企业	106	136	-22.0	238	212	12.3			
港澳台合资企业	163	108	50.9	8	5	60			
其他	69	83	-16.8						
按企业规模分									
特大型	608	561	8.4	894	415	115.4	13453	7517	79.0
大型	53068	48237	10.0	75890	82450	-7.9	69407	57320	21.1
中型	1664	1549	7.4	2549	2140	19.1	5052	3177	59.0
小型	2262	2108	7.3	1615	1223	32.1			
其他	29	21	38.1						

19—3 续表 7　　(2002 年)　　单位:万元

	存货跌价损失营业管理费用			税金			利息支出		
	本年实际	去年同期	同比(%)	本年实际	去年同期	同比(%)	本年实际	去年同期	同比(%)
总计	**289930**	**299749**	**-3.3**	**4763**	**4349**	**9.5**	**64338**	**66367**	**-3.1**
按控股情况分									
国有及国有控股	251627	261473	-3.7	4435	3994	11	50907	54578	-6.7
#国有绝对控股	224071	235717	-4.9	3196	2583	23.7	45116	50181	-10.1
国有相对控股	27556	25756	6.9	1239	1411	-12.2	5791	4397	31.7
集体控股	8883	7863	12.9	6	3	100	28	17	64.7
#集体绝对控股	8553	7634	12.0	6	3	100	28	17	64.7
集体相对控股	330	229	44.1						
其他	29420	30413	-3.3	322	352	-8.5	13403	11772	13.9
按主营行业分									
农、林、牧、渔业	26204	26845	-2.4	206	232	-11.2	12530	11524	8.7
工业	239597	251347	-4.7	3937	3556	10.7	50927	54479	-6.5
#采掘业	97004	114213	-15.0	903	762	18.5	4471	3251	37.5
制造业	120104	111927	7.3	2867	2594	10.5	26329	28569	-7.8
电气水生产供应业	22489	25207	-10.8	167	200	-16.5	20127	22659	-11.2
建筑业	9790	8707	12.4	36	59	-38.9	161	182	-11.5
运输邮电业	944	1158	-18.4	443	377	17.5	5	43	-88.4
批发零售贸易餐饮业	12323	10773	14.4	141	125	12.8	358	139	157.6
金融保险业									
房地产业	1072	919	16.6						
其他									
按登记注册类型分									
国有企业	166961	181838	-8.2	1672	1577	6	21864	20213	8.2
公司制企业	119200	114225	4.3	3048	2737	11.3	42424	46137	-8.0
#国有独资企业	5344	5427	-1.5	63	78	-19.2	1901	2174	-12.6
其他有限责任公司	71651	67860	5.6	1326	1073	23.6	28649	33546	-14.6
股份有限公司	41133	40019	2.8	1659	1586	4.6	11517	10417	10.6
中外合资企业	742	690	7.5				357		
港澳台合资企业	330	229	44.1						
其他	3769	3686	2.2	43	35	22.8	50	17	194.1
按企业规模分									
特大型	11096	10049	10.4	138	160	-13.7	1922	2529	-24.0
大型	220942	235243	-6.1	4094	3633	12.7	45979	48945	-6.1
中型	36770	32044	14.7	330	324	1.8	4667	4571	2.1
小型	20225	21504	-5.9	195	229	-14.8	11779	10333	14.0
其他	897	909	-1.3	6	3	100	-9	-11	-18.2

19—3 续表 8　　　　　　　　　　　　(2002 年)　　　　　　　　　　　　单位:万元

	投资收益			营业外收入			利润总额		
	本年实际	去年同期	同比(%)	本年实际	去年同期	同比(%)	本年实际	去年同期	同比(%)
总　　计	**2821**	**2563**	**10.1**	**5161**	**4799**	**7.5**	**73540**	**71936**	**2.2**
按控股情况分									
国有及国有控股	2664	2322	14.7	4766	4149	14.8	67753	73243	-7.5
#国有绝对控股	2360	2152	9.7	4288	3173	35.1	62786	69522	-9.7
国有相对控股	304	170	78.2	478	967	-51	4967	3721	33.5
集体控股	15	55	-73.7	63	45	40	1015	809	25.5
#集体绝对控股	15	55	-73.7	63	45	40	999	806	23.9
集体相对控股							16	14	14.3
其　　他	142	186	-23.6	332	605	-45.2	4772	4150	15.0
按主营行业分									
农、林、牧、渔业	297	222	33.7	312	740	-57.8	3313	2968	11.6
工　　业	2418	2203	9.7	4454	3804	17.1	67231	73721	-8.8
#采　掘　业	558	827	-32.5				18082	34053	-46.9
制　造　业	1143	1340	-14.7	2951	3508	-15.8	40101	31365	27.9
电气水生产供应业	717	629	13.9	1503	1296	15.9	9110	8303	9.7
建　筑　业	15	55	-72.3	72	48	50	599	792	-24.4
运输邮电业							269	285	-5.6
批发零售贸易餐饮业	91	183	-50.2	322	197	63.4	1802	3214	-43.9
金融保险业									
房地产业				1	10	-90	326	274	19.0
其　　他									
按登记注册类型分									
国有企业	1306	1962	-33.4	1307	1619	-19.2	40377	49757	-18.9
公司制企业	1425	1019	39.8	3846	3171	21.3	33097	28434	16.4
#国有独资企业				927	706	31.3	585	619	-5.5
其他有限责任公司	1214	939	29.2	2183	1666	31	21616	16654	29.8
股份有限公司	211	80	163.75	735	1389	-47.1	10570	10887	-2.9
中外合资企业				1	10	-90	310	271	14.4
港澳台合资企业							16	10	60.0
其　　他	90	182	-50.5	8	9	-11.1	66	56	17.9
按企业规模分									
特　大　型				161	225	-28.4	5626	4426	27.1
大　　型	2258	2024	11.5	3930	3148	24.8	60018	69255	-13.3
中　　型	511	539	-5.2	896	955	-6.7	6563	3929	67.0
小　　型	52			163	458	-64.4	843	710	18.7
其　　他				11	13	-15.4	490	482	1.7

19—3 续表 9　　(2002 年)　　单位:万元

	应交所得税			应缴增值税			固定资产投资完成		
	本年实际	去年同期	同比(%)	本年实际	去年同期	同比(%)	本年实际	去年同期	同比(%)
总计	**28846**	**34771**	**-17.0**	**90161**	**88426**	**1.9**	**250472**	**301911**	**-17.0**
按控股情况分									
国有及国有控股	26826	33594	-20.0	85624	84133	1.7	208864	233627	-10.6
#国有绝对控股	25400	32136	-20.9	77919	76914	1.3	198776	223303	-11.0
国有相对控股	1426	1458	-2.2	7705	7219	6.7	10088	10324	-2.3
集体控股	512	379	35.1	1124	834	34.7			
#集体绝对控股	507	378	34.1	1124	834	34.7			
集体相对控股	5	1	400.0						
其他	1508	798	88.9	3413	3459	-1.3	41608	68284	-39.1
按主营行业分									
农、林、牧、渔业	585	356	64.3	1435	2174	-33.9	41619	64245	-35.2
工业	26996	32861	-17.8	86391	84286	2.5	208123	236950	-12.2
#采掘业	9595	18993	-49.4	26165	28370	-7.7	135491	150960	-10.2
制造业	14232	10695	33.1	44651	40540	10.1	68682	83910	-18.1
电气水生产供应业	3169	3173	-0.1	15575	15376	1.3	3950	2080	89.9
建筑业	375	283	32.5	869	679	27.9	566	384	47.4
运输邮电业	89	90	-1.1						
批发零售贸易餐饮业	796	1180	-32.5	1466	1287	13.9	164	332	-50.6
金融保险业									
房地产业	5	1	400.0						
其他									
按登记注册类型分									
国有企业	18114	24943	-27.3	43563	44587	-2.3	206404	246844	-16.4
公司制企业	10710	9822	9.0	46126	43320	6.5	44068	55067	-20.0
#国有独资企业	10	422	-97.6	2880	2360	22	96	5720	-98.3
其他有限责任公司	7243	5956	21.6	28952	27329	5.9	29623	31071	-4.7
股份有限公司	3452	3443	0.2	14294	13631	4.8	14349	18276	-21.5
中外合资企业									
港澳台合资企业	5	1	400.0						
其他	22	6	266.6	472	519	-9.1			
按企业规模分									
特大型	1920	1489	28.9	6192	5910	4.7	4977	10519	-52.7
大型	24427	31264	-21.8	75734	75113	0.8	184381	204210	-9.7
中型	2051	1762	16.4	7367	6612	11.4	22356	24818	-9.9
小型	286	243	17.7	582	582		38758	62364	-37.9
其他	162	213	-23.9	286	209	36.8			

19—3 续表 10 (2002 年) 单位:万元

	年末从业人数			在岗职工			其他从业人数		
	本年实际	去年同期	同比(%)	本年实际	去年同期	同比(%)	本年实际	去年同期	同比(%)
总计	**113528**	**118799**	**-4.4**	**111586**	**115885**	**-3.7**	**1942**	**2914**	**-33.4**
按控股情况分									
国有及国有控股	101190	106586	-5.1	99300	103708	-4.2	1890	2878	-34.3
#国有绝对控股	91274	96583	-5.5	89581	94713	-5.4	1693	1870	-9.5
国有相对控股	9916	10003	-0.8	9719	8995	8.1	197	1008	-80.5
集体控股	2499	2648	-5.6	2499	2648	-5.6			
#集体绝对控股	2462	2611	-5.7	2462	2611	-5.7			
集体相对控股	37	37		37	37				
其他	9839	9565	2.8	9787	9529	2.7	52	36	44.4
按主营行业分									
农、林、牧、渔业	6509	6528	-0.3	6509	6528	-0.3			
工业	89176	93570	-4.7	88281	91752	-3.8	895	1818	-50.8
#采掘业	22162	25344	-12.6	22162	25344	-12.5			
制造业	64908	66145	-1.9	64116	64332	-0.3	792	1813	-56.3
电气水生产供应业	2106	2081	1.2	2003	2076	-3.5	103	85	21.2
建筑业	9530	10467	-8.9	9515	10456	-9	15	11	36.4
运输邮电业	6451	6236	3.4	5438	5151	5.6	1013	1085	-6.6
批发零售贸易餐饮业	1645	1781	-7.6	1626	1781	-8.7	19		
金融保险业									
房地产业	217	217		217	217				
其他									
按登记注册类型分									
国有企业	51560	56424	-8.6	51486	56118	-8.3	74	306	-75.8
公司制企业	58282	58965	-1.2	56414	56357	0.1	1868	2608	-28.4
#国有独资企业	2878	2482	15.9	2878	2482	15.9			
其他有限责任公司	35045	35854	-2.3	33534	33619	-0.3	1511	2235	-32.4
股份有限公司	20142	20412	-1.3	19785	20039	-1.3	357	373	-4.3
中外合资企业	180	180		180	180				
港澳台合资企业	37	37		37	37				
其他	3686	3410	8.1	3686	3410	8.1			
按企业规模分									
特大型	8692	8841	-1.7	8692	8841	-1.7			
大型	76252	80345	-5.1	74762	78811	-5.1	1490	1534	-2.9
中型	25904	26991	-4.0	25504	25647	-0.5	400	1344	-70.2
小型	2564	2507	-2.3	2512	2471	1.7	52	36	44.4
其他	116	115	0.9	116	115	0.9			

19—3 续表 11　　(2002年)　　单位:万元

	从业人员劳动报酬			本岗职工劳动报酬			其他从业人员劳动报酬		
	本年实际	去年同期	同比(%)	本年实际	去年同期	同比(%)	本年实际	去年同期	同比(%)
总计	**121985**	**108599**	**12.3**	**121064**	**107786**	**12.3**	**920**	**812**	**13.3**
按控股情况分									
国有及国有控股	111592	98660	13.1	110713	97877	13.1	878	782	12.3
#国有绝对控股	103613	91784	12.9	102838	91124	12.8	774	659	17.5
国有相对控股	7979	6876	16.0	7875	6753	16.6	104	123	-15.4
集体控股	4028	3996	0.8	4028	3996	0.8			
#集体绝对控股	3997	3966	0.8	3997	3966	0.7			
集体相对控股	31	30	3.3	31	30	3.3			
其他	6365	5943	7.1	6323	5913	6.9	42	30	40.0
按主营行业分									
农、林、牧、渔业	6274	5703	10.0	6274	5703	10			
工业	97285	84773	14.7	96750	84318	14.7	534	454	17.6
#采掘业	36865	29112	26.6	36865	29112	26.6			
制造业	57984	53445	8.5	57568	52993	8.6	415	451	-8.0
电气水生产供应业	2436	2216	9.9	2317	2213	4.7	119	103	15.5
建筑业	11199	11227	-0.3	11194	11223	-0.3	5	4	25.0
运输邮电业	3353	3328	0.8	2985	2974	0.4	368	354	4.0
批发零售贸易餐饮业	3658	3359	8.9	3645	3359	8.5	13		
金融保险业									
房地产业	216	209	3.3	216	209	3.4			
其他									
按登记注册类型分									
国有企业	68560	58556	17.1	68542	58497	17.2	18	58	-69.0
公司制企业	52157	48645	7.2	51254	47891	7	902	754	19.6
#国有独资企业	2684	2478	8.3	2684	2478	8.3			
其他有限责任公司	28121	26937	4.4	27376	26354	3.9	745	583	27.8
股份有限公司	21136	19021	11.1	20978	18850	11.3	157	171	-8.2
中外合资企业	185	179	3.3	185	179	3.3			
港澳台合资企业	31	30	3.3	31	30	3.3			
其他	1268	1398	-9.3	1268	1398	-9.3			
按企业规模分									
特大型	10198	9180	11.1	10198	9180	11.1			
大型	86135	75689	13.8	85396	75032	13.8	739	657	12.5
中型	22302	20781	7.3	22162	20655	7.3	139	125	11.2
小型	2807	2653	5.8	2765	2623	5.4	42	30	40.0
其他	543	296	83.4	543	296	83.4			

19－4 一季度企业宏观景气指数

（2002 年）

单位：%

	本期情况				下期情况			
	上升	持平	下降	景气指数	上升	持平	下降	景气指数
总体状况	**40.4**	**49.0**	**10.7**	**129.7**	**41.0**	**43.3**	**15.8**	**125.2**
一、按行业门类分								
（一）工业	21.1	65.8	13.2	107.9	35.2	51.7	13.2	122.0
1.采掘业	0.5	99.5		100.5	25.0	50.0	25.0	100.0
2.制造业	28.1	56.3	15.6	112.5	40.5	45.9	13.6	126.8
3.电力煤气及水的生产	8.2	84.1	7.7	100.5	34.4	50.3	15.4	119.0
（二）建筑业		100.0		100.0	12.5	87.5		112.5
（三）交通运输仓储邮电	83.7	11.1	5.2	178.5	50.4	33.3	16.3	134.1
（四）批发零售贸易餐饮业	22.9	60.0	17.1	105.7	28.6	40.0	31.4	97.1
（五）房地产业	53.9	30.8	15.4	138.5	53.9	38.5	7.7	146.2
（六）社会服务业	60.8	26.1	13.0	147.8	65.2	8.7	26.1	139.1
二、按企业登记注册类型分								
1.国有企业	37.0	46.3	16.7	120.3	41.4	38.5	20.1	121.2
2.集体企业	7.8	88.2	4.0	103.8	15.8	72.0	12.2	103.6
3.股份合作企业	50.0	25.0	25.0	125.0	25.0	50.0	25.0	100.0
4.联营企业				100.0				100.0
5.有限责任公司	24.4	61.7	13.9	110.5	45.7	37.9	16.4	129.4
6.股份有限公司	24.2	75.8		124.2	33.3	66.7		133.3
7.私营企业	100.0			200.0	100.0			200.0
8.其它内资企业				100.0				100.0
9.外商及港澳台投资企业	40.0	60.0		140.0	60.0	30.0	10.0	150.0
三、按企业规模分								
总大型	38.7	56.1	5.3	133.4	48.2	45.8	6.0	142.1
#特大型				100.0				100.0
大型	38.7	56.1	5.3	133.4	48.2	45.8	6.0	142.1
中小型	29.2	56.0	14.9	114.3	37.5	43.5	19.1	118.5
#中型	24.6	60.9	14.6	110.0	32.7	50.0	17.3	115.5
小型	37.9	46.6	15.5	122.4	46.6	31.0	22.4	124.1

19—5 一季度综合经营状况景气指数

（2002年）　　　　单位：%

	本期情况				下期情况			
	上升	持平	下降	景气指数	上升	持平	下降	景气指数
总体状况	**38.5**	**48.5**	**13.0**	**125.5**	**47.3**	**45.1**	**7.6**	**139.7**
一、按行业门类分								
(一)工业	39.3	44.8	15.9	123.4	54.0	39.2	6.9	147.1
1.采掘业	49.5	50.5		149.5	74.5	0.5	25.0	149.5
2.制造业	35.4	46.6	18.1	117.3	48.3	44.4	7.2	141.1
3.电力煤气及水的生产	27.2	57.5	15.4	111.8	61.0	39.0		161.0
(二)建筑业	12.5	75.0	12.5	100.0	23.0	77.0		123.0
(三)交通运输仓储邮电	72.6	22.2	5.2	167.4	50.4	44.4	5.2	145.2
(四)批发零售贸易餐饮业	25.7	54.3	20.0	105.7	31.4	48.6	20.0	111.4
(五)房地产业	30.8	53.9	15.4	115.4	61.5	38.5		161.5
(六)社会服务业	50.0	41.0	9.1	140.9	63.6	22.7	13.6	150.0
二、按企业登记注册类型分								
1.国有企业	45.4	39.2	15.4	130.0	57.7	35.0	7.3	150.4
2.集体企业	19.8	64.0	16.2	103.6	39.8	40.0	20.2	119.6
3.股份合作企业	25.0	50.0	25.0	100.0	25.0	75.0		125.0
4.联营企业				100.0				100.0
5.有限责任公司	31.8	52.0	16.3	115.5	39.8	52.2	8.0	131.9
6.股份有限公司	35.7	55.2	9.1	126.6	58.7	32.2	9.1	149.7
7.私营企业	100.0			200.0		100.0		100.0
8.其它内资企业				100.0				100.0
9.外商及港澳台投资企业	40.0	50.0	10.0	130.0	50.0	40.0	10.0	140.0
三、按企业规模分								
总大型	67.2	26.0	6.8	160.4	81.7	15.9	2.4	179.4
#特大型				100.0				100.0
大型	67.2	26.0	6.8	160.4	81.7	15.9	2.4	179.4
中小型	32.3	50.9	16.8	115.6	43.7	46.1	10.2	133.5
#中型	29.1	53.6	17.3	111.8	37.3	52.7	10.0	127.3
小型	38.6	45.6	15.8	122.8	56.1	33.3	10.5	145.6

19－6 二季度企业宏观景气指数

（2002 年）

单位：%

	本期情况				下期情况			
	上升	持平	下降	景气指数	上升	持平	下降	景气指数
总体状况	**36.52**	**48.05**	**15.43**	**121.09**	**40.30**	**41.45**	**18.26**	**122.04**
一、按行业门类分								
（一）工业	22.61	62.36	15.03	107.57	27.03	51.70	21.28	105.75
1.采掘业	25.00	50.00	25.00	100.00	25.00	50.00	25.00	100.00
2.制造业	28.30	54.84	16.86	111.44	31.67	46.56	21.76	109.91
3.电力煤气及水的生产	23.61	68.70	7.69	115.91	38.99	42.55	18.46	120.54
（二）建筑业		87.50	12.50	87.50	10.54	89.46		110.54
（三）交通运输仓储邮电	50.37	44.44	5.19	145.18	50.37	22.22	27.41	122.95
（四）批发零售贸易餐饮业	31.43	37.14	31.43	100.00	31.43	37.14	31.43	100.00
（五）房地产业	53.85	30.77	15.38	138.46	61.54	30.77	7.69	153.85
（六）社会服务业	60.87	26.09	13.04	147.83	60.87	17.39	21.74	139.13
二、按企业登记注册类型分								
1.国有企业	38.99	47.64	13.38	125.61	43.03	36.64	20.33	122.70
2.集体企业	23.79	52.00	24.21	99.57	27.79	56.00	16.21	111.57
3.股份合作企业	25.00	50.00	25.00	100.00	25.00	50.00	25.00	100.00
4.联营企业				100.00				100.00
5.有限责任公司	14.68	62.35	22.97	91.70	14.68	54.29	31.04	83.64
6.股份有限公司	30.70	56.49	12.81	117.88	39.79	47.40	12.81	126.97
7.私营企业	100.00			200.00	100.00			200.00
8.其它内资企业				100.00		40.00	20.00	100.00
9.外商及港澳台投资企业	40.00	40.00	20.00	120.00	40.00			120.00
三、按企业规模分								
总大型	42.60	51.15	6.25	136.35	44.33	43.59	12.08	132.25
#特大型				100.00				100.25
大型	42.60	51.15	6.25	136.35	44.33	43.59	12.08	132.25
中小型	29.34	51.50	19.16	110.18	32.93	43.71	23.35	109.58
#中型	30.28	52.29	17.43	112.84	32.11	44.95	22.94	109.17
小型	27.59	50.00	22.41	105.17	34.48	41.38	24.14	110.34

19-7 二季度综合经营状况景气指数

(2002 年)　　　　单位:%

	本期情况				下期情况			
	上　升	持　平	下　降	景气指数	上　升	持　平	下　降	景气指数
总　体　状　况	**34.8**	**56.0**	**9.1**	**125.7**	**41.8**	**46.4**	**11.8**	**130.1**
一、按行业门类分								
(一)工　　业	39.7	48.9	11.5	128.2	42.1	47.3	10.6	131.5
1.采　掘　业	74.5	25.5		174.5	74.5		25.5	149.1
2.制　造　业	37.5	49.6	12.9	124.7	39.4	48.3	12.3	127.1
3.电力煤气及水的生产	23.1	69.2	7.7	115.4	46.2	53.9		146.2
(二)建　筑　业	10.5	89.5		110.5	48.0	39.5	12.5	135.5
(三)交通运输仓储邮电	28.1	66.7	5.2	123.0	39.3	55.6	5.2	134.1
(四)批发零售贸易餐饮业	28.6	48.6	22.9	105.7	28.6	42.9	28.6	100.0
(五)房 地 产 业	38.5	46.2	15.4	123.1	38.5	61.5		138.5
(六)社会服务业	63.6	36.4		163.6	54.6	31.8	13.6	140.9
二、按企业登记注册类型分								
1.国 有 企 业	41.4	49.6	9.1	132.3	47.2	41.1	11.8	135.4
2.集 体 企 业	31.8	52.0	16.2	115.6	31.8	44.0	24.2	107.6
3.股份合作企业		75.0	25.0	75.0	25.0	75.0		125.0
4.联 营 企 业				100.0				100.0
5.有限责任公司	33.1	51.7	15.3	117.8	33.1	56.1	10.8	122.3
6.股份有限公司	58.7	28.4	12.8	145.9	58.7	32.2	9.1	149.7
7.私 营 企 业	100.0			200.0	100.0			200.0
8.其它内资企业				100.0				100.0
9.外商及港澳台投资企业	50.0	40.0	10.0	140.0	20.0	60.0	20.0	100.0
三、按企业规模分								
总　大　型	66.0	30.8	3.3	162.7	73.0	21.5	5.5	167.4
#特　大　型				100.0				100.0
大　　型	66.0	30.8	3.3	162.7	73.0	21.5	5.5	167.4
中　小　型	33.1	53.6	13.3	119.9	34.3	51.2	14.5	119.9
#中　　型	31.2	55.1	13.8	117.4	29.4	55.1	15.6	113.8
小　　型	36.8	50.9	12.3	124.6	43.9	43.9	12.3	131.6

19－8 三季度企业宏观景气指数

(2002年)　　单位：%

	本期情况				下期情况			
	上升	持平	下降	景气指数	上升	持平	下降	景气指数
总体状况	**29.3**	**56.3**	**14.4**	**114.9**	**33.4**	**50.7**	**15.9**	**117.5**
一、按行业门类分								
(一)工业	22.3	68.0	9.8	112.5	26.6	64.4	117.7	115.1
1.采掘业	25.0	75.0		125.0	25.5	74.5		125.5
2.制造业	26.5	62.7	10.9	115.6	30.6	59.5	9.9	120.7
3.电力煤气及水的生产	23.1	69.2	7.7	115.4	30.8	61.5	7.7	123.1
(二)建筑业	23.0	77.0		123.0	23.0	64.5	12.5	110.5
(三)交通运输仓储邮电	22.2	72.6	5.2	117.0	22.2	61.5	16.3	105.9
(四)批发零售贸易餐饮业	20.0	45.7	34.3	85.7	17.1	45.7	37.1	80.0
(五)房地产业	23.1	61.5	15.4	107.7	46.2	46.2	7.7	138.5
(六)社会服务业	65.2	13.0	21.7	143.5	65.2	21.7	13.0	152.2
二、按企业登记注册类型分								
1.国有企业	34.8	49.2	16.0	118.9	36.7	45.6	17.7	119.0
2.集体企业	11.8	68.0	20.2	91.6	19.8	64.0	16.2	103.6
3.股份合作企业		75.0	25.0	75.0	25.0	75.0		125.0
4.联营企业								
5.有限责任公司	20.0	66.3	12.8	108.1	25.8	63.8	10.4	115.4
6.股份有限公司	23.1	73.2	3.7	119.3	23.1	73.2	3.7	119.3
7.私营企业	100.0			200.0	100.0			200.0
8.其它内资企业								
9.外商及港澳台投资企业	30.0	60.0	10.0	120.0	30.0	60.0	10.0	120.0
三、按企业规模分								
总大型	34.7	62.1	3.3	131.4	35.2	61.6	3.3	131.9
#特大型								
大型	34.7	62.1	3.3	131.4	35.2	61.6	3.3	131.9
中小型	26.4	56.3	17.4	109.0	30.5	52.7	16.8	113.8
#中型	25.7	57.8	16.5	109.2	29.4	53.2	17.4	111.9
小型	27.6	53.5	19.0	108.6	32.8	51.7	15.5	117.2

19—9 三季度综合经营状况景气指数

单位:%

	本期情况				下期情况			
	上升	持平	下降	景气指数	上升	持平	下降	景气指数
总体状况	**41.0**	**48.1**	**11.0**	**130.0**	**45.9**	**46.2**	**7.9**	**138.0**
一、按行业门类分								
(一)工业	43.7	46.2	10.1	133.6	51.9	42.2	5.9	146.0
1.采掘业	74.5	25.5		174.5	74.5	25.5		174.5
2.制造业	39.2	49.0	11.8	127.4	50.2	44.9	4.9	145.3
3.电力煤气及水的生产	50.3	49.8		150.3	42.6	42.1	15.4	127.2
(二)建筑业	35.5	64.5		135.5	35.5	52.0	12.5	123.0
(三)交通运输仓储邮电	28.1	66.7	5.2	123.0	39.3	60.8		139.3
(四)批发零售贸易餐饮业	28.6	51.4	20.0	108.6	31.4	48.6	20.0	111.4
(五)房地产业	46.2	46.2	7.7	138.5	53.9	46.2		153.9
(六)社会服务业	63.6	13.6	22.7	140.9	63.6	27.3	9.1	154.6
二、按企业登记注册类型分								
1.国有企业	46.9	39.6	13.5	133.4	51.9	39.4	8.8	143.1
2.集体企业	27.8	56.2	16.0	111.8	51.8	32.2	16.0	135.8
3.股份合作企业		75.0	25.0	75.0	25.0	75.0		125.0
4.联营企业								
5.有限责任公司	42.9	47.4	9.8	133.1	40.4	54.7	4.9	135.5
6.股份有限公司	58.7	32.2	9.1	149.7	58.7	32.2	9.1	149.7
7.私营企业		100.0		100.0		100.0		100.0
8.其它内资企业								
9.外商及港澳台投资企业	40.0	60.0		140.0	50.0	50.0		150.0
三、按企业规模分								
总大型	77.6	21.4	1.0	176.6	79.4	20.6		179.4
#特大型								
大型	77.6	21.4	1.0	176.6	79.4	20.6		179.4
中小型	34.9	50.0	15.1	119.9	42.2	47.6	10.2	131.9
#中型	30.3	56.9	12.8	117.4	38.5	51.4	10.1	128.4
小型	43.9	36.8	19.3	124.6	49.1	40.4	10.5	138.6

19—10 四季度企业宏观景气指数

（2002年）　　　　单位：%

	本期情况				下期情况			
	上升	持平	下降	景气指数	上升	持平	下降	景气指数
总体状况	**35.2**	**51.4**	**13.4**	**121.8**	**33.8**	**50.8**	**15.4**	**118.4**
一、按行业门类分								
(一)工业	28.2	59.0	12.8	115.4	29.0	56.1	14.9	114.1
1.采掘业	25.0	75.0		125.0	25.0	75.0		125.0
2.制造业	31.6	52.9	15.5	116.0	32.1	48.9	18.9	113.1
3.电力煤气及水的生产	26.7	65.6	7.7	119.0	34.4	57.9	7.7	126.7
(二)建筑业	10.5	89.5		110.5	10.5	77.0	12.5	98.0
(三)交通运输仓储邮电	61.5	38.5		161.5	50.4	38.5	11.1	139.3
(四)批发零售贸易餐饮业	34.3	42.9	22.9	111.4	28.6	42.9	28.6	100.0
(五)房地产业	30.8	46.2	23.1	107.7	38.5	53.9	7.7	130.8
(六)社会服务业	45.9	32.4	21.7	124.2	45.9	36.7	17.4	128.5
二、按企业登记注册类型分								
1.国有企业	30.2	53.6	16.2	114.0	27.8	56.0	16.2	111.6
2.集体企业	19.8	64.2	16.0	103.8	31.8	48.2	20.0	111.8
3.股份合作企业	50.0	50.0		150.0	25.0	50.0	25.0	100.0
4.联营企业								
5.有限责任公司	33.8	48.0	18.2	115.7	38.7	39.7	21.6	117.1
6.股份有限公司	37.0	53.9	9.1	127.9	43.5	47.4	9.1	134.4
7.私营企业	100.0			200.0	100.0			200.0
8.其它内资企业								
9.外商及港澳台投资企业	60.0	40.0		160.0	30.0	70.0		130.0
三、按企业规模分								
总大型	27.4	67.2	5.4	122.0	29.6	61.4	9.0	120.6
#特大型								
大型	27.4	67.2	5.4	122.0	29.6	61.4	9.0	120.6
中小型	32.9	49.7	17.4	115.6	31.7	49.7	18.6	113.2
#中型	29.4	52.3	18.4	111.0	29.4	54.1	16.5	112.8
小型	39.7	44.8	15.5	124.1	36.2	41.4	22.4	113.8

19—11 四季度综合经营状况景气指数

(2002年)　　　　单位:%

	本期情况				下期情况			
	上　升	持　平	下　降	景气指数	上　升	持　平	下　降	景气指数
总体状况	**42.9**	**46.1**	**11.0**	**131.9**	**45.8**	**41.3**	**12.9**	**132.8**
一、按行业门类分								
(一)工　业	42.8	46.4	10.8	132.0	42.6	48.8	8.6	134.0
1.采掘业	74.5	25.5		174.5	74.5	25.5		174.5
2.制造业	36.1	50.8	13.2	122.9	36.8	51.7	11.6	125.2
3.电力煤气及水的生产	41.5	58.5		141.5	49.2	50.8		149.2
(二)建筑业	35.5	64.5		135.5	35.5	52.0	12.5	123.0
(三)交通运输仓储邮电	39.3	60.8		139.3	50.4	49.6		150.4
(四)批发零售贸易餐饮业	31.4	51.4	17.1	114.3	28.6	48.6	22.9	105.7
(五)房地产业	53.9	30.8	15.4	138.5	53.9	30.8	15.4	138.5
(六)社会服务业	54.4	22.7	22.7	131.8	63.6	18.2	18.2	145.5
二、按企业登记注册类型分								
1.国有企业	42.6	44.5	12.9	129.7	47.4	40.6	12.0	135.4
2.集体企业	35.8	48.2	16.0	119.8	39.8	44.2	16.0	123.8
3.股份合作企业	25.0	75.0		125.0	50.0	25.0	25.0	125.0
4.联营企业								
5.有限责任公司	48.4	39.4	12.2	136.2	38.7	50.5	10.8	127.9
6.股份有限公司	30.3	51.5	18.2	112.1	30.3	51.5	18.2	112.1
7.私营企业	100.0			200.0	100.0			200.0
8.其它内资企业								
9.外商及港澳台投资企业	60.0	40.0		160.0	40.0	60.0		140.0
三、按企业规模分								
总大型	65.5	32.5	2.0	163.5	72.1	22.5	5.4	166.8
#特大型								
大　型	65.5	32.5	2.0	163.5	72.1	22.5	5.4	166.8
中小型	38.0	47.0	15.1	122.9	37.4	48.8	13.9	123.5
#中　型	36.7	48.6	14.7	122.0	33.9	54.1	11.9	122.0
小　型	40.4	43.9	15.8	124.6	43.9	38.6	17.5	126.3

主要统计指标解释

景气指数　又称景气度，它是对企业景气调查中的定性指标通过定量方法加以汇总，综合反映某一特定调查群体或某一社会经济现象所处的状态或发展趋势的一种指标。企业的景气指数是根据调查企业中，选择“好”或“上升”或“乐观”的企业与选择“差”或“下降”或“不乐观”的企业的所占份额（一般以主营业务收入对比重加权，下同）之差来计算的，统一用纯正数形式表示，以100作为景气指数的临界值，其数值范围在0—200之间；当景气指数大于100时，表明经济状况趋于上升或改善，处于景气状态；当景气指数小于100时，表明经济状况趋于下降或恶化，处于不景气状态。其具体计算方法为：（选择“好”的企业份额一选择“差”的企业份额）×100＋100。

企业家信心指数　是根据企业家对企业外部市场经济环境与宏观政策的认识、看法、判断与预期（通常为对“乐观”、“一般”、“不乐观”的选择）而编制的指数，用以综合反映企业家对宏观经济环境的感受与信心。

企业景气指数　是根据企业家对本企业综合生产经营情况的判断与预期（通常为对“良好”、“一般”、“不佳”的选择）而编制的指数，用以综合反映企业的生产经营状况。

各单项景气指数　是在单项指标名称之后加景气指数四个字表示，如由产品订货指标综合而成的景气指数则称之为“产品订货景气指数”。用来表示各单项指标的景气状况。

企业集团　是指以资本为主要纽带的母子公司为主体，以集团章程为共同行为规范的母公司、子公司、参股公司及其他成员企业或机构共同组成的具有一定规模的企业法人联合体。企业集团不具有企业法人资格。企业集团由母公司、子公司、参股公司以及其他成员单位组建而成。事业单位法人、社会团体法人也可以成为企业集团成员。

二十、全省各省辖市主要经济指标

20—1 各市总户数、总人口数

（2002年底）

市	总人口数（万人）	按性别分		按农业、非农业分	
		男	女	农业	非农业
全省	**9613**	**4946**	**4667**	**7745**	**1868**
郑州市	644	330	314	402	242
开封市	470	239	231	377	93
洛阳市	632	326	306	472	160
平顶山市	486	253	233	367	119
安阳市	525	266	259	427	98
鹤壁市	142	73	69	97	45
新乡市	545	277	268	430	115
焦作市	336	171	165	239	97
濮阳市	353	180	173	290	63
许昌市	445	231	214	366	79
漯河市	249	125	124	189	60
三门峡市	220	114	106	158	62
南阳市	**1060**	**556**	**504**	**905**	**155**
商丘市	807	411	396	671	136
信阳市	776	406	370	657	119
周口市	1054	538	516	940	114
驻马店市	821	425	396	729	92
济源市	65	33	32	46	19

说明：分市数据是根据2001年1%人口抽样调查汇总数据和公安年报及有关数据推算的。

20—2 各市国内生产总值

（2002年）

市	国内生产总值（万元）	第一产业	第二产业			第三产业	人均国内生产总值（元）
				工业	建筑业		
郑州市	9282890	472844	4537149	3821730	715419	4272897	14527
开封市	2698982	820261	970059	795836	174223	908662	5757
洛阳市	5350145	545435	2864982	2502667	362315	1939728	8489
平顶山市	3215130	456274	1712609	1572208	140401	1046247	6634
安阳市	3126410	593296	1566825	1406805	160020	966289	5978
鹤壁市	1050506	204413	530883	465664	65219	315210	7422
新乡市	3404699	726066	1505521	1243077	262444	1173112	6268
焦作市	2876249	425055	1513699	1351930	161769	937495	8599
濮阳市	2371350	495663	1287566	1079124	208442	588121	6745
许昌市	3628207	688463	2010283	1866726	143557	929461	8173
漯河市	2007737	441599	1110820	1037736	73084	455318	8108
三门峡市	1971858	221471	1060380	927259	133121	690007	8995
南阳市	**6250672**	**1827172**	**2853518**	**2515707**	**337811**	**1569982**	**5910**
商丘市	3427291	1385444	1125744	877545	248199	916103	4258
信阳市	3119211	985143	1155703	848895	306808	978365	4034
周口市	4135687	1518210	1618566	1318692	299874	998911	3936
驻马店市	3316976	1085151	1311860	1141890	169970	919965	4053
济源市	796182	73611	493530	427526	66004	229041	12326

20—3 各市在岗职工平均工资

(2002年)

市	平均工资	按登记注册类型分		
		国有单位	城镇集体单位	其他单位
全省	**9174**	**9864**	**6664**	**9335**
郑州市	11966	13549	8347	10878
开封市	7007	7629	5464	6345
洛阳市	9472	10597	7557	8210
平顶山市	9073	8618	6443	10861
安阳市	9183	9134	6748	10705
鹤壁市	8069	8474	6483	8070
新乡市	7366	7878	5587	7184
焦作市	8373	8994	5750	7086
濮阳市	10778	10434	5291	14462
许昌市	7580	8611	5589	6199
漯河市	7012	7775	5926	6751
三门峡市	8705	9321	7788	8058
南阳市	**7614**	**8312**	**6279**	**6380**
商丘市	6164	6429	4655	7757
信阳市	7111	7601	6310	6083
周口市	5919	6355	4981	5196
驻马店市	6884	7336	5711	6354
济源市	8531	9973	7029	7862

20—4 各市全社会固定资产投资

(2002年)

单位:万元

市	合计	基本建设	更新改造	房开产开发
全省	**18264501**	**7250151**	**2337930**	**1383602**
郑州市	3320775	1152246	211204	596293
开封市	483223	147191	67482	47142
洛阳市	1449926	612554	169633	170404
平顶山市	588694	187850	107906	44973
安阳市	806626	315457	167439	66480
鹤壁市	254334	119334	38661	10665
新乡市	987766	411606	169957	79869
焦作市	719999	394250	88728	24591
濮阳市	895269	309905	225989	37767
许昌市	749168	269634	102078	31452
漯河市	495972	161174	58211	39937
三门峡市	586986	277625	111856	15342
南阳市	**1623120**	**628701**	**200681**	**73562**
商丘市	1041169	510700	174256	5290
信阳市	1163452	539577	75778	63546
周口市	1046326	358131	107763	55000
驻马店市	764297	233676	101789	17203
济源市	244784	141931	23308	4086

注:1.农村投资是抽样调查数,由于抽样调查的各级样本不同,所以分市合计不等于全省数;

2.其余分组合计不等于全省数,是因为按部门分的(跨市项目)直报数未列出。

20—5 各市城乡居民收支情况

（2002年） 单位:元

市	城镇居民人均				农村居民人均			
	可支配收入	消费性支出	食品	恩格尔系数	纯收入	生活费支出	食品	恩格尔系数
全省	**6245.40**	**4504.68**	**1517.04**	**0.34**	**2215.74**	**1451.51**	**697.02**	**0.48**
郑州市	7494.72	5478.96	1900.80	0.35	3377.00	2171.00	750.00	0.35
开封市	5503.20	3571.92	1342.20	0.38	2233.00	1326.00	714.00	0.54
洛阳市	6847.80	5146.92	1688.28	0.33	2122.00	1520.00	566.00	0.37
平顶山市	6095.76	4607.52	1557.00	0.34	2061.00	1450.00	694.00	0.48
安阳市	5987.16	4146.96	1588.20	0.38	2313.00	1490.00	663.00	0.44
鹤壁市	5295.36	3806.40	1358.52	0.36	2420.00	1448.00	678.00	0.47
新乡市	5641.92	3947.40	1442.76	0.37	2294.00	1571.00	717.00	0.46
焦作市	5518.08	4170.72	1385.64	0.33	2782.00	1820.00	755.00	0.41
濮阳市	5874.96	4256.76	1388.52	0.33	1948.00	1287.00	652.00	0.51
许昌市	5673.12	4242.00	1316.16	0.31	2743.00	1684.00	791.00	0.47
漯河市	5916.24	4150.68	1284.72	0.31	2581.00	1304.00	687.00	0.53
三门峡市	6230.64	4657.20	1499.28	0.32	2113.00	1505.00	684.00	0.45
南阳市	**5658.84**	**4118.28**	**1366.20**	**0.33**	**2020.00**	**1453.00**	**700.00**	**0.48**
商丘市	5151.48	3779.52	1339.92	0.35	1881.00	1145.00	538.00	0.47
信阳市	4874.64	3761.64	1583.88	0.42	1934.00	1510.00	958.00	0.63
周口市	4590.36	3220.44	1197.12	0.37	1995.00	1432.00	690.00	0.48
驻马店市	5302.92	3810.96	1271.76	0.33	2079.00	1414.00	724.00	0.51
济源市	6010.92	5433.00	1240.20	0.23	2694.00	1937.00	601.00	0.31

20—6 各市城乡居民储蓄存款年底余额

单位:万元

市	2002年	定期	活期
全省	**42025659**	**30504266**	**11521393**
郑州市	8495695	5755295	2740400
开封市	1723023	1230829	492194
洛阳市	3892508	2884354	1008154
平顶山市	1933177	1287257	645920
安阳市	2879618	2270789	608829
鹤壁市	628157	434378	193779
新乡市	2750848	2098953	651895
焦作市	2024650	1518310	506340
濮阳市	1833993	1386650	447343
许昌市	1750062	480697	1269365
漯河市	1135533	850107	285426
三门峡市	1360880	383803	977077
南阳市	**3001952**	**2218347**	**783605**
商丘市	1695301	1154886	540415
信阳市	2104899	1601162	503737
周口市	2478122	674748	1803374
驻马店市	1976543	1507753	468790
济源市	372735	255078	117657

20—7 各市农林牧渔业增加值

（2002 年）

市	增加值（万元）					
	农林牧渔业	农业	种植业	林业	牧业	渔业
全省	**12883562**	**8161560**	**7504125**	**432823**	**4129032**	**160147**
郑州市	472844	287470	273731	13982	150539	20853
开封市	820261	599496	584085	29477	187430	3858
洛阳市	545435	374517	325601	33678	132010	5230
平顶山市	456274	271735	254909	22921	157517	4101
安阳市	593296	440318	426581	18504	133389	1085
鹤壁市	204413	96772	87647	3519	103153	969
新乡市	726066	490580	403920	19300	207529	8657
焦作市	425055	274175	240681	10225	138567	2088
濮阳市	495663	337929	295801	10793	143971	2970
许昌市	688463	442990	398113	33478	208559	3436
漯河市	441599	320999	298449	5275	113880	1445
三门峡市	221471	172756	164422	10177	37530	1008
南阳市	**1827172**	**1237310**	**1163998**	**78039**	**483700**	**28123**
商丘市	1385444	1045108	1017156	41229	288095	11012
信阳市	985142	590692	541815	93905	247830	52715
周口市	1518210	1189462	1149641	37956	280668	10124
驻马店市	1085151	659580	622549	23356	388732	13483
济源市	73611	43051	32682	6627	22136	1797

20—8 各市主要农产品产量

（2002 年）

单位：万吨

市	粮食	油料	棉花	烟叶	蔬菜
全省	**4209.98**	**420.68**	**76.49**	**27.49**	**4680.01**
郑州市	139.90	16.58	0.57	0.98	237.51
开封市	207.48	37.06	9.02	0.03	448.61
洛阳市	166.94	5.92	0.39	2.90	130.83
平顶山市	162.94	8.60	0.32	2.25	146.90
安阳市	221.24	29.36	4.17		365.85
鹤壁市	79.58	5.57	0.10		43.75
新乡市	300.66	26.86	2.32		171.32
焦作市	152.48	6.89	0.46	0.02	160.04
濮阳市	204.25	15.97	1.62		178.23
许昌市	220.62	11.63	3.75	4.07	193.61
漯河市	128.95	5.77	3.33	1.55	207.90
三门峡市	33.16	1.74	0.15	2.90	50.56
南阳市	**420.36**	**73.37**	**15.21**	**6.32**	**772.09**
商丘市	430.11	35.74	20.60	2.08	536.49
信阳市	380.46	33.78	2.26	0.42	177.67
周口市	543.86	42.49	29.28	2.29	586.89
驻马店市	494.03	67.35	3.59	1.58	248.94
济源市	17.22	0.44	0.03	0.11	22.82

注：全省粮食（包括分品种）、棉花产量系抽样调查推算数。

20—9 各市牲畜饲养情况

(2002年)

	大牲畜年底头数(万头)	猪年底头数(万头)	羊年底只数(万只)	肉类总产量(吨)	奶类总产量(吨)	禽蛋(吨)
全省	**1409.78**	**3800.00**	**3378.02**	**570.01**	**390047**	**3020000**
郑州市	36.89	163.51	88.16	20.67	83657	151249
开封市	60.29	250.70	268.45	31.46	37533	178182
洛阳市	83.42	179.44	90.86	20.72	71345	125352
平顶山市	83.78	231.95	154.47	30.03	5722	112033
安阳市	29.42	153.92	90.76	17.23	13307	210669
鹤壁市	4.16	69.91	69.18	13.79	4396	95128
新乡市	46.89	206.03	102.05	28.06	30298	287796
焦作市	31.34	144.19	60.50	17.78	13384	208449
濮阳市	26.01	136.24	148.41	18.53	10128	229022
许昌市	67.56	248.69	135.73	34.24	7356	153788
漯河市	17.52	174.56	36.50	23.80	14323	92590
三门峡市	42.33	60.98	43.94	5.58	8215	34895
南阳市	**298.20**	**559.93**	**553.71**	**77.36**	**92926**	**368309**
商丘市	141.21	422.97	592.63	54.96	29134	212188
信阳市	88.71	313.66	134.64	48.15	1101	160532
周口市	155.35	465.58	407.50	64.02	7479	173807
驻马店市	195.69	559.86	356.79	72.25	5947	235091
济源市	7.89	23.80	13.37	2.72	2035	25091

注:全省数系抽样调查评估数,不等于市加总(下表同)。

20—10 各市工业增加值及指数

市	增加值(亿元)					指数(上年=100)				
	1998	1999	2000	2001	2002	1998	1999	2000	2001	2002
全省	**1720.20**	**1761.84**	**2045.15**	**2251.19**	**2508.73**	**108.7**	**108.0**	**111.6**	**109.8**	**112.3**
郑州市	264.47	271.24	309.90	344.69	378.58	107.9	107.5	110.2	109.5	110.2
开封市	54.49	57.90	67.11	74.76	79.76	109.0	106.3	111.7	111.0	109.7
洛阳市	163.68	169.62	196.82	209.89	245.03	107.4	110.8	111.6	108.8	112.0
平顶山市	110.25	115.87	128.91	140.56	155.95	106.1	110.3	108.1	108.8	110.9
安阳市	86.97	92.55	109.87	119.76	139.26	100.0	112.6	114.7	108.4	116.4
鹤壁市	29.49	30.91	36.06	40.64	46.32	103.3	110.3	112.3	112.9	114.2
新乡市	89.04	86.86	98.83	109.38	123.34	107.5	102.5	111.7	110.7	111.7
焦作市	135.45	95.24	103.71	116.90	134.11	107.3	78.0	107.8	113.0	114.5
濮阳市	73.13	75.00	95.58	97.98	105.91	109.9	109.5	113.5	109.5	110.5
许昌市	111.16	118.92	140.04	161.98	185.82	107.9	112.3	112.8	113.4	114.1
漯河市	62.33	67.51	81.45	91.48	103.11	116.0	113.8	114.3	111.3	113.1
三门峡市	63.04	65.76	73.82	81.61	91.99	116.9	109.5	108.2	110.2	113.5
南阳市	**182.81**	**192.23**	**214.23**	**234.90**	**251.57**	**108.8**	**110.2**	**107.3**	**109.4**	**109.9**
商丘市	55.53	58.09	69.64	77.57	86.89	110.2	109.8	111.8	113.9	116.6
信阳市	55.42	57.68	65.99	73.20	84.89	110.5	110.0	109.2	110.2	113.4
周口市	87.11	90.00	106.16	116.43	129.20	107.6	103.2	117.9	112.3	112.9
驻马店市	75.83	80.75	94.82	105.45	112.88	115.9	111.8	113.4	111.5	110.2
济源市	22.70	24.14	27.82	32.04	39.28	109.2	111.6	127.4	114.5	118.4

20—11 各市公路客货运输量

（2002 年）

市	客运量（万人）	旅客周转量（万人公里）	货运量（万吨）	货物周转量（万吨公里）
全省	**85122**	**3901427**	**55835**	**4001159**
郑州市	10780	460003	5701	413930
开封市	3580	241428	3370	238596
洛阳市	8900	357900	5000	350085
平顶山市	4456	138600	2250	159445
安阳市	5074	260000	3148	215000
鹤壁市	1081	53053	790	56063
新乡市	2956	168436	3900	309000
焦作市	2442	111947	3900	308477
濮阳市	1777	124526	1456	162229
许昌市	3806	152329	1920	174863
漯河市	3100	110692	1530	119296
三门峡市	7786	277579	5169	234498
南阳市	**6793**	**362713**	**4894**	**351697**
商丘市	3721	224068	2368	158102
信阳市	5175	341128	3379	234074
周口市	5600	241200	2800	219000
驻马店市	6100	225000	3000	212000
济源市	1995	50825	1260	84804

20—12 各市邮电业务总量

（2002 年）

市	邮电业务总量（万元）	移动电话用户（万户）	本地电话用户（万户）	城市电话用户	住宅电话用户（万户）	公用电话（户）	电子信箱用户（户）	国际互联网用户（户）
全省	**2201976.75**	**530.56**	**1180.31**	**640.26**	**1017.85**	**609281**	**21944**	**2084231**
郑州市	438488.74	114.26	182.51	131.84	134.84	183974	10972	338650
开封市	87325.14	22.37	52.54	31.23	45.55	27282	415	98457
洛阳市	171053.88	40.70	103.24	71.02	80.60	64144	2808	617022
平顶山市	106102.49	25.81	63.58	37.65	53.01	59643	868	97025
安阳市	106339.96	25.86	75.21	32.61	69.51	16543	595	130315
鹤壁市	37435.60	9.28	20.81	13.87	18.26	11894	234	48481
新乡市	149007.48	34.35	92.13	45.27	82.32	42022	377	164316
焦作市	110638.78	29.02	53.84	30.67	48.33	25464	588	79494
濮阳市	71018.65	22.62	32.93	16.77	28.94	7049	639	23192
许昌市	100562.91	27.66	56.51	24.18	48.42	41907	197	111178
漯河市	59232.80	14.02	30.36	18.07	26.32	14845	667	35339
三门峡市	59545.10	14.59	38.34	23.87	32.89	30686	656	56093
南阳市	**162251.00**	**53.00**	**113.00**	**48.00**	**102.71**	**40827**	**659**	**54181**
商丘市	110913.17	33.03	63.29	28.49	58.95	15572	344	48756
信阳市	113750.32	27.27	62.88	27.82	58.57	9339	679	35948
周口市	116018.31	27.83	63.74	26.01	59.92	8600	977	60065
驻马店市	153883.29	24.61	63.08	26.80	58.85	7279	269	77720
济源市	9536.89	0.00	10.96	4.80	9.84	2211		7857

20—13 各市社会消费品零售总额

（2002年）

单位：万元

市	社会消费品零售总额	批发零售贸易业	餐饮业	制造业
全省	**21897900**	**13673700**	**2986600**	**2677300**
郑州市	4308883	2791816	499037	414649
开封市	1020229	748571	60029	41431
洛阳市	1946013	1075921	236972	237895
平顶山市	1024942	611981	120674	120176
安阳市	994126	598137	126781	99574
鹤壁市	266623	147399	14837	51204
新乡市	1198061	733631	83382	119598
焦作市	916990	533684	107962	144917
濮阳市	658864	458295	59407	67574
许昌市	1011396	664318	147804	111260
漯河市	701102	446307	85074	96803
三门峡市	639250	378371	65998	58351
南阳市	**2249942**	**1304354**	**186438**	**433841**
商丘市	1158398	696854	132580	150715
信阳市	1226889	861137	108521	131091
周口市	1446387	893126	193837	200828
驻马店市	1155349	678295	145405	131294
济源市	201803	103355	34396	28866

20—14 各市外商和港澳台商在豫直接投资金额

单位：万美元

市	新签协议（合同）金额			实际利用外资		
	2001年	2002年	2002年为2001年%	2001年	2002年	2002年为2001年%
全省	**62188**	**101964**	**164.0**	**35861**	**45165**	**125.9**
郑州市	16754	24415	145.7	7140	9156	128.2
开封市	1623	3058	188.4	1306	1048	80.2
洛阳市	7356	11437	155.5	846	1856	219.4
平顶山市	1549	2083	134.5	1085	1827	168.4
安阳市	1510	5818	385.3	1211	1353	111.7
鹤壁市	1400	1222	87.3	789	1243	157.5
新乡市	1061	6553	617.6	4246	3693	87.0
焦作市	5374	6875	127.9	4384	3936	89.8
濮阳市	6790	3587	52.8	460	3447	749.3
许昌市	4126	7130	172.8	3143	2059	65.5
漯河市	5409	5321	98.4	4403	3416	77.6
三门峡市	737	5118	694.4	1895	2120	111.9
南阳市	**1340**	**7731**	**547.1**	**863**	**3349**	**388.1**
商丘市	2393	2450	102.4	1110	1800	162.2
信阳市	1714	1894	110.5	946	1552	164.1
周口市	1195	2985	249.8	640	1187	185.5
驻马店市	462	1948	421.6	244	770	315.6
济源市	1265	3629	286.9	1150	1353	117.7

20—15 各市财政收入

(2002年)

单位:万元

市	合计	增值税	营业税	个人所得税	城市维护建设税	农业五税	企业收入	其他各项收入
郑州市	**542006**	**99349**	**142324**	**36450**	**42927**	**32612**	**74401**	**113943**
开封市	76451	9473	17586	2851	3688	20776	3057	19020
洛阳市	260354	57440	54746	11397	21336	15171	20851	79413
平顶山市	117618	31960	22273	3477	8998	13133	6788	30989
安阳市	151243	43779	24217	6208	14199	22006	7475	33359
鹤壁市	39709	9958	7634	1010	2820	5084	1504	11699
新乡市	130972	28172	23274	4651	6200	22924	15163	30588
焦作市	123892	29903	23485	3833	8344	12173	17802	28352
濮阳市	94004	19502	17617	4108	8183	14181	3105	27308
许昌市	95745	18851	14446	3653	13393	21699	2958	20745
漯河市	64616	15257	9741	2799	6279	15143	4632	10765
三门峡市	78203	17055	13698	5623	4843	8601	9236	19147
南阳市	**190737**	**33636**	**28472**	**5667**	**12216**	**60870**	**8670**	**41206**
商丘市	105608	13520	14303	3366	3939	42154	4763	23563
信阳市	97364	10465	21105	3763	3711	36204	2015	20101
周口市	128278	12848	16637	4643	3540	60159	5998	24453
驻马店市	120676	10945	16740	5357	5542	51338	5601	25153
济源市	33398	8026	5917	945	2072	1824	7283	7331

20—16 各市财政支出

(2002年)

单位:万元

市	合计	基本建设支出	支援农村生产支出	农林水气事业费支出	教育事业费
郑州市	**715186**	**62116**	**11617**	**18176**	**102812**
开封市	222380	5240	3047	6894	47582
洛阳市	457972	42946	9355	20429	80667
平顶山市	238141	10049	3421	8643	49290
安阳市	300792	22823	5318	10184	69752
鹤壁市	103461	15087	2228	2994	17314
新乡市	312659	18064	4569	9319	63542
焦作市	221003	9302	4938	6913	40551
濮阳市	199473	17990	3973	6839	41095
许昌市	206434	10273	2278	9238	41430
漯河市	137626	9773	2138	4199	26752
三门峡市	166551	9076	5232	14119	33166
南阳市	**438865**	**32433**	**8457**	**18745**	**101416**
商丘市	299399	18168	4460	9632	73328
信阳市	303670	21889	4865	13427	87729
周口市	315423	7967	6983	13044	82299
驻马店市	306839	19278	3821	14605	75775
济源市	53928	4875	910	4697	11365

20—17 各市普通高等专业学校基本情况

（2002 年）

单位：人

市	学校数（所）	教职工数	专任教师	在校学生数	招生数	毕业生数
全省	**66**	**54539**	**28470**	**467963**	**166084**	**71226**
郑州市	26	22387	10898	213978	73705	31626
开封市	3	4705	2350	33696	10951	5878
洛阳市	4	5104	2305	43591	15455	7110
平顶山市	3	1750	996	13111	6123	2282
安阳市	2	1481	951	15465	5797	2302
鹤壁市	1	471	392	737	553	
新乡市	6	5334	2914	45401	13582	7157
焦作市	3	2688	1513	21303	8095	2904
濮阳市	1	598	259	2366	994	445
许昌市	2	1200	734	8652	3830	1461
漯河市	1	820	615	4613	1762	443
三门峡市	1	297	172	2236	958	285
南阳市	**3**	**2151**	**1129**	**20765**	**7988**	**3418**
商丘市	3	1528	943	11500	4482	1445
信阳市	2	1514	907	15355	5064	2263
周口市	2	1187	759	7772	3533	1426
驻马店市	2	926	447	6674	2792	781
济源市	1	398	214	748	425	

20—18 各市普通中学基本情况

（2002 年）

单位：人

市	学校数（所）	教职工数	专任教师	在校学生数	招生数	毕业生数
全省	**6399**	**408899**	**350658**	**7333487**	**2539369**	**2030424**
郑州市	450	31515	25429	532561	180822	124609
开封市	343	20692	17227	365459	137987	98479
洛阳市	485	29073	25151	449435	134564	133093
平顶山市	323	19851	16989	334514	123724	93112
安阳市	409	23405	19659	393371	134113	116238
鹤壁市	98	5961	4848	102115	35324	28598
新乡市	519	27809	23449	487127	180754	123382
焦作市	298	15664	13184	246608	86358	76751
濮阳市	245	18223	14906	328419	115393	85520
许昌市	320	19481	17199	342717	112025	92422
漯河市	140	10515	9006	188187	67822	50004
三门峡市	192	10650	8910	172807	59698	44582
南阳市	**635**	**41718**	**37169**	**739339**	**245351**	**216752**
商丘市	537	33300	29723	720224	250204	219199
信阳市	405	31464	27305	583264	211079	149499
周口市	588	37851	33864	773100	267965	223542
驻马店市	352	28158	23544	515031	181832	138522
济源市	60	3569	3096	59209	22166	16120

20—19 各市小学基本情况

（2002年）

市	学校数（所）	教职工数	专任教师	在校学生数（人）	招生数（人）	毕业生数（人）	小学适龄人口入学率（%）	小学在校生巩固率（%）	小学毕业生升学率（%）
全　省	**37729**	**527252**	**496203**	**11045852**	**1857734**	**2025508**	**99.87**	**104.78**	**100.53**
郑州市	1582	31904	29865	677540	86454	138399	100.00	100.71	101.21
开封市	1893	24093	22855	478865	78282	111912	100.00	100.74	99.13
洛阳市	2823	30875	28805	707674	117033	100177	99.84	101.93	98.42
平顶山市	1874	27608	25704	514940	74157	108725	99.98	106.10	94.13
安阳市	2270	25903	24536	536560	77272	104073	99.60	101.88	105.85
鹤壁市	468	7055	6397	162060	24426	29273	100.00	100.77	100.75
新乡市	2300	26105	24085	572207	89547	143732	99.24	103.64	99.37
焦作市	941	17087	15645	388045	67019	60050	100.00	101.33	109.92
濮阳市	1598	19139	17900	472952	98475	88260	100.00	111.68	106.91
许昌市	1795	24504	23503	446301	71582	87102	99.85	100.56	100.50
漯河市	775	13706	12967	248766	37678	54684	99.97	100.12	98.72
三门峡市	1210	13126	12400	235554	36558	45036	99.98	105.68	103.99
南阳市	**4156**	**56030**	**52958**	**940318**	**148971**	**181668**	**99.90**	**103.58**	**102.85**
商丘市	3759	56256	54272	1177035	230226	218536	99.66	105.20	96.77
信阳市	3065	45997	41827	944840	167662	167529	99.97	107.02	101.63
周口市	4258	58116	56269	1478032	257593	225984	99.99	107.48	97.97
驻马店市	2754	46462	43123	998754	185281	144517	99.99	111.50	101.47
济源市	208	3286	3092	65409	9518	15851	100.00	103.41	103.55

20—20 各市卫生事业基本情况

（2002年）

单位：人

市	卫生机构数（个）	卫生机构床位数（张）	医院、卫生院	卫生机构人员数（人）	卫生技术人员数（人）	医生
全　省	**13291**	**197285**	**186569**	**334006**	**264825**	**101707**
郑州市	933	26670	25246	40269	31496	13021
开封市	419	11871	11257	18655	14450	5622
洛阳市	1852	17393	16304	24893	18750	7347
平顶山市	286	12604	11379	18315	14643	5405
安阳市	1487	10563	10040	18374	14651	5992
鹤壁市	394	4287	4162	6679	5083	1863
新乡市	737	15211	14533	25591	20742	7714
焦作市	624	9319	8872	17166	13588	5220
濮阳市	529	7560	7039	11592	9257	3485
许昌市	244	5422	5199	11081	8544	3355
漯河市	344	4523	4313	9046	7189	2493
三门峡市	641	5862	5641	9225	7405	2869
南阳市	**913**	**17091**	**16152**	**29556**	**23325**	**9009**
商丘市	742	13249	12558	23337	18256	6573
信阳市	1587	9787	9457	18358	15014	5979
周口市	861	12721	12043	25462	20612	8465
驻马店市	613	11022	10596	21401	17541	6391
济源市	85	1832	1638	2778	2217	904

二十一、鄂豫陕三省八地市主要指标

鄂豫陕三省八地市主要指标

（2002 年）

	国内生产总值（当年价）（亿元）					第一产业（亿元）				
	1978 年	1990 年	2000 年	2001 年	2002 年	1978 年	1990 年	2000 年	2001 年	2002 年
襄樊	13.95	73.52	415.29	423.11	456.62	6.49	32.78	97.17	102.45	103.50
荆门	9.02	45.95	248.20	271.22	293.46	4.70	23.29	58.80	60.08	61.62
十堰	7.20	42.02	178.50	201.77	231.52	2.83	10.57	25.66	27.66	28.87
南阳	**18.43**	**90.79**	**519.66**	**576.28**	**625.07**	**10.37**	**41.20**	**153.70**	**169.62**	**182.72**
安康	4.95	21.65	74.52	81.04	90.36	2.82	10.02	22.98	23.75	24.88
商洛	3.16	13.83	55.47	58.89	65.63	2.32	6.30	17.27	18.00	19.11
渭南	10.88	44.74	163.70	170.19	181.77	4.70	17.51	40.05	41.97	44.30
汉中	8.49	39.33	142.34	129.32	141.31	4.34	16.18	31.41	31.55	32.91

	第二产业（亿元）					其中：工业增加值（亿元）				
	1978 年	1990 年	2000 年	2001 年	2002 年	1978 年	1990 年	2000 年	2001 年	2002 年
襄樊	4.54	25.49	197.04	188.45	207.90	4.09	23.14	181.09	170.05	188.08
荆门	2.93	14.64	105.00	118.11	129.23	2.59	13.15	91.91	102.10	113.39
十堰	3.04	24.17	91.06	105.57	127.22	2.74	22.58	85.04	84.81	112.54
南阳	**5.90**	**26.88**	**237.66**	**264.27**	**285.35**	**4.93**	**24.41**	**214.23**	**234.90**	**251.57**
安康	1.17	4.77	18.64	19.72	21.98			10.68	10.74	12.40
商洛	0.63	3.17	18.19	15.99	18.12	0.54	2.15	7.38	5.25	8.15
渭南	3.76	16.47	57.26	62.32	66.47	3.01	13.38	42.87	46.32	52.02
汉中	2.18	13.86		42.28	47.45	1.68	12.48		28.97	32.48

	其中：工业增加值（亿元）					国内生产总值指数（以 1978 年为 100）（%）				
	1978 年	1990 年	2000 年	2001 年	2002 年	1978 年	1990 年	2000 年	2001 年	2002 年
襄樊	2.91	15.25	121.06	132.21	145.22	100.0	297.3	1010.3	1096.1	1189.3
荆门	1.39	8.01	84.40	93.03	102.97	100.0	289.8	911.4	988.9	1072.9
十堰	1.34	7.29	61.78	68.54	75.43	100.0	368.2	856.1	915.4	1042.6
南阳	**2.16**	**22.71**	**128.30**	**142.39**	**156.99**	**100.0**	**254.5**	**872.2**	**958.5**	**1051.3**
安康	0.96	6.87	32.90	37.57	43.50	100.0	498.7	928.6	989.9	
商洛	0.66	4.36	20.00	24.90	28.40	100.0	248.5	569.0	627.6	689.2
渭南	2.41	13.52	58.84	65.90	71.00	100.0	256.4	593.9	699.4	763.0
汉中	1.97	9.28	49.41	55.49	60.95	100.0	290.4	747.7	810.0	868.3

鄂豫陕三省八地市主要指标

（2002 年）

	第一产业（%）					第二产业（%）				
	1978 年	1990 年	2000 年	2001 年	2002 年	1978 年	1990 年	2000 年	2001 年	2002 年
襄樊	100.0	264.7	416.9	430.7	442.3	100.0	373.1	1796.8	1983.7	2190.0
荆门	100.0	249.5	403.1	411.2	419.0	100.0	322.2	1364.1	1512.8	1674.6
十堰	100.0	210.3	232.0	256.8	269.9	100.0	585.8	1368.6	1562.4	1853.0
南阳	**100.0**	**182.1**	**389.1**	**419.9**	**456.8**	**100.0**	**270.8**	**1468.5**	**1625.6**	**1796.3**
安康										
商洛	100.0	155.8	253.6	260.7	272.4	100.0	341.1	1052.3	1229.1	1376.7
渭南	100.0	187.2	316.5	304.3	316.5	100.0	306.7	751.7	884.4	1002.0
汉中	100.0	195.3	270.2	276.4	281.1	100.0	458.4	1546.8	1695.1	1842.6

	其中：工业增加值（%）					第三产业（%）				
	1978 年	1990 年	2000 年	2001 年	2002 年	1978 年	1990 年	2000 年	2001 年	2002 年
襄樊	100.0	270.8	2369.6	2616.1	2892.8	100.0	567.0	2875.5	3154.4	3460.4
荆门	100.0	312.1	1342.7	1490.4	2461.3	100.0	380.3	1968.3	2165.1	2379.5
十堰	100.0	607.8	1435.9	1562.4	1853.0	100.0	356.2	1589.7	1616.9	1789.9
南阳	**100.0**	**298.2**	**1634.3**	**1787.2**	**1964.1**	**100.0**	**705.3**	**2264.9**	**2498.2**	**2753.0**
安康										
商洛	100.0	526.2	1479.1	1162.8		100.0	526.2	1479.1	1634.4	1842.0
渭南	100.0	311.6	816.6	884.1	1002.0	100.0	374.5	1155.5	2873.2	3123.2
汉中	100.0	486.2	1659.4	1822.5	1995.6	100.0	385.1	1293.0	1431.1	1562.8

	年末耕地面积（万公顷）					其中:水田（万公顷）				
	1978 年	1990 年	2000 年	2001 年	2002 年	1978 年	1990 年	2000 年	2001 年	2002 年
襄樊	45.73	42.90	41.30	40.82	38.23	19.59	19.64	17.91	17.99	17.73
荆门	28.66	26.69	25.65	25.57	24.81	18.97	17.98	17.25	16.95	16.62
十堰	24.45	20.73	18.15	16.96	14.28	4.37	3.83	3.58	3.58	3.54
南阳	**92.07**	**89.94**	**87.44**	**96.31**	**95.15**	**3.27**	**2.80**	**6.17**	**6.77**	**4.03**
安康	31.12	27.08	22.59	21.18	19.94	3.04	3.38	4.02	3.97	3.88
商洛	17.20	14.73	14.65	14.47	13.01	0.50	0.35	0.31	0.31	0.26
渭南	63.37	60.20	54.06	52.75	52.78	0.11	0.11	0.07	0.04	0.05
汉中	29.16	26.50	23.16	22.26		11.63	11.26	10.55	10.43	10.25

鄂豫陕三省八地市主要指标

（2002年）

	旱　地（万公顷）					农作物播种面积（万公顷）				
	1978年	1990年	2000年	2001年	2002年	1978年	1990年	2000年	2001年	2002年
襄　樊	26.14	23.26	23.38	22.84	20.52	94.09	78.37	81.13	81.15	81.24
荆　门	9.69	8.71	83.99	8.62	8.19	59.05	54.37	55.96	54.56	54.64
十　堰	20.08	16.90	14.58	13.36	10.75	41.91	42.86	44.77	43.05	37.56
南　阳	**88.80**	**87.14**	**81.27**	**82.45**	**96.43**	**137.91**	**153.06**	**169.29**	**174.08**	**176.38**
安　康	28.08	23.70	18.57		16.06		43.72	49.21	45.99	40.01
商　洛	16.70	14.38	14.33	14.16	12.75	29.88	27.78	30.79	29.71	28.49
渭　南	41.12	60.09	53.99	52.71	52.73	68.56	77.19	70.14	63.97	67.40
汉　中	16.54	15.24	12.60	11.83	10.13	49.87	46.06	45.97	44.03	42.38

	粮食总产量（万吨）					其中：夏粮（万吨）				
	1978年	1990年	2000年	2001年	2002年	1978年	1990年	2000年	2001年	2002年
襄　樊	168.03	323.48	307.05	318.99	300.56	58.65	123.21	97.80	100.63	91.89
荆　门	135.10	229.65	203.78	193.82	187.39	19.38	40.02	24.86	24.24	17.16
十　堰	77.61	607.43	93.11	92.19	72.35	22.97	43.22	23.17	26.78	19.79
南　阳	**209.88**	**397.52**	**378.05**	**407.66**	**420.36**	**95.96**	**228.93**	**202.33**	**227.41**	**224.42**
安　康	72.27	95.33	98.24	99.80	84.1		34.25	27.70	27.60	24.45
商　洛	52.35	62.23	74.72	76.80	70.98	16.46	26.61	23.14	28.28	25.85
渭　南	116.81	174.76	183.67	154.21	172.11	46.89	123.18	109.92	98.37	104.95
汉　中	123.79	141.32	124.50	109.80	104.56		36.70	30.99	25.90	22.67

	秋　粮（万吨）					棉　花（万吨）				
	1978年	1990年	2000年	2001年	2002年	1978年	1990年	2000年	2001年	2002年
襄　樊	109.38	220.27	209.25	218.36	208.67	3.84	5.10	4.12	5.36	4.62
荆　门	115.72	189.63	178.92	169.58	170.23	3.16	4.46	3.08	3.45	3.09
十　堰	54.64	64.21	69.94	65.41	52.56	0.07	0.01	0.01	0.01	0.01
南　阳	**113.92**	**169.00**	**175.72**	**180.25**	**195.94**	**5.52**	**9.30**	**11.85**	**14.44**	**15.21**
安　康		61.08	70.54	72.20	59.65					
商　洛	35.89	35.62	51.58	48.52	45.13					
渭　南	69.92	51.58	73.75	55.84	67.16	3.67	5.65	2.35	4.28	3.68
汉　中		104.62	93.51	83.80		0.01	0.01	0.02		

鄂豫陕三省八地市主要指标

（2002年）

	油料（万吨）					蔬菜（万吨）				
	1978年	1990年	2000年	2001年	2002年	1978年	1990年	2000年	2001年	2002年
襄樊	2.91	10.02	39.93	42.76	44.29		125.65	409.15	459.68	459.20
荆门	1.23	7.01	35.87	35.95	32.17	2.94	61.81	203.45	197.83	197.75
十堰	1.13	3.05	5.91	6.62	6.24	8.67	10.97	92.69	110.67	103.69
南阳	**2.71**	**17.71**	**53.34**	**59.62**	**73.37**		**88.74**	**678.47**	**735.19**	**772.09**
安康	0.67	2.65	4.02	4.04	4.57			25.59	26.67	41.77
商洛	0.20	0.53	1.26	1.25	1.13		8.63	17.08	19.71	20.24
渭南	0.46	7.56	8.89	7.47	7.54		28.45	56.30	53.40	59.08
汉中	1.68	6.40	10.54	10.1	11.22		61.05	101.90	87.24	87.98

	水果（万吨）					肉类总产量（万吨）				
	1978年	1990年	2000年	2001年	2002年	1978年	1990年	2000年	2001年	2002年
襄樊		10.31	37.36	145.01	42.21		13.85	36.07	41.1	41.22
荆门	0.32	1.83	31.62	30.72	28.11	4.75	9.86	17.81	18.04	19.75
十堰	2.63	3.51	8.01	9.29	9.35	3.05	8.26	11.83	11.96	11.95
南阳	**2.91**	**2.82**	**23.10**	**21.87**	**24.91**		**15.13**	**68.89**	**71.83**	**77.36**
安康	3.94	1.58	3.45	3.62	4.88	1.65	6.43	8.79	9.27	9.90
商洛		4.40	4.18	2.57	4.43	1.53	4.51	8.83	9.29	9.83
渭南	6.67	13.74	131.95	131.06	123.00		4.12	8.67	9.13	10.11
汉中	2.35	2.13	6.21	6.98	9.68	3.50	9.87	15.78	16.31	17.91

	水产品（万吨）					农林牧渔总值(现价)(亿元)				
	1978年	1990年	2000年	2001年	2002年	1978年	1990年	2000年	2001年	2002年
襄樊		2.12	13.93	14.21	14.51	10.45	46.37	154.49	159.58	165.01
荆门	0.43	4.91	21.00	21.43	22.55	6.48	32.01	96.96	99.78	100.38
十堰	0.09	0.70	2.09	2.27	2.37	4.61	15.31	44.10	46.75	48.89
南阳		**1.22**	**4.71**	**5.50**	**5.59**	**12.52**	**61.80**	**264.10**	**290.92**	**312.64**
安康	0.29	0.12	0.19	0.27	0.32	3.29	13.21	39.29	41.77	44.25
商洛		0.04	0.11	0.13	0.13	3.18	9.68	29.49	31.24	33.22
渭南		0.50	1.25	1.37	1.5	6.89	27.36	68.91	71.13	74.15
汉中	0.07	0.54	1.22	1.36	1.47		24.82	55.15	55.24	56.89

鄂豫陕三省八地市主要指标

（2002 年）

	农业总产值（亿元）					林业总产值（亿元）				
	1978 年	1990 年	2000 年	2001 年	2002 年	1978 年	1990 年	2000 年	2001 年	2002 年
襄樊	7.99	32.94	102.45	102.22	106.55	0.38	1.59	5.16	2.68	3.01
荆门	5.26	21.36	58.59	57.29	57.64	0.16	0.86	3.91	1.52	1.97
十堰	3.42	8.88	26.11	28.66	31.35	0.52	1.72	3.31	1.96	2.18
南阳	**10.41**	**48.05**	**169.52**	**189.50**	**200.75**	**0.43**	**1.81**	**9.40**	**10.13**	**11.15**
安康	2.42	7.66	28.31	29.50	31.26	0.23	1.52	2.53	2.94	3.36
商洛	2.29	6.26	18.71	19.99	21.07	0.41	1.00	2.66	2.09	2.51
渭南	5.76	21.22	53.33	52.21	54.79	0.21	1.00	3.67	6.02	5.03
汉中		12.88	38.50	38.07	37.89		2.05	3.45	3.5	4.47

	牧业总产值（亿元）					渔业总产值（亿元）				
	1978 年	1990 年	2000 年	2001 年	2002 年	1978 年	1990 年	2000 年	2001 年	2002 年
襄樊	2.05	11.03	39.20	45.96	47.01	0.03	0.79	7.68	8.73	8.43
荆门	0.95	7.90	21.11	24.54	24.38	0.12	1.90	13.45	16.43	16.39
十堰	0.65	4.48	13.55	14.78	13.90	0.01	0.24	1.02	1.35	1.45
南阳	**1.65**	**11.50**	**82.02**	**87.58**	**96.74**	**0.02**	**0.44**	**3.16**	**3.71**	**4.00**
安康	0.64	3.98	8.26	9.09	9.39		0.06	0.13	0.21	0.25
商洛	0.48	2.40	8.00	9.02	9.51		0.02	0.12	0.13	0.13
渭南	0.64	3.82	11.11	11.99	13.11		0.17	0.78	0.91	1.04
汉中		5.88	12.43	12.86	13.66		0.21	0.76	0.81	0.86

	农林牧渔总产值指数（以 1978 年为 100）					农业总产值（%）				
	1978 年	1990 年	2000 年	2001 年	2002 年	1978 年	1990 年	2000 年	2001 年	2002 年
襄樊	100.0	427.3	801.8	908.3	919.3	100.0	390.1	661.5	753.0	748.9
荆门	100.0	182.6	352.6	354.4	357.2	100.0	147.8	221.3	215.1	207.8
十堰	100.0	173.5	237.7	257.4	271.3	100.0	135.4	179.5	208.9	225.9
南阳	**100.0**	**217.6**	**566.9**	**613.4**	**661.9**	**100.0**	**217.1**	**453.7**	**500.0**	**535.5**
安康	100.0	528.4	779.5	816.2	22266.0	100.0	380.7	650.2	767.3	
商洛	100.0	152.0	259.4	304.2	317.3	100.0	152.8	236.5	284.4	294.7
渭南	100.0	238.4	424.6	363.9	377.9	100.0	175.2	319.6	358.1	359.1
汉中	100.0	202.3	296.5	302.4	311.5	100.0	134.8	268.5	271.1	270.9

鄂豫陕三省八地市主要指标

（2002 年）

	林业总产值（%）					牧业总产值（%）				
	1978 年	1990 年	2000 年	2001 年	2002 年	1978 年	1990 年	2000 年	2001 年	2002 年
襄樊	100.0	556.4	923.1	552.4	674.1	100.0	512.7	1052.1	1581.1	1661.7
荆门	100.0	309.4	793.8	771.5	745.3	100.0	291.7	475.9	509.7	533.1
十堰	100.0	171.6	216.4	129.8	130.9	100.0	109.7	497.2	550.2	543.6
南阳	**100.0**	**110.0**	**337.1**	**349.2**	**386.6**	**100.0**	**250.3**	**1125.8**	**1456.8**	**1592.3**
安康	100.0	423.8	842.9	814.3		100.0	284.8	893.2	978.0	
商洛	100.0	145.6	260.0	235.3	243.0	100.0	152.6	314.2	677.8	717.8
渭南	100.0	96.2	227.6	401.0	534.5	100.0	204.8	380.2	393.8	432.4
汉中	100.0	354.2	406.8	417.0	488.5	100.0	293.0	374.8	391.4	419.6

	渔业总产值（%）					工业总产值（亿元）				
	1978 年	1990 年	2000 年	2001 年	2002 年	1978 年	1990 年	2000 年	2001 年	2002 年
襄樊	100.0	2966.7	203.3	22894.7	21989.0			267.04	256.56	313.30
荆门	100.0	2060.0	12790.0	13467.9	14424.1	8.93	52.37	299.51	294.64	298.96
十堰	100.0			476.2	532.4	5.59	78.16	227.43	300.14	400.05
南阳	**100.0**	**420.0**	**1950.0**	**1989.0**	**2066.6**	—	—	**671.48**	**745.48**	**813.51**
安康	100.0							18.82	19.04	22.74
商洛	100.0			9372.3	9859.7	1.55	6.16	22.69	30.72	34.01
渭南	100.0			13131.4	16242.2	9.49	42.30	93.25	148.00	160.00
汉中	0.0	1200.0	2600.0	3863.6	4317.7	5.65	37.21	136.00	144.30	160.20

	国有（亿元）					工业总产值(不变价)(亿元)				
	1978 年	1990 年	2000 年	2001 年	2002 年	1978 年	1990 年	2000 年	2001 年	2002 年
襄樊			75.94	77.96	62.17			253.06	260.53	314.19
荆门			27.32	22.24	17.85	13.97	54.74	186.75	194.37	
十堰	5.22	67.23	162.93	262.93	345.90			95.11		
南阳			**119.29**	**128.58**	**129.84**					
安康			12.07	10.77	12.23		9.43	14.02	14.34	17.59
商洛	1.22	4.83	5.50	2.04	2.33					28.28
渭南	7.65	32.45	42.57	43.94	52.93	9.57	25.08	73.67	110.54	115.28
汉中	4.66	16.44	45.05	45.18	43.90	7.95	41.44	122.58	131.89	146.40

鄂豫陕三省八地市主要指标

（2002 年）

	规模以上工业利税总额(亿元)					其 中：利 润 （亿元）				
	1978 年	1990 年	2000 年	2001 年	2002 年	1978 年	1990 年	2000 年	2001 年	2002 年
襄　樊	2.09	6.03	14.14	23.54	34.48	2.76	1.28	5.34	5.77	14.23
荆　门	1.43	4.79	10.25	14.35	13.01	0.83	0.60	−0.49	3.16	1.59
十　堰	0.98	10.60	2.73	27.84	54.24	0.63	6.31	−7.8	13.31	39.08
南　阳			**30.27**	**32.84**	**36.33**			**11.47**	**11.87**	**13.58**
安　康		1.34	2.86	3.43	1.82		0.70	1.07	1.00	−0.74
商　洛		0.37	1.97	1.93	1.25		0.13	1.45	1.34	0.94
渭　南		3.01	3.84	6.18	7.59		−0.04	−1.32	−1.72	−1.79
汉　中			0.99	2.35	4.32			−3.14	−2.45	−2.80

	全社会固定资产投资(亿元)					国 有 单 位 投 资（亿元）				
	1978 年	1990 年	2000 年	2001 年	2002 年	1978 年	1990 年	2000 年	2001 年	2002 年
襄　樊	0.76	10.26	80.47	87.71	96.78	0.76	6.46	57.36	65.18	68.64
荆　门	2.19	5.92	57.12	63.00	70.09	1.51	2.82	35.23	38.93	45.35
十　堰	1.57	6.66	30.81	37.17	45.70	1.57	4.96	18.51	24.81	29.96
南　阳	**2.86**	**15.37**	**117.62**	**143.80**	**162.31**	**2.86**	**6.83**	**65.67**	**85.79**	**100.55**
安　康	1.16	4.56	26.84	29.08	38.86	1.14	3.97	18.95	18.83	23.78
商　洛	0.42	2.57	20.65	22.29	24.54	0.17	1.75	16.75	14.17	15.82
渭　南	3.51	7.44	44.49	50.82	58.29	3.51	6.99	27.33	30.83	35.64
汉　中	0.39	4.06	33.00	44.53	50.00	0.39	3.82	19.77	29.99	34.07

	集 体 单 位 投 资（亿元）					城 乡 私 人 投 资（亿元）				
	1978 年	1990 年	2000 年	2001 年	2002 年	1978 年	1990 年	2000 年	2001 年	2002 年
襄　樊		0.97	8.44	8.89	11.37		0.36	13.66	13.66	16.76
荆　门	0.36	1.12	12.12	12.21	11.89	0.31	1.97	10.61	11.86	12.85
十　堰		1.11	4.17	4.54	5.14		0.59	4.87	3.25	3.92
南　阳		**1.87**	**24.05**	**26.41**	**26.75**		**6.66**	**27.9**	**31.61**	**35.02**
安　康	0.01	0.18	1.40	1.51	1.55		0.41	3.94	4.54	5.02
商　洛	0.09	0.20	0.39			0.17	0.62	3.51		
渭　南		0.09	2.59	3.58	2.04		0.28	8.94	9.66	8.71
汉　中		0.13	1.82	1.71	1.92		0.11	4.11	3.01	2.88

鄂豫陕三省八地市主要指标

（2002 年）

	国有中:基建投资(亿元)					更　改　投　资　(亿元)				
	1978 年	1990 年	2000 年	2001 年	2002 年	1978 年	1990 年	2000 年	2001 年	2002 年
襄　　樊	0.75	3.79	22.73	32.00	30.70		2.58	12.24	18.47	20.34
荆　　门	1.38	1.33	19.65	25.49	18.72	0.13	1.38	12.62	10.57	12.70
十　　堰	1.52	2.57	9.86	11.79	13.11	0.05	2.28	8.01	11.67	15.38
南　　阳	**2.86**	**2.27**	**38.63**	**52.47**	**62.87**		**2.34**	**13.16**	**19.40**	**20.07**
安　　康	1.13	3.24	12.99	13.34	18.56	0.01	0.53	4.47	3.65	4.29
商　　洛	0.17	1.14	10.07	14.02	13.16	13.34	0.48	4.73	3.20	4.04
渭　　南	3.51	4.51	21.05	23.22	23.84	30.35	2.48	3.23	6.04	4.13
汉　　中		2.41	11.59	23.08	23.94		1.33	3.53	2.57	5.09

	房　地　产　投　资　(亿元)					社会消费品零售额(亿元)				
	1978 年	1990 年	2000 年	2001 年	2002 年	1978 年	1990 年	2000 年	2001 年	2002 年
襄　　樊		0.39	1.12	7.24	9.08	4.7	30.89	142.41	155.22	170.23
荆　　门		0.11	1.20	1.68	3.50	3.9415	21.97	88.1	96.95	106.67
十　　堰		0.11	7.38	1.35	1.47	2.4975	13.52	68.45	75.27	83.52
南　　阳		**0.13**	**5.04**	**3.90**	**7.36**	**6.9828**	**31.86**	**183.11**	**203.06**	**224.99**
安　　康		0.01	3.36	4.48	5.75	1.69	8.85	22.96	24.19	25.26
商　　洛		0.05	0.21	0.19	0.65	1.2875	5.21	15.67	17.25	18.80
渭　　南		0.13	1.95	0.81	0.86	4.4283	20.28	41.14	43.23	45.95
汉　　中			6.14	5.59	7.78	3.2906	14.49	40.85	42.87	45.46

	对外贸易进出口总额(万美元)					其中:进口总额(万美元)				
	1978 年	1990 年	2000 年	2001 年	2002 年	1978 年	1990 年	2000 年	2001 年	2002 年
襄　　樊			8575	11422	15242			5027	6665	8606
荆　　门			5058	4713	6002				299	506
十　　堰			14810	4095	6680			8126	1380	3203
南　　阳		**32**	**9450**	**13032**	**17134**			**2630**	**4505**	**5882**
安　　康										
商　　洛			798	257	266			449		
渭　　南			558	1151	2216			142	386	735
汉　　中			1575	1488	2882			532	147	1532

鄂豫陕三省八地市主要指标

（2002 年）

	出口总额（万美元）					一般预算收入（亿元）				
	1978 年	1990 年	2000 年	2001 年	2002 年	1978 年	1990 年	2000 年	2001 年	2002 年
襄　樊			3548	4757	6636				13.92	15.1
荆　门			5058	4414	5496				8.03	8.01
十　堰			6684	2715	3477				7.22	8.08
南　阳		**32**	**6820**	**8527**	**11252**				**17.31**	**19.07**
安　康									3.72	3.76
商　洛			349	257	266				3.02	2.72
渭　南			416	765	1481				8.95	8.17
汉　中			1043	1341	1350				5.56	5.79

	一般预算支出（亿元）					金融机构各项存款（亿元）				
	1978 年	1990 年	2000 年	2001 年	2002 年	1978 年	1990 年	2000 年	2001 年	2002 年
襄　樊				26.26	28.26		34.62	251.01	290.11	355.34
荆　门				12.81	14.39	1.73	21.47	127.82	151.05	170.03
十　堰				16.72	19.64	2.25	20.02	185.12	227.47	270.14
南　阳				**17.31**	**43.89**		**31.72**	**313.13**	**361.34**	**415.93**
安　康				11.92	13.81		10.29	78.25	87.72	100.66
商　洛				9.76	10.87	0.83	7.26	67.35	74.72	80.55
渭　南				17.17	19.23	3.12	27.07	188.73	215.79	253.02
汉　中				15.06	16.52	2.54	19.27	154.46	173.78	196.53

	金融机构各项贷款（亿元）					年末公路通车里程（公里）				
	1978 年	1990 年	2000 年	2001 年	2002 年	1978 年	1990 年	2000 年	2001 年	2002 年
襄　樊	5.81	68.87	272900	197.90	295.44	5348	4984	6176	13543	13563
荆　门	2.76	35.32	123.65	124.09	125.05	1147	1250	3267	3541	5575
十　堰	3.55	39.67	150.06	157.27	173.91	4048	6888	7636	8699	8699
南　阳	**8.67**	**49.63**	**305.78**	**323.01**	**358.63**	**4256**	**5559**	**6529**	**7314**	**7492**
安　康	1.56	14.18	78.27	81.77	88.98	5001	5002	5597	5696	
商　洛	1.56	11.97	53.74	54.38	57.92	3702	4654	5800	5350	5454
渭　南	5.31	40.08	169.02	173.41	189.60	3505	4594	5040	5100	5714
汉　中	3.77	27.57	150.31	147.10	154.94	4648	6362	6998	7081	7167

鄂豫陕三省八地市主要指标

（2002 年）

	客运周转量（亿人公里）					货运周转量（亿吨公里）				
	1978 年	1990 年	2000 年	2001 年	2002 年	1978 年	1990 年	2000 年	2001 年	2002 年
襄　樊	2.84	13.25	26.72	25.64	27.10	2.64	14.94	52.75	33.22	34.69
荆　门	0.64	8.86	19.83	20.54	21.53	0.75	4.43	20.16	21.31	21.42
十　堰	1.37	4.52	14.8	16.49	14.78	0.92	2.69	6.11	17.08	5.86
南　阳	**3.91**	**18.38**	**35.37**	**35.74**	**36.27**	**2.56**	**6.11**	**27.53**	**31.50**	**35.17**
安　康	0.73	2.69	35.93	20.71	23.79	0.47	0.94	48.44	13.43	12.31
商　洛	1.41	3.54	10.32	14.71	15.35	0.40	1.28	3.53	3.86	4.09
渭　南	1.88	8.58	14.79	29.43	14.12	0.51	0.44	15.09	26.74	7.02
汉　中			16.79	15.2	16.56				5.32	5.88

	邮电业务总量（万元）					职工年平均工资（元）				
	1978 年	1990 年	2000 年	2001 年	2002 年	1978 年	1990 年	2000 年	2001 年	2002 年
襄　樊	715	4407	37776	49000	47900	540	1698	5176	6610	7499
荆　门	255	1842	31400	39600	54500	538	1822	7257	7540	8766
十　堰	291	1717	41100	45376	52200	581	2130	7590	9405	11994
南　阳	**545**	**3132**	**130500**	**156175**	**162251**	**509**	**1649**	**6108**	**6788**	**7614**
安　康	219	924	23561	29878	37900	508	1866	6766	8156	9215
商　洛	152	996	16649	16600	24600	531	1848	6185	7800	8488
渭　南	441	1535	37717	61222	77600	743	2139	6189	6964	7889
汉　中	339	2195	23400	45400	50600	——	——	6241	7508	8562

	城镇居民人均可支配收入（元）					农民人均纯收入（元）				
	1978 年	1990 年	2000 年	2001 年	2002 年	1978 年	1990 年	2000 年	2001 年	2002 年
襄　樊		1368	5663	6068	6506	126	699	2333	2479	2564
荆　门		1340		6009	6527	165	2486		2999	2999
十　堰		1647	7130	7900	8548	65	498		1592	1714
南　阳		**1065**	**4430**	**4752**	**5659**	**65**	**487**	**1810**	**1940**	**2020**
安　康	172	1090	4305	4665	5302	87	449	1248	1324	1417
商　洛		1050		4897	5916	58	354		1172	1258
渭　南		1116	4116	4542	5344	120	511	1389	1489	1578
汉　中			4117	4440	4850				1480	1554

鄂豫陕三省八地市主要指标

(2002 年)

	城乡居民储蓄存款余额(亿元)					城镇居民人均居住面积(平方米)				
	1978 年	1990 年	2000 年	2001 年	2002 年	1978 年	1990 年	2000 年	2001 年	2002 年
襄樊	0.66	25.31	166.82	197.90	241.01		12.04	11.90	21.89	19.23
荆门	0.29	11.87	89.76	113.35	127.64		7.60	19.16	19.62	20.85
十堰	0.42	11.8	108.51	125.79	152.63		10.15	14.70	15.03	18.56
南阳	**0.88**	**26.47**	**229.59**	**257.03**	**300.20**		**14.14**	**19.95**	**20.14**	**26.60**
安康	0.23	6.41	51.84	60.30	69.42	5.50	11.20	20.42	20.51	20.94
商洛	0.36	6.99	49.07	53.99	60.79					19.00
渭南	6.36	12.87	150.38	174.71	201.71		9.68	17.30	18.04	20.64
汉中			105.96	118.80	135.75			15.44	15.62	18.24

	农村居民人均居住面积(平方米)					总人口(万人)				
	1978 年	1990 年	2000 年	2001 年	2002 年	1978 年	1990 年	2000 年	2001 年	2002 年
襄樊	10.78	21.91	27.50	30.35	30.54	429.81	508.78	572.55	575.96	577.36
荆门		29.64	32.93	33.44	33.85	232.87	271.52	297.10	299.02	300.53
十堰		20.38	26.64	26.77	27.10	283.63	326.80	340.82	337.26	338.66
南阳		**14.01**	**23.54**	**24.52**	**25.02**	**821.90**	**985.00**	**1049.0**	**1055.10**	**1060.33**
安康	9.00	16.80	23.31	23.92	26.10	254.38	284.34	292.43	293.10	293.24
商洛				16.00	17.00	201.58	231.11	236.72	236.46	236.77
渭南		18.03	23.88	25.09	26.57	410.89	481.32	529.02	530.79	532.65
汉中			24.30	24.55	26.00	330.77	358.91	369.00	369.51	370.44

二十二、全国中等城市主要指标

城市年报主要指标（一）

（2002年）

城市	年末总人口（万人）				平均人口（万人）		年末总户数（万户）	
			非农业人口					
	全市	市区	全市	市区	全市	市区	全市	市区
安阳	525.4	76.9	97.9	57.1	523.7	75.9	140.5	23.8
蚌埠	343.2	78.5	83.6	55.3	341.8	77.9	88.4	23.0
宝鸡	365.2	60.4	87.1	49.6	364.8	60.0	98.9	19.7
北海	145.5	52.9	42.4	24.1	145.1	52.6	38.2	15.7
大同	292.7	137.7	126.7	102.9	290.3	136.4	93.3	43.1
丹东	241.3	76.0	99.9	60.2	241.2	76.1	75.0	26.0
德阳								
广元	303.8	90.2	57.2	28.7	303.5	89.9	88.6	27.2
桂林	487.6	69.1	108.3	53.5	486.2	67.7	137.1	18.4
邯郸	849.9	137.1	161.4	109.8	847.1	136.0	217.1	37.6
葫芦岛	270.9	93.3	78.5	49.2	270.0	92.7	85.9	32.4
淮南	210.2	140.8	96.8	87.8	209.1	140.1	57.8	39.2
吉林	431.1	178.9	209.4	124.2	431.2	179.1	128.2	54.9
焦作	336.6	78.4	96.8	57.7	335.1	78.0	85.9	20.1
锦州	307.2	84.5	112.2	70.3	307.2	84.5	99.4	30.1
景德镇	147.3	41.8	53.3	33.6	146.5	41.4	43.1	13.8
九江	455.1	54.1	102.6	41.2	452.4	53.3	120.4	17.1
开封								
兰州	301.0	191.7	170.1	157.6	298.7	189.4	85.0	56.9
临沂	1008.5	187.2	197.8	67.9	1006.9	186.2	303.9	54.9
柳州	188.0	94.4	96.9	83.1	187.0	93.5	53.3	28.0
绵阳	521.8	108.3	108.9	46.7	521.0	107.3	164.3	36.4
牡丹江	271.0	80.5	147.1	66.1	271.1	81.0	86.2	25.9
内江	420.3	137.9	75.2	33.5	420.2	137.7	133.2	42.4
南阳	**1060.3**	**167.6**	**154.7**	**53.1**	**1057.7**	**167.0**	**293.8**	**49.9**
齐齐哈尔	561.1	143.9	198.0	112.5	560.6	143.9	168.9	50.2
秦皇岛	270.5	72.0	81.6	54.9	269.3	71.0	87.4	25.2
双鸭山	150.9	50.7	80.4	43.7	150.5	50.6	50.6	18.2
四平	326.1	50.9	130.6	50.9	324.8	49.0	99.9	19.3
唐山	702.7	292.8	197.9	149.8	701.4	292.0	215.9	91.7
潍坊	847.5	136.4	217.5	71.9	846.7	135.3	250.3	39.7
芜湖	221.7	67.1	78.0	56.7	221.0	66.5	68.2	21.9
咸阳	481.7	82.3	96.0	48.7	479.5	81.1	125.7	22.6
襄樊	577.4	217.7	161.5	83.5	576.7	217.0	165.9	61.9
湘潭	281.2	69.2	78.6	56.2	280.8	68.7	84.9	21.1
徐州								
延吉	39.9	39.9	34.8	34.8	39.7	39.7	11.9	11.9
盐城	795.6	65.0	237.1	41.9	795.6	64.7	267.0	21.8
株洲	369.4	77.2	98.1	58.1	368.4	76.6	102.1	23.3
自贡	314.8	106.4	74.8	48.6	314.9	106.2	93.9	32.5
遵义								
朝阳	335.2	47.4	86.8	31.5	334.9	47.3	102.3	15.7

城市年报主要指标(二)

(2002年)

城市	年末单位从业人员数(万人)		城镇个体从业人员(人)		行政区域土地面积(平方公里)		建成区面积
	全市	市区	全市	市区	全市	市区	市区
安阳	41.4	21.4	189541	32971	7413	247	69
蚌埠	22.2	13.7	57691	36076	5952	456	55
宝鸡	33.8	18.1	291000	163833	18172	555	43
北海	9.5	5.7	68663	49672	3337	957	33
大同	50.3	42.1	81698	53050	14127	2080	87
丹东	20.6	13.2	347425	196998	15222	834	51
德阳							
广元	14.5	6.5	34034	7251	16314	4535	50
桂林	32.8	16.9	118753	36028	27809	565	58
邯郸	62.3	37.1	135100	33775	12062	434	99
葫芦岛	23.1	15.9	62982	37966	10415	2301	56
淮南	27.8	24.2	105784	87550	2121	1091	79
吉林	45.3	27.9	324864	239851	27120	3636	136
焦作	33.2	19.1	119151	41301	4071	424	57
锦州	34.6	19.3	245678	160045	10301	440	60
景德镇	14.3	7.5	65800	36910	5256	423	35
九江	34.0	11.2	229968	52784	18823	699	48
开封							
兰州	55.0	49.4	61827	61827	13086	1632	180
临沂	49.5	16.6	291137	87341	17184	1749	70
柳州	34.0	29.5	110268	81002	5307	658	94
绵阳	32.1	15.3	159205	55708	20249	1570	49
牡丹江	30.9	14.5	220699	72445	40583	1351	59
内江	19.3	8.3	39255	16313	5386	1569	26
南阳	**66.2**	**26.9**	**195088**	**115101**	**26509**	**1981**	**67**
齐齐哈尔	51.5	28.9	355625	147182	42469	4365	103
秦皇岛	29.3	20.5	115400	107023	7812	363	77
双鸭山	28.6	8.6	70365	51311	22483	1767	59
四平	26.2	8.8	96591	26101	14080	407	38
唐山	72.3	48.8	148200	66690	13472	1182	152
潍坊	60.2	21.2	210660	26036	15859	1472	76
芜湖	24.2	18.4	285573	116688	3317	230	77
咸阳	38.4	16.3	334101	99911	10196	526	47
襄樊	46.6	24.6	417928	204277	19737	3564	77
湘潭	24.6	15.7	137338	106400	5015	278	56
徐州							
延吉	8.2	8.2	58838	58838	1350	1350	32
盐城	49.9	11.9	133916	55269	14983	423	47
株洲	29.8	19.2	397372	118189	11272	542	69
自贡	18.5	13.5	85368	46563	4373	813	43
遵义							
朝阳	22.2	8.6	59325	19827	19699	557	28

城市年报主要指标(三)

(2002年)

城市	国内生产总值(当年价格)(万元)		第一产业增加值		第二产业增加值		工业增加值	
	全市	市区	全市	市区	全市	市区	全市	市区
安阳	3126410		593296		1566825		1406805	
蚌埠	1901881	925027	443882	26689	765783	494963	607460	408011
宝鸡	2181500	964538	269200	9200	1070300	514800	862600	431000
北海	1343875	822559	394336	180720	366187	218103	310505	179023
大同	2183851	1775730	136796	37327	1182651	1012304	1016044	872800
丹东	2026475	899005	377758	21450	746393	339242	650337	316355
德阳								
广元	940993	432291	346485	98517	242707	160877	165357	120600
桂林	3577507	1278236	1067163	64031	1105393	527389	900158	429276
邯郸	6531664	2012568	1045714	21795	3189742	1538881	2926723	1422836
胡芦岛	2060788	1170791	3088807	84941	970748	632591	881085	576298
淮南	1521178	1145340	187438	70504	740059	616315	548059	439824
吉林	5150813	2973350	773013	220441	2117600	1360570	1535617	969247
焦作	2864589	813125	424600	24956	1506044	514558	1342289	426854
锦州	2428663	1235957	641970	65322	858110	557770	730405	447737
景德镇	1162452	601151	116291	13596	619476	359486	540604	324178
九江	2633549	1134111	486383	18176	1203226	629528	852833	557300
开封								
兰州	3867843	3401401	176821	84081	2014232	1786701	1546000	1370033
临沂	7021300	2232300	1196500	153300	3353400	1231000	2855000	1008000
柳州	2303105	1795243	224428	38046	1144797	987401	1025364	880378
绵阳	3696998	1595879	766963	138671	1495979	764798	1193100	619346
牡丹江	2424485	997852	253645	14684	1055810	470497	930852	416934
内江	1782231	644568	378399	128401	769120	219796	636635	169230
南阳	**6250672**	**1513826**	**1827172**	**234365**	**2853518**	**801882**	**2515707**	**687454**
齐齐哈尔	3330510	1464611	894762	95217	1097891	644802	790825	450300
秦皇岛	3356576	2119823	416994	43190	1237443	761657	1031225	616449
双鸭山	1005654	507147	286414	21685	386990	278931	333965	248627
四平	1999885	535326	840309	14082	530992	269810	410706	185610
唐山	11022878	5448609	1870992	568306	5702784	3122011	5331349	2973743
潍坊	8950000	2421800	1504200	126700	4235700	1409500	3792500	1262800
芜湖	2455133	1566926	236731	14942	1339841	1012896	1169849	920334
咸阳	2500400	1107438	553600	14852	1061700	606361	857200	498677
襄樊	4566200	2215300	1035000	322600	2079000	1029700	1880800	918030
湘潭	2622958	1452700	351669	27132	1152464	735042	961441	624325
徐州								
延吉	489878	489878	12507	12507	240888	240888	186611	186611
盐城	6732616	844354	1826750	54100	2721966	384637	2410181	328130
株洲	3552747	1782963	529918	46440	1723799	1026276	1473359	893540
自贡	1812198	1071048	366550	82033	820969	572064	707119	493365
遵义								
朝阳	1026199	374563	299337	24472	328794	168245	278000	127880

城市年报主要指标（四）

（2002 年）

城市	第三产业增加值（万元）		中央财政预算内收入（万元）		地方财政预算内收入（万元）		地方财政预算内支出（万元）	
	全市	市区	全市	市区	全市	市区	全市	市区
安阳	966289		165132	129798	163118	93114	313719	165119
蚌埠	692216	403375	144558	133691	102933	68057	165338	91880
宝鸡	842000	440538	178865	95765	93064	5957	164511	71387
北海	583352	423736	44413	33835	71906	53700	133313	95377
大同	864404	726099	136481	114923	113269	97890	247181	157998
丹东	902324	538313	87403	26836	116740	60801	265981	167643
德阳								
广元	351801	172897	170541	10200	50890	28052	153809	72153
桂林	1404951	686816	127058	80485	201928	121598	365725	163682
邯郸	2296208	451892	424087	260581	242799	138981	433135	181018
葫芦岛	781233	453259	125602	117718	123316	88183	233507	166447
淮南	593681	458521	87547	69168	80906	63307	116871	89656
吉林	2260200	1392339	196097	173665	216818	171242	361445	239091
焦作	933945	273611	90329	52694	133005	72554	230612	118392
锦州	928583	612865	156861	138080	140117	104729	271673	192053
景德镇	426685	228069	96600	55427	53284	26335	101091	46138
九江	943940	486407	92955	76624	126283	58103	318483	102532
开封								
兰州	1676790	1543477	388950	248469	210615	194716	340254	285486
临沂	2471400	84800	196382	63050	263125	105042	448166	162967
柳州	933880	769796	249990	230512	201028	174160	243032	197106
绵阳	1434056	692410	116626	77750	153729	95978	340684	181022
牡丹江	1115030	512671	278194	144760	90345	46788	228576	112353
内江	634712	296371	46469	18589	53105	24408	175122	81703
南阳	**1569982**	**477579**	**130832**	**93403**	**190737**	**71721**	**438865**	**144181**
齐齐哈尔	1337857	724592	93693	68744	154390	80099	295956	141285
秦皇岛	1702139	1314976	239010	183368	145698	111518	256738	172933
双鸭山	332250	206531			27208	13943	106632	50053
四平	628584	251434	135189	63378	67055	20793	188077	70856
唐山	3449102	1758292	658969	461852	346721	232191	596014	367280
潍坊	3210100	885600	379933	136307	382791	134901	526130	191172
芜湖	878561	539088	217390	195980	144120	107565	214594	147454
咸阳	885100	486225	129291	112469	115699	59393	217382	76199
襄樊	1452200	863000	177948	145593	187385	86566	293468	98516
湘潭	1118825	690526	40033	29413	85943	52534	174150	102601
徐州								
延吉	236483	236483	14843	14843	31006	31006	44302	44302
盐城	2183900	408310	162638	48125	267018	65528	418310	80846
株洲	1299030	405617	84601	58284	159681	103478	277807	161112
自贡	624679	416951	34732	28807	61918	41781	154193	98438
遵义								
朝阳	398068	181846	51516	32407	61575	30267	255169	151916

城市年报主要指标（五）

（2002 年）

城市	年末金融机构存款余额（万元）		城乡居民储蓄年末余额		年末金融机构各项贷款余额（万元）		保费（万元）	
	全市	市区	全市	市区	全市	市区	全市	市区
安阳	3819227	1790463	2879618	1076190	2563306	1165976	95237	54826
蚌埠	2221822	1714424	1320011	903204	1659440	1145626	44021	33706
宝鸡	2974579	1683615	2132350	1055209	2039191	1021031	65690	45780
北海	1322896	989257	858211	558045	1042692	829945	18151	13025
大同	3649878	3049779	2623374	2103133	1694184	1363686	67084	59495
丹东	3042659	1755354	2357522	1242320	1970249	1210478	58501	28815
德阳								
广元	1042310	557234	825914	452755	1155366	695863	22230	13461
桂林	3663109	2229422	2487711	1381487	2155418	1325448	60557	36613
邯郸	6280197	3463191	4729252	2350483	5223569	2970022	102018	51247
葫芦岛	2618174	1769447	1877451	1140752	2119302	1411649	36960	23325
淮南	1603696	1380992	1252908	1084320	1529507	1330336	45355	42785
吉林	4453253	3239270	3449011	2420185	4038974	2697833	65453	41026
焦作	2644235	1286699	2024650	863379	1834765	962433	52000	26856
锦州	3569038	2444222	2622300	1658574	2721909	1841608	58455	35560
景德镇	1170910	812188	783230	482933	1082715	851667	17763	11546
九江	2204376	1174933	1538930	704833	2249377	1108943	47585	18329
开封								
兰州	8960520	8482670	3942836	3669295	7892123	7461187	116700	106700
临沂	5206293	2600521	3627251	1558509	3801169	1911973	143928	51256
柳州	3323499	3014943	1890734	1667576	1949903	1790820	63931	58383
绵阳	3796817	2387922	2341707	1192123	2985614	2022408	236793	177491
牡丹江	3073455	1715268	2132059	1218350	1804101	1064404	62554	36075
内江	1684737	789887	1364000	586472	1211523	639964	37047	24913
南阳	**4159291**	**2045906**	**3001952**	**1269982**	**3586287**	**1558345**	**92306**	**45551**
齐齐哈尔	3224448	2141352	2500368	1560135	2819498	1467829	57002	30171
秦皇岛	4094318	2911697	2723836	1672431	2697176	1953861	68301	54354
双鸭山	780793	474854	638179	384478	1313205	582961	22071	2551
四平	1652734	815782	1350821	667516	2513113	834467	31600	
唐山	8922541	5866722	6239032	3626711	5686493	3990604	181012	34771
潍坊	7864484	3038375	5364243	1590310	5737030	2477181	175470	54237
芜湖	2189931	1649054	1216251	805577	1817543	1430808	49844	38505
咸阳	3172714	1791242	2321684	1111726	2204505	1305899	58399	29887
襄樊	3553385	2354880	2410093	1462560	2479869	1410905	74059	32300
湘潭	2122103	1334015	1595371	908660	1361951	942733	53500	36654
徐州								
延吉	963589	963589	717315	717315	861549	861549	21760	21760
盐城	5108451	1712121	3692957	999599	3470140	1419472	125640	50089
株洲	2789446	1878804	1978225	1220823	1751902	1250492	75400	50727
自贡	1524847	973150	1160003	608306	1068058	755807	32353	25403
遵义								
朝阳	1830443	750482	1434983	588343	1813821	743666	35000	14350

城市年报主要指标（六）

（2002年）

城市	年末实有耕地面积（千公顷）	肉类总产量（吨）	水产品产量（吨）	工业企业数（个）		工业总产值（当年价）（万元）	
	全市	全市	全市	全市	市区	全市	市区
安阳	399	172336	2395	469	161	2914177	1703074
蚌埠	287	196161	90623	207	132	1086818	931324
宝鸡	388	123563	5600	308	115	1815928	1093492
北海	80	109855	899943	111	71	480888	318155
大同	408	65278	810	380	214	1877122	1648340
丹东	208	108744	264789	366	149	1210734	814255
德阳							
广元	161	241232	14056	99	50	351835	275847
桂林	272	392282	76835	459	188	1426620	990469
邯郸	658	505788	30671	477	182	4192913	2993616
葫芦岛	210	200451	310316	164	100	2343786	2012901
淮南	98	76604	40078	129	106	1330105	1080469
吉林	465	363352	25572	508	295	3569463	3013434
焦作	183	178072	4673	709	147	2987495	1257168
锦州	395	438454	223354	322	181	2114437	1731921
景德镇	57	41727	15602	167	64	1071127	882556
九江	206	130862	242942	453	103	1433429	937301
开封							
兰州	213	38100	1572	1003	672	4362495	3983048
临沂	663	560513	73827	875	328	4681877	2587103
柳州	109	97021	28002	351	289	3268220	2952899
绵阳	293	460845	44270	281	147	3033104	2340206
牡丹江	406	85463	16571	315	148	1233789	779066
内江	174	254269	45898	201	59	1067500	445052
南阳	**952**	**773642**	**55892**	**889**	**214**	**3240613**	**1458923**
齐齐哈尔	1797	330596	53699	271	162	1621695	1327456
秦皇岛	172	159023	157466	362	204	2092301	1674728
双鸭山	674	58168	12673	149	35	384567	247130
四平	612	823561	2818	308	124	1039863	521028
唐山	551	476314	439323	1164	575	8110112	5460823
潍坊	681	1046194	542889	1435	348	9088518	2568847
芜湖	87	70408	87361	308	214	2442396	2192802
咸阳	396	118637	6805	352	138	2216390	1668572
襄樊	382	347839	145094	399	163	3132987	2385210
湘潭	120	309123	60870	359	203	1580456	1218137
徐州							
延吉	8	4690	100	75	75	351485	351485
盐城				1308	149	6428089	1027505
株洲	159	272787	54084	509	219	2417983	1964695
自贡	132	239276	28145	215	144	1058995	895671
遵义							
朝阳	467	105012	1318	200	73	906371	363393

城市年报主要指标（七）

（2002年）

城市	从业人员年平均人数（万人）		流动资产年平均余额（万元）		固定资产净值年平均余额（万元）		产品销售收入（万元）	
	全市	市区	全市	市区	全市	市区	全市	市区
安阳	20.0	10.1	1929725	1472540	1615321	1121382	2791104	1681581
蚌埠	8.4	6.8	838864	753565	641304	563301	1091174	939402
宝鸡	16.6	9.0	1580748	1114940	1585436	732585	1763169	1159532
北海	2.6	1.5	238051	196369	224775	157634	436365	306984
大同	22.5	19.6	1321308	1213983	1700921	1566401	1974045	1767877
丹东	10.8	6.5	829757	621084	995104	786020	1188659	812105
德阳								
广元	4.7	3.3	246186	208712	245619	187476	315414	236655
桂林	10.7	6.3	1085222	841262	875553	523482	1370879	949772
邯郸	32.4	24.3	2726904	2092774	3785293	3249353	4434350	3283766
葫芦岛	12.7	10.1	1966169	1756819	2502869	1471080	2103362	1774748
淮南	17.7	16.3	733796	591859	1936947	1627228	1440057	1204702
吉林	24.9	16.8	3013347	2712773	4361952	4043442	3760495	3259600
焦作	23.9	13.0	1358002	781499	1407687	883108	2681618	1030082
锦州	10.1	7.0	1061450	774654	924606	760794	1975314	1618259
景德镇	7.7	4.8	769183	650696	590337	452403	878855	731072
九江	10.8	5.1	731531	359011	1189622	715253	1322336	976727
开封								
兰州	28.0	23.6	2767176	2447987	2527036	2258582	4220593	3786764
临沂	31.0	15.6	2047573	1095815	1763536	926159	4540471	2691673
柳州	15.1	13.7	2052152	1925202	1662509	1550648	3281284	2965265
绵阳	14.3	8.0	2493274	1975517	1084897	618386	2700930	2095206
牡丹江	14.2	6.6	907961	641735	1361732	1100031	1158700	752324
内江	8.8	2.6	527131	209481	451549	129898	950465	330495
南阳	**26.7**	**12.0**	**1759182**	**1075554**	**1807360**	**1228085**	**3072324**	**1513704**
齐齐哈尔	16.7	14.2	1419239	1254147	1504769	1320279	1491898	1196024
秦皇岛	11.9	8.5	1249045	1029344	171137	1395643	2109354	1674746
双鸭山	7.1	5.1	448681	417672	560123	464959	365495	226278
四平	7.7	3.6	672211	319745	999048	367114	1010363	530003
唐山	51.2	37.0	4204408	3144574	5057347	4039005	8212599	5785025
潍坊	50.6	15.3	4172879	1447995	3255922	1114220	8596545	2435146
芜湖	8.7	6.6	1281583	1151144	877171	746301	2290022	2055002
咸阳	15.9	7.9	1399830	1031426	1504092	1110818	2077677	1565767
襄樊	19.3	15.3	1673493	1380932	1707184	1412330	2798092	2090290
湘潭	12.8	9.2	1037239	846640	1436874	1247691	1631026	1288779
徐州								
延吉	1.8	1.8	198660	198660	294626	294626	330389	330389
盐城	33.9	7.2	2125960	675662	1642418	792869	5906338	919244
株洲	18.2	11.5	1576090	1391732	1265788	1135705	2081536	1719366
自贡	8.2	6.6	925327	848177	502187	408241	990086	839099
遵义								
朝阳	9.3	3.5	687220	368058	730096	323348	900461	371775

城市年报主要指标（八）

（2002 年）

城市	利润总额（万元）		（限额以下）工业企业数（个）		（限额以下）工业总产值（当年价）（万元）		境内铁路里程（公里）	
	全市	市区	全市	市区	全市	市区	全市	市区
安阳	107031	70814	4785	703	846069	108468	61	
蚌埠	47201	44082			810000	208800	97	
宝鸡	23231	59561					408	
北海	4321	6526	9383	5354	547855	281613	100	
大同	263079	117012	10271	3901	612001	483859	286	
丹东	11246	1134	4117	1690	3136604	376767	263	
德阳								
广元	15848	16328	12904	3151	129232	63971	267	
桂林	47870	37458	30665	5087	1310678	307267	370	
邯郸	263173	214395	51844	5608	4908094	868011	498	
葫芦岛	-5732	-13359					345	
淮南	35703	9974	6038	4333	301000	168000	95	
吉林	21041	-14725	17342	6937	2023333	1214000	2193	
焦作	144551	44813	23709	1493	1454333	42915	111	
锦州	-15047	-26387	21742	1869	1854972	324734	382	
景德镇	11248	10799	1993	1120	498873	313944	37	
九江	-20395	-15426					389	
开封								
兰州	64413	61339	3226	2078	365000	266450	300	
临沂	234137	145554	9059	4256	2114846	945774	211	
柳州	97014	80084	13306	5885	546001	375517	272	
绵阳	72504	64762	21572	2429	1502159	378770	133	
牡丹江	59474	46258	6863	1971	362563	114847	680	
内江	20033	9187	11219	2555	665217	204434	184	
南阳	**134168**	**58616**	**8156**	**996**	**1591466**	**233440**	**272**	
齐齐哈尔	-5194	-13904	15219	4751	859217	239665	575	
秦皇岛	33226	20594	15623	2501	1162045	291474	234	
双鸭山	3000	379	2140	1176	98761	71202	463	
四平	-30200	1997	6901	36	270375	1215	268	
唐山	513857	351765	84223	21858	8145853	3099648	677	
潍坊	400635	91710	41208	9055	4900000	1076000	353	
芜湖	223359	204958	8355	2016	775000	438000	129	
咸阳	87864	72799	3003	551	1936893	661557	131	
襄樊	142334	89869	24987	9712	2924747	1263209	356	
湘潭	41377	44643	11284	3049	1515610	466233	124	
徐州								
延吉	-991	-991	164	164	10350	10350	19	
盐城	149615	17185	37060	1574	5372317	263700	157	29
株洲	64163	52866	34124	5056	2132313	331047	318	
自贡	35052	30012	11386	4484	1094947	483035	39	
遵义								
朝阳	2714	-6118					413	

城 市 年 报 主 要 指 标（九）

（2002 年）

城市	民用汽车拥有量（辆）	公路客运量（万人）	公路货运量（万吨）	境内公路里程（万人）	邮政业务总量（万元）		电信业务总量（万元）	
	全市	全市	全市	全市	全市	市区	全市	市区
安阳	72946	5074	3148	4335	16488	5525	47778	21196
蚌埠	31873	2010	1360	3982	10368	6523	84824	19024
宝鸡	34335	3374	1974	4241	12390	5673	67127	60315
北海	21617	2985	1937	1690	3820	2549	70192	47306
大同	108770	1778	6371	4509	13186	10570	73208	53679
丹东	34711	2286	2765	3971	8578	3945	103411	42700
德阳								
广元	18799	2265	1721	17959	5084	2582	37905	27409
桂林	51985	3827	1148	6717	13593	7031	111503	72179
邯郸	135380	10923	8138	6325	16289	7088	119283	76174
葫芦岛	27024	3580	1624	2813	6594	4283	92500	56300
淮南	24734	1746	1287	1846	7702	5564	57449	42287
吉林	265816	2411	2671	7436	16852	10384	64089	42027
焦作	63344	244200	3900	3095	13220	4611	36214	15062
锦州	52087	482	4489	3243	9786	5510	43036	26250
景德镇	22928	1850	1936	2287	4303	3442	73747	62028
九江	24180	3810	1286	7056	12746	3717	99485	43773
开封								
兰州	70758	1662	4809	1048	22342	16086	176000	19000
临沂	102156	2781	3095	7753	10232	2600	151919	68666
柳州	36263	2671	3198	1582	9267	8208	103164	91322
绵阳	49570	8132	2130	3962	9771	4506	142209	95281
牡丹江	90363	2190	1736	5772	16681	9156	45245	24659
内江	31477	6414	3244	3080	6406	2632	68592	33254
南阳	**52643**	**6793**	**4894**	**6467**	**19697**	**7666**	**142554**	**42951**
齐齐哈尔	39161	3241	3896	6476	15506	8531	50064	31191
秦皇岛	68470	5796	5198	2870	10650	6727	90259	62238
双鸭山	14900	1440	1177	2205	7676	3131	23700	10966
四平	38285	2482	2443	3500	8096	3276	32364	15443
唐山	186776	8399	10264	7451	20184	11305	211459	161661
潍坊	140816	3689	6556	7476	30703	8868	225000	88039
芜湖	24559	2059	2204	2931	10428	7176	71347	48225
咸阳	28126	3895	2022	5450	12792	5234	38680	20523
襄樊	47386	6614	4483	12451	19315	10377	39477	26780
湘潭	28770	2654	2088	2703	9771	5200	89819	54991
徐州								
延吉		690	562	553	6118	6118	25927	25927
盐城	54369	6255	2818	5252	31407	8314	141682	93362
株洲	40460	6316	2771	3916	12540	6841	138011	89707
自贡	26254	8550	2450	2120	5225	2488	23316	15965
遵义								
朝阳	29330	2768	3078	5482	5433	1657	60467	23884

城市年报主要指标(十)

(2002年)

城市	本地电话用户数(万户)		年末移动电话用户数(户)		国际互联网用户数(户)		全年用电量(万千瓦时)	
	全市	市区	全市	市区	全市	市区	全市	市区
安阳	75.2	22.9	350900		104410	104410	556902	406751
蚌埠	48.7	20.8	321900	235590	86300	45100	165653	125741
宝鸡	56.2	24.2	455000	308775	75140	67373	361356	146704
北海	24.2	14.5	254728	104728	56498	49301	69242	47089
大同	52.4	38.2	365111	254489	59571	52702	554071	464842
丹东	55.2	35.4	406591	341446	152130	89715	271735	119563
德阳								
广元	24.7	11.9	294182	212319	5167	2824	201634	171136
桂林	60.7	29.9	566914	335914	153844	126059	318509	142374
邯郸	106.3	41.2	600081	406086	86272	61152	1080014	702672
葫芦岛	35.6	17.7	336386	242472	52095	48906	384576	319198
淮南	31.3	25.3	252502	215774	48312	48312	272817	213327
吉林	78.6	40.8	623813	414430	41469	32671	840141	601371
焦作	53.8	19.3	253200	140000	57212	53802	780697	479218
锦州	61.0	27.9	485144	314979	136886	93778	425201	161731
景德镇	21.5	13.1	290362	211805	29690	27437	75015	64512
九江	65.4	18.7	438065	177976	110209	61077	324117	200888
开封								
兰州	104.8	86.4	862000	820600	82000	78000	1280000	1236400
临沂	137.5	41.4	860900	362548	143452	57558	734145	300813
柳州	49.0	42.5	380833	305689	197127	182564	385219	358555
绵阳	58.3	27.6	715423	326724	31436	24303	502127	199375
牡丹江	64.5	27.9	447026	167088	7754	66342	307901	299789
内江	34.0	15.8	318312	197376	31246	15779	181922	56754
南阳	**112.7**	**29.6**	**513746**	**251735**	**6465**	**3018**	**649**	**124**
齐齐哈尔	66.9	34.9	598000	286481	76940	55769	417067	355290
秦皇岛	52.8	27.4	469747	363600	149151	136880	380517	268648
双鸭山	21.5	9.1	281379	136155	29428	18588	118054	79728
四平	46.2	15.6	360873	230873	88154		209028	166020
唐山	158.4	80.0	1078501	618383	229000	229000	1804191	887640
潍坊	171.7	37.6	131000	419200	190534	71523	1059773	341788
芜湖	45.9	21.8	308731	211375	104544	90217	241235	130434
咸阳	54.7	21.2	300837	127350			351013	161900
襄樊	66.9	32.8	334250	207450	105472	64285	471969	183307
湘潭	28.2	20.8	342007	206803	137163	92681	341277	273432
徐州								
延吉	18.5	18.5	184735	184735	100316	100316	67325	67325
盐城	128.9	15.1	843023	268331	151225	88278	460296	99344
株洲	66.8	34.6	394100	263163	149200	136808	394000	309900
自贡	30.3	18.8	357458	274808	29213	26907	196693	162018
遵义								
朝阳	47.3	10.8	325000	144957	75000	29750	272591	49950

城 市 年 报 主 要 指 标（十一）

（2002 年）

城市	实际利用外资（万美元）		社会消费品零售额（万元）		进口额（万美元）	出口额（万美元）	固定资产投资完成额（万元）	
	全市	市区	全市	市区	全市	全市	全市	市区
安阳	982	853	994126				502699	331075
蚌埠	6054	5056	819209	477933	3117	12627	486282	374409
宝鸡			659874	320023	2213	4328	925296	399100
北海	2260	1593	407503	305145	4039	6738	265967	174944
大同	2545	1100	1002106	757511	2426	2496	591256	517260
丹东	7553	3744	853650	352930	53093	90042	388968	272012
德阳								
广元	279	279	457360	252812	1148	2314	202579	142813
桂林	10160	8054	1360386	659817	10625	14022	698207	425019
邯郸	6328	2086	2106935	819314	19796	10923	1343666	704764
葫芦岛	3460	872	714560	442211	809	6248	504308	282412
淮南	4509	4509	511598	449554	1054	1740	332212	305307
吉林	11682	8177	2202872	1569987	11724	14095	2510158	1924880
焦作	3936	2230	916990	288070	10432	18988	728000	378022
锦州	11911	11687	1087108	592495	4133	12448	522042	392248
景德镇	3082	3082	340324	197869	3371	4812	286796	184628
九江	20338	10132	756438	298828	13573	4220	768048	452928
开封								
兰州			1905594	1797823	16009	35016	1945440	1702499
临沂	10181	6799	2160002	953938	19860	46811	1425815	797892
柳州	5018	5018	878493	746317	4999	2812	627222	568994
绵阳	1304	1050	1232587	501000	53407	78862	734258	554360
牡丹江	1688	532	1000634	510010	123182	87697	536687	307502
内江	1026	26	524417	206262	1722	2325	402300	196914
南阳	**3349**	**981**	**2249942**	**525212**	**5882**	**11252**	**1623120**	**594537**
齐齐哈尔	1740	1390	1234587	861517	2457	3132	577347	421879
秦皇岛	10210	9187	1058422	671662	43328	96709	969310	682539
双鸭山	106	29	299828	148847	26	1479	232893	95325
四平	5981	2235	707999		250	2157	440231	226536
唐山	12980	8493	2773512	1422483	34944	38451	2325423	1126704
潍坊	25898	8733	3134870	833991	56140	128244	1427119	504264
芜湖	10596	8210	801335	466442	17521	10195	920963	625057
咸阳	1835	1695	592095	307208	6060	16079	861200	499157
襄樊	5526	4540	1702297	841684	8606	6636	715085	500504
湘潭	6015	1995	856447	483553	10557	11003	430077	339094
徐州								
延吉	1234	1234	354015	354015	2139	5136	187453	187453
盐城	16603	3410	2114292	478695	14799	38114	1954517	426409
株洲	7126	5084	1369863	747543	7500	33329	632164	497212
自贡	1733	1636	493950	279282	3022	5623	276028	216352
遵义								
朝阳	2484	608	443926	149314	1030	2418	386672	195755

城市年报主要指标（十二）

（2002年）

城市	本年施工住宅面积（万平方米）		本年竣工住宅面积（万平方米）		商品房屋销售面积（万平方米）		商品房屋销售额（万元）	
	全市	市区	全市	市区	全市	市区	全市	市区
安阳	126.2	95.4	50.5	30.9	51.9	49.8	62664	60771
蚌埠	131.3	114.3	73.5	59.6	44.4	36.3	58344	49241
宝鸡	313.2	72.5	192.9	20.0	54.9	32.1	56755	40807
北海	205.0	67.1	87.2	61.4	10.0	10.0	11735	11735
大同	132.2	109.1	78.7	62.6	47.9	47.7	65708	65438
丹东	152.5	88.0	87.4	40.1	63.2	27.6	92152	51089
德阳								
广元	249.5	180.8	111.3	68.9	26.0	21.0	26831	22112
桂林	172.5	135.3	46.4	33.3	60.4	47.5	140471	125805
邯郸	337.4	235.3	144.6	75.1	72.4	48.1	95900	71670
葫芦岛	226.1	180.9	125.0	100.0	55.7	41.8	83403	62552
淮南	66.6	65.7	35.7	35.3	31.5	31.0	33280	32970
吉林	318.9	211.6	198.1	112.0	128.4	94.0	156168	125202
焦作	60.4	53.4	26.1	22.3	14.0	10.9	17901	15724
锦州	242.7	229.1	136.4	129.7	44.3	38.6	80569	72807
景德镇	175.0	133.0	83.0	66.0	36.1	27.0	44961	33218
九江	230.3	126.0	106.8	50.5	81.2	42.8	86795	57611
开封								
兰州	784.1	665.4	328.8	225.8	78.2	76.4	128500	126500
临沂	296.6	167.0	184.7	92.2	75.2	49.2	86713	67586
柳州	257.9	229.0	89.4	63.4	81.3	79.8	137653	136453
绵阳	365.9	254.0	138.6	93.0	115.5	77.0	138131	102167
牡丹江	233.0	121.0	115.0	44.0	46.7	45.5	65971	65971
内江	219.7	78.8	112.5	22.7	49.5	8.4	36537	6744
南阳	**283.6**	**148.6**	**250.5**	**55.3**	**41.6**	**31.2**	**38263**	**32099**
齐齐哈尔	187.5	157.1	99.4	81.0	92.9	92.9	130116	130116
秦皇岛	264.1	199.2	69.8	44.6	56.3	48.0	116614	109464
双鸭山	70.6	42.9	46.7	23.3	11.6	8.1	10703	7226
四平	139.6	47.1	122.1	33.0	45.7	17.7	45800	20207
唐山	639.0	234.0	501.2	144.4	117.0	68.3	86205	57324
潍坊	337.3	99.7	155.9	37.6	105.3	41.1	114883	66614
芜湖	193.5	158.9	102.9	82.3	67.6	48.3	90058	71946
咸阳	526.4	204.6	436.9	138.9	30.6	27.2	35369	32805
襄樊	358.4	240.4	273.9	171.6	60.9	49.3	52206	44694
湘潭	162.1	116.2	102.3	70.1	46.6	32.9	41004	28992
徐州								
延吉	112.0	112.0	73.5	73.7	73.5	73.5	91671	91671
盐城	227.9	40.4	308.1	125.8	96.8	31.9	116885	28620
株洲	261.9	179.4	143.8	74.3	41.0	37.1	47526	44181
自贡	201.3	166.7	90.7	75.9	79.8	63.8	97280	86740
遵义								
朝阳	181.6	86.2	133.0	51.0	42.9	28.0	51818	35912

城市年报主要指标（十三）

（2002年）

城市	高等学校数（所）		中等专业学校数（所）		普通中学数（所）		小学校数（所）	
	全市	市区	全市	市区	全市	市区	全市	市区
安阳	2	2	7	7	409	54	2270	143
蚌埠	4	4	8	8	186	48	1082	117
宝鸡	1	1	11	10	276	46	1868	86
北海			4	2	85	39	428	138
大同	4	4	11	9	292	117	2222	446
丹东	3	3	8	8	136	38	830	102
德阳								
广元			6	3	233	70	1703	375
桂林	7	7	35	33	341	40	1701	98
邯郸	6	6	8	6	594	98	3974	119
葫芦岛	1	1	24	17	165	55	1042	222
淮南	5	5	6	6	128	97	482	290
吉林			18	18	241	91	1291	333
焦作	3	3	7	7	298	57	941	122
锦州	5	5	19	14	166	43	870	113
景德镇	2	2	4	4	111	37	571	94
九江	6	6	5	4	374	50	1809	98
开封								
兰州	18	18	46	45	243	136	915	322
临沂	2	2	11	10	403	83	2449	330
柳州	4	4	13	13	136	62	524	215
绵阳	7	7	8	6	347	73	2186	245
牡丹江	5	5	3	3	183	46	892	78
内江	1	1	10	7	287	91	830	351
南阳	**3**	**3**	**14**	**12**	**635**	**115**	**4156**	**443**
齐齐哈尔	2	2	9	8	397	123	1917	242
秦皇岛	5	4	8	6	233	42	973	46
双鸭山			2	2	135	42	388	96
四平	2	2	11	9	204	39	1214	100
唐山	7	7	11	7	519	197	1997	619
潍坊	8	7	17	6	481	71	2018	288
芜湖	7	7	5	5	125	35	414	82
咸阳	8	8	8	5	334	64	2830	189
襄樊	2	2	11	10	291	82	1922	218
湘潭	5	5	8	8	233	42	859	101
徐州								
延吉	1	1	7	7	24	24	35	35
盐城	3	3	12	10	445	32	1666	79
株洲	5	5	8	6	238	54	1189	80
自贡	5	5	5	5	157	55	667	193
遵义								
朝阳	1	1	6	6	241	28	1455	82

城市年报主要指标(十四)

(2002年)

城市	各类专业技术人员数(万人)		从事科技活动人员数(人)		公共图书馆图书藏量(千册、件)		医院、卫生院数(个)	
	全市	市区	全市	市区	全市	市区	全市	市区
安阳	7.9	3.2	4545	4461	673	437	160	69
蚌埠	4.1	1.9	3787	3520	358	281	128	39
宝鸡	11.0	6.2	11075	9004	972	536	271	42
北海	1.3	0.6			440	310	43	22
大同	10.2	6.4	8528	7500	531	300		
丹东	6.0	2.9	3687	2728	1076	841	129	55
德阳								
广元	6.5	2.8	1621	748	495	351	306	77
桂林	8.5	3.8	10266	1712	3361	1443	206	41
邯郸	11.4	2.3	6936	5548	918	339	409	112
葫芦岛	10.3	3.9	4841	4350	325	194	156	45
淮南	5.8	4.9	2858	1807	230	220	121	91
吉林	14.5	9.6	4100	3876	1707	1340	255	132
焦作	12.5	6.1	9632	8297	505	270	137	43
锦州	11.3	6.6	15100	9320	1066	793	138	35
景德镇	2.4	1.5	5364	2896	402	336	91	41
九江	7.1	2.1	4539	3527	1391	884	300	79
开封								
兰州	25.7	23.2	57538	46750	2987	2885	178	113
临沂	34.2	8.1	50000	23000	1219	183	269	71
柳州	8.4	7.3	6985	6985	928	629	99	65
绵阳	16.6	8.7	18021	13995	835	354	460	69
牡丹江	5.9	2.7	1480	1079	681	371	113	50
内江	4.8	1.9	2824	746	406	216	344	91
南阳	**12.2**	**4.7**	**15444**	**8366**	**1194**	**672**	**334**	**99**
齐齐哈尔	10.6	4.2	9789	9598	1678	1198	576	210
秦皇岛	4.9	1.8	2908	2856	697	429	200	39
双鸭山	2.7	0.9	868	868	290	170	84	30
四平	7.9	2.6	1188	929	522	311	146	36
唐山	35.0	16.4	11768	8508	1330	879	482	183
潍坊	27.0	7.7	16553	2866	1567	376	273	66
芜湖	3.0	1.5	7437	3975	528	378	125	37
咸阳	14.9	7.3	13392	9185	670	334	303	73
襄樊	12.8	5.4	12612	3468	1110	647	217	66
湘潭	7.1	5.0	12180	10008	796	310	115	43
徐州								
延吉	2.9	2.9			540	540	28	28
盐城	19.1	5.8	15636	6940	1384	625	228	19
株洲	17.9	9.7	19783	18069	915	417	181	77
自贡	3.9	2.3	4056	2906	340	256	192	68
遵义								
朝阳	8.6	3.0	5800	3400	569	347	202	24

城市年报主要指标(十五)

(2002年)

城市	医院、卫生院床位数(张)		医生数(人)		在岗职工平均人数(万人)		在岗职工工资总额(万元)	
	全市	市区	全市	市区	全市	市区	全市	市区
安阳	10040	6280	4762	3145	40.6	21.3	373033	222704
蚌埠	7923	4248	7923	4248	21.8	13.3	196422	140690
宝鸡	10557	4098	5258	2065	33.1	17.9	334590	204717
北海	2829	1478	2139	1279	8.9	5.6	96963	66571
大同					50.1	42.1	449505	388780
丹东	10592	5785	4166	2038	21.2	13.7	209996	140613
德阳								
广元	8209	4248	3847	1916	14.2	7.1	120228	57464
桂林	11436	5542	6995	2737	32.1	16.5	365792	216217
邯郸	18576	7694	9208	4003	61.7	37.4	556806	367297
葫芦岛	9391	4136	3990	1720	23.1	15.6	226466	164003
淮南	7879	6819	3059	2604	26.7	23.2	271893	235909
吉林	15818	11554	8638	5513	45.2	28.0	420515	294011
焦作	9319	6263	4950	2886	32.7	18.8	273463	175694
锦州	11162	6784	3730	2249	27.5	17.5	283815	203299
景德镇	3129	2173	1964	1218	14.7	7.2	119570	81535
九江	11855	5080	5074	1824	31.5	10.6	261226	104653
开封								
兰州	14058	12433	6604	5863	54.8	49.6	629788	599663
临沂	17788	6423	10103	2817	47.1	15.8	428761	167343
柳州	8634	7601	5115	4113	31.3	27.4	418366	374910
绵阳	13254	5287	4758	1637	31.2	18.0	333738	203927
牡丹江	9792	8075	4868	2512	30.4	14.5	256719	139582
内江	6730	3316	4092	1533	18.3	7.7	171101	79324
南阳	**16292**	**8275**	**9009**	**3485**	**65.1**	**27.1**	**495996**	**256361**
齐齐哈尔	14486	8752	7443	4125	48.1	28.4	452748	306709
秦皇岛	6303	2976	5095	2849	29.5	20.7	361813	286422
双鸭山	5113	2359	2436	1037	24.4	8.4	163840	73482
四平	8719	3992	6480	2212	26.2	8.8	189411	77690
唐山	21935	13992	10875	6774	72.3	49.1	751444	571019
潍坊	19653	6263	11682	3508	59.7	21.3	587760	240413
芜湖	6307	4268	3208	2122	24.1	18.3	225037	178654
咸阳	11298	4615	7232	2815	37.4	17.5	331744	181021
襄樊	12917	6018	9335	4581	46.9	24.6	351353	211643
湘潭	7427	4143	3534	1648	23.9	15.2	266827	177195
徐州								
延吉	2703	2703	1402	1402	8.0	8.0	92704	92704
盐城	12117	1797	7293	823	48.2	11.4	467120	140530
株洲	9324	6632	5182	3417	28.6	19.5	346632	246253
自贡	6521	4296	3469	1987	18.2	13.4	175653	132061
遵义								
朝阳	8899	2675	3925	1263	22.4	9.3	194408	93229

城市年报主要指标（十六）

（2002年）

城市	居民人均可支配收入（元）	居民人均消费支出（元）	年末离休、退休、退职人员数（万人）		基本医疗保险参保人数（人）		失业保险参保人数（人）	
	市区	市区	全市	市区	全市	市区	全市	市区
安阳	6488	4522	11.9	8.1	299841	194104	366900	229200
蚌埠	6564	5025	10.7	8.2	219701	181018	284102	203106
宝鸡	6486	4629	9.4	4.8	258000	18451	325000	8866
北海	7692	5898	3.9	2.3	28628	28628	71990	41490
大同	6151	4695	15.0	12.9	385000	242827	455000	385000
丹东	4919	4050	15.7	10.1	300778	166610	253403	190052
德阳								
广元	5039	4178	4.9	2.5	123630	61030	128950	75000
桂林	7852	6123	11.8	6.0	203165	65000	247571	137973
邯郸	6214	4985	24.1	18.3	438106	238000	653167	459710
葫芦岛	6735	4522	11.4	7.8	233933	202329	214142	170454
淮南	5345	4302	12.7	12.0	262000	249247	354900	308861
吉林	6710	5280	19.8	12.2	278438	153834	278438	153834
焦作	6032	4567	6.2	3.9	224062	114782	355944	210700
锦州	6547	4852	16.5	1.4	298528	294240	326448	223192
景德镇	6351	4720	5.1	3.2	49760	31387	135466	106980
九江	6302	4626	8.4	4.2	273966	184863	267133	144499
开封								
兰州	6555	5688	6.4	5.8	402800	386300		
临沂	8043	5485	8.1	3.2	356879	124000	371000	115000
柳州	7928	5992	13.2	12.0	338780	302000	204745	191700
绵阳	7864	6049	11.3	5.3	321028	157982	184515	92447
牡丹江	5576	4584	8.6	5.6	243997	70806	212479	156533
内江	5144	4672	9.9	4.4	189150	88332	132155	55634
南阳	**6417**	**4697**	**14.0**	**4.7**	**493846**	**220394**	**341000**	**191300**
齐齐哈尔	5272	3877	22.0	14.5	407100	294217	459226	374982
秦皇岛	7334	5702	8.5	6.3	256000	153600	294416	211091
双鸭山	4584	3429	2.3	1.3	153795	117795	139440	56255
四平	5423	3849	6.8	3.0	246895	103218	252240	105758
唐山	7466	6031	30.4	23.8	522000	361944	742213	530748
潍坊	7538	5639	17.0	7.0	505997	227500	600191	194858
芜湖	6493	5127	9.7	7.8	170402	131025	225100	176700
咸阳	6724	5581	12.2	5.4	296225	190447	405112	213225
襄樊	6506	5327	12.1	7.5	425014	279678	337301	220304
湘潭	7117	5439	12.5	9.4	234151	185452	240054	193194
徐州								
延吉	7834	6601	3.7	3.7	49633	49633	83739	83739
盐城	7274	5507	17.6	2.8	511700	75942	497147	109641
株洲	7934	6255	14.7	9.8	318657	194800	317219	203149
自贡	5729	4618	12.1	9.6	245767	198677	211098	184469
遵义								
朝阳	4625	3596	10.9	3.9	174600	58000	173507	78545

城市年报主要指标（十七）

（2002年）

城市	社会福利院数（个）		居民最低生活保障人数（人）		交通事故件数（件）		全年供水总量（万吨）	煤气（人工、天然气）供气总量（万立方米）
	全市	市区	全市	市区	全市	市区	市区	市区
安阳	101	6	75922	46811	5328	2639	18740	75490
蚌埠	99	21	97570	71930	2021	916	10995	
宝鸡	102	3	79664	34464	1434	313	6343	2720
北海	3	1	29539	14847	478	427	4073	4
大同	96	19	118285	101379	1102	780	12649	8776
丹东	116	52	74730	45260	766	174	8001	3945
德阳								
广元	99	17	70332	20157	2174	1387	5519	775
桂林	78	8	51122	10561	1293	489	13475	
邯郸	243	14	129389	69834	2891	867	20731	9026
葫芦岛	105	28	65961	40746	1113	534	8429	330
淮南	47	23	115620	106426	1565	1403	14761	2493
吉林	4	1	267495	91765	3578	2761	87891	3126
焦作	90	9	59584	33081	5322	1539	11684	7786
锦州	111	20	58050	35214	1161	312	16876	4752
景德镇	2	1	52061	28859	336	84	5919	20330
九江	289	17	94121	33645	2163	1110	27874	432
开封								
兰州	47	47	107563	94438	2504	2015	26696	4455
临沂	450	60	72543	18344	5245	1336	7318	60
柳州	48	21	40385	35025	1462	1004	40161	3303
绵阳	166	32	107679	39144	6598	3536	6264	26251
牡丹江	48	11	106663	31098	3102	2150	13048	
内江	182	52	65918	30371	1509	733	6502	3467
南阳	**254**	**30**	**83536**	**12872**	**5340**	**1312**	**8456**	**1663**
齐齐哈尔	149	29	180755	107904	4070	3017	10417	3272
秦皇岛	86	6	21678	13317	1120	596	10358	3733
双鸭山	44	13	84471	69895	550	256	2850	2
四平	1	1	126300	16576	2454	1695	3515	2049
唐山	227	85	85458	61386	5360	2436	25775	16484
潍坊	340	42	33310	16567	4009	490	9061	5455
芜湖	80	8	47830	27687	1234	561	19657	2756
咸阳	3	1	84536	36686	1043	397	9140	9000
襄樊	284	5	156844	86550	1152	380	27006	572
湘潭	148	15	84885	65058	3636	1400	51413	34174
徐州								
延吉	1	1	23639	23639	151	151	3180	129
盐城	363	14	46151	7560	2056	176	6781	
株洲	85	12	102435	48911	2549	1795	38465	2003
自贡	127	38	77984	52314	3112	1981	5031	44976
遵义								
朝阳	148	10	150282	62137	848	200	5652	1508

城市年报主要指标（十八）

（2002 年）

城市	年末实有公共汽车营运车辆（辆）	年末实有出租汽车数（辆）	园林绿地面积（公顷）	建成区绿化覆盖面积（公顷）	环境污染治理投资额（万元）	三废综合利用产品产值（万元）	工业废水排放量（万吨）	工业废水排放达标量（万吨）
	市区	市区	市区	市区	全市	全市	全市	全市
安阳	419	2528	1954	2380	41621	22656	8704	8092
蚌埠	472	2567	3832	1480	348	13674	4552	4545
宝鸡	306	2668	837	1192	44640	3638	5852	5385
北海	171	580	3853	1763	556	147	722	644
大同	411	5182	2130	2083	41257	2558	2558	2175
丹东	373	1915	1743	2100	1857	5038	5689	5269
德阳								
广元	98	505	893	947	422	5151	4256	3660
桂林	528	2799	2058	2237	74976	7855	4822	4711
邯郸	1110	4631	3983	4089	84829	56055	11021	10460
葫芦岛	280	1665	2323	2387	35953	39198	2910	2615
淮南	826	2500	2676	323	1998	1767	6330	7545
吉林	1054	6429	5284	4728	15541	6238	14038	13045
焦作	461	1400	2124	2468	24000	35331	13311	11486
锦州	423	3708	2591	2133	15527	9724	4270	2513
景德镇	200	630	1636	1461	2034	737	4403	4043
九江	724	1478	5799	1480	1476	3140	5709	4455
开封								
兰州	969	6580	1879	2383	95548		5474	4627
临沂	567	2700	1119	986	26674	60431	5118	4943
柳州	556	1074	24829	3130	2110	19494	21183	17180
绵阳	574	1081	1715	1870	62562	8437	7231	7185
牡丹江	454	2700	2642	2771			5646	5640
内江	412	629	451	388	1236	6593	4754	3191
南阳	**291**	**1245**	**3336**	**1185**	**1536**	**29279**	**9918**	**8985**
齐齐哈尔	509	4119	4367	2661	62209	9876	11396	11222
秦皇岛	603	3567	3189	2993	56166	5532	3901	3877
双鸭山	156	2000	1636	1991	11159	1919	560	445
四平	289	2160	777	720	21788	4160	945	452
唐山	1680	3260	4857	5954	184300	52610	22825	21272
潍坊	415	2588	2148	2942		21078	10647	10360
芜湖	650	3089	2291	2505	4527	6943	4217	4208
咸阳	234	1200	1280	1623	3083		4781	4107
襄樊	868	1939	4244	2749	3387	11664	9769	8042
湘潭	518	1070	4113	1896	6770	14707	14728	10990
徐州								
延吉	427	3883	912	848	4998	54	156	146
盐城	270	856	1116	1246	135628	15823	11979	11636
株洲	644	2058	2268	2425	4437	11479	7598	5653
自贡	671	1281	1044	1258	1791	2620	2818	820
遵义								
朝阳	128	3380	1467	696	316	4744	4363	4730